ISBN 978-0-243-99300-0
PIBN 10720848

1 MONTH OF
FREE
READING

at

www.ForgottenBooks.com

By purchasing this book you are eligible for one month membership to ForgottenBooks.com, giving you unlimited access to our entire collection of over 700,000 titles via our web site and mobile apps.

To claim your free month visit:

www.forgottenbooks.com/free720848

English
Français
Deutsche
Italiano
Español
Português

www.forgottenbooks.com

Mythology Photography **Fiction**
Fishing Christianity **Art** Cooking
Essays Buddhism Freemasonry
Medicine **Biology** Music **Ancient**
Egypt Evolution Carpentry Physics
Dance Geology **Mathematics** Fitness
Shakespeare **Folklore** Yoga Marketing
Confidence Immortality Biographies
Poetry **Psychology** Witchcraft
Electronics Chemistry History **Law**
Accounting **Philosophy** Anthropology
Alchemy Drama Quantum Mechanics
Atheism Sexual Health **Ancient History**
Entrepreneurship Languages Sport
Paleontology Needlework Islam
Metaphysics Investment Archaeology
Parenting Statistics Criminology
Motivational

P. **Abraham's a St. Clara,**

weiland k. k. Hofpredigers in Wien,

Sämmtliche Werke.

————

Fünfzehnter und sechzehnter Band.

————

Lindau, 1845.

Verlag von Johann Thomas Stettner.

Augsburg, in der Matth. Rieger'schen Buchhandlung.

Des ehrwürdigen Vaters

P. Abraham's a St. Clara,

Augustiner-Barfüsser-Ordens, weiland Kaiserl. Hofpredigers ic.,

GRAMMATICA RELIGIOSA

oder

geistliche Tugend-Schule,

in welcher

ein Jeder sowohl Geist- als Weltlicher durch fünf und
fünfzig Lectionen unterwiesen wird,

wie das Böse zu meiden, das Gute zu wirken sey.

Erster Band.

Lindau, 1845.
Verlag von Johann Thomas Stettner.
Augsburg, in der Matth. Rieger'schen Buchhandlung.

Die erste
geistliche Lection
von der
ersten theologischen Tugend, nämlich dem Glauben.

Amen, amen dico vobis, qui credit in me, habet vitam aeternam. Joan. 6, v. 46.

Warlich, warlich sage ich euch, wer an mich glaubet, der hat das ewige Leben.

Der erste Theil.

Dieweilen nach Zeugniß des Apostels, ohne den Glauben unmöglich ist, Gott zu gefallen, als will sichs geziemen, kürzlich vorhero von dieser göttlichen Tugend den Anfang zu machen, sintemalen alle andere Tugenden von sothanem Glauben, gleich einem Bächlein vom Brunnen selbsten, ihren Ursprung nehmen. Derohalben der heilige Vater Augustinus also spricht: Gleichwie an der Wurzel des Baums auch die geringste Schönheit nicht erblicket wird; und doch gleichwohl all dasjenige, was schön und nützlich an selbigem zu finden, von der Wurzel herrühret; also kommet alles von der Grundveste des Glaubens her, was eine christliche Seele an

Verdiensten und verlangten Glückseligkeit immermehr er=
werben kann. Darum haben billig die heiligen Väter den
Glauben der Sonne verglichen; dann gleichwie alle Ge=
schöpfe der Welt ihr Licht von der Sonne haben, also
haben die übernatürliche Wahrheiten, so dem Menschen
sind kundbar worden, von dieser Tugend des Glaubens
ihren Anfang. Ja, was noch mehr ist, gleichwie alle
Kreaturen der Welt ihr Leben, so viel die Unterhal=
tung desselben betrifft, von der Sonne empfangen;
also muß billig der Mensch sowohl den Anfang als auch
den Fortgang seines geistlichen Lebens der vortrefflichen
Tugend des Glaubens zuschreiben. Sogar auch, daß,
gleichwie alles Irdische seine Zierde und Schönheit von
dem Licht, vermittelst der Sonne empfanget; also hat
alles seine Vollkommenheit und Gnade bei Gott durch
die Kraft des Glaubens, was der Mensch immer wir=
ket; und endlich, wie alles, so der Sonne unterworfen,
von derselben seine nöthige Hitze bekommet: also muß
auch der Mensch das Feuer der Liebe und brennenden
Eifers von dem Glauben empfangen.

2. Weiters ist dieser Glaube diejenige Säule des
Lichts, welche aus dem dunkeln Egypten der Finsterniß
und Irrthums den menschlichen Verstand als ein ge=
treuer Führer heraus führet. Diese ist im Tempel Got=
tes, das ist, in einer jeden andächtigen Seele, die vor=
nehmste Ampel, und im geistlichen Firmament derjenige
Morgenstern, so den hellscheinenden Tag der Gnade zum
ersten verkündiget. Wie können dann diejenige anders
als glückselig geschätzet werden, so von der göttlichen
Gütigkeit mit so großer und reicher Gabe sind begna=
diget worden? daß aber nicht allen eine solche unver=

gleichliche Gnade widerfahre, gibt uns genugsam zu
erkennen der königliche Prophet, mit diesen Worten:
Desgleichen hat er keinem Volk gethan, und hat ihnen
seine Gerichte nicht offenbaret. Psalm 147. V. 20. Wie
sind wir derohalben für solche Wohlthat dem lie=
ben Gott unaufhörlich zu danken verbunden, daß wir
vor so viel hundert tausend andern zum wahren Glau=
ben berufen worden. Lasset uns dahero für sothane
unaussprechliche Gnade so großem Wohlthäter uns dank=
bar erzeigen. Solches aber wird von uns besser und
füglicher nicht können entrichtet werden, als wann wir
allen seinen Gebothen, so er uns durch den Glauben of=
fenbaret hat, den schuldigen Gehorsam leisten; wie er
dann selbst bezeuget, mit diesen Worten: Der meine Ge=
both hat, und hält dieselbige, der ist derjenige, so mich
liebet Joan. 14. v. 1. Der ist derjenige, so mir dank=
bar ist, zumalen gewiß ist, daß die Dankbarkeit in der
Liebe bestehet.

3. Im Uebrigen; weilen aus dem Munde des
Apostels der Glaube eine Grundveste der Dingen ist,
die man hoffet, und ein sicherer Beweis der Dingen,
die nicht gesehen werden, Hebr. 11. v. 1.; derohalben
sich ein jeder behutsamlich vorzusehen hat, daß er in
Erforschung der Glaubens=Artikel sich nicht bemühe,
wenn er demjenigen merklichen Schaden zu entgehen
verlanget, so dem ältern Plinio mit seinem größten
Schaden widerfahren, Plin. junior in Epist. ad Corn.
Tacit.: dann da dieser den grausamen Brand des
Bergs Vesuvi persönlich hat erforschen wollen, ist er
von der herausdringenden Flammen, und gleichsam ei=
nem feurigen aufsteigenden Fluß überfallen und getöd=

tet worden. Also wer die Majestät untersuchet, der wird von der Herrlichkeit unterdrückt werden, Prov. 25. v. 27.; und wer die Artikel des Glaubens zu erforschen sich unterstehet, wird sich stürzen ins Verderben. Dieses hat ebenfalls mit seinem unwiederbringlichen Schaden erfahren ein gewisser berühmter Doctor, so in der namhaften Akademie zu Patavia im Venedischen Gebiet, mit allgemeinem großen Frohlocken die göttliche Dinge in der hohen Schule lehrete, Historia in Georgii Stengelii Tomo 4. de judicio Divino cap. 62. n. 2. Da dieser krank worden, hat er sich alsobald mit allen heiligen Sacramenten der christkatholischen Kirche versehen lassen, worauf er auch bald hernach zu leben hat aufgehört, und bei Allen eine große Meinung der Heiligkeit und Gelehrtheit hinterlassen. Aber, aber, o, erschreckliche Urtheile Gottes! Dieser der göttlichen hohen Schule Lehrmeister, von dem ein jeder vermeinte, daß er den geraden Weg ohne Hinderniß gegen Himmel würde gefahren seyn, ist in die ewige Verdammniß gestürzet werden; denn nach seinem Hinscheiden ist er einem andern Doctor der hohen Schule, als seinem gewesenen vertrauten Freunde in einer entsetzlichen Gestalt erschienen, und hat bekennet, daß das Urtheil des ewigen Todes aus folgenden Ursachen über ihn ergangen sey. Da ich, sagte er, durch vorhergegangene Leibs-Schwachheit schier zum Ende meines Lebens gelanget, kam der höllische Versucher zu mir, und fragte mich, was ich glaubete? Diesem gab ich zur Antwort, daß ich dasjenige glaubte, welches in dem apostolischen Symbolo oder Kennzeichen geschrieben stehet. Hierauf begehrte er alsobald, ich möchte ihm einige von den schwereſten und dunkelſten Artikeln auslegen: dieſem Begehren nun ein Genügen zu leiſten, habe ich das gemeldte, apoſtoliſche Symbolum durch das Symbolum oder Kennzeichen des h. Athanaſii zu erklären mich unterſtanden: mit dieſer meiner Erklärung aber war er nicht zufrieden, ſondern ſagte: Es iſt nicht alſo, wie du vermeineſt: denn dasjenige, ſo den Vater angehet, iſt theils wahr und kundbar, und theils übel zu verſtehen und unwahr, denn der Vater zwar ewig iſt, nicht aber iſt er allzeit geweſen ein Vater, gleichwie er geweſen iſt Gott, ſondern erſtlich iſt er geweſen Gott, und folgends worden ein Vater. Hierüber habe ich überlaut geſchrieen und mir vorbehalten, daß dieſe eine ketzeriſche und zugleich teufliſche Lehre ſey. Der hölliſche Satan aber antwortete, und ſagte, man müſſe nicht mit Rufen, ſondern mit vernünftlichen Beweisthümern die Wahrheit zu ergründen ſich bemühen. Derohalben habe ich auf meinen Verſtand und Gelehrtheit mich gar zu viel verlaſſend, mit demſelben von der allerheiligſten Dreifaltigkeit zu disputiren angefangen: er aber mit allerhand Fangſtricken und klugen Erfindungen wohl verſehen, hat mir ſo verwirrte Argumente oder Bewährungen vorgebracht, daß ich auch allgemach zu zweifeln angefangen, und endlich in dieſen groben Fehler gerathen bin, daß ich glaubte, und dafür hielte, der Sohn ſowohl als der heilige Geiſt ſeyen kein Gott. Bin alſo in ſolcher Verleitung geſtorben und dem Richterſtuhl Gottes vorgeſtellt, wo ſelbſten ich als ein Ketzer den Streich der ewigen Verdammniß von dem gerechten Richter empfangen habe. Dieſem nach iſt der unglückſelige Menſch verſchwunden. Ein wenig darnach iſt auch der Andere

tödtlich erkranket, zu welchem dann ebenfalls der lose
Betrüger gekommen, und ihn gefraget, was er glaubete?
worauf er geantwortet: er glaube, was die christcatho=
lische Kirche glaubet. Was glaubt dann, spricht er, die
catholische Kirche? Die christcatholische Kirche, antwor=
tet der Kranke, glaubet, was ich glaube, und ich glaube,
was meine Mutter die catholische Kirche glaubet. Mit
diesen Worten hat er den Teufel vertrieben und obge=
sieget, auch nicht gar lang hernach sein Leben geendiget.
Nach verflossenen wenig Tagen ist dieser seliglich gestor=
bene Doctor in schöner Gestalt und hellscheinendem An=
gesicht erschienen, und hat dem barmherzigen Gott für
sothane durch den Verdammten geschehene Warnung
gedanket. Derohalben lasset uns, sofern wir des ersten
Theologi Unglückseligkeit entgehen wollen, bei der heil=
samen Lehre des gottseligen Thomae a Kempis uns
halten, so mit diesen Worten einen Jeden treulich er=
mahnet: Sey nicht sorgfältig, disputire und kriege nicht
mit deinen Gedanken, und laß dich nicht ein mit Ant=
wort auf die einfallende Anfechtungen und Zweifel des
Teufels; sondern glaube den Worten Gottes, glaube
seinen Heiligen und Propheten, so wirst du verjagen
den bösen Feind Thom. a Kemp. Lib. 4. c. 18. §. 3.

Der andere Theil.

4. Wenn nun gleichwohl unser Heiland und Selig=
macher mit diesen ausdrücklichen Worten also spricht:
Wahrlich, wahrlich sage ich euch, der an mich glaubet,
der hat das ewige Leben Joan. 6, V. 46., warum
werden denn so viele, ich sage nicht aus den Unglau=

bigen, sondern aus der Zahl der Christkatholischen, nach
Zeugniß der heiligen Väter, ewiglich verdammet? Dieser angezogenen Frage gebe ich zur Antwort: daß der
Glaube zweierlei sey; einer todt, der andere lebhaft:
denen allein, so den lebhaften Glauben haben, wird versprochen das ewige Leben. Dieser aber ist, laut Zeugniß des heiligen Gregorii, ein solcher Glaube, welcher
demjenigen, so er mit Worten redet, durch seine Sitten
nicht widerspricht. Derohalben, obschon viele aus den
Christglaubigen den Glauben haben, so ist doch derselben Glaube zumalen todt, weilen ihr Leben von den
Worten des Glaubens entblößet ist. Darum der heilige
Apostel Jacobus C. 2. V. 14. sagt: Was nützet es,
meine Brüder, so jemand sagt, er habe den Glauben,
und hat aber die Werke nicht; wird ihn der Glaube
auch selig machen können? und folgends erkläret der
gemelte Apostel ibid. V. 22, worinnen der wahre Glaube
eigentlich bestehe, mit diesen Worten: Ist nicht Abraham unser Vater aus den Werken gerechtfertiget worden, da er Isaac seinen Sohn auf dem Altar opferte.
Siehest du nun wie der Glaube mit des Abrahams
Werken mitwirkete, daß also derselbe aus den Werken
ist vollzogen worden? Billig haben denn die fünf thörichte Jungfrauen hören müssen: Wahrlich sage ich euch,
ich kenne euch nicht. Können derohalben nicht füglich
diejenige Christkatholische den thörichten Jungfrauen verglichen werden, die den Glauben ohne die Werke haben? denn gleichwie diese fünf, ob sie schon sind gewesen Jungfrauen, gleichwohl zur Thür der ewigen Seligkeit nicht sind eingelassen worden; dieweilen ihnen
das Oel der Liebe ermangelt hat: eben solchergestalt,

wann schon alle christkatholische Menschen, also zu reden, können Jungfrauen genennet werden, dieweilen sie durch keine Ketzerei geschwächet, werden jedoch nicht alle zur Hochzeit des göttlichen Lamms gelassen werden; sondern viele unter ihnen, so da werden zum himmlischen Paradeis wollen eingehen, werden hören von Christo: Wahrlich, wahrlich sage ich euch, ich kenne euch nicht. Diejenige nämlich, so die Lampen, das ist, den Glauben allein, und nicht das Oel oder die Werke des Glaubens haben werden.

5. Dann so viele immer unter den Christkatholischen gefunden werden, glauben alle, sowohl Geist= als Weltliche an die Worte Christi: Keiner, der seine Hand an den Pflug legt, und siehet zurück zum Reich Gottes: Luc. 9. V. 62. Und nichts desto weniger, wie oftmal muß man leider Gottes! von übel geschlachten Geistlichen hören: ach hätte ich keine Profession gethan! es reuet mich tausendmal, daß ich beizeiten den Orden nicht verlassen habe und dergleichen. Diese unfreiwillige Geistliche wegen all solcher Reue und Leidwesen über ihren Stand verlieren allen Geschmack und Lust zu den geistlichen und gottgefälligen Uebungen; derohalben sie mit möglicher und unzuläßiger Begierlichkeit nach den weltlichen, und von ihnen verlassenen falschen und betrüglichen Freuden und Ergötzlichkeiten mit unzuläßiger Bewegung ihres Herzens zurück sehen. Alle verstehen sich ohne einigen Wankelmuth zu diesen Worten der heiligen Schrift: Wer sich erhöhet, der wird erniedriget, und wer sich erniedriget, der wird erhöhet werden: Luc. 10. V. 14. Und gleichwohl wie wenig sind demüthig von Herzen? Hergegen aber wie hat bei vielen die

Hoffart und der Ehrgeiz dergestalt überhand genommen, daß sie um zeitliche Ehren und Würden zu erlangen allen Fleiß anwenden, und sich äußerst bemühen, diese oder jene Prälatur zu erwischen. Schließlich wissen alle wohl und glauben den Drohworten Christi, mit denen er allen schwärmenden, vollfressenden und sich unziemlichermaßen verlustirenden zuredet: Wehe euch, die ihr gesättiget seyd: Dann ihr werdet Hunger leiden: Wehe euch, die ihr jetzt lachet, dann ihr werdet trauren und weinen: Luc. 6. V. 25. Aber was richtet unser gütige Heiland mit so scharfer Bedrohung bei vielen Geistlichen aus? Wir sehen, erbarm sichs Gott! bei nicht wenigen große Ausgelassenheit und unordentliche Neigung zu den Gastmahlen und Fressereien, und wie selbige das Fasten gleich der Pest fliehen, heimliche Zusammenkünfte suchen, und den Bauch mit schleckerhaften Speisen anzufüllen sich bemühen.

6. Nun siehe, diese und dergleichen alle glauben alles, was die christkatholische Kirche zu glauben vorgestellet: und gleichwohl was sie glauben, das thun sie mit nichten. Soll man solche nicht billig als närrische Menschen auslachen? Nicht meine, sondern des hochgelehrten und gottseligen Johannis Avila Meinung und Urtheil über sothane Unmenschen höre an, meine christliche Seele: der meiste Theil der Menschen, sagt er, verdienen einen von diesen beiden Kerkern; entweder den Kerker derjenigen, die man im Glauben verdächtig hält, wann sie nicht glaubten: oder den Kerker der Narren und Unwitzigen, wann sie glaubten, und gleichwohl dem, was sie glauben, nicht nachlebten. Wiewohl nur solche auf dieser Welt in die verdiente Kerker nicht

geworfen werden; so ist doch außer allem Zweifel, daß diese nach gegenwärtigem zergänglichen Leben, in viel finsterere und abscheulichere, nämlich in die höllische Kerker werden geworfen werden; allwo sie die Schuld ihrer allzugroßen Thorheit werden bezahlen müssen. Derohalben ein jeder versichert sey, daß, wann er sothanen Kerkern zu entgehen, und des himmlischen Vaterlands Einwohner zu werden verlanget; ihm dasjenige, so er glaubet, auch in der That zu verrichten vonnöthen sey; denn gleichwie einem jeden reisenden Menschen, der seinen bestimmten Ort zu erreichen trachtet, zwei Stücke nothwendig seynd, nämlich das Aug und der Fuß; dieser zum Wandern, jenes aber den Weg zu erkennen: also wer zum Reich des Himmels einzugehen begehret, muß zwei Dinge haben: nämlich das Aug des Glaubens, und den Fuß des Werks; weil ohne diese keiner das verlangte Ziel, nämlich die ewig währende Seligkeit erreichen kann.

7. So will sich es dann geziemen, meine christliche Seele! daß du den wahren und lebhaften Glauben in die Mitte deines Herzens pflanzest; aus dem vielerlei annehmliche Blümlein der Tugenden zu deinem geistlichen Nutzen hervorkommen werden. Staplet in Dom. 6. post Epiph. Dann gleichwie die Gärtner derohalben zur Ernährung und Erhaltung der Baumwurzeln allen Fleiß anwenden, weilen von derselben Kraft alle Zweiglein des Baums zu genießen haben: also lassen sich die emsige Nährer der Tugenden auch in Pflanzung und Vermehrung des Glaubens keine Mühe verdrießen: dieweilen von diesem, als der Wurzel, die wahre Erhaltung derselben entstehet: Sintemalen nichts kräftigers

zu Versammlung und Vermehrung der gottgefälligen
Tugenden kann erfunden werden, als eben durch einen
starken Glauben gänzlich dafür halten, daß der gütige
Gott dieserhalben uns unendlichen Lohn zufügen werde.
Biomiard v. Fidei c. 4. Dann gleichwie die Hunde,
wann sie einen Raub sehen, demselben mit aller Geschwindigkeit zulaufen, und weder durch Steine, noch
durch Prügel sich darob verhindern lassen; also diejenige, welche durch den Glauben in Erkenntniß der himmlischen Güter kommen sind; fürchten sich vor keiner immer vorfallenden Beschwerniß, sondern suchen all solchen
himmlischen Raub mit allem Ernst und rühmlichen Eifer zu erfangen. Weiters ist auch der lebhafte Glaube
eine vortreffliche Arznei gegen alle Versuchungen und
Unfälle der Welt, des Fleisches, und des Teufels: denn
wird einer den Versuchungen Platz geben, und leichtlich
sündigen, wenn er wahrhaftiglich glaubet und in sein
Herz gleichsam eindrücket, daß nämlich wegen einer einzigen Todsünde dem allmächtigen Gott eine unendliche
Unbild und Schmach zugefüget werde, und daß er deßhalben der ewigen Strafe sich unterwerfe? Derohalben
gleichwie Samson, so lang er seine Haare behalten, alle
an Stärke übertroffen hat; und herentgegen als derselben beraubt, zumalen erschwächet ist. Jud. c. 6. solchergestalt, so lang einer den lebhaften Glauben behält,
wird er seine Feinde leichtlich überwinden; ohne den
Glauben aber von selbigen überwunden werden. Dahero sagt recht die heilige Jungfrau und Mutter Theresia, daß aller Schade und Sünden der Welt daher ihren
Ursprung nehmen, weilen die Menschen die Wahrheiten
der heiligen Schrift nicht genugsam durchdringen; wel-

che, wenn sie besser zu begreifen, sich äußerst bemühe=
ten, mit solcher Begierde die Bosheit gleichwie das Was=
ser nicht eintrinken würden. Aus diesem ist nun leicht=
lich zu erachten, mit was für einem Glauben ein jeder
müsse versehen seyn, auf daß er die feindliche List ver=
spotte, und das gewünschte Siegkränzlein darvon trage.

8. Im übrigen ist nach Meinung aller Gelehrten
sicher und gewiß, daß auch Gott den Willen für das
Werk belohne, wann nämlich das Werk nicht kann ver=
richtet werden: Weil nun diesem also; so gedenke ein
jeder bei sich selbsten, wie viele Garben der Verdienste
er nicht sammeln könne durch oft wiederholte Erweckun=
gen des Glaubens, welche da seynd zweierlei, einige so
äußerliche, und die andere so innerliche genennet wer=
den. Die äußerliche können nicht so leichtlich geübet
werden als die innerliche; es sey denn, daß einer un=
ter den Unglaubigen oder Ketzern wohne, woselbsten er
sattsame Gelegenheit für den Glauben zu leiden finde.
Derowegen sollen uns unterdessen genug seyn die inner=
liche Erweckungen oder Bekenntnisse des Glaubens, so
auf folgende, oder dergleichen Weise geschehen können;
nämlich daß man all dasjenige glaube, so in göttlicher
heiliger Schrift geschrieben ist, und was uns unsere
Mutter die christkatholische Kirche zu glauben vorstellet:
und daß man bereit sey, für all solche Wahrheit nicht
allein Leib und Leben zu verlieren; sondern auch daß
man von Herzen wünsche, Gelegenheit zu haben (falls
es der göttlichen Majestät also gefallen würde) in der
That selbsten um der Liebe Christi, und der Vertheidi=
gung der katholischen Wahrheit willen zu sterben. Ob
nun zwar einer wegen all solcher Begierde die Herr=

lichkeit, der beifällige Marterkrone nicht erlange (welche
allein gegeben wird denjenigen, so in der That um
Christi willen sterben, oder hätten sollen, wann sie durch
die Allmacht Gottes nicht wären erhalten worden) so
wird er doch ohne allen Zweifel der wesentlichen und
vornehmsten Glorie der Martyrer oder Blutzeugen Christi
theilhaftig werden; und zwar solcher, die er erlanget
hätte, wann er wirklich wäre getödtet worden. Diese
Wahrheit kann füglich und klärlich aus ob angezoge-
nem Grunde bewiesen werden.

9. Endlich ist allhier zu merken, daß ein jeder
reislich erkennen müsse, daß solche Glorie und Herrlichkeit nicht allen denen, so eine Begierde um Christi
willen zu sterben, erwecken, mitgetheilet werde, sondern
denen allein, die wahrhaftiglich und mit aufrichtigem
Herzen die Ehre Gottes zu vermehren ein Verlangen
tragen. Ob aber ein solches Verlangen aufrichtig sey,
kann aus zweien Zeichen vermerket werden. Erstlich,
wann einer sich unterstehet, nicht allein die tödtliche,
sondern auch die läßliche Sünden mit allem Ernst zu
meiden. Zweitens, wann er alle Trübsalen, sie kommen her, wo sie immer wollen, mit einem starken und
heroischen Gemüthe übersteht. Der diese Eigenschaften
nicht an sich hat, wann er schon tausendmal um Gottes willen zu sterben verlanget, wird ihm dannoch ein
geringer Verdienst zu theil werden: dieweilen solche Begierde oder Wille nicht aufrichtig und fest, sondern nur
ein blosser und nüchterer Wille ist, der von dem sonst
dankbaren Gott nicht vergolten wird. Daß aber diesem
also sey; bin ich Vorhabens im Verfolg dieser Lektion
zu beweisen, und sage, daß, gleichwie die Marter selbst

in sich die vollkommenste Erweckung der Liebe in der
That selbsten begreifet; also muß der Wille zu sterben,
damit er recht und aufrichtig sey, dieselbige Erweckung
der Liebe in sich haben. Wann nun die Sünden zumalen mit dieser Liebe nicht zugleich stehen können, so
folgt handgreiflich, daß die Begierde das Blut zu ver-
gießen, nicht könne mit der Sünde stehen; weilen solche
Begierde mit derselbigen Liebe eine einschließliche Gemeinschaft hat. Zweitens, weilen die Marter das größte
und vornehmste Werk der Standhaftigkeit, und ein Zeichen der Starkmüthigkeit ist; und folglich, wer die schwereste Sachen um Gottes willen zu leiden Lust hat, der
muß auch starkmüthiglich wagen die geringere und leichtere Bürden; als da sind Versuchungen, Verfolgungen,
Schmachreden, Hunger, Durst, und übrige, sowohl des
Leibs als der Seelen Widerwärtigkeiten; dann diese alle
geringern Werths, als die Marter selbst, geschätzet werden; derohalben derjenige, so diese geringe Beschwernisse nicht ertragen kann, wird ungezweifelt zur Marter
unbequem seyn; daraus erfolget, daß sothaner Wille
für den Glauben zu sterben, kein wahrer und aufrichtiger Wille sey; sintemalen derselbige eine große und
schwere Last auszustehen nicht vermag, welcher eine
wenigere und leichtere zu tragen nicht bestand ist. Was
ist nun anders übrig, meine christliche Seele, als daß
du dich befleißest, da es noch Zeit ist, öftere innerliche Glaubensbekenntnisse beinebens einer herzlichen Begierde, um Christi willen zu sterben, in deiner Seele zu
erwecken. Damit du aber, Kraft dieser Begierde, die
ewige Belohnungskrone darvon tragest; leide standhaftiglich die vorfallende Widerwärtigkeiten, meide die Sün-

ben, und verrichte die Werke des Glaubens, und wann
du diesem allem möglichst wirst nachgelebt haben, so
vertraue auf Gott, und versichere dich in demselben, daß
du die versprochene Belohnung unfehlbarlich erlangen
werdest.

Die andere
geistliche Lection
von der
zweiten theologischen Tugend, nämlich der
Hoffnung.

Confugimus ad tenendum propositam spem,
quam sicut anchoram habemus animae tu-
tam ac firmam. Hebr. 6, v. 9.

Lasset uns unsere Zuflucht dahin nehmen, daß wir
die vorgelegte Hoffnung erhalten, welche wir
haben als einen sichern und festen Anker der
Seele.

Der erste Theil.

Alldieweilen die Hoffnung eine große Gemeinschaft und
Nachbarschaft hat mit dem Glauben; dann, laut Zeugniß des Apostels, ist der Glaube das Grundfeste der
Dinge, die man hoffet; und diejenige unermeßliche Güter, so der Glaube zeiget, verlanget die Hoffnung, und
lebet der tröstlichen Zuversicht, mit der Hülfe Gottes
solche zu erlangen: Derowegen, weilen wir mit dem
Glauben den Anfang gemacht haben, wird sich es auch
geziemen, daß wir von der Hoffnung; das ist, dem
Vertrauen zu Gott (welche die allervollkommenste Hoff-

nung iſt) zu handeln fortfahren, und auf die Gnade
Gottes vertrauend; dasjenige kürzlich vorzuhalten,
welches zu Erhaltung dieſer Tugend, und zu Vermeh=
rung des Vertrauens zu Gott in uns erſprießlich ſeyn
mag. Weilen aber der heilige Apoſtel die Hoffnung
einem Anker vergleichet, wie oben zu ſehen iſt; ſo wird
es nöthig ſeyn, die Eigenſchaften eines Ankers beſter=
maßen zu erforſchen. Gleichwie nun ein Anker aus
Eiſen muß gemacht ſeyn, alſo muß unſere Hoffnung feſt
und hart ſeyn, die ſich nicht auf unſere Kräften, ſon=
dern allein auf die göttliche Gütigkeit lehne. Dahero
entſtehet, daß Gott im 90ſten Pſalmen V. 14. ſeine Be=
ſchützung denen verſpricht, die ſich ſelbſten mißtrauen,
und auf ihn allein ihre Hoffnung mit deſſelben höchſt=
gebührender Ehre ſetzen; Dieweil er gehoffet hat, ſagt
der Herr, ſo will ich ihm aushelfen: Ich will ihn be=
ſchirmen: denn er hat meinen Namen erkannt.

2. Zu dieſem unſerm Vorhaben leſen wir im Buche
der Richter Kap. 7. V. 2., daß, indem der Gedeon
ſammt dem ganzen Iſraelitiſchen Volke, um mit den
Madianitern zu ſchlagen, ſich bereitet, der Herr zu ihm
geſagt habe: Es iſt ein groß Volk bei dir, und ſollen
die Madianiter in ihre Hände nicht übergeben werden.
Sollte man nicht billig urtheilen, Gott hätte ſollen ſa=
gen: weilen bei dir viel Volk iſt, darum werden die
Madianiter in ihre Hände übergeben werden; dann, ſo
das Volk wenig geweſen wäre, hätte recht können ge=
ſagt werden, daß die Madianiter in ihre Hände nicht
gerathen würden; dieweilen ſie zum Streiten zu ſchwach
wären. Was aber iſt die Urſache einer ſo ungereimten
Manier zu reden? Keine andere, als dieſe: Auf daß

Israel sich nicht rühme wider mich, und sage, ich bin durch meine Stärke befreiet worden: und also nicht Gott, sondern ihren eigenen Kräften den Sieg zuschreibe; derohalben soll Madian in ihre Hände nicht übergeben werden. Damit nun das Israelitische Volk gewünschtermaßen über seine Feinde obsiegen möchte, so hat Gott befohlen, daß nur dreihundert Mann verbleiben, und sich zum Streiten bequemen sollten; damit sie also ihrer Stärke mißtrauend, auf Gottes Hülfe sich allein verlassend, erkennen möchten, daß der Sieg einzig der Hand Gottes zugeschrieben sey. Diese dreihundert dann haben solchergestalt ein unzählbares Kriegsheer überwunden: dann Gott will, daß aller Sieg, als eine Gabe der mildväterlichen Hand; und nicht als unser eigener Verdienst, von uns erkennet werde.

3. Zum andern, gleichwie ein Anker auf den Seiten mit zweien Spitzen versehen ist; also muß auch die Hoffnung mit zweien Tugenden, nämlich mit der Furcht Gottes, und langwieriger Geduld vergesellschaftet seyn. Damit du aber, meine christliche Seele, dieses wohl fassen mögest, ist dir nöthig, daß du die gewöhnliche Manier wissest, die Hoffnung zu üben und zu erwecken. Diese aber besteht darin, daß die kindliche Furcht allezeit mit ihr vereiniget werde; wie der heilige Bernardinus sagt: Serm. 15. in Psalm. Qui habitat. Die Hoffnung hat einen großen Verdienst, wann sie mit der Furcht vereiniget ist: mit dieser Furcht kann man sehr nützlich hoffen. Diese Furcht aber ist eine kräftige und beständige Marter der Hoffnung: und weilen Salomon dafür hält, daß in der Furcht sey das Vertrauen der Stärke Prov. 14. V. 26.: derohalben da unser heilige

Vater Augustinus die Brüder in der Wüsten ermahnete, sprach er ihnen von der Hoffnung also zu: Meine liebe Brüder, diese liebet, diese haltet, aber nicht ohne Furcht: dann der hoffet, und nicht fürchtet, ist nachläßig: Der aber fürchtet und nicht hoffet, wird sinken, und hinunter wie ein Stein in den Grund fallen. Serm. 15. Derohalben bezeuget billig der fromme David Psalm 46. V. 11. daß der Herr ein Wohlgefallen habe an denen, die ihn fürchten, und hoffen auf seine Barmherzigkeit.

4. Die Geduld aber, als die andere Gesellin der Hoffnung, bestehet in dem, daß wir keineswegs die Hoffnung lassen verloren gehen, wann wir schon nach unserm Belieben dasjenige nicht erlangen, was wir begehrt haben: dann also pflegt Gott mit uns zu handeln, daß er uns aus erheblichen Ursachen alsobald nicht erhöret; sondern entweder wegen unseres Mißtrauens, oder damit er unsere in den Tugenden geübte Kräfte zur Probe stelle; oder auch daß er mit größern und nützlichern Gnaden uns bereichern wolle; die Einwilligung verschiebe. Wer will dann verzagen, und das unschätzbare Kleinod, nämlich die Hoffnung so liederlich von sich werfen? vielmehr wollen wir mit dem frommen Job (der am ganzen Leibe erkranket, seiner Kinder beraubet, von seinen Freunden verspottet, und aller Güter entblößet war, den Herrn gleichwohl lobete) lieben und von Herzen sagen: Wenn er mich schon tödten wird, so will ich doch auf ihn hoffen. Job 13. V. 15. Ist aber nun dieser einfältige und beständige Diener Gottes in seiner Hoffnung betrogen worden? Ganz und zumalen nicht; dann er hat nicht allein das Verlorne wieder bekommen, sondern hat auch wegen seiner langwierigen Geduld viel

mehrere und größere Wohlthaten von Gott empfangen.
Zu dessen genugsamer Bekräftigung, neben unzählbaren
andern Geschichten und Exempeln, dienet uns der heilige
Joachim und Anna, welche so viele Jahre lang mit
vielfältigen Gelübden und unaufhörlichem Gebete und
andern andächtigen Werken die eheliche Leibesfrucht von
Gott inständiglich begehret haben; und gleichwohl hat
Gott sothanen seines liebsten Dieners und Dienerin im=
merwährendes Anhalten zu erhören, bis in die zwanzig
Jahre dergestalt aufgeschoben, daß selbige gleichsam vor
versluchte, und wegen ihrer großen Sünden von dem
gerechten Gott gestrafte Eheleute nicht allein öffentlich
gehalten worden, sondern auch neben diesem, von Je=
dermann viele Schmach haben leiden müssen. Weilen
aber diese heiligste Eheleute die tröstliche Hoffnung zu
Gott fest gehalten; derohalben sind sie nicht allein ge=
würdiget worden, auch in ihrem Alter der gewünschten
Ehefrucht zu genießen; sondern auch die, durch so vieler
seligen Altväter herzliche Begierden verlangte, und durch
so vieler heiligen Propheten Weissagungen, der Welt
verkündigte allerheiligste Jungfrau, nämlich die aller=
glorwürdigste Mutter Gottes Maria zu gebähren, und
also mit dem verfleischten Worte in sehr nahe Bluts=
verwandtschaft gelangen. Hieraus ist nun klärlich zu
ersehen, wie viel daran gelegen sey, daß man ein festes
und beständiges Vertrauen auf Gott habe. Wie aber
schließlich ein Anker an ein Seil geheftet, in den Grund
des Meers hinabgelassen wird, also muß die Hoffnung
an das Seil der göttlichen Liebe gebunden, und in den
unermeßlichen Fluß der unendlichen Gütigkeit Gottes
hineingesenket werden.

5. Auf diese vorgesetzte Erklärungen wollen wir nun sehen, was für einen Nutzen dieser Anker schaffe: meines Erachtens werden wir verstehen, daß selbiger das Schifflein unsers Herzens vor den Wellen der Versuchungen unverletzt erhalte. Derohalben sagt der heilige Augustinus: Diese Hoffnung haben wir in das heilige Land als einen Anker voraus gesendet, auf daß wir auf sothanem Meere nicht verirren, und also Schiffbruch leiden mögen: dann gleichwie man von einem Schiffe, welches auf den Anker lieget, recht saget, daß es in Sicherheit sey; obschon es noch auf dem Wasser schwebet: also ist unsere Hoffnung gegen die Anfechtungen dieser unsrer Pilgerfahrt auf das himmlische Jerusalem gegründet. Dergleichen Hoffnungsanker bezeuget der königliche Prophet in seinem zwanzigsten Psalmen, daß er in den unergründlichen Fluß der göttlichen Gütigkeit hinabgelassen, und sagt: Der Herr ist mein Licht und Heil, wen soll ich dann förchten? Wenn schon ein Heerlager wider mich geschlagen wäre, so sollte sich mein Herz doch nicht förchten, wenn schon ein Streit wider mich aufstünde, so will ich mich darauf verlassen Psalm. 26. v. 1. 2, 5. 6. Sage mir nun, meine christliche Seele! ist dann dieser fromme Diener Gottes in all solcher seiner Hoffnung schamroth worden? Im Geringsten nicht, dann Gott hat denselben als einen Augapfel immerzu behütet, und auch in den äußersten Gefahren mildväterlich beschützet. Und ob zwar der König Saul alle Gelegenheit, den David zu tödten, gesuchet, hat er sich doch umsonst bemühet, weilen Gott den David bewahrete; wie im ersten Buch der Königen c. 23. v. 26. zu lesen ist. Da dieser David in der

Wüſte Moan verborgen war, da umzogen Saul und
ſeine Männer denſelben mit den Seinigen, und gaben
ſich rings um ſie, wie eine Krone bergeſtalt, daß auch
keine Hoffnung zu entkommen ſich zeigete; dann ſie waren, gleich einem mit Hunden und Stricken umgebenen
wilden Thiere, an allen Orten umſetzet: derohalben es
das Anſehen hatte, als wann es dieſer Gefahr zu entfliehen zumalen unmöglich wäre. Siehe aber, wie Gott
ſeine Diener beſchirmet, und aus den Händen des
Sauls errettet habe. Als dieſer wie ein grimmiger
Löwe nach dem gefangenen Raub heftig frohlocket, da
kommt unverſehens eine traurige Botſchaft, daß nämlich
die Philiſtäer das Land überfallen, und Alles verheere-
ten: derohalben der Saul den David zu verfolgen auf-
zuhören, und den Philiſtäern entgegen zu ziehen gezwungen wurde. Alſo iſt der oftgemeldte David durch die
Verhängniß Gottes den Händen ſeiner Feinden entflo-
hen: und obſchon dafür gehalten wurde, David ſey
nunmehro in der Gewalt des Sauls, ſo iſt er dannoch
von dieſer Verzweiflung befreiet worden: dann einmal
gewiß iſt, was der Prophet Thren. 3, v. 25. ſagt:
Der Herr iſt gut denen, die auf ihn vertrauen, und der
Seele, die ihn ſuchet.

6. Dieſem heiligen Könige iſt in dem Vertrauen zu
Gott nicht gewichen der große Patriarch Abraham; dem
nunmehro alten Vater hat der Herr befohlen, er ſollte
ſeinen Sohn ſchlachten. Damit nun der Alte dieſem
Befehle alſobald Gehorſam leiſtete, iſt er mit ſeinem
Sohne Iſak, dem von Gott ihm angewieſenen Berge
hinzugegangen, und wiewohl der heilige Mann mit
dieſen oder dergleichen Gedanken angefallen wurde:

Was ist das? soll ich meinen, und zwar eingebornen
Sohn, schlachten, wie wird dann die Verheißung Gottes
erfüllet werden, kraft deren mein Samen, als wie die
Sterne des Himmels, solle vielfältig vermehret werden?
Der kluge Abraham aber ist mit keiner andern Antwort
diesen seinen Gedanken begegnet, als mit dieser: Gott
wird es versehen. Da nun der dritte Tag herankam,
und sie den Berg vor sich sahen, wendete sich Isaf zu
seinem Vater und sprach: Siehe mein Vater, hier ist
Feuer und Holz, wo ist aber das Opfer? und Abra=
ham sprach: Gott wirds versehen Gen. 22. v. 2 et. 8.
Und wahrlich! Gott hat es versehen; dann der Vater,
wie der heilige Chrysostomus sagt, hat geopfert; der
Sohn hat sich selbsten zum Opfer erbothen; und Gott
hat beide ihm angenehmste Opfer angenommen, und
sind gleichwohl ein lebendiges Opfer verblieben. Also
ist Abraham voller Hoffnung zu Gott bis zu dem Berge,
bis zum Altar, und endlich bis zum Streich gekommen,
mit welchem er seinem Sohne das Leben nehmen wollte,
zumalen er nun gnugsam in sein Herz hatte eingedrückt
diese Worte: Der Herr wird es versehen.

7. Derohalben derjenige, so mit dem David vom
Wüthen des Sauls (ich will sagen unserer Feinde, der
Welt, des Teufels und des Fleisches) befreiet, und mit
dem Patriarchen Abraham mit allen himmlischen Segen
erfüllet zu werden verlanget: wer auch den schnöden
Winden der Versuchungen zu entgehen, und die schäd=
liche Felsen der Widerwärtigkeiten zu meiden begehret;
und wer schließlich auf dem grimmigen Meer dieser
Welt schiffend, der unbeständigen Wellen und fast im=
merwährenden Ungewitters Ungestümigkeiten in gewünsch=

ter Sicherheit zu fliehen trachtet; demselben ist nöthig,
daß er in allen, absonderlich aber in widrigen Zufällen zu diesem Hoffnungsanker seine Zuflucht nehme, und
mit großem Vertrauen zu Gott mehr mit dem Herzen,
als mit den Lefzen sage: Der Herr wird es versehen.
Wann nun, meine christliche Seele! zu Zeiten einige
Versuchung anklopfet, und der Menschen allgemeine Widersacher dir eingiebt: Wie kann ich weiters den heftit-
gen Stacheln der Versuchungen widerstehen? Ach! ich
vermag ja nicht so große Beschwernisse länger zu erdulden; es fällt mir schwer: ich kann nicht länger! Alsdann gieb mit starker und vollkommener Hoffnung diesen deinen Gedanken zur Antwort: Obschön hierzu
meine Kräfte zu schwach seynd, so werde ich dannoch
obsiegen durch die Hülfe Gottes, zu dem ich hoffe.
Eben selbiges thue auch, wann du ein oder anderes
Laster auszureuten, oder eine gewisse Tugend zu erwer-
-ben dich bemühest, und der leidige Satan dich in die
Verzweiflung zu stürzen sich unterstehet; indem er all
solchen Werks fast schreckende Unmöglichkeit dir vor die
Augen mahlet. In diesen Zufällen mußt du sonderbar
dein Gemüth durch die Hoffnung zu dem Allerhöchsten
anfrischen, dem bösen Feind widerstehen, und sagen mit
dem heiligen Apostel Paulo: Ich vermag Alles in dem,
der mich stärket.

8. Weiters sollest du dich dieser Uebung befleißen,
wann entweder eine gemeine, oder auch eine besondere
Noth würde vorfallen: zu der ersten gehöret, wann
man nämlich die Pest, den allgemeinen Hunger, oder
andere bevorstehende Krankheiten förchtet: oder unser
Glaube von vornehmen und mächtigen Personen große

Verfolgung litte, oder sonsten hart gedrücket würde:
ingleichem wenn du siehest, daß die beste Vorsteher der
Kirche durch den zeitlichen Tod hindannen gerissen werden, durch deren Mangel der Kirche ein merklicher
Schade könnte zugefügt werden, und wann du auch
solltest sehen, daß solche Personen zu Obrigkeiten erwählet oder gesetzt worden, die sich selbsten wohl vorzustehen nicht vermögen; und ihre Brüder oder Schwestern
nicht allein zur Uebung der Tugenden nicht antreiben,
sondern auch diejenige, so gern im Geist Gottes zunehmen wollen, darob verhindern: und welche nach Aus-
sag des Propheten, nicht die Heerde, sondern sich selbsten weiden, was verworfen ist, nicht herbeiführen, was
verloren ist, nicht suchen, was zerbrochen ist, nicht verbinden, und was schwach ist, nicht stärken Ezech. 34.
v. 4. In diesen und dergleichen Gelegenheiten (so oftmals die innerliche Ruhe des Herzens zerstören) ist das
beste Mittel, meine christliche Seele! daß du alsbald
deine Zuflucht nehmest zu dem Anker der Hoffnung, und
glaubest festiglich, auch annetzens im Sinn haltest, und
dich gebrauchest der Worten Abrahams: Der Herr wird
es versehen. Wirf weit von dir alle unordentliche Sorgfalt über die zukünftige Begebenheiten, und gedenke, daß
sothane, wiewohl große Uebel, zu höchster Ehre Gottes,
und zu Offenbarung der göttlichen Urtheilen gereichen
können. Auch mußt du wissen, daß dieses alles diejeni-
nige, so mit Andacht auf Gott vertrauen, entweder von
dem Wust ihrer Sünden reinige: oder zur Erhaltung
christlicher Tugenden, denselben beförderlich sey; oder
ihnen zu weit größerer Glorie und ewigen Seligkei-
den Weg bereite. So wende dich dann in allen dieser

Elendwirbeln zu der göttlichen Mildigkeit; hoffe und
vertraue, daß alle diese durch Gottes Zulaffung über
dich entstandene Uebel zu reichlicherer Hoffnung deines
geistlichen Gedeihens und Nutzens dir dienen werden.
Wann du nun dieses fleißig wirst gehalten haben, so
hast du das Böse in das Gute verwandelt; und wirst
ohne Zweifel auch keine Wellen der schädlichen Unruhe
mehr zu förchten haben: kraft deren Viele von einem
Felsen der Armseligkeit zu dem andern geworfen und
getrieben werden. Merkest du nun, wie große und
wichtige Güter von dieser Tugend herrühren? welche
du aber aus folgenden Beispielen klärlicher verstehen
wirst.

Der andere Theil.

Da einer zum öftern ängstig und von den Wellen
der Furcht und Hoffnung gleich einem Schifflein hin und
wider getrieben worden, hat er sich einsmals mit Traurigkeit umgeben, vor einem Altar zu beten niedergeworfen, und folgendergestalt mit sich selbsten geredet. Thom.
a Kemp. l. 1. C. 25. Ach möchte ich wissen, ob ich
in meinem angefangenen Stand verharren würde? und
siehe, alsbald ist er innerlich dieser göttlichen Antwort
gewürdiget worden: Wann du das wüßtest, was wolltest du thun: thue nun, was du alsdann thun wolltest
und also wirst du sicher genug seyn. Zur Stunde ist
dieser hierab getröstet und gestärket worden, hat sich
dem Willen Gottes ergeben, ist von dem ängstigen
Wanken befreit worden, und hat hinfüro nicht mehr
vorwitziglich wollen nachforschen, was ihm inskünftig
widerfahren würde; sondern hat sich mehr befliffen, in

Erfahrung zu kommen, wie er sich in allen guten Werken immer nach dem Willen Gottes am besten richten möchte. Aus welchem genugsam zu schließen ist, daß wir nicht freventlich sollen durchsuchen, was uns künftig begegnen werde, sondern daß man in allem der göttlichen Majestät traue, daß sie uns als ein allergütigster Vater von allen Uebeln bewahren, und viel größere Sorge für uns haben werde, als auch die klügste Eltern für ihre Kinder tragen können. Daß also wahr ist, was der Prophet sagt: Kann auch eine Mutter ihres kleinen Kinds vergessen, daß sie sich nicht erbarme über den Sohn, der von ihrem Leibe geboren ist? und wann sie desselben vergessen würde, so will ich deiner doch nicht vergessen. Isai. 49. V. 15. O was kann süßer, was kann liebreicher und fröhlicher einem Diener Gottes vorkommen, als die so annehmliche Stimme seines Herrn: Ich will deiner nicht vergessen.

10. Und wann schon einer große und gewöhnliche Bußwerke verrichtete; oder mit so vielen Exempeln der heroischen Tugenden Andern vorleuchtete, als er immer möchte: so muß doch solcher auf diese gute Werke seine Hoffnung nicht gänzlich setzen; sondern ist schuldig, selbige auf die göttliche Gütigkeit, und die unendliche Verdienste Christi zu werfen; dieweilen solches Vertrauen der Teufel vielmehr förchtet, als die Uebungen der Tugenden selbsten; welches augenscheinlich zu sehen aus dem, was dem h. Bernardo widerfahren ist Sur. 20. Aug. in vit.: dann da selbiger mit einer schweren Krankheit behaftet, zum Ende seines Lebens zu nähern schien, ist ihm vorkommen, als wann er vor dem Richterstuhle Gottes stünde: und als er daselbsten gröblicher

und heilloſer Weiſe vom leidigen Satan angeklagt
wurde, hat ihm derſelbige um die Verantwortung zu
thun genugſame Weile erſtattet; es ſagte aber der gottſelige und ungebührlich angeklagte Bernardus nicht, daß
dieſem nicht alſo wäre; er ſagte nicht, daß, wenn ſchon
dieſe Anklagungen rechtmäßig wären, er darfür ſchon
längſt mit vielen Zähren und andern guten Werken
ſattſame Buße gethan hätte: nichts dergleichen hat Bernardus zu ſeiner Vertheidigung vorgebracht; ſondern
hat geantwortet: ich bekenne gern, daß weder mir, noch
meinen Werken der Himmel gebühre; ſolches ich zumä-
len unwürdig bin: weilen aber mein Herr denſelben
mit doppeltem Recht erworben hat, nämlich durch die
Erbſchaft des Vaters, und durch die Verdienſte des
bittern Leidens; ſo iſt er mit einem zufrieden, und
ſchenket mir das andere. Von dieſem geſchenkten Recht
lebe ich der tröſtlichen Zuverſicht, daß ich deſſen Erbe
ſeyn werde. Nach ſolcher erſtatteten Antwort iſt der
hölliſche Ankläger ganz ſchamroth worden, und ſammt
allem Schein des Gerichts Richterſtuhls verſchwunden.

11. Willſt du nun, meine chriſtliche Seele, wider
ſolchen Feind obſiegen, ſo fliehe unter den Schirm der
Hoffnung: und wann du ſolche Tugend leichtlich zu erwerben begehrſt; ſo folge dem weiſen Salomon und
betrachte fleißig die unendliche Gütigkeit deines Gottes:
Haltet vom Herrn in der Güte, und ſuchet Ihn in
Einfalt des Herzens Sap. 1. v. 1. Dieſes hat in
Wahrheit treulich geleiſtet die heilige Gertrudis, ſo deſſenthalben ſolches Vertrauen zu Gott geſchöpfet hat, daß
weder Trübſal noch Gefahr, weder einiger Schade der
zeitlichen Güter, noch andere Unglückſeligkeiten, weder

auch ihre eigene Mängel und Fehler dieselbe hätten betrüben können: dann sie durch vorhergehende Betrachtungen sich zumalen versichert hatte, daß dieses alles sowohl Gutes als Böses, nach Anordnung der göttlichen Vorsichtigkeit, zum besten und geistlichen Gedeihen ihrer Seele gereichen würde. Blos. c. 13. Monil. Spir. Derohalben ist Christus unser Heiland, dieser Jungfrauen erschienen: und damit er selbige in ihrem gefaßten Vertrauen mehr und mehr bestätigen möchte, hat er derselben mit diesen Worten zugesprochen: Dasjenige Vertrauen, so der Mensch auf mich allein hat, und glaubet, daß ich könne, wolle und wisse ihm in allem treulich zu helfen, solches durchdringet mein göttliches Herz, und thut meiner Gütigkeit solche Gewalt an, daß ich nicht ablassen kann, demselben zu willfahren, und ihm die hülfliche Hand zu reichen, wegen des Wohlgefallens, das ich empfinde, indem ich sehe, daß er sich gänzlich an mich gehangen habe. Also hat Christus gesprochen zu seiner lieben Braut der heiligen Gertraud.

12. Obwohlen solche über Hönig und Hönigseim süße Worte einer andächtigen Seele genug seyn können, ein großes Vertrauen zu ihrem Jesu zu schöpfen, so kann ich doch nicht vorbeigehen zu melden dasjenige, was der himmlische Bräutigam der heiligen Mechtildi zu mehrerm unserm Trost, mit folgenden Worten uns offenbaret: Es gefällt mir sonderlich, sagte Christus, daß ich sehe, wie die Menschen auf meine Gütigkeit vertrauen: der nun ein solcher ist, und in dem verharret, den will ich in diesem Leben sonderbar belohnen, und will ihm im anderen Lben mit einem überhäufigen Lohn versehen: und wie mehr er auf mich vertrauen

wird, je mehr er auch von mir erhalten wird: dann es
ist unmöglich, daßjenige, so er von mir zu erlangen
festiglich geglaubt und gehoffet hat, nicht zu erlangen,
weilen ich selbiges versprochen habe. Derohalben, der
große Dinge von mir erwartet, der stelle sein Vertrauen
auf mich. Da aber die andächtige Braut ihren Bräutigam fragte, was sie am vornehmsten von seiner unaussprechlichen Güte glauben sollte: hat ihr der Herr
geantwortet: habe du dann festen Glauben, daß ich dich
nach deinem Tode, gleichwie ein Vater seinen allerliebsten Sohn werde aufnehmen; und glaube sicherlich, daß
niemalen ein Vater seine Erbschaft so treulich und aufrichtiglich mit seinem einzigen Sohn getheilet habe, als
ich alle meine Güter, und mich selbsten dir überlassen
werde. Selig ist derjenige, welcher dieses besagtermaßen
von meiner Gütigkeit mit einer demüthigen Liebe gegen
mich festiglich glaubet.

13. Ohne allen Zweifel hast du nun, meine christliche Seele, aus diesem verstanden, was für unermeßliche Güter aus diesem andächtigen Gebet zu Gott entspringen. Soll man dann nicht allen möglichen Fleiß
und Mühe anwenden, solches Vertrauen zu erwerben?
du hast auch zugleich die höchste Liebe Christi gegen uns
armselige Menschen angehöret: So erhebe dann und
erhöhe deine Stimme zum Lob eines so gütigen Herrn,
und sage mit andächtigem Herzen: Dich Gott loben
wir: oder einen andern Dankspruch. Nach diesem be-
weine und verfluche die große Blindheit der armen
Weltkinder; daß nämlich so wenige gefunden werden,
die ihre Hoffnung auf den gekreuzigten Jesum setzen;
und hergegen der meiste Theil auf die zergängliche Gü-

ter sich lehne. Du aber trage Sorg, daß du in diese
unglückselige Zahl nicht gerechnet werdest. Im übrigen
weilen ich nicht zweifle, daß du an den Historien oder
Geschichten ein Gefallen habest; so erzähle ich dir aus
unzahlbaren andern eine, laut deren unsere angeführte
Lectionen sattsam bekräftiget werden 2. p. vitae Christi
c. 50. Historia. Der gottselige Ludolphus von Sach=
sen erzählet, daß ein gewisser Klostergeistliche mit vie=
len Offenbarungen sey begnadiget worden: und als
dieses einem andern Geistlichen desselben Gottshauses, zu
Ohren kommen, habe selbiger inständig begehret, er
möchte doch den lieben Gott bitten, daß er ihm anzei=
gen wollte, ob er unter die Zahl der seligen Auserwähl=
ten gehöre. Da nun dieser fromme Mann durch öfte=
res Anhalten seines Mitbruders überwunden, solches mit
beharrlichem Gebet von Gott begehret; ist ihm offen=
baret worden, daß dieser gemeldte Geistliche unter die
Zahl derjenigen, so zur ewigen Verdammniß gehören,
gezählet werde. Weilen er aber mit solcher widrigen
Zeitung seinen Mitbruder nicht betrüben wollen, als
hat er selbige einige Tage lang verschwiegen. Entlich
aber, da er von ihm gefragt worden, hat er, wiewoh=
len ungern, geantwortet, daß er der Zahl der Verdamm=
ten zugeeignet sey: da dann selbiger, weilen er in der
heiligen Schrift sonderlich erfahren; mit dankbarem Her=
zen gesprochen: Gebenedeiet sey Gott: nun will ich
gleichwohl nicht verzweifeln; sondern will vielmehr die=
jenige Buße, so ich zum Eingang in das geistliche Le=
ben habe angefangen, hinführo zwei= ja dreifach ver=
mehren, bis ich endlich Gnade und Barmherzigkeit bei
dem, der unendlich gütig ist, finden möge. Nach gerau=

mer Zeit hernach ist abermal dem vorgemeldten Geist=
lichen offenbaret worden, daß dieser sein Mitbruder un=
ter die Seligmäßige gezählet würde; und nachdem er
selbige Zeitung ihm mit großem Frohlocken hinterbracht,
ist dieser nicht ohne sonderbare Freude in seinen gött=
lichen Uebungen standhaftig fortgefahren, und also täg=
lich von einer Tugend zu der andern schreitend ohne
Unterlaß im Guten verharret.

14. Ist dann nicht wahr, meine christliche Seele;
was der königliche Prophet meldet: Wer auf den Herrn
vertrauet, den wird die Barmherzigkeit umgeben, Psal.
31, V. 10. In was für elenden Stand sollte dieser
Geistliche gerathen seyn, wann er auf so traurige Bot=
schaft alsbald die Hoffnung von sich geworfen hätte!
meines Erachtens würde er sich in die Tiefe der Ver=
zweiflung, und folgends in den Abgrund der Hölle ge=
stürzet haben. Weilen er aber wohl wußte, daß der
Menschenheiland nicht gekommen sey, die Sünder zu
verderben, sondern selig zu machen, darum hat er festig=
lich geglaubet, daß ihm nicht die Hölle, sondern der
Himmel zu Theil werden könne: und, siehe, was er
gehoffet, das hat er erlanget, nach dem Spruch des
weisen Mannes: Wisset, daß keiner auf den Herrn ver=
trauet hat, und ist zu Schanden worden. Eccl. c. 2.
V. 11. Damit wir nun dich mit Verziehung dieser un=
erer Ermahnung nicht zu lang aufhalten, so wollen wir
dieselbe schließen mit dem, was die Gelehrte Scriben=
ten Evagrius, Nicephorus und andere hervorkommen
lassen; daß nämlich unter andersmalen, auch im Jahr
Christi 528 die Stadt Antiochia mit einer gefährlichen
Erdbewegung sey heimgesucht worden. Zu selbiger Zeit

hat Gott einem sichern heiligen Mann diesen Rath ge=
geben; daß man über alle Hausthüren außerhalb schrei=
ben solle: Christus est nobiscum; sta. Christus ist mit
uns; stehe. Dieser war freilich ein sehr heilsamer Rath:
dann allen denjenigen, so ihre Häuser mit diesem Schilde
bewaffnet haben, hat dieses erschreckliche Erdbeben kei=
nen Schaden zugefügt: dahero diese Stadt einen neuen
Namen bekommen, nämlich Theopolis, das ist, die Stadt
Gottes. Also kann auch füglich gesagt werden von dem=
jenigen, welcher in sein Herz vertiefet hatte diese Worte:
Christus ist mit mir, hier stehe ich, und setze meine
Hoffnung einzig und allein auf ihn. Wann derohal=
ben sich diese Ueberschrift in menschlichen Herzen finden
lasset, allda ist Christus als ein gewaltiger Beschützer
zugegen, der alle Trübsal und Schwermuth erleichtert,
und mit diesen holdseligen Worten seinen Diener trö=
stet! Ego sum. Ich bins, fürchte deine Feinde nicht,
erschrecke nicht vor den Widerwärtigkeiten, dann ich bin
dein Helfer und Beschirmer: Sie werden zwar gegen
dich streiten, aber werden dich nicht überwinden. Warum
mein Christe? Weilen ich mit dir bin, spricht der Herr,
auf daß ich dich errette. Derohalben meine christliche
Seele, damit du den vorfallenden Schreckungen der
Trübseligkeiten und Versuchungen mit lachendem Her=
zen unverletzt entgehen mögest; so versäume nicht, das=
selbige mit dieser heilsamen Ueberschrift zu befestigen:
Christus ist mit mir. Ueberlege annebens auch wohl,
was ich zu meinem sowohl als deinem sonderbaren Trost
kürzlich aufgezeichnet habe, so wirst du außer allem
Zweifel das Siegkränzlein darvon tragen, sintemalen
nach Zeugniß des heiligen Propheten Davids, die auf

den Herrn vertrauen, ſind wie der Berg Siøn, der zu
Jeruſalem bleibet, und mag in Ewigkeit nicht beweget
werden.

Die dritte
geiſtliche Lection
von der
Barmherzigkeit Gottes.

Universae viae Domini misericordia et veritas.
Psalm. 24, v. 11.

Alle Wege des Herrn ſind Barmherzigkeit und
Wahrheit.

Der erſte Theil.

Es iſt genügſam bekannt aus dem, was vorhin gemeldet, wie viel daran gelegen ſey, daß man ein andächtiges Vertrauen zu Gott habe; dahero mir vorgenommen habe, zu deſſelben Vermehrung von der Barmherzigkeit Gottes in gegenwärtiger Lection zu handeln:
Zumalen die Betrachtung derſelben, die Kleinmüthige
zur Hoffnung aufzumuntern ſehr nützlich iſt; ſo gar auch,
daß wann ein Zweifel oder Streit unter den göttlichen
Eigenſchaften entſtehen ſollte, maßen ſich unter den Apo-
ſteln ereignet hat, wer unter ihnen der größte wäre: ſo
würde gewißlich die Barmherzigkeit Gottes den Vorzug
gewinnen; alldieweilen ſelbe der prophetiſchen Ausſage
gemäß, ſich zu allen Enden der Welt erſtrecket. Die
Erde iſt voller Barmherzigkeit und Wahrheit. Pſ. 118.
Desgleichen hat die heilige Brigitta aus dem Munde

Chriſti im Geiſt gehöret. Blosius in Conclavi anim.
c. 1. n. 1. Ich bin die höchſte Liebe; dann alles, was
ich von Ewigkeit gethan habe, das habe ich aus Liebe
gethan; und was ich auch immer thue, und künftig
thun werde, das kommt alles von meiner Liebe her,
meine Liebe gegen den Menſchen iſt zu gegenwärtiger
Zeit eben ſo groß und unbegreiflich, als ſie geweſen iſt
am Tage meines Leidens, da ich durch meinen Tod aus
unendlicher Liebe alle Auserwählten erlöſet habe: und
wann es geſchehen könnte, daß ich ſo oft ſtürbe, als
Seelen in der Hölle ſind; ſo wollte ich mit hurtigſtem
Willen, und einer vollkommenſten Liebe meinen Leib dargeben, und wollte daſſelbige leiden, und denſelbigen
Tod für eine jede Seele ausſtehen, die ich für alle
ausgeſtanden habe. Dieſes ſagte Chriſtus.

2. Auf eine andere Zeit iſt die heilige Gertrudis
durch göttliche Einſprechung in Erfahrung kommen, daß
ein Menſch, wann er die Bildniß ſeines gekreuzigten
Heilands mit den Augen ſeines Herzes anſchaue, gedenken ſolle, daß ihm der am Kreuz hangende Jeſus mit
freundlicher Stimme zurede: Sieheſt du wohl, meine
Seele, wie ich aus Liebe deiner, nackend verſpottet, am
ganzen Leibe verwundet, und Gliedweiſe auseinander
geſpannen, für dich am Kreuz gehangen habe? dieſes
aber iſt noch nicht genug; ſondern mein Herz trägt eine
ſo große Süßigkeit der Liebe gegen dich, daß, wann
er dir zum Heil gereichen ſollte, und du könnteſt auf
keine andere Weiſe die ewige Süßigkeit erwerben, ſo
wollte ich für dich allein alles leiden, was ich für die
ganze Welt gelitten habe: Idem ibid. n. 2. Das heißt
lieben! Soll ich allhier mit heller Stimme nicht rufen:

O unbeschreibliche Liebe! O unermeßliche, unendliche und unbegreifliche Barmherzigkeit des Erschöpfers gegen mich verächtliche Creatur! gefället es dir dann mein Jesu; mich also zu lieben, daß du auch für mich allein so unerhörte Tormenten an deinem allerzartesten und empfindlichsten Leibe zu ertragen dich nicht weigerest, damit du mich allein von den höllischen Peinen erretten, und den Fürsten deiner himmlischen Schaaren zugesellen mögest? wie soll ich dann, mein höchstes Gut, solche Liebe wiederum vergelten? wie kann ich für so große Liebe gegen mich deiner Majestät genug dankbar seyn? merkest du wohl, meine christliche Seele, wie zärtlich und eifrig dein Gott dich liebe, und wie sehr er verlange, daß du werdest ein Miterbe der himmlischen Freuden? ey lieber! so verlasse dann das Irdische, verachte das Zeitliche, und halte dich bei so gutem und barmherzigen Vater, so wirst du Barmherzigkeit finden.

3. Weiters wie groß sey die Gütigkeit Gottes gegen den Sünder, solches erhellet aus einer Offenbarung so dem heiligen Bischof Namens Carpus widerfahren. Dion. Areop. Ep. ad Demophil. Historia. Dann da ein Ungläubiger einen christkatholischen Menschen von dem wahren Glauben verkehret hatte; ist dieser Carpus, indem er mit den beiden ein christliches Mitleiden tragen, und für selbige hätte beten sollen, heftig über sie erzürnet worden, und hat Gott mit seinem Gebet ersuchet, er möchte diese beide alsbald ihres zeitlichen Lebens berauben. Diesem Supplicanten aber ist nach eröffnetem Himmel Christus mit einer unzahlbaren Schaar der Engel erschienen; unten aber hat sich ein sehr tiefer Schlund voller Schlangen gezeigt, an dessen Mund

diese zween Männer zitternd gestanden, und augenblicklich ihre Hinabstürzung erwartet: und da der ob gemeldte Bischof mit unziemlichen Eifer verlangte, daß
sie alsbald verschlungen würden; hat er seine Augen
erhöhet, und gesehen wie der mildreicheste Jesus, voller
Barmherzigkeit, von seinem himmlischen Throne aufgestanden, zu ihnen hinabgestiegen und seine gütige Hand
ihnen dargereichet, auch wie annebens die Engel ihnen
Hülfe geleistet haben. Dem ob gemeldten Carpo aber,
als Zuschauer solcher Action hat Christus gesagt: Mein
lieber Carpe! ich bin bereit für das Heil der Menschen
abermal zu leiden: und dieses ist mir angenehm, wann
nur andere Leute nicht sündigen: du aber urtheile, ob
es nützlich sey, daß man die Wohnung bei den Schlangen, der Gesellschaft Gottes und seiner Auserwählten
vorziehe.

4. Nun durchlese, meine christliche Seele! das alte
Testament, und siehe, ob dir nicht schier überall begegne
die göttliche Mildigkeit: und damit ich andere Exempel
verschweige; wie hat der König David den wegen seinen Sünden verdienten Zorn Gottes abgewendet? mit
zweien Worten: dann nachdem er die ernstliche Bestrafung aus dem Munde des Nathans, und scharfe Dro-
hungen des Herrn hatte angehöret, sagte er: peccavi
Domino: ich habe dem Herrn gesündiget. 2 Reg. 11.
Kaum hat er diese Worte gesprochen: und siehe, da
wurde er mit dieser holdseligen Rede von obgemeldten
Nathan erfreuet: der Herr hat auch deine Sünden hin-
weggenommen, du wirst nicht sterben. Durchblättere
weiters das ganze Leben Christi: so wirst du nichts
anders finden, als eine immerwährende Barmherzigkeit

gegen alle Menschen. Er reinigte die Aussätzige, speisete die Hungrigen, er kam zu Hülfe den Nothleidenden, er heilte die Kranken, die Blinde machte er sehend, die Lahmen gerad, er trieb die Teufel aus den Besessenen, erweckete die Todten zum Leben, und sprach los die bußfertigen Sünder, und das alles umsonst. Wann du nun weiters seine ganze Lehre betrachtest, was wirst du anders daraus abnehmen können, als eine unermeßliche Barmherzigkeit? was handelt anders die Gleichniß von dem irrenden Schäflein, so auf den Achseln des Hirtens wiederum zur Heerde gebracht worden? was zeigt dir anders an der verlorne und wieder gefundene Groschen? was kannst du anders abnehmen von den Worten deines Herrn, da er spricht, die Gesunden brauchen keines Arztes; wie unterweiset dich die Parabel von dem Knecht, dem alle seine Schuld nachgelassen worden: das Gebet des öffentlichen Sünders und Schriftgelehrten im Tempel: wie auch von dem verwundeten Wanders- mann? was wird uns anders bedeutet durch den ver- lornen Sohn, als eben die unbegreifliche Mildigkeit ge- gen die büssenden Sünder? dann da dieser letztere seine ganze Erbschaft verschwendet hatte, und wiederum zu seinem Vater gekehret, sagte der Vater: Bringet eilends das beste Kleid hervor: Er fragte nicht, woher kommst du? wo bist du gewesen? was hast du mitgebracht? warum hast du deine so große Herrlichkeit in solche Ab- scheulichkeit verändert? sondern: bringt das beste Kleid hervor, und thuts ihm an. Mache dich nun hinweg du schädliches Mißtrauen, und unordentliches Wanken des Herzens! ist dann nicht eine so große Gütigkeit des Vaters kräftig genug, einen jeden im Unflat der Sünden liegenden Menschen, zur Hoffnung aufzumuntern? verspricht diese Gleichniß nicht allein die Barmherzigkeit.

5. Warum ist Christus unser Heiland und Seligmacher, anders auf dem Altar des Kreuzes gestiegen, als daß er sich selbsten als ein kräftiges Opfer um alle Sünden zu vertilgen schlachtete? der auch am Kreuz hangend für seine Kreuziger, für seine Schmäher und Verspötter seinen allerheiligsten Vater um Verzeihung bittet. Wer ist dann, der vermeinet, Gott werde auf seine rechtmäßige Becht und Bekenntniß der Sünden, und Anrufung der Barmherzigkeit, ihm die Thüre der Gnaden versperren? zumalen der holdselige Jesus selbst der heiligen Mechtilvis offenbaret, daß nämlich kein einiger so großer Sünder sey, dem er alsbald alle seine Sünde nicht völlig nachlassen werde, wann er selbige herzlich bereuen wird, und werde sein Herz mit so großer Gütig- und Süßigkeit über ihn legen, als wann er niemalen gesündiget hätte Blos. in monil. c. 1. n. 9. O, wer kann allsolche große Sanftmüthigkeit der Gebühr nach aussprechen, derohalben schreibt recht der gottselige Taulerus apud Blos. in Consol. Pusill. fol. 225. Obschon eine Mutter bisweilen ihres einzigen Sohnes vergesse, so wird doch der Herr, wie er von sich selbsten bezeugt, unserer zumalen nicht vergessen; dann so groß ist dessen Barmherzigkeit, daß auch ein ausgetrockneter Hanf oder Flachs in einem so großen Feuer nicht könne so geschwind entzündet werden, als er einem reuetragenden und aufrichtig bekehrten Sünder alle seine Missethaten zu vergeben bereit ist; dieweilen keine Zeit, noch ein anderes Mittel die Gütigkeit des Allerhöchsten, und den bußfertigen Sünder scheidet. Hernach aber ent-

ſtehet zwiſchen Gott und einem büßenden Menſchen eine
ſo vollkommene Vertraulichkeit, als wann er niemalen
geſündiget hätte; und ſo gut iſt der Herr, daß er auch
dasjenige, ſo er einmal verziehen, dem Menſchen niemalen vorwerfen, oder durch einige Strafe gedenken
wolle; wann er nämlich in Beſſerung ſeines Lebens
verharret.

6. Daß aber dieſem alſo ſey, verſichert uns genugſam die eilfertige Bekehrung der heiligen Magdalena,
welche, ob zwar ſie ſehr große Laſter begangen hatte,
ſobald ſie zu dem Herrn kommen, und ihm ſeine Füße
gewaſchen, aller ihrer Sünden vollkommenen Nachlaß
erhalten hat; und folgens in ſo große Gemeinſchaft mit
Chriſto gerathen, daß ſie von ſelbigem auch mehr dann
die H. Apoſtel ſelbſt geliebet worden; derohalben er auch
nach ſeiner Auferſtehung ſich zum erſten ſeiner Magda-
lenen gezeigt hat, und da ſie um weitere Buße zu thun
in die Wüſte ſich begeben hatte, iſt ſie mit ſo vielen
himmliſchen Tröſtungen erfreuet worden, daß ſie täglich ſiebenmal bis zum Himmel verzücket, den unzählbaren Chören der Engel beigewohnet, und von Chriſto
ſelbſt über hundertmal beſuchet, und mit höflichen Luſt-
barkeiten erquicket worden. Damit aber die rechte Wahrheit deſſen, ſo geſagt iſt, etwas klärlicher hervorſcheine,
als wollen wir eine Geſchichte hinzuſetzen.

7. Es iſt einmals geweſen eine adeliche Tochter,
welche nach einer begangenen Blutſchande mit ihrem
eigenen Vater, das Angeſicht ihrer Eltern aus Schamhaftigkeit nicht ertragen können, deſſenthalben hat ſie
erſtlich die Mutter, und hernach den Vater mit Gift ums
Leben gebracht; und weilen ſie all der Gnade Gottes

verzweifelt, ist sie in den Sünden halsstarrig verblieben. Endlich hat sich zugetragen, daß sie nach angehörten diesen Worten von der Kanzel, daß nämlich die Barmherzigkeit Gottes größer sey als die Sünden der Menschen, dergestalt beweget worden, daß sie alsbald mit großem Leidwesen ihre Sünden gebeichtet; nachdem zur Kirchen gegangen, allwo sich diese Büsserin zur Erden niedergeworfen, und aus heftiger und herzlicher Reue und Leid daselbsten den Geist aufgegeben. Der Beichtvater hat hierauf das anwesende Volk ersucht, sie möchten doch für der verstorbenen Person Seele Gott bitten, mittelst aber ist durch eine Stimme vom Himmel erschallet: ich bedarf eures Gebeths nicht, sondern ihr habt des meinigen mehr vonnöthen. Woraus nun zu schließen war, daß dieses glückselige Weibsbild ohne einige Peinen des Fegfeuers den Himmel erreichet habe. So groß ist die Gütigkeit Gottes, gegen einen bußfertigen Menschen. Damit du aber meine christliebende Seele die Mildigkeit Gottes noch besser erkennen mögest, so betrachte, was folget.

Der andere Theil.

8. Christus spricht zu der heiligen Gertrudis: Ein Jeder kann sich von meiner Gnade Hoffnung machen, (wann er schon mit einer schweren Last der Sünden sich beladen befindet), wann er Gott dem Vater mein allerunschuldigstes Leiden und Sterben aufopfert. Derohalben soll der Sünder glauben, daß er dardurch die allerheilsamste Frucht der Nachlassung erlange: dieweilen keine so kräftige Arznei wider die Sünden auf Erden kann gefunden werden, als eben eine andächtige Ge-

dächtniß meines Leidens, wann selbige mit einem auf=
richtigen Glauben und wahren Buß vereiniget wird.
Diese erzählte Wahrheit wird durch folgendes Exempel
bestätiget: Historia Discipuli. Ein sicherer Jüngling
hatte mit seiner Schwester fleischlich gesündiget; welchen
sein Bruder in diesem bösen Werk findend, mit Worten
bestrafet; wird aber dessenthalben alsbald von dem Ue=
belthäter getödtet; diesen Schwesterschänder und Bru=
dermörder hat der Vater aus billigem Eifer enterbet,
und der Stadt verwiesen, ist aber nachmals wiederum
heimlicher Weise hineingekommen, hat seinen Vater um=
gebracht, und sich mit der Flucht errettet. Nun hat
sich's zugetragen, daß dieser Böswicht einsmals zur Fa=
stenzeit hörte von der Kanzel predigen den Spruch des
Propheten Ezechielis: An welcher Stunde der Gottlose
Buße thut, und sich bekehret, will ich nicht mehr geden=
ken an alle seine Missethaten Ezech. 18. Durch selbi=
gen ist er also heilsamlich entrüstet worden, daß er mit
zerknirschtem Herzen zum Priester gegangen, und gesagt:
Es ist besser, daß ich allhier zeitlich, als hernacher ewig
verschämt werde: hat also seine Sünden vollkomment=
lich gebeichtet; nach gethaner Beicht hat ihm der Prie=
ster befohlen, er sollte gehen zu dem Altar, auf wel=
chem die Bildniß der allerseligsten Jungfrauen Mariä
den gekreuzigten Jesum im Schooß hätte; vor diesem
Altar hat sich der sündige Mensch zu Boden geworfen,
und die glorwürdigste Mutter gebeten, sie möchte durch
ihre Fürsprechung bei ihrem allerliebsten Sohn ihm
Gnade erwerben; von der Mutter hat er sich zum Sohn
gewendet, und also gebeten: O Jesu Christe, durch deine
Wunden und durch dein Blut bitte ich, verzeihe mir,

daß ich die Blutschande begangen, und das Blut meines Baters und Bruders vergossen habe. Indem er nun diese Worte oftmalen wiederholet, und über seine Missethaten bitterlich geweinet, ist ihm vor großer Reue und Leid das Herz im Leibe zersprungen, und ist also vor dem Altar niedergefallen und gestorben; welchen der vorgemeldte Priester, da er wiederum zur Kirchen gekommen, auf der Erden liegend todt gefunden: derohalben hat er des andern Tags ein allgemeines Gebet von allem Volk für des Verstorbenen Seele begehret. Und siehe, da alle Gegenwärtige beteten, ist eine weiße Taube in der Kirchen herumgeflogen, im Schnabel haltend einen Zettel, den sie vor dem Priester hat fallen lassen: dessen Inhalt selbiger öffentlich gelesen; daß nämlich des Verstorbenen Seele zu der himmlischen Glorie sey geführet worden, ehe die natürliche Hitze den Leib verlassen hat; und in dem untersten Theil dieses Zettels sind geschrieben gewesen diese Worte: Verkündige die unendliche Barmherzigkeit Gottes allen Sündern und Sünderinnen; dann alle diejenige, so ihre Sünden herzlich beweinen, und aufrichtiglich beichten, deren wird sich Gott erbarmen.

9. Wer ist dann nun, der dieses höret, und dannoch verzaget? Keiner verzweifle, und wann er schon die allerschrecklichste Sünden begangen habe: er höre den H. Albertum Magnum also sprechend Serm. Dom. 3. Advent.: So groß ist die göttliche Barmherzigkeit, daß in Vergleichung derselben alle Sünden der Menschen, so groß und so viel sie immer seyn mögen, nur scheinen ein Pünktlein im Mitten des Meers. Diesem fället tapfer bei der honigfließende Bernardus mit fol-

genden Worten: Serm. de bono Latron.: Alle Sün=
den, so von Anfang der Welt sind begangen worden,
wann sie sollen mit der göttlichen Barmherzigkeit ver=
glichen werden, sind sie gleichsam ein Tröpflein gegen
das ganze Meer zu schätzen. O wunderbarliche Barm=
herzigkeit Gottes! O allerkostbareste, und in Wahrheit
unendlich wertheste Verdiensten Christi; kraft deren uns
so unermeßliche Barmherzigkeit zu Theil worden; lasset
uns derohalben alles Mißtrauen, und alle Verzweiflung
weit hinweg werfen, lasset uns unsern Heiland mit demüthi=
gem Herzen ersuchen, so werden wir selig werden; dann er
ist nicht kommen uns als ein Richter wegen unserer Sünden
zu verdammen; sondern als ein Heiland und Arzt ünsre
Krankheiten zu heilen. Lasset uns anhören, was er mit
ausdrücklichen Worten verspricht: In derselben Stunde
da der Sünder über seine Missethaten seufzet, will ich
aller seiner Sünden vergessen. Merke nun auf, meine
christliche Seele, daß dein so gütiger Herr keine einzige
Art der Sünden ausschließe, weder auch die Größe und
Vielheit der Sünde ansehe. Lasset uns nur von Herzen
seufzen wie es sich gebühret, so werden wir bereit fin=
den aller und jeden begangenen Sünden Vergessenheit.

10.: David hat geseufzet und ist ihm Barmherzig=
keit widerfahren. Der öffentliche Sünder hat geseufzet
im Tempel, und ist gerechtfertiget nach Haus gegangen.
Der Schächer am Kreuz hat geseufzet, und hat verdie=
net zu hören: Heut sollst du mit mir im Paradeis seyn.
Viele tausend andere Sünder und Sünderinen haben
geseufzet, deren keinem einzigen die Barmherzigkeit ist
geweigert worden: unter welche dasjenige Weib billig
zu zählen ist, so von Christo selbsten gehöret hat: Ich

verzeihe dir die Sünden. Welchergestalt sich aber solches zugetragen, will ich zu deinem Trost erzählen. Ein
gewisser Priester im Thüringer-Land hat einsmals den
allerheilligsten Leib Christi in einer Schachtel, einen
Kranken darmit zu versehen, ausserhalb des Dorfs getragen: es ist aber eine Hure nicht weit vor dem Wege
in ihrem öffentlichen Hurenhause gestanden, und da sie
den Priester gesehen, hat sie bei sich selbsten gedacht:
wann der christliche Glaube der rechte Glaube ist, so ist
dieser der Heiland der Welt, den dieser Priester in der
Schachtel trägt: und weilen sie billig über sich selbsten
eiferte, daß nämlich in Gegenwart dessen so viele und
große Sünden zu begehen sich nicht gescheuet hätte, der
so erschreckliche Tormenten zu Erlösung der Welt hat
ausgestanden, als sie selbige dergestalt in sich selbsten
bewegt worden, daß sie alsobald das Hurenhaus verlassen, durch überhäufigen Koth in aller Geschwindigkeit
zum Priester gelaufen, und gesagt: Stehet her Priester,
und in selbigen Augenblick, da der Priester still gestanden, hat sich das Weib in den Koth vor dem allerhöchsten
Gut niedergeworfen, und gesprochen: Mein liebster Herr
Jesu Christe, wann du derjenige bist, der für unser
allgemeines Heil von einer Jungfrauen geboren, gelitten und begraben, in den Himmel aufgefahren, sitzest
zur Rechten des Vaters, und wirst kommen zu richten
die Lebendige und die Todte; wann du derjenige bist,
und dich dieser Priester in seinen Händen trägt; so bitte
ich dich fußfälliglich durch deine unaussprechliche Barmherzigkeit, vergib mir meine Sünden. Auf diese demü-
thigste Bitte des Weibs antwortete Christus aus der
Schachtel: ich verzeihe dir deine Sünden, und werde

dich zu meiner Gnade aufnehmen. Da dieses das oftgemeldete Weib höret, giebt sie zur Antwort: nimmst du mich, o Herr! zu deinen Gnaden an, die ich an meinem Leibe mit allerhand erdenklichen Lastern und wüsten Leben die Zeit habe zugebracht? Ich sage dir derohalben Dank, o gütigster Herr Jesu. Hat also ihr übelgeführtes Leben in ein besseres verwandelt, und ist endlich durch die Gnade des Erlösers seliglich gestorben. Ist dann nicht wahr und abermal wahr, was der königliche Prophet meldet, daß nämlich die Erbarmung des Herrn über alle seine Worte sey?

11. Im übrigen, wie groß die göttliche Gütigkeit sey über den büssenden Sünder, können wir auch abnehmen aus einer Offenbarung, so der heiligen Mechtildis widerfahren. Da diese gottgefällige Jungfrau für einen Menschen betete, und zugleich über denselben eiferte, daß er noch nicht zur Besserung seines Lebens könnte gebracht werden, sprach der Herr zu ihr, und sagte: Ei, meine Auserwählte, habe du doch ein Mitleiden mit mir, und also bitte für die armselige Sünder, die ich mit so theurem Werth erkauft, und deren Bekehrung mit großem Verlangen bishero erwarte. Siehe, gleichwie ich mich einsmals zum Opfer am Stammen des Kreuzes habe aufgeopfert, also stehe ich noch bei dem himmlischen Vater, und bitte mit gleicher Liebsneigung für die Sünder; dann ich nichts so eifrig suche als daß der Sünder durch eine wahre Buße sich zu mir wende, und lebe.

12. Alldieweilen aber oftmalen geschieht, daß auch diejenigen aus menschlicher Schwachheit zu Zeiten in vielerlei Sünden fallen, welche sonsten den Namen haben,

daß sie gottesfürchtig und andächtig seyn, und die
Sünden zu meiden sich emsiglich unterstehen; zumalen
wir, so lang wir die schwere Last des Fleisches tragen, aufs wenigst von den läßlichen Sünden schwerlich
befreiet seyn können; derohalben, damit keiner dessenthalben unordentlichermaßen sich betrübe, und wegen
öfteres Anstossens in den Abgrund der Verzweiflung
sich stürze; so ist nöthig, daß ein jeder wohl aufmerke,
und in sein Herz einschreibe, was auf ein andersmal
Christus seiner geliebten Braut der heiligen Mechtildis
kund gethan hat mit folgenden Wörten: wann schon
die Stern, das sind die Seelen meiner Auserwählten,
bisweilen mit einer Wolke der Sünden, und Dunkelheit des Verstandes sehr verfinstern, so können doch
selbige in ihrem Firmament oder Gestirn, das ist, in
meinem göttlichen Lichte nicht verdunkelt werden. Obzwar (sage ich) meine Auserwählten zu Zeiten in großen Sünden verwickelt werden; dannoch sehe ich auf
sie mit derselben Liebe, mit welcher ich sie erwählet
habe, und habe in derjenigen Klarheit auf sie Achtung,
zu welcher sie einsmals gelangen werden. Es ist dem
Menschen gut, daß er oft gedenke, mit was für Liebe
ich ihn um nichts erwählet, wie wohl ich es mit ihm
gemeint, und wie lieblich ich ihn angesehen habe; auch
da er in Sünden steckte; und wie väterlich ich seine
Uebel ins Gute verändert habe. O unergründliche
Tiefe der Weisheit und Barmherzigkeit Gottes, der
auf so unterschiedliche und wunderbarliche Weise das
Herz des sündigen Menschen vom Bösen ab- und an
sich zu ziehen sich unterstehet, und allen Weg zur Verzweiflung bestermaßen versperret.

13. Schließlich, damit unser Heiland die gänzliche Wurzel des Mißtrauens und Verzweiflung aus unsern Herzen zumalen ausrupfen möchte; hat er der heiligen Katharina von Senis offenbaret und gesagt: Diejenigen Sünder, so in ihrem Hinscheiden von meiner Barmherzigkeit verzweifeln, dieselbige erzürnen mich viel gröber mit dieser einzigen Sünde, als sie mit allen ihren andern Sünden des ganzen Lebens mich beleidiget haben. Auch hat er hinzugesetzt, wann einem Sünder, so groß er auch immer seyn mag, in der Wahrheit leid ist, daß er mich erzürnet hat, und auf meine Barmherzigkeit treulich hoffet, so wird er sie unfehlbar finden; sintemalen meine Barmherzigkeit unendlich größer ist, als alle Sünden, so jemalen von einer Creatur begangen sind, und noch können begangen werden. Aus diesem, und dergleichen, die ich Kürze halber vorbeigehe, kann ein jeder leichtlich schließen, welchergestalt er auf die Barmherzigkeit Gottes zu hoffen, und selbige zu finden habe. Damit er aber aus Betrachtung so großer Mildigkeit Gottes gegen den Sünder seinen bösen Begierden den Zaum desto freier nicht lasse, soll er zugleich die Augen seines Herzens werfen auf die allerschärfeste Gerechtigkeit des Allerhöchsten, welche das geringste Verbrechen nicht ungestraft läßt. Derohalben meine christliche Seele, kürzlich zu reden, fürchte also die Gerechtigkeit, daß du suchest die Barmherzigkeit, vertraue also auf die Barmherzigkeit, daß du gleichwohl vor der Gerechtigkeit erzitterst.

Die vierte
geistliche Lection
von der Buße.

———

Dico vobis, quod ita gaudium erit in caelo
super uno peccatore poenitentiam agente,
quam super nonaginta novem justis, qui
non indigent poenitentia. Luc. 15.

Ich sage euch, daß also Freude wird seyn im
Himmel über einen Sünder, der da Buße thut,
als über neun und neunzig Gerechte, die keiner
Buße bedürfen.

Der erste Theil.

1. Wir haben bishero gehandelt von der unermeßlichen Gütigkeit Gottes, nun will es die Billigkeit
erfordern, daß wir, ehe und zubevor wir von der Liebe
als dritten theologischen Tugend zu reden anfangen,
die gottgefällige Bußfertigkeit kürzlich vornehmen, theils
derohalben, weilen solche von der göttlichen Barmherzigkeit herkommet; theils auch weilen sie den Menschen
zur Liebe geschickt machet, wie der Prophet bezeuget in
Person Gottes, also sprechend: Bekehret euch zu mir,
nämlich durch die Buße, und ich will mich wenden zu
euch Zach. 1. V. 3.; nämlich durch die Liebe. Wie-

derum zu Ergreifung der Buße ladet uns Christus mit obangezogenen Worten: Ich sage euch, daß also Freude seyn wird im Himmel. Mit solchen Worten bedeutet er uns, daß sowohl ihm als allen Auserwählten im Himmel nichts liebers und angenehmers seyn könne, als wann der Sünder Buße thut; d'eweilen er durch allsolche dem lieben Gott am angenehmsten wird; und der hl. Gregorius hält darvor c. 52. Pastor. Homil. 34 in Evang.; daß dem allgewaltigen Himmelsherr= scher insgemein viel angenehmer sey das Leben, so für Liebe brennet nach dem Falle, als eben die in Sicher= heit schlafende Unschuld; welches der gemeldete Kirchen= lehrer mit einer herrlichen Gleichniß beweiset, also sprechend: Gleichwie ein Kriegsfürst in der Schlacht denjenigen Soldaten mehr liebet, welcher nach der Flucht wiederum zurückkehret, und seinem Feinde tapfer zuse= tzet, als denjenigen, so niemalen die Flucht genommen, aber auch keine ritterlichen Thaten begangen hat. Also liebet Gott oftmalen diejenigen mehr, so nach der be= gangenen Sünde ihm eifriger gedient haben; als die= jenigen, so keine Todsünde jemalen begangen, die Ehre Gottes aber mit geringem, oder gar kleinem Eifer be= fördern.

2. Worinnen aber die wahre Buße bestehe, die= ses lehret uns der gemeldte Pabst Gregorius, dieses Namens der achte, wie folget: Buße thun ist die be= gangenen Sünden beweinen, und die also beweinte nicht mehr begehen. – Dieß sind klare Worte. Wie man aber die Sünden beweinen solle, das lehret uns der hl. Basilius Homil. 20. in Evang., und sagt: Große Sünden erfordern großes Seufzen und Weinen. Noch)

eine andere Manier, die Sünden zu büßen, zeigt uns
der mehr gedachte hl. Gregorius, daß nämlich der
sündhafte Mensch um so viel mehr sich auch der zuläßigen Sachen müsse enthalten, wann ihm bewußt ist,
daß er in vielen unzuläßigen Dingen gefallen ist, und
ist verpflichtet, so viel größern Gewinn der guten
Werke zu versammeln, als er durch die Sünden sich
Schaden hat zugefügt. Was aber für große Gaben
der himmlischen Güter dem büssenden Menschen dahero
zuwachsen; können wir abnehmen aus dem, was sich
mit dem Patriarchen Jakob hat zugetragen, welcher des
väterlichen Segens bestergestalt theilhaftig worden, weilen er die Speise, so der Vater gern pflegte zu essen,
demselben gebracht hat. Wann nun nach Zeugniß des
Propheten ein zerknitschtes Herz Gott dem Allmächtigen ein angenehmes Opfer ist, wie will es dann anders seyn können, als daß derjenige, so selbiges durch
die Buße aufopfert, einen gleichen Segen von dem Allerhöchsten zu gewarten habe?

3. Solchen zerschlagenen Geist hat einsmals eine
Sünderin dem Herrn gewidmet, und ist derohalben mit
allerhand himmlischen Gnaden erfüllet worden Rodriq.
p. 1. tr. 5. c. 10. Historia. Damit wir aber in ge-
nauere Erfahrung dessen gelangen mögen, so wollen
wir den ganzen Verlauf allhier erzählen. Es befand
sich in einer Stadt ein gewisses sündiges Weibsbild, zu
deren der hl. Abt Paphnutius mit weltlichen Kleidern
angethan, sich verfüget. Da er nun zu selbiger kommen, hat er sich angestellt, als wäre er in ihre Schönheit verliebt, und derowegen kommen, damit er derselben genieße, und seinen Begierden willfahren möchte;
hat ihr auch annebens ein ansehnliches Geld dessent-

halben geben, und gebeten, sie wolle ihn doch an ein heimliches Ort führen, damit er von niemand gesehen würde, und also ohne Scheu die Sünde begehen könnte. Da diese nun den gemeldten hl. Abt an unterschiedliche geheime Derter geführet, und er sich immer beklaget, daß er fürchte gesehen zu werden, hat sie ihn endlich an einen sehr dunkeln Ort geleitet, und gesagt, daß ihn daselbst niemand sehen könnte, als Gott allein und der Teufel. Aus dieser gegebenen Versicherung hat der fromme Diener Gottes Gelegenheit geschöpft, das Weib zur gewünschten Besserung zu bringen; und hat sie alsobald mit großem Ernst erinnert, daß man vor dem Angesichte Gottes zu sündigen, immer und allezeit einen billigen Schrecken empfinden müsse, und also hat er das unkeusche Weib zur Bußfertigkeit zu bereiten den Anfang gemacht. Sie hat aber in dieser Erleuchtung alle unziemliche Liebhaber zusammenberufen, alle ihre kostbare Kleidung und andern zierlichen Geschmuck des Leibs in deren Anwesenheit ins Feuer geworfen und gesagt: es ist besser, daß ich allen diesen Zierrath verbrenne, als daß von demselben durch das gerechte Urtheil Gottes ich verbrennet werde. Diesem nach ist sie dem hl. Abt in die Wüste gefolget, von selbigem in ein kleines Zellulein eingeschlossen, und durch ein Fensterlein täglich mit Wasser und Brod versehen worden. In derselben Zellen müßte sie auch alle Nothwendigkeiten verrichten, und schämte sich wegen ihrer Sünden den Namen Gottes zu nennen; sie dürfte weder die Hände, weder die Augen gen Himmel aufheben, sondern kehrte sie nach dem Aufgang der Sonne, und rief immerzu, wie sie von dem hl. Abt

geleßret worden, der du mich erschaffen hast, erbarme
dich meiner. Nach verflossenen drei Jahren, hat sich
der hl. Paphnutius ihrer erbarmet, und den hl. Antonium gefragt, obs wohl Zeit sey, die Sünderin ihres
Kerkers zu entlassen, und ob Gott ihre Sünde werde
verziehen haben? hierauf hat obgemeldter Antonius
alle Bürger ersuchet, für das büssende Weib zu beten,
unter solchen betenden Brüdern hat einer Namens Paulus der größere, ein Jünger des hl. Antonii in einer
Verzückung ein überaus kostbarliches Bett gesehen, welches von drei sehr schönen Mägdlein zugerichtet worden; und da er sie gefraget, ob selbiges für den hl.
Antonius sey, ist ihm geantwortet: nein, sondern es
gehöre ter Taidis, einer Braut Christi zu; da dieser
sich nun hierüber verwundert, und die Ursache zu wissen begehret, ist ihm gesagt worden, da diese drei
ganze Jahre lang eingeschlossen gewesen, hat sie ihre
Sünden als eine schwere Last immerzu vor Augen gehalten, und stets über selbige heftig geweinet. Daraus
dann die hl. Väter erlernet, daß ihr nicht wegen großer Strenge der Buße, so sie ausgestanden hätte, sondern vielmehr wegen der immerwährenden Gedächtniß
und Schamhaftigkeit der begangenen Missethaten, ihr
ganzes übel geführtes Leben sey nachgelassen worden.
Nach verflossenen fünfzehn Tagen aber ist diese Büsserin selig im Herrn entschlafen.

4. Wann derohalben eine so große Sünderin solche
Barmherzigkeit erlangt hat, die ein Strick des höllischen Satans lange Zeit gewesen, und viele zum Verderben zu richten sich unterstanden, wann diejenige, so
nicht allein eines Todschlags, oder eine Blutvergießung,

sondern vieler Seelen ewiger Verdammniß Ursache, ge=
wesen, dergestalt dem himmlischen Könige gefallen, wei=
len sie allezeit ihre Sünden vor Augen gehabt, und
dieselbe beweinet; wer will dann wegen seines bösen
Lebens verzagen? wer ist, der dieses höret, und zur
Buße aufgemuntert wird, sonderlich indem er siehet,
daß Gott mit so großer Milde und Gütigkeit die Sün=
der aufnehme; man wird nicht leichtlich einen finden,
welcher eine giftige Schlange oder Scorpionen in sei=
nem Schooß lang herumkriechen lassen werde, und nicht
alsbald von sich hinwegtreibe; und wie wenig sind de=
rer, (leider Gottes) zu finden, so die Sünde, als
nämlich ein viel giftigeres und schädlichers Thier, durch
eine wahre Buße von ihrer Seele alsbald zu vertrei=
ben sich bemühen, damit wir aber dieses Unthier sicher=
lich von uns werfen mögen, ist nöthig, daß wir sel=
biges vor unsere Augen stellen und beweinen, dann
gleichwie ein Wurm aus dem Holze entstehet, und sel=
biges zernaget, aus dem er geboren ist, also wird die
Sünde verzehret durch die Traurigkeit, deren sie eine
Ursache und Ursprung gewesen ist. Dahero vielmal
pflegt zu geschehen, daß eine büssende Seele nicht allein
keinen Schaden von den Sünden leide, sondern viel=
mehr großen Nutzen schöpfe, welches mit folgender
Gleichniß bekräftiget wird. Es benimmt zwar einem
Kleide die Schönheit, wann selbiges hin und wieder
zerschnitten wird; werden aber nun solche Schnitte mit
silbernen, güldenen oder anderm kostbaren Bande ver=
sehen, und bestermaßen ausgeputzet, so wird oftmalen
das Kleid dadurch viel schöner, als wann es unzer=
schnitten und ganz geblieben wäre. Also kann gesche=

hen, daß eine Seele nach begangener Sünde Gott
dem Herrn durch die Buße angenehmer werde, als sie
vorhin gewesen ist, da sie nicht gesündiget hätte. Und
das beweiset uns erklärlich die hl. Schrift. Aaron ein
Bruder Moysis, ist, nachdem er Buße gethan, von
Gott zum hohen Priester erwählet worden Exod 28.
Matthäus ein öffentlicher, aber hernach büßender Sünder, ist der Zahl der Apostel beigesetzt worden. Matth. 9.
Petrus ein Verläugner seines Herrn, da er Buße gethan, ist worden ein Fürst der Apostel. Matth 26.,
und andere zu verschweigen, ist nicht Maria Magdalena aus einer verschreiten Sünderin und Sklavin der
Laster, vermög der Bußfertigkeit, gewürdiget worden,
zu seyn eine Jüngerin des Herrn? Bist du dann, meine
christliche Seele, in grobe Sünden mehrmalen gefallen,
fürchte dich derohalben nicht, verzage nicht, sondern ver-
füge dich alsobald mit großem Vertrauen auf Gott,
unter die Fahnen der Bußfertigkeit, so wirst du ohne
allen Zweifel erfahren, daß wahr und abermal wahr
sey, was oben gemeldet worden.

Der andere Theil.

5. Damit wir in der angefangenen Materie fortfahren, kann uns allhier dienen, was ein sicherer
Scribent meldet, daß nämlich ein Hirsch, wann er veraltet, im Eingang einer Höhle so gewaltig schnaufe,
daß hierdurch die verborgene Schlange hervorzukommen
gezwungen werde; diese frißt der Hirsch alsbald, mit
häufig folgendem Schweiße und Ueberfluß der Feuchtigkeit, daß selbiger von Stund an sein Alterthum er-

neuere, und die vorige Geschwindigkeit wiederum erwerbe Stapl Dom. Pasch. Tom. 6 Eben dieses widerfahret dem Sünder, wann selbiger durch seine Seufzer die Sünden aus dem Herzen herauszwinget, diese
nochmals durch eine aufrichtige Beicht zerknirschet, und
durch ein heilsames Schwitzen die Zähren vergießet,
so wird er so hurtig werden im Springen wie ein
Hirsch, wird springen über die Bühel, und fröhlich
seyn von Herzen. Auch derjenige, welcher empfindet,
daß er von den Sünden gebissen ist, muß in solchem
Falle die Natur eines Hundes an sich nehmen. Dieser (wie der gottselige Clymacus vermerket Cap. 5. de
poenit.) wann er von einem Thier gebissen wird, setzet
er demselben mit größerm Eifer und Grimmen zu; also
derjenige, so von dem grausamen Thier der Sünden
verletzet wird, muß mit größerm Haß gegen selbige
entzündet werden. Wie reichlich nun solcher rechtmäßige Eifer belohnet werde, und wie ansehnliche Garben der himmlischen Güter, und häufige Ueberschüttung
der göttlichen Gnaden hieraus erwachsen, erwähnt der
gottselige Johannes Landspergius aus dem gelehrten
Blosio, so Christum unsern Heiland zum Trost der
büßenden Seelen also redend vorstellet. Blos. in Cons.
Pusil. c. 40. n. 5.

6. Eine bußfertige Seele, nachdem sie einige Kund-
schaft und Geschmack meiner Gütigkeit bekommen, und
zu gedenken anfanget, daß ich so gut und barmherzig
sey, daß ich ihr auch sogar die begangenen Sünden
nicht vorwerfe, noch aufmesse, daß ich selbige nicht allein nachlasse, sondern auch den Büssenden, gleich einem, der niemal gesündiget hat, in meine Gnade und

Freundschaft auf= und annehme, denselben tröste, und
ihn mit Gaben beschenke; da dieses alles, sage ich, eine
büßende Seele betrachtet, erwirbet dieselbe auch sogar
aus begangenem Fehler gewünschte Gelegenheit eines
mehrern Eifers und größerer Dankbarkeit gegen mich;
empfindet auch annebens billige Ursache eines größern
Haß und Mißfallen gegen sich selbsten; indem sie über
sich zürnet, und sich verfluchet, daß sie mich ihren so
gütigen und barmherzigen Gott verachtet habe, der
ich, indem ich mit Recht verdammen und verderben
könnte, dannoch verschone, tröste und Gutes thue.
Derohalben wie mehr eine solche Seele meine Barm=
herzigkeit gegen sich empfindet, desto größern Eifer der
Gerechtigkeit muß selbige gegen sich erwecken; als wollte
sie an sich selbsten rechnen die verübte unbillige Verachtung
meiner. Dahero geschieht, daß sie nicht allein Nach=
laß der Sünden begehret, auch zu Ehren meiner Ge=
rechtigkeit verlanget zu leiden, gedemüthiget und ge=
straft zu werden, dieweilen sie sich mit ungeziemter
Weise aufgeworfen hat. Auch trägt sichs zu, daß wie
mehr solhane Seele meinen göttlichen Trost spüret, je
mehr dieselbe ob ihrer eigenen Unwürdigkeit sich ent=
setze, und selbige verfluche; folgends über die Grausam=
keit ihrer Sünden Reue und Leid erwecke; und mit
großer Verwunderung über sich eifere, daß sie mir, ih=
rem Gott so undankbar seyn könne. Einer so gestal=
ten Seele, welche zu solchem Eifer gelangt ist, daß
sie nämlich nicht weniger liebe meine gegen sie verübte
Gerechtigkeit, als meine Barmherzigkeit; einer also be=
schaffenen Seele Missethaten werde dergestalt verschlun=
gen, gleichwie ein einziges Tröpflein Wasser in einem

feurigen Ofen zernichtet wird. Derohalben kann un=
ter allen Arten zu büssen keine bessere gefunden wer=
den, als eben daß einer immerzu reiflich bedenke meine
unermeßliche Liebe und Treue gegen ihn: und hergegen
überlege seine verübte Treulosigkeit, Undankbarkeit und
Bosheit gegen mich. Dieses beschreibt also im Na=
men Christi der vorgemeldete gottselige Scribent.

7. Alldieweilen aber zu Beweisung einer Sache
die Exempel oder Geschichten ein' merkliches beitragen;
derohalben wollen wir diese vorgeschriebene Wahrheit
mit einer Historie bekräftigen. Es schreibt zu unserm
Vorhaben der gelehrte Cäsarius Lib. 2. Histor. et
Mirac. c. 18 Histor., daß ein Graf Namens Phi=
lippus, zu Namur gewesen sey, welcher nach sehr la=
sterhaftem geführten Leben, mit einer tödtlichen Krank=
heit überfallen worden. Was sollte nun ein solcher
Bösewicht thun, was sollte in diesem Falle ein so
sündhafter Mensch anfangen? sollte nicht ein so grau=
samer Sünder billige Ursache haben, zu verzweifeln?
wie möchte doch eine, in allerhand Missethaten ver=
tiefte Seele zu der Barmherzigkeit Gottes zu fliehen
sich getrauen? weilen aber dieser langwierige Sünder
wohl gewußt hat, daß die Barmherzigkeit größer sey,
als seine erschreckliche Uebelthaten; derohalben hat er
die unbegreifliche Gütigkeit des Allerhöchsten sich vor die
Augen des Herzens gestellet, und ist aus solcher Be=
trachtung mit der göttlichen Liebe also entzündet wor=
den, daß er sein übelgeführtes Leben nicht genug hat
verfluchen können. Er hat vor seinem Tode auch so
unglaubliche große Reue und Leid erzeigt, daß derglei=
chen niemalen war gesehen worden, woraus dann die

Umſtehenden mit ihm zu weinen bewegt worden. Seine
Beichtväter hat er gebeten, ſie möchten doch ſeinen Leib
auf die öffentliche Gaſſe werfen: dann ſagte er: Ich
habe wie ein Hund gelebt, ſo geziemet ſich es auch,
daß ich wie ein Hund ſterbe. Dieſe Bußfertigkeit hat
dem barmherzigen Gott alſo gefallen, daß er ihn nach
dem Tode mit ſo vielen Wunderzeichen geehret, daß
auch diejenigen, ſo aus weit abgelegenen Ländern zu
ſeinem Grabe gekommen, die Erde als eine geiſtliche
Arznei mit ſich genommen, und unterſchiedliche Krank=
heiten damit geheilet haben.

8. Keiner aber von denen, die dieſes leſen, oder
leſen hören, bilde ſich ein, daß er auch mit dieſem
Grafen wohl bis zu ſeinem Todbette die hochnöthige
Bußfertigkeit verſchieben könne; dann obſchon dieſer
ſolche große Gnade von der göttlichen Mildigkeit er=
langet hat, ſo wird ſolche Gnade tauſend andern, welche
die Buße immerzu verlängern, aus gerechtem Urtheil
Gottes abgeſprochen. Wie hart und beſchwerlich es
nun dergleichen Sündern falle, wahre Buße zu thun,
dieſes lehrt uns folgendes Gleichniß. Gleichwie ein
Igel, wie mehr dieſer ſeine Geburt verweilet, je ſchwer=
licher kann er gebähren, weilen die Stacheln in dem
Jungen mehr und mehr anwachſen. Auf ſolche Weiſe
gehts mit dem Sünder her, der die Buße von einem
Tag zum andern ausſtellet, zumalen die Bekehrung und
die Beicht deſto ſchwerer ankommt, wie mehr die Sün=
den vermehret werden. Zum Beiſpiel dieſes dienet der
Archias, ein Thebaniſcher König, Plutarch. L. de Gen.
Socrat.; dieſem iſt in einem Gaſtmahl, das er ſeinen
Freunden zurichten laſſen, von einem andern abweſen=

den Freund ein Brief übersende wurden, den er aber
zu lesen vernachläßiget, und da der Bot den König de=
müthigst ersuchte, er wolle den zugebrachten Brief we=
gen der ernstlichen Sachen, so darin enthalten, zu lesen
ein gnädiges Belieben tragen, hat ihm der König ge=
antwortet, daß er die ernstlichen Geschäfte bis auf den
andern Tag ausstellen, und von selbigen am Tage der
Freuden nichts hören wolle. Siehe, aber die folgende
Nacht ist er von einigen heimlichen Mördern (vor de=
nen sich vorzusehen, er durch den Inhalt des gemelten
Schreibens gewarnet wurde) ums Leben gebracht wor=
den. O wie viele werden mit diesem König auf solche
Weise, nicht von dergleichen Todtschlägern, sondern von
den höllischen Feinden getödtet, und zu den ewigwäh=
renden Strafen hingerissen; weilen sie nämlich ernstliche
Sachen, das ist die güldene Bußfertigkeit, bis auf den
morgenden Tag auszusetzen, keine Scheu haben.

9. Ach! wann uns zugelassen wäre, in die er=
schreckliche höllische Kluften hineinzuschauen; wie viel
tausend Millionen Christen würden wir finden, so des=
sentwegen in den unerträglichen ewigen Feuerflammen
sich wälzen, daß sie das höchstschädliche Rabengeschrei
Cras, cras, das ist, Morgen, Morgen, zu vielmal
wiederholet haben. Dahero der hl. Hieronymus nicht
ohne gründliche Ursache geschrieben, daß aus hundert
tausend Menschen, so übel gelebt haben, kaum ein ein=
ziger im Tode die göttliche Nachlassung der Sünden
erlangen werde. Die Ursache dessen gibt uns der hl.
Vater Augustinus mit diesen Worten: Es wird die
Zeit kommen, zu welcher der Sünder seine Missethaten
bereuen will, und wird nicht können, dieweil er nicht

gewollt hat, da er gekönnet hat; also hat er wegen
des bösen Unwillens verloren das gute und heilsame
Können Apud Hadrian. Pont. Was ist doch, um
Gottes willen, ungerechter und ungereimter, als daß
der Sünder begehre, Gott wolle im Tode seine Buß=
fertigkeit anhören; da er doch so öftere Ermahnungen
desselben Gottes Zeit seines Lebens in den Wind ge=
schlagen hat? Was ist doch abscheulicher, als daß man
Gott seinem allerhöchsten Wohlthäter den besten Theil
des Lebens, gleich einer Hefen und bösen Unflaths
opfere; dem leidigen Satan aber einem geschwornen
Feinde den besten und vornehmsten Theil des Lebens
schenke Serm. c. 58. de temp.? Was vermeinest du,
meine christliche Seele! daß solche Menschen, wann sie
am Ende ihres Lebens die göttliche Hülfe anrufen,
werden zur Antwort hören müssen; ohne allen Zweifel
den Spruch Salomonis: Ich habe meine Hand ausge=
strecket, und es ist keiner gewesen, der darauf gemer=
ket hatte. Ihr habt allen meinen Rath verachtet, und
meine Strafreden in den Wind geschlagen; so will ich
auch in eurem Untergang lachen, und eurer spotten,
wann euch das überkommt, dafür ihr euch befürchtet
Prov. 1. V. 24. Also wird dann der armselige Sün=
der die Augen aufthun, und in diesen seinen Aengsten
nichts anders sehen, als den göttlichen Unwillen; unter
ihm die eröffnete Hölle, in ihm das mit Sünden be=
ladene Gewissen, und um das Bett herum ganze
Schaaren der Teufel, die da bereit stehen, die Seele
zur ewigen Verdammniß zu begleiten, derohalben wird
er rufen mit dem Propheten Psalm. Prov. 17. 5.: Es haben

mich die Schmerzen des Todes umgeben, und die Stricke der Hölle haben mich übereilet.

10. So sehe nun ein jeder zu, in was große Gefahr er sich setze, indem er die Buße von Tag zu Tag aufschiebet. Er nehme an diese väterliche Ermahnung des hl. Augustini: Bessere, mein Christ! dein Leben, da dir Zeit gegeben wird, erbitte die Hilfe Gottes, da dir deine Sünden zu beweinen Platz gegeben wird; nicht verlängere die Buße, dieweil du in derjenigen Zeit lebest, in welcher allein die Frucht der Bußfertigkeit nützlich ist. Wiewohl nun einige im letzten Hinscheiden den Anker der Buße ergreifen, so höre doch, meine christliche Seele! mit wie vielen Gefahren solche Buße umgeben sey, aus dem Munde des oftgemeldten hl. Augustini Serm. 58. de Sanctis; der also spricht: Wann einer in der äußersten Noth seiner Krankheit die Buße ergreifen will, auch wirklich ergreifet, und also mit dem lieben Gott versöhnet wird, und von hinnen scheidet, so muß ich auch gestehen, daß wir ihm nicht absprechen, was er begehret; gleichwohl können wir uns nicht versichern, und ausdrücklich sagen, daß er wohl gestorben sey: Ob er sicher von hinnen geschieden, weiß ich nicht; wir können ihm Zeugniß geben von der Buße, nicht aber von der Sicherheit. Ich sage zwar nicht, daß er verdammt werde, aber ich sage auch nicht, er wird der Verdammniß entgehen. Willst du dann von diesem Zweifel befreiet seyn, so halte das Gewisse und lasse das Ungewisse fahren. Thue Buße, weilen du gesund bist; wann du es also machest, so sage ich dir, daß du sicher seyst; dann du hast Buße gethan zu derselben Zeit, da du hast können

**

sündigen. Willst du aber Buße thun zu der Zeit, in
welcher du nicht vermagst zu sündigen, so haben dich
die Sünden verlassen, und du sie nicht. Dieses sind
die Worte des obgemeldeten hl. Kirchenlehrers, daraus wir unterwiesen werden, in was große Gefahren
sich stellen diejenigen, so die Besserung ihrer bösen
Sitten von Tag zu Tag verlängern, und ob zwar
vielleicht viele derjenigen in ihrer letzten Krankheit die
hl. Sakramente der Kirche empfangen, so haben wir
doch oben gehöret, wie voller Gefahren diese Bußfertigkeit sey. Derohalben bitte ich dich, meine christliche
Seele! verschiebe nicht, und auch sogar bis auf den
andern Tag nicht die Besserung deines Lebens, sondern
sage mit dem königl. Propheten: Ich habs gesagt, jetzt
habe ich angefangen; von dieser Stunde an will ich
mein Leben bessern; ja, von diesem Augenblicke an
will ich alle Trägheit von mir verbannen durch die
Gnade Gottes, und will demselbigen eifriger dienen,
als ich ehemalen gethan habe. Wann du dir solche
Vorhaben machest, und in denselben beständiglich be-
harrest, so wirst du einen viel größern und bessern
Lohn davon tragen, als du dir wirst einbilden können.

Die fünfte

geistliche Lection

von der

dritten theologischen Tugend, nämlich der Liebe.

———

Si quis diligit me, sermonem meum serva-
bit, et Pater meus diliget eum, et ad eum
veniemus, et mansionem apud eum facie-
mus. Joan. 14. v. 23.

So mich jemand liebet, der wird mein Wort
halten, und mein Vater wird ihn lieben, und
wir werden zu ihm kommen, und eine Wohnung bei ihm machen.

Der erste Theil.

1. Demnach wird das Fundament unsers geistlichen
Baues gelegt, auch über solches die stärkste Mauer der
theologischen Hoffnung aufgerichtet, und was zu Befe-
stigung dieser göttlichen Tugend verhülflich seyn kann,
herbeigeschafft haben; als ist nun übrig, daß wir diesem Bau den letzten Zierath und nöthiges Tagwerk
aufsetzen, als nämlich von der Liebe zu handeln anfangen; zumalen nach Meinung des hl. Augustini, zie-

Spitze und Vollkommenheit dieses Baues die Liebe ist,
derohalben redet er in seiner 22. Sermon also: Das
Haus Gottes wird durch die Liebe begrundfestiget, durch
die Hoffnung aufgerichtet, und durch die Liebe zur
Vollkommenheit gebracht. So ist dann die Liebe ein
wahres Kleinod der Tugenden, von der die andere gemacht, und mit ihr vergesellschaftet, ihren Zierath und
Glanz, und endlich ihre Vollkommenheit empfangen.
Diese ist das bunte Kleid des israelitischen Josephs, so
mit den schönsten Farben allerhand Tugenden gezieret,
von dem der gelehrte Hugo de laude char. also schreibt:
Die Liebe vertreibt alle Schwachheit der Seele, die
Liebe rottet aus die Wurzeln aller Laster, die Liebe ist
aller Tugenden Ursprung, die Liebe erleuchtet den Verstand, reiniget das Gewissen, erfreuet die Seele des
Menschen, und lehret Gott erkennen. Die Seele, in
welcher die Liebe wohnet, wird von keiner Hoffart aufgeblasen, von keiner Mißgunst verwüstet, von keinem
Zorn zerstreuet, von keiner Traurigkeit geplaget, von
keinem Geiz verblendet, von keinem Fraß entzündet,
und von keiner Geilheit beschmitzet werden, sie bleibt
allezeit rein und sauber, allezeit keusch, allezeit ruhig,
allezeit fröhlich, allezeit friedsam, allezeit gütig, und
allezeit bescheiden. Diese sind alle Worte des angezogenen erleuchteten Hugonis.

2. Ist nicht dieses ein wahres Kleid des Patriarchen Jacobs, dessen stattlicher Geruch den Segen des
himmlischen Vaters zuwegen bringet? ist nicht diese
der feurige Wagen, so den innerlichen Menschen ich
das geistliche Paradies erhebet? diese Tugend verursachet in einer glaubigen Seele, daß sie nichts verlange,

als Jesum; an nichts anders gedenke, als an Jesum;
nach keinem seufze, als nach Jesu. In Summa, ihr
Ziel und Ende ist Jesus. Billig dann ermahnet seine
Kinder der hl. Vater Augustinus gleich im Anfang seiner Regel zu der Liebe, mit diesen Worten: Allerliebste
Brüder, vor allem lieber Gott, dann er wußte wohl,
daß unmöglich eine Tugend könne gefunden werden
ohne Liebe; zumalen solches der hl. Apostel mit diesen
ausdrücklichen Worten angezeiget. 1. Cor. 13. V. 1.:
Wann ich mit Menschen und Engelzungen redete, und
hätte aber die Liebe nicht, so wäre ich wie ein lau-
tend Erz, oder wie eine klingende Schelle, und wann
ich allen Glauben hätte, daß ich auch Berge versetzte,
und hätte aber die Liebe nicht, so wäre ich nichts;
wann ich auch meinen Leib übergäbe, daß ich verbrennen
würde; und hätte aber die Liebe nicht, so wäre mir
es nichts nütz. Dahero vergleichet der hl. Bernardus
die menschliche Seele einer Kohle, die keine Schönheit
an sich hat, es sey dann, daß sie glühend werde; also
kann die Seele nicht schön seyn, wann nicht dieselbe
für Liebe brennet; dieweilen die Liebe der Tugend
Schönheit ist. Und nach Zeugniß des hl. Gregorii,
ist bei Gott nichts kostbarer als die Tugend der Liebe;
und hingegen unserm allgemeinen Widersacher nichts
angenehmers, als die Erlöschung derselben.

3. Es pflegte vor Zeiten die Ritterschaft in Eng-
land einen Scherzstreit zu verordnen, in welchem ein
jeder auf seinem Schilde eine Blume, es war dann
eine Rose, eine Lilie, oder andere Blume, gemacht
hatte; der König aber trug auf seinem Schilde ein
Büschlein Blumen, darauf alle der andern ihre Blu-

men entworfen waren, mit dieser Unterschrift: In mir
ist alles. Also, wann die Tugenden mit eigenen Schil-
den, darauf ihrer aller großes Lob gemalet, um gegen die Laster zu streiten, zu Feld ziehen sollten; würde
ohne Zweifel die Liebe vor allen den Vorzug haben,
und als eine Königin in ihrem Schilde diesen Lobspruch
entworfen tragen: In mir ist alles. Sintemalen all
dasjenige, was in andern Tugenden stückweise zu sehen ist; das begreift die Liebe in sich, zumalen diese
bisweilen seyn kann ohne andere Tugenden; sie aber
ohne die Liebe nicht bestehen können, derohalben sie
sich billig rühmen kann dieser königl. Ueberschrift: In
mir ist alles. Wiederum ist diese Tugend, nach Meinung des Marsilii Ficini derjenige Pfenning, mit welchem Gott erworben und erkauft wird. Gott wird dir
zu kaufen feil gebothen; mit was für Münze aber?
mit solchem Gelde, mit welchem er dich zum ersten ge-
kauft hat, nämlich mit der Liebe. Was nun unter den
Planeten die Sonne, unter den Elementen das Feuer,
unter dem Metall das Gold, unter den kostbarsten
Steinen der Charfunkel, das ist, unter den Tugenden
die Liebe.

4. Damit wir nun von dem Lobe dieser Liebe, zu
deroselben Wirkung fortschreiten mögen, wird uns zum
ersten dienen die Fabel oder das Gedicht von dem
Prometheo; von dem die Poeten lassen herkommen, daß
er einen menschlichen Leib von Leim zusammengemacht
habe; und da er sich nicht bewegen, und die gewöhnlichen Werke eines lebendigen Menschen nicht üben
können; ist er in den Himmel hinauf gestiegen, und
hat heimlicher Weise Feuer gestohlen, kraft dessen er

seine aus Erde oder Leim zusammengetragene Bildniß
ermuntert und zum Leben gebracht hat. Obschon die=
ses nur ein leeres Gedicht der Poeten ist, so können
wir jedoch von dieser Fabel zu unsern Sitten schreiten,
und sagen, daß durch diesen erdenen Leib recht und
wohl könne verstanden werden der Mensch; und durch
das Feuer die Liebe. Nun sehen wir, leider Gottes!
daß der Mensch gleich einer unempfindlichen, aus Leim
gemachten Bildniß, keine lebhafte Wirkung zu den
himmlischen Dingen habe; indem alle seine Neigungen
des Gemüths immerwährend denen irdischen Geschöpfen
als einem Leim ankleben. Sobald ihm aber die Liebe
wird eingegossen, da fängt er an zu leben, und übet
sich gar nützlich in den Werken des ewigen Lebens.
Verrichtet nicht die Liebe das Amt einer unempfindli=
chen, jedoch stärkenden Seele, dieweil sie den Men=
schen macht an sich ziehen die Nahrung; als nämlich,
das Wort Gottes mit Andacht hören, und selbiges in
der That vollbringen, aus welchem die Seele ernäh=
ret und gestärket wird. Weiters versieht nicht die
Liebe das Amt einer empfindlichen Seele, da sie den
Menschen entzündet und begierig machet zu sehen die
himmlischen Dinge durch die Betrachtung und den
Glauben; eröffnet das Gehör zu fleißiger Aufmerksam=
keit des göttlichen Worts, und heiligen Einsprechungen;
den Geruch ermuntert, damit der Mensch den köstli=
chen Geruch der guten Exempel, und von Christo
sammt dessen heiligen Auserwählten hinterlassenen Tu=
genden schmeckt; den Geschmack vermehret, damit er
die Süßigkeit Gottes und Lieblichkeit eines guten Ge=
wissens koste; auch verursachet sie, daß der Mensch die

Beschwerlichkeiten, so er vorhin wie die Peſt gefloßen; nochmals mit aller Fröhlichkeit des Herzens umhalſe. Endlich vertritt die Liebe nicht die Stelle einer vernünftigen Seele, indem ſie dem Menſchen an die Hand geht, auf daß er die himmliſchen Dinge beſtermaßen begreife, die irdiſche verachte, und mit dem hl. Apoſtel Paulo ſage: Ich habe alles um Chriſti willen für Schaden gehalten, und achte alles für Koth, damit ich Chriſtum gewinne Phil. 3. 7. Und mit dem hl. Ignatio: O wie häßlich kommt mir vor die Erde, wann ich den Himmel anſchaue! ſie machet auch den Menſchen recht urtheilen, daß nämlich Gott über alles müſſe geliebt werden, daß man ſich ſelbſt haſſen, und ſeinen Nächſten wie ſich ſelbſt zu lieben ſchuldig ſey, und daß alles lauter Eitelkeit ſey, außer Gott lieben, und ihm allein dienen.

5. Billig dann, meine chriſtliche Seele, befiehlt uns Gott dieſes Feuer der Liebe mit aller Sorgfalt zu ernähren und zu erhalten. Warum hat die göttliche Majeſtät im alten Teſtament angeordnet, daß ihm zu unterſchiedlichen Zeiten auch unterſchiedliche Opfer geſchlachtet würden; zu der öſterlichen Zeit wollte Gott das Opfer des Lamms, nach der Geburt eines erſtgebornen Knäbleins begehrte er Turteltauben. Eins aber hatte er befohlen, daß immer und allezeit geſchehen ſollte, daß nämlich das Feuer zu allen Zeiten auf dem Altar brennte; dahero er allen Prieſtern geſchaffet, dieſem Feuer durch nöthiges Holz immerwährenden Zuſatz zu thun, damit es ja nicht erlöſchte. Warum hat Gott dieſes alſo befohlen? keine andere Urſache deſſen iſt Levit. 6. B. 7.; als daß er habe wollen

anzeigen, der Mensch müsse die Liebe, so durch das
Feuer bedeutet wird, durch die Uebung der guten Werke.
auf dem Altar seines Herzens anzünden, und zu allen
Zeiten sorgfältig bewahren. Wir werden aber dieses
Feuer der Liebe in unsern Herzen anzünden, und solches entzündete Feuer ernähren, wann wir alle Gebote
Gottes, alle unsere Regeln und Satzungen unsträflich
zu halten uns befleißen: wann wir dieses vernachläßigen, und dasjenige, so keine Schuld einer Todsünde
mit sich führet, wenig achten; so sind wir versichert,
daß die Königin der Tugenden, nämlich die Liebe bei
uns nicht lang verbleiben könne, nach Meinung des
heiligen Gregorii, der also spricht über die Worte des
weisen Manns: Wer ein Geringes nicht achtet, der
wird allgemach dahinfallen. Der die geringste Sünde
zu beweinen verabsäumet, derselbige wird von dem
Stand der Gerechtigkeit, nicht zwar urplötzlich, sondern
vor und nach sich selbsten stürzen. Eccl. 19. v. 1.

6. Dessenthalben sagt Christus: wer mich liebet,
der hält meine Worte. Die Worte Christi aber sind,
daß man nicht allein die grobe Sünden, sondern auch
die geringste fliehen solle: so folget klärlich, daß ein
liebender Mensch diese alle, sowohl große als kleine
Sünden zu meiden schuldig sey: daraus er dann diesen
großen Nutzen zu geworten hat; daß neben den vielfältigen Gütern der himmlischen Schätzen, mit denen
ein Liebender überhäufet wird, er auch werde gemacht
zu einem Tempel und Wohnung der allerheiligsten
Dreifaltigkeit: welches uns Christus ausdrücklich bedeutet; da er diesen obangezogenen Worten: Wer mich
liebet, der hält mein Wort, alsobald hinzusetzet: und

mein Vater wird ihn lieben; und wir werden zu ihm
kommen, und Wohnung bei ihm machen. Verwundere
dich nun, meine christliche Seele! mit mir, und schreie,
überlaut: O´entsetzliche Wirkung der Liebe! O unbegreifliche Vortrefflichkeit dieser Tugend! wer wird diese-
mit gnugsamen Lobsprüchen, der Gebühr nach, verehren können? wer wird derselben große Vollkommenheit,
auch durch die allerzierlichste Wohlredenheit sattsam zu
beschreiben bestand seyn? wer wird, sage ich, die in
ihr verborgene himmlische Frucht und Nutzen schuldiger-
maaßen begreifen? dieweilen sie macht aus einem Sclaven des Teufels einen Sohn Gottes; aus einem Fut-
ter der Hölle, einen Erben Christi; aus einem abscheulichen Sünder einen Tempel Gottes.

7. Ein anderes Mittel, durch welches man das
Feuer der göttlichen Liebe im Herzen erwecken kann, ist
die aufmerksame Betrachtung; daß nämlich die Liebe
den Menschen, der jedoch in gegenwärtigem Thal der
Zähren, und unaufhörlichen Armseligkeit lebet, gleichwohl beglückseliget. Dann einmal gewiß ist, daß die
rechte und wahre Glückseligkeit des Menschen in Besitzung des höchsten Guts allein bestehe. Dieweilen
nun diese annehmliche Besitzung durch den gemeinen
und ordentlichen Weg, nämlich durch die wirkliche und
thätliche Vereinigung nicht kann erworben werden; so
muß sie nothwendig vermittelst einer andern, in einem
guten Willen gegründeten Vereinigung, als da ist die
Liebe, zuwegen gebracht werden. Dahero sehen wir in
täglicher Erfahrung, daß die wahre Liebhaber Gottes in
höchster Ruhe des Herzens leben; weilen sie alles, so
da immer kann verlanget werden, und mit dem Zeitlichen

keine Gemeinſchaft haben kann; in ihrem lieben Gott
beſitzen und genießen. Hergegen aber, die Sclaven
der Welt, ob ſelbige ſchon große Reichthümer an Gold
und Silber bisweilen zuſammenſcharren; köſtliche Ge=
bäue aufrichten, mit ſtattlichem und anſehnlichem Klei=
derpracht aufziehen; ſehr ſchöne und künſtliche Luſthäu=
ſer, ſammt aller dazu gehörigen Ergötzlichkeit beſitzen;
ſo wird doch derſelben Begierlichkeit niemalen nicht al=
lein nicht erfüllet, noch befriediget; ſondern müſſen noch
leiden, daß dieſes alles ihnen vielfältige Unruhe und
Bekümmerniß verurſache. Und das kommet daher, die=
weilen der Menſch nicht erſättiget, noch beglückſeliget
werden mag ohne die Erhaltung desjenigen wahren
Ziels und Endes, zu dem er erſchaffen iſt; das aber
iſt Gott. Derohalben da der heilige Auguſtinus zu
unſerm Vorhaben Gott anredet, braucht er ſich dieſer
Worte: Herr du haſt uns erſchaffen zu dir, als zu
unſerm Ziel, und unſer Herz kann nirgends anders
ruhen, als in dir Lib. 9. Conf. c. 1. So lang wird
unſer Herz unruhig ſeyn, bis wir das Zeitliche und
Zergängliche aus dem Grunde deſſelben ausrotten: ſo
lang werden wir in Unruhe leben, bis wir den welt=
lichen Wollüſten ganz und zumalen abſagen; ſo lang
werden wir die Lieblichkeit der wahren göttlichen Ruhe
nicht ſchmecken; als lang wir alle Neigung zu den ir=
diſchen Creaturen behalten, und mit völligen Schritten
der Liebe zu unſerm Gott nicht zulaufen.

8. O wie närriſch ſind dann diejenige, ſo das
höchſte Gut verlaſſen, und mit unziemlicher Begierde
den betrüglichen und augenblicklichen Gütern dieſer
Welt ankleben! O große Thorheit deren, welche anſtatt

der wahren und ewigen Freuden, die stechende, und gleich dem Rauch verschwendende Lustbarkeiten, die doch den Menschen nicht ersättigen mögen; mit beiden Armen umfangen: zu deren billigen Verachtung, und der ewigen herzlichen Verlangen uns antreibet der heilige Anselmus mit diesen Worten: Du armseliges Menschlein, warum streichest du also hin und her, und suchest die Güter deines Leibs? liebe dasjenige Gut, in welchem alles ist, und also wirds gnug seyn; verlange das einfältige Gut, mit dem wirst du zufrieden seyn. Damit dich nun, meine christliche Seele der liebe Gott nicht einsmals wegen einer Thorheit strafe, so wirf anjetzo weit von dir alles und jedes, mit welchem die Menschenkinder sich zu erlustigen pflegen; und befleiße dich Gott über alles zu lieben. Damit du aber solches werkstellig machen könnest, so begehre nun dieses Feuer der göttlichen Liebe durch inbrünstiges Verlangen und unaufhörliches Gebeth, und wiederhole oftmalen im Tag mit dem heiligen Francisco: Deus meus et omnia! Mein Gott und alles! und bitte mit dem heiligen Anselmo: O Herr mein Gott, wanns dir also gefällig ist, nimm hinweg meine Hände, Füße und alles übrige; das Herz allein laß mir, mit welchem ich dich lieben könne; dann mit diesem allein werde ich dir gefallen. Auf daß du aber in dieser herrlichen theologischen Tugend mehr gegründet werdest, so betracht, was folget.

Der andere Theil.

9. Aus dem, was bishero gesagt ist, kann ein jeder reiflich urtheilen, daß die Liebe unter den andern

Tugenden den Vorzug habe, wann aber diese uns die
Pforten des Himmels aufschließen; wie vielmehr wird
uns solche nicht eröffnen die vortreffliche Tugend der
Liebe? solches aber kann gnugsam bewiesen werden
aus dem gemeinen philosophischen Spruch: Propter
quod unumquodque tale, et illud magis tale. Wie
besser eine Sache ist, die von einer andern herkommet,
desto besser ist auch diejenige, von welcher sie herkom=
met oder entspringet. Die Tugenden sind gute und
zur Seligkeit nützliche Sachen, haben aber von der
Liebe ihren Ursprung, und können ohne dieselbe Gott
nicht gefallen. Ist diesem nun also (wie anders nicht
seyn kann) so muß folglich die Liebe besser seyn als
andere Tugenden. Wann andere Tugenden, so etwas
von der Liebe mit sich führen, ihren Besitzer zum ewi=
gen Leben können einrichten; wie vielmehr wird dieses
nicht leisten können die Liebe selbst, so da ist eine
Brunnquelle und Erfüllung aller andern Tugenden, so
gar, daß wann einer nichts mehr wüßte, als Jesum
zu lieben; so wäre solcher sehr gelehrt; nicht zwar in
der Schule der Weltweisen und Schriftgelehrten; son=
dern in der Schule Christi: welches der gottselige Tho=
mas von Kempis mit diesen Worten zu bedeuten schei=
net: Der ist wahrlich groß, der eine große Liebe hat.
Zu diesem unserm Vorhaben wurde einsmals der sehr
gelehrte Vater Bonaventura von dem sel. Aegidio also ge=
fragt: Ehrwürdiger Vater, der liebe Gott hat dich mit
vielen Gaben seiner Gnaden versehen; was sollen doch
wir schlechte und einfältige Tropfen thun, damit wir
auch selig werden? dem der heilige Mann geantwortet,
wann schon Gott dem Menschen keine andere Gnade

mittheilete, als daß er ihn liebete; so wäre dieses doch
Bestand genug, das ewige Leben zu erlangen. Der ge=
meldete Aegidius fähret fort, und fraget weiters, ob
dann ein Ungelehrter eben sowohl Gott lieben könne,
als ein Gelehrter? dem der heilige Bonaventura zur
Antwort giebt; daß auch ein einfältiges altes Mütter=
lein nicht weniger Gott lieben könne, als ein wohlge=
lehrter Doctor der hohen Schulen. Da dieses der se=
lige Aegidius gehöret hat, ist er für Freuden aufge=
sprungen, alsobald zum Garten geeilet, nach der Stadt
sich gewendet, und mit heller Stimme gerufen: O ihr
einfältige und ungelehrte alte Weiber, liebet Gott,
dann ihr könnet größer werden als der Frater Bona=
ventura ist. Darum hat recht gesungen der geistliche
Poet:

> Wann du Christum lernest,
>   Hast nichts zu lernen übrig,
> Wann nicht Christum kennest,
>   Ist alles Lernen üppig.

10. Wer wird aber, der Gebühr nach, ausspre=
chen können, wie reichlich die Liebhaber Gottes werden
belohnet werden? kein Verstand wirds begreifen, und
keine Feder wirds gnugsam beschreiben können. Dann
solchen Lohn haben selbige zu hoffen, desgleichen nach
Zeugniß des heiligen Apostels, kein Auge gesehen, kein
Ohr gehöret, und in keines Menschen Herz gestiegen ist
1. Cor. 2. v. 9.: Dieses hat Gott denen zubereitet,
die ihn lieben. Weiters lesen wir im Buch der Rich=
ter; daß diejenige, so Gott lieben, so herrlich, wie die
Sonne in ihrem Aufgang, glänzen. Dieweilen aber
der Feind alles Gute wohl weiß, daß die größte Flüsse

Gnaden und Verdiensten von dieser Liebe entsprin-
i; derohalben mißgönnt er uns solche Gaben im-
rzu, und bemühet sich unaufhörlich das menschliche
rz von seinem Gott abwendig zu machen, welcherge-
lt wir aber diesem Hauptfeind widerstehen sollen,
s lehret uns folgende Historie der heiligen Schrift
b. 3. Reg. c. 3. Es kamen einsmals zwo Mütter
dem allerweisesten König Salomon, welche beide ein
eines Kindlein, als ihr Söhnlein für sich begehrten:
eilen aber der gemeldete Salomon aus den vorge-
achten Reden dieser zween Weiber keinen Schluß
achen konnte; und gleichwohl zu erfahren verlangte,
elche die rechte Mutter wäre, befahl er, man sollte
s lebendige Kind zertheilen, und einer jeden die
albscheide geben. Diesem Urtheil fiel alsdann die
rmeinte Mutter bei, und sagte: unserer beiden keine
oll es ganz haben, sondern es solle zertheilet werden.
Da dieses die rechte Mutter des Kindes hörete, sprach
e, soll ich dann leiden, daß mein Kind getödtet werde?
ch nein! das leide ich nicht; ich will lieber mein
recht fahren lassen, damit mein Kind beim Leben ver-
leibe. Hieraus hat der König erkennet, daß diese die
ahre Mutter des Kindes sey; derohalben sagte er:
ebet dieser das lebendige und unzertheilte Kind, die
ndere aber ist überzeugt und schamroth worden.

11. Was soll ich nun anders diesem Kinde ver-
leichen, als das Herz des Menschen? und wem sind
ese zwo Weiber mehr ähnlich, als Gott und dem
eufel? Gott als eine wahre Mutter hat durch die
rschaffung unser Herz gebohren, dahero begehrt er
lbiges, und sagt: Sohn gib mir dein Herz: selbiges

zu besitzen verlangt auch der leidige Satan. Wem sol=
len wir es nun geben? wollen wir die Person
des Salomons vertreten, und Richter seyn, so las=
set uns es demjenigen weigern, der allein mit der
Halbscheide zufrieden ist; und geben es dem, der es
ganz begehret, oder nichts. Was sagt der Satan,
was fordert er? Ich bin zufrieden, sagt er, mit einem
gar geringen Theil deines Herzens: ich bin zufrieden,
daß du Meß hörest; daß du deine Tagzeiten bethest;
daß du dich bisweilen disciplinirest; daß du fastest;
und bin auch zufrieden, daß du zu Mitternacht aufste=
hest: daß du aber allezeit in diesen Uebungen verhar=
ren wollest, das leiden deine Kräfte nicht; derohalben
ist es rathsam, daß du zu Zeiten den weltlichen Freu=
den beiwohnest, und dich erlustigest: und was kann es
dir schaden, daß du bisweilen in ehrlicher Gesellschaft
der weltlichen Leute erscheinest? dieses erfodert die Be=
scheidenheit, was ist auch daran gelegen, daß du bis=
weilen eine Sünde begehest: du bist ein Mensch so=
wohl als andere: was kann es hindern, daß du aus
Kurzweil und Ergötzlichkeit halber zu Zeiten lügest?
das muß man nicht hoch achten. Parum parum nocet.
Wenig schadet wenig. Mit einem Wort zu sagen, der
Teufel ist zufrieden mit der Halbscheide unseres Her=
zens, und rufet mit der verweinten Mutter: Weder
dir, noch mir; sondern es soll zertheilet werden. Aber,
aber, was sagt Gott darzu: Du sollst Gott deinen
Herrn lieben aus ganzem deinem Herzen. Er will
das Herz ganz und zumalen, oder nichts. Wohlan
dann meine christliche Seele! wir wollen nun, wie ein
allerweisester Salomon das Urtheil sprechen. Gott

fodert das ganze Herz; der Teufel läßt sich mit der Halbscheide begnügen; so lasset uns das ganze und unzertheilte Herz Gott aufopfern, der selbiges durch den weisen Mann begehret: Sohn gieb mir dein Herz.

12. Dieses wollen wir nun bekräftigen mit der liebreichen Fabel oder Gedicht eines berühmten Poeten von dem Igel. Dieses Thierlein ist rund umher mit spitzigen Stacheln versehen, und weiß sich dergestalt zusammen zu ziehen, daß es auch einem kleinem Ballen gleich scheint. Nun hat sich es zugetragen, daß dieses arme Thierlein einsmals seiner Behausung beraubt worden, indem die Jäger, in Meinung einen großen Hasen daselbst zu fangen, selbige zumalen verwüstet; derohalben da dieser aus seiner Wohnung vertriebene Igel in Büschen und Feldern herumzulaufen genöthiget worden, hat er endlich einen Fuchsen angetroffen, und denselben gebethen, er möchte ihn doch in seine Herberge aufnehmen, der Fuchs aber, da er dem Igel sein Begehren rund abgeschlagen; hat dieser ihn noch inständlicher gebethen, ihm nur das geringste und verwerflichste Winkelein seiner Höhlen zu vergünstigen, mit diesem Versprechen, daß er sich daselbsten im geringsten nicht bewegen, noch auch sonsten ihm überlästig seyn wolle: hierauf hat der Fuchs in das demüthige Begehren des Igels verwilliget, und da er zu Anfang den allerengsten Ort der Höhlen eingenommen, hat er sich dergestalt ausgebreitet, daß der Fuchs, damit er von seines eingenommenen Gastes spitzigen Stacheln nicht verletzet würde, dem Igel die ganze Wohnung zu überlassen, und davon zu laufen gezwungen worden. Gleicher Weise mit dem Igel macht es der böse

Feind; welches anfänglich uns um ein einziges Hüttlein unseres Herzens bittet, und begehret demüthiglich
von uns, daß wir doch, um dieses oder jenes Amt zu
verwalten, einige Lust und Affection zeigen wollen;
daß wir uns erfreuen sollen, wann wir von andern gelobt
werden; daß die Liebe erfodere, seine Verwandten und
gute Freunde oft zu besuchen; daß man die von ihnen
präsentirte Geschenke nicht müsse verschmähen, sondern
gern annehmen, und dergleichen ihnen hinwiederum
verehren. Dieser ist der saubere Rath des allgemeinen
Menschenfeinds, der uns auch sogar versichern will,
daß wir aus solchem allein den geringsten Schaden
nicht leiden werden. Auch rathet diese höllische Schlange,
daß wir bisweilen nur obenhin dieses oder jenes
Weibsbild mit einem wenigen menschlichen Vorwitz anschauen; oder, aus Mangel der Gelegenheit, um den
Gedanken einige Lust zu machen, unserm Gemüth dieselbe vorstellen: und was kann doch Uebels, sagt er,
ein einziger vorwitziger Anblick oder Gedanke verursachen? man muß eine Sache nicht größer machen, als
sie ist. Sobald aber dieser arglistige Rathgeber in die
Wohnung unsers Herzens ist eingeschlichen; fangt er
gleich an, sich dermaaßen zu vergrößern und auszubreiten, daß er nicht allein Gott und seine Heilige aus
dem Herzen ausschließe; sondern auch alle Tugend,
Gnade und Heiligkeit von dannen vertreibe: darum
ermahnet uns brüderlich der heilige Apostel Paulus:
Gebet keinen Platz dem Teufel Eph. 4. B. 27. Warum?
weilen, spricht der heilige Chrysostomus über diesen Ort,
er auf solche Weise, nachdem er wird eingelassen seyn,
alles verbreitet, und zu seinem Vortheil erweitert.

13. Wann wir nun aus dem Mund der ewigen Wahrheit versichert sind, daß wir zween Herren nicht dienen können, Gott und dem Mammon, das ist den Creaturen; so lasset uns aus dem Innersten unsers Herzens alle unordentliche Liebe der Creaturen vertilgen, auf daß der Erschöpfer daselbst wohnen könne. Sollen wir aber dieses zu thun vernachläßigen; so haben wir gewißlich zu fürchten, daß uns begegne, was den zween Söhnen des Aarons widerfahren ist; so derohalben von dem Feuer sind verzehret worden, weilen sie mit fremdem Feuer ihre Rauchfässer versehen. Was ist aber anders dieses fremde Feuer in den Rauchfässern, als eine unziemende Liebe gegen die Creaturen in unsern Herzen? billig ist dann, daß wir uns solchen Feuers nicht gebrauchen, wann wir von dem ewigen Feuer nicht wollen verbrennet werden. Auch ist anneben wohl zu beachten, daß dieser lose Feind denjenigen, so er mit diesen obgemeldten schmeichelnden Anreizungen nicht hat zum Fall bringen können, durch Wiederwärtigkeit niederzuwerfen sich befleiße. Derohalben müssen wir allem widrigen Eingeben, Rath und That uns widersetzen, wann wir von diesen Füchsen mit List nicht überwunden werden, und das kostbare Kleinod der Liebe nicht verlieren wollen: sintemal uns zu wissen hoch nöthig ist, daß (wie der gottselige Thomas Kempis redet) ein wahrer Liebhaber Christi nicht suche menschlichen Trost, oder empfindliche Süßigkeiten, sondern vielmehr ritterliche Uebungen; und daß er um Gottes willen harte und schwere Arbeit der Seelen und des Leibes ausstehen möge. Mit solchem Feuer der Liebe war entzündet die heilige Theresia, darum pflegte

fie zu fagen: Mein lieber Herr Jefu! ich will entweder
leiden oder fterben. Noch ein mehreres verlangte die
heilige Magdalena de Pazzis, deren oft wiederholte
Bittfchrift in diefen Worten beftund: Nicht fterben,
fondern leiden will ich. Diefe gottgefälligen Jungfrauen
wußten wohl, daß die mit Geduld überftandene Widerwärtigkeiten das Feuer der Liebe über alle Maßen vermehren: welches in der Wahrheit genugfam erfahren
hat der heilige Märtyrer Ignatius, der nach vielen
erlittenen Verfolgungen, Kerker und Banden dergeftalt
in der göttlichen Liebe hatte zugenommen, daß er mit
fröhlichem Herzen fagen dürfte: Feuer, Kreuz, wilde
Thiere, Zerbrechung der Gebeinen, der Glieder Zer-
theilung und des ganzen Leibs Zerknirfchung, ja auch
alle Tormenten des leidigen Satans; diefes alles komme
über mich, damit ich nur meines lieben Chrifti genief-
fen möge.

14. Diefem glorwürdigen Blutzeugen Chrifti laffet uns nachfolgen; das Widrige nicht fürchten, fondern
mit dem Apoftel uns erfreuen, daß wir find würdig
gefunden worden, für den Namen Jefu zu leiden.
Dann gleichwie ein Arzt den Zuftand des Kranken ver-
nimmt, nicht aus der rechten, fondern aus Berührung
der linken oder unrechten Hand, alfo pflegt Gott aus
ftarkmüthiger Uebersetzung der Widerwärtigkeiten, und
zugefügten Unrechts feine Liebhaber zu erkennen. Mache
dir nun, meine chriftliche Seele! aus aller obangeführ-
ter gründlichen Lection den Schluß felbften. Willft du
in Wahrheit Jefum lieben, fo treibe aus deinem Herzen alle unordentliche Liebe der irdifchen Creaturen;
halte die Gebothe Gottes, und lerne mit einer männ-

ichen Standhaftigkeit sämmtliche vorfallende, so Leibs als der Seelen Drangsalen geduldig zu übertragen: damit du aber aus menschlicher Schwachheit auf diesem sichern Weg den Krebsgang allgemach zu gehen nicht genöthiget werdest, so folge meinem Rath, und besuche oftmalen deinen im hochheiligsten Sacrament des Altars verborgenen allerholdseligsten Bräutigam, und klage demselben deine Noth. Auf daß dich auch die angenommene verfälschte Schönheit der Creaturen nicht verkehre, so lasse dir es gefallen, und betrachte die ungemeine Lieblichkeit desjenigen Angesichts, kraft dessen viele aus dem jüdischen Volk in ihren Aengsten und Betrübnissen getröstet und gestärket wurden; derohalben pflegten sie in diesen ihren Mißhelligkeiten zu sagen: lasset uns hingehen zum Sohn Mariä. Wann nun deines allerliebsten Heilands gebenedeites Angesicht mit solcher Schönheit, noch in diesem Jammerthal leuchtete, daß es auch die betrübte Gemüther gänzlich trösten könnte; was wird dann nicht geschehen anjetzo, wann du mit den Augen deines Herzens denselben wirst anschauen, da er mit unaussprechlichem göttlichen Glanz regieret im Himmel? Ich zweifle nicht daran, du werdest von der süssen Annehmlichkeit dieses göttlichen Angesichts dergestalt eingenommen werden; daß du für Freuden deine Widerwärtigkeit zumalen vergessest; und werdest also aus einem Elend machen ein Paradies, nicht allein hier zeitlich, sondern auch dorten ewiglich, Amen.

Die sechste
geistliche Lection
von der brüderlichen Liebe.

Mandatum novum do vobis, ut diligatis
invicem sicut dilexi vos. Joan. 13. v. 34.
Ich gebe euch ein neues Geboth, daß ihr euch
untereinander liebet, wie ich euch geliebet habe.

Der erste Theil.

1.   Dieweilen die Schriftgelehrten sagen, daß der
Gebrauch der Liebe, so viel er Gott und den Nächsten
betrifft, eins sey: so wollen wir, der Gebühr gemäß,
nach hiebevor abgehandelter Liebe Gottes, nun auch die
Liebe des Nächsten vornehmen. Wie man aber den
Nächsten lieben soll, das lehret uns das dritte Buch
Mosis, Leviticus genannt, c. 19. v. 18. mit diesen
Worten: Diliges proximum tuum sicut te ipsum. Du
sollst deinen Nächsten lieben wie dich selbsten. Um dieses wohl zu begreifen, sagt der englische Doctor Thomas 2. 2. q. 25. Art. 25, daß solche Liebe zweifach sei.
Die erste, meldet er, sei unordentlich und bös, mit
welcher man einen auswendigen Menschen und das

Fleiſch, ſo er mit andern Thieren insgemein hat, liebet.
Die andere, ſpricht er, ſei ordentlich und gut, kraft de=
ren man liebet die Vortrefflichkeit des innerſten Men=
ſchen, und das Leben nach dem Geſetz der Vernunft
einrichtet. Dieſer Liebe gemäß müſſen wir reguliren
unſere Liebe; wie gar ſchön vermerket der heilige Au=
guſtinus, und uns ermahnet auf folgende Weiſe: Erſt=
lich ſehe zu, ob du wiſſeſt zu lieben dich ſelbſten; und
alsdann befiehle dir deinen Nächſten, den du lieben
ſollſt wie dich ſelbſten, wann du aber noch nicht weißt,
wie du ſollſt lieben dich ſelbſten, ſo fürchte ich, du wer=
deſt deinen Nächſten betrügen, wie auch dich ſelbſten.
Hieraus haben wir abzunehmen, daß derjenige, der ſich
nicht liebet mit einer ordentlichen Liebe, auch nicht wiſſe
zu lieben ſeinen Nächſten; dann der ſich ſelbſt untreu
iſt, wem wird der treu ſeyn? dieſe iſt nun die erſte
Regel, nach der wir unſere Liebe zu richten haben.

2ᵗ Neben dieſer aber hat uns Chriſtus eine andere
hinterlaſſen, folgenden Inhalts: Ich gebe euch ein neues
Gebot, daß ihr euch untereinander liebet, wie ich euch
geliebet habe. Aus dem wir ſchließen, daß gleichwie
uns Chriſtus freiwillig geliebt, und ohne einige Ver=
geltung uns ſeine himmliſche Lehre hat mitgetheilt: aus
dem Wuſt der Sünden herausgezogen; dieſelbige uns
vergeben, und unſere Schmerzen und Schwachheit der
Seelen bis zum Tode des Kreuzes über ſich genommen:
wir alſo, nicht aus Liebe der Begierlichkeit, welche den
eigenen Nutzen ſuchet, ſondern aus Liebe der Freund=
ſchaft, ſo da eiferet den Vortheil des Nächſten, einan=
der lieben ſollen, nämlich wir ſollen allen und jeden,
ſowohl die Güter der Gnaden als die Glorie von Her=

zen gönnen, wünschen, auch unsern Kräften gemäß zu
erwerben uns befleißen: wir sollen unseres Nächsten
Last auf uns nehmen und tragen, die sündhafte Men=
schen nicht verwerfen, sondern theils durch das Gebeth,
theils durch die liebliche Ermahnungen zur Buße auf=
muntern und mit denselbigen ein herzliches Mitleiden
tragen. Also hat der heilige Apostel Paulus seinen
Nächsten geliebet, wie er selbst bezeuget Rom. 9. V. 3:
Ich trage große Traurigkeit und steten Schmerzen in
meinem Herzen, dann ich wünsche mir selbst verbannet
zu seyn von Christo für meine Brüder. Und an einem
andern Ort 2. Cor. 11. V. 29: Wer wird schwach,
und ich werde nicht schwach: wer wird geärgert und
ich brenne nicht: Diesem vornehmsten Lehrer der Hei=
den weichet nicht in der brüderlichen Liebe Moises der
große Diener Gottes, der seinen Nächsten also liebte,
daß er zum Herrn sagen dürfte Exod. 32. V. 31:
Entweder verzeihe ihnen diese Uebelthat, oder tilge
mich aus dem Buch des Lebens. Das wären rechte
Liebhaber des Nächsten. Wir finden aber noch viel
andere Heiligen, welche sich äußerst bemühet, ihren
Nächsten durch die Liebe zu gewinnen. Weilen nun
diese alle herbeizubringen sichs nicht geziemet; als wol=
len wir vor dießmal erzählen die heroische That des
heiligen Ignatii, Stiftern der Societät Jesu. Es war
in der Stadt Paris zu Zeiten dieses heiligen Mannes
ein sicherer Mensch, welcher sich mit dem Strick der
unziemlichen Liebe an eine lose Vettel so stark verbun=
den, daß der obgemeldte heilige Diener Gottes durch
immerwährenden angewendeten Fleiß solches Venusband
zu lösen nicht vermöchte. Einsmals ist der heil. Ignatius

in Erfahrung kommen, daß der armselige Buhler au=
ßer der Stadt, vielleicht zu seiner Amasia zu gehen
entschlossen: derohalben begiebt er sich alsbald zu dem
Wege, allwo der Liebhaber mußte vorbeigehen; wirft
sich an einem eiskalten Ort ins Wasser, daß nur das
Haupt, um sein Vorhaben werkstellig zu machen, vom
Wasser befreiet war: da nun dieser hinzunahet, redet
er ihn an mit diesen Worten: Geh hin du armseliger
Mensch! geh hin zu deinen stinkenden Wollüsten; sie=
hest du dann nicht deinen bir vor Augen schwebenden
Untergang? Du sollst wissen, daß ich allhier diese bit=
tere Kälte so lang zu leiden mir habe vorgenommen,
bis ich den gerechten, dir zubereiteten Zorn Gottes von
dir werde abgewendet haben.   Da dieses alles der
mehrgemeldte Sclave der unkeuschen Wollüsten wahr=
genommen, ist er ganz erschreckt worden, und von die=
sem herrlichen Beispiel der Liebe, gleichsam vom Don=
ner zerschlagen, zurückgegangen, die so lang gepflogene
sündhafte Gemeinschaft hat er zertrennet, und sein Le=
ben gebessert. Der oftgedachte göttliche Seelenliebhaber
pflegte auch zu sagen, daß er um Errettung deren mit
dem Blut Christi erkauften Seelen bereit sey, mit blos=
sen Füssen über die Gassen mit Dörner beladen zu
gehen, und daß er keine, auch die lächerlichste und
schimpflichste Kleidung zu tragen scheue, wann er nur
dadurch dem Menschen beförderlich seyn könnte.   Wem
nun gefällig ist, seinen Bruder in der Wahrheit zu lie=
ben, der unterstehe sich, die Exempel der Heiligen Got=
tes zu folgen; und wann ihm schon eben selbiges zu
leisten nicht möglich ist; so soll er dannoch anderer der=
gleichen sich befleißen, durch welche er seinen Bruder

zu gewinnen erachtet, damit er also mit dem Moyse, Paulo und Ignatio, den unschätzbaren Lohn der Liebe darvon trage, nämlich die ewige Seligkeit, welche von Christo versprochen wird allen und jeden, so da üben die Werke der Liebe. Selig sind die Barmherzige, dann sie werden Barmherzigkeit erlangen. Matth. 5. Ich sage Barmherzigkeit, dieweilen sie in diesem zeitlichen mit vielen göttlichen Gnaden bereichet, und im andern Leben des ewigen Friedens genießen werden.

3. Damit wir aber von der brüderlichen Liebe noch besser mögen unterrichtet werden; ist vonnöthen, daß wir erstlich den Befehl Christi sonderbar beobachten, der also lautet: Alles, was ihr wollet, das euch die Menschen thun sollen, das thut ihr ihnen auch. Matth. 17. V. 14, und zweitens die folgende Ermahnung des frommen alten Tobiä in unser Herz schreiben: Siehe zu, daß du nimmer einem andern thust, was du nicht willst, daß dir von einem andern widerfahre. Tob. 4. V. 16. Von diesem redet aso der heilige Prosper: Diese ist die gänzliche Liebe des Nächsten, daß du dasjenige Gut, so du dir zu widerfahren wünschest, selbiges auch deinem Nächsten zu überkommen verlangest: und dasjenige Uebel, so du von dir abzuwenden trachtest, selbiges auch eben so sehr von deinem Nächsten zu verhindern dich bemühest. Aus dieser allgemeinen Lehre wird ein Jeder gnugsam abnehmen können, was er für Dienste seinem Nächsten zu leisten, und was für Uebel von seinem Nächsten abzukehren schuldig sey. Allhier ist aber wohl zu merken, daß in allen Ständen und Familien der Geistlichen, aus geheimen Urtheil Gottes, einige gefunden werden, so mit

der Tugend, der wahren brüderlichen Liebe nicht allein
nicht gezieret sind; sondern auch dieselbe durch Antrieb
des Teufels, und vermittels ihres bösen Lebens zu vertilgen sich bemühen: derohalben muß man sich gegen
diesen höllischen Fluß hurtig versehen, und solchem Uebel
bei Zeiten vorkommen; damit wegen sothaner bösen
Geistlichen die Liebe nicht verlohren gehe. Auf daß
nun die Vorsichtigkeit fruchtbar werde, ist rathsam,
daß man zu ersehen trachte, wie nämlich diejenige
Liebe, so unter den Bösen erhalten wird, viel vollkommener sey, als diejenige, so unter den Guten geübet wird: dieses vermerket gar wohl der gottselige
Thomas von Kempis L. 2. c. 3. §. 2, darum sagt er,
daß es keine große Sache sey, mit Guten und Sanft-
müthigen umzugehen, dieweilen solches natürlicher Weise
Allen gefällt, und ein Jeder gern Friede hat, auch
diejenigen liebet, die mit ihm übereinstimmen. Aber
mit harten, verkehrten, ungeschlachten und widerspen-
stigen friedlich leben können, ist eine große Gnade, ein
sehr löblich und männliches Werk.

4. Auf daß wir aber solches desto leichter ins
Werk richten mögen, so lasset uns ein anderes Lehrstück des obgemeldten Thomä reiflich überlegen, dieses
Inhalts: Befleiße dich, die Mängel und immer vorfallende Schwachheiten deines Nächsten geduldig zu tragen; dann du hast auch viel an dir, das andere tragen
müssen: Wann du aus dir einen solchen nicht machen
kannst, wie du gern wolltest; wie kannst du einen andern nach deinem Wohlgefallen haben; damit wir nun
gegen das Gesetz der brüderlichen Liebe nicht sündigen
mögen, so lasset es uns den Hirschen nachmachen.

Wann diese über eine Insel oder Eiland setzen, legen sie die Köpfe also übereinander, daß, nachdem der erste ermüdet ist, alsobald von seiner Stelle hinweg zu dem hindersten schwimme, und mit dem Kopf auf selbigen sich lehne, und demjenigen die Last zu tragen überlasse, so ihm in der vorigen Stelle gleichgefolget, und nun der erste ist. Thun das die Hirsche, was sollen dann nicht thun die Christen? thun das die unvernünftigen Thiere, was sollen dann nicht thun die Geistliche? insonderheit, da der heilige Augustinus sagt, daß nichts sowohl einen Freund anzeige, als wann er die Last seines Freundes trage: und der heilige Apostel Paulus uns ebenfalls mit diesen Worten ermahnet Gal. 6. V. 2: Einer trage des andern Bürde, und also werdet ihr das Gesetz Christi erfüllen: als wollte er sagen, der das Gesetz des Herrn zu erfüllen verlanget, dem ist nöthig, daß er die Bürden, das ist Verspottungen, Bestrafungen, Schmähworte, vielfältiges Plagen und dergleichen von seinem Nächsten mit einem Heldenmuth annehme, und geduldig trage; der aber das Widerspiel thun wird, und solchen seinen Nächsten mit gleicher Münze bezahlen; der bilde sich ja nicht ein, daß er seinen Nächsten liebe; dann die Liebe muß die allerhärteste Dinge übertragen, gleichwie ein Straußvogel das unverdäuliche Eisen verkochet. Dieses aber sage ich nicht, sondern der heilige Paulus: Die Liebe überträgt alles. Auch lehret uns solches mit seinem Exempel der König David, als er nämlich von dem Semei, aus dem Geschlecht des Sauls, verfluchet, und mit Steinen empfangen wurde; dahero demselben der Abisai zur Stunde den Kopf hinweggeschlagen hätte, wann

nicht der sanftmüthige König solches würde verbothen,
und gesagt haben: Lasset ihn gehen, daß er fluche nach
dem Befehl des Herrn; ob vielleicht der Herr mein
Elend ansehe, und mir für diesen heutigen Fluch Gottes vergelte. 2. Reg. 16. V. 11. Also müssen wir
auch gedenken, wann wir die Liebe unsers Nächsten
behalten wollen, daß es der Herr also befohlen habe,
wann wir dieses oder jenes Böse von diesem oder anderm zu leiden haben. Und obschon, so viel den ungerechten Schmäher angeht, der Wille Gottes dieses
bloß allein zuläßt; so läßt Gott, als viel den leidenden Menschen betrifft, dieses nicht allein zu, sondern er
will, daß es also geschehe. Derowegen hoffe ein jeder
mit dem David, daß er für solche Verfluchung oder
überstandenes Unbild den Segen des Herrn empfangen
werde. Nicht vernachläßige dieses, meine christliche
Seele, dann, wie grossen Nutzen du aus dieser Uebung
der brüderlichen Liebe zu gewarten hast, kannst du aus
folgenden Zeilen abnehmen.

Der andere Theil.

5. Es ist genugsam bekannt, was maaßen Kaiser,
Könige, Fürsten und andere mit gewisser Art der Kleider ihre Diener zu versehen pflegen, (welche man Liberei nennet) damit sie vor andern können erkennet
werden. Weil nun diesem also; so zweifle ich nicht,
es werde der König aller Königen, und Herrscher aller
Herrschenden Christus Jesus seinen Diener mit einer
neuen, und von andern unterscheidenden solchem Him-
melskönig gebührenden Liberei bekleidet: Was kann
aber anders diese seyn, als eben die Liebe des Nächsten?

mich gedünket, daß der Heiland selbst dieses erkläret, mit den ausdrücklichen Worten Joh. 13. V. 35: Dabei wird Jedermann erkennen, daß ihr meine Jünger seyd, wann ihr die Liebe untereinander haben werdet: Sintemalen keiner ein Diener des himmlischen Königs seyn kann, es sey dann, daß er ihn liebe; wie wird er aber Gott lieben können ohne Liebe des Nächsten? dahero spricht der heilige Johannes Epist. 1. C. 4. V. 20: Wann einer wird sagen, ich liebe Gott, und seinen Bruder hasset, der ist ein Lügner. Dann der seinen Bruder nicht liebet, den er siehet, wie wird derselbige Gott lieben, den er nicht siehet? und dieses Geboth haben wir von Gott; daß derjenige, so Gott liebet, auch liebet seinen Bruder: wer dann mit diesem güldenen Kleid versehen, und unter die Zahl der göttlichen Leibeigenen gezählet zu werden verlanget; der liebe seinen Bruder mit aufrichtiger Liebe, damit er des versprochenen Lohns theilhaftig werde. O wie wohl war dieses dem geliebten Apostel Joanni bekannt! derohalben bestunden seine treuherzige Ermahnungen mehrentheils in diesen Worten: Meine Kindlein liebet euch untereinander: Sogar auch, daß seine anwesende Brüder und Jünger aus so oft wiederholter Zusprache mit großer Verdrießlichkeit sagten: Meister, warum predigest du immer und allezeit diese Worte? denen er zur Antwort gab: weilen es der Befehl Gottes ist, und wann dieses allein geschiehet, so ist es genug.

6. Im Uebrigen wann wir nun wollen sehen, was diese stattliche Liberei des Herrn für Wirkung thue, so werden wir erfahren, daß sie die Seele dergestalt erwärme, daß von selbiger alle natürliche und schädliche

Lauigkeit flüchtig, und sie hergegen mit dem Feuer der
göttlichen Liebe müsse nothwendiger Weise entzündet
werden. Der also brennet, ist glückselig, dieweilen dieses Feuer alles, was schon in sich beschwerlich und bitter ist, erleichtert und versüßet, nach dem gemeinen
Sprichwort: Dem Liebenden ist nichts beschwerlich.
Weiters bedecket dieses herrliche Kleid alle unsere un-
ehrbare Werke der von uns begangenen Sünden nach
Zeugniß der heiligen Schrift: Die Liebe bedecket die
Vielheit der Sünden. Soll dann nicht ein jeder mit
allem Ernst und Fleiß daran seyn, damit diese kostbare
Kleidung durch Haber und Zank nicht bemakelt, oder
durch Haß und Feindschaft gar zerrissen werde; insonderheit, da diese Liberei, nämlich die brüderliche Liebe
an Schönheit und andern Tugenden weit vorgehe.
Hiervon lesen wir in dem Leben der heiligen Väter,
daß ein Bruder einsmals einen Alten gefragt habe:
Vater sage mir doch rund aus, was dich gedünke. Es
sind zwei unter den Brüdern, deren einer die ganze
Woche durch immer in seiner Zelle verbleibt, hält annebens sein Fasten oftmalen und unterläßt gleichwohl
seine gewöhnliche Arbeit nicht. Der andere aber bemühet sich emsiglich, wie er den Kranken angenehme Dienste
erweisen möge. So sage mir nun: wessen Beschäfti-
gung ist die beste vor Gott? diesem hat der Alte folgender Weise geantwortet: Und wann der Fastende,
nämlich der erste sich an die Nasen schon aufhängen
würde; so wird er doch vor dem Angesicht Gottes dem
andern an Verdiensten nicht gleich seyn.

7. Derohalben setze ich meine Bewährung also.
Die Schwachheit ist zweifach: eine des Leibs, und die

andere der Seele. Wann nun die Seele an Würdig=
keit und Vortrefflichkeit den Leib übertrifft; so muß ja
die Schwachheit der Seele höher empfunden werden,
als eben die Schwachheit des Leibs. So folgt dann
klärlich hieraus, daß, wann nach Zeugniß des from=
men Alten, derjenige so großen Lohn zu gewarten habe,
welcher dem Kranken dem Leib nach aufwartet: wie
viel größern Verdienst wird nicht derjenige zu hoffen
haben, der seinem Bruder, so an der Seele krank lieget,
fleißig dienet; solchermaßen aber können wir demselben
angenehme Dienste leisten, wann wir mit seiner sünd=
haften Seele ein brüderliches Mitleiden haben: ihn
mit lieblichen Worten anzufrischen suchen; auf daß er
diesen oder jenen begangenen Fehler und Sünde bessere;
wann wir denselben auch, wann es die Noth erfordert,
mit sittsamen Worten strafen; und wann wir für
denselben Gott mehrmalen treulich bitten, auf daß er
unserm Bruder eines oder andern, oder mehrern Ver=
brechen halber seine grundlose Barmherzigkeit nicht ent=
ziehen, sein mildes Aug von ihm nicht abwenden, son=
dern alle seine Missethaten in den Fluß der Vergessen=
heit werfen, in seine vorige Gnade auf= und anneh=
men, und endlich ihm das ewige Leben schenken wolle.
Sollen wir nun wohl, meine christliche Seele! von
Erweisung eines so gottgefälligen Werks der brüder=
lichen Liebe uns entschuldigen können? ich lasse dich
selbsten dieses urtheilen, wann du neben diesem allem,
so gesagt ist, daran wirst gedacht haben, daß nämlich
so viele hundert tausend Auserwählte Gottes sich nichts
so eifrig haben angelegen seyn lassen, als Mittel zu
erfinden, wie sie ihre Brüder Christo gewinnen möchten.

Aus denen allen ich, der Kürze halber diese zween fol=
gende Einſiedler vor Augen ſtelle. Sophro. in Prat.
Sp. c. 97.

8. Dieſe zwei haben ſich einsmals miteinander
verſchworen, daß keiner den andern nimmermehr ver=
laſſen wollte. Einer aber aus dieſen beiden hat ſich
wegen ihm zudringender ſtarken Verſuchung entſchloſſen,
wiederum in die Welt zu gehen, und ſeinen böſen Be=
gierden zu willfahren. Da dieſen der andere von dem
gefaßten loſen Vorhaben nicht hat abbringen können,
iſt er ihm gefolget, auf daß er dieſen ſeinen Bruder
aufs wenigſt nach begangener Sünde wiederum zur
Einöde führen möchte. Derohalben hat er ſelbigen,
nachdem er den fleiſchlichen Wollüſten den Zaum ge=
laſſen, und dem Hauſe der Leichtfertigkeit den Rücken
gekehret, mit großer und herzlicher Liebe umhalſet und
gebeten, er wolle mit ihm abermal zur Wüſte gehen.
Indem aber der ſündhafte Bruder in ſeiner Miſſethat
verharret, iſt auch dieſer in ſelbiger Stadt geblieben,
und nicht allein den Lohn ſeiner täglichen Handarbeit
ſeinem geilſüchtigen Bruder freigebig mitgetheilet, ſon=
dern auch annebens für deſſen Heil oftmalen gefaſtet,
andere Bußwerke verrichtet, und unaufhörlich gebethen.
Kraft dieſer ſo großen Liebe, iſt ſelbiger endlich bewe=
get worden, ſein laſterhaftes Leben zu verlaſſen, und
mit ſeinem Bruder zur Wüſte gekehret. Dieſes from=
men Einſiedlers Beiſpiel laſſet uns nachfolgen, ſo wird
auf uns ein unbeſchreiblicher Lohn auch warten, für=
nemlich da die brüderliche Liebe, um die Höhe der geiſt=
lichen Vollkommenheit zu erreichen, ſonderbar geſchickt

98

ist, wie aus folgender Historie zu vernehmen stehet.
Pallad. in Hist. Lausiaca c. 63.

9. Paphnutius unter den ersten Einsiedlern ein
Mann großes Namens, und vieler gottseligen Einsiedlern Vater, hat sich eingebildet, er habe auf dem Weg
des Herrn dergestalt zugenommen, daß er vermeint,
ihm würde keiner gleich gefunden werden; derohalben
hat er aus einfältigem und andächtigem Vorwitz Gott
gebethen, er wolle ihm doch einen Menschen zeigen,
der ihm an Weise und Manier zu leben gleich sey.
In dieses Begehren des Paphnutii hat die göttliche
Majestät eingewilliget, und ihm durch einen Engel bedeuten lassen, daß seines Gleichen sey ein Schwefelpfeifer, so in nächstgelegenem Dorf mit Pfeifen sich
ernähret; auf diese Zeitung hat der obgemeldte Einsiedler sich entsetzet; und vielerlei Gedanken gefasset:
auch endlich ihm selbsten mit diesen Worten zugesprochen: Sollst du dann so viele Jahre mit so langwieriger Mühe und eifrigem Unterstehen nicht mehr zugenommen haben, als daß du an Tugenden einem Schwe-
felpfeifel gleich gehalten werdest? alsbald begiebt er
sich auf den Weg, um diesen Mann mit möglichem
Fleiß zu suchen; und da er ihn gefunden, fragt er
aufs allergenaueste, was für Manier zu leben, und
welche Tugenden er an sich habe. Dieser fangt an
über eine so erstliche Frage zu lachen, und dannoch der
Sachen Beschaffenheit zu bekennen: Ich, sagt er, bin
erstlich ein Mörder gewesen, und jetzt bin ich ein
Schwefelpfeifer. So viel meine Tugenden angehet,
mein lieber Freund! fragst du umsonst; dann ich derselben keine an mir habe, so gar, daß ich auch keine

zu nennen weis. Paphnutius setzet diesem Menschen
weiters mit Fragen zu, er möchte ihm doch sagen, ob
er auch wohl zu Zeit der verübten Mordthaten etwas
Gutes gethan habe; darauf er antwortet: ach Lieber!
du melkest einen Bock, mein Gewissen ist zumalen unfruchtbar; ich bin gewesen ein Sclav der Geilheit und
der Trunkenheit; dieses einzige weis ich allein, daß
ich eine Gott geweihte Jungfrau, so wir gefangen, und
meine Mitgesellen schänden wollen, davon befreiet, und
ins nächste Dorf geführet habe. Das andere, so mir
beifällt, ist dieses. Vor einigen Jahren habe ich ein
Weib im Busch gefunden, welches den Weg verfehlet
und bitterlich geweinet: da ich nun die Ursache solchen
Weinens fragte, gab sie mir zur Antwort: frage doch
nicht lang mich so unglückseliges Weib; sondern, wann
du eine Magd vonnöthen hast, so nehme mich, und
führe mich hin, wohin du verlangest; mein Ehemann
ist wegen großer Schulden in den Kerker geworfen;
und ist nicht weit darvon, daß er sterben werde; es ist
aber keine Hoffnung des Errettens übrig. Die Schuldner haben meine drei Söhne: aber, leider Gottes!
nicht mehr meine, sich zu Sclaven gemacht an Platz
der Bezahlung: Mich hat man auch um gleiches Elend
auszustehen gesuchet; bin aber in großem Hunger und
Kummer hieher flüchtig, und von aller menschlichen
Hülfe und Rath verlassen. Nachdem ich dieß alles
angehöret, sagte der Pfeifer, habe ich mich über solchen
Jammer erbarmet, und weilen ich dafür gehalten, daß
es also Gottes Willen gemäß sey, habe ich das kraft-
lose Weib mit mir zu unsrer Grube genommen, und
alldorten den halbtodten Leib durch mögliche Labung

gleichsam wiederum zum Leben erwecket: und weilen
mir nicht unbewußt war, daß Gott ein reicher Herr
sey, als habe ich das flüchtige Weib wiederum in die
Stadt gebracht, und um Erlösung der Kinder und de=
ren Vaters viel Gelds angewendet. Du aber, mein
guter Freund! wolleſt mir mit mehrern Fragreden nicht
mehr überläſtig seyn, dann diese ſind alle meine tugend=
ſame Werke; und kann ich viel leichter und hurtiger
meine Läſter als meine Tugenden erzählen. Ich aber,
mein guter Freund, sagte Paphnutius, bin durch Schi=
ckung Gottes in Erfahrung kommen, daß du an Ver=
dienſten uns gleich seyſt, die wir in den Einöden woh=
nen, und den Leib mit großer Strengigkeit plagen.
Siehe derowegen, mein lieber Bruder! weil du ſo hoch
von Gott geachtet wirſt, als auch vielleicht kaum die=
jenige, so Gott am liebſten ſind; und weilen es der
Ursprung aller Heiligkeit iſt, daß man gern wolle hei=
lig seyn; so bitte ich, versäume dich ſelbſten nicht: dieß
einzige iſt dir übrig, daß du nämlich dich ſelbſten ver=
läugneſt, dein Kreuz aufnehmeſt, und Chriſtum folgeſt.
Kaum hatte Paphnutius seine Rede geendiget, ſiehe,
da wirft er seine in der Hand habende Pfeifen dahin,
und damit er dem Willen Gottes nachleben möchte,
folget er dem mehrgemeldten Einſiedler auf dem Fuß
nach, nicht anders, als wann er von Gott ſelbſten die=
sen Rath empfangen hätte. Hat also drei Jahre lang
ein himmliſches Leben geführet auf Erden, und iſt nach=
mals unter die Schaar der Engel aufgenommen wor=
den, mit denen er das Lob Gottes in alle Ewigkeit
mit Freuden ſinget.

10. Hieraus iſt zu ermeſſen, wie verdienſtlich bei

dem allerhöchſten Gott ſind die Werke der brüderlichen
Liebe. Dahero ſoll billig ein jeder allen möglichen
Fleiß anwenden, und keine Gelegenheit hinterſtreichen
laſſen, bei deren er ſeinem Nächſten um Gottes willen
die hülfliche Hand bieten könne. Sollte aber einer ſo
heroiſche Werke der Liebe, wie dieſer Mörder, nicht
verrichten können; ſo übe derſelbige ſolche Werke der
Liebe, die ſeinem Stand und Vermögen gemäß ſind;
inſonderheit, daß er, wie oben geſagt iſt, Gott eifrig
für ſeinen Nächſten bitte; und damit ſich keiner einbilde,
daß dergleichen Gebet dem Betenden keinen oder weni=
gen Nußen beibringen dürfte; derohalben nehme er
wahr, was folget Ex Spec. Exempl. v. Desp.:
Nachdem ein Prieſter zu ſeinem Beichtkind, ſo mit ei=
ner tödtlichen Krankheit behaftet, gerufen worden; hat
er ſelbes ſeinen ſchweren begangenen Laſtern halber
verzweifelnd gefunden, und derowegen alſo angeredet:
Ich will mich um deinetwillen aller meiner guten
Werke und Verdienſten meines ganzen Lebens berau=
ben, und dir ſelbige überlaſſen: du aber hergegen, be=
raube dich aller deiner Sünden, und überlaß mir ſel=
bige; ich will deine Miſſethaten vor Gott verantwor=
ten, und dafür Buße thun, derohalben verzweifle nicht;
und da dem Kranken dieſer Tauſch gefallen, hat er ihm
weiters zugeſprochen und geſagt: Siehe, nun biſt du
verbunden, mir zu offenbaren, was du immer für Uebels
gethan haſt, damit ich wiſſe, welche Sünden ich zu bü=
ßen ſchuldig ſey. Hierauf hat er ganz freimüthig den
ganzen Lauf ſeines Lebens ſammt allen begangenen
Laſtern, ſo viel an ihm geweſen, dem Prieſter kund ge=
than, welcher ihnen alsbald gefragt, ob er mit ihm über

alle diese Sünde eine wahre Reue und Leid habe, und
ob er verlange durch ihn, wann er dessen Gewalt habe,
von allen losgesprochen zu werden; dem der Kranke
zur Antwort gegeben, daß er solches gänzlich verlange;
nach diesen Worten hat ihm alsobald der Priester die
Absolution mitgetheilet, mit der er ein wenig hernach
gestorben ist. Nach einer Monats-Frist ist selbiger dem
Beichtvater erschienen und gesagt, er sey auf dem Weg
der Seligkeit, und da der Priester die Beschaffenheit
derjenigen Verdiensten, deren er sich beraubet zu erfahren verlanget, hat er geantwortet: Gott hat dir
doppeltfältige vorbehalten wegen der großen und vornehmen Liebe, durch welche du meine Verzweiflung ver-
nichtet hast. Aus diesem erzählten Beispiel kannst du,
meine christliche Seele! handgreiflich abnehmen, daß den
Nutzen desgleichen Gebets und anderer gottgefälligen
Werken, so für andere aufgeopfert werden, der betende
oder opfernde Mensch nicht allein nicht verliere, sondern
denselben annebens sich noch vergrößere. Alldieweilen
nun dieses zu eines jeden christliebenden Menschen
sattsamer Unterricht zu gedeihen verhoffe, als mache ich
hiermit dieser Lection ein Ende.

Die siebente
geistliche Lection
von der
Liebe der Feinde.

———

Ego autem dico vobis, diligite inimicos vestros,
Matth. 5. v. 44.

Ich aber sage euch, liebet eure Feinde.

Der erste Theil.

Was vorzeiten dem Lucifer sammt seinen abtrünnigen Engeln im Himmel, und unsern Voreltern im Paradeis ist abgeschlagen worden, dieses wird uns armseligen Menschen in gegenwärtigem Thal der Zähren verstattet. Was ist denn den vorgemeldten geweigert worden? aber was sage ich, geweigert worden; sintemalen sie gänzlich wegen des Ehrgeizes mit grausamen Strafen sind hergenommen worden? der gewaltige Lucifer ist mit seiner losen Gesellschaft aus dem hohen Himmel in den Abgrund des höllischen Kerkers gestürzt: Adam und Eva sind aus dem Paradeis vertrieben, und allerhand Armseligkeit und Trübsalen unterworfen worden.

Was ist denn das für eine Begierde, kraft deren auf
die abtrünnigen Engel sowohl, als auf unsere Voreltern
ein so erbärmliches Loos gefallen ist? weilen sie haben
Gott gleich werden wollen. Dann Lucifer sagte: **ich
will meinen Thron erhöhen, und will dem Allerhöchsten
gleich seyn.** Die listige Schlange aber sagte zu den
Inwohnern des Paradeises: ihr werdet seyn wie die
Götter; Siehest du nun die Ursache solchen Unheils!
O erbärmliches Spectacul! O trauriges Schauspiel!
wo wird nun fortan einer gefunden werden, der dem
allerhöchsten Gott gleich zu seyn verlanget, indem die
göttliche Gerechtigkeit ein solches Begehren so hart strafet? Dem sey nun wie ihm wolle; sey du getröstet
meine christliche Seele! habe guten Muth; dann wir
haben ein Mittel gefunden, außer dem Himmel, und
außerhalb des Paradeises, durch welches wir Gott können gleich werden, und doch dieser unsrer Begierde
halber nicht allein im geringsten nicht gestrafet, sondern
auch mit unendlichem Schatz der Verdiensten bereichert
werden. Dieses Mittel aber ist die Liebe der Feinde,
wie der heilige Augustinus in Psalm 70. lehret, da er
spricht: Der seinem Feinde wohl will, der ist Gott gleich.

2. Das muß wohl eine herrliche und zugleich wun-
derbare Tugend seyn; welche aus den verächtlichen und
nichtswerthigen irdischen Menschen machet himmlische
Götter, nach den Worten des Propheten Ps. 81. V.
16: Ich habe gesagt, ihr seyd Götter, und allesammt
Kinder des Allerhöchsten. Derohalben unser Heiland
zu Erlangung so hoher Würde uns billig einlädet, indem
er zu dieser Liebe der Feinde uns mit diesen Worten
antreibet Matth. 5. 44.: Ich sage euch, liebet euere

Feinde; thut Gutes denen, die euch haffen, und bittet
für' die, die euch verfolgen und beleidigen. Warum
aber das, mein süffefter Heiland? zu was Ende? Damit ihr feyd, fpricht er, Kinder eures Vaters, der in
den Himmeln ift. Aus diefem kann füglich der Schluß
gemacht werden, daß nämlich kein fo fcheinbares Kennzeichen fich blicken laffe, aus dem einer fichtlich wiffen
könne, ob er unter die Zahl der Auserwählten, und
folglich der Kinder Gottes gehöre; als eben die Liebe
der Feinde. Dann was hat doch immer den Schächer
am Kreuz beweget, daß er gefaget; gedenke meiner,
o Herr; wann du wirft in dein Reich kommen feyn;
da er doch an Chrifto nichts anders gefehen, als deffel-
ben äußerfte Verachtung, Schläge, große Schmach und
handgreifliches Unbild, fo ihm von dem jüdifchen und
heidnifchen Volk zugefügt wurde? wo war der Scepter?
wo die königliche Krone, wo war die Schaar der En-
gelknaben und anderer Aufwarter? nichts dergleichen
hat der gute Schächer gefehen, und hat dannoch öffentlich bekennet, daß Chriftus fey ein König und Sohn
Gottes: woraus aber hat er diefe Wahrheit abgenommen? ohne allen Zweifel aus diefem Gebeth Chrifti:
Vater verzeihe ihnen, dann fie wiffen nicht, was fie
thun. Was hat abermal den Hauptmann darzu angereizet, daß er überlaut gerufen: wahrlich, diefer war
der Sohn Gottes? nicht anders, als daß er Chriftum
hätte hören bethen für feine graufame Feinde. Wann
dann aus diefer Liebe der Feinde die Kinder Gottes
können erkennet werden: fo mache du mit mir den
fichern Schluß, daß nichts vortrefflichers gefunden werde,
als eben diefe Tugend.

3. So hat dann die heilige Agnes nicht unbillig zu der heiligen Brigitta mit diesen ausdrücklichen und ernstlichen Worten gesprochen Lib. 4. Revel. c. 1. 24: Nichts ist schöners, und dem allmächtigen Gott angenehmers, als daß der Mensch denjenigen liebe, der ihn beleidiget, und für diejenigen bethe, die ihn verfolgen: und das sehen wir ja augenscheinlich in dem heiligen Erz-Martyrer Stephano, dem zu lieb, dieweilen er für seine Feinde bittet, der Himmel sich eröffnet hat: damit nämlich alle Heilige und Inwohner desselben dieser wunderbaren und heldenmüthigen That zuschauen möchten, wie dieser glorwürdige Ritter und Nachfolger Christi, da er für sich selbsten bittet, aufrecht stund, als er aber für diejenigen, so ihn steinigten, zu beten angefangen, seine Knie zur Erden geworfen, und unter währendem solchem Gebeth in dem Herrn entschlafen sey: warum aber ist er eben in diesem Gebeth gestorben? dieweilen er durch diese Liebe gegen seine Feinde zur höchsten Staffel der Tugend gelanget ist. Dahero schließet recht wohl der gelehrte Cassiodorus über die Psalmien, daß nichts stärker sey, und nichts so ritterlich, als unverdientermaaßen seinen Unwillen anhören, und nach seinem Willen darauf nicht antworten: Dergleichen behauptet auch das große Kirchenlicht, der heilige Augustinus unter andern seinen Lehrstücken, mit diesen Worten Lib. Confess.: Nichts ist wunderbarlicher unter den menschlichen Dingen, als lieben seine Feinde: dardurch wir nicht allein Kinder Gottes, sondern auch Blutzeugen Christi gemacht werden; welches der heilige Gregorius also gern bekennet Hom. 35. in Evang.: Ohne Eisen und Blutvergießen können wir Märtyrer seyn,

wann wir die Geduld wahrhaftiglich in unserm Herzen bewahren: sterben durch Verfolgung, ist eine öffentliche Martyr im Werk; übertragen aber mit Geduld die Schmachreden, und seine Feinde lieben, dieses ist eine heimliche Marter in den Gedanken: Diesem fället bei der güldene Chrysostomus Hom. 3 de Davide et Saule, wie folget: Dieses wird dir für eine Marter gerechnet, wann du demjenigen, so dir heimlich nachstellet, unter deine wohlverdiente Freunde zählen, und deinen Gott unabläßlich wirst bitten, daß er ihm wolle gnädig seyn. Dann gleichwie die Vergießung des Bluts und des Lebens alle Sünden, sowohl der Strafe als auch der Schuld nach, austilget; also verursachet oftmalen dergleichen Sündenablaß die Liebe gegen die Feinde, wie Christus selbsten bezeuget mit folgendem Inhalt! Wann ihr den Menschen ihre Sünden werdet verziehen haben; so wird euch euer himmlischer Vater euere Sünden verzeihen Matth. C. 6. V. 14. Siehe nun, meine christliche Seele! wie dieses alles in der Wahrheit gegründet sey.

4. Zu einer Zeit hatte ein Soldat den Vater eines andern Soldaten ums Leben gebracht: dahero der Sohn Gelegenheit suchte, den Tod seines Vaters zu rächen. Nun hat sich auf den heiligen Charfreitag zugetragen, daß dieser Soldat ohne Gewehr vorbei gegangen, welchen der andere, um gewünschte Rache zu finden, alsbald verfolget und eingeholet; bei so gestalter Gelegenheit wirft sich der unbewährte Soldat zur Erde nieder, um den Tod unsers Herrn Jesu Christi, den er am selbigen Tag für uns hat ausgestanden, er wolle ihm doch vergeben, daß er seinen Vater getödtet habe: auf

diese so demüthige Bittschrift wird der andere beweget,
und sagt alsbald; um den Tod unsers Seligmachers
willen verzeihe ich dir; nimmt ihn von der Erde auf,
und küsset ihn zum Zeichen der Versöhnung gar freund=
lich. Was geschieht; eben zu selbiger Stunde wird die
Seele seines Vaters, wie auch seines verstorbenen Bru=
ders aus dem Fegfeuer erlöset, und der himmlischen
Freuden theilhaftig gemacht: der Soldat aber, da er
zur Kirche kommet, und mit andern den gekreuzigten
Jesum küsset, umhalset ihn der Gekreuzigte und spricht:
Weilen du dem Soldaten, der deinen Vater hat um=
gebracht, um meinet willen verziehen hast, derohalben
verzeihe ich dir heute alle deine Sünden; und zum
Zeichen der Versöhnung zwischen mir und dir, küsse ich
dich auf deine Wangen. Alle, so dieses gesehen, haben
freilich mit dankbarem Herzen die Gütigkeit und Barm=
herzigkeit Gottes gepriesen.

5. Als besser dran, meine christliche Seele. Die
heilige Elisabeth, eine Tochter des Königs in Ungarn,
ist als eine Verschwenderin der gemeinen Schatzkammer
von den Verwandten ihres Eheherrns, wie dann auch
von ihren selbsteigenen Unterthanen, und so gar von
denjenigen, welchen sie vorhin große und vielfältige
Gnaden und Wohlthaten erzeigt hatte, aller Beherr=
schung ihrer Güter entsetzt, und sehr übel gehalten wor=
den: Ob nun dieses Unbild und Schmach das gottselige
Weib zur Ungeduld hätte anreizen können, so hat sie
jedoch nicht allein den geringsten Verdruß hierüber nicht
gezeiget, sondern Gott also gebeten: Allergütigster Hei=
land, ich verzeihe denjenigen von Herzen, die mir Un=
recht gethan haben, und dich, mein Jesu! bitte ich de=

müthiglich, du wollest ihnen alle ihre Sünden verzei=
hen, und denselben annebens noch eine sonderbare
Wohlthat widerfahren lassen; da sie also beten, erschei=
net ihr der Herr; und nachdem er sie mit allem gött=
lichen Trost über die Maßen gestärket, spricht er zu
seiner lieben Dienerin diese Worte: O meine liebste
Tochter, obwohlen du mir bishero viele angenehme
Dienste erwiesen hast: dannoch hast du mir niemalen
so wohl gefallen, und dergestalt mein Herz gewonnen,
als eben anjetzo, indem du dieses Gebet für deine
Feinde zu mir vergossen hast. Im Uebrigen sollest du
wissen, daß du von mir aller deiner Sünden Nachlas=
sung erhalten habest. und wiewohl ich dich bishero mit
vielen Gnaden versehen habe, so will ich dich doch hin=
führo mit mehrern bereichern, und sonderbare Sorge
für dich tragen. So viel ist daran gelegen, daß man
für seine Feinde bitte.

6. Warum aber der barmherzige Gott allen den=
jenigen ihre Sünden so leichtlich vergebe, die gegen
ihre Lästerer ein gutes Herz tragen, das erläutert der
heilige Augustinus in Enchir. auf folgende Weise. Es
sind, sagt er, viele Arten der Almosen, wann wir die=
selbe üben, so wird uns geholfen, daß uns unsere Sün=
den vergeben werden: diese aber ist die größte von al=
len, wann wir nämlich von Herzen denjenigen verzei=
hen, die gegen uns gesündiget haben. Wann dann nach
Meinung des heiligen Kirchenlehrers die Verzeihung
des Unbilds die vortrefflichste Almosen sind, so ist wohl
zu schließen, daß selbige die größte Gewalt haben, die
Sünden zu vertilgen: und das bekräftiget weiters der
heilige Chrysostomus mit diesen Worten: wie größeres

Uebel dir dein Feind hat zugefügt, desto größere Wohl=
that hast du von ihm empfangen. Was andere mit
Fasten, Weinen, Beten, härenen Kleidern, und andern
Bußwerken kaum erhalten können, daß nämlich ihre
Sünden mögen vergessen bleiben; dieses vermögen wir
ohne Fasten, Beten und andere Strengigkeiten gar
leichtlich zu verrichten, wann wir nur den Zorn aus
dem Herzen gänzlich vertreiben, und denen, die uns
beleidiget haben, mit aller Aufrichtigkeit verzeihen.
Gefället dir nicht, meine christliche Seele! dieser herr=
liche Spruch, der dir eine so leichte Weise für die Sün=
den genug zu thun, so freundlich an die Hand giebt?
diese halte fest, damit du von den Sünden gereiniget,
Got gleich und eins von seinen Kindern zu seyn ge=
würdiget werdest.

Der andere Theil.

7. Im ersten Buch der Königen C. 17. B. 26.
lesen wir, daß der Goliath dergestalt sich auf seine
Stärke verlassen habe, daß er sich erkühnet, alle israe=
litische Männer zu einem absonderlichen Kampf mit so
großem Hochmuth auszufordern, als wann er alles
fressen wollen. Derohalben, sobald sie ihn nur gesehen,
haben sie mit großer Furcht die Flucht genommen.
Wer ist nun, der nicht erkennen muß, daß der Haß
und die Begierde, sich zu rächen, gleich einem philistäi=
schen Goliath schier alle Menschen zum Streit einlade,
und in selbigem die Streitende zerschlage, und sie als
obgesiegte Sclaven sich unterwerfe? wir sehen, leider!
daß wenig gefunden werden, die sothanen Goliath, oder
böse Rachgierigkeit zu Boden werfen. Weilen nun dieser

Feind so stark ist, so möchte einer fragen mit dem David; was soll derjenige zur Belohnung haben, der diesen Philistäer wird erlegt haben? Solchem gebe ich
zur Antwort dasjenige, was die Israeliten dem David
versprochen: daß nämlich den Mann, so den Goliath
wird überwunden haben, der König mit vielen Reichthümern begnadigen wolle: dann derjenige, so den
Haß und Zorn mit der Wurzel aus seinem Herzen
auswirft, und seinen Schmäher liebet, derselbige ver-
längeret sein Leben, erleichteret und erfreuet das Gewissen, die Seele wird mit vielerlei Tugenden gezieret,
er vermehret sich die Gnade Gottes; und endlich thut
er seine künftige himmlische Glorie über die Maßen
sehr vergrößern. Sind diese nicht ansehnliche Reichthümer? auch wird der König ihm seine Tochter geben,
das ist, er wird die ewige Wohlfahrt solchem Helden
vermählen, also, daß schier kein gewisseres Kennzeichen
der unfehlbaren Auserwählung gefunden werde, als
die Liebe der Feinden.

8. Dieses Spiel hat sonderlich wohl verstanden der
heilige Bernardus, so dieser Belohnung halber, alles
ihm zugefügte Unrecht mit höchster Sanftmuth übertragen: unter welches dieses sonderbar denkwürdig ist.
Es kommt einsmals ein Klostergeistlicher, der schon in
unterschiedlichen Klöstern Profession gethan hatte, bittet
den heiligen Mann, er möchte ihn zu seinem Orden
aufnehmen. Nachdem er aber von ihm eine abschlägige
Antwort bekommen, ergrimmet der obgemeldte Geistliche,
und giebt dem frommen Bernardo eine so wohl gemes-
sene Maultasche, daß ihm der obere Theil des Backens
ganz schwarz und blau gezeichnet, alsbald geschwollen.

Diesen ehrlosen Priesterschänder hat er nicht allein mei=
sterlich vertheidiget, damit er dieserhalben nichts leiden
dürfte; sondern auch allen Fleiß angewendet, daß er
von andern ehrlich und höflich gehalten würde; also,
daß man hätte vermeinen sollen, er habe an Platz der
dichten Ohrfeigen große Wohlthaten von selbigem em=
pfangen. Nicht aber allein diesen, sondern viele andere
unverdiente Feinde hat dieser heilige Abt erdulden müs=
sen: für welche er den lieben Gott sehr eifrig gebeten,
und sie mit seinen demüthigen und eingezogenen Sit=
ten zu versöhnen getrachtet. Nun setzen wir einen
Sprung zurück zu unserm vorgehabten Streit. Wer
den Goliath übermeistern wird, dessen Haus oder Ge=
schlecht wird der König schatz= und steuerfrei machen.
Das ist, indem er für seine Sünden in den purgiren=
den Flammen den schuldigen Tribut zu zahlen verpflich=
tet; so wird er darvon befreiet werden, nämlich von
der Strafe des Fegfeuers; welchem man durch diese
am besten entkommen kann; wie ein sicherer Geistlicher
mit seinem großen Nutzen erfahren hat; dieser obwoh=
len ziemlich lau in seinem Beruf, dannoch zum Verzei=
hen seinen Feinden sehr geneigt, hat ohne einige Ver=
hinderung die himmlische Erbschaft angetreten. Also
sage ich, wann ein jedes Almosen den Menschen von
den Sünden waschet, und in die Finsterniß zu gehen
nicht zuläßt, wie der fromme Tobias gesagt hat, wie
viel mehr wird diese kräftige Wirkung an sich haben,
das allervollkommenste Almosen, kraft dessen den Fein=
den die christliche Verzeihung widerfähret.

9. Wann ich den Didacum Nyssenum frage, war=
m Gott die kupferne Schlange in der Wüste habe

läſſen aufrichten, aus deren Anſchauung, die von
Schlangen gebiſſene Menſchen geheilet wurden, ſo gibt
er zur Antwort: dieſes ſey darum geſchehen, daß Gott
hat wollen anzeigen, wie großes und gutes Werk es
ſey, daß man ſeine Feinde mit lieblichen Augen an=
ſchaue. Es muß aber dieſe Lieblichkeit im Herzen ihren
Urſprung haben, ſonſten iſt alles umſonſt; und iſt ſo=
thane Freundlichkeit nur ein Hofſtreich. Zu Erlangung
aber ſolcher aufrichtigen Liebe iſt ein bewährtes Mittel,
daß man ſich verſichere, keiner vermöge mit Unrecht
gegen uns zu verfahren, es ſey dann, daß dieſes dem
lieben Gott alſo gefällig iſt. Derohalben müſſen wir
nicht eifern über den Uebelthäter, ſondern Gott für
dieſen Werkmeiſter anſehen; zumalen keiner ſo närriſch
leichtlich gefunden wird, der in Betrachtung deſſen von
ſeinem Nächſten ſich zu rächen ſuchet. Warum wollen
wir dann unſere Beleidiger ſtrafen, da roch nicht ſie,
ſondern vielmehr Gott dieſe Uebel uns zufüget. Dann
Gott iſt, nach Zeugniß des heiligen Hieronymi, der
Schmied, unſere Feinde ſind der Hammer und die Feile,
mit denen er die Seinigen ſäuberet, ausarbeitet und
endlich heilig macht. Gleichwie nun das Eiſen die
wiederholten Schläge nicht bekommet von dem Ham=
mer, als von einer erſten und fürnehmlichſten, ſondern
zweiten, und nur allein gezwungenen werkzeuglichen
Urſache, ſondern vielmehr von dem ſchlagenden Schmied:
alſo plagen uns durch ihre Verfolgung nicht ſo ſehr
die Gottloſen, als eben Gott ſelbſt, der dieſe nur allein
zum Inſtrument gebrauchet, um uns zu verſuchen.
Darum ſagt Chriſtus zum Pilato: du hätteſt keine
Gewalt über mich, wann dir ſelbige von oben herab

**

nicht wäre gegeben worden; und lehret recht der heil. Augustinus, daß aus gerechtem Urtheil Gottes den Bösen zugelassen werde, die Auserwählten nach ihrem Willen herzunehmen; damit sie nämlich durch selbige gesäubert und ausgearbeitet, und also des immerwährenden Himmelreichs mögen fähig werden.

10. Zum andern ist außer allem Zweifel zu stellen, daß, obschon das Gift in sich schädlich ist, nichtsdestoweniger heilet es die Krankheiten. Also unsere Feinde, obschon selbige in sich bös sind, und den Menschen überlästig, so geben sie gleichwohl, um großen und vielfältigen Nutzen zu genießen, erhebliche Ursache. Solches hat erfahren der Prometheus Tessalus, wie Plutarchus erzählet, welchen als der König Lasydes entleiben wollen, hat er ungefähr des Promethei Geschwür getroffen und eröffnet, und also durch Eröffnung desselben, seinen Feind beim Leben erhalten. Sothanergestalt geschieht es oftermalen, daß das zugebrachte Unbild die Krankheit der Seele hinwegnehme. Dieses kann neben andern uns bezeugen die heilige Mutter Monica, so von ihrer Dienstmagd eine Weinsäuferin gescholten worden; hat aber mit diesem Stachel verwundet, ihre Häßlichkeit gesehen, dieselbe alsobald verdammet und von sich geworfen. Aug. L. 9. Conf. c. 8. Dann gleichwie das Feuer, so die Dörnen verbrennet, das Erdreich säuberet und fruchtbar machet, also verbrennet unser Feind durch seine Verfolgung die Dörnen unserer Sünden, und erhebet unsere Seele zu größerm Ansehen bei Gott; wann wir nämlich das überkommene Unrecht mit geziemender Geduld ausstehen. Es geschieht auch zu Zeiten wohl, daß wir dasjenige

so wir von unsern Freunden nicht zu hoffen haben, durch unsere Feinde erlangen: und uns vielmal wiederfahre, was sich mit jenem todtkranken Mönchen hat zugetragen: weilen diesem der Arzt zu dreimalen die Ader nicht treffen können; hat bei nächtlicher Weile eine Fledermaus des Kranken Fuß, den er außer dem Bett gehalten, dermaßen gebissen, daß die Ader Blut gelassen, welches die Maus gesogen, und da selbiges hernacher weiter geflossen, ist dadurch der gemeldte Geistliche zur vorigen Gesundheit gerathen; eine solche Fledermaus ist oftmalen das zugebrachte Unrecht, welches uns, wann wir es geduldig leiden, mehr nützt als schadet.

11. Wann es nun mit unsern Feinden solche Beschaffenheit hat, so sind wir ja für dieselbe nicht anders, als für unsere Wohlthäter zu beten schuldig, dieweilen sie uns heiligen, auf dem Weg Gottes fortzuschreiten uns gleichsam zwingen, und zu der verlangten Vollkommenheit bringen. Diesen Handel verstund sonderbar ein sicherer Bruder; wie mehr selbiger von andern geschmähet wurde, wie mehr er sich denselben zugesellete, und sagte: diese sind diejenige, so uns stattliche Gelegenheit geben zu unserer Vollkommenheit: die uns aber glückselig sprechen, selbige betrügen uns, und verkehren den Weg unserer Füßen. Noch eine größere Tapferkeit finden wir an der Jungfrauen Ludmina, so von einem eifrigen Weib erstlich mit Schelt- und Schmähworten verunehret, und nachmalen öfters verspeiet worden. Dieses Alles hat sie aber nicht allein mit großer Standhaftigkeit übertragen, sondern hat derselbigen noch heimlicher Weise eine Verehrung

zugeſchickt, und geſagt: daß ſie allen denen ſehr: ver=
bunden ſey, die ſie den Geboten Gottes nachzuleben
zwingen; und da ſie auch ein andersmal in ihrem
Krankenlager von vier Soldaten angefallen und un=
gebührlich angegriffen worden; hat ſie nicht allein den
geringſten Unwillen nicht merken laſſen, ſondern auch
verhindert, daß ſelbige bei der Obrigkeit nicht ſind an=
geklagt worden.

12. Sieheſt du wohl, meine chriſtliche Seele!
wie männlich ſich dieſe Jungfrau gehalten, und wie ſie
ihre Feinde geliebet habe? wohlan dann, ſo ſei nicht
zu faul, demjenigen nachzuleben, ſo du zum Vergnügen
deiner Seele angehöret. Laſſe ab, laſſe ab, über die=
jenige forthin zu klagen, die dir übel geneigt ſind:
laſſe ab zu lamentiren, da du nun handgreiflich in Er=
fahrung kommen biſt, daß ſelbige vielmehr dein Freund
zu ſchätzen ſeyn, als andere, ſo dir zugethan ſind.
Nimm zu Herzen dieſen Schlaß eines ſehr geiſtreichen
Mannes, kraft deſſen er einem jeden alſo rathet: wann
einer unter den Brüdern oder Schweſtern des Kloſters
iſt, der dir vor allen andern übel geneigt iſt, der dich
mit vielfältigem Unbild plaget, und dir mit Schmäh=
worten, übeln Nachreden und andern Feindſeligkeiten
überläſtig iſt, ſo halte du ſicherlich dafür, daß dieſer
ein Engel Gottes ſey, durch welchen dir Gott ſeine
Barmherzigkeit mittheile: ſo müſſeſt du den als deinen
ſonderbaren Wohlthäter beſtermaßen verehren. Des=
gleichen ſollſt auch andern thun, welche dich nicht auf=
ſetzlich beläſtigen, als da ſind die offenbare Uebertreter
der Ordensſatzungen und Regeln, die Verfolger der
frommen Geiſtlichen; diejenige auch, ſo die löbliche

Strengheit und gute Gebräuche des Ordens suchen zu vernichtigen; und dergleichen, welche die Ursache einer Betrübniß geben, für selbige sollst du Gott bitten, auf daß er sie der ewigen Strafe mildväterlich entziehen wolle: Wann du dieses also fleißig halten wirst, so versichere ich dich, daß du alle Bewegungen des Zorns oder der Rache, den inerlichen Unwillen sammt vielen andern unordentlichen Begierden im Zaum halten, und hergegen eine gewünschte Zufriedenheit und geistliche Freude neben andern vortrefflichen Wirkungen in dein Herz pflanzen werdest. Nimm derohalben diese gott= gefällige Lehre an, wann du mit den Kindern Gottes willst haben das ewige Leben.

Die achte
geistliche Lection
von dem Hasse.

———

Si non dimiseritis hominibus peccata eorum,
nec Pater vester coelestis vobis dimittet
peccata vestra. Matth. 6. V. 15.

Wann ihr den Menschen ihre Sünden nicht vergebet, so wird euch euer himmlischer Vater
auch eure Sünden nicht vergeben.

Der erste Theil.

1. Bishero haben wir gehandelt von der schönen
Tugend der Liebe; nun wollen wir vornehmen diejenigen Laster, so der jetzt gemeldten Tugend am meisten
schädlich sind, deren fürnemlich drei gezählet werden,
als da ist der Haß; das freventliche oder unbesonnene
Urtheil, und die Verläumbung oder Ehrabschneidung.
Dieweilen wir uns nun in Beschreibung dieses Lasters
nicht gedenken zu verhalten, als wollen wir mit einer
oder andern Historie, aus welcher die Abscheulichkeit
desselben erhellet, demselben abhelfen. Es ist aber
vorhero zu beobachten, daß der Haß nach Meinung des
hl. Augustini L. 1. definit. also entworfen werde, daß

er nämlich sey ein alter Zorn, der aus mehreren Ur= sachen zusammengetragen, und lange Zeit verharret hat. Von dem gelehrten Cajetano aber L. 2. q. 29. und andern wird er vertheilet in den Haß der Feind= schaft, und in den Haß des Gräuels oder Verfluchung. Dieser ist ein solcher, durch welchen wir einen Abscheu haben von einer Sache; jener aber ist ein solcher, kraft dessen wir einen Widerwillen gegen eine Person schöpfen, und derselben Widerwärtigkeit wünschen. Dero= halben wohl zu merken ist, daß ein jeder vernünftig unterscheide, was er an seinem Nebenmenschen hassen solle; zu diesem Vorhaben erleuchtet uns nicht wenig der gelehrte Cassiodorus mit diesen Worten: ein auf= richtiger und vollkommener Haß ist, wann man die Menschen liebet, und von ihren Lastern einen Abscheu hat; dann einmal gewiß ist, daß man sie als Creatu= ren oder Geschöpfe Gottes lieben müsse; als Sünder aber muß man sie nicht wegen der Sünden, sondern die Sünden ihrentwegen hassen.

2. Nach gegebener dieser Verzeichnung, lassen wir herankommen den hl. Ephrem, welcher den so vorge= nannten Haß der Feindschaft (von dem wir zu reden willens sind) mit folgenden Worten beschreibet. Gleich= wie die vortrefflichste unter allen Tugenden ist die Liebe; also ist unter allen Lastern das grausamste der Haß des Nächsten; dann der seinen Bruder hasset, der ist ein Todtschläger, nach Zeugniß des hl. Joannis. Der seinen Bruder hasset, der hasset Gott selbsten. Derowegen wann schon einer, weis nicht was für Tu= genden übte, und für die Ehre Gottes allerhand schmerz= hafte Tormenten ausstünde, und dennoch einigen Haß

gegen seinen Bruder hätte, so würde dessen verdienter
Lohn nicht einen einzigen Heller werth seyn; dieses be=
kräftiget genugsam das traurige Beispiel des Priesters
Sapricii, welcher derohalben ewig verloren gegangen,
weilen er dem Nicephoro nicht hat vergeben wollen; die
Sache aber mit diesen beiden hat sich also zugetragen.
Suris in vit. S. Niceph. Zu Zeiten des Valeriani
und dessen Sohnes Galieni ist zu Antiochia ein Prie=
ster gewesen, Namens Sapricius, und ein andrer welt=
licher Mensch, aber ein Christ, mit Namen Nicepho=
rus; beide miteinander sehr große und geheime Freunde,
deren Freundschaft eine geraume Zeit von ihnen best=
möglichst unterhalten worden; bis endlich der lose Sa=
tan, ein schädlicher Hauptfeind der Tugenden, diese
sehr löbliche und heilige Freundschaft nicht allgemach,
sondern durch seine listigen Anschläge auf einmal der=
gestalt gehemmt, daß von diesen beiden einer den an=
dern wie die Pest geflohen, und sich einander nicht se=
hen mögen.

3' Nicephorus hat unterdessen seinen gefaßten Zorn
zum ersten sinken lassen, und da er aus göttlicher Ein=
sprechung vermerkt, daß ob selbigem Haß er der ewi=
gen Verdammniß zur Strafe verfallen würde; hat er
einige seiner guten Freunde dem Sapricio zugesandt,
und ihn durch unsern allgemeinen Heiland und Selig=
macher Jesum Christum bitten lassen, er möchte sich
doch nach abgelegtem allem Haß und Bitterkeit, mit
ihm wiederum in vorige Freundschaft einlassen; dieses
billige Anbringen des Nicephori hat Sapricius zwar
angehört, aber nicht erhört, der jedoch als ein Prie=
ster den Frieden zum ersten hätte anerbieten sollen;

und hat also seinem Bruder sich nicht versöhnen, noch ihm als seinem alten guten Freund, auf das von andern angebrachte Ersuchen, verzeihen wollen. Nicephorus hat unterdessen nicht nachgelassen, sondern den zweiten und dritten geschickt, um die vorhin gepflogene Freundschaft zu erneuern, aber alles war umsonst. Endlich hat Nicephorus mit seiner Gegenwart das Herz Sapricii zu erweichen sich unterstanden, ist zu dessen Behausung gekommen, vor seinen Füßen niedergefallen, und Vergebung um Gottes willen gebethen, dieser aber, obwohl ein Priester, dannoch ein Böswicht, hat seinen fußfälligen Bruder und dessen rechtmäßige Bitte zumalen verworfen. O steinernes Herz O barbarisch- und nicht priesterliches! wie billig hat dich die gerechte Hand Gottes nachmalen gezüchtiget!

4. Dieweilen nun bei also beschaffenen Sachen die Verfolgung der Kaiser gegen die Christgläubigen mehr und mehr zugenommen; ist der oft gemeldete Sapricius auch als ein Christ gefangen, und zum Richter geführt worden, allwo er bekennet, daß er ein Christ sey, und zugleich ein Priester; und weilen er die Götter anzubethen sich geweigert, ist er auf die Folterbank geworfen, und sehr grausam gepeiniget worden; diese so grimmige und bittere Tormenten hat er mit solcher Starkmüthigkeit erlitten, daß er auch mit schmählicher Verspottung den Richter mit diesen Worten zugesprochen: du hast zwar Gewalt, diesen Leib zu zerfleischen; keine Macht aber hast du meiner Seele, so in der Hand meines gekreuzigten Jesu stehet, den geringsten Schaden zuzufügen; da nun der gemeldte Richter dieses Priesters herzhaften Widerstand und die

vergebliche Mühewaltung gesehen, hat er das Urtheil
der Enthauptung über ihn gesprochen. Was machet
immittels unser gute Nicephorus? dieser, sobald er
vernommen, daß die Sentenz des Todes über den stand=
haften Märtyrer gefället; hat sich alsbald aufgemacht;
ist dem nunmehr zum Gerichtsplatz eilenden Sapricio
entgegen gegangen, und auf öffentlichem Weg ihm zu
Füßen gefallen, und gesagt: Ich bitte dich du Blut=
zeuge Christi, verzeihe mir, wann ich dich aus mensch=
licher Schwachheit etwann beleidiget habe. Sapricius
hat aber hierauf mit keinem einzigen Wörtlein geant=
wortet; derohalben hat Nicephorus durch eine andere
Gassen seinen Weg abermal zu selbigem genommen,
und hat mit viel demüth'gern und herzlichern Worten;
als vorhin, und mit so freundlichen und annehmlichen
Gebärden, die so oft gebethene Nachlassung wieder=
holt, daß auch die Henkersknechte ihn ausgelachet, daß
er von einem alsobald sterbenden Menschen die Verge=
bung so eifrig suchte. Das Herz Sapricii aber ist
unterdessen viel härter als ein Marmorstein geblieben,
und hat durch alles Bitten und Begehren, durch so
christliche Demuth und auferbauliches Anhalten des
frommen Nicephori nicht können erweicht werden; da
er nun endlich auf dem Gerichtsplatz gestanden, hat
ihm Nicephorus die große Gnade des Allerhöchsten vor
Augen gestellet, daß er so würdig geachtet werde, durch
sein Blut und durch den bevorstehenden Tod die gött=
liche Wahrheit zu bekräftigen; und hat ihn aber und
abermal gebethen, er möchte ihm diese letzte Gnade
widerfahren lassen, und ihm verzeihen aus Liebe des=
jenigen Herrn, dem er zu Lieb jetzt sterben werde.

Dieß alles aber hat das mehr als tyrannische Herz Sapricii nicht einnehmen können. Daraus dann gnugsam abzunehmen ist, daß zu Zeiten einige Herzen der Menschen gefunden werden, so den Löwen, Tigern und andern wilden Thieren an Grausamkeit nicht weichen. Freilich war Sapricio bewußt der Spruch des hl. Pauli: Wann ich meinen Leib werde dargeben, daß ich verbrennet werde, und habe die Liebe nicht, so nützet mir dieser nichts. Aber, aber die Gnade war entzogen; das menschliche und christliche, ja priesterliche Herz war in einen Diamantstein verändert; derohalben da ihm der Scharfrichter, um den letzten Streich zu empfangen, zu knien befohlen, hat er denselben gefragt die Ursache, warum er sterben sollte; dieser hat ihm alsbald mit diesen Worten geantwortet: weilen du den Göttern nicht hast opfern wollen, und hast den Befehl des Kaisers verspottet, um eines Menschen willen, der genennt wird Christus. Kaum hatte dieser seine Rede geendiget, da ruft mein vermeinter schöne Märtyrer Sapricius: ich will thun, was der Kaiser befohlen hat, und bin bereit, den Göttern zu opfern. So recht.

5. Diesem traurigen Schauspiel war zugegen der oftgedachte Nicephorus, welcher nicht nachgelassen, ihn mit vielen Zähren und recht brüderlicher Affection inständigst zu bitten, und zu ermahnen, er wolle doch für den Glauben, dem er zu Lieb so viele und erschreckliche Leibsschmerzen nunmehro ausgestanden, noch den einzigen augenblicklichen Streich erwarten, und nicht die mit so schweren Tormenten fast erworbene Marterkrone so jämmerlich verspielen. Was aber hat dieses alles gefruchtet? derjenige unwürdige Priester,

so zu der christlichen Bitte seines demüthigen Bruders,
da er um Vergebung angehalten, die Ohren vorhin
verstopfet hatte; hat nachmalen auch nicht verdienet
dieselbige auf so hochnöthigen und heilsamen gegebenen
Rath zu eröffnen; ist auch nicht würdig gewesen zu erlangen die göttliche Barmherzigkeit, der mit seinem
fußfälligen Freund nicht hat wollen eingehen die christliche Einigkeit. So ist dann dieser unglückselige Mensch
in seiner Treulosigkeit halsstarrig verblieben, und hat
in dem letzten Kampf Christum seinen Heiland verläugnet, den er vorhin auch in den größten und schmerz-
haftesten Peinen bekennet hatte. Nicephorus aber, da
er gesehen, daß Sapricius verloren gegangen, hat er
aus Antrieb der in ihm brennenden göttlichen Liebe,
und ungemeinen Begierde der Martyrkrone alsbald
mit lauter Stimme gerufen: Ich bin ein Christ, und
glaube an den Namen meines Herrn Jesu Christi, welchen dieser verläugnet hat; so schlaget nun mir für ihn
den Kopf herunter. Und siehe, sobald der Richter der
Sache Beschaffenheit vernommen, hat er den Sapri-
cium loß, und über Nicephorum das verlangte Urtheil
des Todes gesprochen, daß also der eine behalten das
Leben des Leibes, und verloren hat das Leben der
Seele, der andere aber behalten das Leben der Seele,
und verloren das Leben des Leibes.

6. Kann nun wohl einer läugnen, der diesen so
glücklichen Streit des heiligen Nicephori betrachtet,
daß ein bitteres Herz, ein rachgieriges und unversöhn-
liches Herz gegen den Nächsten sich der äußersten Gefahr des ewigen Untergangs unterwerfe; wer wird hieraus nicht vernünftig schließen können, daß alle gute

Werke eines chriftlichen Menfchen, fie feyn fo groß, fo
koftbar und vollkommen, als fie immer wollen, zumalen nichts zu der ewigwährenden Belohnung beitragen,
wann fie nicht aus der Wurzel der Liebe Gottes und
des Nächften entfpringen? Einmal gewiß ift, daß Gott
des Sapricii, für ihn ausgeftandene Qualen nichts geachtet habe; dieweilen folche der Haß, kraft deffen er
fein eigenes, und auch feines Nächften Herz verwundet, gänzlich vernichtiget hat. Derohalben ift abermal
wahr der obgefetzte Spruch des Herrn: Wann ihr den
Menfchen ihre Sünden nicht vergebet, fo wird euer
himmlifcher Vater auch eure Sünden nicht vergeben.
Und mit was Maß du meffeft deinem Bruder, damit
wird dir auch vom Herrn wiederum gemeffen werden.
Matth. 7, V. 2. Denfelben bekräftiget das wehemü-
thige Exempel desjenigen Brüggifchen Edelmanns, der
gegen einige diefen fchädlichen Gaft, nämlich den Haß
bis zum Tod in feinem Herzen verpfleget: da dann
nach deffen Abfterben das gewöhnliche heilige Amt und
Gebet in der Kirche verrichtet wird, ziehet der gekreuzigte Chriftus feine Hände zu fich, ftopfet mit felben
die Ohren, und fpricht mit klaren Worten: Er hat
mich verfchonet, fo will ich auch nicht verfchonen.

7. Soll aber diefes ein mit Zorn erfülltes rachgieriges Herz zu erweichen noch nicht beftand feyn, fo
laffe er fich zu Herzen gehen diefe erbärmliche Tragödie, oder kläglichen Ausgang. Da Anno 1570 zwi-
fchen zwei vornehmen Ordensperfonen in Hifpanien
einige Feindfchaft erwachfen, aber nicht gedämpft; ift
unterdeffen einer von beiden von einer tödtlichen Krankheit überfallen worden, derowegen hat er, entweder

aus Furcht des Todes, oder vielleicht durch Reue und
Leid der so lang erhaltenen Feindschaft angetrieben,
seinen Widersacher zu sich berufen, ehe und bevor er
sich mit den heiligen Sacramenten der Kirche versehen
lassen, und hat demselben gern und willig alles ange=
thane Unbild verziehen, und auch umhalset. Dieser
aber, als ein ziemlich unbedachtsamer und ausgelassener
Mensch sagte hierauf zu einem von den Umstehenden
folgende Worte: dieser gute Mann fürchtet, er solle
sterben, derohalben verzeihet er. Sothane Worte ha=
ben des Sterbenden Herz also schädlich getroffen, daß
er die vorhin gegebene löbliche Verzeihung alsbald
widerrufen, und zugleich mit dieser nicht menschlichen,
sondern teuflischen Stimme ausgefahren: Ich verzeihe
dir nicht, und will auch von dir nicht verziehen haben.
O grausame Bosheit! kaum waren diese Worte heraus=
gefahren, und siehe, da wird dieser kranke Unmensch
aller Sprache und Sinnen beraubt, fängt an zu ster=
ben hier zeitlich und dort ewiglich. Das gewöhnliche
Gebet wird gleichwohl für ihn von seinen geistlichen
Brüdern, nach diesem das Mittagmahl gehalten. Unter
während der Tafel tritt ein garstiger und entsetzlicher,
in grausamer Gestalt und rauhen Haaren, wie auch
mit ganz feuerglänzenden Augen versehener Geist hin=
ein; wendet sich zu den Speisenden, redet selbige mit
einer sehr kläglich und donnernden Stimme an, und
sagt: O grimmiger Haß! O verfluchtes Laster, mit
dem ich auf Erden lebendig gebrennet habe! jetzt bin
ich todt, und brenne in der Hölle, und werde bren=
nen ewiglich; der aber an meinem Brennen Schuld
hat, wird auch bald brennen; und in selbigem Augen=

blick wendete er sich zu dem Geistlichen, der sein Feind
gewesen, und sagt:' Höre auf zu essen; stehe auf vom
Tisch, du Unglückseliger; das gerechte Urtheil ist von
dem göttlichen Richter über mich und dich gefället;
daß, die wir Haß und Feindschaft miteinander gepflogen auf Erden, dieselbe auch unterhalten in der Hölle,
und das zwar in alle Ewigkeit. In dieser traurigen
Rede ergreift er denselbigen noch am Tisch sitzenden,
ziehet ihn hervor und pfränget ihn gewaltiglich. Dieser
stellet sich zur Gegenwehr, schlägt von sich, und suchet
mit Beissen und Stossen sich ab solchem Feind zu erretten. In sothanem Scharmutzieren thut sich die Erde
unter ihren Füßen auf, und verschlinget beide miteinander; von denen dann nichts mehr übergeblieben, als
ein unerträglicher Gestank. Dahero sind die andere
Geistliche voller Furcht und grossem Schrecken zum
Grab des erstverstorbenen hinzugegangen, und haben
in selbigem nichts gefunden. Also haben beide die ewige
Verdammniß zum Lohn der langwierigen geführten
Feindschaft bekommen.

8. Kann wohl einer so hartnäckig gefunden werden, der sich über so grausame Sache nicht heftig entsetze? kann man allhier nicht füglich sagen von Brüdern, was der weise Mann mit seiner selbst eigenen
Verwunderung von den Menschen insgemein ausschreiet:
Ein Mensch hält Zorn über den andern, wie suchet er
dann Arznei bei Gott. C. 28. V. 3: Ein Bruder
will dem andern nicht verzeihen, wie darf er dann begehren, daß ihm Gott seine Sünden vergebe? Es ist,
leider! viel zu wahr das Sprichwort: der Groll unter
Brüdern ist der allergrimmigste. Diese waren Brü-

der, dieweilen sie eines Ordens Kinder, an einem Tisch
mit gleicher Speise gespeiset, eines Herrn Diener (doch
vielmehr des Teufels Sclaven, dem sie sich durch so
verfluchten Haß unterworfen) in einer Schule der Tu=
genden erzogen; mit gleichen Gesetzen in dem herrli=
chen Werk der Vollkommenheit unterwiesen; durch die
heiligen Bande der Gelübden ihrem himmlischen Vater
und sich mit einander verbunden, mit so vieler Jahren
strengen Uebungen versuchet; und haben gleichwohl von
der giftigen Pest des innerlichen Zwietrachts angebla=
sen, unter dem geistlichen Kleid diese teuflische Schlange
herumgetragen: sie haben lieber wollen den Himmel
quittiren, als eben die Rachgierigkeit aus dem Herzen
ausschließen; lieber auf ihre Erbschaft, als sich einan=
der, wie einem Bruder und Geistlichen zustehet, ver=
zeihen. Nimm mir nun nicht übel auf, meine christliche
Seele! wann ich sage, daß die gottverlobten Ordens=
personen nach verlassener aller zeitlichen Ergötzlichkeit
armseliger seyn als andere Menschen, wann sie das
kostbare Kleinod der Liebe verloren haben: dann was
ist zu achten derselben Keuschheit, Armuth und Gehor=
sam, wann die Liebe nicht zugegen ist? Eine Ampel
ohne Oel, ein Baum ohne Früchte, ein Leib ohne
Seele, ein Schiff ohne Mastbaum, ein Märtyrer ohne
Verdienst, sind solche Geistliche. Darum, sobald der
heilige Apostel Paulus die Ephesier zu Meidung des
Zorns mit diesen Worten ermahnet hatte: die Sonne
soll über euerem Zorn nicht untergehen, setzet er hinzu:
Gebet keinen Platz dem Teufel. Als wollte er sagen:
O ihr Christgläubige, und sonderbar ihr Geistliche, hal=
tet euren Zorn im Zaum, zerbrechet und vernichtiget

denselben in seiner Geburt; widerstehet ihm gleich im Anfang, damit er in eine gröbere That nicht ausbreche: dann so ihr dieser Alteration nur etwas weniges nachgebet; wann ihr den gefaßten Zorn in den Gedanken behaltet, so machet ihr Platz dem Teufel; ihr sperret ihm auf den Eingang, damit er sich also glimpflich anmelde; die empfangene vermeinte Schmach vergrößere; das Geblüt bewege, die Galle erwecke; und also mit seinen bösen Engeln die natürliche Begierde der Rache zu euerem ewigem Untergang entzünde.

9. Billig haben sich die Gott gewidmeten Seelen auch vorzusehen, daß sie von einem gar geringen unziemlichen Eifer zu einem größern und schädlichern Zorn nicht gelangen; sie haben Ursache, sich zu hüten, auf daß sie aus einer wenigen Ungeduld in eine Bitterkeit des Herzens nicht fortschreiten; aus dieser in unterschiedliche Anstöße eines Widerwillens; von selbigem in einen Hader und Zank, aus diesem aber in ein Abscheuen ihres Nächsten, und endlich in eine höllische Uneinigkeit nicht gerathen: davon also redet der heilige Basilius Orat. 9. ex Collect.: Der Zwiespalt unter den Geistlichen pflegt anfänglich gar gering zu seyn, und wird leichtlich beigelegt; wann selbiger aber veraltet, so ist hernacher der Sachen zumalen nicht, oder doch schwerlich zu helfen: Darum sagt recht der heilige Paulus 2. Tim. 2, 24: Ein Knecht des Herrn muß nicht zanken, sondern sanftmüthig seyn gegen jedermann. Der leidige Satan, ein Urheber des Zorns, ist gleich einer Schlange, so durch das Loch mit ganzem Leib sehr leichtlich wischet, durch welches sie den Kopf allein hat durchgebracht. Im Uebrigen ist noch zu beobach-

ten, was der heilige Athanasius schreibet: daß nämlich
derjenige, so das empfangene Unbild nicht verzeihet,
nicht für sich bete, sondern den Fluch des Herrn über
sich bringe, indem er sagt: vergieb uns unsere Schuld,
als wir vergeben: dieses hat mit unserm Schaden erfahren jenes Weib, so in allen gottgefälligen Werken,
als Fasten, Beten und dergleichen sich fleissig übete;
auch so gar, damit sie Gott auch zu nächtlicher Zeit
dienen könnte, sehr wenig schlafte: dieser aller Tugenden Vortrefflichkeit aber verwüstete der Zorn; zumalen
sie nicht zu versöhnen war, und blieb in unziemlichem
Haß verhärtet, so oft sie von einem andern beleidiget
wurde. Endlich ist gemeldtes Weib mit einer schweren
Krankheit von Gott heimgesucht worden, hat ihre Sünden dem Priester gebeichtet, das Laster aber des ungebührlichen Zorns verschwiegen: Da ihr nun das allerheiligste Sacrament der Communion gereicht worden,
hat sie den Mund versperret, das Angesicht umgewen-
det, und gesagt: gleichwie ich mich oftmalen von denen
hab abgewendet, die mich um Verzeihung gebeten; also
kehret Gott nun auch sein Angesicht von mir ab: ich
bin verworfen, ich bin verloren; ich werde das göttliche Angesicht nicht anschauen, sondern werde den Teufeln in der Hölle alsbald zu Theil werden: Wie gesagt, so geschehen: nach diesen Worten hat sie den verzweifelten Geist aufgegeben; aus dieser und andern
obangeführten Geschichten, ist gnugsam zu merken, mit
was großem Haß der gerechte Gott diejenige verfolge,
so ihn in seinem Ebenbild, das ist in ihrem Nächsten
hassen, und welchergestalt er denselben seine Gnade
entziehe. Ach wollte Gott, daß nicht die meiste Christ-

glaubige, wie auch Geistliche wegen vielfältigen Zwie=
trachts, Zank und Hasses zum Abgrund der Hölle hin=
weggerissen würden! sie kommen nicht alle wiederum,
und erkundigen uns ihren Zustand sammt dessen gege=
benen Ursache. Derohalben, meine christliche Seele, da=
mit du mit deinem unwidersetzlichen Schaden dergleichen
Unglück nicht zu Theil werdest, so verwirf von Stund
an aus dem Innersten deines Herzens allen wider dei=
nen Nächsten gefaßten Zorn und Widerwillen; fliehe
wie den Tod allen Hader, und halte alles genau, so
ich dir zu lieb, und zu höchster Ehre Gottes in dieser
Lection zusammen getragen habe.

Die neunte

geistliche Lection

von dem freventlichen Urtheil.

———

Nolite judicare, ut non judicamini; in quo
enim judicio judicaveritis, judicabimini
Matth. 7, v. 1.

Ihr sollet nicht richten, auf daß ihr nicht gerich=
tet werdet; dann mit was Urtheil ihr richtet,
damit sollet ihr auch gerichtet werden.

Der erste Theil.

1. Das andere Laster, so der Liebe zuwider, ist
das freventliche Urtheil: von dem ein jeder sonderbar
wissen muß, daß es also entworfen werde. Das fre=
ventliche Urtheil ist ein Werk der Vernunft; kraft des=
sen wir anderer Menschen Sitten und Thaten ohne
rechtmäßige Gewalt und Ursach richten. Stapl. text.
2. in Dom. 1 post Pent.: dann derjenige, dessen
Amt erfoderet, seinen Nächsten zu strafen und zu rich=
ten, wann er von der Sachen Wissenschaft hat; sündi=
get nicht allein nicht, sondern er übet noch annebens
ein löbliches Werk der Gerechtigkeit und Liebe: dahero

wohl zu merken ist, daß alsbann ein freventliches Urtheil zu nennen sey, wann nämlich nicht nach dem Gesetz der gewissen Vernunft, sondern aus unordentlicher
Neigung und verdorbener Betrügung des Gemüths der
Nebenmensch gerichtet wird: nachdem wir nun dieses
wohl verstanden haben, ist nöthig, dieses Lasters Wirkungen zu erforschen, welche, ob sie zwar vielfältig sind,
so wollen wir doch selbige in dreierlei Gattung ver-
theilen; deren die erste ist: wann man nämlich von
eines andern guten und zumalen tugendsamen Werk
ein unrechtes Urtheil fället: die andere ist, wann man
eine Sache, die in sich weder gut, weder bös ist, urtheilet, daß sie aus böser Meinung geschehen sey;
die dritte und letzte Gattung ist, wann man seinen
Nächsten, der da öffentlich sündiget, ohne darzu habende
Gewalt urtheilet.

2. Auf daß wir nun von letzten zum ersten wie-
derkehren, ist zu wissen, daß dasjenige Urtheil, kraft
dessen wir das Gute urtheilen, als ob es bös sey, von
dem Allmächtigen sehr gehasset und gestrafet werde;
derohalben drohet derselbe billig denjenigen durch den
Propheten Isaiam C. 5. V. 20: Wehe euch, die ihr
das Böse gut, und das Gute bös nennet, die ihr Finsterniß für Licht, und Licht für Finsterniß haltet:
Solche Richter sind vor Zeiten gewesen die Juden,
denen Christus sagt: Joannes der Täufer ist gekommen, und hat weder Brod gegessen, noch Wein getrunken, so saget ihr, er hat den Teufel: des Menschen
Sohn ist gekommen, der isset und trinket; so sagt ihr,
siehe dieser Mensch ist ein Fresser und Weinsäufer, ein
Freund der Zöllner und Sünder: diesen übelwollenden

Hebräern mögen wohl verglichen werden diejenigen
Christglaubige und Geistliche, von denen der heilige
Gregorius also schreibet: einige sind, die von allen
Menschen übel urtheilen; dann wann sie einen sehen,
der sich der Demuth befleisset, so sagen sie, er ist ein
Gleißner: nimmt er an die ordentliche Ergötzlichkeit,
so heißt er ein Fresser; ist er geduldig, so muß er ein
verzagter Has seyn; liebt er die Gerechtigkeit, so schreiet
man ihn für einen ungeduldigen Menschen aus; liebet
er die Einfalt, so wird er für einen Narren gehalten;
ist er klug, so muß er listig seyn; siehet man an ihm
die Eingezogenheit, und höret weniges reden, so wird
er für einen Sonderling gehalten; ist er lustig und
fröhlich, so heißt er ausgelassen; hält er seine Regeln
und Satzungen genau und fleißig, so klagt man über
ihn, daß er ein besonderer Heiliger sey, und wird de=
rohalben gehasset; liebet er ehrliche Gesellschaft, so muß
er hören, er sey mehr welt= als geistlich; ist er ver=
schwiegen, und ist friedsam, so ist er doppelt von Her=
zen; will er andere bessern, das nennet man eine Ver=
messenheit; wacht und betet er was mehr als andere,
so muß er unbescheiden seyn, verschlafet er sich bisweis=
len, so wird er allezeit gehalten für schläferig; befleißt
er sich des Predigens, und suchet das Heil seines Ne=
benmenschen, so sagt man vom ihm, er suche nicht die
Ehre Gottes, sondern sein eigenes Lob; thut er es nicht,
so ist es nachlässig; hat er die Gunst der Menschen,
so hält man ihn vor einen Schmeichler; will er nicht,
oder kann nicht schmeicheln, so sieht man ihn für einen
hoffärtigen Menschen an; dieses sagt der obgemeldte
heilige Kirchenlehrer Gregorius. Ich aber sage: Weh,

weh dergleichen Richtern! wann diese nicht können
entschuldiget werden, die ohne rechtmäßige Ursache das
Böse übel urtheilen (wie nachmals folgen wird), was
wird doch, um Gottes willen, dann denjenigen wider=
fahren, so das verrichtete gute Werk des Nächsten übel
ausdeuten? Ein jeder hüte sich vor dem teuflischen La=
ster der Mißgunst, welche solches verfluchte Urtheil her=
vorbringet; und wann einer siehet oder höret seinem
Nächsten Guts thun, so hebe er sein Herz zu Gott, und
sage mit inbrünstigem Gemüth etwa dergleichen: 1.
Nimm an mein gütigster Jesu dieses gute Werk, und
vereinige selbiges mit den Verdiensten deiner Auser=
wählten, ich schenke dir solches, als wann es mein wäre.
2. Ich sage dir Dank, mein Gott und Herr für solche
Gnade, als wann du mir selbige erzeigt hättest. 3.
O mein lieber Herr und Gott, ich bitte dich, gib doch
diesem meinem Nächsten weitere Gnade, auf daß er
noch größere und dir angenehmere Dinge verrichte. 4.
Versiehe du uns also mit deiner Hülfe o Gott! daß
ein jeder, so diese guten Werke anschauet, dardurch
aufgemuntert werde, und desgleichen thue zu deinem
Dienst und höchster Ehren 2c.

3. Das zweite freventliche Urtheil besteht darin,
daß man dasjenige richte, was weder gut noch bös ist,
und dem äußerlichen Ansehen nach nur allein scheinet
bös zu seyn; zum Exempel, wann man einen Priester
siehet eingehen in ein Haus einer verdächtigen Weibs=
person, und alsdann urtheilet, daß er zu sündigen sey
hineingegangen; da er doch keine andere Meinung habe,
als derselben Beicht anzuhören; was nun solches Ur=
theil für ein Greuel sey vor den Augen Gottes, und

wie scharf er dieses strafe, das haben wir aus folgen=
der Geschichte zu erlernen. In vitis PP. p. 1. Es
kommt zu sicherer Zeit ein Ordensgeistlicher Namens
Vitalius aus einem sehr verdächtigen Hause, diesen ur=
theilet ein anderer, er sey um seinen bösen Begierden
genug zu thun, daselbst gewesen; gibt ihm derohalben
eine Ohrfeige und sagt: wie lang wird es anstehen,
du loser Verspotter Christi, bis du diese deine Schalk=
heit besserest? In selbigem Augenblick gibt diesem eben=
falls der Teufel in Gestalt eines Mohren eine solche
Maultasche, daß er alsbald zur Erden fället, zu schäu=
men anfängt, und vom Teufel besessen wird. Nach
einigen Stunden kommt er wiederum zu sich, laufet in
aller Eil nach der Zellen des Vitalii, bekennet seine
Schuld, und sagt: du Diener Gottes erbarme dich mei=
ner. Vitalius verzeihet ihm, und erlediget ihn durch
sein Gebet von diesem bösen Gast. In selbiger Zellen
ist von den Umstehenden gefunden worden diese Schrift:
Ihr Männer von Alexandria urtheilet nicht vor der
Zeit, bis der Herr komme. Vitalius aber ging in die
Häuser der Sünderinnen, damit er sie von dieser Leicht=
fertigkeit abhalten möchte; derohalben er mit ihnen
auch oftermal durch ein sicheres Stück Gelds einig
worden, diese und andere Nächte sich von den Sünden
zu enthalten. Aus sothaner Geschichte erhellet, wie
gefährlich es sey, die Thaten seines Nächsten zu ur=
theilen. Damit aber die Wahrheit dieser Sache noch
mehr an den Tag komme, so wollen wir aus dem Le=
ben der heiligen Väter erzählen.

4. Es waren zween Brüder in der Gemeinschaft,
so beiderseits ein heiliges Leben führeten, und waren

von Gott begnadiget; daß einer der andern Gnade, so er von Gott erlangte, sehen konnte. Nun trägt es sich zu, daß einer von beiden am Freitag ausgehet, und siehet einen Mönchen des Vormittags essen: fragt ihn aber dessenthalben nicht, ob er vielleicht schwach sey, oder sonsten zu essen genöthiget werde; sondern er sagte: Bruder, warum issest so frühe, weißt du dann nicht, daß es heute Freitag sey? dann er vermeinte, der geistliche Bruder hätte durch dieses Essen wider seine Regel gehandelt. Des andern Tags sind nach dem Gebrauch die heiligen Messen gehalten worden, und da deren obgemeldten Brüdern einer den andern anschauet, vermerkt er, daß die Gnade, so ihm vorhin gegeben war, von ihm gewichen; darüber er dann nicht wenig entrüstet, seinen Bruder, nachdem sie zur Zellen kommen, fraget: Bruder, was hast du ausgerichtet, daß ich heute die Gnade Gottes an dir nicht gesehen, wie gestrigen Tags geschehen? dieser aber antwortet, daß er weder in den Werken, weder in den Worten, weder auch in den Gedanken sich übel bewußt sey. Hast du nicht vielleicht, fragt der andere, einige müssige Worte geredet? da hat dieser sich erinnert, daß er am vorigen Tag einen habe sehen essen, und ihm gesagt, issest du zu dieser Stunde um Freitag? dieses wird vielleicht meine Sünde seyn. Derohalben sagt er zu seinem Bruder: befleisse dich mit mir zwei Wochen lang Gott zu bitten, daß er es mir verzeihe. Nachdem nun diese zwei Wochen also vollbracht worden, siehet der andere Bruder die Gnade Gottes wiederum über seinen Mit= bruder kommen; derohalben sie zumalen getröstet, dem Allerhöchsten Dank sagten. Gedenke nun, meine christ=

**

liche Seele! wann dieser fromme Diener Gottes wegen
so geringen und wenigen, nur aus einem billigen Eifer
geredeten Worten, dieser sonderbaren Gnade eine Zeit=
lang ist beraubt worden, was wird dann mit uns ge=
schehen? Ich fürchte fürwahr, wir werden wegen des
unbesonnenen Urtheilens derselben gänzlich beraubt
werden.

5. O wie sehr war erfahren in dieser Kunst der
heilige Seraphische Vater Franziscus, so des unbedach=
ten Urtheilens halber seinen Reisegesellen mit scharfen
Worten vorgenommen Bonaventura in vita. Dann
da der heilige Mann einem armen Menschen begegnete,
und über dessen Leibs Bosheit aus christlichem Mitlei=
den seufzete, sprach der obgemeldte Weggefährte und
geistliche Bruder, von diesem also: Vater, vielleicht ist
dieser Mensch an Begierlichkeit der zeitlichen Dingen
reich, so doch an denselbigen in der That großen
Mangel leidet. Da dieses der heilige Vater hörte, be=
fahl er ihm, sein Kleid alsobald auszuziehen, und den
Nackenden damit zu bedecken: auch mußte er in Kraft
des Gehorsams vor den armen Menschen niederfallen,
und wegen seines freventlichen Urtheils um Vergebung
bitten. Dieses verrichtete der Bruder in aller Demuth,
auf daß er von seinem heiligen Vater nicht möchte
hinweggetrieben werden. Billigermaßen soll man dann
emsig fliehen den bösen Argwohn, insonderheit wann
man von der That nicht versichert ist, und sagen mit
dem heiligen Apostel Paulo: Was gehen mich diejenige
an, welche draußen sind, daß ich sie richten sollte.
1 Cor. 5, 12. Dieses Urtheil zu meiden, kann uns
trefflich dienen der folgende Spruch des heiligen Chry=

sostomi: Gleichwie ein guter und aufrichtiger Mensch nicht leichtlich einen andern vor bös und schalkhaft ansiehet: als wird nicht bald ein Böser und Schalkhafter seinen Nebenmenschen für gut und fromm halten; dann ein jeder richtet seinen Nächsten, wie er selbsten ist. Darum sagt der Ecclesiastes C. 10, 3: Wann auch der Narr auf dem Wege daher gehet, dieweil er selbst nicht weise ist, so hält er dafür, daß alle Narren seyn, so ihm begegnen. Und gleichwie einem, der durch ein grünes Glas schauet, alles scheinet grün zu seyn; der durch ein rothes, alles roth vorkommet; also derjenige, so mit unterschiedlichen Lastern behaftet ist, indem er durch sein eigenes Gewissen, als durch einen Spiegel den Handel und Wandel seines Nächsten betrachtet, urtheilet, daß alles an selbigem lasterhaft sey: von denen der Apostel recht und wohl gesagt hat: Du verdammest dich selbst in dem, darinn du einen andern richtest; dieweil du eben dasselbige thust, was du richtest. Und gleichwie ein ungesunder Magen auch die besten Speisen in eine böse, und der Gesundheit schädliche Feuchtigkeit veränderet, ein guter und gesunder Magen aber, sogar die schädlichen Speisen zum Wohlstand des Leibs verwandelt: also was böse Leute immer an ihren Nächsten sehen, was vermeinen sie alles bös zu seyn: hergegen aber die Gute und Tugendsame legen alles Thun und Lassen ihres Nebenmenschen zum besten aus.

5. Verlangest du nun, meine christliche Seele! unter die Zahl der guten und frommen Geistlichen vor Gott gezeichnet zu werden, so hüte dich, daß du von deines Nächsten Werke, sie seyn auch wie sie wollen,

unrecht urtheilest; sondern vielmehr glaube, daß selbi=
ger mit guter Meinung und zu einem aufrichtigen Ziel
und Ende seine Werke verrichte. Wirst du dieses die
Tage deines Lebens fleißig beobachten, so verspreche ich
dir, daß du größern Lohn von Gott zu erwarten ha=
best, als du dir vielleicht einbilden würdest. Nimm
wahr dasjenige, was der gottselige Bruder Leo, einer
von den ersten Gesellen des heiligen Francisci, durch
Verhängniß gesehen hat In Chro. minor. 1. p. l. 5. c. 9.
Viele Brüder des heiligen Ordens sind ihm erschienen,
so alle in schöner Ordnung mit großem Licht umgeben
gewesen; in der Mitte derselben hat er gesehen einen,
aus dessen Augen so glänzende Sonnenstrahlen gespie=
let, daß er ihn nicht hat anschauen können: darüber
er aus geistlichem Vorwitz die ihm nächst Beistehenden

mmen, er sey Bruder Bernardus Quintavallis,
der erste Geselle des heiligen Francisci: daß er aber
mit solchen Strahlen dergestalt vor andern glänze, sey
die Ursache, weilen er in seinen Lebzeiten alles, was
er gehört und gesehen, zum besten ausgelegt, und alle
Menschen der Gnade Gottes würdiger geschätzt habe,
als sich selbsten. Ist ihm ein armer Bettler begegnet,
so hat er pflegen zu sagen: siehe Bruder Bernarde!
dieser arme Mensch überträgt seine Armuth viel gedul=
diger als du die deinige. Hat er einen Reichen und
Wohlgekleideten gesehen, so hat er zu seiner Beschä=
mung sich selbsten also angeredet: siehe, dieser hat sei=
nen Leib zwar also geschmücket; wer weiß aber, ob er
nicht unter diesem Zierrath ein härenes Kleid trage,
damit er also die eitle Ehre vernichtige, und sein Fleisch

beſſer als du im Zaum halte. Dieſes ſind die Urſa=
chen ſolcher ungemeinen glänzenden Schönheit an un=
ſerm Bernardo. Ei, ſo laſſet uns dann die Fußſtapfen
dieſes frommen Diener Gottes eintreten, und alſo auch
von unſerm Nächſten gedenken; zumalen wir ohne die
geringſte Mühewaltung dieß gottgefällige Opfer ver=
richten können. Nimm an, meine chriſtliche Seele! den
wohlgemeinten Rath des heiligen Dorothei. Kommſt
du, ſagt er, in eine Zelle deines Bruders oder Schwe=
ſter, und ſieheſt, daß alles in derſelben über und über
ſich liege; ſo gedenke nicht, daß dieſer oder dieſe in
ihren Werken nachläſſig und unſauber ſeyn; ſondern
laſſe dir vorkommen, daß ſelbige glückſelig ſeyn, indem
ſie alſo in der innerlichen Anſchauung Gottes vertiefet
ſind, daß ſie das Aeußerliche nicht achten. Sieheſt du
aber hingegen, daß ſie in allen ihren Sachen fein rein=
lich ſind, und dieſelbe wohl beobachten, ſo mache dir
das Facit: dieſer Bruder oder Schweſter zeigen in ih=
ren äußerlichen Werken, daß ſie die innerliche Reinig=
keit der Seelen ſonderbar lieben; alſo kannſt du nicht
fehlen. Wie du aber urtheilen ſolleſt, wann du einen
öffentlich ſündigen ſieheſt, das lerne aus folgendem an=
dern Theil dieſer Lection.

Der andere Theil.

7. Der weltberühmte Maler Apelles pflegte ſeine
kunſtreiche Malereien vor ſein Haus öffentlich zu ſtel=
len, damit er die Urtheile der Vorbeigehenden erfahren
möchte. Unter dieſen ſtehet auch einsmals ein Schuſter
ſtill, und beſchauet die von Apelle gemachte Arbeit;
und daß er die übelentworfene Pantoffel eines Bildniß

läſteret, dieſes hört der Apelles mit Gebuld an; daß
aber derſelbige auch von andern Eigenſchaften deſſen
Bildniß zu urtheilen ſich erkühnet, rufet alsbald der
Maler zum Fenſter hinaus und ſagt: Schuſter, Schuſter, laß es bei den Toffeln. Alſo macht es der all-
gewaltige Werkmeiſter und Erſchöpfer aller Dinge, die
göttliche Majeſtät. Sie formiret vielerlei Bildniſſe, in
denſelbigen die Seelen der Menſchen erſchaffet; ſo da
ſind Ebenbilde Gottes: dieſe ſtellet vor der große Künſt-
ler auf dem öffentlichen Schauplatz der Welt; wie der
Apoſtel bezeuget: Wir ſind zum Schauſpiel worden der
Welt, den Engeln und den Menſchen. 1 Cor: 4.
Dieſe Bildniſſe, ſage ich, ſetzet Gott derohalben nicht
vor unſere Augen, daß wir ſelbige urtheilen und ta-
deln, ſondern in Anſehung deren ihn loben und preiſen
ſollen. Derowegen laſſet uns behutſam ſeyn, und an
dieſen Bildern nicht ſchmähen dasjenige, ſo uns nicht
angehet, wann wir nicht mit obgemeldtem Schuſter
wollen beſtrafet und ſchamroth gemacht werden. Sollte
nun einer ſagen, er urtheile nicht dasjenige, ſo wohl
gemacht, und gut zu ſeyn ſcheinet, ſondern dasjenige
allein, deſſen man verſichert iſt, daß es Gott mißfalle:
ſelbige ſollen wiſſen, daß auch ſothanes Urtheil nicht
zuläſſig ſey; darum wird ſolchen durch den heil. Apoſtel
geſagt: wer biſt du, der du einen fremden Knecht richteſt: er ſtehet oder fällt ſeinem Herrn: als wollte er
ſagen, der nicht ſeinen, ſondern einen fremden Knecht,
wann er ſchon öffentlich ſündiget, richtet: derſelbige
muß gerichtliche Gewalt haben von dem Herrn desjenigen Knechts, den er richtet. So frage ich dich nun,
wann du über die Sünden deines Nächſten das Urtheil

fälleſt, wer hat dir dieſe Macht gegeben? hat dich viel=
leicht Gott zu einem Richter über andere erſchaffen?
zumalen nicht, ſondern er hat dich zum Geſellen deines
Nebenmenſchen geſetzet? und hat alles Gericht dem
Sohn übergeben, Joh. 5, V. 22, und nicht dir. Dero=
halben wann du richteſt, ſo greifeſt du ihm in ſeine
Gerechtigkeit: und was iſt doch um Gottes willen,
ſchalkhaftiger, dann ſolche Vermeſſenheit? was iſt ge=
fährlicher, als dergleichen Uebermuth? höre du meine
chriſtliche Seele! den Apoſtel an, und entferne weit von
dir all freventliches Urtheil: Was richteſt du deinen
Bruder? wir werden alle ſtehen vor dem Richterſtuhl
Chriſti, daſelbſt werden wir ſo ſcharf gerichtet werden,
als wir unſern Nächſten gerichtet haben, Röm. 2; und
weiters ſagt er: Du haſt keine Entſchuldigung, O Menſch!
wer du auch biſt, der du richteſt, Röm. 2, V. 1: Was
iſt doch gröber und mehr zu fürchten als ſolches Ur=
theil? wohin der gottſelige Thomas a Kempis L. 3.
C. 24. §. 1 auch zielet, mit dieſen Worten: was ge=
het es dich an, ob dieſes ein ſolcher oder ſolcher ſey:
oder ob jener alſo handle oder rede? du bedarfſt nicht
für andere zu antworten: ſondern du wirſt Rechenſchaft
geben für dich ſelbſten? was haſt du dann damit zu
ſchaffen?

8. Soll es dann geſchehen, daß wir würden ſehen
einen öffentlich ſündigen, ſo müſſen wir denſelben deſ=
ſentwegen nicht verachten, ſondern vielmehr der tröſtli=
chen Zuverſicht leben, daß er nach ſolcher Art gebüh=
rende Reue und Leid erwecket habe. Wann ich ſehe,
ſagt der heilige Bernardus, daß einer den andern er=
ſticht, ſo muß ich gedenken, daß er darüber Reue ge=

tragen, ehe er das Messer zurück gezogen hat: vielmehr
dann bin ich schuldig, denjenigen morgen für einen Büßenden zu halten; und nicht für einen Sünder, welchen
ich heut habe sehen sündigen: hierüber lesen wir im
Leben des heiligen Johannis Eleemosinarii Sur. Tom. 1,
daß ein unkeuscher Jüngling eine Gott verlobte Jungfrau zu seinen unziemlichen Begierden gereizet, und
selbige von Alexandria mit höchster Aergerniß der ganzen Stadt, nach Constantinopel entführet: nun war
niemand, der diesen als ein Kind der ewigen Verdammniß, als einen lasterhaftigen Böswicht und Schänder
der Ehre Gottes nicht ausschreiete: und da die Clerisei
oder Geistlichkeit denselben vor dem obgemeldten heiligen Johanne verdientermaßen beschrieben, und anbei
fügten, daß er wegen seiner und auch der geistlichen
Jungfrauen verderbten zweien Seelen, billig müsse in
den Bann der Excommunication geschlagen werden;
hat sie der heilige Mann gestillet, und gesagt: nicht
meine Kinder, nicht fället so leichtlich von euerem Nächsten das Urtheil: dann hierdurch stürzet ihr euch in
zwei sehr große Uebel: deren das erste ist, daß ihr
nämlich desjenigen Gebot überschreitet, der da spricht:
Richtet nicht vor der Zeit. Das zweite ist, daß ihr
nicht ohne höchste Vermessenheit euch selbsten Richter
stellet über andere; es ist zumalen unsicher, ob diese
beiden in ihren Sünden bishero verharret seyn; oder
ob sie durch die Gütigkeit Gottes die Laster ihrer
Missethaten von sich geworfen haben. Wisset ihr dann
nicht, sagte er, daß ihr in demselben Gericht, in dem
ihr richtet, sollet gerichtet werden?

9. Wann aber diese Lehre des gottseligen Johannis, bei einigen zur Vernichtung des losen Urtheils keinen Platz findet, der lasse sich zum wenigsten abschrecken durch den heiligen Dorotheum, den wir anjetzo für uns zur Rede stellen, und dieses großen Diener Gottes treuherzigen Ermahnungen du und ich, meine christliche Seele! mit allem Fleiß aufmerken wollen: nichts ist böser, sagt er c. 6. Bibl. PP. Tom. 2., nichts schwerer, als seinen Nächsten urtheilen und verachten: warum richten wir uns selbsten nicht über unsere eigenen Verbrechen, die wir am besten kennen, und von denen wir auch ungern Gott Rechenschaft zu geben gezwungen werden? was gebrauchen wir uns des Urtheils Gottes? was gehen uns die Geschöpfe Gottes an? was haben wir mit fremden Knechten zu schaffen? sollen wir nicht am ganzen Leib zittern, wann wir uns erinnern, was jenem großen Altvater widerfahren ist? da dieser gehört hatte, daß einer aus den Brüdern in einen Ehebruch gefallen wäre, sagte er: Dieser hat sehr übel gethan; und siehe, alsbald brachte ein Engel Gottes die Seele des obgedachten Sünders, nachdem sie durch den zeitlichen Hintritt schon vom Leibe geschieden war, zu diesem Altvater und sagte: schaue zu, den du gerichtet hast, ist schon gestorben, hier bringe ich dir dessen Seele, und erwarte deinen Befehl darüber, ob sie zu der Hölle, oder zum Himmel solle geführet werden; mit diesen Wörten hat der Engel dem alten Einsiedler nichts anders bedeuten wollen, als eben dieses: wann du allbereits worden bist ein Richter der Gerechten, so bitte ich dich, sage mir deine Meinung über diese arme Seele, ob du dich derselben erbarmen, oder

ob du sie ewiglich strafen wollest? da solches der heil.
Mann gehöret, ist er ob dieser so fremden Frage dergestalt zerschlagen worden, daß er die übrige Zeit seines Lebens mit beharrlichem Weinen und Seufzen, und
unzählbaren Trübseligkeiten zugebracht, und den lieben
Gott um Vergebung so großer Sünde so lang gebeten,
bis der Engel endlich wieder zu ihm gekommen, dem
er zu Füßen gefallen, und von ihm versichert worden,
daß ihm Gott seine Sünde noch heute solches dieserhalben zugelassen habe, damit er in Erfahrung kommen
möchte, wie schwer und überlästig ihm sey, unser freventliches Urtheilen; auch hat er ihn ermahnet, daß er
hinführo nicht mehr richten solle; gleichwohl hat auf so
trostreiche Worte, und gethane Versicherung der heilige
Vater sich nicht trösten lassen, sondern in stäten Plagen
und Abtödtungen seines Leibs, dieses Verbrechen halber
sein Leben geendiget.

10. Wann nun dieser gottselige Einsiedler wegen
eines so geringen Urtheils, kraft dessen er aus zu großem Eifer gesagt, daß sein Bruder durch den begangenen Ehebruch übel gethan habe, erzähltermaßen ist verschämt worden; was wird doch uns widerfahren, die
wir von unserm Nächsten ab der begangenen Sünden,
nicht allein sagen, daß er übel gethan habe, sondern
dazu oftmalen aus unordentlichem Eifer denselben richten, daß er nämlich viele und große Strafen verdienet
habe, und derohalben wünschen, daß er scharf gezüchtiget werde? Wahrlich, sage ich, es wird die Zeit herankommen, daß wir von Gott mit gleichem Urtheil werden hergenommen werden. Auch geschieht es vielmalen
durch die gerechte Verhängniß Gottes, daß diejenigen,

so andere richten, in selbige Mängel, die sie ihrem
Nächsten aufgemessen haben, liederlich fallen; und als=
dann wohl wünschen möchten, daß man ihnen durch die
Finger sehe; dieses hat der Abt Machetes von sich
selbsten bekennet, daß nämlich drei Dinge gewesen, in
denen er andere gerichtet und bestraft; habe aber nicht
lange hernach alle diese drei Fehler begangen, Cassian
L. 5, C. 30; derohalben trieb er einen jeglichen an,
daß er sich selbsten nur allein urtheilen, und nicht an=
derer Leben durchgründen sollte; dieweilen, sagte er,
ein Mönch mit denselben Lastern verstricket ist, in wel=
chen er von andern zu urtheilen sich erkühnet hat; und
wann schon sie in eben selbige Sünde nicht fallen, so
sind sie doch derselben Strafe werth; wie Christus der
heiligen Mechtildi offenbaret, und gesagt L. 2, C. 7,
daß es ein großes Laster sey, wann ein Mensch seinen
Nächsten urtheilet: und wann er denselben schon recht=
mäßig urtheile, so sey er doch eines so großen Lasters
schuldig, als eben derjenige, so dieses Uebel begangen
hätte, welches von andern gerichtet wird. Wann auch
derjenige Mensch diejenige Missethat verübet hat, die
von ihm gesagt wird, so wird er doch kraft desselben
Urtheils eben so viel schuldig seyn, als derjenige, so
mit der That selbsten besudelt ist; dieweilen er die in=
nerliche Meinung des Verbrechenden nicht gewußt, und
seinem Herzenssinn gemäß geurtheilet hat; und wann
er durch die Bußfertigkeit dieses nicht auslösche, so muß
er derselben Strafe gewärtig seyn, die derjenige, so ge=
sündiget, sich auf den Hals geladen hat; diese sind die
Worte Christi zu seiner geliebten Braut Mechtildis.

11. Sollen wir annoch nicht abnehmen können,
7 *

meine christliche Seele! wie scharf die göttliche Gerech=
tigkeit mit den ungerechten Richtern ihres Nächsten ver=
fahre; indem: sie von selbiger nicht anders bestraft wer=
den, als wann sie dieselbigen Sünden, über welche sie
ihren Nebenmenschen richten, wirklich begangen hätten;
und wiewohl diese Offenbarung niemand zu glauben
verbunden ist, sondern einem jeden frei stehe; so wird
doch diese obgesetzte Wahrheit aus göttlicher heiliger
Schrift handgreiflich kundbar gemacht; dann Christus
sagt bei dem Evangelisten Matthäo C. 7, V. 3 also:
Was siehest du den Splitter in deines Bruders Auge,
und siehest den Balken in deinem Auge nicht. Hieraus
sagt der heilige Dorotheus Serm. 6, sey abzunehmen,
daß unser Heiland die Sünde des Nächsten verglichen
habe einem Splitter; das Urtheil aber über selbige
habe er verglichen einem Balken: also sündiget viel
gröber derjenige, so den Sünder urtheilet, als wann
er die Sünde des verurtheilten Menschen selbst beginge;
dahero fährt der mehrgemeldte heilige Mann fort, und
sagt: eine so schwere Sünde ist es, seinen Nächsten
richten, daß selbige schier alle Sünden an Bosheit über=
treffe; lasset uns derohalben hüten für sothaner Pest;
und auf daß wir von solchem Gift nicht angeblasen
werden; so lasset uns die Fußstapfen unsers Erlösers
eintreten; welchem ohne allen Zweifel die Sünden sei=
ner Feinde ganz kund und offenbar waren; und gleich=
wohl dieselbige bei seinem himmlischen Vater entschul=
diget und gesagt: Vater verzeihe ihnen, dann sie wissen
nicht, was sie thun. Hat das gethan Christus, der als
ein rechtmäßiger Richter von seinem Vater gestellet war;
was sollen wir dann nicht thun, die wir die geringste

Gewalt eines Richters nicht haben? und sonderbar, da
der Heiland mit ausdrücklichen Worten uns ermahnet:
Ich habe euch ein Exempel gegeben, daß ihr auch thut,
wie ich euch gethan habe. Joh. 13. V. 15.

12. Verlangen wir dann Glieder Christi zu seyn,
so will es sich geziemen, daß wir bei demselben unver-
rückt verbleiben, indem wir seine Sanftmüthigkeit nachfolgen, die Mängel unseres Nächsten entschuldigen, und
mit ihnen ein herzliches Mitleiden tragen. Solche gottgefällige Uebung aber zu bewerkstelligen, ist nöthig zum
ersten die Betrachtung unserer eigenen Sünden, welches
herrliche Mittel der gottselige Climacus mit folgenden
Worten gewünschtermaßen vorschreibet. Welche zu gar
fleißige und eifrige Richter sind über die Sünden ihres
Nächsten; diese müssen derohalben solchen Fehler an sich
selbsten tragen, dieweilen sie sich noch keiner steten und
vollkommnen Gedächtniß und Sorge wegen ihrer eigenen Sünden beflissen haben; dann derjenige, welcher
die Decke der eigenen Liebe hinweggeschaffet, und alsdann seine Verbrechen fleißig besichtiget, der wird über
keine Sache in diesem zeitlichen Leben fortan mehr Sorge
tragen, dieweilen er vermerkt, daß er nicht Zeit genug
haben werde, sich selbsten zu beweinen, wann er schon
hundert Jahre leben, und die Zähren aus seinen Augen gleich dem großen Fluß Jordan fließen würden.
Weiters hat uns auch Christus selbst dieses stattliche
Mittel gegen das freventliche Urtheil hinterlassen, da
die neidischen Juden ein Weib, so in Ehebruch ertappt
worden, zum Heiland gebracht, und zugleich protestirt,
daß selbige dem Gesetz gemäß müsse gesteinigt werden;
indem der sanftmüthige Jesus solches Wüthen der Juden

mit diesen Worten vernichtiget: Welcher unter euch ohne
Sünde ist, der werfe zum ersten einen Stein auf sie.
Joh. 8, V. 7. Diese losen Ankläger suchten fremde
Sünden zu strafen, und verließen ihre eigene. Dieses
hat sonderbar bekräftiget derjenige Altvater, so von einem seiner Mitbrüder, der auch diesem Uebel unterworfen war, die Ursache gefragt wurde, warum er also
immerwährend seine Mitbrüder richtete? Weilen du,
spricht der Alte, dich selbst noch nicht kennest, dann der
sich selbsten kennet, der gibt auf die Mängel seiner
Brüder keine Achtung.

13. Solches hat in der That bewiesen der heilige
Abt Pimenius, da einsmals die ältesten Einsiedler Zu-
sammenkunft gehalten, und bei derselben über die Sitten einiger Brüder geurtheilet, ist auch von dem obgemeldten Alten begehrt worden, er möchte auch seine
Meinung über das Verbrechen der Brüder beitragen.
Sobald dieses Pimenius gehört, hat er alsbald einen
großen Korb mit Sand angefüllt, und auf den Rücken
genommen; ein anders aber viel kleiners Körblein hat
er aus dem großen ebenfalls mit Sand versehen, und
selbiges hat er vor sich getragen. Da dieses die andern gesehen haben, haben sie verlanget zu wissen, was
dieses bedeute, denen Pimenius geantwortet: der große
Korb, in dem viel Sand ist, bedeutet meine Sünden;
und weil derselben eine große Anzahl ist, derowegen
habe ich sie auf den Rücken geworfen, damit ich sie
nicht sehen, und darüber Leid haben möchte; aber, die
wenigen Sünden meines Mitbruders habe ich vor meine
Augen gehangen, und bemühe mich, wie ich selbige doch
richten möge. Nun aber ist gewiß, daß man nicht

solchergestalt richten müsse, derohalben wirds besser seyn, daß ich meine eigenen Sünden vor mich nehme, dieselben bedenke, und Gott bitte, daß er sie nur verzeihe. Da dieses die andern Einsiedler gehört haben, ist dieses Bekenntniß von ihnen sämmtlich hervorgebrochen: In Wahrheit, dieser ist der Weg des ewigen Heils. Hast du mich verstanden, meine christliche Seele! wie schwer es sey, auch über die öffentlichen Sünden seinen Nächsten richten? Wohlan dann, so ergreife nun das zur Hand gebrachte Mittel gegen solches Laster, oder wann es dir also gefällig, suche dir eins aus den folgenden.

Der dritte Theil.

14. Dieses muß uns ebenfalls von dem freventlichen Urtheilen abschrecken, wann wir gedenken, und uns versichern, daß Gott niemalen einen würde lassen in eine Sünde fallen, wann er nicht wüßte diesen Fall in ein Gutes zu verkehren. Derohalben lehren die Thomisten, da sie von der Verordnung oder Versuchung handeln, daß die Zulassung der Sünde in den Auserwählten sey eine Wirkung oder Ausgang ihrer Verordnung zum ewigen Leben; dann da sie in vielerlei Sünden fallen, stehen sie muthiger und tapferer auf zu laufen den Weg der Vollkommenheit, laut Zeugniß des heil. Apostels Pauli, Röm. 8, V. 28: Denjenigen, so Gott lieb haben, wirken mit alle Dinge zum Guten. Hierüber sagen die Dollmetscher der heiligen Schrift, daß unter denen allen Dingen auch die Sünde begriffen werde. Und der heil. Thomas lehret daselbsten, daß die Sünden der verordneten zur Seligkeit denenselbigen mitwirken zum Guten. Dieses sagen ebenfalls alle heil.

Väter, aus denen der heil. Augustinus De corrept. et
grat. c. 9. also schreibet: Denjenigen, so Gott lieb hat,
mitwirken alle Dinge zum Guten; so gar auch alles;
daß, wann einige aus ihnen den Weg der Gerechtigkeit
verfehlen und sündigen, dasselbige sie auch mache zunehmen im Guten, dann sie werden nach ihrer Wiederkehr
besser und vorsichtiger. Darzu ist die Zulassung der
Sünde von Gott gewilliget zu einem guten Ende, dieweilen Gott (wie das große Kirchenlicht Augustinus sagt)
indem er unendlich gut ist, nicht würde zulassen, daß
etwas Uebels in seinen Werken wäre, wann er nicht
so allmächtig und gut wäre, daß er auch Gutes thäte
durch das Böse. Daß diesem aber also sey, dieses sehen wir klärlich an dem Fürsten der Apostel dem
heil. Petro; an dem Evangelisten Matthäo, an der heil.
Maria Magdalena, und vielen andern Sündern und
Sünderinnen; die, welche, wann sie einmal gefallen
waren, würden auch Gott nicht so angenehm gewesen,
und annebens viele hundert andere hätten sich unfehlbar in das ewige Verderben gestürzet; so doch der fal-
lende und bußfertige Petrus sammt vielen andern Büßenden aufgerichtet, zur Buß aufgemuntert, und endlich
zur ewigen Seligkeit geschickt hat.

15. Weiters, obschon die Sünden, so von den Gottlosen begangen werden, ihnen nicht zum Nutzen ausschlagen, so geschehen sie nichtsdestoweniger zum Besten
der Auserwählten: dann gleichwie die natürlichen Uebel
nach Zeugniß des heil. Thomä Sup. c. 8. Epist. ad
Rom. lect. 6., so insgesamt geschehen, nicht allezeit
verordnet werden zum Besten derjenigen, denen sie widerfahren; aber doch wohl zum Besten der sämmtlichen,

also wird das Uebel der Schuld, oder die Zulas=
sung dessen nicht allzeit erwählet dem zum Besten,
dem die Sünde wird zugelassen; aber doch wohl
zum Besten der edelsten Theilen der sämmtlichen, das
ist, den Auserwählten. Nach dieser vorgesetzten un=
fehlbaren Lehre, lasset uns nun sehen, was für eine
große Bosheit sey, daß, sobald man einen siehet sün=
digen, alsdann denselbigen unrechtfertiger Weise richte;
absonderlich weilen man nicht weiß, ob der sündige
Mensch zu der Zahl deren von Gott zur Seligkeit ver=
ordneten, oder zu der Zahl der Verdammten gehöre.
Ist er unter den verordneten, so ist gewiß, daß die be=
gangene Sünde ihm wird gereichen zu mehrern Besten
seiner Seelen. Gehört aber der Sünder unter die
Gottlose und Verworfene, so ist er außer allem Zwei=
fel, daß die Sünde desselben zum Nutzen der Auser=
wählten gedeihen werde. Ob nun wir uns wenden
zu den Auserwählten oder zu den Verworfenen, wir
sehen allenthalben, daß der gütige Gott ihre sämmtliche
Uebel zum besten Ende ausschlagen lasse. Was kann
derowegen billiger erdacht werden, als sothanes Urtheil.
Dieser Ursachen halber hat der heil. Raymundus unter
andern Hinterlassenschaften auch anstatt eines Testa=
ments seine geistliche Kinder sonderbar ermahnet, daß
sie die Tage ihres Lebens niemand sollten urtheilen;
und hat hinzugesetzt, daß es nöthig sey zu Erhaltung
einer wahren Reinigkeit des Herzens, daß man in al=
len Sachen den Willen Gottes beobachte, welcher zu
einem ersprießlichen Ziel und Ende alles zuläßet.

16. Damit wir dann auch aus eines andern Fall
einigen Nutzen zu schöpfen gewürdiget werden, wäre

rathſam, daß wir einen ſichern heiligen Einſiedler uns
zum Beiſpiel vor Augen ſtelleten, welcher einsmals,
nachdem er den Mißtritt ſeines Bruders verſtanden,
ſeufzend geſagt hat: O wehe mir! Er heut und ich
morgen; O wie geſchwind hat dieſer einen Ausweg
gefunden, dem böſen Urtheil über ſeinen Bruder zu
entweichen! durch dieſe zwei Wörtlein: ich morgen;
hat er in ſeinem Herzen eine ſo heilſame Furcht erwecket, daß er der Gefahr des Gerichts zumalen entgangen iſt. Es muß auch in dergleichen Zufällen ein jeder gedenken, öffentlich oder heimlich bei ſich ſelbſten
ſagen: Ich zweifle nicht, wann ich mit ſothaner Gelegenheit und Stricken wäre umgeben geweſen, daß ich
eben ſowohl als mein Nächſter gefallen wäre; derohalben ſage ich meinem Gott und Herrn Dank, daß er
mich unwürdigen Menſchen ſolcher Gefahr entzogen hat.
Im Uebrigen iſt auch gegen dieſes ſchädliche Urtheil
eine Arznei; wann man nämlich dieſes fleißig beobachtet: daß viele öfter läßlich allein ſündigen, ob man
ſchon dem äußerlichen Schein gemäß vermeinen ſollte,
daß ſie tödtliche Sünden begingen; dieweilen ſie in ihrer Einfalt darfür halten, es ſey nicht bös, was ſie
thun; und oftermalen iſt bei denenſelben eine unſtraf-
bare Unwiſſenheit, und andere Urſachen, ſo uns unbe-
kannt ſind; in Anſehung deren Gott ihnen ihre ſündige
Werke nicht übel ausdeutet. Wann wir nun ohne einiges Nachſinnen über dergleichen Dinge unſern Nächſten alsbald zu ſtrafen uns erkühnen, den doch Gott
entſchuldigt, machen wir uns hierdurch ſehr ſtrafmäßig?
Wohl dann, und abermal wohl ermahnet uns hierüber
der heilige Bernardus Serm. 4. in Cant. mit dieſen

Worten: Entschuldige, o Mensch! die Meinung, wann
du nicht kannst entschuldigen die That deines Nächsten;
bilde dir ein, sie sey geschehen aus Unwissenheit, halte
sie für eine unbehutsame Einschleichung; messe sie zu
einem urplötzlichen Zufall; dann so viel der Himmel
erhöhet ist von der Erden, so weit sind die Wege des
Herrn (wie der Prophet Isaias sagt) entfernet von
den unsrigen; das ist, die Urtheile Gottes von den
Urtheilen der Menschen. Viele Sachen scheinen uns
gerecht zu seyn, und sind in dem Urtheil des Herrn
unrecht; und hergegen, dasjenige, so wir oftmal für
gut ansehen, wird von Gott verworfen; derohalben
fehlen wir in unsern Urtheilen vielmal sehr gröblich,
wie aus folgender Geschicht zu sehen ist. In Vita
Maria de Victoria.

17. Nachdem die selige Jungfrau Maria de Victoria einen geistlichen Orden der Klosterjungfrauen ge-
stiftet, ist ihr zu Ohren gekommen, daß eine derselben
zumalen verzweifelnd, mit dem Tod ringete; nach er-
haltener dieser Zeitung hat sie sich hurtig aufgemacht,
der kranken Schwester zugeeilet, und hat einen ganz
erbärmlichen Zustand an derselben gefunden; dann was
der Priester und andere Umstehende ihr gutes und för-
derliches zugerufen, das hat sie dem Ansehen nach verworfen; man hat ihr das Bildniß des gekreuzigten
Jesu gezeiget; von diesem aber hat sie das Angesicht
abgewendet, und nicht anschauen wollen; man hat ihr
zugesprochen, sie möchte nur mit einem Kuß ihren Heiland erkennen; sie aber hat die Augen und Mund mit
großer Halsstarrigkeit versperret, und sogar, nicht ohne
Aergerniß der Beiwesenden, den unflätigen Rotz auf

das Bildniß des Gekreuzigten ausgespieen; dieserhalben
sind vielerlei Urtheil der Menschen über diese armselige
Schwester ergangen; einige haben vermeinet, sie sey
nicht bei Sinnen; andere haben dürfen sagen: sie würde
von den Stacheln und dem Wüthen des Gewissens getrieben; auch haben sich einige nicht gescheuet, darfür
zu halten, daß ob sie schon oft gebeichtet, dannoch ihre
Sünden niemalen aufrichtig der Gebühr nach offenbaret; sie habe ihren Haß und unzulässige Begierden in
der Beicht verschwiegen, damit sie für keusch und heilig
gehalten würde. Dahero geschehe es nun aus gerechtem Urtheil Gottes, daß sie in der letzten Stunde sich
nicht bedienen könne der heil. Sacramente, durch welche
sie bei Lebzeiten anstatt der Liebe und Gnade Gottes
desselben Zorn sich auf den Hals geladen habe, so sey
es ja nicht Wunder, daß sie jetzt zumalen keine Hoffnung habe, indem sie mit den göttlichen Dingen spöttlich umgegangen sey; unter allen Anwesenden hat niemand diese gotteslästerliche Verzweiflung dergestalt beherziget, als eben die obgemeldte heiligmäßige Jungfrau
Maria de Victoria; diese ist in Betrachtung der göttlichen Allmacht und Gütigkeit dem Bette mehr zugenahet, in Hoffnung, durch das inbrünstige Gebet der
Kranken die Hülfe Gottes zu erretten; hat auch nicht
nachgelassen, bis sie gesehen, daß die bettlägerige Schwester zu vorigem Verstand gelanget, und von der vermeinten Unsinnigkeit befreiet worden; weilen sie nun
in diesem unerträglichen Stand von ihrer oft gedachten
geistlichen Mutter gefragt, warum sie von dem Urheber
alles Heils, und von dessen gekreuzigten Bildniß ein
wenig vorhero so grosses Abscheuen gezeigt? hat sie

geantwortet, daß sie im geringsten nicht Christum, oder
sein Bildniß, sondern den leidigen Satan sothänermas-
ßen gefasset und verspieen häbe, weilen er sich in einer
erschrecklichen Gestalt gezeigt, und allemal zwischen das
Kreuz und ihrer Person sich gestellet, und sie mit aller
Gewalt nöthigen wollen, ihn an Platz des gekreuzigten
Jesu zu küssen; und da ich, sagt die Kranke, solchem
teuflischen Befehl nicht gehorchen wollen, häb ich ihm
ins Angesicht gespieen, und der unsaubern Versuchung
mich widersetzet, bis ich endlich durch das Gebet meiner
Mutter Victoriä von dem höllischen Feind bin glücklich
verlassen worden.

18. Siehest du, meine christliche Seele! wie grob
diejenigen gefehlet haben, welche dieses unschuldige
Mägdlein und andächtige Braut Christi, als eine große
Sünderin gerichtet haben? sollen wir derhalben nicht
billig behutsam seyn, und der heilsamen Lehre des Apostels nachzuleben uns befleißen, der da spricht: Richtet
nicht vor der Zeit, bis der komme, der auch an das
Licht bringen wird, was in der Finsterniß verborgen ist,
und wird die Rathschläge der Herzen offenbaren: Damit du aber diesen schädlichen Fehler noch besser erkennest, so schlage nun auch die Augen deines Gemüths
auf folgendes Exempel. Stengel. tom. 3. de judic.
Divin. c. 75. n. 1. Nicht weit von dem uralten
Städtlein Vauburg hat in einer Bauerenhütte ein alter
Ackermann gewohnet, welcher nach Ableben seines Weibs
und Kindern die Zeit mit Beten und andern guten
Werken also zugebracht, daß ihn alle, so ihn gekennet,
den frommen Bauren genennet haben. Dieser ist alle
Sonntage zu vorgemeldter Stadt gekommen, um dem

Gottesdienst beizuwohnen, und hat nach deſſen Vollen=
dung aus Armuth von Thür zu Thür ein Allmoſen ge=
ſammlet, die ihm dann von den Einwohnern ſo frei=
gebig mitgetheilet worden, daß er damit die ganze
Woche durch ſich wohl erhalten können; unterdeſſen ha=
ben zween Mörder in Anſehung der freigebigen Allmo=
ſen ſich eingebildet, der Bauer müſſe einen heimlichen
Geldſchatz verſammlet haben; derohalben ſie bei der
Nacht das Hüttlein angefallen, den armen Alten ergrif=
fen, und ihm den Tod gedrohet haben, wann er nicht
alſobald das verſammlete Geld heraus geben würde,
dieweilen er aber darauf beſtanden, daß er weder Gold
noch Silber, weder einiges Geld beſitze; haben ihn die
obgemeldten Mörder zu Boden, und einen Strick um
den Hals geworfen, und alſo jämmerlich erwürget, und
ob ſie ſchon an allen Orten das vermeinte Geld ge=
ſuchet, haben ſie doch nichts gefunden; dahero haben
ſie zu Bedeckung dieſer grauſamen That, und zu Ver=
hütung alles Argwohns den Leib des erdroſſelten Alten
an einen Balken angehenkt, damit ein jeder deſto füg=
licher urtheilen könnte, daß dieſer unglückſelige Menſch
ſich ſelbſten entleibet habe; die Mörder aber, nachdem
ſie die Thüre wohl verſchloſſen, haben die Flucht ge=
nommen; bei ſo geſtalten Sachen iſt alles bis auf den
folgenden Sonntag geheim geblieben, da dann bei den
Vauburgiſchen Inwohnern der fromme Bauer geman=
gelt; derhalben ſie geargwohnet, er müſſe krank ſeyn;
dem ſie dann einige mit Allmoſen und ſonſt anderer
guter Labung zugeſchickt, um den Kranken zu beſuchen,
und zu erquicken; nachdem aber die Diener das Hütt=
lein verſperret gefunden, und auch kein Zeichen von

dem Inwohner gehöret, haben sie ihrer Herrschaft be=
deutet, daß der Alte nicht zugegen sey; und würde
vielleicht nach seinem löblichen Gebrauch einer Pilger=
fahrt oder sonst andern Andacht beiwohnen. Man hat
aber inzwischen wahrgenommen, daß er wider seine
Gewohnheit gar zu langsam erscheine, und dieserwegen
geargwohnet, ob der arme Mensch in Verzweiflung ge=
rathen, und sich selbst möchte entleibt haben. Man hat
die Thüre mit Gewalt geöffnet, und den Bauren an
einem Balken hangend gefunden; dieses erbärmliche
Spectacul ist alsobald dem Magistrat zu Vauburg hin=
terbracht worden, welcher dann den entleibten Bauren
zu lösen, und als einen Selbstmörder unter den Gal=
gen zu begraben befohlen hat; dahero die von dem
Alten vorhin gehabte gute Meinung bei jedermann bald
verschwunden, und hat man ihn als einen Gleißner
und Betrüger allenthalben geurtheilet; es hat aber der
allerhöchste Richter und Schöpfer aller Dingen nicht
wollen zulassen, daß dieser unschuldige Bauer mit sol=
chem bösen Geschrei lang sollte getadelt werden; der=
halben hat er dessen Heiligkeit alsbald auf folgende
Weise kund gemacht: dieweilen der gewöhnliche Jahr=
markt zu Vauburg bald herangekommen, zu dem ge=
meiniglich eine sehr häufige Menge Volks sich einfinden
ließ, sind auch Lahme, Blinde und Aussätzige nicht an=
ders als die Gesunde zu diesem Markt hineingelaufen;
unter diesen hat ein Blinder, so von einem andern bei
der Hand geführet worden, da er den Galgen, allwo
des unschuldigen Bauren Leichnam begraben gelegen,
gähling die Augen geöffnet, und hat mit großer Ver=
wunderung den Himmel und die Erde angeschauet

Diesem ist zur selbigen Zeit gefolget einer, so mit hölzer=
nen Füssen versehen; an selbigem Ort aber ganz gerad
worden, die Krücken hinweggeworfen, für grosser Freude
zu laufen und zu springen angefangen. Endlich ist
auch hinzugekommen ein Aussätziger, so auch an ge=
meldtem Ort wider alle Hoffnung von seiner abscheu=
lichen Krankheit genesen ist. Da diese seltsamen Curen
nun in der Stadt ruchbar worden, haben die Einwoh=
ner zu gedenken angefangen, ob vielleicht der oftgedachte
Bauer unverdientermaßen auf diesen unehrlichen Platz
begraben sey; mittlerweil hat sich zugetragen, daß die=
jenigen Böswichte, von denen der Bauer in seinem
Hüttlein war ums Leben gebracht, wegen einer andern
Uebelthat zu Vauburg in Haft genommen worden, und,
da sie von dem Hüter des Kerkers vernommen, was
sich mit dem Blinden, Lahmen und Aussätzigen zugetra=
gen, haben selbige ob diesen Wunderwerken sich entsetzt,
und dem Rath zu Vauburg bekennet und erzählet, was
maßen und Ursachen sie den armen Alten getödtet;
auch haben sie ausgesagt, daß ohne allen Zweifel durch
Fürbitte desselben den Presthaften unter dem Gericht
sey geholfen worden, damit die Mordthat des unschul=
digen Menschen durch die Hand Gottes offenbart werde.
Der gesammte Rath hat solches dem Bischof zu Regens=
burg angekündigt, welcher mit seiner Clerisei und gro=
ßem Zulauf des Volks alsobald zu mehr gemeldtem
Ort gekommen, den Leib ausgegraben, und auf seinen
und der seinigen Achseln nach Vauburg getragen, allwo
dieser fromme, und vor den Menschen verächtliche
Bauer mit vielen Wunderzeichen von Gott zum Heil
der Menschen geehret worden, die Mörder aber haben

dieses und andrer Uebelthaten halber ihren verdienten Lohn empfangen.

19. Aus diesem kannst du, mein geneigter Leser, handgreiflich erkennen, daß alle von dem irrigen Urtheil des Menschen obangezogene Reden in der unfehlbaren Wahrheit gegründet seyn; wurde nicht dieser arme Bettler für einen Uebelthäter und Gleißner gehalten, durch den doch die göttliche Majestät so viele ansehnliche Wunder gewirket hat? ist dann das menschliche Urtheil so betrüglich, so ist ja billig und höchst nöthig, daß wir diesem Betrug zu entgehen uns befleissen, und sonderbar beherzigen den großen Nutzen, den wir ob diesem Sieg zu empfangen haben; und die göttliche Gütigkeit durch unzählbare Beispiel uns überflüssig vor Augen stellet, deren wir Kürze halber nur folgendes aus dem Athanasia, Bischof zu Antiochia, erzählen: daß nämlich zu seiner Zeit einer unter den Ordensgeistlichen nach übel und müssig zugebrachtem nachlässigen Leben tödlich erkranket sey, und habe wider alle Meinung der Anwesenden, und Gewohnheit der Sterbenden in seinem Todbett eine große Freude seines Herzens bezeuget; darüber dann billig seiner Mitbrüder einige mit Verwunderung gefraget, woher ihm solche Fröhlichkeit entstanden, daß er den Tod allein nicht fürchte, sondern denselben noch auslache und verspotte: man hat ihn bestermaßen seiner im geistlichen Stand gepflegten Lauigkeit und Nachlässigkeit erinnert; so wäre ja wohl zu verwundern, daß er an Platz der heilsamen Traurigkeit, so ungewöhnliche Zufriedenheit und Sicherheit des Gemüths erzeige. Der Sterbende hat diese seine Mitbrüder wohlmeinende Fragstück auf folgende

**

Weise beantwortet: Ich gestehe gern, meine liebe Mit=
brüder, daß es also sey, wie ihr saget: ich habe ein
sehr nachläßiges Leben geführet; es sind aber zu dieser
Stunde die Engel Gottes zu mir gekommen, und ha=
ben mir ein Verzeichniß meiner Sünden gebracht, und
nachdem sie alle meine in dem geistlichen Stand ver=
übte Missethaten mir vorgelesen, haben sie mich gefragt,
ob ich mich deren schuldig erkenne? worauf ich geant=
wortet: ja freilich bekenne ich, daß ich durch selbige das
höchste Gut beleidiget habe! dieses aber erfreuet mich,
daß ich von Zeit meines angefangenen Berufs bis auf
gegenwärtige Stunde niemand geurtheilet, und des mir
von andern zugefügten Unrechts niemalen gedacht habe,
derhalben wünsche ich und bitte, daß mir die Worte
des Herrn mögen zugeeignet werden, die er gesprochen:
Richtet nicht, so werdet ihr nicht gerichtet werden.
Verzeihet, so wird euch verziehen werden. Nachdem
ich solches den Engeln gesagt habe, ist das gemeldte
Verzeichniß von ihnen zerrissen worden, und ich reise
jetzt mit höchster Freude und Sicherheit zu dem Herrn.
Mit Endigung dieser Worte hat der geistliche Bruder
auch sein Leben geschlossen, und allen ein herrliches
und auferbauliches Exempel jener beiden Tugenden
hinterlassen.

20. Verzeihe mir nun, meine christliche Seele,
daß ich dich frage: wem hat die unendliche Gütigkeit
Gottes dieses Beispiel zum besten dergestalt offenbaren,
und in so vielen Jahren auch durch öffentlichen Druck
verkündigen wollen? ist das nicht dir und mir, und
fort allen, so dieses hören, zum großen Vortheil ge=
schehen? verlangest du mit diesem glücklichen Geistlichen

dem göttlichen Urtheil zu entfliehen, und den Tod mit
innerlicher Freude des Herzens zu erwarten, so folge
nach den zwei herrlichen Tugenden dieses Geistlichen:
und damit du solches füglicher und bequemlicher ins
Werk richten mögest, so lasse dir sonderbar angelegen
seyn diese zwei üblichen Lehrstücke, deren erstes dir an
die Hand gibt ein sicherer gottseliger Mann mit fol=
genden Worten: Du sollst am allerfleißigsten, nicht
anders als wie für die allergrößte Sünde dich hüten,
daß du keineswegs andere richtest, sondern alles was
sie immer thun und reden, das lege du zum besten aus,
und trage Sorge bei dir selbsten, wie du sie vertheidi=
gen mögest, nicht anders, als wann du derselben Ad=
vocat und Fürsprecher wärest. Kannst du solches aber
nicht thun, dieweilen die Sache handgreiflich bös ist;
nichtsdestoweniger entschuldige sie, so viel möglich bei
dir selbst, und gib die Schuld entweder der schädlichen
Last des Geblüts, oder dem heftigen Anfall der Ver=
suchungen, oder dem Betrug der Welt und Bosheit des
leidigen Satans, oder andern dergleichen Verführun=
gen; und wende du dein Gemüth ab von den Gedan=
ken derjenigen Sünden. Das andere Lehrstück hast du
dir zu erwerben aus den Worten deines Heilands selb=
sten, kraft deren er die heil. Catharina von Senis un=
terrichtet. Auf daß du zu der Vereinigung und Rei=
nigkeit gelangen mögest, ist nöthig, daß du keine Sache
richtest, welche du siehest, daß sie von anderen entweder
gegen dich selbsten, oder gegen Fremde geschieht oder
geredet wird. Und wann du würdest sehen eine aus=
drückliche Sünde, so kannst du aus diesen Dörnen eine
wohlriechende Rose herausziehen, wann du solche Sün=

der von mir durch ein wahres und christliches Mitlei=
den aufopferest; solchergestalt wirst du die völlkommene
Reinigkeit erreichen. Sind das nicht ansehnliche und
stattliche Verheissungen? und was ist doch leichter zu
thun, als daß der Mensch, so oft er seinen Nächsten
sündigen siehet oder höret, sich zu Gott wende, und
mit einem mitleidigen Herzen sage: O mein süssester
Jesu, siehe, mein Nebenmensch hat dieses oder jenes
Uebel begangen, ob selbiges deinen göttlichen Augen
auch so bös scheine, als mir es vorkommet, das weis
ich zumalen nicht; dem sey, wie ihm wolle, ich will die=
ses nicht urtheilen; sondern dich, meinen barmherzigen
Gott und Herrn bitte ich, wann vielleicht mein Näch=
ster durch diese oder jene That deine unendliche Gü=
tigkeit erzürnet hat, du wollest seiner verschonen, ihm
genugsame Gnade zur Besserung verleihen, und von
deinem allerheiligsten Angesicht dessenthalben nicht ver=
werfen: sintemal ich dir zur Ersetzung dieses Mangels
aufopfere das kostbare Blut deines allerliebsten Sohns
Jesu Christi, sammt dessen unendlichen Liebe und Sanft=
müthigkeit, mit denen er uns geduldet. Du weißt auch,
mein Herr und Gott, aus dem Bösen Gutes hervor=
zubringen; derhalben bitte ich dich abermal, du wollest
diese Missethat zu deiner größern Glorie und Herr=
lichkeit, und des sündigen Menschen mehrerer Demuth
gereichen lassen. Schließlich ist auch, o Herr, mein
inbrünstiges Begehren, behüte doch die Augen derjeni=
gen, so dieses anschauen, und die Ohren, die solches
hören, damit sie nicht geärgert werden; binde ihnen
die Zunge, die Hände rc., damit sie mit sothaner

Sünde dich nicht beleidigen. Wann du dieser Lehre
solcher oder anderer Gestalt emsig nachzuleben trachten
wirst, so kannst du dich versichern, daß du nicht allein
aus deines Nächsten Fall keine Strafmäßigkeit zu ge=
warten habest, sondern auch darzu einen sehr großen
Schatz der Verdiensten zum Trost deiner armen Seelen
versammlen werdest.

Die zehente

geistliche Lection

von der

Verläumdung oder Ehrabschneidung.

———

Remove a te os pravum, et labia detrahen-
tium sint procul a te. Prov. 4. 24.

Ein böses Maul thue von dir hinweg, und laster=
haftige Lippen laß weit von dir.

Der erste Theil.

1. Außer allem Zweifel ist, daß die Verläumbung
oder das Ehrabschneiden von dem frevenlichen Urtheil
herrühre; und weilen dieselbe für eine Hauptfeindin der
brüderlichen und schwesterlichen Liebe gehalten wird, als
haben wir für rathsam befunden, dieselbe kürzlich zu
entwerfen; von dero dieser Worten sich gebrauchet der
gelehrte Drexelius. In Phaet n. 15. Die Verläum=
dung oder Ehrabschneidung ist eine unrechtfertige Be=
schmitzung des guten Namens seines Nächsten. Der
heil. Antonius, ein Einsiedler, und vieler derselben Va=
ter, da er gefragt wurde, was die Ehrabschneidung
für ein Laster sey, hat er geantwortet: alle boshaften

Reden, so man in Gegenwart dessen, von wem man redet, nicht darf hervorbringen, sind eine Ehrabschneidung. Pallad. c. 19. n. 15. Den Schaden aber, so dieses Laster mit sich führet, beschreibt der heil. Bernardus mit diesen Worten: Ist nicht die Zunge des Verläumders eine Natterschlange? fürwahr ein sehr wildes und grausames Thier, das da mit einem Athem drei tödtet. Ist nicht diese Zunge eine sehr scharfe Lanze, welche mit einem Stich drei auf einmal durchrennet? ihre Zunge, sagt er, ist ein scharfes Schwert; ja sie ist ein zwei= und auch ein dreispitziger Degen. Weiters sagt er, daß sie grausamer sey, als das Speer; spitziger ist als die Dörnen und Nägel, mit denen unser Heiland ans Kreuz geheftet worden; dieweilen der Verdammte sich selbsten tödtet; auch tödtet er denjenigen, der das Ehrabschneiden ohne Widerspruch anhöret; und drittens tödtet er denjenigen, den er verläumdet oder verkleinert. Dieses Schwert aber führen die Ehrenschänder gemeiniglich in ihrem Mund; nämlich daß sie sagen: ich muß gestehen, dieser Mensch ist gut, dieser oder jener hat keinen Mangel an sich, er ist zu diesem oder jenem Amt sehr tauglich und geschickt, wann er nur das oder dieses Laster, dieses oder jenes Uebel nicht an sich hätte. Dahero das gemeine Sprüchwort der Lateiner, in teutsche Reim versetzt, also klinget:

> Wann nicht wär das Böse, wann nicht;
> Ein jeder wär sehr ehrlich:
> Viele seynd derhalben dann nicht,
> Denen, wann nicht, nicht gefährlich.

Wann dieser oder jener Mensch diesen Fehler nicht hätte, so wäre er gut, sagt der Verläumber: und ich

sage, daß derhalben dann nicht viele seyn, von denen
man nicht sage: wann er diese oder jene Untugend nicht
hätte, so wäre er gut; schier allen Menschen, ja viel=
mal den Besten ist dieses, wann nicht, an ihrem guten
Namen schädlich, und wird dardurch derselben Ehr in
Gefahr der schändlichen Verläumbung. Derhalben le=
sen wir im Buch Exod. C. 8, 16, daß Gott dem Mosi
befohlen: Sage deinem Bruder Aaron, streck deine
Ruthe aus, und schlage den Staub der Erden, und es
sollen Wandläuse seyn in ganz Egyptenland. Ueber
diese Worte des Herrn spricht also der gelehrte Stepha=
nus Edensis: Die Wandläuse sind kleine, aber unruhige
und scharfstechende Thierlein; diese Wandläuse aber
sind die ehrabschneidenden Reden; und diese werden
sein an den Menschen und am Vieh, in allen Orten,
Ständen und Geschlechten; bei Jung uud Alt, unter
Reichen und Armen, bei Herrn und Knechten wird die=
ses Uebel sehr erbärmlich hausen. Viele sind, die aus
Schamhaftigkeit ihren Nebenmenschen ins Angesicht nicht
schmähen; wenig aber, ja sogar kaum einige werden
gefunden, so die Ehre ihres Nächsten mit unbedachtsa=
men Reden nicht beschmitzen. Mit diesem stimmt ein
der heil. Paulus, und sagt: gar wenig sind, welche
dieses Laster nicht an sich haben; und es werden selten
einige gefunden, die so unstrafbar leben, daß sie den
Handel und Wandel ihres Nächsten nicht tadlen: man
siehet dieses Uebel in den Herzen der Menschen derge=
stalt den Meister spielen, daß auch diejenigen, so an=
dern Lastern nunmehr völlig den Rücken gekehret; von
diesem gleichwohl noch gefangen, und an ihr äußerstes
Verderben gebunden werden.

2. Wann nun die Verläumbung nach Meinung dieses heil. Vaters, bei den guten so gemein ist, daß sie dieserhalben der Gefahr ihrer Seligkeit sich unterwerfen; soll man dann nicht billig suchen dieses Unkraut auszurupfen? gestalt die Verläumder neben andern Uebeln, so ihnen zustoßen, von einigen heil. Vätern auch den Schweinen verglichen werden, die nicht so sehr die Blumen, als eben den Mist und andern Unflat des Gartens lieben, und in selbigem sich wälzen; gleichermaßen pflegen die Ehrabschneider die gute und tugendsame Werke mit solchem Frohlocken nicht hervorzubringen, als eben sie die Mängel und Verbrechen ihres Nächsten, zu dessen guten Namens Verringerung, bei andern zu erzählen sich befleissen. Weiters vergleicht der heil. Vater Augustinus L. 12. contra Faust. einen Verläumber dem Raben, welcher aus der Archen Noe ist gelassen worden, und nicht wieder kömmen, weilen er den todten Leibern und auf dem Wasser schwimmenden Aasen sich zugesellet hat. Einen guten und aufrichtigen Menschen aber verstehet er durch die Taube, so den grünen Zweig eines ehrbaren Lobs im Mund zurückgebracht. Wiederum ein anderer vermeinet, dieses Laster sey ähnlich dem Schweif des Apocalyptischen Drachen, so der heil. Johannes in seiner Offenbarung gesehen, daß er mit selbigem den dritten Theil der Sternen aus dem Himmel gezogen March. in hort. Past. tr. 4. lect. 17. solcher Weise wird auch die Verläumbung den meisten Theil der Menschen in den Abgrund der Höllen versenken: zu Verhütung sothanen Unheils ermahnet der weise Salomon uns treulich, da er spricht: Ein böses Maul thue von dir hinweg, und

lasterhafte Lippen laß weit von dir seyn. Prov. 4.
v. 24.

3. Hätte doch diesen kurzen Spruch wohl beherzi=
get, und im Werk erfüllet jener Geistliche in Engelland,
so wäre selbiger seinem ewigen Verderben ohne Zweifel
also jämmerlich nicht in den Schlund gefahren, die=
weilen er aber, wie Drexelius meldet, dem äußerlichen
Ansehen nach, nicht aber den Sitten gemäß, ein Geist=
licher, aller, sowohl seiner Brüder als auch anderer
Ehre und guten Namen immer zu verdunkeln und zu
verkleinern sich nicht gescheuet hat; und inmittelst. durch
eine gefährliche Krankheit zum Ende seines Lebens
gerathen, ist er von den umstehenden Priestern brüder=
lich ermahnet worden zu gedenken, daß er nunmehro in
kurzem den Weg der Ewigkeit zu wandern genöthiget
werde, derhalben solle er sich mit einem sichern Reise=
pfennig, nämlich den heil. Sacramenten versehen las=
sen; ist er nach gegebenem so heilsamen Rath ganz
verharret worden, und hat mit zumaliger Verzweiflung
geantwortet: schweiget nur still, mein Heil ist verscher=
zet, eure Ermahnungen können mir weiters nicht hel=
fen, da dieses die Umstehenden gehört, haben sie den
verzweifelnden Menschen mehr als vorhin zu bitten sich
unterstanden, er wolle doch an die Barmherzigkeit sei=
nes Erlösers gedenken, auf selbigen seinen Hoffnungs=
anker werfen, und sich versichern, daß Gott auch nach
einem einzigen herzlichen Seufzer ihn in seine vorige
Gnade aufzunehmen bereit sey. Sie haben, mit einem
Wort zu sagen, diesen mißtrauenden Sünder in der
Hoffnung zu bestätigen, keine Mittel unterlassen; aber,
leider Gottes! alles umsonst; der Sterbende hat seine

Zunge herausgestreckt, mit dem Finger auf selbige gedeutet, und gesagt: diese boshafte Zunge stürzet mich
in die ewige Verdammniß; nach diesen Worten ist alsbald die ehrrührische Zunge dergestalt aufgeschwollen,
daß er sie nicht mehr hat können zurückziehen; also ist
dieser armselige Mensch, der Gnaden Gottes beraubet,
gestorben, und hat uns sämmtlichen ein grausames Beispiel hinterlassen, auf daß wir durch dessen Schaden
witzig, und also von diesem so großen Laster der Verläumbung befreiet werden möchten. Dann der seinen
Mund verwahret und seine Zunge, der verhütet, daß
seine Seele nicht in Angst komme. - Prov. 21. V. 23.

4. Gleichwie dann keiner wird gefunden werden,
der nicht ein billiges Abscheuen von der bittern Gesellschaft dieser verfluchten Seelen in der Höllen trage;
also fliehe nun auch ein jeder das Ehrabschneiden; damit er unter die Zahl dieses und anderer Verläumder,
als ein Mitgesell nicht gezählet werde auf Erden. Nehme
wahr meine christliche Seele, die Lehr und Exempel
deines Heilands, welchen der hohe Priester gefragt,
von seinen Jüngern und von seiner Lehr; hat aber
keine andere Antwort bekommen, als diese: Ich hab
öffentlich vor der Welt geredet, und hab nichts im
Verborgenen geredet: was fragest du mich? frage diejenige, die gehört haben, was ich zu ihnen geredet hab,
von seinen Jüngern aber hat er nichts geantwortet,
dieweil er zur selben Zeit noch wenig gutes und löbliches von ihnen erfahren; dann einer hatte ihn verrathen, der andere verläugnet, und die übrigen waren
von ihrem Herrn flüchtig worden. Diese ist gewesen
die Ursach des Stillschweigens. Hieraus lerne die

8*

Sünden deines Nächsten zu verbergen, und wann du
nichts Gutes hast von ihm zu reden, so schweige auch
das Böse, so dir vielleicht bekannt ist. Dieses hat der
heilige Vater Augustinus nicht allein allezeit nach seiner Bekehrung selbst unsträflich gehalten, sondern andere
zur Verschonung der Ehren ihres Nebenmenschen unaufhörlich angetrieben, und damit er seine Gäste von
überflüssigen und schädlichen Reden und Verläumdungen
abhalten möchte, hat er oberhalb des Tisches diesen
Vers schreiben lassen:

> Den die Bosheit wird verleiten,
> Seinen Nächsten zu verläumden,
> Deme soll zu allen Zeiten
> Dieser Tisch verboten seyn.

Allen Fleiß hat dieser heil. Vater angewendet, daß
der obgesetzte Spruch bestermaßen gehalten würde; sogar, daß er auch einsmals einigen Bischofen, wiewohl
seinen sehr geheimen Freunden, dieweilen sie von andern übel geredet, an öffentlicher Tafel mit diesen
Worten zugesprochen: entweder wir müssen den oben
dieser Tafel geschriebenen Befehl vernichtigen, oder wir
müssen von hinnen gehen. Imgleichen hat der heilige
Johannes Eleemosynarius verboten, auch diejenigen zu
urtheilen, so da öffentlich sündigten; dann sagt er, es
kann seyn, daß sie ihren Fehler durch die Bußfertigkeit
schon erkennet haben; Faber in Conc. 6. Dom. 6. post
Pent. und deswegen ist es eine ungerechte Sache, daß
der Mensch dasjenige muthwilliger Weise urtheile, und
durch die Zähne ziehe, was von Gott selbsten schon
verziehen ist.

5. Wie viel aber dergleichen Sünder, so von Gott

ihres Verbrechens Nachlaffung wirklich erhalten, wer=
ben dannoch frevenlicher Weise von uns gerichtet, als
wann sie diese ihre Missethaten im geringsten nicht be=
weinet, noch gebessert hätten! Ein jeder schaue fleißig
zu, daß ihm nicht widerfahre, was jener Weltgeistliche
von ihm selbsten nach seinem Tod bezeuget hat: In
specul. Exempl. dieser hat in seinen Lebzeiten keine
Gelegenheit, den Nächsten zu lästern versäumet; der=
halben ist er seinem Gesellen versprochenermaßen in ei=
ner so erschrecklichen Gestalt mit Feuer umgeben er=
schienen, daß dieser aus Furcht und Gräuel zur Er=
den gefallen; der dann nachmals wiederum zu Kräften
kommen, sich erkühnet und gefragt: wo ihm sein Loos
wäre hingefallen, in das Fegfeuer, oder in die Hölle?
in Ewigkeit, antwortet der Geist, in Ewigkeit, ach!
in Ewigkeit bin ich durch das gerechte Urtheil Gottes
verdammet, weilen allen, denen ich die Ehre jemalen
abgeschnitten, sind erschienen, da ich vor dem Richter
um Rechenschaft zu geben, gestanden, und haben mich
gröblich angeklaget; derhalben ist die Sentenz der ewi=
gen Verdammniß über mich ergangen. Daß aber die
göttliche Gerechtigkeit mit den Verläumbern so scharf
verfahre, ist nicht zu verwundern, sintemal dieselbe nach
Zeugniß des heiligen Apostels Röm. 1. sind Feinde
Gottes; auch hat diese Wahrheit genugsam erkennet
der königliche Prophet David, derowegen gibt er zu
verstehen, wie sehr ihm dieses Laster zuwider gewesen:
Der seinen Nächsten heimlich verläumdet, den hab ich
verfolget, Psalm 100, B. 5., von dieser so gemeinen
Sünde hat gleichwohl der gottselige Kaiser Constanti=
nus der Große ein solches Abscheuen gehabt, daß von

ihm diese Worte öfter sind gehört worden: wann ich
mit meinen Augen sehen würde, daß ein Bischof mit
einem vermählten Weib eine Blutschande beginge, so
wollte ich diese schändliche That mit meinem kaiserlichen
Feldzeichen bedecken, damit diejenigen, so dieses schaue-
ten, keineswegs verletzet würden: Baron. tom. 3. An. 325
wann ein solcher Herr und Monarch der Welt so sehr
die Ehre seines Nächsten eifert, was sollen wir dann
nicht thun, den guten Namen unseres Nebenmenschen
zu erhalten? Lasset uns fliehen, so weit wir können, vor
dieser Pest; lasset uns messen, wie wir wollen, daß uns
gemessen werde; und wann wir begehren, daß Gott
unsere Sünden bedecke, und gar vernichtige, so lasset
uns auch schweigen, und verbergen die Mängel unserer
Brüder und Schwestern.

6. Auf daß du mich aber, meine christliche Seele,
recht verstehest, so gib Achtung, daß du aus folgender
Lehre abnehmen könnest, wann es zugelassen, und auch
nothwendig sey, von eines andern Sünde zu reden.
So sage ich dann, daß in zweien Zufällen oder Begebenheiten könne und möge ohne Gefahr der Verläumdung oder Ehrabschneidung von des Nächsten Sünde
bei andern Meldung geschehen. Erstlich, wann die
Sünde allbereits gemein und andern ist kundbar worden, also daß man bei allen davon reden höret: Zweitens, wann man die Sünde demjenigen offenbaret, der
dieselbe zu strafen Gewalt hat, und dem sündigen Menschen helfen kann. Diese Offenbarung zu thun sind
wir oftmalen schuldig, wie der heil. Thomas lehret;
damit die verborgene Wunde und Geschwär nicht fäu-
lig werde. Im übrigen ist es auch wohl zu merken,

daß es nicht allein bös und Gott mißfällig sey, wann
man seinem Nächsten die Ehre und guten Namen verkleinert; sondern auch wann man den Verläumder anhöret: derhalben sagt der hl. Bernardus: Lib. 2. de
consid. Was unter diesen beiden das ärgste sey, das
Ehrabschneiden, oder den Ehrabschneider anhören: darüber stehe ich in Zweifel: So muß man dann auch die
Gesellschaft der Verläumder heftig meiden; von denen der
jetzt gemeldte Kirchenlehrer abermal Serm. 24. in Cant.
also redet: Meine Seele soll nicht kommen in den
Rath der Verläumder, dieweilen sie Gott hasset, wie
der Apostel schreibet: die Verläumder sind Feinde Gottes. Und weilen der hl. Vater Hieronimus den schändlichen Athem dieses Lasters vermerket, hat er seine un-
terhabene Geistliche mit diesen treuherzigen Worten ermahnet: Wann ihr einen Verläumder höret übel reden von seinem Nächsten, denselben sollt ihr fliehen
wie ein Schlange, damit er also beschämet werde und
lerne von seines Nebenmenschen Thun und Lassen fortan zu schweigen. In regula mon. c. 22. wann aber
einer den Verläumder mit Geduld gern anhöret, so
reichet derselbe solchem Ehrabschneider das Feuergezeug,
und bereitet den Zunder; dieser aber schlagt das Feuer
hinaus. Wird er aber sothanem Bösewicht mit einem
Widerwillen und betrübtem Angesicht zuhören; alsdann
kann man sich Hoffnung machen, daß er mit gewöhnlichem Frohlocken hinführo werde sagen, was er vermerket hat, daß er mit einem Abscheuen ist angehöret
worden. Wann wir diesem nicht nachleben; so werden wir von der grausamen Sünde des Ehrabschnei-
dens nicht befreit seyn: dann gleichwie nicht allein derjenige

Uebel thut, so das Haus seines Nächsten anzündet, sondern auch, der zu Beschauung das Wasser zu reichen vernachlässiget: also ist nicht allein die Verläumder, sondern auch der geneigte Zuhörer der Schuld und Strafe verfallen, wie solches der heilige Thomas mit diesen Worten bekräftiget: Welcher die Verläumdung anhöret, und derselben nicht widerspricht, von dem ist zu muthmaßen, daß er dem Verläumder beistimme: derhalben wird er auch derselben Sünde theilhaftig.

7. Hast du verstanden, meine christliche Seele! wie gefährlich es sey, den Verläumdern zuzuhören? so hüte dich für ihnen, und folge nach dem Ulyssen, von dem Homerus erzählet, daß er sehr behutsam gewesen sey, und den Betrug und Arglist der Sirenen oder Meerwundern wohl gewußt, die mit ihrem lieblichen Gesang die Menschen zum Schlafen bewegen, und sie alsdann pflegen ins Meer zu stürzen. Damit nun der obgemeldte Ulysses mit den Seinigen dieser Gefahr entgehen, und auf dem Meer sicherlich schiffen könnte; hat er allen seinen Schiffleuten die Ohren mit Wachs verstopfen, und sich an den Mastbaum binden lassen; und ist an selbigem so lang geheftet blieben, bis der annehmliche Gesang der Sirenen, durch immerwährendes Fortsegeln nicht mehr hat können gehört werden. Willst du nun auf diesem ungestümen Meer der Welt von dem liebreichen Gesang der Sirenen, ich sage von dem sanften und betrüglichen Sausen der Verläumder nicht betrogen werden, und in den Schlaf der Sünde fallen; so versperre deine Ohren mit dem vorsichtigen Ulysse, nicht aber mit Wachs, sondern mit Dörnen, wie dich und mich der weise Mann lehret c. 28. 28. Verzäune deine Ohren

mit Dörnen, und höre nicht, was eine böse Zunge redet: mache Thüren und Schlösser an deinen Mund und Ohren. Er befiehlt nicht den Zaun aus Blumen; als Rosen u. dgl., sondern aus Disteln und Dörnen zu machen, wann wir den Uebelnachredenden den Eingang versperren wollen. Der Zäune gebraucht man sich, um die Aecker damit gegen die wilde Thiere, und um die Gärten gegen die Diebe zu beschützen: die Dörnen dienen um die Ohren wider die Verläumder, so nicht füglicher können abgehalten werden, als wann man ihnen ein scharfes und ernstliches Gesicht zeiget, und sie ermahnet des übel Nachredens sich zu enthalten. Sollte es aber solches zu thun aus billigen Ursachen nicht rathsam seyn; so muß man sich solcher Gesellschaft, so viel möglich ist, entziehen oder von den verläumberischen Reden zu andern bessern und ehrbaren Gesprächen zuschreiten sich unterstehen, dann gleich wie man einem wüthenden Stier einen Mantel oder desgleichen Decke überwirft, damit man demselben desto besser entgehen kann, indem er mit solchem Mantel zu schaffen hat, also müssen wir zur Errettung dessen, der verkleinert wird, andere Reden vorbringen. Dieses hat mit unsterblichem Ruhm beobachtet der englische Kanzler Thomas Morus; dann da er vermerkte, daß einige mit ihrer Sense in die Ehre ihres Nächsten hinein hieben; suchte er alsobald von andern Dingen zu reden, und sagte: es mag ein jeder vermeinen und sagen was er wolle; ich halte es dafür, daß dieses Haus wohl erbauet sey, und einen guten Baumeister gehabt habe. Lerne nun aus diesem, meine christliebende Seele! wie nöthig es sey zur Seligkeit, daß man diese beide Uebel verhüte, und nehme vorlieb dasjenige, was zu deinem Heil von diesem schädlichen Laster bishero gesagt worden.

geiſtliche Lection
von der Demuth.

—

Discite a me, quia mitis sum et humilis
corde.

Lernet von mir, denn ich bin ſanftmüthig
und demüthig von Herzen. Matth. 11.
v. 29.

Der erſte Theil.

1. Gleich wie ein Gebäu ohne Grundveſte nicht be=
ſtehen kann, alſo wird an dem herrlichen Bau der Tu=
genden, ohne die Demuth vergeblich gearbeitet; der=
geſtalt, daß auch eine jede Tugend verdächtig gehalten
werde, ſo mit der Demuth nicht verſehen iſt. So iſt
dann dieſe Tugend ſo nothwendig, daß ſie ohne andere
ſeyn kann, ohne ſie aber andere nicht beſtehen können;
dieweilen ſie iſt eine Erfüllung oder Erſetzung der an‐
dern, wie der gottſelige Rodericus beweiſet. Dahin
zielet auch der heilige Vater Auguſtinus Tr. 3. c. 39.
p. 2. mit dieſen Worten: Willſt du groß ſeyn? ſo
fange vom niedrigſten an. Gedenkeſt du aufzurichten
einen Bau groſſer Höhe; ſo laß dir vorhin angelegen
ſeyn das Grundveſt der Demuth. Weiteres höre, meine

chriſtliche Seele! mit was vor Ehrentitel dieſe Tugend
von den heiligen Vätern benamſet werde. Einige nen=
nen die Demuth ein Fundament oder Grundveſt der
chriſtlichen Weisheit: andere eine Arznei der aufgebla=
ſenen oder hoffärtigen Menſchen, andere eine Schild=
wacht der Tugenden: andere den meiſtglänzenden Edel=
geſtein an dem herrlichen Kleid des hohen Prieſters.
Der heilige Baſilius taufet ſie den allerſicherſten Schatz
aller Tugenden. Der vorbenennte Rodericus bricht
alſo von dieſer Tugend los, und ſagt: gleich wie alle
Sternen in Ankunft der Sonnen ihren Schein verlie=
ren; alſo werden alle andere Tugenden verdunklet,
nachdem die Demuth in das menſchliche Herz iſt einge=
treten. Und abermal, gleich wie eine Blume von der
Wurzel lebet, und ohne ſelbige verdörret: alſo müſſen
alle Tugenden, wann ſie durch die Wurzel der Demuth
nicht erhalten werden, alsbald verwelken. Schließlich
kann die Demuth unter allen Tugenden die niedrigſte
und höchſte billig genennet werden; dann, wie mehr ſie
den Menſchen erniedriget, deſto mehr erhebt und erhö=
het ſie denſelbigen.

2. Damit wir aber in Erfahrung kommen mögen,
worin die wahre Demuth beſtehe, ſo wird nöthig ſeyn,
dieſelbe mit folgendem Pinſel zu entwerfen. Der hei=
lige Thomas 2. 2. q. 151. ſagt: Die Demuth iſt eine
löbliche Verwerfung ihrer ſelbſten zu den allerniedrigſten
Dingen. Hieraus ſchlieſſen wir nun, daß die Verrich=
tung dieſer Tugend zweifach ſey: nämlich, daß man
ſich nicht erhöhe oder erhöhet zu werden verlange, mehr
als man verdienet: und daß man ſich alſo erniedrige,
und erniedriget zu werden trachte, daß man ſich des

verdienten Lohnes nicht würdig schäße. Zu diesen zwei
Aemtern oder Verrichtungen können alle Staffeln der
Demuth, so andere nicht ohne Mühe erfunden haben,
gezogen werden. So viel nun das erste Amt betrifft,
muß diesem gemäß, der Mensch sich oder seinen Ver=
diensten nichts zuschreiben, ja so gar, er muß nicht be=
gehren von andern gelobt, geehrt, oder auch andern
(aufs wenigste denen, die höher als er, oder seines glei=
chen sind) vorgezogen zu werden; sondern muß sich viel=
mehr der Gaben Gottes unwürdig und zu allen Din=
gen untauglich achten. Zu dem andern Amt gehöret,
daß er allen, auch dem geringsten weiche, und auf solche
Weise mit sich, als dem allverächtlichsten Menschen
umgehe in seinen Gedanken, Worten und Werken, und
daß er wünsche, suche und sich erfreue, auch von an=
dern für einen solchen verwerflichen Menschen gehalten
zu werden. In sothanem dreifachen Staffel bestehet
dann die höchste Vollkommenheit der Demuth. Es
wird aber einer verächtlich oder verwerflich gehalten
durch die Gedanken; wann entweder er selbst oder an=
dere eine schlechte Meinung von ihm haben, denselben
freventlich urtheilen, oder falschen Argwohn von ihm
schöpfen. Mit Worten wird einer verächtlich gehalten,
wann er nämlich verachtet wird, wann er mündlich ge=
straft wird, wann er mit Schelt= und Schmähworten
wird angegriffen, und seine verborgene Mängel von
andern offenbaret werden. Alsdann wird schließlich
auch einer mit den Werken verächtlich hergenommen,
wann man selbigen zu Verrichtung der allergeringsten
und verächtlichsten Dingen gebrauchet; wann er in an=
derer Gesellschaft mit dem niedrigsten Ort muß vorlieb

nehmen, und wann er mit den schlechtesten Speisen und untauglichsten Kleidern vor andern gespeiset und beklei= det wird.

3. Sollte nun einer diese heilsame Lehre verwer= fen und dergestalt verächtlich traktirt zu werden, sich weigeren, denselben kann man versichern, daß er mit sothaner Tugend der Demuth zumalen nicht geziert sey; dieweilen nach Zeugniß des hl. Thomä, derjenige so nach Ehren trachtet, die Verkleinerung zu leiden sich scheuet, und wann er verachtet wird, darüber erbleichet; wann solcher schon Wunderzeichen wirket, hat gleichwohl die wahre Vollkommenheit bei weitem nicht erreichet; dann keine Tugend daselbsten Platz findet, allwo der Grundvest aller Tugenden nämlich die Demuth erman= gelt, derhalben lesen wir im Leben der heiligen Väter, daß, da einstmals ein geistlicher Bruder von seinen Mitbrüdern in Beisein des heiligen Antonii gelobt wor= den, der jetzt gemeldte heilige Vater aber in Erfahrung zu kommen verlangt, ob derselbige Bruder auch Unbill ertragen könnte; indem sich nun in der That erwiesen, daß er solches mit geziemender Geduld zu leiden nicht vermöcht, hat selbigen vorgemeldter Antonius verglichen mit einem Haus, welches dem äußerlichen Ansehen nach, wohl geziert scheint, inwendig aber sich zeiget, daß es von den Mördern beraubet und verunehret sey; dann obschon solcher von den Leuten mannigmal für tugend= sam wird angesehen, wird er jedoch als solcher vor den Augen Gottes nicht gehalten; weilen ein wahrer De= müthiger, spricht der heilige Bernardus, Serm. 16. sup. Cant, nicht verlangt, daß man ihn vor demüthig, son= dern will, daß man ihn vor verächtlich halte, und er=

freuet sich, wann er verachtet wird. Wie angenehm
nun ein solcher der göttlichen Majestät sey, kann ein jeder
mit mir aus den Worten, mit welchen der himmlische
Bräutigam die Schönheit seiner Braut hat loben wol=
len, genugsam erfahren: Wie schön sind deine Gänge
in den Schuhen, du Fürsten Tochter Can. 7. darum
sagt der heilige Ludovicus Tholosanus: nichts ist Gott
so angenehm, als wann wir durch die Verdienste un=
sers Lebens groß, und durch die Demuth klein sind, sintema=
len wie geringer sich selbsten einer schätzet, wie höher
er von Gott geachtet wird: derhalben lasset uns dieser
Tugend uns befleissen, dann diese diejenige ist, welche
(wie Christus zu der heiligen Brigitta gesagt Lib
revel. cap. 42.) Gott selbsten in unser Herz einführet:
dahero nicht unbillig sagt der fromme Thomas à Kempis
L. 2. c. 8. §. 3. Sey demüthig und friedsam, so wird
Jesus bei dir seyn.

4. Sind dann nicht glückselig und abermal glückselig
die wahre Demüthige, in dem sie in dem innersten ih=
res Herzen den König aller Königen, den Herrn aller
Herrschenden als einen wohlmeinenden Gast verpflegen?
derhalben vor keinem auch dem allerstärksten und mäch=
tigsten Feind zu fürchten haben, weilen dieser Jesus die
Demüthigen beschützet, und selbige wider allen feindli=
chen Anfall und Versuchung unverletzt vertheidiget, wie
neben unzahlbaren andern im Leben des heiligen Antonii zu
lesen: dann da selbiger zu sicherer Zeit den ganzen
Erdboden von unserm allgemeinen Feind mit Stricken
die Seelen zu fangen, belegt gesehen, hat er mit gros=
sem Seufzen überlaut gerufen, ach! wer wird doch im=
mer all solchen Stricken entgehen können, und siehe,

alsbald wird durch eine Stimme dem Antonio geant=
wortet, der Demüthige: derhalben sagt recht der h. Ephrem;
Ruffin. vit. PP. l. 2. n. 170. De recta vivendi ra-
tione. In Wahrheit, so du wirst genaue Achtung ha=
ben, wirst du überall die feindliche gleichsam mit süssem
Hönig der weltlichen Wollüsten angestrichene Fallstrick
finden, daß, wann du deren Süßigkeit zu schmecken
verlangest, alsbald gefangen werdest: so lasse es dir
dann abermal gesagt seyn, wirst du den Stricken des
Teufels entgehen, so liebe die Demuth, dann du mit
leichten und zum Fliegen sehr bequemlichen Flügeln so=
thaner Tugend dich dergestalt in die Höhe schwingen
werdest, daß niemalen könnest gefangen werden, zuma=
len kein besser und klüglicher Anschlag den höllischen
Feind zu überwinden, und kein so sicheres Mittel, das
ewige Leben zu erlangen, gefunden wird, als eben die
Demuth: zu dessen mehrerer Bestätigung gelesen wird
von einem, welcher, nachdem er auf seinem Todbette
langwierige Ohnmachten ausgestanden, endlich wiederum
seiner selbst mächtig worden, und geweinet: da er nun
die Ursach dieses Weinens befragt worden, hat er ge=
antwortet: ich habe gesehen, daß Gott sonderbar liebe
die Demüthigen, und an denen ein großes Gefallen
habe, derohalben habe ich vor Freuden geweinet, wei=
len er auch meine Werk, so ich alle in geziemender De=
muth geübet hab, gern hat angenommen: und derowe=
gen mir befohlen worden ist, euch zu verkündigen,
daß derjenige, so will selig werden, sich nothwen=
diglich müsse demüthigen, und der Lehr Christi des
Herrn nachleben, der da spricht: Lernet von mir, dann
ich bin sanftmüthig von Herzen. Wann derohalben

wir auch in unserm immerwährenden Streit den leidigen Satan zu überwinden verlangen, so lasset uns fleißig üben die Demuth, so da gleich ist einem spizigen Degen, durch welchen wir uns vertheidigen, und unsere Feinde überwinden; zumalen vor solchen Waffen (wie pflegt zu sagen die hl. Magdalena de Pazzis) der höllische Feind sich fürchtet und fliehet.

5. Solchen Degen hat ergriffen ein sicherer Einsiedler, und also den Teufel verjaget, demnach selbiger ihm in Gestalt Christi erschienen und gesagt: ich bin Christus, und weilen durch deine Verdienste du mir gefallest, derhalben hab ich dich persönlich wollen besuchen; sobald aber der gemeldte Einsiedler diesen falschen Christum gesehen, hat er mit beiden Händen seine Augen versperret, und gerufen: ich will Christum allhier zeitlich nichts sehen; mir ist's genug, wann ich ihn werde sehen in seiner Herrlichkeit; deßgleichen ein anderer gethan, welcher in Ankunft eines solchen verstalteten Christi, demselben mit diesen Worten zugeredet: Sehe zu, zu wem du kommen bist, ich bin fürwahr solcher nicht, der in diesem Leben einen Heiland zu sehen verdiene; auch hat er sich gebraucht der Worten des hl. Apostes Petri: Herr, gehe von mir hinaus, dann ich ein verächtlicher Mensch bin, und deine Erscheinungen nicht verdiene, dieweil ich ein Sünder bin und hat also diesen bösen Christum von sich hinweggetrieben. Gleichwie nun diese beiden Einsiedler durch ihre geringe Meinung von sich selbsten dem Garn des höllischen Jägers sind entwichen; also würden selbige durch sothane teuflische Erfindungen unfehlbar gefangen worden seyn, wann sie nämlich der vorgemeldten Erscheinungen wür-

dig zu seyn vermeinet hätten: dann unter allen das
kräftigste Mittel ist, dieses so großen Feinds Kräften
zu ermatten, die Demuth; derohalben derselbe unter
allen Tugenden an dem Menschen zum meisten hasset
und fürchtet die Erniedrigung des Herzen; wie im Le=
ben des hl. Macarii zu lesen: zu diesem, da er zum
Körbe machen einige Weidenbündlein aus dem Pfuhl
heraus getragen, kommt einstmals der höllische Feind
mit einer Sense, fallet ihn grausamlich an, und drohet
ihn mit dieser Sense tödtlich zu verletzen, und ob er
schon unaufhörlich sich bemühete, den frommen Abten
mit seinen Waffen zu beschädigen, vermochte er doch
solches mit nichten; sondern redete denselben scharf mit
diesen Worten an: du Macari, verursachst mir in mei=
nen Kriegen große Unruhe, und was in dero mich am
meisten plaget und betrübet, ist dieses, daß ich keine
Kräften habe, dich zu überwinden; du sollst wissen, daß
alle diejenige Werk, so du zu Ehren Gottes verrichtest,
ich mit größerm Eifer und Strengigkeit übe und geübet
habe; Du fastest, ich aber hab vom ersten Augenblick
meiner Erschaffung bis zu gegenwärtiger Zeit keine
Speise geschmecket; du bringest ganze Nächte ohne
Schlaf zu, und ich schlafe niemalen einen einzigen
Augenblick; du haltest die Keuschheit und ich begehe keine
einzige That, so dieser Tugend zuwider ist; du verach=
test alle Güter der Welt und ich hab zu denselben nie=
malen die geringste Neigung getragen; Du mattest die
Glieder deines Leibes ab mit vielfältiger und scharfer
Züchtigung und ich werde mit den höllischen Flammen
in alle Ewigkeit gepeinigt; in diesem allein überwindest
du mich und ich dir auch zu weichen schuldig bin, näm=

**

lich daß du demüthig bist, und klein in deinen Augen;
dann in dieser Tugend mit dir zu streiten, ich keinen
füglichen Platz finde, auf welchem ich gegen dich obzu-
siegen, mir getrauen könnte.

6. Verlangest du nun auch, meine christliche Seele!
der verfluchten Geister Kriegsheer zu überwinden, so
höre und zugleich erhöre Christum rufen: discite etc.
lernet von mir, dann ich bin sanftmüthig und demüthig
von Herzen; derohalben wann Christus sich also gedemüthiget, daß er auch einen Wurm zu sich vergleichen keinen Scheu getragen hat, wie er durch den Mund des
königlichen Propheten bezeuget: Ich aber bin ein Wurm
und kein Mensch, eine Schmach der Leute, und eine
Verachtung des Volks: Ps. 21. v. 7. derhalben, meine
christliche Seele! wann man mit dir gleich einem Wurm
umgehet, so hüte dich, daß nicht solches dir eine unziemliche Traurigkeit verursache, weilen dergleichen Traurigkeit eine Anzeigerin ist der Hoffart: sondern vielmehr,
wann man dich plaget, wann man mit Unbill wider
dich verfahret, übertrage solches standhaft, und sage jederzeit mit Carolomanno einem Fürsten aus Frankreich,
so aus einem Herrn auf dem Berg Csasino ein armer
Geistlicher worden, und da er von der Obrigkeit zu
der Küchen-Arbeit verordnet worden und von dem Koch
auch sogar mit Maultaschen verehrt wurde, hat er alles mit höchster Demuth gelitten, und nichts anders gesagt, als dieses: Der Herr verzeihe dirs und Carolo-
mannus. In Summa: alle Kräften des Teufels verlieren sich in steter Uebung dieser so herrlichen Tugend;
darum erzählte einstmals ein sicherer Geistlicher, daß
er die bösen Geister also miteinander redend gehört

habe. Wann wir die Mönche beunruhigen, und einer unter ihnen sich demüthiget, so vernichtiget solches alle unsere Kräften; wie wahr nun dieses sey, ist aus Folgendem klärlich zu sehen. Zwei leibliche Brüder dienten Gott zusammen in einer Wohnung und übten sich im geistlichen Leben mit aller Zufriedenheit; damit aber der Urheber alles Uebels dieses friedsame Leben durch einigen Zwiespalt zerstören möchte, hat er mit Umwendung des Leuchters ihnen das Licht ausgelöschet; worüber der Aelteste zur Ungeduld beweget, seinen Bruder zu schlagen angefangen, dieser aber unter dem Schlagen wiederholte nichts anders, als dieses: Habe Geduld mein Bruder, habe Geduld, anjetzo will ich hingehen, und das Licht wiederum anzünden. Diese Demuth hat den Geist des Unfriedens dergestalt geschmerzet, daß er ob solchen Verlust nicht genugsam beklagen können. Derhalben, mein Kind! was hier gesagt ist, nehme fleißig in obacht, und eigne dir selbiges also zu, auf daß du mit den Demüthigen und Friedsamen das erfreuliche Siegkränzlein darvon zu tragen gewürdiget werdest.

Der andere Theil.

7. Wiewohl nun aus angezogenen vielfältigen Beweisthum sattsam zu ermessen ist, worinen die wahre Demuth bestehe; nichts destoweniger habe ich für gut befunden, denen obgemeldten Erweisungen annoch einen Zusatz zu geben, insonderheit von den Staffeln dieser herrlichen Tugend, deren der erste seyn sollte die Verachtung seiner selbsten. Diesem Staffel gemäß, sagt der selige Laurentius Justinianus, Tr. de hum. c. 1. daß die Demuth eine Tugend sey, durch welche der

Mensch vermög der Erkenntniß seiner, sich selbsten mißfallet. Der aber auf solche Staffel zu steigen verlanget, der nehme wahr die folgende Antwort eines alten
Einsiedlers, welcher, da er gefragt wurde, wie man die
wahre Demuth erwerben könnte, gab zur Antwort: das
beste Mittel darzu sey dieses, wann nämlich der Mensch nur
allein seine eigne, und nicht anderer Verbrechen betrachtete. Wann derselbige nach dem Rath des hl. Bernardi, sich selbst fragte? Was bist du gewesen? und
alsdann nach der Wahrheit sich zu antworten gezwungen würde: Ein häßlicher Saamen. Wast bist du?
Ein Geschirr des Unflaths. Was wirst du werden?
Eine Speise der Würmen. Wann sag' ich, ein jeder
sich also selbst fragte, würden wir außer allem Zweifel in allen Tugenden merklich zunehmen. War nicht
mit allerhand Tugenden erfüllet ein Fürst der Apostel
der hl. Petrus? war nicht auch mit denselben gezieret
ein Lehrer der Heiden der hl. Paulus? Fragst du mich
nun, durch welche Straffen diese beiden Apostel zu solchen Tugenden gelanget sind, so gebe ich zur Antwort,
durch den Weg der Demuth und Erkenntniß ihrer selbsten; dann Petrus sagt zu seinem Lehrmeister: Herr
gehe von mir hinaus, dieweilen ich ein sündiger Mensch
bin. Luc. 5 v. 8. Und Paulus schämte sich nicht zu
sagen: Ich bin der geringste unter den Aposteln, der
ich nicht werth bin, daß ich ein Apostel genannt werde.
Dahero diese vor andern den Vorzug zu haben verdienet, weilen sie unter andern sich am meisten gedemüthiget. So hat dann recht gesagt der vorgemeldte geistreiche Vater: Wie tiefer einer in sich selbsten hinunter

steiget, und wie mehr er sich selbsten mißfallet, desto höher steiget er zu Gott.

8. Daß aber diesem also, solle uns mit sonderbarem Nachdruck bekräftigen der hl. Mariä Magdalena de Pazzis große Heiligkeit, zu der sie vermittelst einer vollkommenen Demuth und Vernichtigung ihrer selbsten gelanget ist. Vita p. 4. c. 133. Dann obwohlen diese Dienerin Gottes nicht allein keine tödtliche, sondern auch keine merkliche läßliche Sünden jemalen begangen, so ist sie gleichwohl gemeiniglich zum Tisch des Herrn gangen in steter Furcht, daß wegen ihrer Unwürdigkeit sie von der Erde sollte verschlungen werden. Sie schätzete sich den höllischen Geistern gleich, hielte gänzlich dafür, daß sowohl das Kränzlein der Jungfrauschaft und in selbiger Gott zu dienen, als auch desselben Gaben und Gnaden sie zumalen unwürdig wäre. Alle ihre Mit-Schwestern hielte sie vor vollkommen, und sich allein vor unvollkommen: sie lobte alle andere, und küssete deren Fußstapfen. Auch ehrete sie ihre untergebene Lehrkinder dergestalt, daß sich selbige höchlich zu verwundern billige Ursach schöpften, indem sie sahen, daß sie als Lehrjüngerinnen von ihrer Meisterin so sehr geehrt wurden. Ihren eigenen auch den geringsten Fehler thäte sie als die höchste Undankbarkeit gegen Gott, sehr hoch empfinden. Darzu vermeinte sie, daß sie nicht allein aller Verbrechen ihrer klösterlichen Mitschwestern, sondern auch aller Sünden der ganzen Welt die meiste Ursach sey; derhalben sie Gott bat, er möchte doch anderer verschonen und mit allen verdienten Strafen gegen sie nach aller Gerechtigkeit verfahren. Auch verwunderte sich oftmal nicht wenig diese heil. Jungfrau, daß sie von

Gott, von seinen hl. Engeln und seinen Auserwählten
auf Erden zu leben geduldet werde. Wie vielmal hatte
sie gefürchtet, die Erde würde sich aufthun und sie verschlingen? und weilen sie immerzu den Argwohn hatte,
sie möchte wegen ihres üblen Verhaltens aus dem Kloster verstoßen werden, derowegen hat sie die Augen des
Leibs in Gegenwart und Gespräch anderer aufzuschla-
gen, sich selten getrauet. Mit Zittern sahe man gemeiniglich das demüthige Mägdlein mit andern zur Kirche
hingehen, dieweilen sie in großer Furcht stunde, es
möchte der gerechte Gott, wegen ihren eigenen großen
Sünden, andern Mitschwestern Gebet verwerfen, und
was noch mehr ist, sie hielt gänzlich davor, es müsse
ein großes Miracul seyn, daß Gott einer so bösen Creatur sein heiliges Lob zu singen sich gebrauchen
thäte. Da nun unsere Heilige sich im Todes=Bett
befunden, hat sie die Umstehende angeredet und gesagt,
daß sie derhalben von der Welt hinweg genommen
werde, damit wegen ihres sündigen Lebens, die Welt
auch zugleich mit ihr, als einziger Ursach alles Bösen
nicht gestrafet werde; dann solang sie in der Welt
lebte, stünde die Welt in Sorgen, daß sie ihretwegen
von Gott möchte übel gehalten werden. Das heißt,
sich demüthigen von dieser hl. Jungfrauen, andächtiger
Leser! lasset uns unsere Augen schlagen auf den demüthigen
Franciskum, in dessen Leben gelesen wird, daß ein Klo-
ster-Geistlicher unter währendem Gebet einen herrlichen
und mit allen nur kostbaren Edelgesteinen auf das schönste
ausgezierten Thron gesehen habe, da er dann alsobald von
den Umstehenden sich befraget, wem dieser prächtige Sessel
doch möge bereitet seyn, und hat zur Antwort bekom-

men, daß dieser dem demüthigen Francisco zugehöre;
darauf dann der gemeldte Geistliche sehr erfreut, den
hl. Franciskum gefragt hat: was er von sich selbsten
hielte? dem dann der demüthige Mann geantwortet:
mich gedünket gänzlich und halte es dafür, daß ich un=
ter allen Sündern der Größte bin. Dieses kam nun
diesem Geistlichen seltsam vor; derhalben er den Fran=
ziskum fragte, wie er solches ohne Verletzung der Wahr=
heit von sich sagen könnte? hierauf hat Franziskus zur
Antwort gegeben: er zweifle nicht daran, daß der aller=
gottloseste Sünder, so auf Erden lebt, besser seinem
Gott und Herrn dienen würde, als er thue; wann
er dergleichen Gnaden und Barmherzigkeit empfangen
hätte. Lasset uns, liebe Christen! lasset uns keinen
Verdruß schöpfen, dasjenige nachzufolgen, welches sowohl
belohnet wird. Ein jeder bilde sich gänzlich ein, er
sey ein größerer Sünder als andere; dann obwohlen
er sich keiner sehr großen Sünden bewußt ist; so würde
er doch in dergleichen Sünde fallen, wann ihm darzu
Gelegenheit gegeben und hergegen die Gnade Gottes
entzogen würde. In solchem Sinn gab Zeugniß von
sich selbsten, und zwar aus ganzem seinem Herzen der
hl. Philippus Nerius, daß er sey der allergrößte Sün=
der der ganzen Welt und pflegte täglich die göttliche
Majestät mit diesen Worten anzureden: Herr hüte dich
heut vor mir; dann ich werde dich diesen Tag verra=
then, wie der Judas gethan hat, und werde noch mehr
Böses thun, als er gethan hat, wann du mich nicht
bewahrest. Auch pflegte er zu sagen: Groß ist die
Wunde der Seiten Christi, und wann mich Gott nicht
abhielte, würde ich meinen Heiland eine weit größere

Wunde machen. In Summa, es ist nicht auszuspre-
chen, wie erschrecklich eine solche Demuth den bösen
Geistern vorkomme, vermittelst deren der Mensch sich selbsten
verächtlich wird und sich für einen großen Sünder haltet. Diese Wahrheit kann einigermaßen aus folgender
kurzen Geschichte erkennet werden; dann, da einsmals
dem höllischen Feind von einem frommen alten Einsiedler befohlen worden, von einem Besessenen zu weichen,
hat selbiger sich darzu willig erbothen, wann ihm der
Alte zuvor offenbaren wollte, welche Böck und welche
Lämmer wären. Hierauf hat ihm der Einsiedler geantwortet: die Böck sind diejenige, so sind, wie ich bin;
die Lämmer aber sind Gott bekannt. Da dieses der
Teufel gehöret, hat er überlaut gerufen: siehe, siehe
du Alter durch deine Demuth werde ich gezwungen
meine Wohnung zu verlassen.

10. Sollten wir wohl diesen hl. Männern in solchen Tugenden folgen können? Wanns wäre ein strenges Fasten, wäre es ein härenes Kleid, oder sollten es
andere schwere Bußwerk seyn, oder gar auch, wann
wir ihre gethane Wunderwerk nachzufolgen geladen
würden; sollte mancher Ursach finden, sich zu entschuldigen, nun aber, da wir nun allein die bloße Wahrheit
von uns selbsten zu bekennen gefordert werden, sind
wir dannoch so nachläßig und treulos in dieser Bekenntniß, daß wir gegen unser Wissen und Gewissen uns
unserm Nächsten vorziehen, und nicht gedenken, daß
wir eben sowohl hätten fallen können, als andere, daß
wir eben so schwach als selbige, und alle uns wieder-
fahrene Gnad der unermäßlichen Gütigkeit Gottes allein
zuzuschreiben sey. Was ist leichter zu thun als daß,

wann ich meinen Nebenmenschen sehe oder höre in vielerlei Sünden fallen, ich alsdann mich über selbigem nicht erhöhe; sondern gedenke, daß diejenige Sünden ich eben sowohl würde begangen haben, als dieser oder jener, wann mich nicht Gott durch seine Gnade davon abgehalten hätte. Sage mir, meine christliche Seele! solche Wahrheit von Herzen zu bekennen, ist das eine schwere Sach? Ich höre, du sagst nein, sondern es sey leicht zu thun und gleichwohl fallet dir nicht ein, daß gleichwie einer denjenigen Schatz, so ihm von einem andern reichen Mann zu bewahren anvertraut wird, denselben nicht als den seinigen sich zumesset, sondern seine Armuth gerne bekennet, daß er nämlich nicht darüber zu schalten habe, also auch derjenige leben müsse, der die Gnad Gottes erlanget hat, daß er, sage ich, gerne gestehe seine Wenigkeit, und sich nur allein als seinen Hüter dieser Reichthumen vor jedermann erkenne. Nehme derhalben an die güldene Lehr deines Erlösers, der da spricht: Wann du geladen wirst, so gehe hin, und setze dich unten an, damit wann der kommt, der dich geladen hat, zu dir spreche: Freund rücke herauf, alsdann wirst du Ehr haben vor denen, welche mit zu Tisch sitzen. Luc. 14. v. 10. Welcher aber ist dieser unterste Ort anders, als die Hölle? dann durch die Hochzeit wird verstanden das Reich der Himmel, zu dem wir alle eingeladen sind; dieses Reich aber erstreckt sich bis zu der Höllen, nach diesen Worten des hl. Evangelisten Mathäi: c. 5. 19. Wer eines von den geringsten Gebothen auflöset, und diese Menschen also lehret, der wird der geringste im Himmelreich genannt werden, das ist, wie es die heiligen Väter auslegen, er wird

in der Höllen seinen Sitz haben. So laſſet dann uns
in unſern Gedanken an dieſen niedrigen Ort ſetzen, indem wir darfür halten, daß wir unſerer Sünden halber der ewigen Straf würdig ſeyn, und wann wir
dieſem alſo werden nachkommen; ſo werden wir auch
ohne allen Zweifel von unſerm gebenedeiten Heiland
hören die erfreuliche Stimme: Freund, rücke hinauf,
an dieſen niedrigen Ort hat ſich geſetzet der fromme
Urigman des hl. Dominicaner Ordens geiſtliche Bruder, welcher ſich alſo gedemüthiget, daß er keinen be-
quemlicheren Platz für ſich hat finden können, als in
der Tiefe der Höllen, und zwar noch unter dem Lucifer ſelbſten, weilen er vermeinte, daß er ſolchen Ort
am allerbeſten verdienet habe und ſiehe, nach dieſer Erniedrigung ſeiner ſelbſten, hat er dieſe Stimme
vom Himmel gehöret: Bruder Urigman, ſteige geſchwind
herauf zu dem allerhöchſten Herzen Gottes. Solche
Demuth, wie Chriſtus der hl. Brigittä Revel. c. 39.
Grad. 25. c. 2. et 3. offenbaret hat, iſt eine Leiter,
auf dero man zu dem Herzen Gottes hinauf ſteiget,
daß alſo ſcheint, billig geſagt zu haben der hocherleuchte
Climacus: So oft du wirſt ſehen oder hören, daß einer innerhalb wenig Jahren die höchſte Ruhe und Stille
des Herzens, (ſo man nach erlangter Vollkommenheit
erſtlich erhaltet) erworben habe, ſo gedenke, daß ſelbiger keinen andern Weg, als den glückſeligen und kurzen Weg mit den Füſſen der Demuth gewandert habe,
zumalen die Demuth nach Ausſag des heiligen Baſilii
Serm. de Abd. rerum der Erden gleich iſt, aus der
erwachſet und gezogen wird der Baum der Liebe, ſo

da vorbringet die Blumen der Tugenden, und die Früchten der Gnaden in der Seelen des Menschen.

Weiteres, meine christliche Seele, lasse dich unter= richten von einem Ledergärber, wie angenehm diese Tu= gend der göttlichen Majestät sey. Der fromme Ein= siedler Antonius ist in seiner Zellen im Gebet begrif= fen, da lasset sich hören eine Stimme: O Antoni, An= toni, du bist noch nicht zur Maß desjenigen Ledergär= bers kommen, welcher in der Stadt Alexandria wohnet. Dieses kommt dem guten Alten seltsam vor, daß er, sobald die Nacht vorbei gangen, seinen Stecken ergrei= set, und nach Alexandria mit großem Verlangen eilet, woselbsten er gemelten Mann findet und in seinem Haus, nicht ohne große Verwunderung desselben, ganz freundlich begrüßet, und sagt, guter Freund, mein Be= gehren ist, daß ihr mir euere Werke und Weise zu le= ben erzählet; dann ich bin dieserhalben aus meiner Einöde hieher kommen, der Ledergärber antwortet, er könne sich nicht erinnern, daß er jemalen was Gutes gethan habe, dieweilen aber Antonius damit nicht be= friedigt, sondern weiters anhaltet, er wolle ihm doch seine Manier zu leben offenbaren, erklärt der gute Mann sein Leben und sagt: wann ich des Morgens aufstehe, ehe ich zu meiner Arbeit gehe, erkenne ich gern und sage von Herzen, daß diese ganze Stadt vom klein= sten bis zum größten, wegen ihrer gerechten Werken zum Reich Gottes zu gelangen würdig sey und ich al= lein durch meine Sünden die ewige Strafen verdiene und dieses sage ich ebenfalls von Grund meines Her= zens in aller Wahrheit, so oft ich mich zum Schlafen niederlege. Da dieses der hl. Antonius höret, spricht

9*

er: mein Sohn, du bist fürwahr ein guter Künstler,
du sitzest in deinem Haus mit aller Zufriedenheit und
Ruhe und erlangest den Himmel, ich aber habe gleich=
sam ohne gebührliche Bescheidenheit schier alle meine
Zeit in der Wüsten zugebracht, und bin noch nicht kom=
men zu der Maß deiner sothanen üblichen Worten:
Vit. PP. Ruffin. lib. 2. n. 118. Ich mache den Schluß
hieraus, daß nichts vortrefflicher und Gott gefälliger könne
gefunden werden, als daß einer von sich selbsten gänz=
lich darfür halte, er sey aller Verschämung, aller Straf
und aller Verspottung vor allen andern Menschen wür=
dig, derhalben der hl. Isidorius einen jeden billig er=
mahnet mit diesen Worten: Sey klein in deinen Au=
gen, damit du groß seyst in den Augen deines Herrn;
dann wie du wirst in deinen Augen seyn verwerflicher,
so viel wirst du in den Augen Gottes seyn kostbarer.

12. Hüte dich aber, hüte dich, sage ich, daß du
mit keiner gemachten und falschen Demuth dich beklei=
dest, dann viele, sagt der heil. Hieronymus in einem
Sendschreiben, suchen den Schatten der Demuth, wenig
aber sind, so nach der Wahrheit trachten. Es ist leich=
ter zu thun, daß man mit einem schlechten Kleid auf=
ziehe, daß man einen Demüthigen grüße, daß man ei=
nem Händ' und Füss' küsse, daß man mit geneigtem
Haupt und niedergeschlagenen Augen die Demuth und
Sanftmuth gleichsam verspreche; kein großes Lob ver=
dienet, daß man langsam und still rede, öftermal seufze
und zu allen Worten sich einen Sünder und armseli=
gen Tropfen erkenne, sondern dieses ist, was von einem
Demüthigen erfordert wird, daß er nämlich durch keine
Reden müsse im geringsten zur Ungedult bewegt werden

daß er in allen widrigen Begebenheiten den geneigten
Hals nicht ausstrecke, die niedergeworfenen Augen nicht
erhebe, und den süßen Klang der vorigen Stimme in
ein ungebührliches Rufen und Ausfahren zu seiner Ver=
theidigung nicht verändere. Erkenne, mein Mensch,
daß du ein Sünder seyst; erkenne aber solches nach
dem dir gezeigten Ebenbilde der obgemeldeten Freunde
Gottes, und damit du aus sothaner Erkenntniß den ver=
langten Nutzen gewinnen mögest, so bemühe dich allhier
zeitlich alle Widerwärtigkeiten, sie kommen von wannen
sie immer wollen, standhaftiglich zu leiden, indem du
gestehest, daß solche durch das Verbrechen bei Gott
verdienet hast.

Der dritte Theil.

13. Wer sich vollkommentlich verwirft, der achtet
sich vor den geringsten unter allen; er fliehet alles
menschliche Lob und Ehre; er erfreuet sich, wann er
verachtet und verniedriget wird; er suchet die verwerf=
lichsten Aemter zu vertreten, und haltet sich zu allen
Sachen vor untauglich. Weilen nun dieser von uns
vorhin verzeichnete Staffel die übrigen alle gleichsam
in einer Summe in sich begreifet, so ist nur allein
nöthig, daß wir dasjenige, welches dieser als die vor=
nehmste Staffel verborgener Weise in sich fasset, einem
jeden öffentlich vor die Augen stellen. Derhalben muß
ein wahrer Demüthiger sich den allergeringsten schätzen
unter allen, wie der gottselige Thomas a Kempis L. 2.
c. 2. §. 2. sagt: Gedenke oder achte nicht, daß du et=
was gewonnen habest (in der Demuth) es sey denn,
daß du haltest, als ob du allen der geringste wärest;

und an einem andern Orte ermahnet er uns also: Be=
gieb und lege dich allezeit auf das niedrigste, so wird
dir gegeben werden das Höchste; denn das Höchste be=
stehet nicht ohne das Niedrigste. Die höchsten Heiligen
vor Gott sind die wenigsten vor ihn selber, und je ehr=
licher und höher sie von andern gehalten werden, desto
demüthiger sind sie in ihnen selber. Dieses hat uns
auch gerathen unser Heiland mit diesen Worten: Wann
du zur Hochzeit wirst berufen, so setze dich an den nie=
brigsten Ort, damit du, sagt der demüthige Bernardus,
Serm. 37. super Cant. mit allen unter allen der letzte
seyst, und nicht allein keinem dich vorsetzest, sondern
auch dich keinem zu vergleichen erkühnest; dann du hast
keine Gefahr zu fürchten, wann du dich schon ernie=
brigst, und den allergeringsten haltest, wie du immer
könnest. Es ist aber ein großes Uebel und eine grau=
same Gefahr vorhanden, wann du auch einen einzigen
in deinen Gedanken dich vorziehest. Eben selbiges lehret
uns die glorwürdige Himmels=Königin mit ihrem eige=
nen Vorgang, da sie der hl. Brigittä zur Nachfolgung
ihrer Demuth also zuredet: Meine Tochter, fliehe zu
dem Mantel meiner Demuth, und gedenke, du seyst eine
größere Sünderin als andere; dann ob du siehest einige
Böse, so weißt du doch nicht, was morgen aus ihnen
werde; du weißt auch nicht, aus was für Meinung
und Wissenschaft sie solches Uebel begehen, ob sie aus
Schwachheit, oder vorsetzlich solches thun. Derhalben
ziehe dich keinem Menschen vor, und richte keinen in
deinem Herzen. Was ist schmerzlicher bei den Welt=
Kindern, als das empfangene Unrecht verhehlen, und
sich unter allen für den unwürdigsten halten? Eine

folche Demuth, meine Tochter, war die meinige. Diefe ſind die Worte Mariä zu ihrer Tochter Brigittä.

†. 14. Es gehöret auch zu der Demuth, daß man die Ehren und Würden fliehe nach dem herrlichen Exempel des hl. Ephrem, welcher von keinem Menſchen wollte gelobt ſeyn, ja er entwich überall denjenigen, ſo ihn preiſeten, nicht anders als ſeinen ärgſten Feinden; und da man ihm die biſchöfliche Würde hat auftragen wollen, iſt er auf öffentlichem Markte als ein unſinniger Menſch herum gelaufen, hat ſeine Kleider zerriſſen, und dergleichen andere Poſſen verübet, daß ihn ſeine Geſellen als einen Narren von ſich gelaſſen, und dieſes hohen Amtes zumalen unfähig gehalten haben. Was hat nicht gethan der heilige Gregorius? der zum allgemeinen großen Hirten der Schäflein Chriſti, durch einhellige Stimmen, und mit unglaublichem Frohlocken aller Menſchen erwählet worden; und hat dennoch weder durch Bitten, noch durch andere Beredungen zu ſolcher Ehre können gezogen werden. Und da er geſehen, daß ihm der Weg zum Fliehen verſperrt geweſen, hat er ſich in einem Faß auf den nächſtgelegenen Berg tragen laſſen, und iſt daſelbſt in einer Höhle ſo lange verborgen geweſen, bis er durch eine feurige Säule verrathen, in der Kluften gefunden, und die obgemeldete Würde anzunehmen gezwungen worden. Nicht weniger hat auch die weltlichen Ehren gemeidet der glorwürdige Vater Auguſtinus, de Div. Serm. 5, 40. welcher von ſich ſelbſten alſo ſchreibet: ſo ſehr habe ich das Biſchthum gefürchtet, daß ich, weilen der Ruf meines Namens nunmehro hin und wieder zu erſchallen angefangen, mich ſonderbar gehütet, dahin zu kommen, allwo kein

Bischof war, und darüber habe ich mich befliſſen, ſo
viel mir möglich geweſen, daß ich an einem niedrigen
Orte möchte meine Seligkeit erwerben, und an einem
hohen mich nicht in Gefahr der ewigen Verdammniß
ſetzte. Wann nun, meine chriſtliche Seele, vor dieſem
Feinde alſo erſchrecken die Rieſen des auserwählten
Volkes, ſollen wir arme Menſchen nicht billigere Ur=
ſache zu fürchten hoben? Wie die Peſt ſollen wir das
Lob der Menſchen fliehen, alle Gelegenheit zu den Eh=
ren meiden, der Geſellſchaft der Weltlichen und anderer,
ſo in Würden ſind, und durch deren Macht und Hülfe
wir zu denſelben gelangen können, uns, ſo viel möglich
iſt, entſchlagen; die Einſamkeit lieben; vor unnöthigen
Reden uns fleißig hüten, und lieber wollen verachtet als
gelobt ſeyn, nach dem Erempel des hl. Dominici, welcher
zu Toloſa wegen ſeines Predigen ſehr werth gehalten
wurde, derhalben er von bannen nach Carcaſſon ſich
verfügte. Und da er die Urſache deſſen gefragt wurde,
gab er zur Antwort: zu Toloſa ſind viele, die mich
ehren, zu Carcaſſon aber viele, die mich verſpotten und
mir zuwider reden.

15. Noch weiters verlanget ein wahrer Liebhaber
der Demuth von Andern verachtet zu werden auf die
Art und Manier der Apoſtel: Welche gingen fröhlich
vom Angeſichte des Rathes, dieweil ſie für würdig ge=
achtet worden für den Namen Jeſu Schmach zu leiden.
Act. 1. 5. dann gleich wie die weltlichen Leute, ſagt der
hl. Ignatius Lojola, Cap. 4. ex S. 44. demjenigen
folgen, was der Welt iſt, daſſelbige lieben. Das menſch=
liche Lob, Ehre und größen Namen ohne Verdruß alſo
ſuchen, wie ſie von der Welt gelehret werden, ſolcher=

maßen diejenigen, so im Geiste Gottes zunehmen, und
mit allem Ernst Christum nachfolgen, lieben und verlangen: inbrünstig die Dinge, so ihnen heftig zuwider
sind; dergestalt auch, daß sie, wann solches ohne Verletzung der göttlichen Majestät, und ohne Sünde des
Nächsten geschehen könnte, gern alle Schmach, alle falschen Zeugnisse und alles Unrecht wollten ausstehen,
auch für unwitzige und unsinnige Menschen (ohne dazu
gegebene Gelegenheit) gehalten werden, dieweil sie wünschen ihrem Herrn einigermaßen gleich zu seyn, demselben
zu folgen, und mit den Waffen und Kleidungen Jesu
Christi versehen zu werden. Wie hoch aber diese Staffel
zu schätzen sey, bedeutet uns genugsam der selige Laurentius Justinianus mit diesen Worten: Nicht so große
Tugend ist's, die Ehren verachten, als die Verachtung
suchen: dann eine größere Sache ist diese, daß du nämlich nicht achtest, wann du übel gehalten werdest, als
diese, daß du nicht trachtest, von Andern geehrt zu werden. Dieses ist sonsten die höchste Vollkommenheit, daß
du von Andern übel gehalten zu werden verlangest.
Unter Andern, die solche Verschmähung eifrig suchten,
war auch der fromme Abt Ammon, so von einem Weibe
einen Narren gescholten wurde, und zur Verantwortung
gab diese Frage: Wie viel Arbeit vermeinst du, daß
ich in unterschiedlichen Einöden angewendet habe, um
diese Narrheit zu erwerben? Von einem andern Einsiedler schreibt Ruffinus also im Leben der heiligen
Altväter.

16. Ein alter Einsiedler in dem untern Theile der
Wüsten saß und ruhete in seiner Höhle, und ein weltlicher Mensch wartete ihm auf. Unterdessen trug sich's

zu, daß er, ein Sohn eines andern Weltlichen, krank
wurde, der dann diesen Alten eifrig ersuchte, daß er in
sein Haus kommen, und für die Genesung des Patienten
Gott bitten möchte. Auf dieses Begehren des Vaters
stunde der Einsiedler auf und ging mit ihm. Da sie
nun auf dem Wege waren, eilte dieser Weltliche voraus,
und befahl seinen Hausgenossen, daß sie mit ihm
dem alten Einsiedler sollten entgegen gehen. Dieser
aber, da er von weitem die mit brennenden Lampen
sahe heraus kommen, vermerkte er, daß dieses um ihn
zu empfangen geschehe; derhalben, damit er diesen
Ehren entgehen, und für einen thörichten Menschen
möchte gehalten werden, zog er seine Kleider aus, und
ließ sich in den Fluß, in dem er ganz nackend sich zu
waschen anfing. Da dieses der vorgedachte Aufwärter
sah, wurde er schamroth, und begehrte von den Andern,
sie wollten doch wiederum nach Hause kehren, dieweil
der Alte seine Vernunft verloren habe. Nachdem er
aber hernach den Einsiedler fragte, warum er sich also
verstellet habe, daß die Leute ihn für einen Besessenen
geurtheilet? bekam er zur Antwort: deßwegen habe ich
dieses gethan, damit ich für einen solchen gehalten würde.
Im Uebrigen können wir von der hl. Maria Magda=
lena de Pazzis erfahren, wie sehr diese Thorheit und
Verachtung seiner selbsten von Gott geliebet werde.
Diese hl. Jungfrau hat einsmals gesehen die allerseligste
Mutter des Herrn, in ihren Händen tragen ein kost=
bares Geschirr, so mit dem Saft der göttlichen Gaben
erfüllet war, und ist auch gewürdiget worden, von der=
selben zu vernehmen diesen Inhalt: Solch reiner, süßer
und an sich ziehender Saft wird denjenigen mitgetheilet,

welche die menschliche Weisheit und Klugheit fahren
lassen. Diesen ziehen an sich diejenigen, so mit großem
Eifer suchen die Gerechtigkeit und Reinigkeit des Her=
zens, und die thöricht sind worden um Christi willen.

17. Abermal sage ich, daß ein wahrer Demüthiger
über keine, auch die allerverwerflichsten Werke dürfte
schamroth werden, sondern müsse es dem hl. Antonio
von Patavia nachmachen, welcher, obwohl ein sehr ge=
lehrter Mann, hat doch seine große Wissenschaft mit
aller möglichsten Sorgfalt verborgen. Er hat sich im=
merzu mit den allergeringsten und verächtlichsten Dingen
beschäftiget, das Esterich gekehrt, die Kessel in der Küche
geschauret, gewaschen, ausgetrocknet, und Allen sehr
fleißig gedient, und hat man niemalen aus dem wenig=
sten Zeichen merken können, daß der so gelehrte Mann
auch in der geringsten Wissenschaft erfahren wäre. Ein
anders Beispiel der wahren Demuth haben wir an dem
Adolpho, Grafen zu Holstein, welcher aus einem sehr
reichen und mächtigen Fürsten ist worden ein armer
Geistlicher, und aus einem ritterlichen Soldaten dieser
Welt, sich selbsten gemacht hat zu einem demüthigen
Fußgänger. Ein Kloster seines Ordens hat er in der
Stadt Kili (allwo sein hl. Leib ruhet) aufgerichtet und
mit seinen eigenen Händen dazu meisterlich geholfen.
Er hat die nöthigen Almosen von seinen Unterthanen
selbst gebettelt und auch bekommen, und dieweil er in
Verfertigung dieses Klosters sehr eifrig gewesen, ist er
von Thür zu Thür gegangen, und hat Milch gebettelt,
damit er seine Brüder und Werkleute in der großen
Hitze erfrischen möchte. In Verrichtung dieses Amtes
und da er mitten auf der Gassen einen Milchkrug ge=

tragen, sind ihm seine Söhne ganz gräßlich auf die
Weltmanier beritten begegnet. Da er nun selbige
gesehen, ist er aus menschlicher Schwachheit in etwas
vor denselben schamroth geworden, so ihn doch alsbald
gereuet, derhalben er in Gegenwart seiner Söhne zur
Bestrafung des begangenen Fehlers die Krüge wiederum
aufgenommen, und selbige völlig über das Haupt ge=
gossen, und sich selbsten also angeredet: O du Unglück=
seliger, der du dich der Armuth Christi geschämt hast
und die Milch in den Händen zu tragen, nun zeige
auch sogar auf dem Kopfe, was du getragen hast. Wem
kommt nicht eine so große Demuth, Geduld und Stärke
in so großem Herrn verwunderlich vor? Aber noch
einer ritterlichen That hat sich unternommen der hl.
Joannes Damascenus, so von seinem Magister aus
der Zelle verstoßen worden, dieweil er einen Vers aus
dem hl. Johanne mit harter und fröhlicher Stimme in
der Zelle gesungen, und obwohl er den Alten sehr de=
müthiglich um Vergebung gebeten, hat er dannoch nichts
erlangen können. Derowegen hat dieser Joannes an=
dere seiner geistlichen Mitbrüder zum Vater geschicket,
um Gnade zu erhalten, denen er geantwortet, er werde
den Joannem keineswegs in die Zelle hinein lassen, es
sey dann, daß er vorhero alle Heimlichkeiten der Brüder
aussäuberte. O hartes Gebot, aber nicht hart dem de=
müthigen Joanni; dann sobald er diese Zeitung gehöret,
hat er ohne einigen Verzug den Besen und andere nö=
thige Werkzeuge ergriffen, und ist eilend zu der nächsten
Zelle zum ersten gelaufen, und hat daselbst das heim=
liche Gemach sammt allen anderen nach der Ordnung
gesäuberet. Nachdem nun der Alte solche Demuth und

Gehorsam gesehen, ist er ihm alsbald entgegen gegangen,
den Joannem umhalset, und wiederum nicht als einen
Lehrjünger, sondern als einen wohlverdienten Soldaten
Christi in seine Zelle geführet.

18. Erkenne nun, meine christliche Seele, wie übel
dir's anstehe, daß du die Werke der Demuth fliehest,
indem du hörest, daß ein so vornehmer und hochgelehrter
Mann, von sehr hohem Stande geboren, und der Stadt
Damasco gewesener Vorsteher, dem auch die allerseligste
Jungfrau Maria die ihm abgehauene Hand wunder-
barlicherweise in einem Augenblicke wiederum an ihren
vorigen Ort gesetzet und geheilet hat; daß, sage ich,
ein Solcher auch die allerverächtlichsten Werke zu verrichten sich nicht gescheuet habe. Ei, lieber lasset uns
allen Hochmuth vernichtigen, alle aus der Hoffart gemachten Schamschuhe ausziehen, und weit von uns hinweg werfen, und uns des Spruches Christi unsers Hei-
landes öfters erinnern, der also lautet: Alle, die sich
erhöhen, sollen erniedriget, und die sich erniedrigen,
sollen erhöhet werden. Auf daß wir dann mit den Demüthigen mögen erhöhet werden, wird sich freilich geziemen, daß wir unsern Brüdern und Schwestern auch
in den verächtlichsten Sachen hurtig dienen, und wann
uns Andere vorgezogen werden, derhalben nicht allein
uns nicht betrüben, sondern vielmehr uns von Herzen
erfreuen, und in sothanen Begebenheiten niemalen aus
unsern Gedanken fliehen lassen folgendes Gleichniß:
Wann ein Fürst dieses bei seinen Höflingen kundbar
machte, daß er nämlich seine Stallknechte vor allen
andern seinen Dienern lieben, und am allerreichlichsten
und sichersten belohnen wollte, würde nicht ein Jeder

ſuchen, das Amt eines Stallknechtes zu vertreten? Hat
nicht Chriſtus, ein Fürſt, ein Erſchöpfer aller Fürſten,
mit Wort und Werken ausgerufen, daß er diejenigen
am beſten und ſicherſten bezahlen wollte, ſo die gering=
ſten und niebrigſten Aemter aus Demuth vertreten?
Ich laſſe dich, meine chriſtliche Seele, den Schluß ma=
chen, und fahre fort von den Worten, ſo da bewegen,
zu den Exempeln, welche das menſchliche Herz ziehen
zu den Werken.

19. Nehme derhälben vorlieb, was ich dir aus
dem hocherleuchteten Climaco erzähle: Dieſer Joan=
nes Climacus war ſtets befliſſen, wie er in den gott=
gefälligen Tugenden mehr und mehr zunehmen möchte,
derhalben beſuchte er diejenigen Gotteshäuſer, ſo vor
andern den größten Ruf der Vollkommenheit hatten.
Nun iſt geſchehen, daß er in deren einen ſich eine Zeit=
lang aufgehalten, und da er einsmals mit dem Vor=
ſteher dieſes Kloſters im gemeinen Refectorio zu Tiſch
geſeſſen, und deren Geiſtlichen herrliche Tugenden ſon=
derbar geprieſen, hat ihn der Vorſteher gefragt, ob er
verlange ein ſonderliches Beiſpiel der Demuth zu ſehen.
Weilen nun der gottſelige Joannes nichts ſo ſehr, als
eben dieſes verlangte, als hat der ofterwähnte Vorſteher
einen zu Tiſch ſitzenden achtzigjährigen Prieſter, deſſen
Namen Laurentius war, zu ſich berufen, welcher als=
bald zu ſeinem Abt kommen, in Meinung, einige Be=
fehle von ihm zu empfangen, derowegen er knieend den
Segen des Vorſtehers begehret und erlanget. Nachdem
er aber von der Erde aufgeſtanden, und ein Jeder ver=
meint, ihm würde die Urſache des Berufens von dem
Abte bedeutet werden, iſt nichts gefolget, und mein guter

greisgrauer Laurentius ist zwei ganze Stunden lang
vor der Tafel seines Abtes gestanden, und den Befehlen
seiner Obrigkeit mit niedergeschlagenen Augen, da in=
zwischen seine Mitbrüder zu Tische gesessen, in aller
Demuth erwartet. Nach gehaltener Mahlzeit hat ihm
der Abt befohlen, er solle hingehen, einem andern Geist=
lichen desselben Ordens, Namens Isidoro, den neunund=
dreißigsten Psalm zu beten befehlen. Dieser gottselige
Mann ist nachmalen von dem vorgemeldeten Joannes
Climaco gefragt worden, was er doch gedacht habe,
indem er so lange ohne Essen und Trinken, Allen gleich=
sam zum Spott, vor der Tafel des Abtes habe stehen
müssen? Höre die Antwort, meine christliche Seele,
merke auf, mein Bruder, nimm wahr, meine Schwester
in Christo! der demüthige Laurentius sagt: ich habe
mir nicht eingebildet, daß ich vor einem Menschen stünde,
sondern vor dem Angesichte Gottes, welchen ich in
meiner Obrigkeit geehret habe. Die Liebe, mit dero
Gott mein Herz versehen hat, wird niemalen zulassen,
daß auch das geringste Wölflein eines bösen Gedan=
kens gegen meine Obrigkeit empor steigen möge. In
scal. Caelest. Grad. 4.

20. Siehe nun auch den herrlichen Nutzen dieser
Tugend, welchen dir der andächtige Petrus Cluniacensis
in Anführung eines hl. Kartheusers vor Augen stellet
Rodr. p. 2. Tr. 3. c. 24. der in seiner letzten Krank=
heit von seinem Prior in Abwesenheit sämmtlicher geist=
lichen Mitbrüder gefragt worden, durch welche Uebun=
gen er sich die göttliche Majestät dergestalt geneigt ge=
macht habe, daß er von derselben mit so großen himm=
lischen Gaben bereichert worden? darauf er also geant=

wortet: Ehrwürdiger Vater, mich hat von meiner Jugend her der allgemeine Feind des menschlichen Geschlechtes sehr verfolget, und da selbiger mit so heftigen Versuchungen mich einsmals bestritten, daß ich kaum widerstehen können, ist die glorwürdigste Himmelskönigin mir zu Hülf kommen, und hat alle diese teuflischen Listen und Anfechtungen mit unaussprechlichem Troste meiner selbst in einem Augenblicke zerstreuet, und mich ermahnet, daß ich den angefangenen Weg der Tugenden standhaft und unverdrossen immer fort wandern sollte. Damit du aber, sagte sie, dieses desto leichter verrichten mögest, so will ich dir drei Dinge aus dem verborgenen Schatze meines Sohnes anbefehlen, kraft deren du Gott sonderbar gefallen, und über deine Feinde allezeit obsiegen wirst. Derohalben sage ich dir, daß du in diesen dreien Stücken dich demüthig erzeigest, als nämlich in der gewöhnlichen Leibesnahrung, in der Kleidung, und in den Aemtern. In der Leibesnahrung, als Essen und Trinken erwähle für dich das Schlimmste jederzeit; in der Kleidung suche die verwerflichsten und am meisten verschlissenen Kleider; und unter den Aemtern befleiße dich, daß du immer das verächtlichste zu vertreten habest, und schätze dich glückselig, wenn dir dasjenige wird aufgetragen, vor dem andere einen Gräuel haben. Nach dieser mir gegebenen Lehre ist die Mutter meines Herrn aus meinen Augen verschwunden, ich habe aber diese Worte in mein Herz eingegraben, und mich bemühet, selbige nicht ohne großen Vortheil meiner Seele im Werke selbsten zu erweisen. Hast du nun gehört, meine christliche Seele, wie die Uebungen der Demuth so großen Nutzen schaffen? Sollte dir nicht eine solche Versprechung auch gefallen, deren du dich so leichtlich fähig machen kannst? Lasse dir es gesagt seyn, daß diese Tugend deiner Seele nicht allein zum ewigen Leben am nützlichsten sey, sondern auch, daß ohne selbige Niemand könne selig werden, wie du aus dem Munde der Wahrheit selbsten, durch den Evangelisten Matthäum zu vernehmen hast, der mit diesen ausdrücklichen Worten also spricht: (Cap. 18. V. 3) Wahrlich, sage ich euch, es sey dann, daß ihr werdet wie die kleine (das ist die Demüthige) so werdet ihr nicht eingehen in das Reich der Himmel. Willst du zum Himmel eingehen, so sey demüthig.

Die zwölfte
geiſtliche Lection
von der
Hoffart.

———

Superbiam nunquam in tuo sensu, aut in tuo
verbo dominari permittas, in ipsa enim
initium sumpsit omnis perditio. Tob. 4. v. 14.

Laſſe die Hoffart nimmer in deinem Sinn, weder
in deinen Worten herrſchen, dann durch die Hoffart
hat alle Verderbung den Anfang genommen.

Der erſte Theil.

1. Dieweilen nach dem Spruch der Weltweiſen,
das Weiße bei dem Schwarzen und das Licht bei der
Finſterniß am Tage am beſten erkennet wird, als iſt
unſer Vorhaben zu mehrerm Glanz der Demuth und
Erläuterung derſelben Nothwendigkeit, von dem Laſter
der Hoffart, als einer Gegenpartei der vorerwähnter
Tugend zu handeln. Es iſt aber die Hoffart ein ſo
großes Laſter, daß nach dem Ausſpruch der hl. Schrift
Eccl. 10. v. 15. dieſe von Anfang aller Sünde ge=
macht habe, und gleichwie die Demuth alle Tugender

sammelt (wie der fromme Didacus Stella Par. 2. c.
57. darfür haltet) zieret und stärket, also werden von
der Hoffart alle Tugenden verdorben, besublet, und ge=
schwächet, und gleichwie die Demuth nicht allein ist eine
Gnade, sondern eine Gnade aller Gnaden, also ist die
Hoffart nicht allein bös, sondern auch ein Riegel und
Hinderniß alles Gutes, und gleichsam eine Königin
aller Laster, so dann auch dieserhalben ein Kron traget,
wie der Prophet Isaias Cap. 28. sagt: Wehe der ge=
krönten Hoffart! dann gleichwie eine Königin mit Be=
gleitung vieler daher pranget; also hat diese viele an=
dere Sünden gleichsam zu ihren Aufwarterinen, weilen
an einem hoffärtigen Menschen alle andere unzahlbare
Laster hervor wallen; billig derhalben ermahnet uns
der gottselige Thomas a Kempis, und sagt: l. 3. c.
8. §. 51. Hüte dich fast für Hoffart und unnützen
üppigen Wohlgefallen, dann dadurch werden viele Men=
schen in Irrsal geführet, und fallen zu Zeiten in eine
unheilbare Blindheit. Unter diese kann gezählet wer=
den derjenige Geistliche, von dem Baronius Tom. 8.
Ann. Dom. 614. schreibt, daß er auf dem Berg Sina
einen so großen Schein seiner Mäßigkeit, daß er viele
Jahre in der Zellen eingeschlossen Gott gedienet habe,
bis er endlich durch öftere falsche Offenbarungen und
Erscheinungen vom leidigen Satan betrogen, in das
abscheuliche Laster der Hoffart und von diesem zum jü=
dischen Glauben gefallen und sich beschneiden lassen.
Es hatte der böse Feind diesem armseligen Menschen
vorhin zu Zeiten einige rechtmäßige und glaubwürdige
Erscheinungen gezeiget, mit denen er das verdunkelte
Herz desselbigen an sich gelocket; zuletzt aber hat er ihm

vor Augen geſtellet auf einer Seiten, eine große Anzahl
der Apoſtel, Martyrer, und andern, Chriſtglaubigen, ſo
mit einer dicken Finſterniß und ſonſt allem Unflat zu=
malen umgeben geweſen; auf der andern Seiten hat
er ihm gezeiget den wunderthätigen Moiſen, die Pro=
pheten des alten Teſtaments und eine unzählige Schaar
des jüdiſchen Volks, ſo alle in großer Herrlichkeit leuch=
teten, und in Freuden lebten, da dieſes der unglückſelige
Einſiedler geſehen, iſt er alsbald aufgeſtanden, den hl.
Berg verlaſſen und den Juden ſich zugeſellet und nach=
dem er denſelben ſeine Offenbarungen kund gemacht,
iſt er von ihnen beſchnitten worden, und hat mit
dem neuen Glauben ein Weib genommen; er hat auch
in aller Anſehen gegen die Chriſtglaubige ſeine Mei=
nungen ausgehen laſſen, und iſt alſo ein Verfechter des
jüdiſchen Aberglaubens worden; dieſen haben wir geſe=
hen und iſt noch nicht über 4 Jahre todt, iſt aber
elendiglich geſtorben, dann er iſt mit einem Schlagfluß
eine Zeitlang geplaget, und nachmals von den Würmen
gefreſſen worden.

2. Ach, hätte dieſer elende Mönch die Hoffart aus
ſeinem Herzen vertrieben und hätte ſich der göttlichen
Offenbarungen unwürdig geachtet (die doch lauter Teu=
fels=Anſtiftungen waren) hätte er ſich, wie billig, für
einen Sünder gehalten, ſo wäre er von ſeinem ſaubern
Offenbarer nicht ſo ſchändlich betrogen und in den Ab=
grund des Verderbens geſtürzt worden. Hätte er den
obangezogenen Text aus dem Buch Tobiä wohl beher=
ziget und im Werk zu erfüllen ſich befliſſen: Laſſe die Hoffart
niemalen in deinen Sinn, weder in deinen Worten herr=
ſchen ꝛc. c. 4. v. 14. ſo wäre er ohne Zweifel dem

unwiderbringlichen. Schaden dieses Uebels nicht zu Theil
worden, weilen er aber dieses vernachläſſiget, und ſich
für einen heiligen und gerechten Mann gehalten, der
er doch nicht war, darum iſt er durch ſo viele teufe=
liſche Erfindungen betrogen und ewig verdammt wor=
den; dahero ſagt recht der Apoſtel: ad Gal. 6. v.
So ſich jemand bedünken laſſet, daß er etwas ſey,
da er doch nichts iſt, der verführet ſich ſelbſt. Es wi=
derfahret aber den Hoffärtigen gemeiniglich, was ſich
mit dem Icario, einem Sohn des Dädali hat zugetra=
gen; dieſem wurden von ſeinem Vater Flügel angeklebt,
wurde aber auch zugleich von ſelbigem gewarnet, er
ſollte nicht zu hoch fliegen, weil nun der Sohn dieſer
Warnung zuwider gelebt und zu hoch geflogen, als ſind
ſothane Flügel von Hitze der Sonnen erweichet, er aber
in's Meer gefallen. Dahero der Poet alſo ſinget:

> Weil Icarius im Flug zu hoch iſt kommen,
>   Stürzt ſich ins Waſſer und verſaufet;
> Daher er bis auf dieſe Stunden
>   Mit ſeinem Nam das Waſſer taufet.

Es ſehe ſich derhalben ein jeder vor, damit er nicht
wann er faſt einige Tugenden erworben hat, zu hoch
fliege und alſo geſtürzet werde, dann es pflegt vielmal
denjenigen, ſo lange Zeit in ſteter Uebung der Tugen=
den haben zugebracht, zu widerfahren, was dem herz=
haften Eleazaro begegnet, von dem das erſte Buch der
Machabäer Cap. 6. v. 43 alſo ſchreibet: Und Eleazar
ſahe einſt von den Thieren, ſo mit des Königs Pan=
zer bedeckt war und er ließ ſich bedünken, daß der Kö=
nig darauf war und er gab ſich dahin, ſein Volk zu er=
löſen, und er lief kühnlich zu dem Thier mitten unter

den Haufen, erschlug den Feind zur Rechten und zur Linken, daß sie vor ihm auf beiden Seiten dahin fielen, und er drang sich dem Elephanten an die Füß', gab sich unter ihn, und tödtet ihn und der Elephant fiel auf ihn zur Erden, und er starb daselbst. So ist dann, wie der hl. Ambrosius darvon redet, dieser Kriegs=Held unter seinem Sieg begraben worden. Eine Sache, die billig zu verwundern ist. Es gehet aber oftmalen mit uns auch so her, die wir auf dem Felde dieser Welt unser Lager geschlagen und mit den Lastern zu kriegen haben. Der erste und gefährlichste Angriff bestehet in diesem, daß wir den Elephanten unseres Fleisches zu Boden werfen. Wehe aber uns armseligen Menschen! wie oft werden wir von dem Sieg selbsten unterdrücket, indem wir unter denselben fallen, und mit ihm zu Grund gehen? Durch Fasten, Wachen und andere Bußwerke halten wir das widerspänstige Fleisch im Zaum; wann wir aber den Hochmuth nicht verlassen, so werden wir von dem Sieg selbsten erschlagen, und indem wir glückliche Obsieger sind, werden wir dennoch als solche schändlich überwunden.

3. Solchermaßen hat überwunden und ist überwunden worden ein sicherer Geistlicher, welcher nach Erzählung des heiligen Macarii, nach getödteten Lasterfeinden, also im Geist hat zugenommen, daß er auch im währenden Gebet vermittelst der Kraft Gottes dergestalt erhoben worden, daß er das himmlische Jerusalem und in demselben den unendlich schönen Glanz der Auserwählten gesehen und gehöret eine Stimme des Inhalts: Dieser ist ein Ort der Ruhe für die Gerechten. Ein wenig hernach, da er vermeinet, diese Worte

seyn ihm gesagt worden, und davor gehalten, er habe
seinen Platz im Himmel ersehen; ist er in einen Hoch=
muth und nachmals erbärmlicher Weise in die gröbste
Sünden und unzahlbaren Laster= gefallen. Dieweil nun
dieser so große und bis zum Himmel steigende Heilige
gefallen ist; wer wird fortan über sein heiliges Leben
zu stolziren sich vermessen dürfen; wann er schon dem
Fasten nnd Beten bestermaßen obliegt, und allerhand
verdienstliche Werke der Abtödtung übet? Noch Eins
höre, meine christliche Seele, von einem andern Geist=
lichen, den der obgemeldete Macarius also beschreibet:
Es war bei mir Einer, der auch zugleich mit mir betete,
diesen hatte die göttliche Gnade also erfüllet, daß ich,
neben ihm stehend, von dem Ueberflusse seiner Gnade
zu ungemeiner Andacht im Gebet bewegt wurde. Er
hatte auch die Gabe, gesund zu machen, daß er also
nicht allein die Teufel austrieb, sondern auch mit Auf=
legung der Hände allein allerhand Seuchen und Krank=
heiten heilete. Da er nun dieserhalben von jedermann
für einen heiligen Mann gehalten und geehret wurde,
ist er von der Hoffart versucht, durch selbige zu Boden,
und in das Aeußerste der Sünden geworfen worden.
Derhalben merk wohl zu diesem unserm Vorhaben der
Flugentius, Epist. 3. ad Probam. c. 15. daß der Ur=
heber der Laster, denjenigen, so er mit dessen eigenen
Sünden nicht übermeistern kann, mit fremden Tugenden
überwinde; dann er lobt die Tugend, kraft deren er
sich überwunden siehet, damit er also überwunden, den
Unschuldigen fahen möge. Und diese ist nach Zeugniß
des hocherleuchteten Cassiani, L. 11. Instit. c. 7. eine
spitzfindige Arglist des bösen Feindes, daß er den Sol=

daten Christi, mit deffen eigenen Pfeilen tödte, den er mit
feinen feindlichen Waffen nicht hat überwinden können.

4. Zu weiterm Verfolg der angefangenen Rede
dient auch, was ein geistreicher Mann Fab. Conc. 4.
in Fest. S. Mar. Magd. laffet herkommen von zweien
Hahnen, so eine Zeitlang mit einander, tapfer gefochten.
Nachdem aber einer von Beiden den Kürzern gezogen,
ist er feinem Feinde entwischet, und hat sich verborgen;
der Andere aber als Obsieger, ist in die Höhe gestiegen,
und hat mit heller Stimme die Victori gesungen; aber,
aber o wehe! in diesem Freudengesange hat ein vorbei-
fliegender Adler meinen guten Hahn erblicket, angefallen,
und alsbald in viele Stücke zerriffen. Nachdem nun
der Andere diese Tragödie bis zum Ausgang der Sache
zugeschauet, ist er mit großem Frohlocken hervor kommen, und hat seiner Heerden wie vorhin, vorzustehen
ungehindert fortgefahren. Also, also geht's in Wahrheit
her mit den Hoffärtigen, da diese wegen einiger ihrer
fonderbaren Gaben und Tugenden andere gering schätzen,
und derowegen der überwundenen Laster erhaltenen Sieg
sich zu viel zumeffen, werden sie von dem höllischen
Habicht gefangen, und mit deffen Stricke an das erbärmliche Joch der vielfältigen Sünden gebunden. War
nicht ein solcher der Petrus, so seine andere Mitjünger
gleichsam durch einen Uebermuth vorbei ging, und sagte:
Wann schon Alle an dir geärgert werden, so will ich
mich doch niemalen an dir ärgern. Matth. 26. V. 33.
Ueber ein Kleines aber wurde er vom leidigen Satan
gefeffelt, und verläugnete seinen Meister zu drei Malen.
War nicht ein Solcher der König David, welcher seinen
eigenen Kräften zu viel trauend, sagte, er wollte sich

immer bei Gott halten? 2. Kön. 11. und derhalben ist
er in die Grube des Ehebruchs und Todschlages ge=
fallen, in dessen begangenen Fehlers er zu Gott geru=
fen: Es ist mir gut, o Herr, daß du mich gedemü=
thiget hast. Ps. 118. Wann nun der Allerhöchste ein
solches Abscheuen hat vor der Hoffart, daß er auch sei=
nen allerwerthesten Dienern dieserhalben seine Gnade
eine Zeit lang entzogen hat, wie haben sich dann nicht
Andere zu fürchten, die ab denen von Gott ihnen er=
theilten Gaben sich im Geist erheben; denn der Apostel
sagt: Was hast du, das du nicht empfangen hast? und
dieweil du es empfangen hast, was rühmest du dich,
alswann du es nicht empfangen habest? 1 Kor. V: 7.
Was maaßen aber die göttliche Gerechtigkeit einen sol=
chen Uebermuth, kraft dessen wir seine Gaben wider
alle Billigkeit uns selbsten zueignen, bestrafe, wird uns
folgende Geschichte zu mehrerer Unterweisung erklären.

5. In einem sichern Kloster hat unter andern ge=
lebt ein Geistlicher, so vor übrigen seiner Mitbrüder
sonderbar geschwätzig gewesen; und dieweilen er eins=
mals von den Sachen geredet, die ihm nicht anbefohlen
worden; als hat ihn der Abt mit ernstlichen Worten
bestraft, und gesagt: Gehe hin und schweige. Diese
wenige Ermahnung hat der obgemeldete Geistliche der=
gestalt beherziget, daß er mit Verwunderung seiner Mit=
brüder, des löblichen Stillschweigens von selbiger Zeit
sich dermaßen beflissen, daß er im Geist, auch bis zur
Anschauung der göttlichen Offenbarung immer und
immer zugenommen, wie aus folgender Historie zu ver=
nehmen ist. Ein sicherer Einsiedler ist in dem Busch,
nicht weit von dem Kloster krank worden, derhalben er

zu dem Abten geschickt, und demüthiglich gebeten, er
möchte zu ihm kommen, und ihn mit den heiligen Sa=
kramenten versehen. Der Abt ist hingangen, um dem
Kranken in seinem Begehren zu willfahren, und hat
den vorgedachten verschwiegenen Geistlichen mit sich ge=
nommen. Da nun diese Beide auf'm Weg begriffen,
höret ein Mörder das Zeichen der gewöhnlichen Schelle,
der sich alsbald aufgemacht, und dem Priester bis zur
Höhle des kranken Eremiten gefolget, und weilen er
sich unwürdig gehalten, in die Zelle eines so heiligen
Mannes einzugehen, als ist er draußen geblieben. Nach=
dem nun der mehrgemeldete Bettlägerige sein christliches
Recht empfangen, ist der oberwähnte Mörder noch bei
dem Eingange der Zellen gestanden, und mit demüthi=
gem Herzen gesaget: ach, wäre ich doch ein Solcher,
wie du bist! Da dieses der Kranke gehöret, hat er mit
einem Uebermuthe und Wohlgefallen über sein wohlge=
führtes Leben bei sich selbsten gesagt: du möchtest wohl
wünschen, daß du wärest wie ich bin. Nach diesem ist
er alsobald verschieden, darüber dann der verschwie=
gene Mitgesell des Alten bitterlich geweinet. In der
Zurückreise dieser beiden ist ihnen der oftgemeldete Mör=
der nachgelaufen, und hat Gott immer um wahre Reue
und Besserung seines Lebens inbrünstig gebeten; dann
er sich vorgenommen hatte, dem Abten seine Sünden
zu beichten, und hinfüro nicht mehr zu sündigen. In
solchem eilfertigen Laufen aber ist er gefallen und als=
bald gestorben. Da dieses der Geistliche gesehen, hat
er angefangen vor Freuden zu lachen. Nachdem sie
nun zum Kloster kommen, hat ihn der Abt gefraget,
warum er also so sehr verschwiegen wäre? dem er ge=

antwortet: dieweilen du mir einmalen gesagt haſt, gehe hin und ſchweige, ſo habe ich von der Zeit an ungefragt nichts geredet. Weiters hat der Abt die Urſache des gemeldeten Weinens, und des bald darauf gefolgten Lachens zu wiſſen verlanget, da doch, ſagt er, der Mörder uns derhalben nachgefolget, damit er uns berauben, und vielleicht auch tödten möchte, und derhalben in ſeinen Sünden geſtorben iſt? dem der fromme Bruder geantwortet, daß er dieſerwegen geweinet, weilen er geſehen, daß, da der Mörder vor der Zelle geſtanden, und gewünſchet, dem kranken Bruder an Verdienſten gleich zu ſeyn, und derſelbe Kranke aber ſich in ſeinem Sinn deßhalben erhoben, der Einſiedler in dieſen hoffärtigen Gedanken geſtorben, und ewig verdammt worden; der Mörder aber, ſo nachgeloffen, hat ſich feſtiglich vorgenommen, ſeine Sünden zu beichten, und da er gefallen, und von ſolchem Fall geſtorben, hat er geſehen, daß die Engel Gottes deſſen Seele mit Freuden zum Himmel geführet, weilen die Reu und Leid dieſes Mörders ſo vollkommen geweſen ſey, daß dadurch ſowohl die Strafe als auch die Schuld der begangenen Sünden ſey getilget worden, dieſerhalben habe er von Herzen ſich erfreuet und gelachet.

6. O, meine chriſtliche Seele, was große Urſache uns zu fürchten haben wir nicht! Hat dieſen ſo büßenden Einſiedler das hölliſche Gräuel der verfluchten Hoffart aller ſeiner mit großer Mühe erworbenen Verdienſte dergeſtalt in einem Augenblicke beraubet und zu Grunde gerichtet? Wie ſollen wir dieſe abſcheuliche Peſt nicht fliehen, inſonderheit, da der hochgelehrte Hugo ſagt, daß andere Laſter nur allein diejenigen Tugenden an-

fechten, durch welche sie vernichtiget werden, als da ist
die Geilheit eine Versucherin und Feind der Keuschheit;
der Zorn ein Widerspiel der Geduld 2c., die Hoffart
aber allein legt sich auf gegen Tugenden eines wohl-
weinenden Gemüthes, und als eine allgemeine und
pestilentialische Krankheit steckt alle mit einander an,
wie an diesem oberwähnten Einsiedler zu sehen ist, der
sich in so viel Tugenden geübet, so gleichwohl alle
nichts geachtet worden, weilen sie von der Hoffart sind
angesteckt und zumalen vernichtiget worden. So ist
dann die Hoffart ein Leben und Haupt der Laster, und
gleichwie die Schlange all ihr Gift im Kopfe traget,
und nachdem dieser Kopf abgehauen, selbige nicht schaden kann, also wirst du nach verworfener Hoffart als
einem Haupt der Laster, aus deinem Herzen sehr leicht
allen Sünden und Anfechtungen widerstehen. Wann
du dich deinem Gott ganz übergeben willst, und dessen
Gnade theilhaftig zu werden verlangest, so meide den
Hochmuth des Herzens, und gedenke, daß die Wässer
der göttlichen Gnade die hohen Berge verlassen, und
den Thälern zulaufen. Betrachte, wer du bist, so wirst
du sehen, wie wenige Ursache du habest, dich zu erhöhen.
In deiner Empfängniß wirst du finden Schuld, in der
Geburt Armseligkeit, im Leben Elend, und am Ende
nur lauter Angst und Zittern, derhalben jener Poet
nicht unrecht gesungen hat:

> Woher, o Mensch, erhebst du dich,
>   Der doch in Sünd' bist worden:
> Das Leben viel Müh' kostet dich,
>   Zu Schmerzen bist geboren.

Sterben mußt du sicherlich,
 Aus dir ein Wurm wird werden;
Der Wurm hernach verändert sich
 In lauter Stank und Erden.
Der da zuvor gezieret war
 Mit schönem Kleid des Menschen,
Muß manchmal seyn kein Mensch fürwahr,
 Er hat verloren den Menschen.
 Dieß laß du dir alles dienen
 Die Hoffart zu vermeiden.

Der andere Theil.

7. Sind wir nun versichert, daß die Brunnquell alles Bösen sey die Hoffart, so ist ja einem Jeden nöthig, der seine Wohlfahrt liebet, daß er die Ader dieser Quelle verstopfe. Obwohlen nun zu solchem Zweck dasjenige genug zu seyn scheinet, was am Ende dieses vorgesetzten Theiles gemeldet ist, so giebt uns dannoch zu dessen mehrern Beförderung der heilige Apostel Paulus ein stattliches Mittel mit diesen wenigen Worten an die Hand: Wir sind des Vermögens nicht, etwas von uns, als von uns selbst zu gedenken. 2. Kor. 3, 5. Nach Zeugniß des Apostels können wir nichts Gutes gedenken, und sollen dannoch etwas Gutes thun können? Müssen nicht die guten Gedanken vor dem Werke vorher gehen? Lehret die tägliche Erfahrniß, daß die Werke selbst schwerer fallen, als die Gedanken und das Vornehmen gute Werke zu verrichten, weilen in den Werken viele äußerliche Beschwernisse müssen überwunden werden, so in den vorhergehenden Gedanken sich nicht ereignen? Wann wir dann nicht ver=

mögen, etwas Gutes zu gedenken, wie werden wir noch
hinzu das Gute können in's Werk stellen? zumalen bei
mir ist's ausgemacht, daß derjenige, so zum Kleinen
nicht bestand ist, zum Großen auch in einerlei Art der
Sachen untauglich sey, derhalben müssen wir dasjenige
gute Werk, so wir üben, dem allmächtigen Gott gänzlich, und uns gar nicht zueignen, nach den Worten des
königlichen Propheten: Nicht uns, o Herr, nicht uns,
sondern deinem Namen gieb die Ehre. Pf. 113. V. 9.
Wann solche Lehre der arme Mensch zu beobachten sich
fleißig unterstände, würde er sicherlich dem Strick der
Sünden nicht so erbärmlicher Weise zu Theil werden.
Nicht würde der heilige Einsiedler Jacobus mit den
bei ihm übernachteten Jungfrauen gesündiget und selbige
nachmals getödtet haben, wann nicht eine verborgene
Hoffart die Ursache so großer Sünden gewesen wäre,
welche er in eine wahre Demuth vermittelst der Hülfe
Gottes verändert, und also in Gnaden wiederum ist
aufgenommen worden. Unglückseliger aber ist gewesen
ein anderer Einsiedler, so mit diesem Laster behaftet
gewesen, wie folget:

8. Es war, sagt Ruffinus 2. c. 1. Item Pallad.
c. 44 in einer nächst gelegenen Einöde ein Mönch, den
man sich in allerhand guten Werken üben sahe, und
sein Brod mit eigener Handarbeit gewinnen. Nachdem
er aber dem stäten Gebet sich ergeben, und in den Tugenden glücklich zugenommen, hat er sein Vertrauen
auf sich selbsten gesetzt, und in der Anstalt seines schönen Lebens ein Wohlgefallen gehabt. Viele Jahre hat
er in sehr strengem Leben zugebracht, da einsmals der

Satan ihn zu bekriegen angehebt, und seiner Einbildung
ein wohlgestaltes, und in der Wüste irrendes Weibs=
bild vormalete. Diese kommt zur Höhle, findet offene
Thüren, derhalben gehet sie hinein, fallet meinem Ein=
siedler zu Füßen und bittet in der bevorstehenden Fin=
sterniß die Nachtsherberg. Dieser erbarmet sich ihrer,
nimmt sie an in seine Höhle und da er sie wegen des
Irrgangs befragt, hat sie denselben erzählet, und den
angefangenen Discurs so lange fortgesetzt, bis sie durch
ihre holdseligen Reden das steinerne, ja diamantische
Herz des Einsiedlers erweichet und mit der unkeuschen
Liebe entzündet hat. Indem nun dieser armselige Mensch
all seiner erworbenen Tugenden und Gottes selbsten
vergessen, gleich einem Pferd und Maulthier mit diesem
vermeinten und vergestalteten Weibsbild seiner bösen
Begierden genug zu thun, und selbige anzugreifen sich
nicht gescheuet, thut diese vom Teufel angenommene
Weibsgestalt alsbald vor seinen Händen und Augen
verschwinden, und die Luft mit großem Geschrei erfül=
len. Neben diesem höret man die bösen Geister froh=
locken, und den gefallenen Mönch auslachen. Einige,
so dieses Uebel angestiftet, fahren mit Scheltworten ge=
gen ihn aus, Andere rufen mit harter Stimme: der
sich erhöhet, der wird erniedriget werden, du bist bis
zum Himmel erhöhet gewesen, und bist nun bis zur
Hölle gedemüthiget. Also ist dieser unglückselige Ein=
siedler von den höllischen Feinden ausgehöhnet worden,
derowegen er der Welt sich wiederum einverleibet, und
nachmals ein sehr böses Ende erreichet. Es wäre wohl
zu wünschen, daß bei gegenwärtigen Zeiten nicht viele

Geistliche gefunden würden, so wegen ihrer großen Ge=
lehrtheit und vortrefflichen Tugenden von der Hoffart
angeblasen, und mit diesem armseligen Einsiedler ewig
verloren gingen, sintemalen der lose Satan keine Mühe
sparet, damit er die Diener Gottes mit dieser Pest
vergiftige, derhalben folge du meinem Rathe, meine
christliche Seele, erkenne deine Schwachheit, sage nicht
allein mit dem Munde, sondern auch vom Innersten
deines Herzens, daß du ein Sünder seyst, von dir
selbsten das geringste Gut nicht habest, und gieb dem
allgewaltigen und barmherzigen Gott allein die Ehre
und Danksagung aller geübten Tugenden und guten
Werken.

9. Abraham, ein Einsiedler, hat viele Jahre in der
Wüste gelebt, und sehr viele von der Heidenschaft zum
wahren allein seligmachenden Glauben bekehret, ist aber
auf vielerlei Art von den höllischen Schlangen versuchet
worden, aber umsonst; sogar daß dieses giftige Höllen=
thier nunmehr von Ueberwindung dieses heiligen Vaters
verzweifelt, hat aber diese Hoffnung darauf gründen
wollen, daß er den frommen Mann kraft seiner selbst
eigenen Tugenden in's Verderben stürzen würde, und
hat ihn derhalben also angegriffen. Da vielleicht der
gottselige Abraham einsmals bei der dunkeln Nacht das
Psalter gebetet, ist urplötzlich ein gewaltiges Licht in
dessen Zelle erschienen, und diese Stimme erhöret wor=
den: Selig bist du, Abraham, wahrlich sage ich, du
bist selig, weilen in allen deinen guten Werken dir
keiner ist gleich gefunden worden, und keiner hat also
meinen Willen vollbracht, wie du. Indem aber der

fromme und kluge Alte dieser Schönheit und lieblichen
Worten nicht getrauet, weil er sich für einen großen
und solcher Zeitung unwürdigen Sünder gehalten,
hat er hierauf den Betrug des Versuchers vermerket,
und gerufen, deine Finsternissen sind bei dir zu deinem
Verderben, o du schalkhafter und verlogener Gesell!
Ich bin ein sündiger Mensch, ich bin nichts als Staub
und Asche. Hierauf ist der saubere Lucifer mit seinem
Licht verschwunden, und hat dem demüthigen Abraham
das Siegkränzlein, obwohl ungern, hinterlassen. Wir
sehen und hören unsern Feind in solcher Gestalt nicht,
und wann wir dannoch von demselben heimlicherweise
angefochten werden, so lasset uns mit Herz und Mund
sagen: Teufel, du lügst! ich bin nicht heilig; ich bin
nicht derjenige, den du mir vormalest; ich weiß mir
nichts Gutes bewußt; alles was ich Gutes zu thun
trachte, das kommt von Gott her, ich aber bin ein
Sünder, ich bin lauter Staub und Asche, ꝛc. Noch
Eines höre, meine christliche Seele von dem großen Antonio. Diesen konnte der höllische Bösewicht mit allen
seinen Erfindungen nicht obsiegen, daß er zuletzt die
Waffen der Hoffart gegen ihn ergriffen. Vorhin suchte
er mit Grausamkeit, nun aber durch Abscheulichkeit ihn
zu verführen, leget derhalben die Gestalt eines häßlichen
Mohren an, wirft sich dem heiligen Manne zu Füßen,
und fangt an, mit diesen Worten sich jämmerlich zu
beklagen: Viele berühmte Helden hab' ich mit meiner
Arglist betrogen, und viele großmächtige Riesen hab'
ich auf flachem Felde überwunden, dir aber (daß ich
mich schäme zu bekennen) muß ich weichen. O listiger

Streich! Mit der eitlen Ehre wollte dieser Satan den
Antonium überwinden, an dem all voriges Versuchen
ganz eitel worden. Antonius aber achtete diese locken-
den Worte nicht, sondern fragt unerschrocken: Wer bist
du? Der abscheuliche Mohr giebt zur Antwort: Ich
bin die Begierde der Blutschande, ein Geist der Geilheit, ein Trabant der Unkeuschheit; mit meinen Fackeln
entzünde ich die Herzen der jungen Leute, der Alten,
sowohl Männer als Weiber dergestalt, daß sie die Geilheit hervor schaumen, und von allen Kräften der bösen
Begierden nicht allein brennen, sondern auch gebraten
werden. O wie Viele habe ich mit meinem Locken ge-
löset, die mit dem schneeweißen Gürtel der Jungfrauschaft umgürtet waren! O wie Viele haben sehr keusch
und sauber angefangen, aber durch mein Eingeben übel
geendiget! Viele haben wegen steter Abmattung des
Leibes, und gänzlicher Abtödtung ihrer selbsten viele
Siegkränzlein erworben, die ich als eine Begierde der
Blutschande überwältiget. Ich bin derjenige, der dir
meine Fackeln so oft habe angehalten, und mit denselben dich so viel mal zu entzünden getrachtet. Ich bin
derjenige, der nicht allein von weitem mit dir gestritten
hat, sondern auch von nahe meine feurigen Pfeile auf
dich geworfen habe. Ich bin derjenige, so vielmal ein
Obsieger, nun aber von dir obgesieget werde.

10. Auf solche Worte hat Antonius, anstatt des
gesuchten Wohlgefallens sehr häufige Zähren vergossen,
der göttlichen Majestät schuldigen Dank gesagt, und
also gepriesen dessen Allmacht, daß er zugleich gern bekennet seine eigene Ohnmacht. Es ist auch unser ob-

erwähnte Kriegsheld Antonius nach diesen Zeitungen
mehr gegen diesen Feind gestärkt worden, dahero er ihn
herzhaft zu verspotten fortgefahren und gesaget: So
merke ich dann, daß du ein fauler und träger Schwarz-
färber seyest, dieweil du von so einem unversuchten
jungen Menschen, als ich bin, dich überwinden lassest.
Ich sehe nun hinführo nicht, warum ich dich fürchten
solle. Thue was du willst; komme mit der ganzen
Schaar der Deinigen, und wende alle deine Kräfte an
mich, ich schrecke mich nun vor dir nicht! Der Herr
ist meine Erleuchtung und mein Heil, vor wem soll
ich zittern? Wann schon die Kriegsläger gegen mich
stehen, so wird sich doch mein Herz nicht fürchten;
wann schon ein Streit gegen mich aufstünde, auf denselben, nämlich auf Gott, will ich hoffen. Der Herr
ist mein Helfer. Nach diesen Worten ist der höllische
Mohr wie ein Rauch verschwunden, und hat dem frommen Antonio den Sieg in Händen gelassen. Eben selbiger Waffen sollen wir uns auch mit dem heiligen
Antonio gebrauchen, nämlich der Demuth und des Vertrauens zu Gott, zumalen wir vermittelst dieses Ge-
wehrs unfehlbar den Sieg erhalten werden.

11. Ein anderes Mittel giebt uns der heilige Abt
Isidorus an die Hand, welcher in allen Anfechtungen
von dem Hochmuth sich selbsten pflegte mit diesen Worten anzureden, Climac. in Scal. Coel: Du bist ja
nicht an Verdiensten gleich dem großen Antonio, oder
dem Abte Pambo, oder andern Einsiedlern; was bildest
du dir dann ein Isidore? Mit diesen Waffen hat er
allezeit seinen Feind geschlagen. Mit gleichem Fund

hat ein anderer standhafter Ritter Christi die Hoffart
vernichtiget, welcher mit großem und nützlichen Fort=
gang der Tugenden sich befliffen, derhalben die unreinen
Geister denselben durch den Saamen der Hoffart zu
hemmen sich bemüheten. Er aber suchte derselben Schalk=
heit vermöge einer geistlichen List zu hintertreiben. Er
schrieb an die Mauern seiner Zelle die allerhöchsten und
vollkommensten Namen der Tugenden, als nämlich die
allervollkommenste Liebe, die allertiefeste und niedrigste
Demuth, das allerreineste Gebet, die englische Keusch=
heit, und andere Tugenden. So oft nun die hoffärtigen
Gedanken ihn zu erheben anfingen, so sagte er zu ihnen:
Kommt, meine Gedanken, lasset uns die Vorschrift be=
schauen; wir wollen unser Argument übersehen. Da er
dann zu der Schrift kam, und lesete: Die allervollkom=
menste Liebe, sprach er sich selbsten zu: wie weit bist
du noch von solcher Liebe, der du noch öfters von der
Faulheit, deinem Nächsten zu dienen, und von dem Ver=
drusse über desselben Unvollkommenheiten angefochten
werdest. Hast du vielleicht das allerreineste Gebet?
zumalen nicht, das bezeugen genugsam die vielfältig
ungebührlichen Gedanken in demselben. Der englischen
Keuschheit kannst du dich auch nicht rühmen, dieweilen
dich die unreinen Einbildungen und brennenden Stacheln
des Fleisches fast immer plagen. Und also antwortete
er sich selbsten in Uebersehung aller ausgezeichneten
Tugenden. Nach diesem Allen beschloß er seine Rede
mit diesen güldenen Worten: Du mußt wissen, mein
lieber Bruder, daß, wann du alle diese Tugenden voll=
kommentlich erworben hast, dannoch seyest ein unnutzer

Knecht, dieweilen du gethan haſt, was du zu thun
ſchuldig wareſt. Solchermaßen hat dieſer fromme
Geiſtliche ſeine Feinde überwunden. Ich zweifle nicht,
meine chriſtliche Seel, daß dieſe vorgeſchriebene Arznei
die peſtilentiäliſche Seuche der Hoffart zu vertreiben be-
ſtand ſey, derhalben will ich dich länger nicht aufhalten.
Nehme du vorlieb das Wenige, damit du dich fähig
macheſt, zu begreifen das Viele und Größere.

Die dreizehnte
geistliche Lection
von dem Ehrgeize.

———

Non possum in monte salvari, ne forte appre-
hendat me malum et moriar. Gen. 19. 19.

Ich mag auf dem Berg nicht erhalten werden, daß
mich vielleicht das Uebel nicht ergreife; und ich
umkomme.

Der erste Theil.

1. Gleich wie die Hoffart ein Feind ist der De=
muth, also ist auch derselben Tugend der Ehrgeiz zu=
wider, welche, nach Meinung des heiligen Thomä, ist
eine unordentliche Begierde der Würden und Ehren.
Ob zwar nun diejenigen Uebel, denen sich die Ehrgeizi=
gen unterwerfen, kaum zu beschreiben sind, so wollen
wir jedoch deren einige möglichst anführen. Erstlich ist
gewiß, daß die Ehrgeizigen durch sothane unziemliche
Begierden ihr eigenes Gewissen verletzen. Zum andern
müssen sie selbst gestehen, daß sie die gefaßte Andacht
und innerliche Ruhe ihres Herzens dadurch verlieren.
Wiederum ist nicht ohne, daß sie sich vielen heimlichen

Plagen unterwerfen. Und letztlich ist das allergrau=
samste, daß sie ihre Seele in die Gefahr des ewigen
Verderbens stellen. O wie viele sind nicht von der
Spitze der Ehren und Würden durch dieses Laster in
den Abgrund der Hölle gestürzet worden! Sintemalen
nach Meinung des heil. Chrysostomi Alle, so den Vorzug
verlangen hier auf dieser Welt, sollen sicherlich ihre
Verschmähung finden in der andern; dann unter die
Diener Christi kann nicht gezählet werden, der sich um
Würden bemühet hat auf Erden. Die Ursache aber
dessen giebt uns der geistreiche Didacus Stella mit die=
sen Worten: Es ist eine beschwerliche Sache, leben in
hohen Würden, und dannoch frei seyn von hochtragen=
den Gedanken. Par. 1. c. 25. Weilen dann Gott
denen widerstehet, so ein Großes aus sich selbst machen,
und die Ehrsüchtigen solche sind, so kann man wohl
schließen, daß selbige von Gott in den Abgrund des
Elends werden verworfen werden nach den Worten der
ewigen Wahrheit: Und du Capharnaum, die du bis
an den Himmel erhoben bist, wirst bis zur Hölle hin=
unter gesenket werden. Luc. 10. V. 15. Dieß haben
erfahren diejenigen Geistlichen, von denen der Antonius
Senensis in der Chronik des heiligen Prediger=Ordens
also meldet: Um das Jahr 1570 in einem sichern
Kloster ist nach der gewöhnlichen Complet einer von
den Brüdern zum Refenter hingegangen, dieweilen ihm
die Sorge desselben anbefohlen gewesen. Sobald er
nun hinein kommen, hat er selbiges zu allen Seiten
mit geistlichen Brüdern erfüllet gesehen, so mit gewöhn=
lichen Kappen angekleidet, sich zu Tisch gesetzt, und die
annahende Zeit des Abendmahles gleichsam erwartet.

Der Bruder ist alsbald zum Prior gelaufen, und hat
ihm die Gegenwart der fremden Gäste verkündiget.
Dieser aber hat vermeinet, der Geistliche sey entweder
närrisch geworden, oder habe solches etwa geträumt,
und sich diesen Traum allzufest eingebildet. Da er nun
gleichsam mit Gewalt zu kommen gezwungen worden,
ist er dorthin gefolget, und hat die Sache mit Verwir=
rung seiner selbsten also befunden. Nachmals die vor=
nehmsten Verständigsten des Klosters zusammen berufen,
und nach gepflogenem Rathe den priesterlichen Habit
angelegt, das allerhochwürdigste Sakrament des Altars in
Begleitung sämmtlicher geistlicher Brüder zum Refenter
getragen. Und da er hinzu kommen ist, hat er den=
jenigen, so den vornehmsten Platz besessen, zum ersten
angeredet, und weiters die Sämmtlichen beschworen,
anzukündigen, wer sie seyen, und zu was Ende sie da=
hin kommen? und hat ihnen auch im Namen desjenigen
Herrn, den er in den Händen getragen, befohlen, sie
sollten auf gethane Fragen antworten. Hierauf hat,
dem Ansehen nach, der Vornehmste unter ihnen ange=
fangen und bekennet, daß sie Alle gewesen seyen Geist=
liche desselben Ordens, der meiste Theil aber seyen ge=
wesen Magistri, Priores, Superiores, Doctores, Bac=
calaurei, Lectores, und mit andern Aemtern geehret,
und daß sie Alle die Sentenz des Todes getroffen habe,
deren sie sich durch vielen Ehrgeiz, Hoffart, Mißgunst
und anderer dergleichen Laster würdig gemacht hätten.
Sie seyen aber aus Befehl der göttlichen Gütigkeit
dorthin geschickt worden, dessen und aller andern des
Ordens Klöster einverleibte Brüder zu ermahnen, daß
sie ihrem Beruf gemäß leben sollten; auch hat zum

Beweis seiner Verdammniß ein. Jeder seinen Rock auf=
geschlagen, und den Geistlichen die brennenden Feuer=
flammen gezeiget, und nachdem der Vornehmste unter
ihnen ein Zeichen mit der Hand auf den Tisch gegeben,
ist das ganze Schauwerk verschwunden, und hat das
ganze Kloster in Furcht und Schrecken gelassen.

2. Wie oft hatten diese gelehrten Männer gelesen
und gehöret die Wahrheit aus dem Munde der ewigen
Wahrheit: Was bei den Menschen hoch ist, das ist
ein Gräuel vor Gott! Cap. 16. B. 15. Aber die Ehr=
sucht hatte ihnen den Verstand verdunkelt, die Augen
verblendet, und die Ohren verstopfet. Nicht allein ist
dieses Laster verderblich, wie aus erwähnter Geschichte
erhellet, sondern ist das Verderben selbst, gleichwie der
Psalmist in seiner Rede zu Gott sagt: Du hast sie
niedergeworfen, da sie erhöhet wurden. Ps. 70. B. 18.
Ueber diese Worte merket der heil. Gregorius, L. 1.
Indict. 9. Ep. 5, daß der Prophet nicht gesagt habe:
Du hast sie niedergeworfen, nachdem sie erhöhet worden,
(dann solchermaßen wäre die Erhöhung verderblich)
sondern, da, oder indem sie erhöhet wurden, weilen,
sagt der heilige Kirchenlehrer, die Bösen, wann sie mit
zeitlichen Würden geehret werden, stehen sie dem äußer=
lichen Scheine nach auf, innerlich aber fallen sie. So
ist dann die Erhöhung das Verderben selbst; dann, in=
dem sie von der falschen und betrüglichen Würde unter=
stützt sind, werden sie von der wahren Herrlichkeit aus=
geleeret. Dieses lehret uns auch der königliche Prophet,
der da spricht: Die Feinde des Herrn, sobald sie zu
Ehren und Hoheit kommen Ps. 36. B. 20. Was den=
selben widerfahren solle, folgt alsbald hernach: werden

abnehmen, und wie der Rauch verschwinden. Nun
merke auf, meine christliche Seele, wie dieser göttliche
Prophet unsere obangezogene Wahrheit durch das Gleich=
niß des Rauches bekräftige, dessen Aufsteigen zugleich
seine Zerstreuung und Vernichtigung ist, und wie höher
er sich in die Luft schwinget, je mehr und mehr wird
er zertheilet. Eben solches wiederfahret den Bösen, und
die zur Hoheit von Gott nicht berufen sind. Die Er=
höhung selbst ist ihr Verderben, und auf wenigstens eine
Verniedrigung in den Augen Gottes, von dem sie in
das ewige Verderben werden verstoßen werden.

3: Solchem großen Uebel den Eingang zu ver=
sperren, haben unsere Satzungen verordnet, daß Alle,
so in unserm Orden die Gelübde versprechen, das vierte
derselben, nämlich die Demuth, gegen diesen giftigen
Feind den Ehrgeiz thun; durch welches Gelübde (wie
unser P. Ignatius in Turri salutis weitläufig beschrei=
bet) werden alle unter einer Todsünde verbunden, nach
keinem einigen Amt, es sey in= oder außerhalb der Ver=
sammlung, zu trachten, worinnen auch beschlossen wer=
den diejenigen Aemter, so durch eine einfältige, das ist
nicht canonische Wahl, vergeben werden, als da sind die
Aemter der Patren Examinatoren und P. P. Discreten
des Klosters. Sollte aber Einer mit dergleichen ehr=
süchtiger Versuchung angezapft werden, so nehme er
als einen bewährten Schild diese dem Buche Genesis
vorgemeldeten Worte zu sich, und sage: Ich mag auf
dem Berg, das ist in dem Amt eines Vorstehers, nicht
erhalten werden, daß mich vielleicht das Uebel nicht
ergreife und ich umkomme durch den Tod der Sünde,
derhalben will ich vorhero alle Vortrefflichkeit der Aemter

mit allem Ernste meiden. Weiters ist auch zu beobach=
ten, daß die Vorstehung nicht allein gefährlich und ver=
derblich sey den Bösen und Ehrsüchtigen, sondern auch
den Guten und von Gott Berufenen schädlich sey, wie
solches aus göttlicher heiliger Schrift und den heiligen
Vätern klärlich kann bewiesen werden, und zwar erstlich
aus dem hohen Liede Salomonis: Allwo die Seele
eines guten und getreuen Prälaten oder Vorstehers, so
zu solchem Amt berufen ist, ihre Gefahr erkennet, und
also beweinet: Sie haben mich zur Hüterin in den
Weingarten gesetzt, Cant. 1. v. 6. Was ist aber dar=
auf erfolget? Ach! ich habe meinen Weingarten nicht
bewahret. Diese Klagrede legt der heilige Gregorius
solchergestalt aus, und sagt, daß durch den Weingarten
verstanden werden unsere Werke, die wir zum Nutzen
unserer eigenen Seele verrichtet haben. Diese werden
aber dadurch verhindert, wann wir nämlich im Stande
der Vorstehung auf fremde Thaten und Sitten Achtung
haben. Wir Hüter aber, sagt der gemeldete Kirchen=
lehrer, die wir in die Weingärten gesetzt sind, bewahren
unsere Weingärten nicht, weilen wir mit andern Werken
beschäftiget, den Dienst unserer eigenen Werke vernach=
lässigen.

4. Es kann auch nicht unbillig durch diesen Wein=
garten die eigene Seele verstanden werden, wie aus
diesen Worten des Propheten Jesaiä abzunehmen ist:
Mein Geliebter hat einen Weingarten bekommen, und
hat gewartet, daß er Trauben hervor bringen sollte,
und er hat wilde Trauben vorgebracht, Cant. 5. v. 2.
So ist dann eins, ob ich sage, sie haben mich zu einem
Hüter gestellt in den Weingarten, oder ich sage, sie

haben mir die Seelsorge aufgetragen, indem sie mich
zum Vorsteher erwählet haben, und dieß ist der Nutzen,
den ich heraus geschöpfet, daß ich nämlich meinen
Weingarten, das ist meine eigene Seele, nicht bewahret
habe. Wohl ist auch allhier zu merken, daß in dem
angezogenen Terte nicht von demjenigen gehandelt werde,
der sich in das Amt hineingedrungen hat, sondern von
dem, der dazu berufen und erwählet worden ist; dann
sagt er nicht: ich habe mich gesetzt, sondern, sie haben
mich gesetzt. Derhalben da er zum Hüter über Andere
ist berufen worden, hat er dadurch abgelassen, ein Hüter
zu seyn über sich selbst? Siehest du nun, meine christliche Seele, die Gefahr auch bei guten Vorstehern?
Höre noch den heil. Bernardum über diesen Ort der
heiligen Schrift: Die Rede, sagt er, ist nicht von dem
Weingarten, sondern von der Seele, so gedenke du dann
an die Seele, wann du lesest oder hörest nennen den
Weingarten. Ein solcher Hüter war vor Zeiten der
Adrianus Sertus, welcher die Gefahren der Seele in
dieser Hütung Anderer wohl betrachtet hat; und da er
einsmals gefragt wurde, was für eine Strafe er seinem
Hauptfeinde gönnete? gab er zur Antwort: das Papst-
thum. Dahero ist ihm diese Grabschrift gemacht worden:
Adrianus Sertus liegt allhier,
welcher nichts für so unglückselig gehalten, als daß er
regieret hat. Wiederum Papst Leo der neunte hat in
seinem Todtbette dem Beichtvater in's Gehör gesagt:
Wieviel besser wäre mir gewesen, wann ich statt der
Himmelsschlüssel, die Schlüssel der Klosterpforte gehabt
hätte. Desgleichen hat Paulus, der dritte Papst dieses
Namens, in seiner Sterbestunde gesagt: Viel lieber

hätte ich mich dem Koch der P. P. Capuziner unter=
worfen, als daß ich diese, Gott so nahe Würde die
zehn Jahre lang habe ausgestanden. Beyrling. Apophr.
fol. 477. Engelgr. Dom. 16. post Pent.

5. Wann nun so gelehrte und gottselige Männer,
so von Gott sonderbar auserwählt worden, gleichwohl
unter der Last der päpstlichen Würde dergestalt geseuf=
zet, daß sie gewünschet haben, sie wären Pförtner und
Köche in Platz der Päpste gewesen, so muß mir ja
dieses ein Zeiger seyn, daß wie höher eine Würde oder
Vorstehung ist, je mehr sie den Gefahren der Seele
unterworfen sey. Dieses war dem heiligen Vater Au=
gustino wohl bekannt, derhalben hat er nicht umsonst
in seiner vorgeschriebenen Regel gesagt: wie höhern
Ort Einer besitzet, wie größere Gefahr er leidet. Er
redet aber von einem guten und getreuen Vorsteher,
von dem er vorhin also gemeldet hat: Derjenige aber,
so euch als eine Obrigkeit ist vorgestellet, derselbe schätze
sich nicht glückselig, daß er mit Macht herrsche, sondern
er freue sich, daß er euch mit brüderlicher Liebe dienen
könne; er solle in Furcht vor Gott zu euren Füßen
liegen; auch soll er Allen zum Besten einem Jeden ein
Spiegel der guten Werke seyn. So redet dann dieser
heilige Vater von einem Vorsteher, so da innerlich und
äußerlich gut ist, und nichts desto weniger sagt er, daß
dieser in großer Gefahr seiner Seligkeit lebe, und dero=
wegen armselig könne genennet werden; ja, was noch
mehr ist, er befiehlt, daß wir Untergebene desselben uns
erbarmen sollen, und sagt: Erbarmet euch seiner. Man
erbarmet sich aber Keines, der nicht in Armseligkeit
stecket; und die Erbarmung nöthig hat. In Armselig=

keit, sage ich, ist derjenige, so über Andere zu richten
gesetzt ist. Und ist diese nicht die größte Armseligkeit,
nämlich den Sünden, als die schwersten Uebel aller
Uebel, mehr als Andere, unterworfen zu seyn? Die aber
zu Vorstehern gestellet sind, müssen diesen Uebeln gemeiniglich unterliegen, wie genugsam bewiesen ist; auch
bekräftiget solches der heilige Thomas In Opusc. de
Eruditione Princ. c. 1. mit diesen Worten: Diejenigen, so große Gewalt haben, sind öfter schwächer der
Seelen nach, als Andere, weil sie weniger Gewalt haben, dem Teufel und den Lastern zu widerstehen. Und
ein wenig hernach bekräftiget er das Obige und sagt:
Derselbige Stand ist gefährlich, so viel die Seele betrifft: dann es kann Einer in solchem Stande schwerlich ohne Sünden leben. Dieweil wir nun vernünftig
schließen, daß die künftigen Sünden zur Strafe der
vorhin begangenen von dem gerechten göttlichen Richter
vielmal zugelassen werden, so müssen wir auch dafür
halten, daß die Vorstehung eine Strafe sey der begangenen Sünden. Dieses befestiget noch mehr der erwähnte
heilige Thomas mit folgenden Worten: Die irdische
Gewalt, kraft der ein Mensch über andere Menschen
ist, ist keine Sache der Natur, sondern eine Nachfol-
gerin der Schuld. ....
§. 6. Ist diesem nun also, wie närrisch sind dann
diejenigen, welche nach hohen Würden trachten! Dieß
muß ich sagen, daß diejenigen, so einige Würden auch
in dem geistlichen Stande verlangen, oder die aufgetragene Ehre mit fröhlichem Gemüthe annehmen, sie
seyen auch, wer sie wollen, blind und aller heilsamen
Furcht Gottes entblöset sind, insonderheit, da der heil.

Chryſoſtomus Homil. 34. ad illa verba Hebr. 13.
Ipsi pervig. In medio Chr. c. 32. hiervon alſo redet:
Zu verwundern wäre es; wann Einer von denen, ſo
Andere regieren, ſollte ſelig werden. Dieſe ſeine Worte
erläutert er mit einem Gleichniſſe und ſagt: So ſchwerlich kann ein Vorſteher ſelig werden, als ſelten geſchieht,
daß ein Jüngling mit einem ſchönen Mägdlein umgehe,
und mit demſelben nicht ſündige. Eben ſelbiger Meinung iſt der heilige Kirchenlehrer Bonaventura, der
alſo ſpricht: Eine ſolche Sache iſt's, der Ehren ſich
wohl zu gebrauchen, wie Einem, ſo mit einem wohlge-
ſtalteten Mägdlein umgehet, befohlen wird, daß er kein
unzüchtiges Auge jemalen auf ſelbiges ſchlagen ſolle.
Wie ſchwerlich nun iſt in ſolchem Falle dieſem Befehle
nachzuleben; ſo ſchwerlich iſt es auch, der Ehren ohne
Verletzung der Seele ſich zu gebrauchen. Weiters betrachtet der heil. Bernardus dieſe Worte des Apoſtels
zu den Römern: Erhebe dich nicht in deinem Sinn
und bricht alſo los: In hohe Würden geſtellet zu ſeyn,
und ſeinen Sinn nicht zu erheben, iſt eine ſchwere und
ungewöhnliche Sache. Derhalben nennet er ſie eine
Ehrſucht, einen Roſt der Tugenden, eine Motte der
Heiligkeit, und eine Verblenderin der Herzen. Epiſt.
12. Bern. Serm. 6. in Pſalm. 90. Dann die Ehren,
ſo der Menſch mit fröhlichen Augen anſchauet, verblen-
den ihn, wann er ſchon auch erleuchtet iſt; ſie berauben
ihn ſeiner Tugenden und Heiligkeit. Dahero ſagt der
weiſe Mann: Der wenig zu ſchaffen hat (das iſt, wer
für Andere nicht zu ſorgen hat) der wird, die wird die
Weisheit einnehmen; Eccl. 38. v. 25. und darnach
ſelig werden. Alſo kann mit guter Vernunft geſagt

werden: Der viel zu schaffen hat, der wird derselben Weisheit beraubet, und folgends ewiglich verdammet werden. So ist dann nicht zu verwundern, daß die Vorstehung eine große Armseligkeit genennet werde, welche den Menschen in die ewigwährende Armseligkeit verstoßet. Diese Armseligkeit der Seele fliehet man nicht, der Armseligkeit des Leibes aber sucht jedermann mit aller Sorgfalt zu entgehen; diese fürchtet man; und andere liebet man. Dieweilen die treumeinende Ermahnung des heil. Bernardi bei Vielen so wenig Platz findet, der da spricht: Du Ehrsüchtiger, wer du immer bist, wann du witzig bist, wann das Licht deiner Augen dich noch nicht verlassen hat, so lasse ab zu suchen, welches, wann du gefunden, nur Armseligkeit gewonnen hast. Fliehe derhalben und meide, meine christliche Seele, die Aemter so viel dir möglich ist, dann auf einem niedrigen Orte wirst du deine ewige Glückseligkeit leichtlicher und sicherer finden, als an einer erhobenen Stelle. Damit ich dir aber den von dem abscheulichen Ehrgeize gegebenen Bericht ferner bestätige, als habe ich in folgendem andern Theile dieser Ermahnung auch zu deinem mehrern Vergnügen einige nützliche Beispiele anfügen wollen.

Der andere Theil.

7. Das Erste giebt uns an die Hand der erste israelitische König Saul, von dem der heil. Gregorius Ad illa verba Job. 36. Deus potentes non abjici also schreibet: Saul ist von dem Verdienst der Demuth in das Geschwür der Hoffart durch die Höhe der empfangenen königlichen Gewalt erwachsen; dann wegen

einer Demuth iſt er Andern vorgezogen, wegen ſeiner
Hoffart aber iſt er von dem Herrn verworfen worden
mit dieſem Verweis: Biſt du nicht zum Haupt worden über die Stämme Iſrael, da du klein wareſt in
deinen Augen, 1. Kön. 14. V. 17. Er hielte ſich klein
in ſeinen Augen vor der Gewalt, da er aber mit zeitlicher Macht erhoben worden, ſahe er ſich nicht mehr
für klein an. Alſo geht es her, meine chriſtliche Seele,
nach dem gemeinen Sprichwort: Honores mutant mo-
res, ſed raro in meliores. Die Ehren den Menſchen
verkehren und ſelten bekehren. Das andere Beiſpiel
haben wir am Verräther Judas, von dem der geiſtreiche Gerſon Serm. ad Ecclesiasticorum cautel. consid. 4. circa finem tom. 2. fraget, warum ihn Chriſtus
zu ſeinem Apoſtel erwählet habe, da er doch vorhin
gewußt, daß derſelbe ſo gröblich fallen würde? Er
ſelbſt ſpricht alſo: Ich habe Zwölf erwählet und Einer
von euch iſt ein Teufel. Dieſe Frage, ſagt der oberwähnte Gerſon, iſt eine von denen, ſo der Apoſtel Paulus Röm. 11. V. 33. betrachtet, und nicht beantwortet,
ſondern überlaut ausgeſchrieen: O, eine Tiefe des Reich-
thums, der Weisheit und Erkenntniß Gottes, wie unbegreiflich ſind ſeine Gerichte, und wie unerforſchlich
ſind ſeine Wege. Dieß Einzige wiſſen wir, daß Gott
in dem Judas nicht verurſachet habe den böſen Willen
der laſterhaften Verachtung, ſo viel dieſelbe eine Bosheit
betrifft. Er aber, nämlich Chriſtus, hat ſich dieſes böſen Willens wohl gebrauchet, als die Weisheit Gottes,
die ſich da ſtrecket gewaltiglich von einem Ende bis zum
andern, und verordnet alle Dinge lieblich. Allhier,
fahret fort der mehrgemeldete Gerſon, wird beſtrafet die

närrische Ehrsucht des menschlichen Herzens, das da so
unfurchtsam die Höhe der Würden anfället, die doch
ein Mensch, so von Gott berufen, und von ihm selbsten
erwählet, mit keiner Versicherung und ohne große Ge=
fahr des Fallens annehmen kann, wie wir am Judas,
am Saul, und unzählbaren Andern zu sehen haben.
Gerson hat's getroffen; du aber hüte dich vor dem Auf=
steigen, fürchte das Fallen, und höre:

8. Weiters gebe ich dir von dem unglückseligen
Udone, Erzbischof zu Magdeburg, diesen Bericht: Discip.
Basil. Fulgos. 1. 9. c. 12. In magno Specul. Exemp.
Dist. 9. Exemp. 176. Es war ein Jüngling in der
Stadt Magdeburg in Sachsen, Namens Udo. Dieser
that den freien Künsten obliegen, und weilen er sahe,
daß er wegen Mangel des nöthigen Verstandes nichts
zunehmen könnte und dieserhalben von dem Magistro
übel hergenommen wurde, hat er sich zur Kirche des
heil. Mauritius verfüget, und daselbst die allerseligste
Jungfrau Mariam sehr eifrig gebeten, sie möchte ihn
doch durch die Fürbitte des heil. Mauritii anhören,
und ihm die Gabe der Wissenschaft erwerben. Hierüber
ist der obbemeldete Udo in einen Schlaf gefallen, in
dem die glorwürdige Mutter ihm erschienen, und ge=
sagt: Ich habe dein Gebet erhöret, und schenke dir nicht
allein die Gabe der Wissenschaft, sondern verkündige
dir auch, daß du Erzbischof seyn werdest; aber hüte
dich, daß du in all solcher Würde nicht übel lebest,
sonst wirst du an Leib und Seele gestrafet werden.
Nach diesen Worten ist die mehrgedachte Jungfrau der
Jungfrauen verschwunden. Der Jüngling aber ist er=
wachet, ist wiederum zur Schule gegangen, und hat

wegen seiner Gelehrtheit Allen eine große Verwunderung verursachet. Nach zweien Jahren ist der Erzbischof gestorben, an dessen Platz er vermittelst einhelliger
Zustimmung erwählet worden, und hat eine Zeitlang
löblich regieret. Weilen aber die Ehren die Menschen
verkehren, als er ist allgemach von dem vorigen eifrigen Dienste Gottes ab=, und einem sehr lasterhaften
Leben zugefallen. Er hat die Schätze der Kirche verschwendet, die sowohl geist= als weltliche Jungfrauen
geschwächet, und fort allen seinen bösen Begierden den
Zaum gelassen. Ach leider! Nachdem dieser Erzbischof
eine geraume Zeit durch seine Laster die Luft und schier
die ganze Welt vergiftet, und in einer Nacht eine
Aebtissin aus einem königlichen Cisterciensischen Kloster
bei sich im Bette gehabt, hat er eine Stimme gehöret:

> Udo, mach dem Spiel ein End,
> Das Spiel sich zum Vergnügen wend.

Udo aber hat diese Stimme als ein gedichtetes Werk
ausgelachet, und obschon er die folgende Nacht selbige
Worte zum andernmal gehöret, so hat er hierauf sein
böses Leben nicht gebessert. Da er nun zur dritten
Nacht wiederum mit vorgemeldeter Aebtissin seine fleischlichen Wollüsten getrieben, hat er eben selbige Worte
mit einem erschrecklichen Knall gehöret:

> Udo, mach dem Spiel ein End,
> Das Spiel sich zum Vergnügen wend.

Hierauf ist er zwar bewegt worden, und hat geseufzet,
sich aber nicht gebessert. Er hat zwar der Raben Cras,
Cras wiederholet, aber keine Buße gethan. Nach ver-

floffenen breien Monaten hat ein Canonicus berfelben
erzbifchöflichen Kirche bafelbft Gott inftändigft gebeten,
er wolle boch ben Ubo vom zeitlichen Leben hinwegneh=
men, ober beffern. Nicht vergeblich hat biefer gemelbete
Canonicus gebeten, fondern alsbald gefehen, baß burch
einen ftarken Wind alle Ampeln ber Kirche erlofchen.
Diefem nach hat er gefehen zwei Jünglinge mit Wachs=
lichtern zum Altar hinauf gehen, welche an beiben Sei=
ten bes Altars geftanben. Nach biefen find zwei andere
hinein gekommen, deren Einer einen Teppich vor bem
Altar ehrbietfamlich ausgebreitet, auf welchem der An=
bere zwei güldene Seffel gefetzet. Ueber diefe ift noch
Einer ganz allein hinzukommen, fo gleich einem tapfern
Fechter mit gezücktem Schwert aufgezogen und in mitten
ber Kirche überlaut gerufen: D ihr Heiligen Gottes,
Alle, deren Gebeine allhier aufbehalten werben, ftehet
auf und kommet zum Gerichte bes Herrn. Auf fothane
Stimme ift eine fehr große und herrlich leuchtende An=
zahl beiben Gefchlechtes erfchienen, welche alle auf ben
Chor geftiegen und nach ber Ordnung niebergefeffen.
Auch find erfchienen zwölf Männer, und in ber Mitte
berfelben Einer, beffen Glanz die Sonne übertroffen,
fo mit einer königlichen Krone und Scepter verfehen,
biefer ift aber gewefen Chriftus fammt feinen zwölf
Apofteln. Da biefen bie Andern gefehen, find fie vor
ihm niebergefallen, haben ihn angebetet, und nachmals
auf einen ber vorgebachten Seffeln gefetzet. Auch hat
fich einfinden laffen die über Monb und Sternen leuch=
tende Himmelskönigin in einer anfehnlichen Begleitung
unzählbarer Jungfrauen, fo auch von ben Auserwählten
Gottes geehret worden. Diefer feiner werthen Mutter ift

Chriſtus alsbald entgegen gegangen, und hat ſie mit
der Hand auf den Nebenſeſſel geführet. Schließlich iſt
ebenfalls der heil. Martyrer Mauritius mit ſeinen 6660
Rittern heran kommen, ſo alle vor dem Heiland niedergefallen, und ihn angebetet und geſagt: O du allgerechteſter Richter, gieb ein Urtheil; denen Chriſtus geantwortet: Ich weiß, was ihr ſuchet; bringet hieher den
Erzbiſchof Udo. Auf dieſen Befehl ſind alsbald einige
von den Umſtehenden hingegangen, und haben meinen
Biſchof von der Seite der ſaubern Aebtiſſin hinweg
geriſſen, und armſelig vorgeſtellet. Dieſen hat der hl.
Mauritius vor Andern mit ernſthaften Augen angeſchaut,
und mit dieſen Worten den Heiland gebeten: O, mein
Herr und allgerechteſter Richter, richte nach deiner Gerechtigkeit. Siehe, Herr, dieſer Udo iſt kein Biſchof,
ſondern ein Wolf, kein Hirt, ſondern ein Räuber und
Schlächter ſeiner Schafe. Dieſer iſt derjenige, dem
deine wertheſte Mutter die verlangte Wiſſenſchaft gegeben, und dieſe Kirche anbefohlen, und geweiſſaget hat,
wann du wohl wirſt leben, ſo wird dir das ewige Leben zu Theil werden; wirſt du aber übel haushalten,
ſo wirſt du an Leib und Seele ſterben. Dieſer Böſe-
wicht hat alle heilſame Ermahnungen verachtet, dieſe
und andere Kirchen entheiliget, und gleichſam vernichtiget; ja ſogar, er hat deine dir vermählten geiſtlichen
Bräute geſchändet. Derhalben laß ihn, o Herr, erfahren
deine Gerechtigkeit. Auf ſolche gethane rechtmäßige
Anklage hat der göttliche Richter ſeine Heiligen angeſehen und geſagt, was gedünket euch von dieſem? Der
oben gemeldete Fechter aber hat mit harter Stimme
gerufen: Er iſt des Todes ſchuldig. Er hat den Kopf

zu verlieren verdient, spricht der Richter, weilen er ohne Haupt im Wust gelebt, und verfaulet ist. Und siehe, da nun der osterwähnte Fechter den Arm zum Streiche erhoben, rufet einer von den Umstehenden demselben mit diesen Worten zu: Halte ein deine Hand so lang, bis die Heiligthümer von ihm genommen sind. Hierauf ist der unglückselige Udo vielmal auf den Hals geschlagen worden, und zu jedem Schlage ist eine besudelte Hostia aus dem Munde in einen dazu bereiteten Kelch gefallen, welche Christus alle ausgenommen, gewaschen und in einen Kelch auf den Altar gesetzt, und also mit sämmtlicher heiligen Schaar zurück gewichen, und nachdem der obige Fechter dem armseligen Bischof den Kopf hat abgeschlagen, ist die ganze Versammlung verschwunden.

Der obgedachte Canonicus, von diesem grausamen Spectacul ganz erstummet, hat in der Kluft der Kirche Feuer gefunden, wovon er die erloschenen Ampeln entzündet, und da er zu dem Orte des Gerichts kommen, hat er den Kelch mit den Hostien auf dem Altar, den todten Leib weit von dem Kopfe hinweg geworfen, und das Pflaster mit dem Blute benetzt gesehen und mit möglicher Stimme gerufen: O trauriges Schauspiel! o großes Wunderwerk! o unerhörtes Gericht! o wie schrecklich ist es, in die Hände des lebendigen Gottes zu fallen! Hierauf hat er alle Thüren der Kirche vorsichtig geschlossen, und die vornehmsten Geistlichen und Weltlichen zusammen berufen, und hat die Thür wiederum aufgeschlossen, und ihnen den Erzbischof Udonem in seinem Blute erblichen gezeiget, und Alles, was er gesehen, ordentlich erzählet.

Selbigen Tages aber hat einer von seinen Capella-
nen, Namens Bruno, nach gethaner Verrichtung seiner
Commission, und vorausgeschickten seinen Dienern wiederum nach der Stadt zu kehren sich bemühet, ist aber
auf der Reise dergestalt vom Schlaf überfallen worden,
daß er in Erblickung eines schattenreichen Baumes vom
Pferde zu steigen, den Zaum an den Arm zu binden,
und daselbst zu schlafen gezwungen worden. In diesem
Schlafe hat er eine so große Menge der unreinen Geister mit Trompeten und Heerpauken, mit Schwertern und
Stangen, mit Beilen und Lanzen zu diesem Orte sehen
hinzunahen. Diese haben ihrem vornehmsten Haupte, so
Andern an Größe und Grausamkeit des Gesichts übertroffen, einen Thron aufgerichtet, und denselben darauf
gesetzt. Alsbald ist auch herangewischet eine andere
Schaar der bösen Geister, so mit unbeschreiblichem
Jauchzen und Frohlocken geschrieen, macht Platz, macht
Platz, sehet, unser Fürst der Udo kommt herbei. Nach
diesen haben die Trabanten dessen Seele dem Satan,
ihrem Fürsten, präsentirt, dem er dann zu Ehren von
seinem Throne aufgestanden, ihn mit friedlichen aber
betrüglichen Worten gegrüßet und gesprochen: Sey will-
kommen du Fürst und Vermehrer unsers Reiches; siehe,
wir sind Alle bereit, vor deine treu geleisteten Dienste
dich zu belohnen. Da aber der Udo vor dieser grausamen Anzahl ganz und zumalen erstummmet, hat mit
ihm der Satan ein Mitleiden getragen und gesaget:
Sehet ihr nicht, unser lieber Bruder Udo ist von dem
Reisen ermüdet, derhalben gebt ihm alsbald zu essen,
damit er wiederum zu Kräften komme. Diesem Befehl
sind die kohlfarbigen Aufwärter gar hurtig nachkommen,

und haben Kröten und Schlangen dem neu angekom-
menen Gast mit großer Gewalt in's Maul gestoßen,
und ihn hernach auch mit einem Schwefelsaft überflüßig
getränket. Und da er noch nicht geredet, hat der gemeldete Satan verordnet, man sollte diesen Schwachen
in ein kräftiges fürstliches Bad führen, damit er seine
Sprache wieder bekomme. In selbigem Augenblicke ist
er in eine von zerlassenem Erz und Blei angefüllte
Pfütze geworfen, nachmals heraus gezogen, und ganz
glühend Ihro Hochfürstlichen Gnaden präsentiret worden, der ihn dann spöttlich verhöhnet und gesagt: Gelt,
lieber fürstlicher Bruder, du hast ein sanftes Bad gehabt? Hierauf hat Udo angefangen zu schmähen und
zu gotteslästern, und gesagt: Verflucht bist du, o Satan, mit allem deinem Anhang, verflucht sey auch der
Gott, so mich geschaffen, mit allem seinem Gebot; verflucht seyen alle Engel. Diese brüderliche Stimme hat
dem Fürsten und sämmtlicher Trabanten dermaßen gefallen, daß sie mit großen Freuden geschrieen: Dieser
ist werth, daß er bei uns verbleibe, weilen er in unsern Gesängen trefflich erfahren ist. Dieser muß pro-
movirt werden in die Schule der verdammten Einigkeit und wohnen daselbst in alle Ewigkeit. Kaum
hatten sie diese Worte geendiget, siehe, da wird die
armselige Creatur von den grimmigen Feinden ein-
hellig angefallen, und in den höllischen Abgrund jämmerlich gestürzet. Wie nun dem Zuschauer dieser er-
bärmlichem Action zu Muthe gewesen sey, ist leichtlich
zu erachten, insonderheit, da der Fürst der Finsternissen
den Fingerzeig auf selbigen Capellan gegeben, und befohlen, man solle verhüten, daß dieser Clericus nicht

entkommen; dann, gleichwie er, sagt der Fürst, ist ge=
wesen ein Mitwirker des Bösen, so muß er auch nun
theilhaftig werden der Strafen; und zu seinem Herrn
gesendet werden, damit er also über seine Verrichtung
demselben füglich könne Bericht erstatten. Indem aber
die Teufel ihn ergreifen wollen, springt er gähling im
Schlafe auf und erwachet, darob dann das Pferd er=
schrocken, von einem Orte zum andern gesprungen, und
den armen Menschen so lang gezogen, bis ihm der Arm
gänzlich aus den Fugen verrücket, ist dannoch mit großer
Mühe auf's Pferd gestiegen, und nach Magdeburg kom=
men. Und da er den Tod seines Herrn verstanden,
hat er Alles, was ihm begegnet, erzählet, und also den
Schrecken, das Gericht, und das Wunder vergrößert,
auch seinen Arm und die urplötzlichen grauen Haare
zum Zeichen der Wahrheit herum getragen. Im Uebri=
gen hat man den faulen Leib weit von der Stadt in
eine Moßlache geworfen. Weilen aber die da herum
wohnenden Menschen dieserhalben mit öftern Schrecken
beunruhiget worden, ist des unglückseligen Udonius tod=
ter Leib herausgezogen, verbrennet und die Asche in die
Elbe geworfen worden. Alle Fische aber desselben Flusses
sind in's Meer geschwommen, und haben durch viel=
fältiges andächtiges Flehen zu Gott, nach zehn Jahren
endlich wiederum ihr voriges Quartier bezogen.

9. So ist dann und bleibt wahr, daß auch den
Guten, und denen, so von Gott vermittelst einhelliger
und wunderbarlicher Zusammenstimmung der Wählenden
in die zeitlichen Würden gesetzt werden, nicht wenige
Gefahren der Seelen auszustehen sind, dero nicht allein
die Bischöfe, sondern auch andere geistliche Obrigkeiten

ſich unterwerfen, und wiewohl billig zu glauben iſt, daß
viele derſelben wegen Frömmigkeit ihres Lebens und
ungemeiner Gelehrtheit rechtmäßig zu denen ihres Or=
densämtern erwählet, und von Gott berufen ſind, ſo
ſind ſie hernach, derhalben von ſelbigem verworfen wor=
den, weilen ſie in Erbauung fremder Weingärten, das
iſt in der Seelſorge, ihren eigenen Weingarten, das iſt,
ihre eigene Seele, vernachläſſiget haben, nach dem Spruch
des hohen Liedes Salomonis: Sie haben mich geſetzet
zur Hüterin in den Weingarten, und ich habe meinen
eigenen Weingarten nicht bewahret, Cant. 1. v. 5. De=
rowegen ſind ſie endlich den hölliſchen Geiſtern zuge=
ſellet worden.

10. O wie wohl hat dieſes beherziget unſer des
heiligen Auguſtini Ordens ehrwürdiger und wunderthäti=
ger Vater Hieronymus a St. Bernardo, ſo von eblem
Stamme geboren, und in Betrachtung der großen Ge=
fahren in Würden zu leben, ſich unwitzig angeſtellet,
damit er alſo die Ehren der Welt zertrennen und dem
befahrenden Schiffbruch ſeiner Seele entgehen möchte.
Man hat ihn ſchier bei die ſiebenundvierzig Jahre vor
einen Narren gehalten, und als einen ſolchen tractirt.
Er aber hat diejenige Gefahr, ſo ihm in den Ver=
ſammlungsämtern hätte zuſtoßen können, in ſothaner
Mißgeſtalt zumalen ausgelachet, und nach geführter
Tugend und wundervollem heiligen Leben, die ewige
Seligkeit erlanget Anno 1677. den fünfundzwanzigſten
Tag Octobris, im Jahre ſeines Alters 77. und des
geiſtlichen Standes 58. Dieſes heiligen Mannes gott=
gefällige Demuth folge du nach, meine chriſtliche Seele,
und verachte alle weltliche Ehren und Würden, und

ob du schon dich närrisch anzustellen nicht vermögest
(dann diese eine sonderbare und nicht gemeine Gnade
ist) nichts destoweniger kannst du andere Mittel erden=
ken, durch Hilfe, deren du der göttlichen Majestät zu
gefallen, und die Vorstehungen der Versammlung zu
meiden dich befleißigest, damit wir aber diese heilsame Rede
nicht gar zu kurz abschneiden, wollen wir dir hiervon noch
einigen Bericht geben, welchen zu deinen Trost enthaltet:

Der dritte Theil.

11. Wann der Wahrheit gemäß ist, was der hl.
Kirchenlehrer Gregorius Hom. 17. in Evang. neben
andern heiligen Vätern sagt: daß nämlich die Werke
und Thaten unsers Heilands lauter Geboth sind; indem
er uns durch selbige zeiget, was wir thun sollen; so
folgt hieraus unfehlbarlich, daß wir geladen, ja auch
verbunden werden, alle Vorstehung und Hoheit zu flie=
hen nach dem Exempel Christi, von dem der heil. Jo=
hannes c. 6. v. 15. also schreibt: Als Jesus merket,
daß sie kommen würden, und ihn mit Gewalt wegfüh=
ren, daß sie ihn zum König machten, flohe er abermal
auf den Berg, er selbst allein. Ueber sothane Worte
erinnert dich und mich der heilige Bonaventura, und
sagt: Siehst du nun, mit was Behutsamkeit und gros=
sem Ernst dein Heiland die königlichen Würden gemei=
det hat? er hat uns hierdurch gezeiget, daß wir auch
also thun sollen, dieweilen er nicht seiner, sondern un=
serthalben geflohen, zumalen er wußte, was eine große
Vermessenheit sey, daß man nach den Ehren trachte;
dann dieselbe sind von den größten Stricken, mit denen
der arme Mensch gefangen wird, und die vermögenste

Urſachen, Kraft deren er ſeine Seligkeit verſpielet. Dieß
ſagt der ſeraphiſche Lehrer: Nicht wenigern Bericht,
der ſo großen Gefahr hat derjenige Einſiedler gehabt,
deſſen Vetter, noch jung von Jahren, zum Biſchöfthum
berufen worden, derhalben er ihm befohlen, er ſollte
ſich erſtlich auf einen hohen Tiſch, und hernach auf die
Erde legen, aber auf beiden ſich etlichmal wacker herum
werfen, und ſehen, welche dieſer zweien Wälzungen die
ſicherſte ſey. Nach eingenommener ſolcher Unterweiſung hat der gemeldte Jüngling das Biosthum als ein
ſehr gefährliches Werk geflohen, und iſt nach dem zeitlichen Leben ſeinem Unterweiſer erſchienen, hat ihm gedanket und geſagt: verſichere dich, mein Vater, daß ich
jetzt gehörte unter die Zahl der Verdammten, wann
ich gelebt hätte in dem Chor der Biſchöfen. O wie
wahr iſt dann, daß hohe Aemter mit hunderterlei Gefahren umgeben ſeyn: Nun! wollen wir zu deſſen mehreren Bekräftigung noch ein anders dergleichen Exempel
hinzuſetzen. Fabr. Conc. 1. in sest. S. Jac. n. 2.

12. Der ſelige Gaufredus ein Ordensgeiſtlicher des
Kloſters Clarenthall, iſt zum Biſchof erwählet worden.
Er hat aber über ſolche Würden ſich nicht allein beſter
Maaßen entſchuldiget, ſondern hat auch des Papſten
Eugenii und ſeines Abten des heiligen Bernardi, Be-
fehl, wegen Annehmung dieſes Amts ſich widerſetzet.
Nicht ſehr lang hernach iſt er geſtorben, und einem
von ſeinen verträulichen geiſtlichen Brüdern erſchienen
und geſagt: Ich bin ſelig worden, dann die Flucht des
Papſtthums iſt mir zu meinem ewigen Heil ausgeſchla-
gen. Worauf er befragt worden, ob ihm der geweſene
Ungehorſam auch ſchädlich geweſen ſei, hat er geant-

wortet, nein und hinzugeſetzt: Wann ich dieſe Würde hätte angenommen, wäre ich ewig verdammt worden. Arnold. apud Discip. item March. Trib. Sacer. Tom. 1. Lect. 5. und (ſo grauſamlich iſt zu hören) ſo weit iſt es kommen mit dem Stand der Kirchen, daß ſie nicht würdig ſey, als von böſen Biſchofen regiert zu werden. O unentſetzliche Tiefe der Urtheilen Gottes! billig muß hierüber ſich fürchten, erſchrecken und erbleichen die Obrigkeit. Keiner wird dieſes hören und glauben, und dannoch nicht ſuchen ſeines Amts Laſt enthoben zu werden. Ein jeder, ſo dieſes beherziget, wird alle anerbothene Aemter wie das Gift der Schlangen und wie die Peſt ſelbſten haſſen und fliehen.

13. Derhalben hat nicht unbillig der heilige Bernardus das genueſiſche und mailändiſche Bisthum anzunehmen ſich geweigert. Wohl auch hat der hl. Thomas von Aquin, die von dem Papſt Clemente dem vierten ihm aufgetragene neapolitaniſche erzbiſchöfliche Würden verachtet. Ingleichen, wie hat nicht der hl. Bruno, das ihm ebenfalls von dem Papſt Honorio anerbothene erzbiſchöfliche Amt der Stadt Rehms gefürchtet, daß er auch dieſerhalben von Rom in Frankreich wieder zu kehren ſich geſcheuet und Calabriam zu ſeinem heimlichen Aufenthalt erwählet, ſo ihm auch von ſtatten, und er der ſo verderblichen Ehrgefahr glücklich entgangen iſt. Wie hat ſich nicht im gleichen Fall verhalten der heilige Papſt Gregorius, von dem wir am 77zigſten Blatt gemeldet? der hocherleuchtete Auguſtinus hat auch mit großer Gewalt zu der biſchöflichen Vorſtehung müſſen gezwungen werden; dann er wollte lieber an einem niedrigen Ort ſelig werden; als an ei-

nem hohen sich in Gefahr stellen. Marulus lasset auch
herkommen von dem frommen Geistlichen Ammonio,
daß er zu Vermeidung des Bisthums, zu dem man
ihn zwingen wollen, sich ein Ohr vom Kopf ganz abgeschnitten; und da er also mißstaltet, dannoch dieser
Würde nicht entkommen können, hat er vor dem Erz-
Bischof und sämmtlichen Volk geschworen, daß er seine
Zunge, derwegen sie ihn liebten, auch abschneiden wollte,
wann sie von ihrem eifrigen Anhalten nicht ablassen
würden; derhalben haben sie des Ammonii sich nothwendig begeben müssen. Vieler, ja unzählbarer anderer
zu geschweigen, muß ich dir, meine christliche Seele, unsern heiligen Thomam de Villa nova noch vorstellen;
von dem der Magister Solon erzählet, daß er von dem
Kaiser Carolo dem fünften zum Bischofen zu Granat sey
ernennet worden, habe aber dieser Würde sich tapfer entschlagen und da er nachmalen (unangesehen der vorigen Weigerung) von allerhöchsterwähntem Kaiser zum
Erzbischof zu Valentien erkläret worden, hat abermal
mit aller geistlichen Höflichkeit sich entschuldiget, und
dem eifrigen Begehren des kaiserlichen Erbprinzen Phi-
lippi Sekundi, wie auch dessen vornehmsten Reichsstän-
den und des Cardinalen Toletani heftigem Antreiben
männlich widerstanden. Derhalben hat man den Generalen des heiligen Ordens ersuchet, welcher unter
Straf der Excommunikation des gefällten Urtheils,
mehrgemeldtem Thomä befohlen, innerhalb vier und
zwanzig Stunden obgedachtes Erzbischofthum anzunehmen. Solchergestalt hat dieser heilige Mann, Kraft
des Gehorsams in sothane Würden müssen einwilligen

die er mit vielen Zähren zu meiden sich unterstanden hatte.

14. Höre noch eins mein geneigter Leser, so mir
eben einfallet von dem gottseligen Petro Damiano; von
dem der andächtige Pater Laurentius Surius schreibt,
daß er zur Cardinalwürde der römischen Kirche, mehr
gezogen, als berufen worden, und obwohl der Papst
Stephanus ihn zum Dechanten der hochwürdigen Versammlung der Cardinälen und ostiensischen Bischof ernennet hat, so habe er sich dieser hohen Ehren doch
freilich entäußert, damit er dem Dienst Gottes und
Beschauung der göttlichen Dingen besser obliegen möchte.
Dieweilen aber allerhöchstgedachte päpstliche Heiligkeit
denselben zu abermaliger Annehmung zwingen wollen,
und er mit großer Standhaftigkeit sich zu entschuldigen
nicht nachgelassen, als hat der allerhöchstermeldte Papst
in sothane Weigerung jedoch mit dieser Condition eingewilliget, daß er hundert Jahr alle Tag hundertmal
den vierten Bußpsalmen mit zugleich-gehender Casteiung
seines Leibes beten sollte. Diese Strafe hat der gottselige Petrus mit Freuden angenommen, und mit solchem Eifer verrichtet, daß er innerhalb einer Jahres-
frist dieselbe völliglich bezahlet hat. O unerhörtes
Wunder! und wann Gott in seinen Heiligen nicht wunderbarlich wäre, wer sollte glauben, daß ein Mensch
innerhalb vier und zwanzig Stunden, und das nicht
einen, sondern alle Tage eines ganzen Jahrs, über
zehn tausendmal den vierten Bußpsalmen mit beigefügter Casteiung des Leibes wiederholen könnte? und
nichts destoweniger hat der demüthige Petrus eines so
harten Werks sich lieber unterfangen, als die ihm auf-

getragene Würde annehmen wollen. Aus dem nun und andern Beispielen genugsam erhellet, daß in den Vorstehungen sehr große Gefahren liegen, zumalen selbige so viel Gottgefällige und mit dem heiligen Geist erfüllte Männer so ernstlich geflohen haben. Wann du aber, meine christliche Seele, dir vielleicht einbildest, daß die Gefahr nicht so erheblich sey, als sie gemacht werde, so höre die Worte dessen, so aus dem Mund des Weisen dir bedeutet: Es wird ein sehr hartes Urtheil über die ergehen, so das Regiment führen. Sap. c. 6. v. 6. Dieses solle dir und mir billig genug seyn, und was ist erschrecklicher, als daß ein Vorsteher in Würden und keines Tags versichert lebe, und dadurch die heilige Schrift, so da nicht feh'en kann, bedrohet werde, daß er vor allen andern Menschen am schärfesten werde gerichtet werden? Es ist wahrhaftig eine unerhörte Blindheit; ein unerträglicher Fehler, daß in schwacher Mensch sich getraue, dem allerschärfesten Urtheil Gottes sich nicht ohne bitterlichen und augenscheinlichen Seelenschaden zu unterwerfen. Dieses vermuthest du dich, indem du die Vorstehung gern annimmst, und andern vorgezogen werden, einen Gefallen hast. Ob zwar viele Ursachen des so scharfen Gerichts über die Vorsteher könnten beigebracht werden, so muß ich dir doch eins aus dem Thun des Heils unsers Patris Ignatii vor Augen stellen; daß nämlich dieses Urtheil erschrecklich seyn werde, so viel die geurtheilte Sache betrifft: dann du wirst nicht allein von deinen, sondern auch von den Werken derjenigen, so dir anbefohlen sind, genaue Rechenschaft geben müssen; sowohl des Bösen, das sie gethan, als auch des Guten, das sie unterlassen

haben und hätten thun sollen und also muß ein Vorsteher der Geistlichen die begangene Brüche der Fasten,
und Enthaltungen, so von diesem und jenem geschehen,
verantworten. Daß dieser oder jener den Gottesdienst
verabsäumet, seine Zunge nicht im Zaume halten, und
zu verbothener Zeit geredet und außerhalb seiner Zellen
im Kloster, oder auch vermittelst einer von der Obrigkeit betrüglicher Weise erhaltenen und nicht eraminirten
Erlaubniß in der Stadt herum geschweifet sey und vor
dergleichen andere Ueberschreitungen mehr, muß stehen
der arme Vorsteher; derhalben mit Recht ein Vorsteher genennet wird. Es macht auch annebens dieses
Gräuel noch erheblicher der heilige Apostel Paulus;
indem er nach gegebenen Befehl an die Unterthanen
dieses Inhalts: Gehorsamer euern Vorstehern, und sei
ihnen unterworfen, von denen also redet: Dann sie
wachen, als die Rechnung geben werden für eure Seelen. Als wollte er sagen: eine so große Last ist's, die
eure Vorsteher tragen, wegen des erschrecklichen Gerichts
eurer Seelen halber, daß eine solche Last billig erfor-
dere solche Hurtigkeit des Gehorsams. Derentwegen
sagt der hl. Chrysostomus: die Gefahr schwebt auch
über dessen, er ist den Strafen deiner Sünden unterworfen, und deinetwegen wird er mit so großer Furcht
beängstigt, dieweilen Gott sagt, daß er durch sich selbsten, und nicht durch andere diese Rechenschaft fordern
wolle: Sieh, ich will selbst über die Hirten, und will
meine Heerde aus ihrer Hand fordern. **Ezech. 34.
v. 10.**

15. O wiewohl hat dann der heilige Vater Augustinus [um den Vorsteher in steter Furcht zu halten,

in seiner Regel verordnet, daß er allzeit gedenken solle, daß er Gott für euch Rechnung geben werde. Und in dem offnen Brief, so einem Vorsteher, dessen Amt betreffend, gegeben wird, muß er auch dasselbige Urtheil hören, kraft dieser Worten: wir beschwören sein Gewissen zum Tag des Herrn, auf daß er das Zeitliche verschaffe, und auf geistliche Vollkommenheit der Seelen unabläßlich ein wachsames Aug habe, als der so Gott dieserhalben Rechnung geben wird, hier ist zu merken, daß das obgesetzte Wörtlein, unabläßlich eben so viel bedeute, als das Wörtlein allzeit; dann dessen sich unser heiliger Vater anstatt diesen in seiner Regel gemeiniglich gebrauchet. So sehe nun zu der vorgesetzten Obrigkeit, wie sie der Schuldigkeit solcher Betrachtung nachkomme, welche nichts so wenig beherziget, als die unausbleibliche Rechenschaft ihres Amts dem gerechten Richter zu erstatten, da doch diese Furcht so vernünftig ist, wie wir gehört haben, daß der hl. Apostel Jakobus selbiger ein kräftiges und grausames Mittel die Vorstehung zu vermeiden geschätzt, und dahero gesagt hat, c. 3. v. 1.: Meine Brüder, werdet nicht Lehrmeister in großer Anzahl, und wisset, daß ihr ein schweres Urtheil auf euch nehmet.

16. Und obwohl einer in diesem Gerichte der ewigen Verdammniß entgehen würde, wann er nämlich mit allem möglichen Fleiß sein Amt vertrete, so wird er jedoch kaum seiner Schuldigkeit so völlig können genug thun, daß er nicht mit einigen Makulen der Sünde beschmitzet werde, so in den feurigen Flammen nachmals müssen abgewaschen werden, wie aus folgender Geschichte zu ersehen ist. Der ehrwürdige Pater Con-

ȝantinus - a Salvatore Capuziner Ordens, und ein Mann großer Heiligkeit, ist wenig Tage nach seinem Tode einem sichern geistlichen Bruder erschienen, und da er von seinem damaligen Stand befragt worden, hat er geantwortet: ach, ach, mein lieber Bruder, wie weit sind die Urtheile Gottes von den Urtheilen und Meinungen der Menschen entfernt; diejenigen Sachen, so von euch fast für tugendsam gehalten werden, sind im Gericht Gottes lasterhaftig, ich bin zwar durch Gottes Barmherzigkeit der ewigen Seligkeit versichert, hab aber im Fegfeuer 3 Tage lang so grausame Tormenten wegen der Unsauberkeit, die ich als eine Obrigkeit an mich gezogen, und doch für keine Unreinigkeit geachtet, müssen ausstehen, daß selbige 3 Tage als 3 tausend Jahre, mir sind vorkommen, ich habe aber in meinem Amt einige geringe Sachen unterlassen, welche der gerechte Gott sehr hoch empfunden, auch bin ich in Erlaubniß der brüderlichen Verlustigungen zu gestatten zu freigebig gewesen, dadurch einige Ausgelassenheiten sind verursacht worden, also hat der obgemeldte Constantius seine Rede geendiget und ist verschwunden; wollte Gott, daß auch bei allen Obrigkeiten die Geringschätzung der schweren Urtheilen Gottes, und bei allen Geistlichen die Begierde zu den Würden verschwinden möchten, zumalen vielleicht unter hunderten und mehr derselben kein einziger gefunden wird, so mit diesen gottseligen Obern und Geistlichen kann verglichen werden; fliehe du Sorg' zu tragen für andere, wie dir der heilige Apostel Jakobus gerathen hat und der weise Mann dich abermal ermahnet mit diesen Worten: Begehre keine Herrschaft von dem Herrn, noch vom König den Stuhl der Ehren. Eccl.

7. v. 4. Was gedünket dich? wann der Cain so scharf gerichtet worden ist, wegen eines Menschen Entleibung, da er sagte: Bin ich dann meines Bruders Hüter? Gen. 4. v. 4. wie viel härter wird dann nicht von Gott hergenommen werden, so vieler Unterthanen Entseelung, so alle Rache über ihren Vorsteher bei dem unbestochenen Richter schreien werden? und dahero vermerket der weise Mann, daß es vielen Ehrsüchtigen also ergehe, und sagt: Es herrschet bisweilen ein Mensch über den andern zu seinem Unglück: Eccl. 8. v. 9. Warum aber das? weilen, sagen die Dollmetscher, das Blut der Unterthanen wird von seiner Hand gefordert werden.

17. Daher ruft der Herr aus dem Mund des Propheten Ezechiel: Cap. 34. v. 2. Wehe den Hirten! wehe, wehe den Hirten Israel. Diese Bedrohung aber gehet nicht allein die Ehrgeizige, sondern auch diejenige an, so rechtmäßig erwählet, und von Gott berufen sind, wann sie nämlich nicht die Heerde, sondern sich selbsten weiden, wenn sie das Verworfene nicht herbei führen, und das Verlorne nicht suchen, das Zerbrochene nicht verbinden, und das Schwache nicht stärken, dieser Meinung unterschreibt sich auch der hl. Chrysostomus mit diesem Zusatz: wann einige aus Noth zur Vorstehung gezwungen werden, diese mögen keine Ausflucht noch Entschuldigung finden über ihre nachläßige Regierung, wie vielweniger können dann diejenige sich entschuldigen, so den Vorzug mit Mühe und Arbeit gesucht haben? dieses haben mit geziemenden Ernst so viele heilige Männer gar reiflich erwogen, derowegen sie sothane Würden entweder geflohen, oder durch Zwang und Dräng

müſſen annehmen, oder haben ſich der gehabten Ehren
entäußert, wie oben gemeldet iſt. Dieſe folge du, meine
chriſtliche Seele, und folge den Rath des hl. Geiſtes,
ſo wirſt du nicht fehlen; bewaffne dich mit der Flucht
gegen dieſen deinen Feind, damit du das erſchreckliche
Gericht des gerechten Richters entfliehest, und wie wird
es möglich ſeyn, daß du für andere Rechnung zu geben
über dich nehmeſt, der du für dich allein nicht beſtehen kannſt?

  18. Zum Beſchluß dieſer Unterrichtung entſtehet
die Frage, wann und wem es zugelaſſen ſey, desjenigen Amts ſich zu unternehmen, ſo einem von dem Ge-
neral-Capitul, oder von dem Definitorio aufgetragen
wird? daß man ohne Verletzung des Gelübdes der
Demuth die Aemter möge annehmen, das lehret die allgemeine Erfahrniß, ob aber auch zuläßig ſey, das Amt
nicht anzunehmen. ſo lang kein ſonderbarer Befehl dabei iſt; dieſes ſcheint der Wahrheit nicht zu widerſtre-
ben, weilen einestheils ſolche Aemter niemal von der
hohen Obrigkeit unter dem heiligen Gehorſam auferlegt
werden, und da ſothaner Gehorſam oder ausdrücklicher
Befehl ermangelt, iſt man nicht verbunden, wie unſere
heiligen Satzungen dieſes vorſetzlich erklären, zu einiger
Schuld, und erfolglich kann einer ohne Sünd ſein Amt,
zu dem er erwählet iſt, reſigniren: dieſes erhellet auch
aus dem P. Ignatio, In Turri saluti fol. 650, ſo da
lehret, daß man ſolches Amt ohne Verletzung des Gelübdes annehmen könne, und ſagt nicht, daß man müſſe,
deſſen Worte ſind dieſe, der dann annimmt, und des ausdrücklichen Befehls nicht erwartet, dem wird nicht auf-
gemeſſen, daß er das Gelübde ſchwäche, er hat auch

nicht nöthig darauf zu warten, als wann solches zur
Haltung des Gelübdes gehöre, obschon der Lessius De
just. et jur. l. 2. c. 46. dub. 5. n. 53. erinnere, daß
es gemeiniglich nicht löblich sey, zu den vornehmsten
Aemtern auch in den Klöstern, sich bereit und hurtig zu
zeigen, wann sie vergeben werden, sondern es sey tien-
lich, daß man in aller Demuth entschuldige, und den
weitern Befehl erwarte und dieses sey dem Geboth des
Gehorsams nicht zuwider, derselbige P. Ignatius rathet denen, so ohne ausdrücklichen Befehl nicht wollen
annehmen, also ich sollte rathen, daß diejenige, so aus
einer wahren Demuth die Aemter, und ohne Befehl
dieselbe anzunehmen sich weigern, stillschweigen, und der
Obrigkeit die Weis und Manier nicht zeigen, und stelle
es der Vernunft der Oberen anheim, so dieses Mittels
sich am besten wissen zu gebrauchen, wann sie vermeinen, daß die gelegene Zeit her in kommen sey, nach
Meinung dann dieses unsern Patris (so zehn Jahre
lang der hohen Schulen Lector, wie dann der erste
General-Definitor unserer Versammlung, bei dero er
sich sehr verdient gemacht) kann man das aufgetragene
Amt absagen und nach der Meinung des Lessii, sey es
bisweilen gut, daß man den weitern Befehl erwarte,
Less. loc. cit. n. 33. man kann auch nicht sagen, daß
solches Warten dem vollkommenen Gehorsam widerstrebe,
welche den Befehl nicht erwartet, sondern auf einen
Wink gehorsamet, weilen dieses allein geltet in gerin-
geren Aemtern, bei denen keine Gefahr der Seele oder
des Leibes ist.

19. Im übrigen ist gewiß, daß diese obgesagte
Meinung nur allein Platz haben bei denen, so mit der

Wissenschaft, die zur Verrichtung der Aemter sonderbar von nöthen ist, und von den Satzungen erfordert wird, versehen ist, was aber für eine Gelehrtheit und Geschicklichkeit an einem Provincialen, Prioren, an einem Magister der Novitzen und Lectoren erfordert werde, kannst du lesen in unserm Patre Ignatio, In Turri sal, fol. 292. usque fol. 310. der dieses weitläufig beschreibet. Wer nun solche nöthige Wissenschaft nicht hat, der thut nicht allein wohl daran, daß er auf sein Amt verzichte, sondern kann mit gutem Gewissen die Vorstehung nicht annehmen, wie der gelehrte Cajetanus klärlich also beschreibet. 2. 2. q. 185. art. 3. woselbsten er die Verhindernissen zu der Vorstehung verzeichnet, unter welche die Unwissenheit auch gezählet wird, so da allein bestand genug ist, die Vorstehung übel zu verwalten, und weilen man in solcher Annehmung sündiget, so folgt unfehlbar hieraus, daß man selbige Vorstehung nicht annehmen könne, wann schon solches durch ausdrückliches Geboth des heil. Thomä 2. 2. q. 104 art. 4. das Gelübde des Gehorsams den Menschen in den zuläßigen Sachen nur verbinde und Navarus in Manuali c. 4. n. 9. sagt, daß der Gehorsam den Beichtvater nicht entschuldige von der Sünde, welcher weiß, daß er so viel nicht verstehe, als zum Beichthören nöthig ist, und gleichwohl Beicht höret, und dieses bekräftiget der obgemeldete Navarus durch die gleichlautende Meinung des hl. Antonii, Erzbischof zu Florenz, diese Sentenz gilt auch in unserm gegenwärtigen Vorhaben und ist diesem gemäß sicher, daß du nicht schuldig seyst zu gehorsamen, und daß der Gehorsam dich nicht befreie von der Sünde in Annehmung solcher

Vorstehung, zu dero deine Unwissenheit dich ungeschickt
machet; darfst du in solchem Fall die dir auferlegte
Prälatur nicht annehmen, wie wirst du dann solche zu
suchen dich noch erkühnen dürfen? dich kann auch deine
Obrigkeit ohne Sünde nicht erwählen, wann du schon
eines frommen Lebens bist, dann, obwohl erfordert werde,
so ist es dannoch noch nicht genug, weilen das vornehmste Amt eines Hirten ist, die Schafe mit dem Worte
weiden, welches du aus Mangel der Wissenschaft nicht
thun kannst; dieses habe ich meine christliche Seele, vornemlich zu meiner selbst eigenen Direktion verfasset, du
kannst dir es auch im Fall der Gelegenheit zu nutz machen, das Zuläßige stelle ich deinem Willen anheim, das
Verbothene wirst du nun ohne Zweifel, wie gesagt ist,
mit allem möglichen Fleiß zu verhüten dich unterstehen.

Die vierzehnte
geistliche Lection
von der Armuth.

———

Beati pauperēs Spiritu, quoniam ipsorum est
Regnum Coelōrum. Matth. 5. v. 5.

Selig sind die Armen im Geist, dann ihnen ist das
Reich der Himmel.

Der erste Theil.

1. Ich habe für gut befunden, daß wir von dem Lob-
spruche, mit denen die heiligen Väter diese vorgesetzte Tugend ausstreichen, den Anfang zu machen. Es möchte vielleicht nach deren Erzählung unser Herz vom Feuer der Liebe
zu dieser Tugend entzündet werden. Es ist aber die Armuth
des Geistes eine freiwillige Absagung und Verwerfung aller
zeitlichen Dinge, um der Liebe Gottes willen und um
die Vollkommenheit zu erlangen. Diese nennet der hl.
Chrysostomus Serm. 18. sup. Ep. ad Hebr. eine Hand-
führerin auf dem Wege, der den Menschen nach dem
Himmel leitet; eine Salbung der Fechtenden; eine große
und wunderbarliche Uebung, und einen ruhigen und

ſtillen Hafen. Und weiters ſagt er: Nichts iſt reicher, als der die Armuth freiwillig liebet und mit Freuden annimmt. Desgleichen ſagt der hocherleuchtete Clima= cus, Grad. 17: Die Armuth iſt eine Hintanſetzung der weltlichen Sorgen, eine Reiſe zu Gott ohne Hin= derniß, eine Austreiberin aller Traurigkeit, eine Grund= veſte des Friedens, eine Reinigkeit des Lebens, welche uns befreiet von allen Sorgen des vergänglichen Lebens und macht, daß wir den Geboten Gottes vollkomment= lich nachleben. Der gottſelige Laurentius Juſtinianus laſſet ſich auch hören mit dieſer Stimme: In Ligno vitae. Tract. de paup. c. 4: Was iſt beſſer als die Armuth; was iſt ſicherer, was annehmlicher? Laſſet Alle traurig ſeyn, laſſet Alle ſeufzen, und wenn ſchon ſich Alle fürchten, ſo iſt doch dieſe allezeit fröhlich und freundlich äußerlich und innerlich. Sie wartet auf das himmliſche Gut und verſichert ſich, ſelbiges zu beſitzen im Himmel, derhalben hat ſie nichts zu verlieren auf Erden. Sie ſchwinget ſich öfter zu dem himmliſchen Vaterland, da ſie weiß zu empfangen ihre Belohnung. Und gleich wie nach den Worten des heiligen Ambroſii, die zeitlichen Güter ſind die Werkzeuge aller Laſter, alſo iſt deren Verläugnung eine Gebärerin und Ernährerin aller Tugenden.

2. Dieſe Armuth hat unſer Heiland ſo ſehr geliebt, daß er in dem Eingange zu dieſer Welt dieſelbige als eine werthe Mutter mit unglaublicher Freude und herz= licher Affection umhalſet und geküſſet. Von welcher der honigfließende Bernardus alſo redet: Im Himmel war keine Armuth zu finden, aber auf Erden war ſie überflüſſig. Den armen Menſchen war der große Werth

dieſer Tugend. unbekahnt, derhalben iſt aus Begierde
derſelben der Sohn Gottes vom Himmel herab geſtie=
gen, damit er ſie ſich auserwählte, und durch ſothane
eigene Großſchätzung uns den Werth dieſer herrlichen
Tugend beſtermaaßen anbefehlen möchte. Allein iſt ge=
nugſam bekannt, daß der Sohn Gottes ſo arm geweſen,
daß er auch zumal keinen Platz in einiger Herberge
hat finden können, und derhalben in den Stall einkeh=
ren müſſen. In keinem ſanften Bette iſt er geboren,
und hat in das ſcharfe Heu wollen niedergelegt werden.
Und was hat er nachmalen in der Flucht nach Aegyp=
ten mit ſeiner allerliebſten Mutter Maria und ſeinem
Pflegevater Joſeph nicht ausgeſtanden? Was für
Mangel und Gebrechen haben dieſe Drei nicht erlitten?
Da ſie in die ſieben Jahre lang unter den wilden Men=
ſchen gelebet, hat's ihnen oftmalen an Brod gemangelt.
Was ſoll ich melden von ihrer armſeligen Wohnung,
ſo in dem Graben eines verfallenen Hauſes beſtanden,
dieweilen ſie Niemand hat aufnehmen wollen. Ich ge=
ſchweige die übrige Unannehmlichkeiten, ſo ſich in der=
gleichen Logimenten finden laſſen. Die Bette Mariä
und Joſephs ſind die harte Erde, und die Wiegen für
das Kindlein Jeſus ſind aus bloßen Brettern zuſammen=
gefügt geweſen. O wie oft hat dieſes göttliche und
zarte Kindlein ein gutes Hauptkiſſen von nöthen ge=
habt, und hat's gleichwohl müſſen entbehren. Mit
einem Worte muß und kann ich billig ſagen, daß
das ganze Leben unſers Seligmachers nicht allein ſehr
arm, ſondern die Armuth ſelbſt geweſen ſey. Dann er
iſt geweſen arm, ärmer als der Allerärmſte. Arm, die=
weil er nackend und von Allen verſpottet am Kreuze

gehangen ift. Aermer, zumalen da er gedürftet, auch
keinen Trunk Waſſer hat haben können. Der Aller=
ärmſte, ſintemalen er keinen Plaß gefunden, da er ſein
heilgſtes Haupt hätte anlehnen können, nach Zeugniß
des Evangeliſten: Die Füchſe haben Löcher, und die
Vögel haben Neſter; aber des Menſchen Sohn hat
nichts, da er ſein Haupt hinlehne. Matth. Kap. 8.
Dieſe äußerſte Armuth hat er gelitten, auf daß er der=
ſelben Vortrefflichkeit und große Vollkommenheit uns
andeute, und zur ſelbigen uns mit ſeinem herrlichen
Vorzug aufmuntern möchte, wie der Apoſtel ſagt: um
unſertwillen iſt er arm geworden, da er reich war, da=
mit wir durch ſeine Armuth reich würden.

3. Wer iſt dann reicher, als dem das Reich der
Himmel gebühret? dieſes gehöret den Armen, ver mg
der Verheiſſung Chriſti: Selig ſind die Armen im Geiſt,
dann ihnen iſt das Himmelreich. Er ſagt nicht, ihnen
wird ſeyn, ſondern ihnen iſt das Himmelreich. Wel=
chergeſtalt aber dieſe Armen das Himmelreich anjeßo
beſißen, das erkläret uns der geiſtreiche Roderikus, Par.
3. Tr. 3. c. 2. durch dieſes Gleichniß. Gleichwie das
güldene Geſchirr oder der koſtbare Stein, für welchen
du dem Wechsler nach ſeinem Begehren hundert Duka=
ten bieteſt, dein iſt, obſchon er ſelbiges Geſchirr oder Stein
noch in ſeinem Haus hat, und dir noch nicht geliefert
iſt; alſo gehöret der Himmel den Armen im Geiſt zu,
welche dafür gegeben, was er gehabt hat. Beinebens
iſt auch der Stand dieſer Armen ſo glückſelig; daß er
wegen ſeiner Glückſeligkeit gleichſam das Reich der Him=
mel könne genennet werden. Dann ſie werden nicht
allein für dasjenige, ſo ſie um Gottes willen verlaſſen,

die ewige Freuden besitzen, sondern werden auch in diesem Leben viele himmlische Gnaden und Gaben erlangen, nach den Worten Christi. Sie werden hundertfältig wieder bekommen und das ewige Leben besitzen.
Allhier fragt nun der heilige Petrus Damianus, was
ist das hundertfältige anders, als die Vertröstungen,
die Heimsuchungen und Gnaden des hl. Geistes, der
über Hönig süß ist? Was ist es anders, als das erfreuliche
Zeugniß eines guten Gewissens? Was kann man anders
daraus machen, als eben eine fröhliche und annehmliche
Erwartung der Gerechten, und als ein Gedächtniß der
überflüßigen Süßigkeit Gottes? dessen Süßigkeit so groß
ist, daß man sie denen, die selbige nicht erfahren haben,
mit keinen Worten aussprechen kann, und denen, so sie
geschmeckt haben, zu erklären nicht nöthig sey. Und
weiteres, wie die drei hebräischen Knaben, so die güldene
Bildniß des Königs Nabuchodonosoris anzubethen sich
geweigert, in den Feuerflammen sicher gewesen sind,
also die Armen im Geist, welche die güldene Bildniß
des Geldes, und die eitle Reichthumen dieser Welt nicht
verehren, wann sie schon in das Feuer der Trübsal geworfen werden, bleiben dannoch sicher unverletzt und
friedsam, loben und preisen ihren Gott ohne Unterlaß.
Dahero Ruffinus L. 2 Vit. PP n. 169. meldet, daß,
da ein heiliger Mann gefragt worden, ob die Armuth
ein vollkommenes Gut sey, er geantwortet habe, daß
die freiwillige Armuth ein großes Werk sey, und daß
derjenige, so sie besitzet, zwar werde Trübsal des Fleisches haben, werde aber Ruhe finden für seine Seele.

4. Nicht wenig wird auch diese Tugend durch die
stattliche Exempel so vieler, ja unzählbarer Heiligen

ausgeſtrichen. Aus deren Zahl die erſte uns mit ihrem
herrlichen Vorzug leuchtet die glorwürdigſte Himmels-
herrſcherin Maria, ſo noch in dem Tempel zu Jeruſalem ſchon angelobet (wann wir der heiligen Brigittä
L. 1. Revel. c. 10. glauben wollen) daß ſie niemalen
in der Welt etwas beſitzen wollen. Dahero ſehen wir,
daß dieſe geweſene göttliche Kindbetterin am Tag ihrer
Reinigung, nicht ein Lamm, nach dem Gebrauch der
Reichen, ſondern ein paar Turteltauben, als ein Ge-
ſchenk der Armen geopfert habe. Dann ob ſie ſchon
auf dem Bethlehemitiſchen Felſen von den dreien Königen ſo viel Golds bekommen, daß ſie ohne einige weitere
Sorge ſich ſammt den ihrigen hätten erhalten können,
ſo hat ſie doch lieber wollen arm verbleiben, als etwas
beſitzen. Derhalben hat ſie nach Meinung des heiligen
Bonaventurä, ſothanes Gold durch den heiligen Joſeph
in wenig Tagen unter die Armen laſſen austheilen,
damit ſie am Tag ihrer Reinigung keine Mittel hätte,
nach Art der Reichen ein Lamm zu kaufen. Alſo hat
dieſe demüthige Mutter ihrem allerärmſten Sohn wollen nachfolgen und ihre Liebe gegen Gott zumalen nicht
verhindern, dieweil ihr bewußt war, daß die eitle Dinge
das menſchlich Herz von der Liebe der himmliſchen mei-
ſterlich zurück halten. Damit ſie dann auch durch ihr
eigenes Exempel uns lehrte die Armuth zu verehren,
als hat ſie immer und allzeit arm und bedürftig verbleiben wollen. Und in Wahrheit, nicht wenige Nachfolger hat dieſe arme Mutter gehabt; ſintemalen alle
Heiligen Gottes, ſo die Armuth Chriſti und der Gebährerin geſehen, haben leichtlich können abnehmen, daß
ein ſehr großer Schatz der himmliſchen Güter unter

dieſer freiwilligen Armuth verborgen liege, derohalben
haben ſie zur Erhaltung deſſen alle Reichthumen der
Welt verachtet, unter welche der heilige Vater Auguſtinus billig zu zählen iſt, der, obwohlen ein Biſchof,
hat dennoch die Armuth alſo geliebet, daß er vor ſeinem Tode nichts gehabt, darüber ein Teſtament konnte
gemacht werden, derhalben hat er keine andere Erbſchaft, als die freiwillige Armuth allen ſeinen Kindern
in Chriſto hinterlaſſen.

5. Auch hat der hl. Amatus dieſe Tugend ſo hoch
geſchätzet, daß, da ihn einſtmals ſein Biſchof beſuchet,
und die äußerſte Armuth bei ſelbigem vermerket und
dieſer behilflich beizuſpringen, ein freigebiges Almoſen
ihm anerbothen, hat er ſelbige anzunehmen ſich geweigert, ſo der Biſchof nachmals auf dem Altärlein, an
welchem der gedachte heilige Mann, Meß zu leſen pflegte,
heimlicher Weis liegen laſſen, des andern Tags ſiehet
Amatus das auf dem Altar liegende Geld, nimmt es
alsbald hinweg und wirft es in ein tiefes Thal hinunter, und ſagt: Gott iſt mein Theil, deiner bedarf ich
nicht. Surius in vita ejus. Die heilige Melania iſt
auch einſtmals zu dem armen und elenden Hüttlein des
hl. Einſiedlers Epheſtionis kommen, und hat ihm ein
reiches Almoſen mitgetheilet, der Einſiedler hat ſolches
nicht wollen annehmen, und geſagt, er habe ihrer nicht
vonnöthen; die Melania aber hat ſelbiges Geld in ein
beiſtehendes Körblein, ſo mit einigen wenigen Salz
verſehen, und der ganze Vorrath des Eremiten geweſ-
ſen, hineingelegt, und iſt alſo, nachdem ſie deſſen Gebet
ſich empfohlen, davon gegangen, da nun er in ſeinen
Körblein den verborgenen Schatz gefunden, hat er der

Melaniä nachgeeilet, und sie gebethen, sie möchte doch
ihr Geld wieder nehmen; und als ihm Melania diese
Bitt abgeschlagen, hat er das Geld in den Fluß geworfen und ist wieder nach seinem armen Hüttlein gekehrt,
damit er der schönen Armuthsfrüchten zu genießen nicht
beraubt werde. Idem vita S. Melan. Herbei, herbei,
ihr heutige saubere Eremiten, lernet von euerem Bruder
die Armuth lieben, die ihr im klösterlichen Leben gehasset
habt. Der hl. Spiridion hat mit seinem Gebet dem Kaiser
Konstantino die verlorne Gesundheit von Gott wiederum
erhalten, derhalben hat er ihm einen ansehnlichen Gold=
schatz verehren wollen; da dieses der fromme Alte gesehen, hat er den Kaiser angeredet und gesagt: Mein
lieber Kaiser, es ist ja eine Unbilligkeit, daß du solche
dir erwiesene Freundschaft mit Haß und Mißgunst vergeltest; ich habe eine bemühliche Reise auf mich genommen, um dir zu gehorchen und nun willst du mir zur
Belohnung sothaner Mühe Gold geben, welches da ist
eine Ursache alles Bösen. Idem in ejus vita.

6. Auf daß uns aber noch mehr kundbar werde,
mit was großem Haß die Diener Gottes alles Geld
immerzu verfolget haben, so wollen wir für dießmal
den Pelagium L. 6. n. 19 reden lassen: Es war zu
sicherer Zeit ein sehr reicher Mann in den Wüsten
Scithi kommen und mit vielen Geld beladen, und war
vorhabens, selbiges dem bedürftigen Geistlichen durch den
Vorsteher des Orts auszutheilen, da ihm aber dieser
geantwortet, daß die Brüder keines Geldes bedürftig
seyen, und er damit nicht vergnügt seyn wollen, hat
ihm der Alte gerathen, er solle all sein Geld an die
Kirchenthüren hinlegen, auf daß ein jeder nach seinem

Belieben davon nehmen möchte: O Wunder! indem alle im Hineingehen den Ausschreier gehöret, so hat doch von sämmtlichen diesen Einsieblern keiner auch den gering=sten Heller angenommen, ja sogar haben viele das aus=gebreitete Geld nicht einmal angesehen, dann sie wuß=ten wohl, daß der beste Schatz eines Geistlichen sey die Armuth, und welcher diesen nicht besitzet, der kann wohl arm an Verdiensten und auch armselig genennet werden; diese Armuth, wie der gottselige Eusebius l. 3. De=monstr. c 7. sagt, haben alle hl. Apostel als ein Mit=tel zur Vollkommenheit geküsset und alle geistliche Män=ner als eine Braut verehret, daß also der hocherleuch=tete Casstanus Collat. 5. c. 8. sagt von den Einsieb=lern seiner Zeit, es sind ihrer viele tausend, so nach ihrer ersten Absagung nicht einen Heller haben, noch haben wollen, ob man schon ihnen überflüssiges Geld anerbothen hat. Der vorerwähnte Eusebius c. ult. schreibt auch, daß der König Abagarus, so von dem hl. Apostel Thabäo geheilet worden, demselben zu schul=diger Dankbarkeit viel gezeichnetes und auch rauhen Goldes präsentiret, welches der Apostel verschmähet und gesagt: wann wir das unserige verlassen haben, wie können wir dann das Fremde annehmen? Siehst du, meine christliche Seele, was in denen vorigen Zeiten für Einsiebler und Klostergeistliche gewesen? und wann schon dergleichen bei heutiger Welt nicht, alle gefunden werden, so zweifle ich doch nicht, es werden noch viele seyn, die sothane Geschenk aus Liebe der Armuth nicht allein nicht verlangen, sondern auch die anerbothene verachten.

Der andere Theil.

7. Nun ist aber zu wissen, daß derjenige, so die Güter der Welt freiwillig von sich geworfen, und mit den Aposteln alles verlassen hat, nicht werde belohnet werden, vielweniger nach der Verheißung Christi hundertfältig wieder bekommen, es sey dann, daß er dem Willen und Begierde etwas Zeitliches zu besitzen gänzlich absage, der dieses nicht thut, der kann kein Armer im Geist seyn, dann der, wie Christus sagt, Lukas 14. Kap. 28. nicht allem absaget, der kann dessen Jünger nicht seyn, also daß, wann schon einer sich aller und zwar der allerreichesten Güter der Welt um Christi willen entäußerte, und also das geistliche Leben anfinge, nichtsdestoweniger annoch den Willen einige, obschon wenige Sachen zu haben sich vorbehielte, dieser würde Gott kein gefälliges Werk thun, und könnte kein Jünger Christi seyn, weilen er nicht alles verlassen hat, derhalben dürfen die Apostel zu ihrem himmlischen Lehrmeister fein fecklich sagen: Siehe, wir haben alles verlassen, denen doch als armen Fischern neben ihren Netzen wenig oder nichts übrig geblieben, weilen sie aber auch den Willen etwas zu haben, verlassen, solchermaßen haben sie alles verlassen. Der nun ein wahrer Jünger Christi zu seyn verlanget, muß auch mit den zeitlichen Gütern den Willen und die Affektion zu denselben gänzlich vernichtigen, im widrigen Fall kann von solchem gesagt werden, was der hl. Bonaventura von dergleichen Jüngern zu sagen pfleget: Sie behalten das Geld im Sinn, so andere halten im Beutel. Sey versichert, meine christliche Seele, daß deinem Gott auch

die wenigſte Neigung zu deren verlaſſenen Dingen höch=
lich mißfalle, und wann du der Zahl der wahren Ar=
muthsliebhaberin einverleibt zu werden verlangeſt, ſo
befleiſſe dich, alle, auch die geringſte Begierlichkeit der
eiteln Sachen aus deinem Herzen zu verbannen, zuma=
len gewiß iſt, daß ein viel größeres und Gott ange=
nehmeres ſey, die Affektion zu den Irdiſchen tödten, als
die eitele Reichthumen dem Leib nach verlaſſen. In
dieſer Materie, meine liebſte Seele, müſſen wir, nach
Meinung des hl. Gregorii Hom. 5. in Evang. die Nei=
gung zu den weltlichen Dingen vielmehr betrachten,
als die Hinterlaſſenſchaft ſelbſten. Dann der hat viel
verlaſſen, der für ſich nichts behalten hat. Der hat
viel verlaſſen, der obſchon wenig, jedoch alles verlaſſen
hat. Der hat viel verlaſſen, der mit den Zeitlichen,
auch die Begierd zu denſelben verlaſſen hat. So ha=
ben diejenige, ſo Chriſtum folgen, ſolche Dinge verlaſ=
ſen, die von denen, ſo Chriſtum nicht nachfolgen, mit
ihrem Schaden können begehret werden. Dieſem fallet
nicht uneben bei der heilige Auguſtinus, Epist. 34. ad
Paulin. und ſagt: die Fiſcher haben ſich auch erfreuet,
in der Erinnerung deſſen, daß ſie auf den Befehl des
Herrn ihre Schifflein und Netze, und ſammt denen
auch alles verlaſſen haben, und dem Herrn gefolget
ſind: wahrlich verachtet derjenige alles, der nicht allein
verlaſſet, was er hat können haben, ſondern auch was
er hat haben wollen; dieſe ſind die Worte des obenge=
meldeten hl. Kirchenlehrers, es ſcheint aber, daß eine
ſolche Verachtung der irdiſchen Dingen einem Geiſtlichen
um die Werke des geiſtlichen Lebens zu verrichten, ſo
nöthig ſey, als an einem Menſchen das Leben zu den

gewöhnlichen Uebungen des Leibes erfordert wird, gleichwie dann nach geendigtem Leben der Mensch sich nicht
bewegen kann, also muß derjenige, so nach abgelebtem
weltlichen Leben durch den Eingang zum Kloster der
Welt abstirbt, alle seine vorige Wirkung, das ist,
Laster und sonderbar die bösen Begierden zumalen
verlassen.

8. Hiervon hat dir ein schönes Beispiel zur Nachfolgung hinterlassen der heilige und vollkommene Arsenius, zu dem ein sicherer Edelmann von Rom in die
Wüste kommen, und ihm angekündiget, daß er von einem seiner Verwandten im Todesbett zum Erben aller
und vieler seiner Güter eingesetzet worden, Arsenius
aber hat diesem also geantwortet und gesagt: wie kann
er mich zum Erben gemacht haben, weilen ich vor ihm
gestorben bin? mit diesen Worten hat er den Edelmann
sammt dem Testament abgefertiget, und gar nichts angenommen. Ein andermal, da nun die große Heiligkeit erwähnten Arsenii auch dem regierenden Kaiser seinem gewesenen Lehrmeister zu Ohren kommen, und dieser in Erinnerung der heilsamen von ihm empfangenen
Lehre und seiner gegen den heiligen Mann verübten
Bosheit ihn schriftlich um Verzeihung ersuchet, dessen
Gebet sich befohlen und ihm den Zoll des ganzen Kö-
nigreichs Aegypten zum Almosen überschicket; hat er den
Brief zwar angesehen, die Almosen aber zurück gesendet und nicht schriftlich, sondern mündlich, und zwar
kürzlich geantwortet: Gott, der allen gnädig ist, wolle
die Bande unserer Sünden auflösen, die Austheilung
der Almosen gehet mich nicht an, dann ich bin jetzt der
Welt abgestorben, ein Todter aber kann anders nichts

thun, als im Geiſt die ewigen und himmliſchen Dinge beſchauen, alſo hat er den Geſandten ſeinem Kaiſer wieder geſchicket.

9. In dieſe Fußſtapfen ſolchen Vorgängers laſſet uns ohne Verzug eintreten, alle anerbothene Geſchenke der Verwandten und anderer Freunden verwerfen, und gedenken, daß dieſe Gaben lauter Angeln des Teufels ſind, vermög deren er viele Geiſtliche bekrieget und fanget, indem er ſie hiedurch anfänglich von der geiſtlichen Vollkommenheit und Eifer des Herzens abziehet, nachmals ſelbige zu einer ſchändlichen Verachtung der gewöhnlichen Strengigkeit erweichet, und alſo zu vielen Sünden vornehmlich aber zu der unzuläßigen Weltliebe antreibet und endlich dieſe unglückſelige Kinder in das ewige Verderben ſtürzet. Ich bin der feſten Meinung, daß, wann uns erlaubt wäre, die Klage der verdammten Geiſtlichen, auch länger nicht als einen Augenblick anzuhören, würden wir unzählbare Verfluchungen über ſothane höchſtſchädliche Wohlthäter vernehmen. Derowegen ermahnet uns recht und wohl der heil. Vater Gregorius, wie folget. Die böſen Geiſter beſitzen auf dieſer Welt nichts eigenes, ſo müſſen wir uns nackend mit den Nackenden herum ſchlagen. Wann nun ein gekleideter Menſch mit einem Nackenden ſich tummelt, wird er leicht zu Boden geworfen, dieweilen er bei den Kleidern kann gefaſſet werden. Was ſind aber alle irdiſche Dinge anders, als einige Kleidungen des Leibs? der ſich dann mit dieſen hölliſchen Geiſtern in einen Streit einlaſſet, der werfe die Kleider von ſich, damit er von ihnen nicht überwunden werde.

10. Im übrigen iſt zur Beſitzung der geiſtlichen

Armuth nicht genug, daß man die weltlichen Sachen
in der That und mit dem Herzen verlasse, auch ist
nicht genug, daß man das Ueberflüssige von sich werfe,
sondern es erfordert die Armuth, daß man den Abgang
der nöthigen Dingen mit Geduld trage, und um selbige
sich nicht zu eifrig bemühe, wie gar schön hievon der
geistreiche P. Balthasar Alvarez mit diesen Worten
zu melden pflegte: Keiner, sagt er, schmeichle sich wegen seiner von Gott empfangenen Gnaden der Erleuchtung und geistlicher Tröstungen, es sey dann, daß er
mit fröhlichen Herzen diesen Bissen der evangelischen
Armuth geschlucket habe. Er wird aber hieraus abnehmen können, ob er diese Armuth liebe, wann er
nämlich derselben Gesellen, den Hunger, Durst, Kälte,
Verachtung und dergleichen lieb habe. Dann der in
den Kleidern Ehre suchet, damit er dieserthalben nicht
verachtet werde, der liebet die Armuth nicht. Welchen
es dürstet und diesen Durst nicht will ausstehen, der
befleißet sich der Armuth nicht. Der gern siehet, daß
ihm nichts mangele, und gleichwohl für einen guten
Geistlichen will angesehen seyn, der ist betrogen. Nicht
umsonst fähret der hl. Vincentius mit diesen Klagreden
aus und sagt: Leider Gottes! viele sind, welche sich
der Tugend der Armuth mit dem bloßen Namen allein
rühmen können, dieweilen sie wollen, daß ihnen nichts
ermangele. Sie sagen, sie sind Freunde der Armuth
und fliehen doch die Freunde und Mitgesellen derselben,
als da sind: Hunger, Durst, Verachtung und andere,
nach aller Möglichkeit. Auch, meine christliche Seele,
kann ein wahrer Liebhaber der Armuth nicht trauren,
wegen Mangel an Gebrechen der zeitlichen Dingen, so

die ganze Versammlung leidet, sondern muß allzeit die freigebige Fürsichtigkeit Gottes (Kraft deren er seine Diener und Dienerinen niemalen verlasset) mit Geduld erwarten. Also war beschaffen, derjenige gottgefällige Mönch, so wegen der verbrennten sämmtlichen Früchten seines Klosters, Gott mit freudigem Gemüth danket und sich sammt seinen Brüdern in allem der göttlichen Fürsichtigkeit empfehlet. Damit wir aber dergleichen Entrathung aus Liebe der Armuth hinführo leichtlicher ertragen mögen, sollen uns mit großer Ersprießlichkeit dienen die Leben der hl. Altväter und ersten Geistlichen der Kirche Gottes, unter welchen Moskus und Sophronius, zwei Ordensgeistliche, einstmals zu ihrem Vorsteher Johannes kommen, und von selbigen ein Lehrstück um ihr Leben besser nach der Vollkommenheit einzurichten begehret, denen der Alte geantwortet: meine liebe Brüder, liebet die freiwillige Armuth und Entäußerung aller Dingen neben der Keuschheit. Hiervon will ich euch eine schier unerhörte Geschichte erzählen. Da ich noch jung von Jahren war, und in der Einöde Scithi wohnte, fiel einer von den alten Geistlichen in eine Krankheit, so mit etwan wenigem Essig sollte geheilet werden, derhalben suchte man den wenigen Essig in vier Klöstern, so mit dreitausend und fünfhundert geistlichen Personen versehen, und war nichts zu finden. O wahrlich unerhörte Armuth! wann sogar kein Essig daselbst vorräthig gewesen, wie vielmehr wird es an Wein, Fleisch, Fisch, Oel, Gewürz und anderm Schmeer und Zugehör ermangelt haben, dahero genugsam abzunehmen ist, in wie großer Armuth diese heilige Mönche gelebt haben, und gleichwohl hat sie Gott wunderbarlich erhalten.

11. Also lasset uns ebenfalls zum wenigsten das übrige verbannen, und auch gern zufrieden seyn, wann wir schon in Speise und Trank und andern Nothwendigkeiten bisweilen kein völliges Gnügen haben. Auf solche Weis gelangen wir mit leichter Mühe zu der wahren Ruhe unseres Herzens und andern geistlichen Tugenden, so unsern Handel zieren müssen. Höre an, meine christliche Seele, den armen Franziskum, wie er diese Tugend so hoch schätze, daß er sie auch nicht scheuet eine Königin der Tugenden, eine Grundveste seines Ordens und einen Anfang der geistlichen Vollkommenheit zu benamsen. Derhalben, da einstmals der Pater Vikarius zu St. Maria von Portiunkula sich bei ihm beklaget, daß eine so große Armuth in seinem Kloster herrsche, daß man den ankommenden Geistlichen die nöthigen Sachen nicht verschaffen könnte, und er also für rathsam befinde, einige von den Novizen mitgebrachte Dinge zu behalten, womit man der so großen Noth vorbiegen möchte, dieser gottselige Franziskus geantwortet, dieß seye weit von uns, mein liebster Bruder, daß wir um der Menschen willen gegen unsere Regel sündigen sollen. Ich will lieber in Zeit der Noth den Altar der glorwürdigen Mutter Gottes Mariä berauben, als gegen das Gelübde der Armuth den geringsten Versuch thun. Wann wir nun mit diesem seraphischen Vater verlangen, mit geistlichen Gütern bereichert zu werden, so müssen wir mit ihm auch alle weltliche verachten. Wann wir unsern Hauptfeind im Streit erlegen wollen, so ist nöthig, daß wir uns von allen Be-

gierben der zeitlichen Güter entblößen. Und wann wir endlich ohne Hinderniß den Weg zum himmlischen Vaterland zu wandern begehren, als wird sich geziemen, daß wir das Bündel der bösen Neigungen zu den Creaturen bei Zeiten ausleeren, und also der obangezogenen Verheißung Christi: Selig sind die, 2c. theilhaftig zu machen, uns ohne Unterlaß befleißigen.

Der dritte Theil.

12. Nun folget die Uebertretung unsers vorgenommenen Gelübds der Armuth, dem zu Folg kann einer, so mit diesem Gelübde verbunden ist, nichts geben einem andern, oder auch von einem andern annehmen, ohne ausdrückliche, oder aufs wenigste vermuthliche stille Erlaubniß der Obrigkeit, wann er dieses Gelübde nicht will überschreiten. Daß aber einer nach seinem Belieben etwas geben oder annehmen könne, dazu wird erfordert die herrschaftliche Gewalt über selbige Sachen, dieweilen ein Geistlicher vermög des Gelübds der Armuth sich dieser Gewalt beraubet, so sündiget derselbe, wann er nämlich ohne Erlaubniß der Obrigkeit handelt, wie vorgemeldt ist. Dahero schreibt Boverius, Annal. A. 1569, daß ein Geistlicher aus dem Orden des heiligen Franzisci, so von allen für einen frommen Geistlichen gehalten worden, in seinem Todbette auf alle Fragen nicht anders geantwortet, als dieses: die heiligen Sakramente brauche ich nicht, dieweilen ich verdammt bin. Dieser hat die zwei Ursachen seines Verderbens offenbaret, nämlich, daß er anstatt der gebührlichen Anklagung sich entschuldiget, und daß er einige geistliche Geschenk zu geben und von andern ohne

**

Erlaubniß anzunehmen im Brauch gehabt, dieweilen er gefürchtet, daß ihm die Erlaubniß sollte abgeschlagen werden. Einen anderen haben fünf Rosenkränze in die Hölle gezogen, die er heimlicher Weis erworben, und seinen Anverwandten zu verehren entschlossen hatte, und ob ihn zwar hierüber das Gewissen oft gedrucket, so hat er doch solches als ein sehr geringes Eigenthum geschätzet, und derhalben dem Beichtvater zu offenbaren vernachläßiget. Nach seinem Tod hat man diese Rosenkränze in dessen Knieschämmel verborgen gefunden. Idem ibid. A. 1570. Diese Historie wird weiter erzählet am Blatt. Ist dann das, um Gottes willen, nicht eine große Armseligkeit? viele Jahre ein sehr strenges Leben führen, mit vielem Fasten, mit beschwerlichem Wachen, durch stetes Beten und andere harte Bußwerk den Leib kasteien, und vor dieß alles nicht allein keinen Lohn bekommen, sondern noch dazu durch so nichtswerthige Dinge und verächtliche Geschenk die ewige Verdammniß sich auf den Hals laden.

13. Das schädliche Gift, so in diesen heimtückischen Geschenken verborgen liegt, hat der heilige Ignatius Lojola zu seiner Zeit sehr glimpflich vermerket, und damit er seine heilige Societät desto füglicher davon befreien möchte, hat er allen andern zum Exempel diese folgende Aktion gehalten: M. S. Ingolst. Fol. 32. A. 1556. den letzten Mai, am hohen Festtag der Allerheiligsten Dreifaltigkeit hat er dem ehrwürdigen Pater Sebastiano Romão, der Zeit Rektoren auferlegt, eine Disciplin zu thun, ein ganzes Miserere lang, bei öffentlichem Refektorio und hat dieser Pater Rektor selbigesmal an einem kleinen Tischlein mit einem Stück

Brod und einem Trünklein Wein müssen vorlieb neh=
men. Andern Tags ist ihm kein Speis noch Trank ge=
reichet worden, bis er diejenige Agnus Dei (wie sie
genennet werden) so er ohne ausdrückliche Erlaubniß
der Obrigkeit einigen seiner Societät Geistlichen mit=
getheilt, dem heiligen Vater Ignatio zugestellet hätte.
Diesen löblichen Eifer des obgemeldeten Stifters hat
ohne Zweifel wahrgenommen der selige Aloisius, wel=
cher diese Regel der Armuth genau zu halten sich un=
terstanden, daß er einem andern, so von ihm Papier
begehret, nicht ehender willfahret, bis er von der Obrig=
keit Erlaubniß darüber erhalten. Ingleichen der ge=
lehrte Pater Thomas Sanchez derselben Societät
Priester hat niemals das Geringste ohne Erlaub=
niß angenommen, oder gegeben; auch, wie er selbst
schreibet, keinen Faden. Vit. p. 2. p. 139. Neben
diesen hat der ehrwürdige Joannes Berkmann derselben
Societät, Zeit seines Lebens beweinet, daß er niemals
einem Bruder ein Bildlein ohne Erlaubniß der Obern
gegeben, den er doch zu diesem End gesucht hatte, und
dessen Bewilligung er leichtlich hätte erlangen können.

14. Auch kann ein wahrer Armer, ohne Verletzung
des Gelübds, über die Speisen, so ihm an der Tafel
übrig bleiben, nach seinem Willen nicht schalten, sinte=
malen einem Geistlichen so viel an Speisen gegeben
wird, als er für sich bedürftig, was aber übrig bleibt,
ist nicht sein, dahero bei den Patribus Capucinis ver=
bothen war, Brod mit sich von der Tafel zu tragen.
Nun aber hat sich zugetragen, daß der allgemeine
Menschen = Betrüger einem sichern Geistlichen aus ge=
meldtem heiligen Orden in Gestalt der allerseligsten

Jungfrau erſchien und Brod von ihm begehret, derhalben nimmt ſelbiger nach gehaltener Mahlzeit heimlich
ein Stück Brod mit ſich in den Aermeln und nachdem er ſolches der vermeinten Bettlerin gereichet, ver-
ſchwindet vor ſeinen Augen alsbald die angenommene
Geſtalt und greift der hölliſche Satan meinen guten
Almoſier bei den Füſſen, in Meinung denſelben fortzu-
reiſſen, ſo auch vielleicht geſchehen wäre, wann er nicht
auf ſein jämmerliches Hülfrufen, durch das inſtändige
Gebet ſeiner Mitbrüder wäre errettet worden. Aus dieſer Tragödie lernen wir, daß es einem Geiſtlichen un-
zuläßig ſey, die überbliebenen Speiſen ohne Vorwiſſen
der Obrigkeit den Armen mitzutheilen. Ueber dieſes
mag auch ein Gelübdverbundener ohne große Beſchwerde
ſeines Gewiſſens nichts, es ſey wenig oder viel, vor
ſeinen Gebrauch der Obrigkeit verborgen, ſo aus unſer
ausdrücklichen Ordensregel genugſam abzunehmen, allwo
unſer heiliger Vater Auguſtinus denjenigen, ſo etwas
verborgen hat, eines Diebſtahls beſtrafet, dahero leſen
wir in den Geſchichten der PP. Franziskanern, daß
derſelben einer von der Viſitation einige Sachen in ſeiner Zell verborgen habe, welchen ein anderer in ſelbiger
Nacht in der Hölle an einen Galgen und die verborgenen Dinge an deſſen Füſſen hat hangen ſehen, demnach aber, der ſolches verborgen, von dieſem Geſicht
iſt berichtet worden, hat er ſeinen Fehler gebeſſert.
Bover. Annal. A. 1579. Wollte Gott, daß allen
Geiſtlichen ſolche große Gnade wiederfahren möchte, und
nicht ſo viele wegen des abſcheulichen Laſters des Eigen-
thums in den Abgrung des Verderbens geſtürzet würden!

15. Nicht weniger muß auch ein wahrer Armer all

dasjenige, deſſen er ſich gebrauchet, ſeiner Obrigkeit offenbaren, und nach vorhergegangener Erlaubniß, mit denen Dingen alſo umgehen, daß ſie, ſo viel möglich iſt, ſchad= und ſchandenlos gehalten werden. Man muß nicht vermeinen, daß es zuläßig ſey, mit den beurlaubten Sachen nach ſeinem Willen umzugehen, und ſie zu verderben, zu bemakulen ꝛc. weilen uns keine völlige Beſitzung derſelben vor alle, ſondern vor einige Zeit und Noth gegeben wird, davon der gottſelige Caſſianus ſchreibet, daß, wann einer von den Geiſtlichen zu ſeiner Zeit auch eine geringſchätzige Sache verdorben oder verwüſtet hätte, derſelbige als ein Gelübds= brecher ſehr hart ſei geſtraft worden, mit dem Geſchirr und andern Hausrath des Kloſters ſind ſie wie mit heiligen Sachen umgangen, nicht anders als wann ſie neben dem Ausſpender, auch Gott Rechnung darüber zu geben hätten, wie ſie auch thaten. Auch der heilige Vater Benediktus befohlen, daß man nicht allein die Geſchirr, ſondern alles Brauchbare gleich dem Zugehör des Altars traktiren ſollte.

16. So laſſet uns dann, meine chriſtliche Seele, der heiligen Armuth uns befleiſſen, und auch die wenigſten Sachen nicht gering achten, indem wir ſelbige gar genau vor dem göttlichen Richter zu berechnen haben, wie aus folgender Erzählung des Boverii zu merken iſt. Annal. Capuc. 1581. Ein geiſtlicher Bruder Namens Bernardus iſt am Ende ſeines Lebens mit dem Menſchenfeind in einen Streit gerathen, in welchem er ihm vorgeworfen, daß er mehr Wachsdraht verbrennte, als die Noth erfordert habe; da nun unter währendem Kampf die umſtehenden Brüder vor deſſen Heil die

Litanie gebeten, hat der Kranke zu den Namen der
Heiligen, mit großer Bestürzung des Gemüths nichts
anders wiederholet als diese Worte: Tam modicum,
tam modicum, tam modicum. So weniges, so weniges, so weniges. Worüber ihn nachmals seine Brüder mit Verwunderung gefragt und zur Antwort bekommen, wie folget: Ich stunde, sagt er, vor dem Gericht, da dann der höllische Ankläger aus allen Stücklein des von mir unnützlich verbrannten Wachsdraht
einen großen Pack zusammen gemacht und mich als einen Uebertreter der heiligen Armuth angeklaget, weilen ich nun über die heftige Anklage einer solchen Wenigkeit zum höchsten verwundert ware, als schreie ich
überlaut, so viel ich konnte: Tam mod'cum, etc. So
weniges ꝛc. Laß dir gesagt seyn, meine christliche Seele,
die Urtheile Gottes sind sehr zu fürchten, sonderbar,
da selbige über die Gelübden von Gott gesprochen werden. Der geistliche P. Otho aus selbigem Orden ist
einem guten Freund erschienen und gesagt, daß er zwar
zur ewigen Seligkeit gelangt sey, aber nach so scharfer
Erforschung, daß er wegen der Kerzen, so er auf dem
heimlichen Gemach brennen lassen, habe zu Gericht stehen müssen. Id. An. 1571. Wie wirds nun mit den
Eigenthümern hergehen, wann so geringe Sachen nicht
übersehen werden? Noch eins höre, mein geneigter Leser, was einem alten Geistlichen desselben Ordens gezeigt worden; dieser hat bei Winterszeit nach vollendetem nächtlichen Gottesdienst wollen hinab in die Küche
gehen, um sich alldort zu erwärmen, woselbst er zwei
schmutzige Küchenbuben angetroffen, so die glühenden
Kohlen mit eisernen Rechen auseinander scharrend, dem

dritten den Platz bereitet, auf welchen er den auf eine Roster gehefteten und auf seinen Achseln herbei getragenen Bruder setzen sollte, hierüber ist der gute Alte erschreckt worden und hat die Flucht ergreifen wollen, den aber einer aus den gemeldten beiden letzten angehalten und gefragt, ob er diesen Bruder kenne? und da er mit Nein geantwortet, hat er gesagt, daß dieser ein Vorsteher der Küchen gewesen und das Holz gegen das Gesetz der Armuth zu reichlich verbrannt habe, dahero sey er von Gott zu diesem Ort so lang verdammet worden, bis er davor zur Genüge bezahlet habe.

17. So viel nun den Eigenthum, als einen tödtlichen Feind der geistlichen Armuth belanget, wird dieser von dem heiligen Benedikto das allerschalkhafteste Laster von dem geistreichen Cassiano, ein Aufenthalt der Laster, ein verwirrter und unauflöslicher Anfang der Schalkheit und eine Wurzel alles Bösen benamset, weiteres sagt der hl. Gregorius, daß ein Eigenthümer kein Herz eines Menschen habe, und daß die Liebe und Einigkeit nicht bleiben können, wo dieses Laster Platz hat. Es ist aber der Eigenthum ein so betrügliches und subtiles Uebel, daß, nach Zeugniß des hl. Gregorii Nysseni, diejenigen, so alle andere Laster durch die widrige Tugenden als deren Feinde an sich vernichtiget, dannoch dem Betrug dieses Elends nicht genugsam entgehen können, weilen selbiges dem armen Menschen in unzählbare Stricke der eitlen Entschuldigungen verwickelt. Die Eigenthümer klagen zu ihrer Entschuldigung, man gebe ihnen die Nothdurft nicht, wann ich, sagte ein Eigenthümer, würde krank und elendig werden, und nichts auf die Seiten gelegt hätte, wie sollte ich in die

sem Zustand so übel gepflegt werden. Das Vermögen
des Klosters ist gar gering, und hergegen die Nachläßig-
keit bei den Kranken sehr groß, wann ich alsdann nichts
eigenes hätte, meinen Leib zu verpflegen, würde ich
übel bestehen, und vielleicht aus Noth gar dahin sterben
müssen; die gewöhnliche Kleidung ist mir zu wenig,
derhalben muß vor eine mehrere Sorge tragen, ich habe
öfters dieß und jenes vonnöthen, wann ich nun mir
nichts vorbehalten hätte, wer wirds mir verschaffen?
solche und dergleichen andere Vorwände der Eigenthümer sind bei gegenwärtigen Zeiten, leider Gottes, eine
liederliche Decke ihres schändlichen Lasters; du aber,
meine christliche Seele, siehe dich bei Zeiten vor, auf
daß du selbiges nicht nur bedecken, sondern zumalen er-
sticken mögest. Dieses aber wirst du mit deinem unbe-
schreiblich großen Seelennutzen zuwegen bringen, wann
du diese zwei eiskalte Worte, meum et tuum, mein
und dein, aus dem innersten deines Herzens zu vertreiben dich bemühest, diese zwei Worte fügen, nach
Meinung des heiligen Chrysostomi, unserm geistlichen
Leben alles erfindliche Uebel zu, und verursachen unzählbare Streitungen, und nicht allein sind diese Wort
dem geistlichen, sondern auch allem weltlichen Handel
höchst schädlich, derhalben sagt der hl. Martinus Dumiensis: Lib. de moribus. Die Menschen würden in
aller verlangten Ruhe und Zufriedenheit leben auf Erden, wann sie diese zwei Wort, mein und dein von der
Natur aller Dingen hinweg schafften und weilen selbige
anders nicht als eine Pest von vielen heiligen Vätern
benamset werden, darum rufet der heilige Basilius
Reg. fusior. 32. mit dieser Stimme: Du mein und

dein, trollet euch weit von meiner Brüder Wohnung
hinweg. Unter den geistlichen Kindern des hl. Altvaters
Pachomii hat sich auch keiner einer großen Sünde dürfen gelüsten lassen zu sagen: Mein Buch, mein Kleid,
mein Geschirr rc. ja sogar hat unter der heidnischen
Blindheit des Plato die Bosheit dieser Worte beobachtet; dahero er seine Schüler gelehret, daß sie alles ins
geheim haben sollten, und daß aller Streit unter den
Menschen leichtlich möchte aufgehoben werden, wann
man diese Worte, mein und dein, aus dem Weg zu räu-
men sich befleißen würde. Folge du mit mir dem Spruch
des hl: Ambrosii, Lib. 1. Offic. c. 25. der also lautet: Wann du willst gerecht seyn, so habe alles gemein
für die Deinige, und das Deinige für die Gemeinde.

18. Im widrigen Fall ist zu befürchten, daß dir wiederfahre, was 1569 einem sichern Vorsteher wiederfahren ist. Zach. Bover. in Annal dessen untergebene
geistliche Ordenspersonen acht an der Zahl, ihren
Stand verließen, und in den hl. Orden der P. P. Capu-
cinern eingetreten sind und haben die Ursach solcher
ihrer Veränderung folgender Gestalt erkläret und gesagt,
daß ihre Vorsteher kürzlich einen so erschrecklichen Tod
gehabt haben, daß sie aus Furcht, dergleichen Gestalt
geurtheilt zu werden, sich besser vorzusehen, seyen gezwungen worden. Es pflegte aber derselbige Wandeln oder
Wayern von Pfauenfedern und andere artliche Dinge von
Seide zu machen; und demnach er hievon viel Gelds zusammen gescharret, habe er endlich dermaßen angefangen zu stinken, daß in seiner Gegenwart niemand
hat bleiben können. Da er nun von den andern
abgesondert und ihn einige seiner Mitbrüder einstmals

besuchet, sey er mit dem Haupt am Bett erbärmlich hangend und von einer abscheulichen Katze am Hals sehr gröblich zerfreſſen und ſchier erſticket gefunden worden. Indem aber die Brüder dieſe böſe Katze zu vertreiben ſich bemühet, habe der Kranke geſchrieen, ihr habt nicht mit einer Katze, ſondern mit dem Teufel zu ſchaffen, dieſe Strafe hat mir mein garſtiges Leben, ſo ich in Begierlichkeit in übel gehaltener Armuth und in Verachtung meiner Regel zugebracht, billig verurſachet. Ihr ſollet durch meinen Schaden witzig werden, ich aber werde anjetzo als ein Verdammter zu Höllen geriſſen. Nach dieſen Worten ſey er von der obgedachten Katze erſtickt und unter einem grauſamen Kirren ſeiner armen Seele in alle Ewigkeit beraubet worden. Ein anderer Laienbruder, ſo einen Pſalter ohne Wiſſen der Obrigkeit behalten und nach geſchehener Forderung, denſelbigen nicht hat wollen herausgeben, iſt in ſothaner Halsſtärrigkeit geſtorben und hat nach ſeiner Begräbniß mit unmanirlicher Stimme am Chor zu heulen angefangen, und da er von dem Guardian beſchworen worden, zu bekennen, wer er ſey, hat er geſagt, er ſey derjenige Bruder, ſo am vorigen Tag begraben, und ſey wegen des enthaltenen Pſalters ewiglich verdammet. Chron. S. Franc. p. 2. I. 1. c. 18.

19. Ein noch erſchrecklicheres hat ſich zugetragen mit einem andern Ordensgeiſtlichen, Bover. in Annal. Anno 1589. welcher ein ſonderbares Gefallen an eines andern Brevier gehabt, derhalben hat er ſich deſſen heimlich bemächtiget und verborgen, in Hoffnung, daß er bald an ein anderes Ort würde verſchickt werden, allwo er ſich deſſelben ohne Argwohn gebrauchen könnte.

Derjenige, so das Brevier verloren, hat solches dem
Guardian angekündigt und gebethen, er möchte doch
seine Brüder zur Wiedergab ermahnen, so dann auch
etlichmal geschehen, bis endlich dieser Vorsteher genö=
thigt worden, in Kraft des heiligen Gehorsams zu be=
fehlen, daß dieses Breviers Entheber alsbald sich mache
zum Wiedergeber. Aber alles war umsonst. Der Tag
neigte sich zum Abend, und der Küster ging hin die
Kirche zu verschliessen, war aber bis zum Thor nach=
kommen, siehe, da tritt ein Mönch mit schwarzem Ha=
bit herein, wendet sich zum Küster und sagt: Ich bitte
dich, lieber Bruder, lasse noch die Kirche so lang offen,
bis ich habe, was mein ist. Der Küster verwundert
sich über die Ankunft und Rede dieses schwarzen Mön=
chen, giebt alsobald dem Guardianen hiervon Bericht
und führet denselben mit sich zur Kirche. Da er nun
den Fremdling siehet, fragt er ihn, was er allda ver=
loren habe? Es ist, antwortete der Schwarze, einer
unter den Deinigen, welcher eine Sache besitzet, die
mir zugehöret, schaffe du mir alle zugegen, so will ich
ihn zeigen. Der Quardian rufet hierauf seine Geistliche
zusammen, und stellet selbige dem angenommenen Mön=
chen vor. Sobald dieser den Brevierdieb erblicket,
greift er selben bei den Füssen und führet ihn in aller
andern Gegenwart lebendig in die Luft und von
dannen ohne allen Zweifel in die ewige Verdammniß,
das Brevier aber hat er aus den Armen des Diebs
herausgeworfen. Also ist man in Erfahrung gerathen,
wer dieser Schwarzfarbige, wer der Brevierdieb gewe=
sen und was für Straf diejenige verdienen, so das
Gelübd der Armuth verletzen.

13*

20. Noch eins muß ich dir, mein chriftlicher Lieb=
haber erzählen, damit du fiehest, wie scharf diejenige
von dem Gerechten hergenommen werden, so in Er=
bauung der Klöfter oder Cellen das Maß der Armuth
überschreiten. Bover. Annal 1554 in P. Franc. As=
tens Da der gottselige P. Franziskus Aftenfis, der
Capuciner zweiter General die römische Provinz vi=
fitirt, ist er zu einem Klofter kommen, allwo ihm eine
fehr stattlich erbauete und geschmückte Cell vor seinen Ab=
stand daselbst ist angewiesen worden. Nach gehalte=
nem Abendmahl, da fich der obgedachte Pater schon zur
Ruhe begeben, hat man an feiner Thüre ganz fittfam
angeklopfet, als wann einer hinein zu kommen begehrte.
Dieß hat er gehöret und den anklopfenden durch die
Wörtlein, Deo gratias, zu fich gelaffen, aber nie=
mand ist hinein kommen. Endlich nach oft wiederhol=
tem Klopfen und gegebenem Deo gratias ist der vor=
längst verstorbene Guardian und gewesener Bauherr
diefer Cellen hineingetreten, felbige etlichmal mit Still=
schweigen durchwandert und hat endlich mit diefen Wor=
ten losgebrochen. Du verfluchte Cell, deinetwegen al=
lein bin ich Armseliger ewig verdammt worden. Nach
diefen Worten ist er verschwunden. Ein anderer aus
dem Orden des heiligen Franzisci, so man Conventua=
len nennet, ist wegen einer prächtig vor fich erbauten
Cell in den Abgrund der Hölle gestürzet worden.
Bover. 1547. Diefes alles ist zu deinem Beften er=
zählet, meine chriftliche Seele, auf daß du in Ersehung
deiner Vorfahrer Unglücks lerneft die Armuth lieben
und halten, der du dich vermittelft eines unwiderrufli=
chen Gelübds verbunden haft. Meide du mit allem
Ernst das Wenige, so wirst du nicht leichtlich fallen in
das Größere, so diefem Gelübd zuwider ist.

Die fünfzehnte
geiſtliche Lection
von der
Keuſchheit.

———

Haec est voluntas Dei, Sanctificatio vestra,
ut abstineatis vos a fornicatione, ut sciat
unusquisque vestrum vas suum possidere
in sanctificatione et honore.

1. Thess. c. 4. v. 3.

Dieß iſt der Wille Gottes, eure Heiligung, daß
ihr euch von Unzucht enthaltet, und daß ein jeglicher unter euch ſein Gefäß in Heiligung und
Ehren zu beſitzen wiſſe.

Der erſte Theil.

1. Marcellus, ein Abt in Scythien, ſagt bei dem
Johannes Moſchus, Prat. Spir. c 42., daß einem
Mönche nichts ſo ſehr bei Gott in Freundſchaft bringe,
als eben die ſchöne und herrliche Keuſchheit, welche,
nach Zeugniß des heiligen Pauli, 1. Cor. 7., dem
Menſchen Ehrbarkeit und Beſtändigkeit leiſtet, damit er
ohne Verſtreuung in dem Dienſte Gottes verharren

könne. Dahero die heiligen Väter von Anfang des Mönchenlebens davor gehalten, daß diese zur Vollkommenheit vor allen andern Tugenden nöthig sey, diewellen ein Weib das allerfüglichste Werkzeug ist, die Tugenden des Mannes zu verkehren. Es ist aber die Keuschheit eine so stattliche Tugend, daß der eingeborne Sohn Gottes selbige an der glorreichen Jungfrau Maria sonderbar beobachtet, und derhalben hat er sie vor allen andern heiligen Weibern zu seiner Mutter erwählet. Woraus dann auch vornämlich abzunehmen ist, daß kein kräftigeres Mittel, um der göttlichen Gaben sich fähig zu machen, sey, als eine demüthige und reine Keuschheit, vermöge der unsere Seelen Christo, dem himmlischen Bräutigam, vermählet werden. Und was kann vortrefflicher, was kann annehmlicher erdacht werden, als solche Vermählung? Bei mir ist schier eine Unmöglichkeit, daß ein keuscher Mensch könne ewig verloren gehen. Und gleichwie die Bräute großer Fürsten und Herrn, wann sie Treue halten, fast Alles von ihren Bräutigamen zu erlangen vermögen (wie an der Esther, so die Befreiung der ganzen Judenschaft von dem Assuero erhalten, zu sehen ist) also und noch vielmehr wird eine Braut des himmlischen Königs Alles, und sonderbar die Errettung aus dem Sündenkerker vor ihren Nächsten erwerben können. Und gleichwie die himmlische Jungfrau, wann sie im Thierkreise herrschet, das Erdreich sehr fruchtbar machet, also die Keuschheit bringt allerhand Früchte der Ehren, der Ehrbarkeit und der überhäufigen Gnaden, wann sie im Herzen des Menschen regieret.

2. Ob zwar nun fast jedermann bekannt ist, daß

die jungfräuliche Keuschheit der saubern und schönen
Lilien insgemein verglichen werde wegen der annehmlichen weißen Farbe, mit der sie glänzet, so sind doch
Viele, die nicht beobachten, daß, gleichwie an einer Lilie
sind sechs weiße Blätter, und in Mitten der Blume
einige gleichsam güldene Körnlein gefunden werden, also
auch an der Keuschheit sechs Blätter, zu Erhaltung der
Reinigkeit dieser Lilien zu finden seyn, deren das erste
Blatt ist die Nüchternheit, das ist, nach Meinung des
heiligen Kirchenlehrers Hieronymi, mäßig seyn im Essen
und Trinken, welches Blatt von der Uebernehmung der
Speisen und Tranks, gleichwie von einem Dorn zerrissen wird, dann die Füllerei und Trunkenheit sind der
Weg zur Unkeuschheit und Geilheit, wie sichs an dem
Loth erwiesen, so in der Trunkenheit eine doppelte
Blutschande begangen hat. Dahero sagt der Apostel:
Saufet euch nicht voll im Wein, darin ein unzüchtig
Wesen ist. Eph. 5. Und nach diesem spricht der gelehrte Tertullianus L. de Spectacul. also: Die Trunkenheit und Geilheit haben sich miteinander verbunden
und verschworen. So ist dann vor allen nöthig, daß
man die Fresserei und Trunkenheit, als einen Angel
der Geilheit fliehe. Das andere Blätt der Keuschheit
ist, grobe Kleidung an bloßem Leib tragen, so der hl.
Bernardus mit diesen Worten bekräftiget; gleichwie
eine zarte Weichheit der Kleider eine Unreinigkeit verursachet, also erhaltet die Härtigkeit und Grobheit derselben den Menschen in der Keuschheit Eine hoffärtige
und weiche Kleidertracht ist ein Dorn, so das schöne
Blatt der Keuschheit zerreisset, und zum Verderben richtet; dahero ist geschehen, daß die Kinder Israel mit

den moabitischen Weibern; welche mit schönen Kleidern geschmücket waren, gesündiget haben. Num. 25. Das dritte Blatt ist die Meidung des Müßiggangs, der da ist ein wahrer Zunder der Unkeuschheit; wie recht der hl. Chysostomus meldet: das Laster der Geilheit erwachset sehr leichtlich aus dem Müßiggang, weilen die Liebe von den Gelehrten entworfen wird, daß sie sey eine Bewegung oder Betrug der müssigen Seele. Diesem vorgestellen Entwurf fället auch bei, der spitzfindige Poet Ovidius mit diesen Worten:

Otia si tollas, periere Cupidinis arcus.

Das ist:

Cupidinis hältst im Zwang,
Wann du fliehst den Müssiggang.

Wiederum:

Quaeritur Aegystus quare sit factus adulter?
In promptu causa est: desidiosus erat.

Die Frage ist, warum Aegyst
Die Ehe gebrochen habe?

Die Antwort ist, dieweil Aegyst
Fast immer müssig ware.

Das vierte Blatt wird erhalten durch sorgfältige Bewahrung der Sinnen, und sonderbar der Augen und Ohren. Willst du nun, daß dieses liebliche Blättlein unverletzt an der Blume verbleibe, so behüte selbiges, so viel dir möglich ist, für den spitzigen Dorn des Vorwitzes und der Begierde, neue und eitele Dinge zu sehen und zu hören, und versichere dich, daß von dem Dorn der Neugierigkeit diese edle Blume, insonderheit bei den vorwitzigen Frauenzimmern jämmerlich zerrissen werde. Das fünfte Blatt deiner Lilien leidet auch großen Schaden von den Dörnern der unnützlichen, müssigen und unkeuschen Reden, nach den Worten des heil. Apostels Pauli. 1. Cor. 15. 33. Böse Gespräche verderben gute Sitten. Derhalben müssen diejenigen, denen an Erhaltung der preiswürdigen Hauptblumen zu ihrer ewigen Wohlfahrt gelegen ist, solche höchst= schädliche Gesellschaft wie die Pest meiden. Das sechste Blatt deiner holdseligen Blumen, meine christliche Seele, mußt du sauber und unverletzt erhalten, durch eine son= derbare Behutsamkeit des fünften menschlichen Sinnes, nämlich des Gefühls, und dich nach aller Möglichkeit hüten, damit du dich selbsten an bloßem Leib, oder an= dere nicht anrührest, sintemalen auch nur durch einen einzigen Angriff fremder Hände, als durch einen schäd= lichen Dorn, nicht wenige ihr schönes Blatt vernichtiget haben, wie unten Nr. 8. zu sehen ist; diese sind die Blätter unserer jungfräulichen Blumen, die goldfarbige Körnlein aber derselben sind drei Weisen und Manie= ren Gott zu lieben, so der hl. Bernardus dir vorma= let und sagt: lerne lieben süßiglich, lieben vernünftig= lich und lieben standhaftiglich. Süßiglich, damit du nicht durch Anreizung oder Lockung, vernünftiglich, damit du nicht durch Betrug und standhaftiglich, damit du nicht durch Widerwärtigkeit von der Liebe deines Herrn ver= führet werdest.

3. Gleichwie aber diese Lilie der jungfräulichen Keusch= heit dem lieben Gott und seinen heiligen Engeln einen überaus annehmlichen Geruch verursacht und dahero der Mensch, in dessen Garten solche herrliche Blume wachsen, fast nicht verderben kann, also erfordert der=

selbige zu ihrem ersprießlichen Wachsthum viele Mühe und Arbeit und sogar nach Meinung des hl. Vaters Augustini, in lib. de bon. hum. o. 2. einen täglichen Streit unter allen Kriegen der Christgläubigen, sagt der gemeldte hl. Vater, sind am härtesten die Kriege der Keuschheit, in denen ein täglicher Streit und seltener Sieg zu finden ist, weilen selbigem ein starker Feind zu Theil worden, dem man täglich widerstehet, und jedoch immer fürchtet, eine solche Beschaffenheit hat es mit dieser Tugend, dann der Geist der Geilheit verschonet kein Alter, siehet kein Geschlecht an, und gehet keinen Stand vorbei, wird er schon vertrieben, so kommt er doch wiederum, wird er getödtet, so wird er wieder lebendig, wird er im Krieg überwunden und in die Flucht geschlagen, so lasset er gleichwohlen nicht nach und setzt auf das neue wiederum an, wird er zu Boden geworfen, so stehet er abermal auf; derhalben sagt der heil. Chrysostomus: wir haben bei diesen unsern Zeiten von einigen gehöret, daß sie ihren ganzen Leib mit Eisen umgürtet, mit rauhen Säcken sich bekleidet, in die Spitz der Bergen sich verborgen. in stetem Wachen und ine höchster Armuth gelebt, auch aller Schärfe der Bußfertigkeit sich unterworfen, den Weibern den Zugang zu ihren Hütten verboten und auf solche Weise sich selbst gezüchtiget und haben dannoch durch sothane Mittel den Grimmen der bösen Begierden schwerlich dämmen kömmen. Diese Lilien zu erhalten, hat jeine heilige Abtissin sich in stetem Fasten und Wachen geübt, und ist gleichwohl in die dreizehn Jahr von diesem Feind sehr übel geplaget worden; der heilige Pachomius hat gewünschet, daß er von den wilden Thieren möchte zer-

riſſen werden, weilen er in vierzig-jähriger Zeit in der
Wüſte durch große Strenge des Lebens dieſes Unthier
nicht gänzlich hat übermeiſtern können, iſt dannoch von
ſelbigem auch niemalen überwunden worden, wie hat
ſich der aus einem Hauptmörder nachmals fromme
Einſiedler Moiſis nicht bemühet zu der vollkommenen
Keuſchheit zu gelangen, indem er geſehen, daß durch
das unerhörte Faſten dieſer Feind nicht weichen wollen,
iſt er ganze Nächte zumalen frei ohne einiges Anlehnen
aufrecht geſtanden, dieſer Weiſe zu leben hat er ſich
ſechs Jahr lang alſo gebrauchet, daß er weder Tag noch
Nacht einige Ruhe hat haben können, ſondern unauf=
hörlich ſein Gebet zu Gott verrichtet, und hat gleich=
wohl dieſes ſchädliche Feuer zu erlöſchen nicht vermöget.
Was haben zu Erhaltung der jungfräulichen Reinigkeit
nicht gethan der heilige Vater Benedictus, Fränziscus
und andere unzahlbare, deren herrlichen Thaten, wei=
len faſt jedermann bekannt ſind, wollen wir nur dieſes
einzige von unſerm ſeligen Joanne Bono noch anzie=
hen; S. Antonin. p. 3. Histor. tit. 24. cap. 13.
dieſer hat zur Erlöſchung der hitzigbrennenden Flammen
ein auf dem Feld gewachſenes Rohr in viele ſehr ſcharfe
und ſpitzige Stücklein zerſchnitten, ſelbige hat er zwi=
ſchen die Nägel gelegt, und die Finger ſo heftig auf
einen Stein gedrücket, daß dieſe ſpitzige Rohrſtücklein
zu den Fingern zumalen hineingewichen; die Schmer=
zen, ſo von dieſer That entſtanden, ſind ſo grauſam
geweſen, daß er drei Tag lang halb todt gelegen iſt;
daß aber ſolcher ungemeiner Eifer der Keuſchheit dem
Stifter derſelben gefallen, hat ihn Gott ſelbſt mit die=
ſen Worten verſichert: weilen du, mein lieber Joannes,

wohl haft angefangen, so sollst du auch also verharren, und gleichwie du dich den Versuchungen tapfer widersetzet haft, also wirst du hinführo von denselben befreiet seyn; nach diesem ist der wackere Fechter von seinen Wunden genesen und aufgestanden.

4. Noch eines mehrern hat sich unternommen die heilige Euphrasia von Antiochia, so lieber hat wollen das Leben, als die Lilien verlieren; da sie dann von einem Soldaten gefangen worden, und keine Ausflucht ersehen können, hat sie demselben versprochen, wann er ihrer verschonen werde, eine Kunst zu lehren, vermög derer er sich so hart machen könnte, und damit du, sagt sie, versichert seyest, so sollst du diese Kunst an mir zum ersten probieren. Euphrasia hot alsbald ihren Hals mit einer Salben bestrichen, und dem Soldaten dargereichet, den er mit einem Streich gefället, und also dieser tapfern Verfechterinn der Jungfrauschaft ein Genügen geleistet. Niceph. Kap. 10. Eine andere Heldin hat sich lieber die Augen wollen ausgraben lassen, als einige Verletzung der Keuschheit leiden. Nicht weniger Lob hat verdienet derjenige Geistliche, so nach Zeugniß des Nicephori Calisti, L. 7. Kap. 13. von den äußersten Tormenten des Tyrannen in ein sanftes Bett gelegt, und daselbst von einem sehr schönen Weib durch allerhand freundliches Liebkosen zur Geilheit angereizet worden; und da er sich ihrer zu entschlagen nicht vermöget, hat er seine Zunge sich ab, und in Stücken gebissen, und selbige der Versucherin ins Angesicht gespiehen; und obwohlen er sich hierdurch einen leiblichen Schaden und einige Schmerzen hat zugefüget, so hat doch das unkeusche Weib mit großer

Schand und Spott weichen müssen; und gleichwie er im Streit der Jungfrauschaft über solche lose Vettel hat obgesieget; also hat er ein wenig hernach sein keusches Leben mit dem Spiegel der Marterkrone bestätiget.

5. Also, also haben die Auserwählte Gottes, zu Erhaltung des unschätzbaren Kleinods der Keuschheit gefochten, und wann du, mein geistliches Kind, diesen kostbaren Schatz zu erwerben; diese Lilien unverletzt zu besitzen, und mit dieser englischen Tugend gezieret zu werden verlangest; so mußt du mit diesen Heiligen streiten, und dich gleichwohl versichern, daß dich der gütige Gott nicht höher mit Versuchungen werde belästigen, als du tragen kannst; daß aber das Zeichen der Jungfrauen im Thierkreis zwischen der Wag und dem Löwen zu sehen ist, bedeutet nichts anders, als daß die Keuschheit durch die Mäßigkeit und Standhaftigkeit am füglichsten könne bewahret werden; derhalben mag, wie der heilige Chrysostomus dafür haltet, ein Liebhaber der Keuschheit vom streiten nicht feiren, weilen ein solcher von dreien Feinden, als nämlich von der Natur, von der Speiß und Trank, und von dem leidigen Satan bekrieget wird; diese drei obzwar mächtige Feinde, wiewohl du mit den obgesetzten Waffen der Heiligen zu bestreiten nicht bestand bist, so kannst du dich doch deren gar leicht gebrauchen, wie wir in den sechs Lilienblättern verzeichnet haben, und folgendes mit mehrern darthun werden, kraft deren du das Siegkränzlein deinen inheimischen Feinden aus den Händen reißen werdest.

6. Weilen aus denen oberzählten Geschichten gnugsam erhellet, daß die Abtödtungen des Leibs zu Erhaltung

der Keuschheit ein merkliches beitragen; so seynd sie
doch kein unfehlbares Mittel, diese Tugend unverletzt zu
bewahren, wie der hocherleuchtete Climiacus Grad. 15.
mit diesen Worten bezeuget: Ich habe einige gekennet,
die zum höchsten gefastet, und haben dannoch von den
Begierden des Fleisches großen Drang leiden müssen;
derhalben soll man nicht allein auf solche Strengigkei=
ten, sondern auf Gott das beßte Vertrauen setzen. Wer
nun des Fleisches sich bemeistern will, der muß seine
Schwachheit gegen solchen arglistigen und mächtigen
Feind zu streiten, vor Gott treulich erkennen, und den=
selben immer um Hülf ersuchen; dann diese Art der
Teufel lasset sich nicht auswerfen, als durch das Ge=
beth und Fasten. Dahero sagt der weise Salomon:
Ich wußte, daß ich mich nicht enthalten möchte, es
würde mir dann von Gott gegeben. Sap. 8. v. 21.
Und billig also: dann gleichwie ein Commandant eines
Schlosses, wann er die Belagerung desselben wegen sei=
ner allzuschwachen Mannschaft fürchtet, alsbald dem
Herrn des Schlosses durch Schreiben um Hülf belan=
get; also müssen wir uns in unsern Anfechtungen ver=
halten, und sagen mit dem heiligen Vater Augustino:
Lib. 10 conf. c. 28. O Liebe, die du allezeit bren=
nest, und niemalen erlöschest. O mein Gott, der du
die Liebe selber bist, entzünde mich. Du befiehlst mir
die Keuschheit zu halten, verschaffe mir, und helfe mir
zu thun, was du befiehlst, und hernach befiehle, was
du willst. Der heilige Apostel Paulus wußte sich auch
gar wohl nach den obgesetzten Worten des weisen Sa=
lomonis zu richten; derhalben hat er den Herrn drei=
mal gebeten, um von dem Stachel des Fleisches erledigt

zu werden; und ist mit dieser Antwort abgefertiget worden. Laß dich mit meiner Gnade begnügen. So muß man dann die Keuschheit nicht dergestalt von Gott begehren, daß man nichts Widriges leiden wolle, sondern wir müssen die göttliche Gnade begehren, auf daß wir gegen selbige nicht sündigen mögen.

7. Eine bewährte Helferin in diesem gefährlichen Streit soll uns auch seyn die allerseligste und ohne Makel der Erbsünde empfangene Jungfrau Maria; aus derem ehrwürdigem Angesicht und jungfräulichen Sitten nach Zeugniß des heiligen Bonaventurä bei dem Canisius Stimul Virt. L. 2. cap. 23. et 24. etwas Göttliches zu ihren Lebzeiten hervorgeschlagen, Kraft dessen alle Menschen, so sie angeschauet, einen sonderbaren Unwillen zu aller Geilheit geschöpfet, und hergegen zu einer ungewohnten Neigung und Liebe der Ehrbarkeit angetrieben worden. Wann nun solches Gut gewirket hat die Sterbliche, was wird nicht vermögen die unsterbliche, und in himmlischer Glorie allzeit herrschende Königin Maria, wann wir selbige mit den Augen unseres Herzens demüthiglich anschauen, und noch dazu diese barmherzige Jungfrau um Beistand in unsern Nöthen anrufen? Es hat sich in Wahrheit niemand zu fürchten, so derselben Gunst zu erwarten sich befleißet.

8. Im übrigen, was dir, meine christliche Seele, oben am sechsten Lilienblatt wohlmeinend ist gerathen worden, das wiederhole ich nun abermal, und stelle dir einige vor Augen, so durch unbedachtsames Anrühren des Frauenzimmers nicht geringen Schaden an ihrer wohlriechenden Blumen gelitten haben. Und obschon

auch diejenigen Weiber, mit welchen sie dergestalt umgeben, würden heilig seyn; so soll uns doch in solcher
Gelegenheit einfallen, was jener Vorsteher seinem untergebenen geistlichen Bruder zur Lehre gegeben, welcher im Kapitel war verklagt worden, daß er einer die
Hand gegeben habe; darüber er sich dann entschuldiget,
und gesagt, daß selbiges Weib für heilig gehalten werde.
Der Vorsteher aber hat ihm geantwortet: der Regen
ist gut, und die Erde auch gut, und gleichwohl aus
dieser beiden Vermischung entstehet oft ein Koth, so die
Menschen beschmitzet. Ein verständiger und tugendsa-
mer Mann, so der seligen Mariä von Oegniaco ein
sehr guter Freund gewesen, hat einsmal aus überaus
großer geistlicher Affektion die Hand der gedachten Jungfrau gedrücket, und hat alsbald die erste Bewegung der
bösen Begierden an sich empfunden; derhalben hat sich
eine Stimme von dem Himmel hören lassen, mit welcher die heilige Maria Magdalena von Christo angeredet worden: Noli me tangere. Rühre mich nicht
an. Der gemeldte Freund hat aber von selbiger Zeit
der Behutsamkeit sich beflissen. Jacob de Vitriaco
in vita. Als am heiligen Osterfest der heilige Papst
Leo das hohe Amt der heiligen Messe gehalten, und
dem Volk das heilige Nachtmahl gereicht, hat ein Weib
des heiligen und hohen Priesters Hand geküsset, worauf den höchstgedachten Papst eine heftige Versuchung
des Fleisches ergriffen hat. Diese seine ärgerliche Hand
hat der heilige Mann abgehauen, und von sich geworfen; und da inzwischen das Volk zu murmeln und zu
fragen anfing, warum der Papst dem Gebrauch gemäß
das hohe Amt zu halten, nicht erscheine, hat sich der

hl. Leo zu der allerseligsten Mutter des Herrn gewendet, und sich dero Fürsichtigkeit zumalen ergeben, welche ihm erschienen, die abgehauene Hand mit ihren allerheiligsten Händen an gehörigen Ort wiederum eingesetzet, und befohlen, er solle hingehen, und das Amt ihres Sohns verrichten, so auch geschehen; und der gottselige Hirt hat allen seinen Schäflein kund gemacht, was ihm widerfahren, und hat allen die angeheilte Hand gezeigt. Siehe, meine christliche Seele, so viel vermag das Berühren eines Weibes.

9. Wie hat sich nicht gefürchtet der hl. Thomas von Aquin vor so schädlichen Anrühren der Weibsbilder? wie das Gift der Schlangen und Nattern, so hat er geflohen dieses Geschlecht; und hatte durch aller Weltgüter zum Angriff eines einzigen Fingers nicht können gebracht werden. Dahero, als ihn einsmals eine sichere Dame mit gar holdseligen Worten gefragt: warum er ein solches Abscheuen von den Weibern habe, da er doch, gleich andern Menschen, von einem Weibe geboren sey? hat er geantwortet: dieserwegen fliehe ich die Weiber also, weilen ich von derselben einer geboren bin. Dann das Salz, sagt er, wird vom Wasser gemacht, und hat dannoch keinen größern Feind, als eben das Wasser. Wenn nun ein so englischer Mensch das Anrühren der Weiber also gemeidet, wie sollen und können wir arme Tropfen uns dann nicht billig vor solchen hüten? Ich gehe allhier vorbei, wie dieser große Liebhaber der Keuschheit einsmals ein unzüchtiges Weib mit einem Feuerbrand von sich vertrieben; dieweilen solche Geschicht zumalen weltkundig ist; und erinnere dich, meine christliche Seele, wie nämlich mit

nicht geringer Sorgfalt zu beobachten sey, daß ein
wahrer Liebhaber der Reinigkeit sich hüten müsse, so viel
ihm möglich ist; damit er sich selbsten nicht unehrbar-
lich berühre. Hiervon meldet der andächtige P. Surius im Leben des hl. Bischofs Godefridi von einem
Chartheuser, so sich in drei ganzen Jahren auch in keiner einzigen vorfallenden Gelegenheit, wie sie immer
hat seyn mögen, an blossem Leib berühret, dadurch der
obgedachte hl. Godefridus dermassen bewegt worden,
daß er bei sich entschlossen, das Bisthum zu verlassen,
und in den Cartheuser-Orden einzutreten; dann er war,
sagt Surius, ein solcher Liebhaber der Reinigkeit, und
hergegen ein solcher Feind der Unkeuschheit, daß er sein
Geschirr, aus welchem ein unzüchtiger Beischlafer getrunken, alsbald habe verkaufen, und das Geld den
Armen geben lassen.

10. Neben dieser Behutsamkeit, hat der Liebhaber
der Schamhaftigkeit noch eine wohl zu beobachten, die
dann im Gebrauch der Augen vornemlich bestehen soll;
dieweil dann alle Geilheit gemeiniglich von den Augen
herrühret, wie aus dem Buch Genesis klärlich zu sehen
ist. Da dann die göttliche Majestät über die Erschaffung des Menschen von Herzen Leid getragen, und gesprochen: ich will den Menschen, den ich erschaffen
hab, von dem Angesicht der Erden vertilgen. Gen.
c. 6. v. 6. So auch bald hernach durch den allgemeinen Sündfluth geschehen. Die Ursach dieses gefaßten göttlichen Zorns, und erfolgter Straf bedeutet die
hl. Schrift mit diesen Worten: Die Kinder Gottes sahen die Töchter der Menschen, daß sie schön waren,
und nahmen zu Weibern aus ihnen allen, welche sie

erwählten. Ibid. B. 2. Dieser ist der Ursprung so großen Uebels, nämlich das Ansehen; indem die Kinder Gottes in Anschauung der Menschen-Kinder, dieses herrlichen Namens sich unwürdig, und folgends zu Sklaven des Fleisches gemacht haben. Dahero sagte Gott: Mein Geist wird nicht ewiglich im Menschen bleiben, denn er ist Fleisch. Also steiget der Tod durch die Fenster der Augen in die Seele des armen Menschen hinein, den wir so leichtlich abweisen können, wenn wir nur der heilsamen Ermahnung des weisen Manns nachzuleben uns gefallen lassen, der da spricht: Wende dein Angesicht ab von einem geschmückten Weib, und siehe nicht um nach der schönen Gestalt einer fremden; denn um der Weiber Schönheit willen sind viele Leute zum Verderben gerathen. Eccl. c. 9. v. 8. Und wann schon der Mensch durch solchen Anblick nicht allzeit mit dem David, Salomon, Samson und andern tödtlich sündige, so stellet er sich doch in große Gefahr zu sündigen, welches mit unzählbaren Beispielen könnte bestätiget werden; wenn wir uns der Kürze zu befleißen, nicht vorgenommen hätten. Derhalben dann einige anbeifüge, und den Anfang von dem hl. Bernardo mache

11. Dieser gottselige und keusche Jüngling hat einsmals aus Unachtsamkeit ein wohlgestaltes und aufgeputztes Weib, etwann mit mehrern Vorwitz, als er sonsten pflegte, beschauet; darauf er dann alsbald eine böse Begierd der fleischlichen Sinnlichkeit empfunden; und weilen er wußte, daß er selbst durch solches Ansehen diese Ungelegenheit sich verursacht habe, hat er sich selbsten hierüber auch strafen, und der künftigen

Gefahr entziehen wollen; indem er sich in ein eiskaltes
Wasser geworfen, und so lang daselbst verharret, daß
er die natürliche Hitze schier verloren hätte, wann er
nicht halb todt wäre herausgezogen worden. Obwohl
nun diese heroische That das widerspänstige Fleisch
merklich im Zaum gehalten, so ist doch der hl. Jüngling durch diesen Schaden vorsichtiger worden, und hat
der Behutsamkeit der Augen sich dergestalt beflissen,
daß seines gleichen nicht gefunden worden. Was hat
anders den hl. Benediktum in die äusserste Gefahr die
Keuschheit zu verlieren gesetzt, als das stattliche Ansehen eines römischen Weibs, so ihm dermassen zugese-
tzet, daß er vielleicht wäre ein Leibeigener der Geilheit
worden, wenn er nicht selbige mit den stechenden Dörnern unterdrückt hätte. Wie ist nicht der hl. Domini-
kus über den Küster so grausamlich ausgefahren, daß
er dem Beichtvater angekündiget, es sey ein schönes
Weib am Beichtstuhl, so beichten wollte? Nun gehe
hin, sagt der hl. Vater und lerne, wie du hinfüro im
Urtheil über die Weiber dich verhalten solltest, ob sie
schön oder nicht schön seyn. Vir. P. P. Occident. l.
7. c. 10. Mich gedünkt nun, meine christliche Seele,
daß es zumalen unnöthig sey, anderer Schaden zu erzählen, da wir doch, und ein jeder an sich selbst durch
die tägliche Erfahrniß genugsam gewarnet werden, daß
wir es billig dem frommen Job nachmachen sollten;
der da spricht: Kap. 11. V. 1. Ich habe einen Bund
gemacht mit meinen Augen, daß ich auch keine Gedanken hätte von einer Jungfrau; und wenn du
vielleicht dafür haltest, daß solche Eingezogenheit dir
zu schwer fallen werde; so rede dich selbsten an mit

den Worten des hl. Augustini, dieser und jener haben das gethan, und warum solltest du das auch durch die Gnade Gottes nicht thun können?

Der andere Theil.

12. Der hl. Andreas Corsinus ist der Keuschheit also zugethan gewesen, daß er auch seiner Mutter und Schwestern Gegenwart ohne Schamhaftigkeit nicht hat tragen können; mit andern Weibsbildern hat er nicht mehr, als in höchster Noth geredet, und das zwar mit niedergeschlagenen Augen; derhalben er zu Paris der blinde Bruder genennt worden. Lanciz. Opusc. 2. num. 276. Der selige Aloysius Gonzaga war von Gott mit solcher Reinigkeit des Herzens begnadiget, daß er weder im Tag, weder in der Nacht auch von den geringsten unsaubern Gedanken oder Anmuthungen jemalen ist angefochten worden; nichts destoweniger hat er das Frauenzimmer dermassen gemeidet, als wann er mit demselben in der höchsten Feindschaft stünde. Alphonsus Rodriquez ein Laybruder der Societät Jesu, ist vierzig Jahr Pförtner gewesen, und hat gleichwohl kein Weibsbild vom Angesicht gekennet. Der hl. Hugo Bischof zu Grasianopel hat während der Zeit seines bischöflichen Amts keinem einzigen Weib in das Angesicht geschauet, Frater Franziskus von Darochg, ein Kapuziner, hat in Verwaltung des Quester-Amts bei die 26. Jahr niemalen ein Weib angesehen, derhalben er von allen die Weiberflucht benamset worden; er war aber ein aufrichtiger Jünger seines Lehrmeisters des hl. Franziszi, welcher seine Kinder oft zu ermahnen pflegte, daß sie die Gemeinschaft, Gespräche, und das

Anschauen der Weiber mit allem Ernst fliehen sollten, weilen mit Weibsbildern Gemeinschaft haben, und nicht Brunst leiden, kann eben so viel geschehen, als mit blossen Füssen über glühende Kohlen gehen, und nicht verbrennet werden. Boyer. in Ann. 1607. Unser ehrwürdige P. Adalbertus a St. Alexio, weiland General Definitor, so mein sehr werther Magister in meinem Noviziat gewesen, hat unter andern auch diese nicht geringe Gnade gehabt, daß er seine Augen also zu regieren gewußt, daß er selbige von der Erde niemalen anders wohin, als mit Seufzen zum Himmel geschlagen; viel weniger hat er ein Weibsbild stichlich angesehen, die er zu meiden, uns seine Jünger mit dem Werk und den Worten gelehret hat. Die Ursache aber, warum die Diener Gottes ihre Augen dergestalt im Zaum gehalten, gibt uns der selige Rugerius Franziskanus; Chron. Franciscan. p. 2. l 4. c. 52. nachdem er von seinem Beichtvater gefragt worden, warum er das weibliche Geschlecht so sehr fliehete, indem er doch mit der Gnade der Reinigkeit von Gott versehen wäre? hat er geantwortet: Wann der Mensch thut, was an ihm ist, so thut Gott auch, was an ihm ist, und bewahret den Menschen vor dem Fallen, wann aber der Mensch seiner Natur den Zaum lasset, zu dem sie geneigt ist, alsdann lasset Gott zu, daß der Mensch ohne Hülf der kräftigen und sonderbaren Gnaden leichtlich falle.

13. Diese Regel gehöret auch zu der Keuschheit, daß man nämlich ohne unvermeidliche Nothwendigkeit sich nicht entblöße, und keinen entblößten Theil des Leibs anschaue, dem aber dieses fast unmöglich zu thun

scheinet, der sehe an den hl. Vincentium Ferrerium,
welcher in dreißigjähriger Zeit an seinem Leib nichts
blosses gesehen, ausser die Hände. Wie hoch den allerreinesten Augen der göttlichen Majestät solche Schamhaftigkeit gefalle, ist leicht zu erachten, wann wir die
überhaufige Schäze der Gnaden ansehen, so er solchen
seinen züchtigen Dienern immer verliehen hat; unter
denen der hl. Antonius nicht der geringste, da er einsmals durch den Fluß Lycus hat gehen wollen, und
von seinem Weggefährten Theodoro begehrt, er möchte
so lang auf die Seiten gehen, bis er mit blossen Füssen hinüber gesezt habe; da nun der obgedachte Theodorus sothanem Begehren nachkommen, und abgewichen,
hat gleichwohl der keusche Antonius die Entblößung seiner Füssen ohne große Schamhaftigkeit zu sehen, sich
nicht getrauet, derhalben hat er bei sich entschlossen, die
Strümpfe und Schuhe an den Füssen zu behalten, und
siehe, in selbigem Augenblick befindet sich mein frommer Antonius auf jener Seiten des Flusses, dahin er
verlangt hatte. Ein gleiches ist widerfahren dem hl.
Einsiedler Ammon und mehr andern; Niceph. Callist.
l 8. c. 41. daraus dann reiflich abzunehmen ist, daß
solche englische Reinigkeit den allerreinesten Augen Gottes sonderbar gefalle. Ob nun zwar die Anschauung
des bloßen Leibs, so auch aus einem Vorwiz geschieht,
keine Todsünd sey, so strebt doch selbige der Ehrbarkeit sehr zuwider, und bahnet den Weg zu weiterer
Unzucht; dann der die Gefahr liebet, derselben auch
selten entgehet; annebens ist eine schändliche Sache,
daß derjenige, so unter der Kriegsfahnen Christi dienet, den bloßen Leib seinem Feind darbiete.

14. Weilen aber nach Meinung der Weltweisen; das Gute aus seiner gänzlichen vorhergangenen Ursache, das Böse aber aus einer jeden Unvollkommenheit entstehet, als ist zu Erlangung der wahren und Gott gefälligen Keuschheit nicht genug, daß einer den vorgesetzten Regeln nachlebe, sondern er muß auch weiters gehen, und das innerliche seines Herzens aller vorfallenden Gefahr zu entziehen sich unterstehen, was nutzet es dann, daß man die Weibsbilder nicht anschaue noch berühre, wann man dannoch ab derselben öfterm Gespräch und Gemeinschaft sich erfreuet; diese sind, spricht der hl. Hieronymus, die erste Anreizung des Geistlichen: dahero warnet einen solchen der hl. Geist durch den Mund des Weisen: Halte dich nicht auf mitten unter den Weibern, dann aus den Kleidern wachsen die Motten, und die Bosheit des Manns aus den Weibern. Eccli. 42. 12. O wie viele sind in die abscheulichste Laster gefallen, so diesen heilbringenden Rath Gottes zuwider gelebt haben, aus deren Zahl ein frommer Canonicus gewesen, der seine feiste Präbend aus einem löblichen Eifer die Seelen zu gewinnen, in eine Pastorat verwandelt; nachmals aber eine siebenzigjährige Jungfrau, so ihm sein Cilicium zu waschen pflegte, durch die Gelegenheit der Conversation geschwächet; welche begangene Sünde sie nach Möglichkeit gebüsset; er aber ist aus dieser Missethat in andere gerathen, und endlich zu Grund gangen. Cantipr. l. 2. apum. c. 30. §. 47. Der hl. Makarius erzählet: Hom. 27. q. 6. daß ein Geistlicher von den Verfolgern der Christglaubigen um Christi willen sey gefangen, gefoltert, an Händen gestummelt, und hernach in den

Kerker geworfen worden; diesem hat eine Gott verlobte
Jungfrau aufgewartet, und da diese beide in eine Gemeinschaft kommen, ist auch beider Verderben nicht ausgeblieben. In solcher Gelegenheit wird weder Alterthum, weder Verwandtschaft, weder auch der geistliche
Stand angesehen; diese sind alle nicht sicher, wann
man die schädliche und verführliche Gemeinschaft nicht
meidet, derhalben sagt recht der hl. Bernardus: Tract.
65. in Cant. Bei einem Weibsbild wohnen, und selbiges nicht erkennen, ist ein größeres Wunder, als da
ist einen Todten auferwecken; das nun von beiden das
geringste ist, das kannst du nicht ausrichten, wie soll
ich dir dann glauben, daß du könnest thun dasjenige,
so das größte Werk ist.

15. Höre an meine christliche Seele die Worte des
hl. Dorothei, Doctr. 10. es ist dir besser, daß du einen tödtlichen Röst essest, als daß du mit einem Weib
zu Tisch sitzest; auch sogar mit deiner Mutter und
Schwester. Dienlicher ist es essen mit einer Schlangen,
als mit einem leichtfertigen Frauenzimmer, und soll es
schon deine eigene Schwester seyn; dann, obwohl du
mit deiner Mutter, Schwester- oder Blutsverwandtin
nicht würdest sündigen; nichts desto weniger wirst du
durch deren Conversation an das weibliche Geschlecht
erinnert; welche obschon schwache Gefässer sind, so ist
doch nichts über ihre Stärke, kraft deren sie beherzigte
Männer zu Boden werfen. So viel nun die Gefahren angehet, die dem Menschen von der Gemeinschaft
mit den Weibsbildern zustosset, leget selbige gar artig
aus der gelehrte Richardus de Viktoria L. 1, p. 1.
c. 15. Erud. Dan. 28. durch Bildniß des gewaltigen

Königs Nabuchodonosoris; das Haupt dieser Bildniß
war vom besten Gold gemacht; die Brust und Arme
waren von Silber, der Bauch und Schenkel aus Ku=
pfer, die Beine aber waren von Eisen gemacht; also
bestund dieß ganze Werk aus dem kostbarsten und zu=
gleich auch härtestem Erz; und ist dannoch dieses alles
augenblicklich zu Staub worden, wie die hl. Schrift
bezeuget; da ward das Eisen, und das Kupfer, das
Gold und das Silber mit einander zum Staub zer=
malmet; was ist aber die Ursache gewesen dieses er=
schrecklichen und urplötzlichen Falls? Es ist ein Stein
abgerissen worden, der hat das Bild an den eisenen
und erdenen Füssen getroffen, und hat sie zermahlet:
Was ist der Glanz des güldenen Haupts anders, als
das Feuer des himmlischen Eifers und Verlangen?
Was kann durch die Klarheit der Brust und der silber=
nen Armen besser verstanden werden, als die Gewiß=
heit eines aufrichtigen Raths; und die Aufrichtigkeit
des vergewifferten Werks? Also bedeuteten alle diese
Metallen unterschiedliche Tugenden, welche in einer
Seele, so da zur Vollkommenheit schreitet, mit unge=
meiner Herrlichkeit leuchten. Was hat aber die Bild=
niß zum Fall gebracht? durch die erdene Fußsohlen wird
billig verstanden der wollüstige Ueberfluß. Ein einziges
kleines Steinlein, ein einziges unkeusches Wörtlein, ein
einziger geiler Anblick; ein einziger unreiner Gedanke,
oder unordentliche Sitten, eine einzige nicht gemeidete
Gelegenheit, sind stark genug, einen heiligen und tu=
gendvollen Menschen schändlicher Weise niederzuwerfen;
wann er der erdenen Fußsohlen, das ist, der kothigen
Wollust sich zum Grundfest gebrauchet; dann obschon

das Haupt von Gold ist, ob wir schon in unsern ge=
machten Vorsätzen, in die Sünde nicht zu bewilligen,
dem Stahl und Eisen gleich werden, so sind doch die
Füße, darauf der ganze Obertheil bestehet, aus Leim
und Erden gemacht. Wir haben, sagt der hl. Apostel
Paulus, diesen Schatz in erdenen Gefäßen. 2. Kor. 4. 7.

16. Mit dem Frauenzimmer, befiehlt unser heilige
Vater Augustinus, soll man die Reden kurz, scharf
und ernstlich machen, so derhalben desto weniger nicht
zu scheuen sind, dieweilen sie frommer Naturen und
ehrbar sind, sondern weilen solche desto mehr das
menschliche Herz an sich ziehen, und liegt oftmalen un=
ter dem Schein der Tugend verborgen der betrüglich
klebende Leim der Geilheit. So muß man dann nicht
vermeinen, daß man in Gemeinschaft der leichtfertigen
Weibsbilder allein sich in Gefahr einiger Unreinlichkeit
stelle, sondern, wie die meiste und beste Welterfahrenste
dafür halten, muß sonderbar ein Geistlicher mit grö=
ßerm Fleiß sich vor diejenige hüten, so am allerehrbar=
sten und eingezogensten mit allen ihren Gebärden auf=
ziehen, und denen die Worte aus dem Mund als ein
güldnes Bächlein fließen, obschon selbige in allen die=
sen ihren tugendsamen Sitten eine sehr aufrichtige Mei=
nung haben, und ihre wenigsten Gedanken sind, auch
das geringste Uebel hierdurch zu verursachen: so hats
dannoch (wie mir in dieser Sentenz ein jeder erfahrene
wird leichtlich beifallen) die vorgemeldte Beschaffenheit.
Dahero hat ein sehr geistreicher Mann aus dem Orden
des hl. Franzisci, in Annal. 1216. n. 24. so von ei=
ner ehrlichen Kammerfräulein der gottseligsten Fürstin
Sanciä gebethen worden, er möchte doch in die Kirche

14*

kommen, und mit ihr mündlich reden, in eine Hand
Feuer und in die andere Stroh genommen, und also
zur Audienz hingegangen, und da er zur Fräulein kom=
men, hat er das Stroh durchs Feuer entzündet, und
gesagt: derhalben habe ich eure Gnaden, wiewohl geist=
liches Gespräch gescheuet, dieweil ich gefürchtet, es
würde mir widerfahren, was sie gesehen haben, daß
dem Stroh überkommen ist. Wir vermeinen öfters, daß
uns die Conversation der Weibsbilder im geringsten
nicht schädlich sey, dieweilen wir in der That an un=
serm Fleisch nichts böses empfinden: es sey dem, wie
ihm wolle, du bist gleichwohl nicht versichert, daß der
allzugemeine Stachel der Natur gänzlich ausbleiben
werde; und kannst auch nicht sagen, daß solches Frauen=
zimmer in deiner Conversation nicht leiden müsse. So
ist dann der Schluß, daß derjenige, so ein wahrer
Liebhaber der vollkommenen jungfräulichen Reinigkeit
zu leben und zu sterben verlanget, mit den Weibern
gar nicht oder wenig rede.

Die sechzehnte
geistliche Lection
von der Geilheit.

——

Non permanebit Spiritus meus in homine in
aeternum, quia caro est. Gen. 6. 3.

Mein Geist wird nicht ewiglich im Menschen blei=
ben; dann er ist Fleisch.

Der erste Theil.

1. Sintemalen zu Erwerbung einer gottgefälligen
Tugend nicht wenig nutzet, daß man die Grobheit des=
jenigen Lasters, so der Tugend widerstrebet, reißlich er=
kenne; dahero habe ich vonnöthen zu seyn erachtet, daß
du, meine christliche Seele, anjetzo zu mehrer Lieb der
Keuschheit durch den bösen Gestank der garstigen Geil=
heit angetrieben werdest; indem die frische Gedächtniß
der englischen Lobsprüchen über sothane jungfräuliche
Reinigkeit in dir noch lebet. Es wird dann dieses La=
ster von dem hl. Thoma 2. 2. q. 125. Art. 1. ver=
zeichnet, daß es sey eine unordentliche Begierd der un=
reinen und muthwilligen Wollust. So wird dieses La=
ster von gedachtem hl. Kirchenlehrer getaufet; wer wird
aber all das Uebel, so aus diesem bestialischen Laster

entstehet, der Gebühr nach beschreiben können? Also
entwirft der gelehrte Hugo dieses grausame Unthier.
O äußerste Abscheulichkeit der Geilheit, so nicht allein
das Gemüth verweibert, sondern auch dazu den Leib
schwächet, und nicht allein die Seele beflecket, sondern
auch die Person verwüstet; vor ihr gehen allzeit her die
Brunst und Willmuth; mit ihr gehen, und begleiten sie
der Gestank und Unsauberkeit; allezeit folgt ihr auf den
Fersen nach die Reue und das Leidwesen. Nicht weniger rufet der hl. Hieronymus mit diesen Worten überlaut: O wie sauer, o wie sauer ist die Frucht der
Geilheit! bitterer als Galle, entsetzlicher als ein blän-
kendes Schwert! Und an einem andern Ort schreiet
der obgemeldte Kirchenlehrer also aus: O Geilheit, du
höllisches Feuer, dessen Brennholz der Fraß, dessen
Flammen die Hoffart, dessen Funken die bösen Gespräche, dessen Rauch ein Schandfleck, dessen Aschen
die Unreinigkeit, und dessen Ende ist die verdammte
Ewigkeit! Auch lasset sich hören unser hocherleuchtete
Vater Augustinus mit diesen Klagreden: O wie große
Ungerechtigkeit und böse Gottlosigkeit ist dieses; daß ein
geiler Mensch seine Seele, die Christus mit seinem allerheiligsten Blut erlöset hat, wegen einer augenblicklichen Freude des Muthwillens dem Teufel verkauft!
Ist das nicht, in Wahrheit, ein erbarmungs- und be-
klagungswerther Stand, in dem gar geschwind vorbei
gehet, was den Menschen belustiget; und durch den
Teufel im Kreuz verbleibet, das ohne Unterlaß kreuzi-
get. Der Anfall des Muthwills verschwindet in einem
Augenblick, und die Schande der unglückhaften Seelen
bleibt immer zu. In diesem Unflat, sagt der hocher-

leuchtete Climacus, fallen die Anfangende wegen des unziemlichen Fraß; diejenige, so in den Tugenden zunehmen, wegen der Hoffart; und die Vollkommene wegen des freventlichen Urtheils, dessen sie sich über ihren Nächsten gebrauchen. Derwegen diese drei schädliche Anreizer von allen mit großer Sorgfalt müssen gemeidet werden.

2. Von den Alten kommt dieses nicht unebene Sinngedicht her, daß der Teufel habe zur Ehe genommen die Ungerechtfertigkeit, aus der er unterschiedliche Töchter gezielet, deren älteste, nämlich die Hoffart, hat er den Adelichen, den Geist und Wucher den Kaufleuten, die Rauberei und das Stehlen den Soldaten; das Lügen und Betrügen den Advokaten und Handwerksleuten, die Simonia oder Verkaufung der geistlichen Gütern, den Weltgeistlichen; die Gleißnerei den Ordensleuten, und die Mißgunst den Höflingen vermählet. Die Geilheit aber habe er an keinen verheirathet, sondern habe selbige allen frei und gemein gelassen, damit er durch diese desto mehr Menschen gewinnen könne. Diesem ist also, meine christliche Seele, zumalen die Geilheit ein so gemeines Laster ist, daß es schier das ganze menschliche Geschlecht vergifte, und ins Verderben stürze. Hat nicht diese Sünde alle Menschen, wenig ausgenommen, durch die erschreckliche Sündfluth vertilget? Hat nicht die edle Städt und Landschaften Sodomam und Gomorräm mit allen Inwohnern dieses böse Laster zu Grund gerichtet? und, wollte Gott, daß nicht bis auf heutige Stunde, bis auf gegenwärtigen Augenblick diese giftige Seuche den meisten Theil der Menschen zur ewigen Verdammniß sendete! In dessen Betrachtung der

hl. Remigius In Epist. ad Rom. c. 1. Thom. Cantiprat. also spricht: Ich nehme aus die kleine, und halte dafür, daß wegen der Geilheit des Fleisches aus der Zahl der andern wenig selig werden. Eben selbiger Meinung ist die wunderbarliche Christiana, so mit unglaublichen Zähren das durch die fleischliche Wollüsten fast ganz behaftes menschliche Geschlecht unaufhörlich zu beweinen pflegte; dieweilen sie vernünftiglich urtheilte, daß dieserhalben der gefaßte Zorn Gottes über die Menschen nothwendiglich müßte ausgegossen werden. Weiters sagen viele hocherleuchte Männer, daß unter hundert verdammten Jünglingen neunundneunzig wegen verübter Geilheit diesen Strafen sind zu Theil worden. Soll sich aber hierüber einer verwundern und einbilden, daß diese Rechnung ohne den Wirth gemacht sey; der erinnere sich der Worte des hl. Johannis in seinem ersten Sendschreiben am 5 Kap. am 19. V. Die ganze Welt liegt in der Bosheit. Diesen Text verdolmetschet der hl. Thomas also, und sagt: Die ganze Welt liegt in der Bosheit, das ist, in einem bösen Feuer; dahero nicht Wunder ist, daß der meiste Theil durch dieses Feuer, das ist, die Geilheit auf Erden angezündet, und nachmals in die höllische Flammen; das Feuer zum Feuer geworfen werde.

3. Grausen sollte billig einem Christglaubigen, wann er gedenke, daß das Herz eines wollüstigen Menschen sey eine wahre Herberg des bösen Feinds. Bezeuget nicht solches die hl. Schrift selbst, da sie meldet, daß der Geist Gottes nicht werde verbleiben in dem Menschen; warum? quia caro est, dieweilen er Fleisch ist, dieweilen er am meisten durch die fleischliche Sünden

mich, seinen Gott, zum Zorn anreizet. Von dem
aber der Geist Gottes weichet, in selbigem bleibt der
böse Geist; dann der Mensch muß entweder ein Kind
Gottes oder ein Kind des Teufels seyn. Wann nun
niemand ein Kind Gottes zu seyn vermag ohne den
Geist Gottes, so muß ja nothwendiglich folgen, daß
in aller geilsüchtigen Menschen Herzen dieß garstige
höllische Luder seine Wohnung mache, und zu solchen
Herbergen gehören solche Gäste; derhalben hat Christus
den Schwarm dieser losen Gesellen, wie in dem Evan-
gelium des hl. Lucä zu lesen, auf ihr Begehren in die
kothliebende Schweine gesendet. Damit nämlich, nach
Meinung des hl. Augustini, In epist. S. Joan. Tract. 6.
der Heiland uns zu verstehen geben möchte, daß der
leidige und abscheuliche Satan bei denen den Meister
spiele, welche in ihrem Leben den Schweinen gleich
sind. Dieses unvernünftige Thier schauet niemalen den
Himmel an, grabet immerzu in der Erden; Fäuligkeit
und Gestank ist seine beste Ergötzlichkeit, es suchet nur
den Bauch zu füllen, und idriget oder wiederkäuet nicht
gleich andern Thieren; also achtet ein geiler Mensch
den Himmel nicht, er suchet vielmehr das Irdische; in
dem stinkenden Mist der abscheulichen Wollüsten und
bösen Lastern wälzet er sich, und suchet nichts so ei-
ferig, als wie er seinen unziemlichen Begierden genug
thun könne; Er idriget, oder betrachtet auch nicht die
ewige Strafen, die ihm so nahe auf den Hals drin-
gen; wie wirds aber endlich mit diesen armseligen
Schweinen hergehen? Der ganze Schwarm dieses unsaubern Viehes wird dermaleneins in das grundlose
Meer der ewigen Verdammniß gestürzet werden.

4. Du haſt gehört, meine chriſtliche Seele, des hl. Vaters Auguſtini wohlgefügte Gleichniß der Schweinen mit den Geilſüchtigen. Höre nun auch, was der hl. Antonius von dem Geſtank dieſes verſchweineten Menſchen herkommen laſſe; Es ging, ſagt er, 4. Patt. suae summae. Tit. 4. c. 6. §. 1. ein Engel Gottes in Geſtalt eines Menſchen mit einem hl. Einſiedler durch die Wüſten, allwo ſie den todten Leib eines Menſchen angetroffen, welcher ſo grauſamen Geſtank verurſachet, daß der Einſiedler gezwungen worden, die Naſen zu verſtopfen; der Engel aber hat ſich dieſes üblen Geruchs halben im geringſten nicht entſetzet, bis ihnen ein ſchöner ausgeputzter und wohlriechender Jüngling begegnet, vor dem der vermenſchte Engel ein Abſcheuen gezeigt, und die Naſen beſtermaſſen verſperret hat; da er aber von dem Einſiedler ſeinem Weggefährten dieſer ſeiner Mißhandlung halber befragt worden, hat er geantwortet: weilen du Fleiſch biſt, ſo empfindeſt du den Geſtank des Fleiſches; wir aber, die wir Geiſter ſind, wir entſetzen uns vor dem üblen Geruch der Geiſter, ſo da entſtehet aus den Sünden, mit dem der Jüngling wegen ſeiner Geilheit erfüllet war, und nach dieſer hinterlaſſenen Unterweiſung iſt der Engel verſchwunden. Auch hat die hl. Catharina Senenſis ein ſo groſſes Mißgefallen gehabt an dem böſen Geſtank eines unkeuſchen Weibs, daß ſie die Naſen nach aller Möglichkeit in ihrer Gegenwart zu ſtopfen ſich bemühet, und da ſie von ihrem Beichtvater über ſothane begangene Unhöflichkeit gefragt worden, hat ſie bekennet, daß, wann ſie auf ſolche Weiſe ſich des unglaublichen Geſtanks nicht entſchlagen hätte, würde ohne allen Zweifel

fie fich haben brechen müffen. Der hl. Philippus Nerius hat die unzüchtige Menfchen aus dem Geruch erkennet, derhalben pflegte er zu dergleichen leichtfertigen Purfchen zu fagen: Male, oles, o Fili, male oles: Du riecheft übel, mein Kind, du riecheft übel. Brev. Ro. 26. Maji.

5. Weiters betrachte das große Unbild, fo du der göttlichen Majeftät zugefügeft, indem du deffen Ebenbild dergeftalt bemackelft und verunehreft; wie der hl. Auguftinus mit diefen Worten bedeutet: du thuft deinem Gott unrecht, wann du dich felbften verderbeft; und wem thut der Unrecht, fo deine gemachte Bildniß durch Muthwill oder fonft andere Bosheit zertrennet oder verunreiniget? weffen Ebenbild fchändeft du; und wem thuft du anders Schmach an, als deinem Gott, deffen Bildniß, welches du bift, durch deinen Muthwillen und durch das abfcheuliche Lafter der Geilheit verderbeft, und diefe Bildniß zu beobachten verhindert wirft? hat nicht erftlich der himmlifche Vater deinen Leib aller Vollkommenheit gemäß erfchaffen? daß er nämlich folle feyn ein reines und würdiges Haus deiner Seelen; welches du geiler Menfch, durch deine Unzucht verwüfteft, und in einen Schweinftall veränderft? dahero dich recht ermahnet der hl. Apoftel Paulus mit diefen Worten: Dieß ift der Will Gottes, euere Heiligung, daß ihr euch von Unzucht enthaltet, und daß ein jeglicher unter euch fein Gefäß in Heiligung und Ehren zu befitzen wiffe; und nicht in unziemlichen Lüften, wie die Heiden, die von Gott nichts wiffen. 1. Theff. Kap. 4. V. 3. Hat dich nicht zweitens der eingeborne Sohn Gottes mit feinem Blut erkauft: der

dich auch mit selbigem, und seinem allerheiligsten Leib speiset, und tränket? weißt du nicht, sagt der obgemeldte Apostel, daß dein Leib Glieder Christi sind? sollst du dann die Glieder Christi nehmen, und Glieder der Huren daraus machen? das sey fern von dir; und wiederum spricht er allen und jeden also zu, ihr seyd mit theurem Werth erkauft; ehret und traget Gott in eurem Leibe; das ist, du sollst Gott, und nicht der Unzucht deinen Leib schenken. Hat dich nicht drittens der hl. Geist geheiliget, und dich zu seinem Tempel verordnet, den du durch die Geilheit schändlicher Weiß verunreinigest? höre derhalben die Wort des hl. Apostels: wisset ihr nicht, daß eure Glieder ein Tempel des hl. Geistes, der in euch ist; dahero wird derselbige Geist in eine boshafte Seel nicht eingehen, noch wohnen in einem Leibe, der den Sünden unterworfen ist, wie Salomon dafür hält, sondern, wer den Tempel Gottes wird entheiligen, den wird Gott vertilgen. 1. Cor. 3. V. 17.

6. Ein anders Mittel des geilsüchtigen Fleisches bringt uns hervor ein gottseliger alter Einsiedler der Wüsten in Scythia: Lib. Sent. PP. §. 10. dieser ist in Erinnerung eines wohlgestalten Weibs, eine geraume Zeit sehr hart versucht worden, und ob er schon in diesem Streit gar ritterlich gefochten, so hat er gleichwohl seinen Feind nicht zumalen können aus dem Feld schlagen; dahero hat er endlich bei sich beschlossen, sohane unziemliche Gedanken durch immerwährende Erinnerung des Tods aus seinem Herzen zu verbannen, in diesem seinem Vorhaben sendet ihm die göttliche Vorsichtigkeit einen Menschen aus Aegypten, von dem er

vernommen, daß dieses schöne Weib gestorben sey: worauf er sein Hüttllein Gott befohlen, und sich auf die Reise zum Grab des verstorbenen Weibs gemacht hat, und sobald er hinzukommen, hat er diesen vorgenommenen letztern Streit mit seinem Feind zu wagen angefangen; bei nächtlicher Weil hat er den Stein vom Grab gewälzet, die Erde ausgeworfen, und ist also zum todten Leichnam gelanget, und hat sich selbsten folgender Gestalt herzhaft angeredet: Siehe du alter, da ist dein Schatz, da liegen deine Lüsten, nimm doch deine so werthe und liebe Creatur hinweg; du mußt ja von dem Gold, das du mit so großer Mühe ausgegraben hast, einen guten Theil mit dir nehmen; dieses hat er nicht allein zu sich selbsten gesagt, sondern er hats auch gethan, und einen guten Theil des Schleiers, so von Eiter und Fäuligkeit getröpfelt, mit sich davon getragen; diesen wohlriechenden Raub hat er in dem Hüttlein vor seine Augen gestellet, und sich mit diesem unmenschlichen Gestank so lang geplaget, bis er die unreine Gedanken ganz und gar vernichtiget. Hieraus hast du, meine christliche Seele zu lernen, daß die Gedächtniß des Tods ein bewährtes Mittel sey, diesen Feind zu überwinden. Nun möchte ich dir dergleichen Recepten gern mehrere vorschreiben, weilen aber von der anjetzt gehandelten Materie zu reden, an andern Orten Gelegenheit vorfallen wird; derhalben wollen wir es hiemit bewenden lassen, und zu weiterm Versuch die Tugenden zu pflanzen, und das schädliche Unkraut zu vertilgen fortschreiten.

nen, ...ß dieses schöne Weib gestorben sey:
er seh...Hüttllein Gott befohlen, und sich auf
se zum...Grab des verstorbenen Weibs gemacht
...nd sobe... er hinzukommen, hat er diesen vorge-
...nen le...rn Streit mit seinem Feind zu wagen
...ngen; ...t nächtlicher Weil hat er den Stein
...Grab ge...älzet, die Erde ausgeworfen, und ist
...um tod...Leichnam gelanget, und hat sich selb.
...lgender...estalt herzhaft angeredet: Siehe du al-
...a ist de...Schatz, da liegen deine ...ßen, nimm
...deine so werthe und liebe Creatur hinweg; du
...ja vo...em Gold, das du mit so großer Mühe
...graben...ist, einen guten Theil mit dir nehmen;
...hat er...cht allein zu sich selbsten gesagt, sondern
...s auch...than, und einen guten Theil des Schleiers
...n Eiter...nd Fäuligkeit getröpfelt, mit sich davon
...agen; ...en wohlriechenden Raub hat er in den
...llein vor...eine Augen gestellet, und sich mit diesem
...enschliche Gestank so lang geplaget, bis er die
...eine Ge...sen ganz und gar vernichtiget. Hieraus
...st du, me...christliche Seele zu lernen, daß die Ge-
...chtniß de...Tods ein bewährtes Mittel sey, ...sen
...eind zu ...winden. Nun möchte ich dir dergleichen
...ecepten ...mehrere vorschreiben, weilen aber von
...er anjetz...handelten Materie zu reden, an ...
...rten Gelegenheit vorfallen wird; derhalben wollen
...ir es hie...t bewenden lassen, und zu weiterm Ver-
...such die Tu...nden zu pflanzen, und das schädliche Unkraut zu ve...lgen fortschreiten.

Die siebenzehnte

geistliche Lection
von dem Stillschweigen.

———

In silentio et in spe erit fortitudo vestra.
In der Stille und in der Hoffnung wird eure Stärke
seyn. Isa. 30. 15.

Der erste Theil.

1. Wann du, meine christliche Seele, die kostbare
und unschätzbare Perl der wahren Demuth dir zu
erwerben verlangest; so da ist (wie vorhin genugsam
erwiesen worden) ein rechtes und unbetrügliches Pfand
der Heiligkeit; wann du selbige Tugend in Wahrheit
zu besitzen trachtest; so ist dir nichts so hoch nöthig, als
daß du dich einer gar genauen und schier Eremitischen
Stillschweigung befleißest; zumalen das Stillschweigen
eine unterstützte Säule ist des geistlichen Lebens, ohne
welche gar leichtlich die körperliche Disciplin und Or-
denssatzungen zu Boden fallen: sie ist auch eine Erhal-
terin und Vermehrerin der innerlichen Andacht; weilen
diese ihren Liebhaber zur Liebe Gottes entzündet, und

den Eifer des Herzens ernähret und vergrößert, wie der gottselige Thomas a Kempis sagt in einer Ermahnung an die Novizen: In keinem Orden wird der Fried und ordentliches Leben bestehen, wann die Aufsicht des Stillschweigens, eine Freundin der Ruhe, und eine Nahrung der Andacht daselbsten feiret.

2. Weiters sagt der heilige Diadochus; In lib. PP. tom. 3. lib. de Perf. c. 7. daß die Stillschweigung sey zumalen eine treffliche Sache, und nichts anders, als eine Mutter der allerweisesten Gedanken. Wer ist doch jemalen mit guten und himmlischen Gedanken erfüllet gewesen, der nach seinem Belieben die Stillschweigung zu brechen, und müßige Worte aus Unbedachtsamkeit zu reden sich gewohnet hat? niemand fürwahr: dahero sagt die heilige Schrift: Job. 11. V. 2. Soll man einem Mann recht geben, der reich von Worten ist: Diese Frag beantwortet der heilige Gregorius Tom. Mor. C. 2. und sagt: Es ist gewiß kein Mann, der reich von Worten ist, könne gerechtfertiget werden: dann dieses bezeuget der königliche Prophet mit folgendem Spruch: Einem geschwätzigen Mann wirds nicht wohl gehen auf Erden. Pf. 139. V. 12. Das ist, er wird keine feste Wurzel der Vollkommenheit setzen, dieweilen das in vielem Schwätzen zerstreuete Gemüth sich zu den göttlichen Dingen, wie ein Geistlicher zu thun schuldig ist, nicht erheben kann, und auch darzu die vorhin erworbene Gnade gänzlich verlieret. So haben dann billig alle Stifter der heiligen Orden, und Lehrer der Vollkommenheit diese Stillschweigung so hoch geschätzet, dieweilen ihnen sattsam bewußt war, was herrliche Seelengüter aus emsiger Haltung derselben erwachsen könnten.

3. Es pflegte auch ein berühmter und gelehrter Mann
zu sagen, daß zu Reformirung eines Klosters oder Ordens nichts anders gefodert werde, als daß die Stillschweigung wiederum hineingepflanzt werde. P. Hier.
Natalis apud Rodr. p. 2. tom. 2. c. 6. Dieses bekräftiget ebenfalls der heilige Ignatius Lojola; so dieses zum gewissen und unfehlbaren Zeichen hatte, daß in
einem Kloster eine gute Disciplin grünete; wann nämlich die Clausur oder Beschließung wohl gehalten würde.
Wann alle Oerter des Klosters sauber wären. Wann
sich ein jeder des Stillschweigens beflisse; und kein Fa-
belngetümmel und Geschrei gehöret würde. Wann nun
dieser so heilige Mann unter den drey vornehmsten Stücken zu Erhaltung seiner geistlichen Häuser auch erfodert
die Stillschweigung; wie vielmehr sind nicht schuldig
andere Ordensleute dieser Uebung obzuliegen, welche da
verlangen ihrem Beruf nachzukommen, und im Geist
Gottes mehr und mehr zuzunehmen? Dann der sich der
Gnade Gottes will fähig machen, der muß seine Zunge im
Zaum halten, wie die heilige Schrift sagt: Ps. 33. V. 14.
Der will lieben das Leben und gute Tage sehen, der
halte seine Zunge vom Bösen ab. Was ist aber anders das Leben unserer Seelen, als die Gnade Gottes,
und welche sind die gute Tage; als diejenige, so zum
unbeschreiblichen Trost des Menschen, mit Tugenden und
guten Werken gezieret sind? Du kannst aber, meine
christliche Seele, deinen Tagen keinen gebührlichen Zierrath geben, wann du nicht dasjenige Silentium zu halten dich befleißest, welches, nach Zeugniß des heiligen
Bonaventurä, der seraphische Vater Franciscus seinen
Brüdern so hoch anbefohlen hat, nämlich das evange-

lifche Stillfchweigen: das ift, nach der Lehre Chrifti,
von allem und jedem müßigen Wort mit möglicher Sorg=
falt fich enthalten: dahero pflegte er diejenige hart zu
beftrafen, fo dem eiteln und müßigen Schwätzen zuge=
than waren. Wie hat uns nicht unfer Heiland mit
feinem herrlichen Exempel vorgeleuchtet, da er von den
hohen Prieftern in Gegenwart Pilati über viele Sa=
chen angeklagt worden, und gleichwohl nicht ohne Ver=
wunderung des Richters fich nicht verantwortet, der da
nicht aus Noth, fondern aus einer Tugend, und uns
allen zur heilfamen Lehr gefchwiegen hat? Matth. 26.

4. Was foll ich melden von der glorwürdigen Mut=
ter diefes Erlöfers, fo nicht allein in geringen, fondern
auch in wichtigen Dingen die Stillfchweigung unverletzt
gehalten hat: dann diefe allerweifefte Jungfrau war
(wie der heilige Bernardus beweifet) mit fo befcheide=
ner Tugend des Stillfchweigens gezieret, daß fie nichts
geredet, fo fie nicht vorhin überlegt hatte. Und obwoh=
len diefe verfchwiegene Jungfrau ein wahrhaftiger Spie=
gel aller deren ift, fo fich in diefer Tugend zu üben
fchuldig find; fo hat fie dannoch ihre große Liebe zu
fchweigen niemalen beffer an Tag gegeben, als da fie
ihr Bräutigam der heilige Jofeph hat verlaffen wollen.
Sie hat ftillgefchwiegen, und ihre Vertheidigung der
göttlichen Majeftät anbefohlen. Folge, folge, meine
chriftliche Seele, dem Exempel deiner werthen Mutter;
und wann du mit der Gnade des heiligen Geiftes ver=
langeft erfüllet zu werden, fo lerne vor allem das
Schweigen; nach dem Rath des Propheten Jeremiä,
der da fpricht: Der wird allein fitzen und fchweigen,
dann er hat das Joch auf fich genommen. Thren. 3.

V. 28. O wie viele Unruhe und Elends hat sich und andern nicht verursachet deine geschwätzige und freygelassene Zunge! und wie große Ruhe und innerliche Freude des Herzens hast du nicht empfunden, und wirst annoch ins künftig empfinden, nachdem du selbiges Thierlein mit dem Zaum des Stillschweigens dir unterthänig gemacht hast!

5. Glaube den Heiligen und großen Dienern Gottes, so wegen der einmal geschmeckten Süßigkeit, welche das Stillschweigen verursachet, nichts so eifrig verlanget haben, als von den Menschen abgesöndert zu werden, und in dieser Tugend sich zu üben. Der hl. Romualdus, ein alter greiser Mann, hat sich in eine unflätige Höhle eingesperret, und sieben Jahre lang das Stillschweigen unsträflich gehalten. St. Damian. in vita ejus. Mir ist nicht wunder, daß die hl. Catharina Senensis zu solcher großen Heiligkeit gelanget, indem ich lese, daß selbige drey ganze Jahre, gleichsam ohne Sprache, mit niemand, als mit ihrem Beichtvater in der Beicht, ein einziges Wort geredet. Auch hat der hl. Thomas von Aquin so tapfer geschwiegen, daß er von seinen Mitschülern ein stummer Ochs genennet worden. Er aber hat aus diesem Schweigen so große Wissenschaft und Heiligkeit geschöpfet, daß er nachmalen aus dem stummen Ochsen ist worden ein englischer Doctor. Ich lebe mit dir, meine christliche Seele, der tröstlichen Zuversicht, daß du nach fleißig geübter dieser Stillschweigung, dermalen eins sagen werdest: ich hab mir niemal eingebildet, daß solche Schätze der Tugenden, und so kostbares Kleinod der geistlichen Vollkommenheit in der Uebung des Stillschweigens wäre

verborgen gewesen. Nun höre den Nutzen desselben,
den dir der göttselige Thomas von Kempis also ent=
wirft. Indem du das Stillschweigen beobachtest, hal=
test du auch zugleich den Gehorsam, und behaltest die
Demuth; du gibst der Schamhaftigkeit einen Zierrath;
du verehrest die Alten, und gehest den Jungen mit einem
guten Exempel vor; den leichtschlägigen und ausgelas=
senen bist du eine Forcht; den Ausländischen verursa=
chest du einen guten Namen; und den inländischen Fried
und Einigkeit. Dieses bekräftiget der selige Laurentius
Justinianus in Fascic. mit diesen Worten: Nachdem
die Stillschweigung den Eingang oder nutzbaren Wor=
ten verstopfet; alsdann kann das verschlossene Feuer
der Liebe die Gedanken zum guten Stand bringen,
das Gemüth bewegen, die Laster vertreiben; die Zähren
heraus führen; den Frieden lieben; das Herz zu Gott
erheben; und mit ihm selbiges vereinigen.

So Dieserhalben haben die heilige Altväter In Reg.
Mon. die Stillschweigung so sehr geliebet: deren der hl.
Hieronymus viele gefunden, so in sieben Jahren kein
einziges Wörtlein geredet: und solcher Gestalt haben sie
sich der göttlichen Gnaden so würdig und fähig gemacht;
daß sie mehr im Himmel und auf Erden zu leben schei=
neten: zumalen die Einigkeit, der Friede und die geist=
liche Freuden derselben nicht irdisch, sondern himmlisch
waren. Dahero hat der große und hl. Abt Ammon in
seiner Wüsten in einem Kloster anderthalb tausend Mön=
chen mit viel leichterer Mühe vorgestanden, als zu heu=
tigen Zeiten kaum zehn zu regieren sind. Woher kommt
das? bieweilen alle das Geboth der Stillschweigung so
genau beobachtet; daß zur Zeit des Stillschweigens, die

weltliche Leut, so oftmals in dieses Kloster zu kommen
pflegten, vermeinet, es sey von diesen tausend und fünfhundert Geistlichen niemand im Kloster; bis sie zu denselben hineingegangen, und gesehen, daß sie in ihren
Zellen entweder gebethet, oder betrachtet, oder in andern geistlichen Uebungen begriffen gewesen. Diese ist
die vornehmste Ursache, meine christliche Seele, warum
einer so vielen, und zwar mit sehr großen Nutzen hat
vorstehen können; zumalen diejenige, so des Stillschweigens sich emsig befleißen, selten eine Bestrafung brauchen, dieweilen mit ihnen Gott, vermög seiner heiligen
und heilbringenden Einsprechungen redet, wann sie schweigen; und lehret sie, was sie thun oder lassen sollen.
Wann nun (damit wir uns der Worten des heiligen
Antiochi Homil. 103 gebrauchen) die Stillschweigung
mit so großer Schönheit und herrlichen Nutzen pranget; so ist selbige eine Mutter derjenigen Tugenden, deren die Mönche sich erwerben, billig zu nennen. So liebe
dann die Mutter, von der so gottgefällige Kinder geboren
werden; und wann dir dein geistlicher Fortgang zu Herzen
gehet; so freie die Mutter um der Tochter willen.

Der andere Theil.

Wahr ist das gemeine Sprichwort der Lateiner:
Sunt bona mixta malis, sunt mala mixta bonis.
Viel Gute nicht ohn Böse sind,
Und Böse nicht ohn Gute sind.

Derhalben muß sich einer nicht verwundern, wann
auch einer unter den guten Geistlichen einige Böse und
Ausgelassene gefunden werden; die nicht allein für sich
keine Tugenden sammlen, sondern auch darzu noch an-

bere von dem Weg zur Vollkommenheit abzukehren sich
unterstehen. Ein Freier aber dieser obgesetzten Mutter
muß nicht achten, wann er schon von solchen Gesellen
ausgelacht, und für einen groben und ungeschickten Menschen gehalten werbe, sondern er kann ihnen mit derse-
nigen Antwort begegnen, welche der hl. Gregorius Nazianzenus dem Celensio gegeben; Drexel. in Molis Ling.
C. 21. §. 1. der ihn wegen seiner Verschwiegenheit zu
bestrafen, und einen unhöflichen Mann zu beschreien
sich erkühnet. Diese schriftliche Verantwortung des Gregorii an den Celensium bestehet in folgenden Worten:
Es haben die Schwalben einsmals den Schwanen verweislich vorgeworfen, daß sie von den Menschen entfernet, in den Wässern und stillen Dertern sich aufhiel-
ten; wir aber, sagten sie, halten uns bei den Leuten
in Städten, Schlössern, in Flecken und Dörfern; woselbst wir unsere Nester bauen, und jedermann mit unserm lieblichen Gesang erfreuen: gegen solchen gegebenen Verweis, ob sich schon die Schwanen mit ihrem
Schwrigen vertheidigen; so hat sich doch eine derselben
zu den Schwalben gewendet, und gesagt: O ihr armselige Vögelein, wie eitel und nichtswürdig ist doch euer
Pochen! wir Schwanen singen zwar wenig und selten,
aber so süß und lieblich, daß auch die Menschen diesek-
halben haufenweis aus den Städten zu uns kommen:
euer leeres Schwätzen aber ist allen sehr überlästig und
verdrießlich. Dahero der große Liebhaber des Schweigens Pythagoras schon längst das Urtheil gefället; daß
euch niemand beherbergen solle. Wohl geredt. Also
sagt der hl. Gregorius; kannst du mein lieber Celensi
mit den Schwalben so lang schwätzen und plaudern,

als dirs gefällig ist; ich aber als ein Schwan in seinem Waſſer rede mit meinen Büchern in meinem Zimmer, und bin in dieſer Stille ſehr wohl vergnüget:
dieß iſt die Antwort, ſo der heilige Mann ſeinem Tad-
ler, dem Celenſio mitgetheilet. Du aber meine chriſtliche Seele, ſollſt durch das Schweigen lernen wohl reden, wie dieſer gottſelige Vater mit ſeinem Exempel
dir iſt vorgegangen, und nach vielfältigem Schweigen
alſo geredet, daß die ganze chriſtkatholiſche Kirche ſich
ſeines Redens zu erfreuen hat. Nicht achte das Plaudern deiner geſchwätzigen Geſellen; ſondern verſichere
dich, daß die Kunſt zu reden nicht gleich andern Künſten durch viele Uebung, ſondern auch durch Unterlaſ-
ſung müſſe erlernet werden, wie der hl. Gregorius
Hom in Ezech. in Eccl. 3. mit dieſem Spruch bekräftiget: Derjenige weiß recht zu reden, welcher erſtlich das Stillſchweigen gelernet hat. Dieſem ſtimmet
auch bei der hl. Hieronymus, und ſagt: Laſſet uns
lernen, ehender nicht zu reden, als bis wir durchs
Stillſchweigen das Reden gelernet haben. Zu ſicherer
Zeit ſollen wir ſchweigen, und die Reden unſerer Vorſteher nur anhören: uns ſoll nichts ſcheinen recht zu
ſeyn, als was wir lernen, damit wir alſo nach vielem
Stillſchweigen aus den Schülern Lehrmeiſter werden mögen.
9. Mit dieſer Kunſt kommen dir andere zur Vollkommenheit nöthige Künſten von ſelbſten entgegen; und
biſt anneben verſichert, daß die Schamhaftigkeit und
Scheu zu reden, von verſtändigen Männern höher geſchätzet, und mehr zur Tugend angedeutet werde, als
viele ſpitzfindige und hochtrabende Diſcurſen; derhalben
ſagt recht der gottſelige Thomas a Kempis: Es iſt euch

geiſtlichen und jungen Leuten, eine Ehre, daß ihr in Gegenwart der Fremdlingen verſchwiegen ſeyd: dann ſelbige werden mehr auferbauet von eurem Stillſchweigen, als durch ſubtile Reden: dieſes hat auch gelernet
und zum Werk gebracht der hl. Abt Pambo, ſo vierzig
Jahre lang über den erſten Vers des acht und dreißig-
ſten Pſalmen gelernet, und hernach vermeinet, daß er
ſelbigen in der That noch nicht recht geübet habe: Pet.
de Natal. 6 c. 38. deſſen Worte alſo lauten: Ich habe
geſagt, meine Wege will ich bewahren, damit ich nicht
ſündige mit meiner Zungen: Pſ. 28. V. 1. Dieſen hl.
Einſiedler hat einſtmals der Biſchof Theophilus beſuchet und zugleich verlanget von ſelbigem einige Lehr-
ſtücke des geiſtlichen Wandels zu hören: der fromme
Pambo aber hat ſein gewöhnliches Silentium gehalten,
und gar nichts geredet, da ihm aber ſeine geiſtliche
Brüder ſolches übel ausgedeutet; hat er dieſe Antwort
gegeben: wann der Biſchof von meiner Stillſchweigung
nicht iſt auferbauet worden; ſo kann er auch durch
meine Reden nicht auferbauet werden: weiters merke,
was folgt.

10. Stephanus, ein König in Ungarn, iſt einſtmals bei der Nacht in das Kloſter des H. Martini
kommen; und da er nach der Metten die Uebungen der
Geiſtlichen beobachtet; hat er geſehen, daß einige nicht
nach ihren Zellen gegangen; ſondern ſich in die Winkel
der Kirche verſtecket und daſelbſt gebethet haben: weilen er nun ſelbige nacheinander angeredet; hat ihm ein
jeder aus ſchuldiger Ehrerbietſamkeit, ungeacht des Silentii, oder Stillſchweigens, auf ſeine Fragen geantwortet: Der einzige Maurus, obſchon er mit Droh-

worten gleichsam gezwungen worden, hat auch die geringste Fragen des Königs nicht beantwortet: diese genaue
Beobachtung des Stillschweigens hat dem höchsterwähn-
ten König dermaßen gefallen, daß er den Maurum
zum Bischof gemacht hat: Sur. in vita S. Emerici.
4. Nov. Das ist recht, was der weise Mann sagt:
Einen verschwiegenen und vernünftigen Mann wird man
ehren: Eccl. 21. B. 31. Man wird ihn ehren, sage
ich, und wird ihn belohnen nicht allein in dem Reich
der Himmeln, sondern auch auf dieser Welt wird er mit
vielen Wunderstrahlen leuchten, und mit allerhand göttlichen Gnaden bereichert werden. Du aber, meine christliche Seele, merke auf folgende wahrhafte Geschichten,
und siehe, ob auch der weise Mann in obgemeldter
seiner Prophezeiung gefehlet habe.

11. Der Radolphus aus dem Orden des heiligen
Benedicti ist der Stillschweigung dermaßen ergeben gewesen, daß man in sechszehn Jahren nicht allein kein
Wörtlein, sondern auch keine einzige Sylbe aus ihm
gehöret. Nun hat sich zugetragen, daß einsmals in
seinem Kloster ein schrecklicher Brand entstanden: und
da er gesehen, daß alle menschliche Hülfe daran verloren gegangen, hat er sich zu der göttlichen gewendet;
und nachdem er ein wenig in der Stille gebetet, hat er
die so lang gebundene Zunge losgelassen, und mit diesen Worten hervorgebrochen: Stehe still du Feuer in
diesem Augenblick, und werde gänzlich vernichtiget. O
Wunder! siehe das Feuer hat alsbald auf den Befehl
des verschwiegenen Radolphi seine Kraft verloren, und
ist ohne menschliches Zuthun zumalen erloschen. Cantiprat. l. 2. Apum. c. 14. §. 4. Ein anderer frommer

Geistlicher, so der Stillschweigung sich höchstens beflissen, hat in der Nacht einen Dieb gesehen, so ein Pferd aus dem Kloster zu entführen willens gewesen: und ob er dieses schon allein vermerket, so hat er doch aus Liebe des Stillschweigens nichts gesagt: welches der göttlichen Majestät also gefallen, daß der Dieb keinen Schritt weiter hat gehen können. Vit. S. Odonis l. 2. c. 8. In dem Keller des hl. Corbiniani hat einsmals der Wein in einem Faß bei nächtlicher Weil so heftig gesotten, daß der Zapfen mit großem Knall ausgesprungen: dieses hat der heilige Mann alles angehöret; damit er aber die Schranken des Silentii nicht überschreiten möchte, hat er die ganze Nacht geschwiegen, und nur gebethet: des Morgens, so bald es zu reden erlaubt gewesen, hat er gesagt, was er gehört hat: worauf man zugesehen, und befunden, daß aus dem eröffneten Faß unnatürlicher Weise nichts ausgelaufen gewesen.

12. Wann nun Gott solche Stillschweigung dergestalt belohnet in diesem Jammerthal, das fürwahr kein Ort der Belohnung ist; was wird dann nicht geschehen im himmlischen Vaterland, so ein bestimmter Platz der Vergeltung ist? derhalben lasse dir meine christliche Seele, keine Gelegenheit entwischen, so Gott gefällige Stillschweigung zu üben. Befleiße dich, deine Mitbrüder und Mitschwestern durch eine Verschwiegenheit mit dem hl. Pambone zu auferbauen; so wirst du auch mit dem verschwiegenen Mauro, nicht von einem irdischen König aller Königen geehret werden: Ich zweifle auch nicht daran, daß du durch diesen Eifer des Stillschweigens, das Feuer der bösen Begierden, so der leidige

Satan in deinem Herzen erwecket, mit dem hl. Radolpho gänzlich erlöschen; und mit dem heiligen Corbiniano den Wein der heilsamen Reu über deine begangene Sünden, in dem Faß deines Herzens behalten werdest.

Der dritte Theil.

13. Ob nun zwar aus dem vorgesagten, die Heilsamkeit und Fruchtbarkeit der Stillschweigung zur Genügen könne verstanden werden; so vermeine ichs jedoch dienlich zu seyn, daß ich derselben Nothwendigkeit auf dem Wege zur Vollkommenheit sicher zu wandern, kürzlich vortrage. Weilen nun sothaner Wege drei sind (wie fast Jedermann bekannt ist) deren erste ist der Weg der Reinigung, und darum also genennet wird; daß zu selbigem gehöre das Amt die böse Gewohnheiten und Laster auszureuten, und die Sünden zu meiden: als müssen wir gern gestehen; daß ein anfangender in diesem ersten Wege der Reinigung, nirgender größere Hülf und Ersprießlichkeit haben könne, als von dem Schweigen: dann wer wirds läugnen, daß die meiste Sünden in der Conversation mit andern Leuten von uns begangen werden? und wo lasset sich ein bewährtes Mittel finden, diese Sünden zu fliehen: als eine Bewahrung des Silentii; sagt nicht dieses der allerweiseste Salomon: Der seinen Mund bewahret, der bewahret seine Seele: Prov. 13. V. 3. das ist, er behütet sie vor vielen Sünden; als nämlich vor dem ungebührlichen Murren, vor der schändlichen Sünde der Verläumdung oder Ehrabschneidung, vor der unzimlichen Liebe, vor dem Haß und unordentlichen Zorn, vor unmäßiger Traurigkeit, und andern dergleichen

Sünden; so in eitlem Schwätzen gemeiniglich Platz finden: zu Vernichtigung aber der erzählten Uebeln wird eine nicht geringe Stärke erfordert; die wir wahrhaftig ohne meisterliche Bezwingung unserer Zunge, uns nicht versprechen können; wie der Prophet Isaias Kap. 30. 15. mit diesen trostreichen Wörtern bezeuget: In der Stille und in der Hoffnung wird eure Stärke seyn: Verlangest du nun stark zu seyn, auf daß du die Sünden und Laster mögest zu Boden werfen; die Versuchungen überwinden, dem feindlichen Arglist entgehen, die unordentliche Bewegungen im Zaum halten, und vor aller Bosheit schußfrei werdest, so sey verschwiegen: Nicht glaube meinen, sondern des heiligen Apostels Jacobi Worten, der da spricht: gleichwie derjenige, so dem Pferd den Zaum in das Maul legt, dessen ganzen Leib leichtlich regieren kann; also kann der Mensch, so seine Zunge im Zaum haltet, sich selbsten mit leichter Mühe zu allen Tugenden herum führen: und versichere dich, meine christliche Seele, daß diese geübte Stillschweigung in der letzten Stunde dir werde sehr tröstlich vorkommen, und annebens verursachen, daß du ohne langwieriges Fegfeuer zur ewigen Seligkeit gelangen mögest, nach dem Exempel der seligen Mariä Degniacensis; welche vom Fest des heiligen Kreuzes bis zu den Weihnachten nicht ein einziges Wörtlein geredet; wodurch sie von Gott erhalten, daß sie ohne einige Strafe der andern Welt zur ewigwährenden himmlischen Anschauung ist gelassen worden.

14. Der andere Weg zur Vollkommenheit ist der Weg der Erleuchtung, welchen eine gottliebende Seele, so vorhero auf dem Wege der Reinigung von den Sünden

und bösen Begierden gesäubert ist; nachmals eingehet:
Es gehört aber zur Wanderung dieses Wegs, daß man
die Tugenden pflanze: darzu ein solcher Eifer und Hitze
vonnöthen ist, der ohne die Stillschweigung mit nichten
bestehen kann, wie der hönigfließende Bernardus de
Passione Domini c. 21. mit dieser schönen Gleichniß
beweiset, und sagt, gleichwie derjenige, so die Wärme
in der Stube erhalten will, selten, und ohne Noth nicht
aufsperret; also muß die innerliche Hitze der Seelen mit
genauer Bewahrung des Stillschweigens erhalten wer=
den. Derhalben soll sich ein tugendgebener Mensch
die Verschweigung sonderbar angelegen seyn lassen; die=
weilen Tugend sammlen ohne stäte Uebung des Still=
schweigens, nichts anders ist als Staub in den Wind
tragen: und wie nöthig einem Soldaten die Wehr und
Waffen sind, nach Meinung des geistreichen Thalasti,
Hom. 6. de Annunt. einer erleuchteten Seelen nöthig
die Stillschweigung und das Gebeth: dann diese sau=
bern und schärfen zugleich die Augen derselben Seelen.
Nun höre weiters, meine christliche Seele, die große
Nutzbarkeit dieser Uebung von dem geisterfahrenen Cli=
maco: Grad. 11. Der Schweigensbeflissene, sagt er,
nahet Gott hinzu; uud indem er im innersten seines
Herzens zu demselben getreten, wird er von ihm er=
leuchtet. Dieses bekräftiget der selige Laurentius Ju=
stinianus Tr. de Orat. c. 5. und sagt: daß das Wort
einem Wartenden und Schweigenden sich gern eingieße.
Soll dir dieses alles noch nicht ein genugsamer Sporn
zur Liebe der Stillschweigung seyn? so gedenke, daß
gleichwie derjenige, so von einem andern heimliche und
wichtige Dinge hören will, von dem Getümmel und

Plaudern der Anwesenden sich muß absöndern; also
der die Einsprechungen und über Hönig süße Gaben
Gottes zu empfahen verlanget; die Conversation und
Gespräche der Menschen fliehen müsse. Dahero hat dein
Heiland nicht in der rasenden Unruhe des Tags, sondern in der stillen Nacht, zu deinem und meinem Trost,
der Welt sich zeigen wollen, auf daß wir lernen sollen,
wie angenehm ihm sey die Tugend des Stillschweigens.

15. Der dritte Weg zur Vollkommenheit ist der Weg
der Vereinigung, kraft deren eine christliche Seele der
Liebe Gottes zur Vollkommenheit gelanget. Es ist aber
derselben auch nöthig die Stillschweigung; sintemalen
dieselbe den Diener Gottes zur Vereinigung und Liebe
nicht allein entzündet; sondern auch in dessen Herzen eine
Wohnung des heiligen Geistes bereitet, wie der hl. Petrus Damianus Epist. 130. mit diesen Worten verzeichnet. Wann das Getöß und Getümmel der menschlichen Ansprach aufhören; so wird in dir durch das Stillschweigen ein Tempel des heiligen Geistes aufgerichtet.
Und dieser Ursachen halben bezeuget die heilige Schrift,
daß in Erbauung des Tempels zu Jerusalem, weder
Hammer noch Beil, noch einig eisernes Instrument sey
gehört worden. Dann das Haus Gottes, sagt der hl.
Damianus, wachset durch die Stillschweigung, und indem das menschliche Herz durch die äusserliche Reden
sich nicht auslasset, so steiget die Aufführung des geistlichen Baues in die Höhe; und wie mehr selbige durch
die Bewahrung des Stillschweigens vor der äusserlichen
Verspreutung behütet werde; jemehr sie zur Spitzen
der Vollkommenheit eilet: dann die Stillschweigung ist
eine Wächterin deren Gerechtfertigkeit. Weiters macht

dir auch die heilige Jungfrau Gertrudis diese vom Himmel herabgestiegene Hoffnung, daß, wann du aus Liebe
Gottes dich des Stillschweigens befleißigest, und dich
von allem Reden enthaltest; diese Liebe in deinem Herzen dergestalt fortwachsen werde, daß dir desgleichen
kaum jemalen widerfahren sey. Der nun verlanget,
daß sein Herz mit dem Feuer der göttlichen Liebe entzündet und vermehret werde, der halte seine Zunge im
Zaum; und erinnere sich der heiligen Altväter, so in
ihren Klüften und Höhlen verborgen, und von aller
Gelegenheit zu reden entfernet, mit solchen unglaublichen geistlichen Freuden und Ergötzlichkeiten von Gott
sind begnadiget worden; daß keinem Weltmenschen durch
alle seine Lustbarkeiten desgleichen jemalen hat widerfahren können. Soll dieß aber dir zu glauben schwer
fallen; so kannst du selbiges in der That an dir selbsten probiren. Dieses aber ist dir nöthig zu wissen,
daß du nach der Regel der heiligen Väter, zu Anfangs
in der ersten Staffel dich übest, nämlich daß du keine
unzulässige und eitle Worte redest: und wann du durch
menschliche Schwachheit darwider sündigest, dir alsdann
selbst eine Buß auferlegest, damit du also hinführo klu-
ger und behutsamer werdest. Nach dieser folgt die andere Staffel, daß du nämlich auch von dem zuläßigen
und vernünftigen Reden aus Liebe der gottgefälligen
Stillschweigung dich enthaltest, auf daß du durch die
Verschwiegenheit andere Tugenden unterdessen ernährest,
und also hernacher zu gelegener Zeit dieselbe mit geziemender Weisheit hervorbringen mögest. In der dritten
Staffel lehren die heiligen Väter, daß du auch öfters
die nöthige Reden um der Ruhe und Tugenden willen

gern quittirſt, und ſonderlich, wann du durch ſolche
Reden deine eigene Wohlfahrt und Vertheidigung befördern könnteſt. Alsdann gedenke deines lieben Heilands, wie der in ſeinen größten Unbilden und Schma-
chen des Stillſchweigens ſich befliſſen habe; alsdann ſoll
dir in den Sinn kommen die allerverſchwiegenſte Jungfrau
Maria; der große Liebhaber der Stillſchweigung, Gregorius Nazianzenus; die einſame Jungfrau Catharina
von Senis, der fromme Vater Corbinianus, der hl.
Abt Pambo, und unzahlbare andere, ſo durch tapfere
Uebung dieſer herrlichen Tugend, einer ſo wohl zeitlich-
als ewigwährenden erfreulichen Ruhe ſich theilhaftig
gemacht haben.

Die achtzehnte

geistliche Lection

von dem Laster des unnöthigen Geschwätz.

Si quis autem putat, se Religiosum esse, non
refrenans linguam suam etc. hujus vana
est Religio.   Jacobi 1. v. 26.
Lasset sich aber Jemand bedunken, daß er andächtig sey im Dienst Gottes, und zäumet seine
Zunge nicht 2c., desselben Andacht ist eitel.

Der erste Theil.

1. Gleichwie derjenige billig auszulachen ist, welcher
ohne vorgeleistete nöthige Arbeit, und ohne geworfenen
Saamen grosse Fruchtbarkeit von seinem Acker erwartet: und wie dieses einem fremd vorkommet, daß derjenige, so durch unheilbare Krankheit gleichsam ans
Bett geheftet, sich festiglich vornimmt das heilige Land
zu besuchen. Auch wie endlich dieser ein Gelächter bei
jedermann nun verursacht, so alle Fenster und Thüren seines
Hauses verschliesset, und dannoch sich über die Sonne
beklaget, daß sie mit ihren hellscheinenden Strahlen in

sein Haus nicht spielet. Also ist aller Verhöhung würdig derjenige Geistliche, welcher ohne Zäumung seiner Zungen, die Früchten der Tugenden von dem Acker seiner Seelen zu ernten; und zum heiligen Land der himmlischen Inwohner dem Herzen nach zu reisen, sich unterstehet. Nicht weniger stellet sich dieser in die Gefahr der Verspottung; welcher sich beklaget, daß er vermittels der göttlichen Lichtstrahlen mit erleuchtet werde; sondern ohne einige empfindliche Andacht, ganz trunken, und mehr einem Holz als Menschen gleich verbleibe; da er doch durch sein unaufhörliches Schwätzen das Licht göttlicher Gnaden von dem Haus seiner Seelen selbst und aufsetzlich ausschließet: wie die obgesetzte Worte des Apostels genugsam zu verstehen geben; daß nämlich das Scharren und Sammlen aller guten Werken und Verdiensten, alle Uebung der Tugenden, und harte Bußwerk ohne die Zäumung der Zungen zumalen nichts seyn; die eitle und müßige Worte müssen gemeidet werden, wann die christliche Andacht und gute Werke sollen Bestand haben.

2. Ich nehme hierüber zum Zeugen den allerweisesten Salomon, der in seinen Sprüchen Kap. 14. V. 23. also redet: Da sehr viel Worte sind, ist ofter mals Armuth. Ich sage die Armuth der wahren Andacht, und innerlichen Versammlung des Gemüths; dann anders nicht gehts her mit den geschwätzigen Leuten, als wie mit den Badern, wann man durch die Thüren des Bads oftmal aus und eingehet, so verlieret selbiges seine Hitze und wird kalt; also muß von demjenigen, der da viel unnöthiges redet, die inwendige Hitze durch die Thür des Munds nothwendiglich heraus ziehen.

Derselben Meinung ist auch der heilige Kirchenlehrer
Gregorius, Lib. 5. Mor. und sagt: Durch unnöthige
Reden wird das Gemüth der Menschen zerstreuet und
gleichsam durch so viele schädliche Fälle von sich so weit
hinaus geleitet, das zur Erkenntniß seiner selbst zurück
zu kehren nicht vermag; bieweilen es durch das viel
reden die Kraft der innerlichen Betrachtung verliere.
So ist dann das unnöthige Schwätzen zur Verhinderung
der wahren Andacht sehr dienlich, zumalen selbiges den
Menschen also zerstören kann, daß er kaum einigen Geschmack zu den geistlichen Dingen empfinde. Also kann
dieses garstige Plaudern das Herz des Menschen verkehren; daß er nicht allein die ewige Güter mit gebüh-
rendem Eifer nicht suche, sondern auch darzu, wann
nicht mit Worten, jedoch mit den Werken dieselbe gering schätze und verachte. Endlich wird durch dieses
wilde Thier das Feuer der göttlichen Liebe in den menschlichen Herzen dergestalt verzehret; daß auch nicht ein
Fünklein dieser seraphischen Tugend daselbst verbleibe;
desgleichen hat die heilige Gertrudis von Gott gelernet, daß wann ein Mensch eine Rede führe, davon
kein Nutzen zu gewarten ist, alsdann die Liebe Gottes
aus dessen Herz, wie der Wein aus einem durchgebohr-
ten Faß auslaufe. Wann nun nach Zeugniß der heiligen Gertrudis, eine einzige fruchtlose Rede des Menschen Herz dergestalt durchbohret, daß er die Hitze der
göttlichen Liebe nicht halten möge; was grossen Schaden hat sich dann nicht derjenige zu beförchten, der nach
Lust und Liebe, nicht allein zu den unnutzbaren, sondern auch zu den schädlichen Discursen das Maul mit
Freuden aufsperret? Gedenk meine christliche Seele, wie

viele Tage im Jahr seyn, und wie oft du an einem
jeden derselben Tagen unnützliche Reden führest, die du
mit gutem Fuge, und zum Heil der Seelen hätteſt unterlaſſen können. "Kaum haſt du von deinem Gott einige
Gnade der chriſtlichen Andacht in deinem Herzen empfangen; und alſobald muß ſelbige von deinem lieder-
lichen Geſchwätz flüchtig werden; wie du ſelbſt gar leicht
erachten kannſt, wann du ſieheſt, daß ein verſtändiger
Menſch ſolche Plauderer beſtermaaßen zu meiden ſuche:
wie viel mehr wird ſich dann nicht derſelben entſchlagen
der heilige Geiſt, in deſſen Gegenwart der geringſte Unflat nicht beſtehen kann; ſo da ſpricht durch den Mund
des weiſen Manns: Viel reden wird nicht ohne Sünd
abgehen. Prov. 10. V. 19. Es kann ſich einer leichtlich einbilden, was groſſe Gnaden und Verdienſten ein
ſolcher von der göttlichen Majeſtät zu gewarten habe,
deſſen Maul gleich einer Herbergsthüren zum Schwätzen immer offen ſtehet: und wann das Geſchirr, ſo keinen Deckel hat, von Gott für unrein erkläret wird:
wie das Buch Numerorum Kap. 19. V. 15. meldet:
Das Geſchirr, ſo keinen Deckel hat, ſoll unrein ſeyn;
ſoll dann nicht ebner maaßen derjenige für unrein gehalten werden, der ſeinen Munddeckel allezeit offen haltet? Gehe hin in die gemeine offene Wirthshäuſer, und
ſchaue zu, ob du unter ſehr wenig guten, nicht viel böſes und loſes Geſindel antreffeſt: gleicher Geſtalt ſind
in den Herzen derjenigen, deren Mund durch das Plaudern immerzu offen ſtehet, neben gar wenig, oder keiner Tugend, gemeiniglich nur Sünden, Mängel, Fehler und Armſeligkeiten zu finden; welche, ſo lang der
geſchwätzige Mund nicht gezäumet wird, unmöglich kön-

ßen gebeſſert werden: Enthalte deine Zunge vom Böſen, und thue guts, ſagt der königliche Prophet, er ſagt
nicht; erſtlich thue guts, und alsdann enthalte ꝛc., ſondern, erſtlich enthalte deine Zunge vom böſen und unnützlichen Geſchwätz, und darnach biſt du bequem, gutes
zu thun.

3. Neben dieſem allem biſt du, meine chriſtliche Seele,
aus folgender erheblichen Urſache ſehr verbunden, dieſes Laſter des Schwätzens zu fliehen; weilen nämlich
nicht allein dein, ſondern auch deiner ganzen Gemeinſchaft guter Namen durch ſolche böſe Gewohnheit bei
der Welt leiden muß; dann gleichwie man ein Faß, ſo
durch das Anklopfen einen groſſen und vollen Klang
von ſich gibt, billig vor leer haltet; alſo wird derjenige, ſo dem Schwätzen ergeben iſt, von andern als ein
an Tugend und guten Werken leerer Menſch nicht umgeben geurtheilet, und derhalben die gute geſchöpfte Meinung der Weltlichen vergeringert: dieſes haben vermerkt
die alte Weltweiſen, ſo derhalben die geſchwätzige Menſchen den Narren gleich geſchätzt haben: aus deren Zahl
dann auch der Solon geweſen, ſo einsmals einem Gaſt-
mal beigeſeſſen, und nichts geredet: derhalben einer von
den Gäſten gefragt, warum dieſer bei öffentlicher Tafel
ſo verſchwiegen ſey? da dieſes der gemeldte Solon gehört, hat er alſo geantwortet: Darum rede ich nicht,
weilen keiner ſchweigen kann, der ein Narr iſt: Dieſem
Solon ſtimmt einiger maaßen zu die heilige Schrift, da
ſie Eccl. 10. V. 14. ſagt: Ein Narr macht viel Worte:
Willſt du nun für keinen Narren gehalten werden;
willſt du haben, daß man dich vor verſtändig anſehe;
verlangeſt du zu haben den Namen eines guten Geiſt

lichen; so zäume deine Zunge von allem überflüssigen Geschwätz, und sey versichert, daß der hochweise Appollonius, da er befragt worden, welche die beste Leute seyn, den Nagel recht auf den Kopf geschlagen; indem er geantwortet, daß diejenige die beste seyn, welche gar wenig reden: hergegen sind diese allen (wie die tägliche Erfahrniß lehret) und sonderbar den Verständigen sehr unangenehm und überlästig; so da lange eitle und nichtswerthige Reden ausgießen. Wie großen Verdruß und Mißfallen aber Gott und dessen Heilige aus solchem Plaudern schöpfen, soll der folgende Geschicht entdecken. P. Dranc. n S. Maria in Hist. Carm. tom. 3. I. 2. c. 17. Nachdem in Hispanien in dem Jungfrauenkloster der Discalceaten, die Ehrwürdige Schwester Anna a Jesu mit Tod abgangen: und die übrige Schwestern derselben Leib zu waschen und zu kleiden beschäftiget gewesen; haben sie in aller Stille miteinander geredet, und nicht beobachtet, daß zur selben Zeit das Reden verboten sey: derowegen hat die vor ihren Augen liegende todte alsbald einen Finger auf den Mund gehalten, und sie dergestalt ihrer Schuldigkeit erinnert; und durch das Wiederholen dieser stummen Ermahnung genugsam zu erkennen gegeben, wie hoch die Tugend des Stillschweigens zu schätzen und das Laster des Geschwätz zu fliehen sey. Wann nun so wenige, und zwar in der Stille, aber ohne Noth geredete Worte dem lieben Gott also mißfallen haben, daß er mit einem frischen Mirakel diese geschwätzige Wascherinnen durch ihre verstorbene Mitschwester hat warnen lassen: Was wird doch um Gottes willen, denjenigen widerfahren, so da nicht allein mit stillen und unnöthigen Worten das Ge-

both des Stillschweigens übertreten; sondern dörfe
auch mit Scherz und Lachreden, mit bösen und schäd
lichen Worten diese gottgefällige Tugenden verspotten
Aufs wenigst wird ihnen die obangeregte Armuth de
Gnade Gottes über den Hals kommen, und nach diese
die Verwirrung im Bösen, und endlich die ewige Verdamm
niß. Derhalben sey du gewarnet, meine christliche Seele
und hüte dich für eitlem und müßigen Reden; was
deinen Stand und Beruf nicht angehet, das fliehe wi
die Pest, und versichere dich, daß der gerechte Got
wegen der müßigen und unnützlichen Worte von einen
Geistlichen viel schärfere Rechnung als von andern for
dern werde. Ich bin immittelst der Meinung, daß viel
seyn, so sich gänzlich einbilden, als stellete sich nur diese
Art der geschwätzigen Menschen in Gefahr des göttlicher
Zorns, so nämlich unkeusche, fluchende, zornige und ehr
rührische Worte ausgiessen. Dieß ist aber weit gefeh
let; und ist das grosse Kirchenlicht Ambrosius einer gan;
andern Meinung, und sagt also: L. 1 de Virg. Der
Tod gehet hinein durch deine Thür, wann du Lügen
redest, wann du unkeusche Worte redest, wann du will
müthige Reden führest; und endlich auch, wann du re
dest, da sich nicht geziemt zu reden: Alsdann aber ge
ziemt es sich nicht zu reden, wann man weiß, daß die
jenige Reden, so man plaudern will, unnöthig, und un
nützlich und müßig seyn: und damit du nicht vermei
nest, daß dieser Spruch des obgemeldten heiligen Va
ters bloß von mir herkomme; als füge ich dir desselben
ausdrückliche Worte auch in der lateinischen Sprach an
bei; Ingreditur mors per ostium tuum, si falsa lo-

quaris, si turpiter, si procaciter, postremo, si ubi non oportet, loquaris: Siehe nun, daß auch vermittelst der unnöthigen Worte, der ewige Tod deiner Seelen zusetze; nicht eben wegen solcher unnützlichen Reden, sondern weil du dir durch selbige den Weg zum größern Verderben fein gemächlich bereitest, wie man, leider Gottes, aus der täglichen Erfahrniß lernet, daß der meiste Theil der Menschen nicht urplötzlich, sondern allgemach in den Abgrund der Sünden steige.

4. Dieses wäre vielleicht der hl. und jungfräulichen Mutter Theresiä begegnet, Bibera in Vit. wann derselben nicht ihr himmlischer Bräutigam wäre vorkommen, zumalen diese hl. Jungfrau zum Anfang des geistlichen Lebens, mit den weltlichen Leuten gern zu schaffen gehabt; und nachdem sie sich einmals mit denselben in einige zu ihrem Stand ungehörige Reden eingelassen, ist ihr vor dem Sprechhaus, der ganz jämmerliche verwundete, und mit frischem Blut besprengte Christus erschienen, und gesagt: O meine liebe Tochter Theresia, du hast mich mit deinen weltlichen Gesprächen also verwundet. Auf diese klägliche Worte ist die Jungfrau voller Furcht und Schrecken zu ihres Geliebten Füssen niedergefallen, und hat um Vergebung gebeten; derhalben sie von sothaner Zeit an, die unnöthige Reden mehr, dann die giftige Pest gemeidet hat. Imgleichen bezeuget von sich selbsten die hl. Jungfrau Gertrudis, L. 2. in sin. c. 3. et 23. daß ihr in achtjähriger Zeit die Gegenwart Christi niemalen sey entzogen gewesen; vorbehalten eilf Tage, an denen sie wegen eines geführten weltlichen Discurs derselben beraubt gewesen.

5. Damit du aber ſieheſt, meine chriſtliche-Seele, welcher Geſtalt ſolche geſchwätzige Aetzel von einer Sünde in die andere fallen; ſo mußt du geſtehen, daß es die Sünd der müßigen Worte ſey, welche Chriſtus am Tag des Gerichts zu ſtrafen gedrohet mit dieſen Worten: Ich ſage euch aber, daß die Menſchen von einem jeglichen Wort, das ſie geredet haben, am Tag des Gerichts werden Rechnung geben müſſen. Matth. 12: V. 36. Dieſer Sünde folget auf den Fuß nach das Murmeln gegen Gott und die Menſchen; weilen, nach Zeugniß des geiſtreichen Thomä a Kempis L. 1. Kap. 10. den Menſchen oft gelüſtet zu reden, von den Dingen, die wider ihn ſind; und daß er ſuche durch das zuſammen Reden von andern getröſtet zu werden; das Murmeln und Klagen über andere ziehet alsbald nach ſich die ſchändliche Sünde der Verläumdung oder Ehrabſchneidung; zumalen wir täglich vor unſern Augen ſehen und hören, daß dieſem ſchädlichen Laſter keine ſo ſehr unterworfen ſeyn, als die Geſchwätzige; und daß keine Materie den Geſchrächen ſo bequem falle, als die Fehler und Verbrechen des Nächſten; kaum hat der Geſchwätzige zu reden angefangen, ſiehe da muß zugleich dieſer oder jener herhalten; und weilen ſolche leichtredende Plauderer gemeiniglich in der wahren Demuth nicht gegründet ſind, ſo fallen ſie gar gern auch in die Sünde der Ruhmredigkeit; ſolche und mehr andere Uebel verurſachet auf Erden das allzuviele und unnöthige Schwätzen; was aber ſelbiges in jener Welt dem Armen vor Nutzen ſchaffe; kannſt du aus beigefügter Hiſtorien zu deiner heilſamen Warnung abnehmen.

6. In der Lebensbeſchreibung des hl. Abten Hugo-

niß meldet Laurentius, Surius, daß der Erzbischof Du=
ranuß den luſtigen und kurzweiligen Reden ſey zugethan
geweſen, und dieſerhalben von dem hl. Abt öfters er=
mahnet worden; da nun der gemeldte Erzbischof geſtor=
ben, ſey er dem Segewino einem großen Diener Got=
tes in einer erſchrecklichen Geſtalt mit zerriſſenen Lefzen,
und abſcheulichen Mund erſchienen, und mit heulender
Stimme gebethen; er möchte doch von dem Abten Hu=
gone fußfällig begehren, daß er ſeinen untergebenen
Geiſtlichen einige Gelübden, Gebeth und heilige Meß=
opfer auferlegte, damit er von ſeinen unerträglichen Schmer=
zen, ſo er wegen der eitlen Worte verdienet, dermalen=
eins erlediget werde. Darauf der hl. Abt alsbald ſie=
ben ſeiner Geiſtlichen anbefohlen, durch die genaue
Stillſchweigung einer ganzen Wochen den Erzbiſchof
ſeiner Tormenten zu befreien. Dieweilen aber derſel=
ben einer die Stillſchweigung gebrochen, als iſt der oft=
gemeldte Biſchof dem erwähnten Segewino abermal er=
ſchienen, und bedeutet, daß er wegen Mißhandlung ei=
nes deren ſieben ſchweigenden Geiſtlichen noch nicht von
ſeinen Qualen erlöſet ſey. Derhalben hat der hl. Abt
einen andern behutſamern Geiſtlichen mit dieſem ſieben=
tägigen Stillſchweigen beläſtiget. Nach deſſen Verrich=
tung hat der Erzbiſchof zum drittenmal in ſchönem erz=
biſchöflichen Habit ſich ſehen laſſen, für die geleiſtete
Wohlthaten gedanket, und iſt verſchwunden. Weiters
höre, meine chriſtliche Seele, was zweien Ordensleu=
ten des hl. Franzisci wegen müßigen Reden widerfah=
ren ſey.

7. Da der Ehrwürdige P. Antonius de Monte
einsmals bei nächtlicher Ruhe nicht hat ſchlafen kön=

nen, ist er, um Licht aus der Kuchen zu holen, aufgestanden; und siehe, auf halbem Weg nimmt er wahr,
daß ein großes Feuer aus selbiger Kuchen heraus-
schlage; darauf dann der gemeldte Pater heftig erschrecket, wird aber von einem grausamen schwarzfarbigen
Mohr angeredet, er solle sich nicht fürchten; dieser
nimmt ihn bei der Hand und führet ihn zur Kuchen
hinein, allwo die zwei letztverstorbene Geistliche an einem Spieß, bei einem sehr hitzigen Feuer, von dem
grimmigsten Schwarzbrenner ganz jämmerlich gebraten
werden, die er dann beide leichtlich erkennet, und gefragt, ob sie ewiglich verdammt seyn, oder nur zeitlich? Wir sind nicht ewiglich verdammt, geben diese
Bratvögel zur Antwort, sondern wir werden aus gerechtem Urtheil Gottes derhalben mit dieser zeitlichen
Straf erschrecklicher Weiß hergenommen, dieweilen wir,
um uns am Feuer zu erwärmen, daselbst viele müßige,
unnöthige und zur Zeit auch urtheilische und klagende
Worte geredet haben; und nach diesem sind sie mit ihren Bradenwendern verschwunden. Bover. in Ann.
Capuc. Anno 1564. Nicht weniger hat auch der ehrwürdige P. Silvius, desselben Ordens Priester, gehöret, da er von der Metten im Chor gebethen, daß das
Kirchthor urplötzlich mit großem und ungestümen Knall
zerschlagen worden. Nach diesem lasset sich in Mitten
der Kirchen, und bald darauf vor dem Altar ein Getümmel hören, worüber der Geistliche sich zwar entsetzet, erkühnet sich dennoch der Sachen Ausgang zu erwarten: hierüber kommt ihm zu Ohren die Stimme
eines bitterlich weinenden und seufzenden Menschen, so
annebens mit diesen jämmerlichen Klagreden losgebro-

chen: O wehe mir armen Seele! ach was Schmerzen,
ach was bittere Tormenten leide ich! O mein gerechter
Richter, wann wirst du doch dieser so unerträglichen
und herzbrennenden Peinen dermaleneins ein Ende machen! ach meine Brüder, ach meine Brüder, ach möchte
euch zugelassen werden zu wissen, was grausame Qualen ich ausstehe, o Brüder mein! und zugleich hat diese
Stimme den P. Silvium angeredet, und gesagt: komme
herbei mein lieber Silvius, komme herbei, und fürchte
dich nicht, ich bin die Seele deines neulich gestorbenen
Bruders in Christo, der mich hiehin gesendet hat. Silvius tretet hinzu, und siehet nichts, als einen Schatten
zur Seiten des Evangelii. Die Seele aber beklagt sich
ganz erbärmlich, daß sie wegen der Sünden der Zunge
unglaubliche Peinen leide; dahero selbige den P. Silvium um dreißig hl. Messen ersucht hat, und ist alsbald verschwunden.

8. O wie viele andere haben des unbehutsamen
Redens halber dergleichen klägliche Zeugniß abgelegt;
die wir zu Verhütung der verdrießlichen Weitläuftgkeit
allhier vorbeigehen, und nur die einzige heilige und
sorgfältige Mutter Theresiam dir vor Augen stellen!
Ribera in v. L. 5. c 4. deren zärtliche Erbauungs-
neigung gegen ihre Töchter in Christo sich dermaßen
erstrecket, daß sie nicht allein in ihren Lebzeiten dieselbige des Stillschweigens unaufhörlich erinnert, sondern
auch nach ihrem gottseligen Hintritt, und nunmehr der
himmlischen Freuden theilhaftig, die geistliche Schwestern, da sie zur verbotenen Zeit geredet, vermittelst
dreier Schlägen auf das Thor ermahnet, und zu schweigen befohlen hat; vielleicht derhalben, damit sie die

schwere Strafen des unnöthigen und verbothenen Geschwätzes sich nicht über den Hals legen möchten. Ich sage, schwere Strafen; dieweilen nach Zeugniß des hl. Bernardi, Possen unter den weltlichen Possen sind; im Munde aber eines Priesters (und warum auch nicht einer gottverlobten Person?) sind sie Lästerungen. Du hast, sagt er, deinen Mund gewidmet dem Evangelio, derentwegen dir nicht zuläßig ist, denselben aufzusperren dem unnützigen Plaudern; vielweniger magst du, nicht ohne Sünd der Gottesläſterung, aus diesem Uebel eine Gewohnheit machen. Ein sehr heiliger und gottgefälliger Mann, Namens Severus Sulpitius wird in seinem hohen Alter von den bösen Ketzeren verleitet; bald aber wiederum zum wahren Glauben gebracht; und da er vermerket, daß die Schuld solcher Verkehrung das überflüßige Geschwätz gewesen; hat er bis zum Ende seines Lebens kein Wort geredet, auf daß er die Sünde, darein er durchs reden gefallen war; mit dem Stillschweigen gänzlichen vernichtigen möchte. Gennad. de Viris Illust. c. 19. Die hl. Clara de Monte Falco hat mit ihrer leiblichen Mutter zu verbotener Zeit einige Worte geredet; derhalben sie zur Straf des begangenen Fehlers, mit blossen Füssen im Schnee so lang herumgegangen, bis sie das heilige Vater Unser hundertmal gebetet hat.

9. Wie manchen hat es mit dem Arsenio gereuet, daß er jemalen geredet, und hergegen wen hats doch immer gereuet, daß er geschwiegen hat? derhalben schweige meine christliche Seele, wann du nicht willst fallen in die Sünden der zaumlosen Zungen; schweige, wann du den grausamen Peinen der künftigen Abstra-

fung zu en'geben verlangeft; umgürte deinen Mund
mit einem härenen Band; aber mit solchem Band, welches ein ficherer Geiftlicher einem Jüngling, so ein bä-
renes Kleid begehrte, zu tragen gerathen, daß er nämlich anftatt des Cilicii gute Achtung haben sollte, damit
durch, die Thüre des Munds nichts böses hinausfliehe.
Lerne du vernünftiger Mensch das Schweigen von den
unvernünftigen Thieren; lerne von Krähen, wie selbige,
ehe fie den Stiernberg vorbei fliegen, nach Zeugniß
des Plutarchi, De solert. Animal. alle ein Steinlein
in den Schnabel nehmen, damit fie durch ihr Geschrei,
denen daselbft wohnenden Adlern nicht verrathen, und
von ihnen verfolget werden. Nehme du gleich diesen
Vögeln den Stein des Stillschweigens in deinen Mund,
und lege deiner geschwäßigen Zunge ein Gebiß ein, damit deine Fehler dem höllischen Raubvogel nicht kundbar werden, und also mögeft den Berg dieses elenden
Jammerthals vorbei, zu der ewigwährenden Seligkeit
in aller Sicherheit hinauffliehen.

Die neunzehnte
geistliche Lection
Von dem
geistlichen Gespräch.

Ubi duo vel tres congregati fuerint in no-
mine meo, in medio illorum ero. Matt. 18.
v. 20.

Denn wo zween oder drei versammelt sind in meinem Namen, daselbst bin ich mitten unter ihnen:

Der erste Theil.

1. Bishero haben wir uns unterstanden, mit vernünftigen Reden darzuthun, wie einem Liebhaber der
Tugenden die Stillschweigung unsträflich zu halten so
nöthig; und hergegen die Uebertretung derselben dem
Menschen so schädlich sey. Damit aber meine christliche Seele, indem du auf solchem dir vor Augen ge-
stellten Wege, von der linken Seiten entweichen wollest, nicht etwann dich zu viel auf die rechten Seiten
schlagest, sondern die Richtigkeit haltest; das ist, indem
du die müßige Worte zu meiden dich befleissest, die

nothwendige unterlaffeſt; derhalben habe ich dich erinnern wollen, daß dieſe Tugend des Stillſchweigens andern Tugenden gemäß, in der Mitten beſtehe; alſo,
daß diejenige Worte, ſo das Heil des Nächſten befördern können, nicht verſchwiegen; und allein die müſſige
und nichtsnutzige müſſen unterlaſſen werden, dahero
ſagt der hl. Geiſt: Es iſt die Zeit zu ſchweigen, und
iſt die Zeit zu reden. Eccl. 3. V. 7. Und der königl.
Prophet bittet Gott auf folgende Weiß: Setze, o Herr,
eine Hütte um meinen Mund, und eine Thür an meine
Lippen rings herum; Pſ. 140. V. 3. Nicht hat dieſer
fromme König, wie der hl. Gregorius 3. P. Pastoral.
Adm. 15. merket, von Gott begehret, daß ſein Mund
mit einer Mauren, ſondern mit einer Thüren verſehen
würde, die man auf- und zuſchließen kann; woraus wir
dann mit aller Behutſamkeit zu lernen haben, daß die
Rede den Mund zu gelegener Zeit eröffnen, und die
geziemende Verſchwiegenheit denſelben verſchließen ſolle;
zumalen wir nach Zeugniß des hl. Ambroſii, L. 1.
offic. 3. De Persect. convers. Monast. c. 15. wegen
des müßigen Stillſchweigens eben ſo wohl, als der
müßigen Reden werden zu Gericht gefordert werden.
So beſtehet dann, ſagt der ſelige Laurentius Juſtinianus, die Tugend des Stillſchweigens nicht darin, daß
man allezeit ſchweige, ſondern, daß man dasjenige nicht
rede, was zu reden verboten iſt. Viele aber ſündigen
aus Unwiſſenheit wider dieſe Regel der Beſcheidenheit,
weil ſie unterlaſſen dasjenige andern vorzutragen, durch
welches ſie denſelben nutzen könnten dieſe richtige Bahn
des Stillſchweigens hat der Prophet uns genugſam gezeiget, da er alſo geſprochen: Pſ. 38 V. 1. Ich hab

gesagt: meine Wege will ich bewahren, damit ich nicht sündige mit meiner Zungen: Nicht sagte er, damit ich schweige, sondern damit ich nicht sündige; dahero sagt der weise Mann: Ein weiser Mensch wird schweigen bis zu seiner Zeit: Eccl. 20. V. 7. Das ist, so lang, bis das Reden besser ist, als das Schweigen, und dieses erweiset uns der tiefsinnige Plato ad Theophan. mit dieser holdseligen Gleichniß; wir schiffen, sagt er, und in dieser unserer Schifffahrt spannen wir bisweilen die Segel aus, damit das Schiff desto geschwinder fortfahre; bisweilen halten wir selbiges auch, vermittelst der Ankern auf, und bringen es zum Stand. Eben also muß die Zunge beherrschet und zu Zeiten durch die Worte ausgespreitet, zu Zeiten aber auch durch das Schweigen gehemmet werden. Mit noch besserer Gleichniß hats getroffen die hl. Schrift, da sie also redet: Wer ein Wort zu seiner Zeit redet, das ist wie güldene Aepfel auf silberen Betten. Prov. 25. V. 11. In diesem Goldschmids Laden siehet man mit sonderbarer Lust und Augenweide wie die Perlen an die seidene Better mit gar zierlicher Ordnung und schöner Proportion geheftet sind; solcher Gestalt ist dieses ein Zeichen der Weisheit und Bescheidenheit, wann nämlich der Mensch zu bequemlicher Zeit und gehörigem Ort allein redet; alsdann können wir uns Hoffnung machen, daß wir mit der Zungen nicht anstossen werden, wann wir nach dem Rath des hl. Chrysostomi, in Ps. 140. dieselbe durch die Vernunft, als durch einen Schlüssel regieren, welcher nicht allein das Verschloßne auffsperret, sondern zum schließen dienen kann.

2. So ist dann ausgemacht, daß auch einige Zeit

sey, da es zum Reden erlaubt ist; nicht aber ist erlaubt; sonderbar uns Geistlichen, auch zu solcher Zeit
von denen weltlichen Händeln und irdischen Geschäften,
viel weniger von eitlen Possen und Zotten zu reden,
und andere zum überflüßigen Lachen durch unsere Ausgelassenheit zu bewegen; kraft deren wir, nach Zeugniß des hl. Basilii, In Const. mor. c. 13. allen Geschmack und Lust zu den geistlichen Dingen verlieren,
und unsere Andacht schwächen, alle herzliche Bereuung
der Sünden zumalen erlöschen, denen so welt- als
geistlichen Zuhöreren ein böses Exempel geben; und
uns selbsten hiedurch zum besten bekannt machen, wer
wir seyn; dann, weilen die Reden von den Gedanken
und Sitten herfließen, kanns nicht geschehen, sagt der
hl. Clemens Alex., daß einige lächerliche Worte geredet
werden, die nicht von lächerlichen und leichtfertigen
Sitten herkommen. Und eine eitle Rede, sagt der geistreiche Hugo, L. 2. de Paedag. c. 5 L. 1. de An.
ist eine Zeigerinn des eitlen Gewissens; die Zunge
bringt hervor, was bei den Menschen verborgen gewesen: wie die Rede ist, also ist auch beschaffen das
Herz; weilen aus dem Ueberfluß desselben, der Mund
zu reden losbricht.

3. Dieserhalben hat der hl. Ignatius Lojola die
geistliche und andächtige Gespräch unter die fürnehmste
Mittel gezählet; wodurch dem Nächsten am besten kann
geholfen werden; und selbige hat dieser heilige Mann
allen seinen Nachkömmlingen, sogar auch den Laybrü-
dern seiner lobwürdigen Gesellschaft sehr ernstlich anbefohlen; weilen durch solche geistreiche Reden die Weltliche auferbauet werden; und von den Geistlichen eine

gute Meinung zu haben Urſach ſchöpfen. O wie kläglich und übel handeln diejenige Geiſtliche, ſo dieſem
wohlmeinenden Rath zuwider, vermittelſt ihrer unge-
ziemenden und eitlen Geſprächen, den rühmlichen und
ehrbaren Namen anderer dero gottſeligen Mitbrüdern
in Chriſto verläumden, und denen Weltlichen gleichſam
kund machen, daß ihre klöſterliche Converſation nicht
im Himmel (wie ſie ſeyn ſollte), ſondern auf Erden,
und mitten in den irdiſchen Händeln ſey! derhalben
ſich Chriſtus bei einem ſeiner treuen Diener, nach Ausſag des frommen Tauleri, beklagt hat, daß vieler
Geiſtlichen Rede, nicht von ihm, ſondern von unnützlichen, üppigen und nichtswerthigen Dingen geführt werden:
der doch unſer Haupt, und Vorbild alles Guten iſt;
deſſen Worte und Werke in den Gebothen Gottes immer und allzeit beſtanden. Dieſen laſſen wir fahren,
die geiſtliche und auferbauliche Geſpräch werden verab-
ſaumet, und durch die ungereimte und ärgerliche Dis-
kurſen machen wir Freud und Wonne dem hölliſchen
Satan; auch ſogar zeigen wir eine ſo kalte Neigung
und Luſt zu den geiſtlichen Geſprächen, daß uns in
Anhörung derſelben vielmal die Augen zugehen, die jedoch zu den eiteln und kurzweiligen Scherzreden und
Kinderpoſſen bald wiederum eröffnet und munter werden; daraus dann genugſam abzunehmen iſt, ob uns
Gott oder deſſen geſchworner Feind am liebſten ſey.
Du aber, meine chriſtliche Seele, ſollſt mit obgedach-
tem hl. Mann denjenigen, den du über alles zu lieben
ſchuldig biſt, eifrigſt erſuchen, auf daß er dir alle Luſt
zu denen ihm mißfälligen müßigen Worten entziehe,
und hergegen dir ſeine göttliche Gnad verleihe, damit,

du in aller vorfallenden Conversation von keinem lie=
ber, als von ihm und seinen Auserwählten, auch sei=
nen wunderbarlichen Werken, und unendlichen Wohl=
thaten redest und reden hörest. In dieser geistlichen
Uebung war der hl. Thomas von Aquin dergestalt er=
fahren, daß er in aller Gesellschaft nur geistliche Ge=
spräch zu führen pflegte; dadurch er dann diesen großen
Nutzen erhalten, daß, wann er schon nothwendiger
Weiß mit weltlichen Geschäften umzugehen hatte, sich
dannoch alsbald ohne einige Mühe und Verdrießlichkeit
erhoben, und den gewöhnlichen heiligen Uebungen der
Gebühr nach obliegen konnte. Ingleichen sind der hl.
Catharinä von Senis die geistliche Gespräch so ange=
nehm gewesen, daß sie ohne großen Verdruß nicht se=
hen möchte, wann nicht allein ein geistlicher, sondern
auch ein weltlicher Mensch den eiteln Geschäften der be=
trüglichen Welt sich mit allem Ernst ergeben thäte.
Rodriq. p. 2. tr. 2 c. 13.

4. Wann nun die Heiligen Gottes ein solches Ab=
scheuen von den weltlichen und unnöthigen Reden em=
pfunden; wie vermeinst du, daß deinem lieben Gott
deine müßige, zottige und dir übel anstehende Discur=
sen mißfallen werden? Wann, sage ich, der hl. Va=
ter und Kirchenlehrer Hieronymus wegen eifriger Ueber=
lesung des berühmten und wohlredenden Ciceronis und
anderer gelehrten weltlichen Scribenten vor das Ge=
richt Gottes citirt, und daselbst gestraft worden; was
wird denen nicht widerfahren, so da lieber die Fabeln
des Aesopi und anderer liederliche Gespräch, als die
auferbauliche und gottgefällige geistliche Reden anhören,
und vorbringen. Höre nun, wie seine obgemeldte Be=

16 *

strafung und derselben Ursach der hl. Mann selbst er=
zählet: nachdem ich, sagt er, vor vielen Jahren meine
Eltern, Schwester, Verwandten, alles Hab und Gut,
und (was noch am schweresten ist) eine gute Tafel um
Gottes willen verlassen, und nach Jerusalem gezogen
bin, hab ich derjenigen Bibliothek, so ich zu Rom mit
großem Fleiß zusammengebracht, nicht entrathen kön=
nen; und hab also bei Ueberlesung des weltberühmten
heidnischen Ciceronis gefastet. Nach öfterm Wachen, gan=
zer Nächten, nach Vergießung der Zähren über meine
begangene Sünden, hab ich auch den weltlichen Scri=
benten Plautum ergriffen, und gelesen; dahero gesche=
hen ist, daß wegen der obgemeldten Bücher zierlichen
Wohlredenheit mir die Einfalt der hl. Schrift zumalen
mißfallen hat; und weilen ich mit verblendeten Augen
das Licht nicht gesehen, hab ich die Schuld nicht den
Augen, sondern der Sonnen zugemessen. Weilen mich
nun die böse Schlange in sothanem Irrthum verwickel
hatte, ist mein ausgemerkelter Leib mit einem Fieber derma=
ßen behaftet worden, daß außer Haut und Bein be
mir wenig übrig verblieben; und siehe da nun vor
meinem Leben jedermann verzweifelt, und man von de
Begräbniß zu handeln schon angefangen, bin ich ei
lends zu dem Richterstuhl Gottes im Geist geforder
worden, woselbsten ich ab dem Licht und herrliche
Glanz der Umstehenden zu Boden gefall.n, und in di
Höhe zu sehen mich nicht unterstehen dürfen; und b
ich bin gefragt worden, wessen Standes ich sey, ha
ich geantwortet, daß ich ein Christ sey, worauf mi
derjenige, so zu Gericht gesessen, einer Lügen bestrafe
und gesagt, du bist kein Christ, sondern ein Ciceroni

ner, weilen da dein Schatz ist, wo dein Herz ist: Ich
aber bin alsbald erstummet, und indem ich mit vielen
Schlägen scharf hergenommen worden, hab ich gerufen:
O Herr erbarme ich meiner, erbarme dich meiner!
Weilen aber die Umstehende den Richter für mich fußfällig gebethen und ich zugleich auch meinen Fehler zu
bessern versprochen, bin ich entlassen worden, und hab
hierauf die Augen des Leibs mit Verwunderung der
Umstehenden eröffnet, die dann mit so häufigen Zähren
geflossen, daß auch ein jeder meine ab den Schlägen
empfangene Schmerzen gar leichtlich hat merken können.
Hieraus hat dieser große Kirchenlehrer erlernet, die
eitle Bücher fahren zu lassen, und mit größerm Eifer
und Lust, als vorhin geschehen, hinführo die hl. Schrift
zu lesen. Sollen nicht auch diejenige, denen in Erzählung der irdischen und eiteln Geschichte, in närrischen
und nichtsnutzigen Scherzreden das Herz aufgehet; bei
dem ernstlichen Richter hören müssen, du lügest, daß
du ein Christ seyst; du lügest, daß du ein Geistlicher
seyest; du bist mein Diener nicht, sondern ein Sclave
und Leibeigener der Welt. Ist nicht allda dein Schatz,
wo dein Herz ist? und ist nicht daselbst dein Herz, allwo deine Worte sind? Weilen nun deine Gespräche
von der Welt sind, und du denselben mit Freuden zu-
hörest, so muß ich schließen, daß du nicht Geistlich,
sondern Weltlich seyst; dann von dir und deines gleichen also geschrieben stehet: Jene sind von der Welt,
darum reden sie auch von der Welt, und die Welt höret sie. 1. Joan. 4. Derhalben solle sich ein jeder befleißen, in seiner Einsamkeit solche Bücher zu lesen,
aus denen er bei anderer Gesellschaft gottgefällige Ge-

spräch halten, und des großen Vortheils, so wir in
diesem folgenden andern Theil anführen, allhier zeitlich, und nachmalen ewiglich genießen könne.

Der andere Theil.

5. Ehe und bevor wir den Nußen, so aus den
geistlichen Reden entsprießet, dir vor Augen stellen;
wollen wir ernstlich sehen, worin dieselbe Reden meistens bestehen. Ich finde aber, daß zu dieser gottgefälligen Uebung einige Vorbereitung, und auch eine
sonderliche Obachtung in dem Gespräch selbsten erfordert werde. Und zwar vor demselben ist nöthig, daß
du die Hülfe Gottes begehrest, damit du die Kräften
des Leibs und der Seele durch das freund- und liebliche
Gespräch also mögest erquicken, auf daß wie die Ruhe
sowohl eines andern, also deines eigenen Gewissens,
weder der gewöhnlichen Brunst der Andacht, weder
auch der gebührenden geistlichen Zucht der geringste
Schade möge zugefügt werden. Neben diesen, soll ein
guter Geistlicher unter dem Gespräch solche Reden mit
einführen, welche, so viel dero eigentliche Wesenheit,
dero Ziel und Ende, und dero Weis und Manier betrifft, gut sind. Solche werden aber nach ihrer Wesenheit gut seyn, wann sie von guten oder göttlichen,
oder aufs wenigst von keinen bösen Sachen geschehen,
welche letztere doch alsdann gut werden, wann sie zu
einem guten Ziel und Ende auf die Bahn gebracht
werden. Dahero wohl zu beobachten ist, daß nichts
im Gespräch geredet, und nichts mit Genügen angehöret werde, daduch die Ehre des Nächsten, auch vom
weitem geschmälert, oder die brüderliche Liebe verlezt

werde; niemand soll mit solchen Reden hervorkommen, so etwann auch einen geringen Geschmack einer eitelen Ehre, oder Beleidigung der göttlichen Majestät verursachen. Weiters, wann du redest, sagt der hl. Bernardus, in form. honest. vit. sollst du, wenig reden, du, sollst die Wahrheit reden, und sollst dich befleißen, wichtige Reden zu führen, und wann ein weltlicher Mensch mit dir redet, und eitele Dinge hervorbringt, so verkürze du solche Rede, so viel dir möglich ist, und schreite zu einer andern, welche gottgefälliger, und deinem Stand bequemlicher ist. Kein Wunder ists, daß der von der Erden rede, so von der Erden ist; hergegen ist dieses zu verwundern, daß diejenige, welche für himmlische Menschen sich ausgeben, von dem Himmel nicht reden, und die irdische Gespräch der Erden fahren lassen, dieweilen aus Ueberfluß des Herzens der Mund redet. Gleichwie nun die weltliche Leute gar leichtlich genugsame Materie ihre Diskursen auch bis auf einige Stunden zu verlängern finden: also soll sich ein Geistlicher auch bemühen, aus derjenigen Handelschaft, die er mit Gott und den himmlischen Kaufleuten täglich treibet, bei allen Zusammenkünften auferbaulich zu reden.

6. So viel aber das Ziel und Ende belanget, werden unsere Gespräch gut seyn, wann wir von Anfang derselben immer bei der gefaßten Meinung und Vorhaben verbleiben, nichts zu reden, dadurch wir unsern Ruhm und eigenes Lob bei andern suchen, oder unsern Nebenmenschen in unserem Herzen verachten, oder denselben mit Stichreden oder sonsten beleidigen mögen; und wann wir zu mehrer Sicherheit unter dem

Gespräch die gemachte Intention erneuren, alles aus
redlichen und aufrichtigem Gemüth zur Ehre Gottes
und zum Heil des Nächsten ohne den geringsten Betrug und Arglist zu reden. Endlich sind auch die Gespräch gut, so viel die Weiß und Manier derselben
angehet, wann man das Herz in Gegenwart anderer
nicht gar zumalen ausgiesset, sondern sich bisweilen süs-
siglich und bescheidentlich erholet, und aus deren vor-
gefallenen Reden, mit bloßem Seufzer zu Gott einige
Liebe zu dieser oder jener Tugend in sich erwecket; auch
wann man die unordentliche Alterationen oder Bewegungen des Gemuths, als nämlich den Zorn, die Ungeduld, die Hoffart, die Mißgunst, das freventliche
Urtheil, und dergleichen Aufruhr des Herzens alsbald
vernichtiget. Auch weiters soll man sich unterstehen,
alle Brüder und Schwester, und fort sämmtliche Christgläubige, als liebe Kinder Gottes, als Brüder und
Schwester Christi, als Wohnungen des hl. Geistes,
und wahre Ebenbilder der allerheilligsten Dreifaltigkeit
um Gottes willen zu lieben, derselben Bürde gedultig-
lich zu tragen, ihre Fehler zu entschuldigen, und alle
ihre Worte und Werke zum besten auszudeuten. Wiederum soll ein Geistlicher sehr behutsam seyn, daß er
nicht allein keine närrische und eitle Sotten hervor-
bringe, sondern auch ohne öfteres und leichtfertiges
Gelächter und ungebührliches Schreien und Rufen, und
unmanierlichen Gebärden des Leibs dem Gespräch bei-
wohne. Nach vollendetem Gespräch soll er sein Gewissen erforschen, ob er diese vorgesetzte Stücke beobachtet habe, oder nicht; und er wird finden, daß er demselben gebührend nachgelebt habe; so ist er für solche

ihm verliehene Gnad seinem Gott und Herrn zu dan=
ken verpflichtet, hat sich aber das Widerspiel zugetra=
gen; so soll er mit geziemender Reu und Leid über
solche begangene Fehler, einen starken Vorsatz machen,
hinführo behutsamer zu reden, und zu solchem Ende
die Hülfe des Allerhöchsten begehren.

7. Ob nun zwar die übergroße und häufige Früch=
ten, so aus der genauen Beobachtung dieser angezoge=
nen Regulen erwachsen, kaum zu beschreiben sind; so
wollen wir doch deren einige in folgenden Worten an=
ziehen; dieses aber vorhero insgemein versichern, daß
derjenige, der sich vorbesagter Massen in den vorfal=
lenden Gesprächen verhalten wird, gar leicht und zeit=
lich zur gewünschten Vollkommenheit gelangen werde.
Ders nicht glauben will, der kanns probiren. Anne=
bens auch gewiß ist, was der hl. Chrysostomus Hom.
14. in Gen. Hom. 8. de Anna et Samuele. sagt,
daß, gleichwie ein guter Appetit zum essen, ein Zei=
chen der Gesundheit ist; also eine Begierd und Liebe
zu den geistlichen Gesprächen, gleichsam die größte Zeu=
gerinnen seyn der Seelengesundheit. Und wiederum;
gleichwie ein Baum durch öfteres Begießen zu einer
ansehnlichen Höhe erwachset, also muß auch den Gipfel
der Tugend erreichen, welcher mit der Lehre der gött=
lichen Reden immer benetzet wird. Derhalben haben
sich in diesen geistlichen Gesprächen die meiste Liebha=
ber der Vollkommenheit stets geübet. Wie sehr auch
diese Gespräch dem lieben Gott gefallen, hat er mit
vielen Wunderzeichen zu erkennen gegeben. Deren wir
eins von dem hl. Benedikto und Scholastika allhier er=
zählen. Es pflegte diese hl. Jungfrau ihren Bruder

den hl. Benedictum jährlich einmal zu besuchen; da sie
nun dermalen eins zu gemeldtem hl Mann kam, ging
selbiger, mit einigen seiner Geistlichen seiner Schwester
vor das Kloster entgegen, und nachdem er sie in ein
beigelegenes Haus geführet, brachten selbige den Tag
mit geistreichen Unterredungen bis zum Abend zu, und
da der hl. Benediktus sich beurlauben wollte, bath ihn
die Scholastika, er möchte doch die Nacht über bei ihr
verbleiben, und selbige mit weitern geistlichen Gesprächen zuzubringen. Er aber, indem er sich länger nicht
wollte aufhalten lassen, machte sich wegfertig; und
Scholastika legte vor Traurigkeit ihr Haupt in den
Schooß, und fing mit vielen Zähren an Gott inbrünstig zu bitten, daß er ihren Bruder bei ihr die Nacht
über lassen wollte. Und siehe, ehe diese hl. Jungfrau
gebethen, war der Himmel ganz hell und schön; nach
geschehenem Gebeth aber erhebt sich ein so urplötzliches
und erschreckliches Ungewitter mit Donnern und Blitzen,
daß weder der hl. Benediktus, weder seine Gesellen einen Fuß ausser dem Haus zu setzen vermöget. Nachdem nun der hl. Mann gleich vermerket, daß auf seiner Schwester Gebeth dieses ungestüme Wetter so unvermuthlich eingefallen, beklagte er sich dieserhalben bei
derselben alsbald mit aller Höflich- und Freundlichkeit,
und sagte: der allmächtige Gott verzeihe dir solches,
meine Schwester, was hast du gethan? Sie aber gab
zur Antwort: Ich hab dich gebethen, Bruder, und du
hast mich nicht wollen erhören; nun hab ich Gott gebethen, und der hat mich erhöret. Nun gehe du wiederum nach deinem Kloster, wann du kannst. Also haben
diese beide Heilige die Nacht in geistlichen Gesprächen

zugebracht, und ein jeder ist mit anbrechendem Tag nach seinem Kloster wiederum zurückgekehret.

† 8. Hieraus erscheinet genugsam, daß die geistliche Gespräch dem lieben Gott sehr angenehm seyn; wie aber hergegen demselbigen und dessen himmlischen Botschaftern die eitele und müßige Reden zuwider seyn, lehret uns die folgende Histori. Vit. P. P. p. 2. c. 35. Ein sicherer gottseliger alter Kloster-Geistliche ist von Gott begnadiget gewesen, daß er hat sehen können, was andern zu sehen nicht zugelassen gewesen; unter diesem hat er auch einsmals gesehen, daß, da viele seiner geistlichen Mitbrüder beisammen gesessen, und von der hl. Schrift heilsame Diskursen geführet, die hl. Engel Gottes unter ihnen gestanden, sie mit Freuden angesehen, und über ihr Gespräch ein sonderbares Wohlgefallen erzeigt haben. Sobald die gemeldte Brüder aber von weltlichen Sachen zu reden angefangen, sind die Engel mit einem Widerwillen und Abscheuen von ihnen gewichen, an deren Platz viele garstige Schweine zu dieser Gesellschaft getreten, und sich mitten unter ihnen gewälzet. Nach diesem ist der fromme Alte nach seiner Cellen hingangen, und hat die ganze Nacht mit immerwährendem Seufzen und Weinen die große Armseligkeit der Geistlichen beklaget; und hat nachmalen nicht unterlassen, seine Mitbrüder zu ermahnen, daß sie von dem eitlen Geschwätz sich mit allem Ernst enthalten sollten. Kein Wunder ists aber, daß die hl. Engel den geistlichen Gesprächen sich gern beigesellen, indem Christus selbst bei diesen in sichtbarlicher Gestalt erschienen ist. Dahero der hl. Franziskus seine geistliche Kinder öfters zum geistlichen Gespräch zu berufen

pflegte; Chron. P. 1. Kap. 10. wodurch er auch neben
andern dieses erlanget hat, daß Christus einsmals in
Gestalt eines schönen Jünglings sich unter ihnen hat
sehen lassen, und selbigen mit holdseligem Angesicht seinen Segen ertheilet: Auch haben die zween Jünger auf
ihrer Reise nach Emaus vor andern die Gnad den
Herrn zu sehen, durch ihr geistliches Gespräch gehabt,
und obwohl sich Christus selten bei sothanen geistlichen
Reden in sichtbarlicher Gestalt finden lasset, so ist doch
ohne allen Zweifel, daß er mit einer andern Gegenwart,
nämlich mit seiner Gottheit und Gnade derselben bei-
wohne, wie er selbst bei dem hl. Evangelisten Matthäus
bezeuget: Wo zween oder drei in meinem Namen versammelt sind, da will ich in mitten derselben seyn:
Matth. 18. das ist, mit solcher Gegenwart, wie jetzt
gemeldet ist, kraft deren er in den Herzen der Seinigen
ein solches wirket, daß ein jeder mit dem königl. Prophet
Ps. 118. auszuschreien gezwungen werde: Wie süß sind
deine Worte meinem Rachen; sie sind meinem Munde
süßer dann Honig: Weilen sie in diesen göttlichen Reden eine solche Süßigkeit des Geistes empfinden werden, wie vor Zeiten das israelitische Volk in Nießung
des Himmelbrods verspüret hat: davon die hl. Schrift
Sap. 16. 20. also meldet: Du hast dein Volk mit der
Engelspeise ernähret, und ihnen Brod, das bereit war,
vom Himmel herab ohne Arbeit gegeben, das alle Er-
lustigungen in sich hatte, und allerhand süßen Geschmack:
eine solche Süßigkeit aber haben sie in Nießung dieses
himmlischen Brods empfunden; daß, wann einer diese
oder jene Speiß zu essen verlangte, er alsbald derselben
Geschmack und Süßigkeit in dem Himmelbrod hatte.

9. Nun möchte vielleicht einer sagen: wann die Kinder Israel in diesem Himmelbrod den Geschmack aller erdenklichen Speisen gehabt; warum haben sie dann gegen den Herrn gemurret, und Fleisch zu essen begehret? Wer wird uns Fleisch zu essen geben, sagten sie: Wir gedenken an die Fische, die wir in Aegypten umsonst aßen: es kommen uns ins Gemüth die Kürbisse, und Melonen, und das Lauch und die Zwiebeln, und das Knoblauch. Unsere Seele ist dürr; unsere Augen sehen anders nichts, als das Manna oder Himmelbrod: Num. 11. V. 5. Diese Frage beantwortet der hl. Vater Augustinus und sagt: Apud. Rodriq. p. 2. r. 2. c. 13. §. 5. daß nicht alle Israeliter diese wunderbarliche verborgene Süßigkeit des Himmelbrodes geschmeckt haben; sondern allein diejenige, so fromm und unsträflich gelebt: den andern aber habe selbiges einen Widerwillen und Abscheuen verursachet: Dahero kein Wunder ist, daß diese Rebellen zu ihren Fleischspeisen nach Aegypten geseufzet haben: Also können und müssen wir auch sagen, daß nicht alle die verborgene Freuden des Geistes aus den geistlichen Gesprächen zu genießen haben; sondern allein diejenige, so ihrem Gott und Herrn treulich zu dienen sich befleißen, und denen geistlichen Reden mit Lust, denen weltlichen aber mit Verdruß beiwohnen, und welche die Ermahnung des weisen Mannes nach aller Möglichkeit beobachten, der da spricht: Kap. 9. V. 23. Alle deine Unterredung laß von den Gebothen des Allerhöchsten seyn: Die Ursach aber dieser Ermahnung gibt der Salomon in seinen Sprüchen, Kap. 12. V. 14. und sagt: Ein jeglicher wird von der Frucht seines Munds viel guts empfangen: Weilen durch

dergleichen gottgefällige Discursen die Seele von ihren
Sünden gesäubert, der Eifer des Geistes vermehret, die
Brunst der Andacht ernähret, und die Seele selbst über
sich mit alleiniger Begierd der himmlischen Dingen erhoben wird: dahero rufet billig der hl. Vater Hieronymus überlaut: O glückselige Zunge, die nichts anders zu reden weiß, als von göttlichen Sachen! Gedenke
derhalben, meine christliche Seele, daß, wann du aus
den geistlichen Gesprächen noch keine Freude schöpfest,
du auch unter die Zahl der eifrigen Geistlichen nicht ge-
hörest: Derhalben geselle dich zu der glückseligen Gesellschaft der Kinder Gottes, also, daß du entweder zumalen stillschweigest, oder wanns dir zu reden erlaubt
ist, von geistlichen Dingen redest; und auf solche Weiß
wirst du ohne Zweifel des Nutzen, so aus den heiligen
Gesprächen entstehet, auch genießen: dann, wie man eine
wohlriechende Sache länger in den Händen hält, und in
selbigen hin und wieder kehret, desto mehreren und stärkern Geruch empfindet man: und wie öfter einer die
geistliche Sachen ins Gespräch einführet, desto mehr
wird er von denselbigen zu reden und zu gedenken aufgemuntert.

Die zwanzigste
geistliche Lection
von der Einsamkeit.

————

Ducam eam in solitudinem, et loquar ad cor
ejus   Oseae c. 2. v. 14.
Ich will sie in die Wüste führen, und in ihr Herz reden.

Der erste Theil.

1. Aus den vorhergehenden Lectionen erhellet, wie
nöthig demjenigen sey das Schweigen, den zu dem heilbringenden Fortgang des Geistes dürstet. Auch ist zum
Theil kundbar worden, wie grosses Mißfallen die göttlich Majestät an dem eitelen Geschwätz trage: und endlich haben wir auch gesehen, wie sich der liebe Gott
über die Geistliche, so ihre Gespräch von den himmlischen Dingen halten, erfreue; und wie sie dieserhalben
so reichlich belohnet werden: so wirds dann der Mühe
wohl werth seyn, daß wir auf solche Mittel bedacht
seyn, durch welche wir zu diesen Tugenden gelangen
mögen: deren das beste und kräftigste ist; die H. und
gottgefällige Einsamkeit: zumalen derjenige, so ohne
Nothwendigkeit seiner Zellen den Rücken oft zu kehren
pfleget, das gebührliche Stillschweigen mit nichten hält,

und besudlet sich mit schändlichem Reden gar leichtlich; dann der die Gefahr liebet, entkommet dem Verderben sehr selten. Ist dir nun, meine christliche Seele, die Verschweigung in Wahrheit angenehm; verlangst du die schädliche Reden zu meiden: hast du Lust zu gebühr= licher Zeit und Ort mit geistlichem Gespräch deinen Nächsten zu auferbauen; willst du in der Lehre Christi unterwiesen werden, und auf dem Weg der geistlichen Vollkommenheit glücklich fortschreiten; so mußt du vor allem, wanns nicht die Noth erfordert, deine Zell nicht verlassen; und gedenken, daß diese deine glückselige Stelle sey, so du vor tausenden dir erwählet hast, in der du aller weltlichen Sorgen enthoben, deinem Gott allem und deiner Seelen zum besten dienen könnest: ein Paradeis der Wollüsten, das von dem Regen der göttli= chen Gnaden oft befeuchtiget wird: ein geschlossenes Zimmer der göttlichen Liebe, in dem Braut und Bräutigam die allersüßeste liebkosende Affecten mit einander wechseln, und du deine Begierden, deine Noth und Verlangen vertraulicher, als irgend anderswo vortragen mögest: und daß dieselbige sey ein Vorzimmer der himmlischen Glorie, und allerheiligste Wohnung, in welcher du mit niemand, als mit deinem Gott, der allerseligsten Jung= frauen Maria, mit den Auserwählten und Engeln Got= tes zu handeln hast; daß also billig der H. Bernardus deine Wohnung mit diesen güldenen Buchstaben ver= zeichnet: De vit Solit. c. 4. Die Zelle ist ein heili= ges Land, und ein heiliger Ort; auf dem der Herr und seine Diener öfters Sprach halten, wie ein Freund mit dem andern; ein Ort, an welchem die treuherzige Seele mit dem Wort Gottes vielmal zusammen gefüget, die

Braut ihrem Bräutigam vermählet, und das irdische mit dem himmlischen, und mit den menschlichen die göttliche Dinge vereinigt werden.

2. Ist dann nicht, meine christliche Seele, ein solches Zellen höher zu schätzen, als alle prächtige Gebäu, und alle kaiser- und königliche Palläste der ganzen Welt? wer soll nicht mit Freuden ein so gnaden- und heilreiches Plätzlein fleißig bewohnen; auf dem die wahre Vollkommenheit in kurzer Zeit mit allem Vergnügen, und ohne Hinderniß erlernet wird? derhalben ein frommer Einsiedler seinem anbefohlenen Jünger immer zu rathen pflegte, er sollte zu Erlangung der Vollkommenheit sich einbilden, daß kein Ort in der Welt mehr übrig wäre, als das zwischen den vier Mauren seiner Zellen gelegene Plätzlein, und daß er nirgend anders das Heil seiner Seelen wirken könnte, als eben daselbsten, allwo dem steten Einwohner von Gott gegeben wird, was ausser derselben, in schädlicher Zerstreuung der Sinnen und Gedanken, im Schwätzen und Plaudern, und in der äussersten Gefahr zu sündigen, einem jeden billig geweigert wird; weilen nach Zeugniß des hl. Bernardi, die Zelle ein Laden oder Winkel ist aller himmlischen Güter und göttlicher Waaren, und eine unüberwindliche Vestung wider allen Anlauf der bösen Feinden: dieses hat wohl erfahrender grosse Vater Antonius, dahero er pflegte zu sagen, daß obschon der Mensch von vielen Feinden stets angezäpfet werde, so seyn doch unter denen drei sonderliche und sehr gefährliche Feinde, und derhalben mehr zu förchten, weil sie einheimisch, und mit uns zugleich geboren sind; als nämlich die Zunge, die Augen und Ohren; Kraft deren auch die allervollkom-

menste Männer, oftmal in den Abgrund des Verderbens gestürzet werden. Es sey aber eine einzige Art von Menschen, welche dieser dreifachige starke Feind nicht angreifen kann, als nämlich diejenige Geistliche, so sich der Einsamkeit der Zellen gewidmet haben: dann diese, sagt er, dieweil sie von der eitelen Welt sind abgesöndert, lassen sie ihre Zunge und Ohren einen ewigen Feiertag halten: und ob ihnen schon bisweilen zugelassen wäre, die Augen zu eröffnen, so finden sie doch nichts, wohin sie selbige schlagen können, als auf die an der Wand hangende liebreiche Bildniß des gekreuzigten Jesu und Maria; oder auf ein geistliches Büchlein, durch dessen heilsame Unterweisung, und herzhaftes Zusprechen sie in ihrer Einsamkeit gelehret und aufgemuntert werden. Und also versperren sie durch die Einsamkeit den Eingang allem weltlichen Getümmel, allem eitelen Geschwätz, allem Widersprechen, und Ehrabschneiden, allen Lästerungen, Schelt = und Schmähworten, allem unziemlichen Argwohn, und allen dergleichen Uebeln, denen die Zunge, Augen und Ohren unterworfen sind.

3. Obwohlen nun der höllische Feind wie ein brüllender Löwe allenthalben herum streiche, und suche, wen er verschlingen möge; so verlieret er doch alle seine Kräfte, an denen, die wahre Liebhaber sind der Einsamkeit; dieweilen diese an einem allersichersten Ort ihr Lager geschlagen haben. Derowegen hat auch der evangelische Hirt Luc. 15, 4. seine neun und neunzig Schäflein hinterlassen, und das einzige verlorne gesucht; dieweilen er wohl gewußt hat, daß die verlassene Heerde in der Einöde, als einem sichern und freien Ort sich keines Bösen zu beförchten habe. Willst du, meine geist=

licher Seele; für dem grimmigen Maul des höllischen
Wolfs auch beschützet seyn und bleiben, so begebe dich
in die Einöde oder Wüsten deiner Zellen; zumalen du
täglich genugsam erfahren hast, daß deine unbändige
und zaumlose Sinnen gleich einem ungezaumten Pferd,
in allerhand Sünden und Verlust der ewigen Seligkeit
dich zu stürzen bestand sind. Bilde dir ein, du hörest
mit dem Arsenio diese Stimme deines Herrn: Fliehe
die Menschen, so wirst du selig werden. Vit. PP. I.
3. §. 109. Edit. Rossvv. Da dieser fromme Geistliche
nun in die Einsamkeit sich begeben, hat er Gott abermal gebethen, er möchte ihn führen auf den Weg des
Heils: und siehe da ist ihm wiederum vom Himmel zu
Ohren kommen dieser heilsame Rath: Arseni, fliehe,
schweige und ruhe; diese sind der Anfang des Heils.
Derhalben hat sich dieser neue Einsiedler des Stillschweigens und der Einsamkeit so unbeschreiblicher Weise
beflissen, daß es auch für ein Wunderwerk gehalten worden, wann man den Arsenium seine Lefzen zu einer andern Red-, als zum Lob Gottes hat bewegen sehen.
Die Einsamkeit hat er dergestalt geliebet, daß er zumalen nichts unterlassen, dadurch er den Zulauf der
Leute, so wegen seiner Heiligkeit geschehen, verhindern
möchte. L. 5. §. 4. Edit. Rossvv. Unter solchen ist
auch einsmals der Theophilus ein Patriarch von Alexandria sammt dem Vorsteher derselben Stadt gekommen, und begehrte, er möchte ihnen nur ein oder andere gute geistliche Lehre zum Heil ihrer Seelen mit-
theilen. Arsenius aber hat ihnen nicht alsbald geantwortet, sondern, nachdem er sie eine lange Zeit hat
warten lassen, hat er sie endlich gefragt, ob sie dem-

jenigen, was er ihnen sagen würde, auch nachkommen wollten? darauf selbige geantwortet, daß sie alles, was er ihnen befehlen würde, unsträflich zu halten versicherten. Wohlan dann, sagte der hl. Vater, so gehet, und kommet niemalen dahin; wo ihr hören werdet, daß Arsenius sey. So angenehm war diesem gottseligen Einsiedler die Einsamkeit; dahero er auch einen so großen Nußen sich erworben, daß keine einzige Tugend unter den andern Einsiedlern zu finden gewesen, mit der Arsenius nicht gezieret; keine Heiligkeit geleuchtet, die an ihm sich nicht hervorgethan; und, mit einem Worte zu sagen, alle andere HH. Mitbrüder hat er an Verdiensten und Heiligkeit weit übertroffen, und dieses alles hat er durch die gottgefällige Einsamkeit glücklich erhalten. Als nun diese ungemeine Menschenflucht desselben Heiligen der sämmtlichen Gesellschaft in etwas fremd vorgekommen; hat ihn einsmals einer seiner Heiligen Brüder Namens Marcus aus geistlichem Vorwiß gefrägt; warum er auch die Geistliche also fliehe, von denen er ja keinen Schaden zu leiden habe; und sie hergegen mit seinem Gespräche können erbauet werden? dem er mit diesen Worten geantwortet: Gott weiß, daß ich alle Menschen liebe, ich kann aber mit Gott und den Menschen zugleich nicht umgehen: Dann die himmlische Geister und Inwohner sind eines Willens, die Menschen aber haben nicht einen, sondern vielerlei und unterschiedliche Willen, und dieserhalben kann ich Gott nicht verlassen, und bei den Menschen seyn. Vit. P. P. Lib. 7. c. 34. §. 1. Edit. Rossvv.

4. Und wahrlich, wann schon keine andere Frucht aus der stäten Bewohnung der Zellen zu gewarten

wäre, als eben diese, daß man nämlich dadurch von
den immer vorfallenden Verstörungen bei den Leuten
befreiet werde; so soll doch selbige solche Einsamkeit zu
lieben genug seyn. Lehret es nicht die tägliche Erfahrniß, daß weilen die Menschen nicht eines Sinnes sind,
man allen nicht genug thun könne; und wie sich
einer aller seiner Schuldigkeit vollkommentlich nachzukommen immer befleiße, dannoch viele Widersacher,
nicht ohne Zerstreuung seines Gemüths, erfahren müsse.
Der aber mit Gott und den Seinigen zu schaffen hat,
wird kein Widersprechen, sondern vielmehr grosse Ruhe
und Zufriedenheit seines Herzens empfinden. Derhalben wird ein fleißiger Inwohner der Zellen von dem
H. Ephrem selig gesprochen. Und der H. Petrus Damianus sagt Opusc. 11. c. 19. also zu unserm Vorhaben: Eins weiß ich gewiß, o du gebenedeites Leben,
so ich auch von dir unzweifelnd bezeuge, daß alle diejenige, so in der Brunst deiner Liebe zu verharren, sich
unterstehen, sie zwar deine Inwohner, ihr Inwohner aber Gott sey. Nicht weniger höre, meine christliche Seele, den H. Bernardum, Serm. 40. in Cant.
und schreibe zum unaussprechlichen Vortheil deines geistlichen Lebens, die Worte desselben in dein Herz: Fliehe,
sagt er, das Ausgehen, fliehe auch deine eigene Hausgenossen, weiche von deinen vertrauten Freunden, und
sogar von dem, der dir dienet. Weißt du nicht, daß du
einen schamhaftigen Bräutigam hast, welcher seine Gegenwart dir nicht erlaubet in Beiseyn einiger andern.

5. Billig ist zu verwundern, daß der allmächtige Gott sein auserwähltes, und aus der schweren Dienstbarkeit des Pharaonis erledigtes Volk, durch keinen andern Weg zum gelobten Land als durch die Wüste hat führen, und so lang darin aufhalten wollen, da doch selbiges durch einen viel nähern und bequemlichern Weg das versprochene Land Canaan hätte erreichen können. Wann wir aber in Erfahrung kommen, daß in dem geistlichen Verstand durch die Israeliter die Christglaubige, so da zum wahren gelobten Land, nämlich zu der himmlischen Seligkeit reisen, bedeutet werden; so verschwindet alsbald alle Verwunderung, indem wir vermerken, daß uns Gott habe zeigen wollen, daß zu solchem Ziel und Ende zu gelangen, kein so sicheres und fügliches Mittel sey, als eben die Einsamkeit und Absonderung von allen Hindernissen und Gelegenheiten, so uns unter dem Getümmel der Weltgeschäften zustoßen. Daraus dann vernünftiglich abzunehmen ist, daß keiner die göttlichen Einsprechungen hören, und die heilsamen Gesetze von oben herab zu Verhütung der Sünden, und Besten seiner Seele empfangen könne, er sey dann in der Wüste, das ist, in der Stille und Einsamkeit seines Herzens.

6. Aus diesen Ursachen hat Christus Matth. 7. denjenigen tauben Menschen, dem er seine heil. Finger in die Ohren gelegt, von dem Volk abgesondert, damit er anzeigen möchte, daß nämlich die Einsamkeit zu Eröffnung des Herzens, so die Einsprechungen Gottes empfangen soll, ein merkliches beitrage. Wie viele Jahre lang hat nicht der heil. Augustinus die göttliche

Berufung mit versperrten Ohren angehört!: und wann sind ihm diese Ohren geöffnet worden? alsdann ist er hörend worden, da er allein ins Feld gegangen, unter einem Feigenbaum niedergesessen, den Himmel angeschauet, und nach vielem wiederholten Seufzen diese Stimme vom Himmel zu hören gewürdiget worden: Tolle, lege, tolle, lege. Nimm auf, und lies, nimm auf und lies. Er hat das Buch ergriffen, und darin gelesen die Ermahnung des heiligen Apostels Pauli: Röm. 13. B. 13. Nicht im Fressen und Saufen, nicht in Kammern und unzüchtigem Wesen, nicht in Zank und Beneidung, sondern ziehet den Herrn Jesum Christum an. Also wurde recht erfüllet der herrliche Spruch des Propheten Oseä. Ich will ihn führen in die Einsamkeit, und daselbst will ich ihm in sein Herz reden. Dieses große Licht der Kirche konnte vorher nicht hörend gemacht werden, ehe und bevor er sich von dem verhinderlichen Geschrei der Menschen abgesondert hatte.

7. Weiters soll uns den Nutzen der Einsamkeit vor Augen stellen die Historie der dreien leiblichen Brüder, so der Welt den Rücken gekehrt, sich zugleich dem Dienste Gottes ergeben, und den geistlichen Habit angelegt haben. Diese drei frommen Brüder haben um die Wette Gott zu dienen angefangen, und zwar einer aus ihnen hat sich vorgenommen in dieser Tugend sich meisterlich zu üben, daß er nämlich allen Fleiß anwendete, die streitenden und uneinigen Parteien zum Frieden und Einigkeit zu bringen; der andere hat sich vorgenommen, den Kranken aus Liebe Gottes zu dienen, und dieselbe mit aller möglichen Nothwendigkeit zu versehen; der dritte hat erwählet, von allen Menschen

verlassen in der Einsamkeit zu ruhen. Nun lasset uns
von dem letzten schreiten zu dem ersten, und sehen, wie
es demselbigen in seinem Handel ergehe: diesen finden
wir übel zufrieden und verzweifelnd an seiner Arbeit,
weilen er nach aller angewendten Mühe die Zankenden
nach seinem Wunsch nicht vergleichen kann; derhalben
verfügt er sich zu seinem zweiten Bruder, und findet
denselben gleichergestalt in seinem Vorhaben wanken,
weil er mit allem seinem Fleiß den Kranken zur Genüge nicht aufwarten konnte; diese beiden gehen hin
zum dritten, und erzählen demselben ihre Bekümmerniß,
bitten auch annebenst, er wolle doch ihnen bedeuten,
worin er zugenommen habe; dieser antwortete nicht alsbald, sondern gießet ein trübes Wasser in ein Becken,
und nachdem selbiges vermöge des Stillstehens klar
worden, sagte er zu ihnen, sehet meine Brüder, wie hat
sich das Wasser nun gekläret, daß ihr auch in selbigem
euere Angesichter gleich in einem Spiegel beschauen möget.
Die unter den Menschen wohnen, sehen ihre Sünden
nicht, wann sie sich aber in die Ruhe und Einsamkeit
gesetzt haben, können sie selbige leichtlich wahrnehmen;
dahero unter andern Lobsprüchen, so der Einsamkeit von
den heil. Vätern zugeeignet werden, ist diese der be-
quemlichsten einer, welchen der heil. Petrus Damianus
derselben gibt, und sagt: Die Einsamkeit ist ein Spiegel der Seele.

7. Mit ihrem unaussprechlichen Nutzen haben dieses alles erfahren die heil. Altväter, unter denen der
heil. Macarius dem unruhigen und wankenden guten
Palladio gerathen, er solle seinen Gedanken sagen: Ich
will um Christi willen die Wände dieser Zelle bewahren.

Wann derhalben nach Meinung dieses heiligen Vaters auch verdienstlich ist, aus Liebe Gottes die Wände der Zellen in Ruhe ansehen; wie viel größern Lohn hat dann nicht zu gewarten derjenige, so in derselben mit Beten, Betrachten, geistliche Bücher lesen, und nützliche Dinge zu schreiben fleißig verharret. Viele sind mit jenem Geistlichen der irrenden Meinung, daß, wann sie in äußerlichen Diensten nicht beschäftigt seyn, thun sie nicht das Amt eines Mönchen: diese nehmen wann sie wöllen, mit selbigem Geistlichen, so sich dieserhalben bei einem der heil. Bäter angeklagt, den Rath dessen in aller Demuth an: Verharre du in deiner Zelle, und thu was du kannst ohne Verwirrung des Gemüths; und vertraue auf Gott, dann der um dessentwillen seine Zelle und sein Gewissen bewahret, der wird gefunden auf dem Ort, allwo der Abt Antonius ist. Vit. P. P. l. 15. de Pat. et Humil. Im Leben des heil. Einsiedlers Guthlaci schreibt der ehrwürdige Pater Laurentius Surius, daß dieser heilige Mann in einer wilden entsetzlichen Insel gewohnet, und allerhand Vögel demselben so gehorsamet, daß, wann er sie zu sich gerufen, sie alsbald hinzu geflogen, auf dessen Achseln sich gesetzt, und mit sonderbaren Freudenzeichen seine Holdseligkeit gleichsam gerühmet haben; dieses hat einsmals ein sicherer Mann mit Verwunderung gesehen, und den frommen Einsiedler gefragt, woher doch diese ungemeine Vertraulichkeit der Vögel entstehe? dem er geantwortet: daß demjenigen, welcher aus ganzem Herzen die Gemeinschaft der Menschen fliehet, nicht allein die Vögel und wilden Thiere, sondern auch alle andern Sachen werden zum Trost verordnet werden: und, was noch mehr ist, wird einem solchen der holdselige Trost der hl. Engel, und alle erdenklichen Freuden nicht ermangeln.

8. Dahero in göttlicher hl. Schrift von der geistlichen Braut, so von der Wüste herauf kommen, gesagt wird, daß sie voller Wollust sey; nicht aber der weltlichen und eiteln Wollüsten, deren auch keine in der Wüste gefunden werden, sondern der geistlichen Wollüsten und Freuden, der großen Gnaden, Verdienste und Gaben, welche der geistlichen Seele in ihrem einsamen Zeltlein von ihrem himmlischen Bräutigam verliehen werden. Es können aber, nach Meinung des hl. Alberti Magni, L de virt. c. 31. alle diejenigen Derter Wüsten genennet werden, so von der Gemeinschaft der Menschen abgesondert sind, und in denen die mit Wahrheit sagen können: Unser Wandel ist im Himmel. Dahero sagt der jetzt gemeldte Albertus an einem andern Ort: den Kindern Israel wurde das Himmelbrod nicht gegeben, als in der Wüste, allwo keine andere süße Speise vorhanden war; und also schmecket niemand die Süßigkeit der Gnade, als der sich in die Wüste oder Einsamkeit verschließet, damit er die weltlichen Ergötzungen nicht empfinde; wer nun des wahren Himmelsbrods zu genießen verlanget, der gehorche den Worten des sel. Laurentii Justiniani, L. de Orat. c. 6. der da spricht: Weil es anmuthig ist, allein zu wohnen, und mit Gott in Vertraulichkeit zu reden, so fliehe die Vielheit der Menschen, du Liebhaber des Gebets, fliehe auch die Wenigkeit derselben, und sogar fliehe auch einen einzigen, damit du ohne Verlust, und ohne menschlichen Respect, dein Herz zu Gott erheben mögest. Es ist aber wohl zu beobachten, daß ein anders sey: die Einsamkeit des

Leibs, kraft deren der Leib von dem Getümmel der Welt
abgesondert und in die vier Mauren verschlossen wird;
und ein anders die Einsamkeit des Herzens, durch welche
das Herz von der Liebe der zergänglichen Dingen wird
abgehalten, auf daß selbiges seinem Gott allein offen
stehe. Die erste Einsamkeit ist zwar, wie gesagt ist,
einem Geistlichen sehr heilsam und nützlich, ja auch öf=
ters zum Fortgang der Seele hoch nöthig; wann aber
derselben die andere Einsamkeit des Herzens sich nicht
zugesellet, so bleibt die erste Einsamkeit des Leibs allein
zumalen unfruchtbar, wie der heilige Gregorius sagt
Was nützet die Einsamkeit des Leibs, wann an dir er=
mangelt die Einsamkeit des Herzens? Der diese nicht
hat kann kein Einsamer, sondern allein ein Alleinwoh=
nender genennet werden. Einem solchen, sagt der heil.
Bernardus, ist die Zelle keine Zelle, sondern eine Ver=
schließung und Kerker. Der ist in Wahrheit allein,
bei dem Gott nicht ist, der ist recht eingeschlossen, der
in Gott nicht frei daher gehet. Derhalben, meine christ=
liche Seele, schließ aus deinem Herzen aus, rupfe aus,
treibe mit Gewalt aus alle böse Neigung zu den welt=
lichen und nichtswerthigen Dingen, wann du von dei=
ner Einsamkeit den gewünschten Nutzen zu schöpfen ver=
langest. Keine Begierde der zeitlichen Güter muß in
deinem Herzen Platz haben, wann in demselben soll wohnen,
und daselbst seine Einsamkeit machen der einsame Jesus.

9. Hieraus kannst du schließen, daß die geistliche
Einsamkeit des Herzens nicht allein in den verborgensten
Winkeln der Einöde, sondern auch mitten unter den
Welthändeln könne unbeschädigt erhalten werden, wann
nur das Herz von den irdischen Creaturen also ent=

388

frembet ist, daß selbiges in allem Ueberfluß der Wol-
lüften, sich keiner Wollust empfindlich anmaße; nichts
liebe als Jesum, keinem suche zu gefallen, als Jesu;
nichts gedenke, nichts betrachte, und nichts thue, als
was zu Ehren Jesu gereichet, daß also derselbe aller
Worten und Werken, aller Gedanken und Meinungen,
und herzlichen Liebe einziges Ziel und Ende sey. Dahero,
obschon die äußerliche Einsamkeit der Zelle, wann sie zu
gebührlichem Ende ist angefangen, zum Besten der Seele
gedeiht; so ist sie doch derhalben allein zu loben, weilen
sie den geistlichen Menschen zur innerlichen Einsamkeit
des Herzens sicherer und ruhiger anführet, und von den
Gefahren erlediget, denen die Weltmenschen sich unterworfen. Im Uebrigen muß die äußerliche Einsamkeit
von der innerlichen all ihren Werth und Kraft her-
nehmen; derhalben sagt der hl. Bernardus, liebe deine
innerliche Zelle, liebe auch deine äußerliche und suche
diese beiden Zellen der Gebühr nach zu bewohnen: die
äußerliche Zelle soll dich bedecken, nicht verbergen, nicht
damit du heimlicher sündigest, sondern auf daß du sicherer lebest. Gib einer jeden seine Ehre, und miß du dir
darinnen die Beherrschung zu, lerne in derselben, wie
du dir nach deinem Ordensgesetz sollest vorstehen, das
Leben einrichten, die Siften beherrschen, dich selbst urtheilen, dich selbsten bei dir selbsten anklagen, auch öfters
verdammen, und nicht ungestraft entlassen müssest. Nimm
hin, meine christliche Seele, diese nicht meine, sondern des
hl. Bernardi väterliche Ermahnung, lebe derselben nach, u.
versichere dich, daß du nicht irren, sondern den unaussprechlichen, so zeitlich als ewigen Nutzen davon tragen werdest.

Die einundzwanzigste
geistliche Lection
von dem Gehorsam.

Custodi legem atque consilium, et erit vita
animae tuae. Prov. 3, v. 22.
Bewahre das Gesetz und den Rath, das wird deiner Seele Leben seyn.

Der erste Theil.

1. Unter zweien der Malerei erfahrnen Liebhabern hat sich einsmals ein Wettstreit um einen großen Lohn erhoben, wer den Himmel am künstlichsten entwerfen möchte: der erste hat das Firmament oder Gestirn, und die darin befindliche Unterscheidungen der Sternen und der Planeten ordentliche Mannigfalt, sammt andern den Gestirnerfahrnen bewußten Aspecten und Conjuncturen, mit seinem Pinsel aufs beste vor Augen gestellet: der zweite aber hat den Himmel mit keinem andern Zierrath bekleidet, als allein mit der feurigen und hellglänzenden Sonne: mit dieser Arbeit gehen beide zu einem unpartheiischen Richter, und lassen dieselbe urtheilen; vernehmen aber, daß derjenige, so den Himmel mit schöner

Ordnung der Sternen, und Planeten vorgestellet, den
andern übertroffen habe. Ueber solches Urtheil verwunderte sich der zweite, und sagte; daß er in Entwer-
fung der einzigen Sonne allein alles gemalet habe, was
sich am Himmel sehen lasse; daß aber dieses alles un-
sichtbar sey, müsse man dem überaus großen und gewaltigen Sonnenlicht zuschreiben, Kraft dessen alle Sternen und Planeten verdeckt und verdunkelt bleiben. Also ist diesem zweiten Maler der Preis sammt dem auf-
gesetzten Lohn zu Theil worden. Alle, sagt der Apostel
Paulus, streiten und bemühen sich, einer aber bekommt
das Kleinod. Wer ist der eine anders, als der da gehorsam ist? der Keusche lauft zwar, es lauft auch der
Demüthige, gleichergestalt lauft der Arme um Christi
willen, und laufen andere mit vielen Tugenden gezierte
nicht weniger: diesen allen aber lauft vor der Gehorsame,
und zwar also, daß er vor andern das Leben der Seele
erwische: und obwohl ein solcher für einen Besitzer der
andern Tugenden nicht angesehen werde; so hat er doch
ungezweifelt alle an sich einschließlich, indem er den
Vorzug durch den Gehorsam gewinnet, der als eine
Sonne in der Seele strahlet. Dieweilen dann der Gehorsam eine Tugend ist, durch welche wir die so wohl
menschliche als göttliche Befehle und Gebothe vollbringen, weil sie zu halten gebothen sind, derhalben wird
ein wahrer gehorsamer Mensch, indem er allen Gebothen unsträflich nachkommt, alle Tugenden gar leichtlich erhalten. Und weilen die Tugenden von der genauen Vollbringung aller Gebothen herrühren; so muß
derjenige nothwendig mit allerhand Tugenden gezieret
seyn, welcher den Gebothen mit Freuden gehorchet. Dann

der Chriſto den Gehorſam leiſtet, indem er ſagt Mtth. 11. 29. Lernet von mir; dann ich bin ſanft und bemüthig von Herzen, der wird alsbald haben die Demuth. Und dieſes kann von allen andern Tugenden ſolchergeſtalt geſagt wer-den. Und weil auch der Gehorſam in der Verläugnung des eigenen Willens gegründet iſt, ſo wird der wahre Ge-horſam aufs wenigſt nicht tödtlich ſündigen, zumalen eine ſolche Verläugnung mit der Sünde zugleich nicht ſtehen kann, die nur von dem eigenen Willen ihren Ur-ſprung hat: Dahero hat recht geredet der hl. Geiſt durch den Mund des weiſen Manns: Prov. 3. Bewahre das Geſetz und den Rath, das wird deiner Seele Leben ſeyn.

2. Höre nun meine chriſtliche Seele und merke wohl, was von dieſer Krone der Tugenden die HH. Väter halten; unter denen wir dem H. Vater Auguſtino bil-lig den Vorzug geben, der da ſpricht in ſeinem erſten Buch der Controverſien: Kap. 14. Der Gehorſam iſt die allergrößte Tugend, und alſo zu ſagen, eine Mutter und Urſprung aller Tugenden. Und weilen der Ge-horſam, nach Zeugniß des hl. Gregorii, diejenige Tu-gend allein iſt, ſo die andere in das Herz einpflanzet, und die eingepflanzte bewahret; derhalben ſagt wohl der fromme Caſſianus L. 4. Inst. Kap. 30. daß ſelbige un-ter den andern Tugenden den Vorzug habe, dergeſtalt, daß, ob du ſchon die ganze Welt, und was darinnen iſt, verlaſſen haſt, dein Kreuz mit großer Geduld tra-geſt, und dich in allen Tugenden übeſt, wann du den-noch den Gehorſam nicht haſt, nichts zu ſchätzen ſeyſt: dieweilen dieſe Tugend von einem gottſeligen Vater In. Vit. P. P. L. 3. Libel. 14. n. 19. mit dieſen lebhaf-ten Farben alſo entworfen wird, daß ſie ſey das Heil

aller Chriſtglaubigen, eine Gebährerin aller Tugenden,
eine Aufſchließerin und Erfinderin des Himmelreichs,
eine Erheberin der Menſchen von der Erde, eine Bei-
wohnerin der Engel, und endlich eine Speiſe aller Heiligen und Auserwählten Gottes: dann aus dieſer ſind
ſie entwöhnet worden, und durch ſelbige ſind ſie zur
Vollkommenheit gelanget, und zwar in kurzer Zeit:
Wie der H. Dorotheus von ſeinem Doſitheo Doct. 4.
meldet, daß ſelbiger in der einzigen Tugend des Gehorſams und Verläugnung ſeiner ſelbſten ſich mehrentheils geübet habe, ſey aber in ſeiner blühenden Jugend
geſtorben, und gleich nach ſeinem Tode von einem Alten
in der Schaar der Heiligen geſehen worden. Derhalben
gibt einem jeden der H. Antonius dieſen Rath und ſagt:
der verlanget bald vollkommen zu werden, der ſey ſein
eigener Lehrmeiſter nicht, und gehorcht nicht ſeinem eigenen Willen, wann er ſchon vermeinet, daß die Sache
recht ſey, die er begehret: ſondern er verläugne ſich
ſelbſten vor allem nach dem Geboth des Herrn, der auch
von ſich ſelbſten ſagt, daß er nicht gekommen ſey, ſeinen
Willen zu vollbringen, ſondern deſſen, der ihn geſandt
hat. Ruff. L. 1. Vit. P. P. c. 31. J.

· 3. Weiters erfreuet uns auch der in den Tugenden
hocherfahrne Joannes Climacus Grad. 4. mit dieſer erfreulichen Zeitung, daß man durch den Gehorſam nicht
allein hurtig, ſondern auch leichtlich, und gleichſam
ſchlafend zur Vollkommenheit gelangen könne. Welches
der H. Bernardinus Senenſis Tr. 3. de obed. vermittelſt dieſer Gleichniß bekräftigt, und ſagt, daß, gleichwie einer in einem Schiffe unter dem Eſſen, Trinken
und Schlafen fortfährt, weilen er durch fremde Bewe-

gung, fortschreitet; also ein wahrer Gehorsamer in seinem geistlichen Stand mit Essen, Trinken und Schlafen, und Wirkung anderer guten Werke sich bei Gott
verdienstlich mache. Die andere Frucht des Gehorsams
ist diese; daß durch selbigen der Mensch seinem Gott
und Herrn über alle Maaßen gefalle; und das zwar
billig; dieweilen ein solcher Geistliche nicht seinen Sohn
mit dem Abraham, nicht einen Theil seiner, sondern sich
selbst ganz und zumalen seinem lieben Gott aufopferet
und schlachtet, indem er seinen Willen und sich selbsten
um seines Herrn willen verläugnet und vernichtiget.
Diesen Handel hat wohl verstanden der noch zwar jung
von Jahren, jedoch kluge Dorotheus, derhalben er sich
in dieser seiner Jugend alsbald dem Gehorsam vollkommentlich ergeben; und hat dadurch nicht allein die Gnade
erlanget, daß ihm keine vorgefallene Widerwärtigkeit
schwer gefallen ist, wie groß sie immer seyn können;
sondern hat sich auch Kraft dieser Verläugnung den un-
sterblichen und ewigen Namen der Heiligkeit mit der
That selbsten erworben. Die dritte Frucht des Gehorsams ist diese; daß dieselbige sey eins von den gewis-
sesten Zeichen der Verordnung zum ewigen Leben; sintemalen dieser Weg, gleichwie er von dem eigenen Willen am weitesten entfernet ist, also keinem Irrthum und
Umweg unterworfen ist. Dahero sagt Christus mit allem Ernst: Matth. 19. Wann du willst zum Leben
eingehen, so halte die Gebothe. Und der gottselige Climacus Grad. 4. lehret, daß derjenige, so sein Gewissen
der Verwaltung seines geistlichen Vaters allzeit gern unterworfen, und selbiges also ganz sauber gehalten hat;
den Tod mehr nicht als einen Schlaf, ja so gar als

ein Leben achte, und denselben täglich unverzagt erwarte,
dieweilen er versichert ist, daß zur Zeit seines Hinscheidens die Rechnung seines Lebens nicht von ihm, sondern von seinem Vater werde gefordert werden, wie der
himmlische-Vater einsmals der H. Catharinä mit diesen Worten offenbaret hat. Ein wahrer gehorsamer
Mensch ist mir nicht verbunden, Rechenschaft zu geben
von seinem Handel und Wandel, sondern dessen Vorsteher. So ist dann der Gehorsam ein Schlüssel, durch
welchen Christus den Himmel eröffnet, und den Händen seines Statthalters überlassen hat. Derhalben hat
sich der H. Bernardus Serm. 28. in cant. erkühnet zu
sagen: Ich werde würdig seyn Gott zu sehen, wann ich
von selbigem vorhero für einen wahren Gehorsamen
werde gehalten werden: und alsdann werde ich in aller
Versicherheit meinen Herrn sehen, wann das Opfer
meines Gehorsams denselben vorhin belangen wird.
Dieses H. Manns Bruder Gerardus, da er einsmals
im Geist verzuckt gewesen, und nach dreien Tagen wiederum zu sich gekommen, hat er alsbald mit diesen
Worten losgebrochen: O wie eine gute Sache ist der
Gehorsam! Ich bin vor dem Richterstuhl Christi gewesen; ich habe die Seelen der Heiligen gesehen; und
habe meinen Erlöser zu mir sagen hören: Siehe, dieser
ist dein Ort unter deinen Brüdern: keiner wird aus
deinem Orden zu Grund gehen, wann er seinen Orden
bis zum Ende lieben wird; er wird entweder im Tode,
oder bald nach selbigem gereiniget werden. Von gleicher Consideration ist dasjenige, so einem Geistlichen aus
dem Orden des H. Hieronymi widerfahren. Petrus de
Vega in Hist sui Ord. Dieser fromme Diener Got-

tes wurde von denen Auserwählten, die er vor andern am meisten verehrt hatte, besuchet; und nach geschehener solcher Besuchung sagte er: es ist mir leid, daß ich in meinem geistlichen Stande mich so wenig bemühet habe: durch das Kreuz und Leiden Christi aber, und wegen des Gehorsams, welchen ich meiner Obrigkeit treulich geleistet, gehe ich zum Reich der Himmel. Dieses hat mir Gott zum Trost und Auferhaltung der Geistlichen offenbaret; damit die Laue und Nachlässige ihr Leben bessern möchten. Ein wenig nach diesen Worten hat er mit großer Freude seines Herzens den Geist aufgegeben. Weiters können wir auch aus der Offenbarung der H. Gertrudis abnehmen, wie der Weg zum Himmel durch den Gehorsam so sicher gemacht werde. Lib. 5. Insin. c. 24. Dieser H. Jungfrauen wurden der Weg zum ewigen Leben gezeigt in der Gleichniß eines sehr guten Bretts, so man schwerlich hinauf steigen konnte; derhalben sich ein jeder mit beiden Händen bemühen mußte, und wurde darzu von den herumstehenden bösen Geistern noch verhindert. Das Brett der gehorsamen Geistlichen aber war auf beider Seiten mit Stangen und Lehnen versehen, und die Engel Gottes waren den aufsteigenden behülflich. Ist dann nicht wahr, und abermahl wahr, was der weiseste Salomon sagt: Der unterthänig ist, wird vom Sieg reden. Prov. 21. B. 28. Er wird alle seine Feinde, die ihn von diesem geraden Weg abhalten wollen, überwinden und zu Boden werfen.

4. Noch ein anderer herrlicher Nutzen des Gehorsams ist dieser, daß er nämlich in Erlangung desjenigen, so wir begehren, allen andern Opfern des alten

Testaments weit vorgehe, wie wir lesen im ersten Buch der Königen C. 15, B. 23: Gehorsam ist besser als Schlachtopfer. Und derhalben ist der Gehorsam zu Erhaltung der Gnaden und Wohlthaten Gottes kräftiger und besser, weilen durch selbigen der Mensch sich ganz und zumalen zum allerfeistesten und gottgefälligsten Brandopfer darreichet. Er ist ein Opfer des Lobs und der Danksagung, wie der hl. Augustinus meldet: Willst du, sagt er in Psalm 148, Gott immer und allzeit loben, wohlan, so thu alles wohl, und in dem lobest du Gott zu allen Zeiten; das Wohlthun kannst du aber besser nicht verrichten, als durch einen vollkommenen Gehorsam, welcher auch ist ein Gnadenthron der Sünder, weilen selbiger das allerkräftigste Mittel ist, die Nachlassung der Sünden zu erhalten; er ist ein Friedopfer, dann er ein wunder- und sonderbare Macht hat, allerhand Gaben Gottes zu erwerben, und schließlich ist er auch ein heiliges Meßopfer; zumalen er das blutige Schlachtopfer, indem sich Christus seinem himmlischen Vater hat aufgeopfert, und bis zum Tod des Kreuzes gehorsam gewesen, zur Gedächtniß bringet; daß also billig der Heiland durch seinen Propheten, Ps. 39, 7. von sich selbsten gesprochen: Schlachtopfer und Speisopfer hast du nicht begehret, aber du hast mir meine Ohren zubereitet. Brandopfer und Opfer für die Sünde hast du nicht gefodert, da sprach ich, siehe, ich komme, im Anfang des Buchs ist von mir geschrieben, daß ich deinen Willen verrichten soll, o Gott.

5. Derhalben, meine christliche Seele, sey nicht bekümmert, wann du vielleicht zu schweren und harten Bußwerken nicht bequem bist, sey nur gehorsam, so

wirst du denen gleich oder auch größer werden in den
Augen Gottes, welche mit ungemeiner Schärfe ihren
Leib kasteien; und damit du dieses versichert seyst, als
stelle ich dir vor Augen den hl. Dositheum, der wegen
allzugroßer Zärtlichkeit und Schwachheit seines Leibs
der schweren Bußwerken sich enthalten müssen, und hat
dennoch vermittelst eines vollkommenen Gehorsams dieselbige Krone der Seligkeit sich erworben, so dem heil.
Antonio durch sein hartes Leben ist zu Theil worden;
Rod. p. 3. tr. 5, C. 1. Auch hat Gott einsmals durch
seine göttliche Stimme selbst bezeuget, daß eine sichere
Kloster-Jungfrau, welche aus Gehorsam die heil. Communion zu empfangen unterlassen, und in der Küche
gearbeitet, größern Lohn verdient habe, als wann sie
nach ihrem Verlangen des hl. Nachtmahls wäre theilhaftig worden. Der fromme Rogerius redet auch in
seinem Sterbstündlein den hl. Abt Arsenium mit diesen
Worten an, und sagt: ei lieber Vater; ich bitte dich,
befiehl mir doch, daß ich sterbe, auf daß ich also aus
Gehorsam möge hinscheiden, und auch sterbend mich bei
Gott verdienstlich mache; dann ich habe von sechzig
Jahren her diese Gnade von Gott begehrt, daß er mich
nicht ohne Befehl meines geistlichen Vaters sterben lasse.
Wohlan, sagt Arsenius, so stirb dann, mein lieber Bruder; hierauf stirbt alsbald der gemeldte Rogerius, und
verkündiget in selbiger Nacht seinem Vater Arsenio, daß
ein solches Hinscheiden höher von Christo sey geschätzet
worden, als ein einziges Werk seines ganzen Lebens.
Diesem Rogerio hat unser sehr geistreicher Josephus a
St. P. Augustino in der wahren Vollkommenheit des
Gehorsams nicht weichen wollen; indem er den Tag

seines Todes vergewiſſet, und an ſelbigem von dem
ehrwürdigen Prior P. Marco Erlaubniß, zu ſterben,
und den väterlichen Segen begehret, und auch erlanget,
worauf er alsbald verſchieden, uno der die Zeit ſeines
Lebens des Gehorſams ſich eifrig befliſſen, hat auch aus
Gehorſam zu ſterben verdienet; dieſer gottſelige Mönch
iſt vielmal nach ſeinem Tod in glorwürdiger Geſtalt,
geſehen, und unter ſeinen ſingenden und Gott lobenden
Mitbrüdern gehört worden; dem nun ein ſolches Ende,
und ſo glückliches Hinſcheiden gefällt; der laſſe ſich vor
allem die herrliche Tugend des Gehorſams angelegen
ſeyn, zumalen ſelbige mehr als andere einen geiſtlichen
Zierrath, und ſowohl den Menſchen als Gott gefällig
brachet.

Der andere Theil.

6. Nun merke, meine chriſtliche Seele, was da zu
einem vollkommenen Gehorſam vornemlich erfordert
werde. Erſtlich muß der Gehorſam blind ſeyn; zum
andern muß er willig und hurtig ſeyn, und zum dritten muß er ſtark ſeyn. So viel die erſte Eigenſchaft
deſſelben belanget; muß ein Gehorſamer nicht mit einer
unbeſonnenen und vermeſſenen Blindheit auch dasjenige
vollziehen, ſo unehrbar und unzuläſſig iſt, ſondern er
muß die Urſachen, warum ihm dieſes oder jenes von
der Obrigkeit befohlen werde, nicht erforſchen; und
muß ihm gnug ſeyn zu wiſſen, daß dasjenige, ſo ihm
auferlegt wird, ohne Sünde geſchehen könne; dahero
ſagt der hl. Kirchenlehrer Gregorius: In lib. 1. Reg.
l. 2. c. 4. Ein wahrer Gehorſam überlegt die In-
tentation oder Meinung der Vorſeher mit nichten, oder

macht auch unter den Gebothen derselben keinen Unter=
schied; weilen derjenige, welcher alle Vernunft seines
Lebens der Obrigkeit unterworfen, darinnen allein seine
Freude hat, daß er verrichte, was ihm ist befohlen
worden; dann alle diese können nicht urtheilen, welche
den Gehorsam zu leisten vollkommentlich erlernet ha=
ben, deren ich dir einen aus vielen, nämlich den hl.
Einsiedler Paulum, der genennet wird der Einfältige,
allhier anziehe; selbiger hat in seinem sechzigjährigen
Alter bei dem hl. Antonio angehalten, daß er der Zahl
seiner Jünger möchte beigesetzt werden; diesen hat der
jetztgemeldte hl. Vater drei Tag lang ohne Essen und
Trinken auf die Antwort seines gethanen Versuchs war=
ten lassen, und da er nunmehr die große Beständigkeit
des gefaßten Vorhabens gesehen, hat er ihm mit diesen
Worten geantwortet: du kannst selig werden, wann du
den Gehorsam hast, und das verrichtest, was du von
mir hören wirst; ich will, sagt der Alte, alles thun,
was dir gefällig ist; Antonius fängt derhalben an die
schwereste Bußwerke, so er in seiner Jugend geübet, zu
erneuern; diesem allen aber ist mit allem Eifer vollkom=
mentlich nachkommen der einfältige Paulus; da er nun
erfahren, daß der alte Jünger durch so strenge Weise
zu leben von seinem Vorsatz zu weichen nicht gesinnet
wäre; hat er ihn mit dem Gehorsam versuchen wollen,
und hat ihm solche Dinge zu thun befohlen, welche der
Vernunft und gemeiner Uebung zuwider sind. Er hat
ganze Tage aus dem Brunnen Wasser schöpfen, und
selbiges alsbald wiederum auf die Erde gießen müssen:
die wohl geflochtene Körbe hat er müssen gänzlich auf=
lösen, und hernach wiederum zusammenflechten; die Klei=

der hat er müssen von einander schneiden, wiederum zusammennähen, und abermal zertheilen; einen Eimer voller Honig mußte er zerschlagen, und den Honig verschütten, denselben aber alsbald mit einer Muschel dergestalt aufnehmen; daß nichts unsauberes mit aufgeklaubet wurde; dieses und alles übrige, was dem Paulo von seiner Obrigkeit auch gegen die Natur zu thun, ist befohlen worden, hat er ohne das geringste Widersprechen oder Unwillen in aller Demuth verrichtet; und dadurch so große Gnade von Gott erhalten, daß er an Gewalt die Teufel auszutreiben, seinem Lehrmeister dem Antonio ist vorgegangen; es ist aber nicht zu zweifeln, daß derselbige viel größern Lohn werde empfangen haben im Himmel, der also von Gott ist geehret worden auf Erden.

7. Auch ist dieser nach Meinung des hl. Basilii, Inst. mon. serm. 2. ein blinder Gehorsam zu nennen, wann ein Geistlicher nach dem Wink seiner Obrigkeit nicht allein fliehet, was sündhaft ist, sondern wann er auch dasjenige unterläßt, was löblich ist; dann ob zwar die Mäßigkeit und Abtödtung nützlich sind, so können sie doch, wann sie aus eigenem Willen geschehen, dem allerhöchsten Gott nicht so angenehm seyn, als eben der Gehorsam; und dieses zeigt uns der gottselige Blasius, indem er die Offenbarung der hl. Brigittä mit diesen Worten beschreibet: die hl. Brigitta sagt er, Appen. 4. Inst. sp. n. 6. hat auch aus dem Mund des Herrn dieses gehöret: der lieber wollte fasten, als essen und trinken, und gleichwohl aus Gehorsam isset und trinket, der wird denselbigen Lohn bekommen, welchen derjenige empfähet, so da rechtmäßig fastet; glei-

chen Lohn zu gewarten, der krank ist, und isset,
und wollte doch lieber mir zu Ehren fasten; derohalben
setzt der obgemeldte Blösius in brevi Tyro sp. §. 2. n. 3.
hinzu, und redet also die Novitzen an: es ist besser
mit Nüchterkeit und Enthaltung zur Ehre Gottes aus
Gehorsam essen, als das schwere Fasten der alten Väter aus eigenem Willen nachfolgen. Was aus lauterm
Gehorsam geschieht, es sey so gering und verwerflich,
als es immer wolle, das wird von Gott hoch geachtet
und reichlich belohnet. Laß deinen Willen fahren, sagt
er an einem andern Ort, und gehorche in aller Demuth und Hurtigkeit um Gottes willen; besser ists aus
einfältigem Gehorsam die Nesseln und anders Unkraut
ausrupfen; als nach eigenem Sinne die Beschauung der
göttlichen Dingen beobachten; weilen Gott das größte
Wohlgefallen hat an der Verläugnung des eigenen
Willens; dieses hat recht und wohl verstanden unser
ehrwürdige Joannes à St. Guilielmo, welcher zwar in
Strengigkeit des Lebens den hl. Guillelmum und Ni-
kolaum Tolentium übertroffen, da er aber zu unserm
Orden gekommen, hat er nach dem Winke der Obern
von allen seinen Abtödtungen und scharfen Bußwerken,
als da sind, Cilicia, Harnisch, Discipliniren, und andern ungewöhnlichen Casteiungen alsbald abgelassen
und sich mit den gewöhnlichen Bußwerken der baarfüßi-
gen Augustiner befriedigen lassen; daß aber sothäner
Gehorsam dem lieben Gott sehr angenehm gewesen sey,
solches hat ihm die glorwürdige Himmelskönigin einsmals bedeutet, da er aus einem Eifer angetrieben ohne
Vorwissen der Obrigkeit der vorigen Strenge sich gebrauchen wollen, und gesagt: lieber Joannes, du thust

nicht wenig, wann du thust, was deine Brüder thun, und dir deine Obrigkeit zu thun befiehlet; da nun dieser gottselige Diener, vor den Füssen seiner Königin niedergefallen, hat ihm selbige den Segen ertheilet; er aber hat sich von selbiger Zeit an nicht unterstanden, das geringste ohne Vorwissen der Obrigkeit zu thun.) ¶. 8. Weiter höre, meine christliche Seele, wie nicht allein diejenige Bußwerke, so ohne Erlaubniß der Obern verrichtet werden, nicht belohnet, sondern auch noch dazu gestraft werden. Andreas Assisinas, ein Capuziner, und ein Mann großer Heiligkeit und sehr strengen Lebens, ist am siebenten Tage nach seinem Tode dem Siechenmeister erschienen, und hat sich beklagt, daß er wegen derjenigen Bußwerke, die er ohne Erlaubniß der Obrigkeit aus eigenem Willen geübet, so lang von der himmlischen Glorie sey aufgehalten worden. Bover. Annal. Capuc. 15. 47. Ein anderer aus der Societät Jesu ist dem ehrwürdigen P. Jakobo Rhemo in einem häßlichen Kleid und abscheulicher Gestalt erschienen, und gesagt, daß er wegen der Casteiung seines Leibs, die er ohne Vorwissen seines Vorstehers verübet, zu den Strafen des Fegfeuers sey verdammet worden. Annuae Ingolst. 1618.

9. In allem unserm Handel und Wandel sollten wir billig von hinten und vorn mit Augen versehen seyn; in dem Gehorsam aber allein wird eine Blindheit erfordert. Ach wie viele falsche Brüder und Schwestern sind, welche ihre Augen nicht auf Befehl, sondern auf den Befehlenden schlagen, wann ihnen dieses oder jenes geschaffet wird; und wann derselbige seine menschliche Fehler und Unvollkommenheiten an sich hat, sagt

man: Hic autem quid? Was soll der? Nun höre du, was dir Christus sagt: Quid ad te? tu me sequere: Was geht das dich an? folge du mir nach. Joan. 21. Andere murren bei sich selbsten, und beklagen sich gleichsam, daß ihnen die Obrigkeit allzuschwere Last auflege; die sie doch selbst nicht mit einem Finger anrühret: Denen sagt ebenfalls der göttliche Heiland: Auf dem Stuhl Moysi sitzen die Schriftgelehrten und Pharisäer: derwegen haltet und thut alles, was sie euch sagen; aber nach ihren Werken sollet ihr nicht thun. Matt. 23. B. 2: Was hat uns Christus durch diese Warnung anders bedeuten wollen, als daß wir nicht allein den guten, sondern auch den bösen Obern gehorchen sollen? Wer aber dieses vernachläßiget, der kann seinem Gott keineswegs gefallen, dieweil er nicht so sehr seine Obrigkeit, als Gott selbsten verachtet. Wie schlimmer und unbescheidener der Vorsteher oder die Vorsteherin ist; wie geduldiger und gehorsamer der Unterthan seyn muß. Wie unerfahrner und ungeschickter ist der Bartscherer, wie stiller und unbeweglicher sich einer auch zu verhalten hat, wann er mit dem Scheermesser nicht will verletzet werden: wie weniger die Obrigkeit mit Vernunft versehen ist; wie mehr der Untergebene der Ruhe und Gehorsam sich befleissen muß, damit er desselben Ehre nicht schmälere: wie der hl. Petrus mit diesen Worten uns lehret: Ihr Knechte, seyd den Herren mit aller Furcht unterthan; nicht allein den guten und bescheidenen, sondern auch den ungeschlachten. 1. Pet. 1. B. 18: Wann man den guten allein zu gehorchen hätte, so wäre die Gewalt oder Gerechtigkeit der Kirche eine ungewisse Sache; indem wir nicht wißsen, wer gut oder bös sey; und also wüßten wir nicht, wem wir gehorsamen sollten, oder wer der rechte Vorsteher oder Vorsteherin sey; daraus dann sicher eine babylonische Verwirrung entstehen dürfte. Wann man einem Bösen zu gehorchen nicht schuldig wäre, so würde die Gerechtigkeit der Kirchen keinen Bestand haben; dann der anjetzo gut ist, kann über eine Stunde bös seyn. Kann nicht ein abscheulicher Maler eine sehr schöne Bildniß entwerfen, so wegen des Malers Abscheulichkeit an ihrem Werth nichts verlieret? Gleichermaßen kann eine böse Obrigkeit gute Befehle austheilen; sintemalen dieselbe an Statt Gottes ist, von dem alle Gewalt gegeben wird. Der aber der Gewalt widerstrebet, der widersetzet sich der göttlichen Satzung. Röm 13. Wohl und abermal wohl thun diejenige, welche auch den geschlachten Obern in allem pariren, und die scharfen Befehle mit Freuden vollbringen; dann also werden sie von den Makeln ihrer Seelen am besten gesäubert, und von Gott am meisten geliebet.

10. Schaue zu, meine christliche Seele, wie dein himmlischer Lehrmeister dir in diesem Gehorsam, auch mit der That selbsten ist vorgegangen; welcher nicht allein den Hohenpriestern und ungerechten Richtern, sondern auch sogar seinen Kreuzigern den Gehorsam hat leisten wollen; zumalen er, da ihm die Kleider auszuziehen befohlen worden (wie der hl. Vincentius Ferrerius Serm. 3. de Epiphan. bemerkt) alsbald gehorchet. Christus, sagt der Apostel, ist dem Vater gehorsam worden bis zum Tod, und zwar zum Tod des Kreuzes. Was aber hat ihn dazu genöthigt? der Apostel Petrus antwortet 1. C. 2, 21 und sagt: Christus hat für uns

gelitten und hat euch ein Exempel gelassen, daß ihr seinen Fußstapfen sollet nachfolgen. Das ist, sagt der hl.
Bernardus, daß ihr sollet gehorsam seyn, wie er gewesen ist. So haben wir dann aus dem, was er gelitten hat, zu lernen, wie viel wir, die wir nur Menschen sind, um des Gehorsams willen zu leiden haben,
für welche derjenige, so Gott war, gern gestorben ist.
Auf daß uns aber diese zu üben, alle Beschwerlichkeit
benommen werde, müssen wir unsere Obrigkeit nicht für
schwache und unvollkommene Menschen, sondern für
wahre Statthalter Gottes halten, wie uns der obgemeldte hl. Bernardus L. 1. de Disp. et Prael. erinnert und sagt: Der Gehorsam, welcher den Obern geleistet wird, wird Gott geleistet; dann Er selbst gesagt
hat, der euch höret, der höret mich. Dahero der gewisse Schluß gemacht wird, daß man all dasjenige, so
von der menschlichen Obrigkeit anstatt Gottes befohlen
wird, nicht anders müsse annehmen, als wanns Gott
selbst befähle; zumalen eins ist, ob er uns durch sich
selbst, oder durch seine Diener, sie seyn dann Menschen
oder Engel, seinen Willen kundbar mache.

11. Gegen den blinden Gehorsam nicht allein,
sondern auch gegen das Verbot Christi (nolite judicare,
richtet nicht) sündigen diejenigen, so vermeinen, daß hier
und da die Obrigkeit übel befehle; derhalben machen
sich selbige oftmalen den gefährlichen Zweifel, ob sie den
Willen Gottes recht erkennen können. Nun geschiehts
aber täglich, daß ein Vorsteher oder Vorsteherin aus
gewissen Ursachen dieses oder jenes, diesem und nicht
jenem schaffe, und der Unterthan inmittelst seine Obrigkeit einer Unvollkommenheit bei sich selbsten bestrafe.

Wann aber einem solchen wohl bewußt ist, daß auch
die offenbaren Fehler (die zweifelhaftige zu geschweigen)
von uns nicht sollen geurtheilt werden, so muß er ja
vernünftiglich schließen, daß der Wille Gottes in dem
Willen der Obrigkeit bestehe; und er nicht sündigen
könne, indem die Obrigkeit ihre verborgenen Ursachen
zu offenbaren nicht allzeit schuldig ist. Und wann schon
der Obere mit diesem oder jenem Befehl scheinbarlich
sündigen sollte, so ist doch der Unterthan verbunden,
demselben zu gehorsamen, wann nur die Sache, so befohlen wird, der Ehrbarkeit gemäß ist; und auf solche
Weise gebraucht sich Gott derjenigen Obrigkeit als eines
Instruments oder Werkzeugs, seinen Willen zu offenbaren, wie die göttliche Weisheit oftmalen zu thun pflegt.
Dieserhalben hat die allerseligste Jungfrau Maria dem
Gebot des heidnischen Kaisers Augusti ohne einige Entschuldigung gehorchen wollen, und ist unangesehen der
schweren und kalten Winterszeit, der äußersten Gefahr
ihrer Leibesgesundheit, und der herannahenden Nieder-
kunft nach Bethlehem gereist. Und ob sie schon wußte,
daß diese Weltbeschreibung von der Hoffart und Ehrgeiz
des obgemeldten Kaisers entstund, so hat sie dennoch
demselben, der zwar eine gerechte Sache, aber ungerechter Weise befohlen, gehorchen wollen; dieweilen ihr bekannt war, daß Gott sich der Hoffart des Augusti als
eines Instruments gebrauchte, kraft dessen sein von
Ewigkeit her gemachter Beschluß, über solche Beschreibung erfüllet, und sein einiger Sohn in Bethlehem
geboren würde. Dahero hat diese glorwürdige Jungfrau ihre Augen nicht auf den Befehlenden, sondern
auf die befohlene Sache geschlagen, und allen Christ-

gläubigen, vornemlich aber den Geistlichen ein herrliches Exempel hinterlassen.

12. Nicht wenig kann dich auch, meine christliche Seele, zum blinden Gehorsam antreiben, wann du nämlich ungezweifelt dafür hältst, daß dir deine Obrigkeit, ob sie schon ihre Mängel und Fehler hat, von Gott also vorgesehen sey; dann dieses hat Gott seiner auserwählten Braut, der H. Gertrudi genugsam zu verstehen gegeben, da sie bei selbigem über die Strengigkeit ihrer Vorsteherin sich beklaget, und zur Antwort bekommen, daß sie von solchen Klagreden ablassen, und sich versichern sollte, daß dieses alles zu ihrer und der Vorsterin Heil gedeihen werde. Ein andersmal hat die gemeldte Heil. Jungfrau für die Mängel einer sichern Person gebethen; Gott aber ist ihr erschienen und hat ihr gesagt: Aus dem Ueberfluß meiner Güte, meiner Süßigkeit und göttlichen Liebe, vermög deren ich diese Versammlung erwählet habe, lasse ich auch denjenigen, so andern vorstehen, einige Mängel ankleben, um den Verdienst der Versammlung dadurch zu vermehren: zumalen es viel tugendhafter und ruhmwürdiger ist, einem solchen sich unterwerfen, dessen Fehler kundbar sind; als einem andern gehorsamen, dessen Werke von allen für gut gehalten werden. Ich lasse die Obrigkeit ihre Mängel haben, und lasse sie von der Vielheit der Sorgen zu Zeiten sich besudeln, damit sie desto demüthiger werden. Der Verdienst der Unterthanen wird so wohl aus den Mängeln, als auch aus den Tugenden deren, die verwalten, gemehret: und imgleichen wächset der Verdienst deren, die da vorstehen, sowohl aus den Tugenden, als auch aus den Fehlern der Unterthanen. Was

für große Freude und Ruhe deines Herzens du aus sothanem blinden Gehorsam schöpfen werdest, kannst du meine christliche Seele, nicht besser erfahren, als durch immerwährende und standhaftige Uebung desselben. Wirt die Obrigkeit tugendsam und gut seyn; so wirst du dich erfreuen über aller glücklichen Fortgang: wird sie aber unbescheiden und bös seyn; so wirst du dich nicht betrüben; sondern der tröstlichen Zuversicht leben, daß dir von Gott durch selbige mehrere Gnaden mitgetheilet, und folglich ein grösserer Lohn im Himmel bereitet werde

Der dritte Theil

13. Nun folgt die zweite Eigenschaft des Gehorsams, daß sie nämlich soll seyn willig und hurtig; das Geboth nicht verweile, sich nicht lang bedenke, noch entschuldige, und mit einer Langsamkeit und Trägheit das Werk ergreife: sondern ein wahrer Gehorsamer soll, wie der H. Bernardus lehret, die Ohren bereiten zum Gehör, die Zunge zum Reden, die Hände zur Arbeit, die Füße zum Gehen, und sich also in sich selbsten versammeln; auf daß er dem Befehl seiner Obrigkeit nachkommen möge, nach dem Exempel des frommen geistlichen Marci Pallad. libel. 14. n. 5. welcher von andern von seinem Abt Silvano geliebet wurde; dieweilen aber sich andere darüber beklaget, hat der jetztgemeldte Abt selbige mit sich zu aller geistlichen Brüder Zellen genommen, und hat alle Inwohner derselben zu allgemeinen Arbeit berufen, diese aber sind nicht alsbald sondern ein wenig hernach erschienen. Der einzige Marcüs, sobald er von seiner Obrigkeit ist berufen worden hat er in selbigem Augenblick sein vorhabendes Werk

fahren laffen, und ift alsbald mit großer Hurtigkeit gefolget. Dahero hat sich der mehrgemeldte Silvanus zu
den Anwesenden gewendet, und gesagt: Sehet ihr wohl
den Unterschied des Gehorsams; wie sind die vorigen
so langsam, und dieser so augenblicklich erschienen? nach
diesem sind in die Zelle des frommen Marci hineingegangen und haben gefunden, daß er den Buchstaben P.
zu schreiben angefangen, und nicht vollbracht habe; derhalben sagte wiederum der oft gemeldte Abt zu den Anwesenden: nun seyd ihr selbst die Zeugen eines hurtig-
sten Gehorsams; indem dieser Marcus nach gehörter
meiner Stimme die angefangenen Buchstaben nicht hat
vollenden wollen; da dieses die alten Mitbrüder erfahren, haben sie unter sich beschlossen, daß dieser Marcus
wahrhaftig verdiene, von seinem Vorsteher vor andern
geliebet zu werden. Vit. S. Colum. c. 16. Der Kell-
ner des hl. Abten Columbani wird von selbigem gerufen, und läßt zum Zeichen des hurtigen Gehorsams den
Kranen ohne Schaden offen stehen. Vit. S. Odon. l.
3. c. 10. Der hl. Odo ist in kurzer Beschreibung des
Lebens des hl. Martini begriffen; und da man das gewöhnliche Zeichen zur Vesper giebt, läßt er das Buch
offen, und eilet alsbald zum Lob Gottes; da aber inmittelst der Regen seine ganze Kammer verwüstet, bleibt
allein dieses Buch wegen solcher gottgefälligen Hurtigkeit unverletzt.

14. Den wunderlichen Geist, und ungemeine Weise
zu leben des hl. Simeonis haben die selbiger Zeit le-
benden geistlichen Väter durch die Hurtigkeit des Gehorsams probiren wollen, ob sothane Strenge Gott angenehm sey, oder nicht, und weilen er deren Befehl, von

der Säule hinabzusteigen, ohne einige Verweilung und
Widersprechen gehorchet; als ist dessen Intention oder
Meinung von ihnen für gut erkennet, und er auf sei=
ner Säule gelassen worden. Der hl. Bernardus Vit.
P. Joannis l. 4. hat auch den sel. Joannem de Mönte=
mirabili versuchen wollen, ob dessen hartes und unge=
wöhnliches Leben, das er mit Bohnen, Kräutern und
sehr schwarzem Brod erhielt, nur von eigenem Sinn
und Willen geführt werde; derowegen hat er ihm einen
gekochten Fisch geschickt, und in Kraft des Gehorsams
selbigen zu essen befohlen; welchen dieser fromme, und
gehorsame Joannes mit Gräth und Bein genossen, daß
man auch dieserhalben in Furcht seines Lebens gestan=
den; er aber hat mit Verwunderung aller nicht den
geringsten Schmerz empfunden; so lieb ist Gott gewe=
sen die Uebung des vollkommenen Gehorsams, daß auch
aus dessen Grabe ein Saft gleich einer Milch zum Heil
der Kranken geflossen; diesem sel. Joanni ist unser ehr=
würdiger P. Joannes a St. Guilelmo in dem Gehor=
sam nachgefolget, und wiewohl er immer sehr viel fa=
stete, so hat er doch zur gewöhnlichen Fasten, und eini=
gen andern Zeiten gar nicht essen wollen; wann ihm
aber einer vermög des Gehorsams (wie öfters geschehen
ist) diese oder jene Speise zu essen befohlen, hat er als=
bald demselben gleich der Obrigkeit gehorsamet; daß
nun solches Essen dem Leben sehr angenehm sey, lehret
uns Christus, da er zu der heil. Brigittä also spricht:
L. 6. Revel. c. 111. Was fürchtest du dich? wann
du schon zehnmal im Tag issest aus Gehorsam, so wird
dir solches doch nicht zur Sünde gerechnet werden, denn
die Jungfräuschaft verdienet ihre Krone, der Wittwen=

stand nähert sich zu Gott, aber der Gehorsam leitet alle zum ewigen Leben.

15. Dem hl. Joanni Damasceno wird von seinem Lehrmeister befohlen, er solle zu Damasco einige Körblein verkaufen; ihm wird aber so hoher Preis derselben eingesetzt, daß sie nicht allein niemand kaufen wollte, sondern er auch für einen Narren ausgelacht, und mit Prügeln hergenommen wurde; obwohl dieser hl. Jünger gnugsam erachten können, daß ihm der Preis von seinem geistlichen Vater gar zu hoch gesetzt wurde, hat er sich jedoch im geringsten nicht beklagen wollen, sondern ist mit aller Hurtigkeit zum Markt hingegangen, und nach vielem Auslachen und Schlägen (wie vorhin gemeldet) hat sichs zugetragen, daß unter diesen einer, der vorhin des Joannis, als Richter daselbst, Diener gewesen, seinen Herrn gekennet, ihm alle Körblein um den begehrten Preis abgekaufet, und seinen gewesenen Herrn also von der Ungestümmigkeit der Leute errettet. Joannes aber ist nach vollbrachtem Befehl seines geistlichen Vaters, in aller Demuth wiederum zum Kloster gekehrt. Daß nun unter so vielen hundert tausend Geistlichen so wenig gefunden werden, welche die Vollkommenheit und Heiligkeit des gemeldten Joannis Damasceni erreichen, müssen sie billig ihrer Langsamkeit im Gehorchen zuschreiben; sintemalen die fliegende Gehorsamkeit dieses frommen Dieners dem allmächtigen Gott also gefallen, daß er ihn mit seinen göttlichen Gnaden unbeschreiblichermaßen überhäufet hat.

16. Wann nun einer, der seiner Obrigkeit so willigen Gehorsam leistet, mit himmlischen Gaben dergestalt begnadigt wird, was hat dann nicht zu hoffen derjenige,

so da nicht allein dem Obern, und auch nicht allein
seines Gleichen, sondern auch einem Geringern sich un=
terwirft? Thomas von Aquin, ein weltberühmt=gelehrter
und heiliger Mann gehet einsmals in seinem Kloster
zu Bononien spaziren, da trifft ihn an ein anderer
Geistlicher desselben Ordens, so gastweise daselbst sich
aufhielt, und vielleicht den Thomam nicht kennet, be=
fiehlt ihm, er solle zur Stunde mit ihm in die Stadt
gehen; und setzet hinzu, daß ihm von dem Vorsteher
erlaubt sey, denjenigen mit sich zu nehmen, welcher am
wenigsten beschäftigt sey. Thomas entschuldiget sich im
Geringsten nicht, sondern ergreift alsbald den Bettel=
sack, legt selbigen auf seine Achseln, und gehet mit sei=
nem Gesellen hinaus, da aber der heilige Mann wegen
eines mangelhaften Fußes seinem eilenden Gefährten
nicht folgen konnte, wird er von selbigem auf öffentli=
cher Gasse mit Worten übel hergenommen; dieses hören
die vorbeigehenden Weltlichen, und ermahnen den Geist=
lichen, daß er mit so vornehmen und heiligen Mann
dergestalt nicht verfahren müsse; dieser vermerkt seinen
Fehler, und zugleich des heil. Thomä Unterthänigkeit;
fällt ihm derhalben zu Füßen, und bittet um Verzeihung.
Thomas gibt ihm mit lachendem Mund zur Antwort,
und sagt: ich weis nicht, warum du um Vergebung
bittest; ich bin ja von dir nicht beleidigt worden; ich
habe mich ja zur geistlichen Armuth verbunden, wie auch
du, ich trage willig und gern den Bettelsack, und an
dem geistlichen Gehorsam habe ich ein Wohlgefallen,
kraft dessen ein Mensch dem andern sich unterwirft um
Gottes willen.

17. Gleichwie der langsame und genöthigte Gehor=

sam kein wahrer Gehorsam genennet zu werden verdie=
net, also hat die göttliche Majestät hergegen die willige
und hurtige Gehorchung auch vielmalen mit Wunder=
werken geehret, deren wir das erste lesen im Leben des
sel. Jacobi, Laybruder des hl. Prediger=Ordens; dieser
war sonderbar erfahren derjenigen Malerei, so auf Glas
geschieht, und nachmals in einem glühenden Ofen hinein
gebrennet wird; nun hat sich zugetragen, daß er eins=
mals ein sehr schönes Gemälde in die Gluth gelegt,
und seine Gegenwart dabei hochnöthig war, da hat der
Vorsteher den Gehorsam seines Bruders auf die Probe
zu stellen, demselben wider alle Zuversicht von dieser
Arbeit abzulassen, und zum Betteln auszugehen befoh=
len; der fromme Jacob gehet hin ohne einige Entschul=
digung oder Vorwand seiner hochnöthigen Gegenwart
bei dem brennenden Ofen, und bettelt, wie ihm war
auferlegt worden; er bringt über viele Stunden die
gesammelten Allmosen nach Haus, und findet sein Bild=
niß dermaßen sauber und wunderschön und zu gewünsch=
ter Vollkommenheit ausgearbeitet, daß nicht der geringste
Mangel daran zu finden gewesen; also ist er zwar ein
Vorspiel des vollkommensten Gehorsams gewesen; und
der liebe Gott, als ein Liebhaber des Gehorsams, hat
all dasjenige, so an dem Bildniß noch erfordert worden,
durch ein Wunderzeichen dergestalt ersetzt, daß der oft=
gemeldte Bruder die Tage seines Lebens dergleichen
Gemälde nicht hat nachmachen können. Unserm sehr
geistreichen Alippio a St. Francisco wird einmals von
seinem Magister befohlen, die Kerzen anzuzünden; und
da vielleicht deren keine vorhanden ist, schafft er ihm,
er solle dann einen Finger anzünden; Alippius gehor=

chet alsbald, und stecket den Finger ins Feuer. O
Wunder! dieser fängt an zu brennen, und allen Anwesenden zu leuchten gleich einer Kerze. Dieser Gehorsam hat dem frommen Alippio zu wegen gebracht,
daß ihm die Vögel der Luft und Fische des Wassers,
mit aller Menschen höchster Verwunderung, gehorchet
haben.

18. Ferners laß dich unterrichten, meine christliche
Seele, daß auch die allerlöblichsten und heiligsten Werke
den Gehorsam zu erfüllen, vielmal können und müssen
unterlassen werden; davon dir erstlich sattsamen Bericht
geben sollen diejenigen zween Geistliche, welche am Tag
des großen Abendmahls, zur Zeit der hl. Communion,
die Almosen zu sammeln ausgeschickt waren; und nachdem sie wieder nach Haus gekommen, haben sie in der
Capellen, allwo das hl. Nachtmahl aufbehalten wurde,
ihre von Entrathung dieser göttlichen Speise entstehen-
den Unglückseligkeit beklaget, denen dann zum unaussprechlichen Trost ein überaus schöner Jüngling aus
dem Tabernacul hervor kommen, und gesagt, daß er
Jesus sey, und beiden das hl. Nachtmahl gereichet. In
sothaner trostreichen Begebenheit ist wahr worden, was
der hl. Philippus Nerius zu sagen pflegte, daß nämlich
derjenige, so um des Gehorsams willen das Gebet oder
andere geistliche Werke, die er zu verrichten schuldig ist,
unterläßt, Gott um Gotteswillen verlässe, und der gottselige Blosius aus der gegebenen Lehre des hocherfahr-
nen Tauleri spricht also; sollte einer durch die Gnade
Gottes auf so hohe Staffel der Heiligkeit gestiegen seyn,
daß er Gott in der That selbst sichtbarlich immer und
allzeit bei sich wohnen hätte; und würde zu einem Werk

des Gehorsams gerufen werden; so müßte er in solchem
Fall bei seinem göttlichen Herrn sich. auf folgende Weise
beurlauben: Ei mein süßester Gott, laß mich doch dk
zu lieb, meiner Obrigkeit diesen Gehorsam leisten; glaubet mir, daß solche demüthige Verläugnung des eigenen
Willens an diesem Menschen dem lieben Gott viel angenehmer seyn würde, als wenn derselbige damalen mit
allen seligen Geistern zum Himmel gefahren wäre;
wie aus jetzt folgender Geschichte zu sehen ist. Eine
sichere Klosterjungfrau brennet vor Lieb' gegen Gott,
und bat ihren Heiland. mit sehr inbrünstigem Herzen,
daß er sich ihr nur auf einen einzigen Augenblick zeigen möchte; und siehe, alsbald ist derselbe in Gestalt
eines holdseligen Knäblein zugegen, die Jungfrau aber
wird von einer ihrer Schwestern zu Verrichtung einer
Arbeit aus Gehorsam eilends berufen und da sie den
Befehl der Obrigkeit durch sothane Berufung wahr genommen, hat sie das göttliche Kindlein mit liebreichen
Worten gebeten, er wolle ihm doch gefallen lassen, bis
auf ihre Wiederkunft zu warten. Sie aber verrichtet
inzwischen ihr auferlegtes Werk mit Freuden, und eilet
nach dessen Vollendung wiederum zur Zellen; in deren
Eröffnung ihren Augen ein so fremdes und hellschei-
nendes Licht vorkömmet, daß sie selbiges kaum ertragen
können; und siehet das verlassene Knäblein nunmehr
in die Gestalt eines überaus schönen, und ungefähr vier-
undzwanzigjährigen Jünglings verändert; deßhalben sie
mit großer Verwunderung, denselben anredet und fragt,
wie und warum er in so weniger Zeit aus einem kleinem Kindlein zu solcher Größe gelangt sey? er aber
gibt zur Antwort, und sagt: liebe Tochter, die niedrige

Demuth deines geschwinden und unverdrossenen Gehorsams hat mich in so kurzer Zeit so groß gemacht; derhalben sollst du aus Liebe meiner allzeit gern gehorchen, wann du mit mir ohne Mittel immer verlangest vereinigt zu seyn. Daß nun der göttlichen Majestät ein solcher Gehorsam sehr gefallen, kannst du dir, meine christliche Seele, leichtlich einbilden, wann du dich erinnerst, daß Gott erstlich den guten Willen zum Werk gleich dem Werk selbsten belohne, und zum andern die Verläugnung des eigenen Willens an einem Geistlichen über alles liebe; daß er also, nach derjenigen Versicherung, so die glorwürdige Himmelskönigin der hl. Brigittä gegeben, Revel. l. 4. c. 26. den Verdienst des Werks nicht allein nicht verliere, sondern noch dazu einen andern Lohn des Gehorsams gewinne. Weiters mußt du wissen, daß diese die vortreffliche Uebung des Gehorsams sey, wann du nämlich dem Gebot, so von der Obrigkeit noch nicht wirklich gegeben worden, sondern wissest, daß die Verrichtung desselben deinem Obern lieb sey, durch deine Hurtigkeit vorkommest; dann gleichwie derjenige, so vor der bestimmten Zeit die Bezahlung leistet, ein Werk der vollkommenen Gerechtigkeit übet; also verrichtet der Geistliche einen wahrhaftigen und vollkommenen Gehorsam, welcher dem Befehl seiner Obrigkeit vorkommt. Wann du nun die obgesetzte Lehre unsträflich gehalten hast, so lies die dritte Eigenschaft des Gehorsams.

Der vierte Theil.

19. Die dritte Eigenschaft besteht darin, daß der Gehorsam stark und beständig sey, und wegen immer

vorfallenden Beschwerlichkeit zumalen nicht geschwächet
werde, nach dem Exempel unsers Erlösers, der, da gehorsam worden ist bis zum Tode und zwar bis zum
Tode des Kreuzes; und der, damit ich mich der Worten
des hl. Bernardi gebrauche, um Erhaltung des Gehorsams, das Leben verloren hat. Dann es geziemt sich,
sagt der hl. Basilius, daß derjenige, so sich dem geistlichen Stande ergeben hat, eine feste, starke und unbe-
wegliche Beständigkeit des Willens, und eine solche Vernunft habe, daß er von den bösen Geistern nicht könne
erschüttert noch vertrieben werden. Er muß auch, sagt
der hl. Mann einer solchen Beständigkeit des Gemüths
seyn, daß an ihm bis zum Tode die Standhaftigkeit der
Märtyrer zu sehen sey, kraft deren er die göttlichen
Gebote unsträflich halte, und seinen Vorstehern den
vollkommenen Gehorsam leiste. Und dieses ist des geistlichen Lebens vornehmstes Hauptstück. An einem andern
Ort sagt der gemeldte heil. Lehrer. In Regul. Brevior.
Ein wahrer Liebhaber Christi weigert sich nicht allein
zu tragen, was schwer ist, sondern verlanget vielmehr
auch zu erdulden, was noch schwerer ist. Der hl. Bischof Lambertus wird von seinen Feinden in's Elend
vertrieben, fliehet in's Kloster zu Stablo, wird von
dem Prälaten und übrigen Geistlichen als ein heiliger
Mann auf- und angenommen. In sothanem seinem
Aufenthalt begibt es sich, daß der heil. Bischof, so mit
den Mönchen des Klosters auf dem gemeinen Dormi-
torio zu ruhen pflegte, etwan früher vor der Metten
aufstehet, um sein Gebet zu verrichten; und da ihm
aus Unbehutsamkeit im Ankleiden einer seiner Schuhe
entfällt, werden die Geistlichen sammt ihrem Vorsteher

von dem Getümmel vom Schlafe erwecket. Derhalben
der Prälat befohlen, daß derjenige Mönch, so diese
Unhöflichkeit begangen, sich alsbald nach Gewohnheit
zum Kreuz verfügen, und durch den Gehorsam büßen
sollte, was er durch seine Nachlässigkeit gesündigt. Es
war selbige Nacht sehr kalt und hart gefroren, dennoch
will der hl. Bischof dem Befehl des Prälaten gehorchen,
und geht in seinem härenen Kleid ohne andere Ueber-
kleider zu dem gemeldten Kreuz hin, und verharret
daselbst so lange, bis sich die Geistlichen zum Dienst
Gottes bereitet haben. Da nun der Abt den hl. Lam-
bertum unter der Zahl seiner Geistlichen wider alle
Gewohnheit nicht gegenwärtig siehet; und höret, daß
er derjenige sey, den er zum Kreuz verwiesen habe,
lauft er alsbald hinzu, findet den heil. Mann von der
Kälte ganz erstarret, in seinem Cilicio mit hellglänzen-
dem Angesicht vor dem Kreuz knieend, fället mit seinen
ändern Geistlichen demselben zu Füssen, und bitten um
Vergebung. Hergegen protestiret der hl. Bischof, daß
er ob solcher Vergebungsbitte zumalen schamroth werde,
und sagt, daß er vielmehr schuldig wäre um Verzeihung
anzuhalten, dieweil er der Geistlichen Ruhe verstöret
habe. Ist dieß nicht ein herzhafter und heroischer Gehorsam?

20. Wie viele sind nicht gefunden worden, so da
vermöge des starken Gehorsams sich in die äußerste
Gefahr ihres Lebens gesetzt haben, welche von Gott
in Ansehung dieser herrlichen Tugend wunderbarlicher
Weise erhalten worden? hat nicht der gehorsame Joannes, ein Jünger des Abten Pauli, wie im Leben der
hl. Väter zu lesen ist, aus Gehorsam einer wilden Löwin

zugenahet, selbige gebunden, und wie ein Lämmlein mit sich nach Haus geführet, die jedoch viele Menschen und Vieh vorhin beschädiget hatte? hat nicht die heil. Euphrasia auf den Befehl ihrer Vorsteherin so große und schwere Steine, daß deren einer von zweien Schwestern nicht hatte können bewegt werden, von einem Ort zum andern ohne den geringsten Vorschub oder Entschuldigung ganz gern und willig getragen; und von diesem letztern Ort wiederum zum vorigen ohne einiges menschliches Zuthun auf ihren Achseln gebracht? Wer hat aber anders dieser Jungfrau solche ungemeine Stärke verliehen, als der starke und standhaftige Gehorsam? Ein anderer hat einen dürren und vertrockneten Stecken zwei ganzer Jahre lang aus Gehorsam befeuchtet in Hoffnung, daß er grünen sollte, und siehe, im dritten Jahr hat der standhafte Gehorsam dem verdürreten Stock die verlangte Grüne dermaßen ertheilet, daß er zu einem Baum erwachsen und von vielen Nachkömmlingen eine sehr geraume Zeit mit Verwunderung gesehen worden. Unzählbare andere Beispiele des standhaften Gehorsams könnten dir, meine christliche Seele beigebracht werden, wann nicht dich und mich die verdrießliche Weitläufigkeit abschrecken würde, dieß muß ich dich bitten, daß du nämlich mit dem gottseligen Abten Nestorio dir oftmal von Herzen zusprechest: Ich und der Esel, wir sind eins, was man ihm aufleget, das trägt er ohne Verweilung.

21. Damit du aber den rechten Weg des Gehorsams nicht verfehlest, so mußt du diese Stücke zu deiner mehrern Versicherung wohl beherzigen. Erstlich ist's insgemein dafür zu halten, daß ein Unterthan seiner

Obrigkeit zu gehorchen schuldig sey, nicht allein, wann er billige Sachen vorschreibet, sondern auch, wann er solche Dinge zu verrichten befiehlet, daran gezweifelt wird, ob sie gut oder bös seyn; dieweilen man in solchem Zweifel schließen muß, daß der Obere keine böse, sondern vielmehr eine gute Sache seinem Untergebenen auftrage; zumalen die Obrigkeit in der Possession oder Besitzung ist zu schalten und zu walten. Und ob schon niemanden zugelassen wird in solchem üblichen Zweifel ein Werk anzufangen, so ist doch der Unterthan verbunden, sothanen üblichen Zweifel in der Materie des Gehorsams hintan zu setzen. Also lehret der gelehrte Moling. Sollte es aber gewiß seyn, daß dasjenige, so die Obrigkeit befiehlt, ungerecht oder auch eine läßliche Sünde, oder dem Nächsten unverschuldter Dingen schädlich oder ärgerlich sey; in solchem Fall haben Platz die Worte der apostolischen Geschichten am 5. Kapitel. Man muß Gott mehr gehorsam seyn, denn den Menschen. Damit aber der Unterthan, durch allzugroßes Vertrauen auf seinen Verstand, nicht fehle, thut er wohl, wann er den Rath einiger Aeltern vorhero einnehme. Wenn zweitens einem von der Obrigkeit ein solches Amt auferlegt werde, dadurch er einen merklichen Schaden des Leibs oder der Seele leide, oder in die Gefahr seinen Gott und Herrn zu beleidigen sich stürzen werde; so muß er seine Schwachheit der Obrigkeit offenbaren, und denselben demüthiglich ersuchen, auf daß er in Auferlegung dergleichen Aemtern seiner verschone. Wird aber keine andere Verhinderniß, als nur einige Ablassung von den gewöhnlichen andächtigen Uebungen zu fürchten seyn, in solchem Falle ist's besser, daß man seiner

Obrigkeit gehorche; zumalen ein sehr andächtiges und gottgefälliges Werk ist es, seiner Obrigkeit den Gehorsam leisten.

22. Schließlich ist wohl zu merken, daß das Gelübbe des Gehorsams zu selbiger Zeit allein verdienstlich sey, wann der Unterthan den aufgetragenen Befehl nur zur einzigen Ehre und Lob Gottes, und nicht aus natürlicher Neigung des Fleisches verrichtet. Daraus dann augenscheinlich erfolget, daß derjenige, so sich des Verdienstes will theilhaftig machen, vor Gott sich erkläre und protestire, daß er das angeschaffte Werk nicht aus einer sinnlichen Meinung, sondern zu lauterm Lob Gottes und zu schuldigem gehorsamlichen Genügen seines Obern auf sich nehme. Dahero sagt der hl. Gregorius L. 35 mor. c. 13 in Beschreibung der Natur des Gehorsams also: Der Gehorsam muß in den widerwärtigen Dingen aus dem Seinigen etwas haben (nämlich eine große freudige Hurtigkeit und Liebe zu gehorchen) und muß in den glücklichen und wohlfärtigen Sachen aus dem Seinigen nichts haben; dieweilen selbige nicht wegen der eigenen Ergötzlichkeit, sondern um den Willen Gottes allein müssen geliebt und angenommen werden. Zum Exempel: Es wird ein Geistlicher von seiner Obrigkeit zum Gastmahl der Weltlichen, oder zu einer andern dergleichen Erlustigung geschicket, der ein Mensch seiner natürlichen Neigung gemäß ist zugethan, und dadurch öfters eine schädliche Lauigkeit des Geistes der Seele zustoßet; in diesem und dergleichen Fällen kann der Unterthan ohne Verletzung des vollkommenen Gehorsams seine Obrigkeit demüthiglich und ehrerbietsamlich ersuchen, daß er ihn von sothaner Er-

gözlichkeit befreien wolle; soll aber die Obrigkeit diesem Begehren nicht einwilligen, sondern den Ersuchung
gleichwohl zu befehlen fortfahren, so muß solcher aus
Gehorsam geschickte Geistliche, wann er des Verdienstes
des Gehorsams genießen, und die erworbene Hitze des
Geistes nicht verlieren will, dieses fleißig beobachten;
daß er nämlich, wie oben gemeldet, derhalben allein
gehorche, weil es ein Befehl der Obrigkeit ist, und zum
andern, in sothaner Ergözlichkeit muß er behutsam seyn,
auf daß sowohl seines als auch des Nächsten Gewis-
sensruhe, die gefaßte Brunst der Andacht, und die ge-
bührende geistliche Eingezogenheit keinen Schaden leide,
und von ihm die Regel der Nüchterkeit unsträflich gehalten werde.

23. Daß nun diesem also sey, und dem Gehorsam
mit nichten widerstrebe, wann der Untergebene zu dergleichen schmeichelnden Erfrischungen sich nicht eben
willig und bereit finden lasse; lehrt uns mit seinem
Exempel der heil. Nicolaus von Tolentin, welcher in
einer sehr gefährlichen Krankheit zum Fleischessen gar
ernstlich ermahnet worden, und da er sich aller Maßen
entschuldiget, ist ihm zuletzt auch von dem Generalen
selbst befohlen worden, daß er dem Rath der Aerzten
folgen sollte, dem er sich dann im Geringsten nicht widersetzet hat, sondern ein Bißlein des zugerichteten Fleisches gekostet, und gesagt: sehet nun habe ich gethan
was mir befohlen worden, im Uebrigen schaffet alsbald
diese schmeichelnde Fresserei hinweg; also hat dieser
gottselige Nicolaus gleichwohl den Gehorsam, und zwar
so unbefleckt gehalten, daß der heil. Augustiner-Orden
von selbigem dieses Lob singt: Nicolaus ein wahrer

Armer Christi hat den Gehorsam gehalten allezeit, daß aber dem lieben Gott dieser Gehorsam gefällig gewesen, kann man genugsam daraus abnehmen, weil nämlich dieser heilige Mann ohne einige Arznei bald hernach die vorige Gesundheit erlangt hat. Es kann auch ein Geistlicher, wann er vielleicht fürchtet, daß er auf vorbesagte Weise von andern für einen besondern Heiligen würde gehalten werden, die vorgesetzte Manier fahren lassen, und wegen der aus Gehorsam genossenen Ergötzlichkeit in andern unzulässigen Dingen sich abtödten, sich einigemal des Weintrinkens, oder andern geschmäckigen Speisen enthalten, damit er gleichwohl des Verdienstes des Gehorsams nicht beraubet werde, nach dem Exempel des Macarii Alexandrini, so in Gesellschaft anderer Geistlichen von selbigen oft gebeten worden, daß er mit ihnen Wein trinken wolle; denen er endlich, um zu zeigen, daß er auch gleich andern ein Mensch wäre, gefolget; nachmals aber so viel Tage Durst gelitten, und also des Wassers sich enthalten, als er Becherlein Wein getrunken hat; nachdem aber solches andere seine Mitbrüder vernommen, haben sie zu Verhütung einer so großen Marter, den frommen Mann zum trinken nicht mehr genöthiget. Unser ehrwürdiger Joannes a St. Guilielmo hat, so oft er bei den Weltkichen zur Tafel hat sitzen müssen, nach der Wiederkunft zum Kloster seinen Leib mit so strenger Disciplin hergenommen, daß von allen Seiten das Blut häufig herunter geflossen ist, dahero geschehen ist, daß seine Mitbrüder die Leute gebeten, sie möchten selbigen doch hinführo nicht mehr einladen.

24. Wollte Gott, daß alle Geistlichen diese unsere

Lehre gebührendermaßen beherzigten, und derselben nachzuleben sich unterstünden; sie würden sich sicherlich unter den Deckmantel des Gehorsams in so viele Laster
nicht stürzen. O wie viele kenne ich, und möchte wünschen, daß ich sie nicht kennte, welche von ihrer Obrigkeit oft und vielmal sind ausgesandt worden, entweder
um unterschiedliche Geschäfte in Kraft des Gehorsams
zu verrichten, oder mit einigen bekannten Weltlichen zu
speisen; und sind nichtsdestoweniger durch solche An-
schaffungen zu solcher Lauigkeit gerathen, daß sie den
Chorgang und andere geistliche Uebungen wie ein Ge-
spenst geflohen haben! woher aber ist dieser Widerwille
entstanden? mich gedünket nicht, daß er von dem Gehorsam seinen Ursprung habe, zumalen selbiger nicht
die Weigerung, sondern vielmehr die Vermehrung der
Gnaden Gottes verdienet; woher entsteht dann die Ursache dieser großen Armseligkeit? ich sage, und kann
anders nicht sagen, als daß selbige sich allein ihre Unglückseligkeit zuzumessen haben, weil sie dasjenige, so in
diesem vierten Theil ist gesagt worden, nicht gehalten
haben, derhalben geschehen ist, daß sie diese Befehle
vielmehr aus eigenem Nutzen, als aus Kraft des wahren Gehorsams vollbracht, und anstatt der Gnaden, sothane Strafe verdienet haben. Es gehören auch unter
die Zahl derselbigen diejenigen Geistlichen, welche zu
den widerwärtigen Geboten der Obrigkeit die Ohren
gleichsam verstopfen, in den beliebigen und anmuthigen
aber sich die allerhurtigste und gehorsamste zeigen unter allen, und derowegen suchen sie auf alle Weise mit
solchen Befehlen belästiget zu werden, die ihnen nur
gefallen; und vermeinen, daß sie dieserzestalt den Lohn

deß Gehorsams davon tragen werden; das ist aber weit
gefehlet; und lacht solche Geistliche billig aus der heil.
Bernardus, da er De trib. Ord. Eccl. der da also
spricht: Wer sich immer öffentlich oder heimlich befleißet,
daß ihm sein geistlicher Vater dasjenige auferlege, was
er gern will, der verführet sich, wann er sich vielleicht
über den Gehorsam schmeichelt; dann in sothaner Sache
ist er nicht seinem Vorsteher, sondern vielmehr ist der
Vorsteher ihm gehorsam. Im Uebrigen, so viel den Gehorsam wegen Annehmung der Aemter der Versammlung
betrifft, kann sich ein jeder unterrichten aus der Lection
von dem Ehrgeiz §. n 18. 19. und mit dieser gegebenen
Instruction vorlieb nehmen.

Die zweiundzwanzigste
geistliche Lection
Von dem Laster des Ungehorsams.

Peribitis, si inobedientes fueritis voci Do-
mini Dei vestri.   Deut. 8. v. 20.
Ihr werdet umkommen, wann ihr der Stimme des
Herrn eueres Gottes ungehorsam seyn werdet.

Der erste Theil.

1. Daß der Ungehorsam ein sehr großes Laster sey,
kann aus den schweren Strafen, mit denen der allmächtige Gott seine Rebellen züchtiget, genugsam erkennet
werden; deren eine derjenige Prophet erfahren, so von
dem falschen Propheten verführt worden, und in dessen
Haus gegen das Gebot Gottes gespeiset; derhalben er,
unangesehen seiner treugeleisteten Dienste im Weissagen
über den König Jeroboam, von einem Löwen zerrissen
worden; 3. Reg. c. 13. hiemit hat Gott anzeigen
wollen, wie hoch er den Ungehorsam seiner Diener
empfinde. Jonas hat dem Befehl des Herrn zu gehorsamen sich geweigert; wie große Zerstörung aber

und äußerste Gefahr des Schiffs und aller sowohl Gü=
ter als Menschen hat dieser Ungehorsam nicht verur=
sacht? Jon. 1. Ein Ungehorsamer verstöret eine ganze
Gemeinde, und der nicht gehorchet, widerspricht allem.
Die Erde hat die widerspänstigen Geschlechter Core,
Dathan und Abiron nicht tragen wollen, sondern hat
sie mit ihren Tabernaculen, Weib und Kindern, so da
in den Ungehorsam eingewilliget, lebendig verschlungen.
Num. 16. Unsere ersten Eltern haben durch den Un=
gehorsam die Sünde und den Tod in die Welt gebracht;
allen ihren Nachkömmlingen sehr schwere Trübsalen
aufgebürdet, und sich selbsten unwürdig gemacht des
irdischen Paradeis, Gen. 3. und du ungehorsamer
Mensch getrauest dir noch einzugehen in das himmlische;
der du ein Geistlicher zu seyn scheinest, und nicht bist;
gleichwie das ungehorsame, und in eine Salzsäule ver=
kehrte Weib Loths ein Mensch zu seyn scheint, und doch
nicht ist; Gen. 19. mehr bist du ein vermeinter, als
wahrer Geistlicher. Wegen des Ungehorsams ist der
von Gott erwählte König Saul seiner Regierung ent=
setzet worden, weil er nach dem Befehl Gottes die
Amaleciter nicht alle vertilget hat. 1 Reg. 15. Das
Israelitische Volk ist ob diesem Laster gefänglich in
Babylon geführet worden, wie im Propheten Jeremia
im 34sten Kapitel zu sehen ist.

2. Wie viele andere Strafen des Ungehorsams mel=
det nicht die heil. Schrift, kraft deren uns die göttliche
Majestät genugsam zu erkennen gibt, wie großes Ab=
scheuen dieselbe über die Sünde trage, so da wegen
ihrer übermäßigen Bosheit vielmalen eine Abgötterei
genennet wird; und daß wir durch solche Exempel heil=

ſam unterrichtet, unſern Vorſtehern den ſchuldigen Gehorſam zu leiſten gleichſam genöthiget werden; und
wann uns ſothane Beiſpiele von der Grauſamkeit dieſer
Untugend nicht abſchrecken ſollten, ſo ſollen doch diejenigen
Plagen, mit denen Gott den Ungehorſam auch im neuen
Teſtament nach Zeugniß vieler glaubwürdigen und hl.
Männer gezüchtigt, unſerer Schuldigkeit uns erinnern.
Ein ſicherer Geiſtlicher aus dem heil. Prediger-Orden
erkühnet ſich, ohne Erlaubniß Fleiſch zu eſſen, und wird
alsbald vom Teufel ſämmerlich geplaget; und da dieſer
hölliſche Feind vom heil. Dominico ſeines ſolchen Ver-
fahrens halber beſtraft wird, gibt ihm zur Antwort:
dieſer Mönch hat gegen deine Satzung Fleiſch gefreſſen:
Der hl. Vater aber hat den armſeligen Geiſtlichen von
ſeiner Sünde losgeſprochen, und den leidigen Satan
vertrieben. Ein anderer aus ſelbigem Orden hat ebenfalls große Ueberlaſt von dieſem hölliſchen Feind leiden
müſſen; und da ſelbigen ſeine Mitbrüder zur Kirche
getragen, ſind alsbald alle Ampeln der Kirche erlöſchet.
Der heil. Dominicus aber hat dieſen böſen Geiſt beſchworen, und die Urſache ſolches heftigen Plagens zu
bekennen genöthiget, welcher dann ausgeſagt, daß der
Mönch dieſe Strafe daher verdienet habe, dieweil er
ohne Erlaubniß, und ohne vorhergemachtes Zeichen des
heil. Kreuzes Wein getrunken hat. Indem man nun
zur Metten geläutet, hat er den gleich einem Todten
auf dem Boden liegenden Bruder verlaſſen. Im Kloſter des heil. Amati hat eine geiſtliche Jungfrau ohne
Erlaubniß einen Apfel gegeſſen, und iſt zur Stunde
wegen dieſes Ungehorſams vom Teufel beſeſſen, und
armſeliger Weiſe tractiret worden. Beſſer hat ſich vor-

gesehen derjenige Geistliche, so in eine unzeitige Traube
verliebet, dieselbe doch ohne Erlaubniß seiner Obrigkeit
nicht hat essen wollen; und da er selbige abgebrochen,
anstatt der Trauben eine Schlange in seiner Hand gefunden hat, die er dann augenblicklich von sich geworfen, und solches seinem Obern bedeutet hat; welcher
diese Schlange bei dem Schweif gefasset, und wohl-
merkend, wer in derselben verborgen sey, zur Kirche
geschleppt, allwo der Teufel aus dem Maul der Schlange
rundaus bekennet hat, daß er dem Mönchen das Kloster würde zu eng gemacht haben, wann er die Traube
ohne Erlaubniß würde genossen haben.

3. Behüte uns Gott! wann zu heutigen Zeiten die
Gott verlobten Personen dergleichen Ungehorsams halber sothanen ungestümen Gast beherbergen sollten, wie
viele würde man nicht Besessene finden! Ob zwar der
gerechte Gott derselben anjetzo verschonet; so werden sie
doch derjenigen grausamen Strafen, so den Ungehorsamen
bereitet sind, nicht entgehen; lang geborgt ist nicht ge-
schenkt. Gott weiß sich der gelegenen Zeit zu gebrauchen, und strafet nachmals, wann nicht die Bußfertigkeit die Mittlerin wird, viel härter. Zu Bestätigung
aber der angezogenen Wahrheit erzählet der gelehrte
Scribent Zacharias Boverius Ann. Capuc. 1559, daß
ein Capuziner Laibruder die ganze Woche durch im
Garten gearbeitet, am Sonntage aber wurde er von
seiner Obrigkeit mit den Priestern desselben Ordens, welche
an andern Orten predigen mußten, ausgeschickt. Ueber
solche Mühewaltung und immerwährenden Anschaffung
des Obern wurde dieser Geistliche zuletzt verdrießlich,
und beschloß bei sich, lieber den Orden zu verlassen,

als diesem Befehl erwähntergestalt zu gehorchen. Da
nun am nächstfolgenden Festtag anstatt seiner, ein an=
derer dem Prediger zugesellet wurde, und er in Furcht
stund, daß er sollte ausgeschickt werden, unterließ er
nach dem Mittagsmahl die fünf Vater unser und eng=
lische Grüße nach Gewohnheit mit den andern zu be=
ten, und machte sich mit diesem bösen Vorhaben heim=
lich davon nach seiner Zellen. Siehe, da wurde das
Kloster eilends von einer sehr großen Anzahl der her=
anfliegenden Raben gleichsam bestürmet, welche mit ih=
ren Flügeln und Schnäbeln sich äußerst bemüheten, in
die Zelle des gemeldten Bruders hinein zu brechen.
Ueber dieses ungewöhnliche Geschrei wurde Jedermann
verwundert, und wußte keiner, was er von selbigem
urtheilen sollte, außer dem ehrwürdigen Pater Guar=
dian, welcher unfehlbar dafür hielt, daß diese keine
Raben, sondern vielmehr lauter Teufel wären, so da
bevollmächtigt, einen aus der Gemeinde mit sich in den
höllischen Abgrund zu schleifen. Derhalben ein jeder
das heilige Sacrament der Buße zu ergreifen sich be=
fliß, außer diesem Bruder, welcher mit Abwendung der
Raben genug zu schaffen hatte, diesen berief der Gu=
ardian zu sich, und ermahnte denselben ernstlich, daß
er sein Gewissen erforschen, mit gebührenden Entdeckung
der verborgenen Sünde dieser anstehenden Gefahr zu
entgehen sich unterstehen sollte: Es fiel anfänglich die=
sem Geistlichen schwer, der so väterlichen Ermahnung
zu gehorchen; sobald er aber gebeichtet, und von seinen
Sünden losgesprochen worden, sind die höllischen Ra=
ben nicht ohne entsetzliches Geschrei verschwunden.

4. Viele sind, welche den Befehl der Obrigkeit ver=

richten, aber nicht ohne Murmeln. Ein wahrer Gehorsamer, sagt der heil. Ephrem Serm. de Obed. Reg.
verschmähet seinen Vater nicht, er strafet nichts an ihm,
und widerspricht demselbigen auch mit seinen Gedanken
nicht. Und der hl. Columbanus S. Columb. l. 1. p. c. 13.
hält dafür, daß, wann einer murren würde, selbiger
seines gethanen Gelübdes gemäß nicht gehorche; und
also ein ungehorsamer zu schätzen sey; derhalben soll
dessen Werk so lang verworfen bleiben, bis sein guter
Wille verspüret werde. Andere sind auch, die ihren
Ungehorsam durch allerhand Entschuldigungen bemän-
teln, und gedenken nicht, daß Gott mit sich nicht spotten lasse. Aus dieser Anzahl ist derjenige gewesen,
welcher alle ihm mißfälligen Gebote der Obrigkeit mit
herrlich scheinenden Farben der unrechtfertigen Ausle-
gung anzustreichen wußte, daß er gleichsam mit gutem
Fug dieselbige zu vernachläßigen, und seinen eigenen
Willen zu vollbringen sich getrauete. Es läßt aber,
wie gesagt ist, der gerechte Gott mit sich nicht scherzen,
derhalben dieser unglückselige Geistliche in seinem Todbett die heilsamen Erinnerungen der christlichen Bußfertigkeit und Vorbereitung verworfen, und gesagt hat:
Ich bedarf keiner Sacramenten, dieweilen ich meiner
Verdammniß versichert bin; ich habe nichts gethan,
als was mir gefallen hat, derowegen Gott gefallen hat,
mich ewiglich zu verdammen. Und obschon sich alle
Umstehenden äußerst bemühet haben, sothane Verzweiflung durch die unendliche Barmherzigkeit Gottes zu
vermitteln, so hat dannoch der Kranke sein voriges Lied
gesungen: ich bin ewiglich verdammet; und in diesen
Worten den Geist aufgegeben. Also verfolget Gott den

Ungehorsam. Der wahre einfältige Gehorsam will auch
mit der geringsten Entschuldigung nichts zu schaffen haben; dahero der hl. Columbanus In Reg. p. 2. c. 8.
verordnet hat, daß derjenige, so auch mit einer Einfalt
seine Entschuldigung vorbringt, und dieserhalben seine
Schuld nicht alsbald erkennet, und um Vergebung bittet, mit fünfzig Streichen solle hergenommen werden.

Der andere Theil.

5. Weiters, meine christliche Seele, wollen wir in
Erfahrung kommen, daß auch vielmal die guten Werke,
so aus eigenem Willen, und ohne den Gehorsam geübt
werden, dem allmächtigen Gott mißfallen. Was war
doch süßer und geschmacker, als eben das Himmelbrod,
eine Speise des israelitischen Volkes in der Wüste?
Allen lieblichen Geschmack hatte dieses Brod an sich;
und dannoch verdarb alles, was von selbigem gegen
den Befehl Gottes bis auf den andern Tag aufbehalten wurde; Exod. 16. daraus wir dann gnugsam abzunehmen haben, daß auch alle geistreichen und heiligen
Werke, so dem Willen der Obrigkeit zuwider geschehen,
verderbet, und zu Wasser werden; zumalen ein iedes
Verbrechen sein Uebel nach sich führet. Dieses hat erfahren ein sicherer Novitius, Bover. An. Capuc. 1571.
welcher von seinem Magister oft ermahnet wurde, daß
er außer dem Gehorsam auch so gar nicht beten sollte.
Dieweilen er aber dieser Ermahnung nicht gebührlich
nachlebte, sondern bei nächtlicher Weile sein Gebet zu
verrichten pflegte; und über solchem Gebet einmal ertappt, mit Worten scharf hergenommen, und aus dem
Chor zur Zellen hingewiesen wurde; ging er zwar hin,

aber nicht ohne Murren, daß ihm nicht zugelassen wurde, dem hl. Gebet abzuwarten; fing derhalben in der Zellen wiederum an zu beten wie vorhin. Er hat aber für solches Gebet einen unvermuthlichen Lohn bekommen, indem ihn der höllische Satan mit solcher Ungestümmigkeit angefallen, daß er ihn ohne allen Zweifel erwürget hätte, wann ihm nicht sein geistlicher Vater wäre zu Hülfe gekommen, und ihn mit großer Mühe der Gewalt des Teufels entrissen hätte; wäre also mit seinem Schaden bald in Erfahrung gerathen, daß auch die Verrichtung der guten Werke ohne den Gehorsam der Obrigkeit, der göttlichen Majestät zuwider sey. Dieses bekräftiget noch mehr ein anderer geistlicher Laibruder desselbigen Ordens, so das Amt des Pförtners verwaltet. Dieser übte sich in stätem Fasten, in Wasser und Brod und andern Bußwerken gar eifrig, und verrichtete schier alles im Kloster mit bloßen Füßen und unverdrießlicher Mühe und Arbeit ganz allein; man konnte unterdessen, an dessen Leib keinen, auch den geringsten Mangel, keine Erbleichung oder Entsetzlichkeit des Angesichts, so von dem schweren Fasten und unerträglichen Arbeit zu entstehen pfleget, ersehen; sondern vielmehr mußte man diesen Bruder für den allergesundesten und stärkesten unter andern halten. Er war immer also beschäftiget, daß mit ihm der Guardian und andere ein großes Mitleiden trugen, und ihn öfters ermahnten, daß er seiner doch etwas verschonen wollte; denen er dann immer antwortete, daß er von der Arbeit und Bußwerken im Geringsten nicht beschweret werde, sondern ihm dieses alles gar leicht und erträglich falle. Hierüber geschiehts, daß dem neuangekommenen Generalen desselben Ordens, Namens Thomas, andere Brüder diese verwunderliche und auferbauliche Weise zu leben erzählen; welcher denselben Bruder zu sich berief, und ganz bescheidentlich ermahnte, von sothaner Schärfe und fast unerträglichen Manier etwas nachzulassen. Dieser aber antwortete, wie zuvor, daß ihm von allem, was er thue, nichts beschwerlich sey. Nun war es der Brauch, daß alle Brüder zu Anfang des Mittagmahls ihre Schuld vor dem General des Ordens bekenneten; in deren Zahl sich auch der oftgedachte Bruder finden ließ, dessen Hartnäckigkeit dem obgemeldten Vorsteher schon gnugsam bewußt war, so dann nach gesprochener Schuld, diesem Bruder befohlen, daß er all dasjenige, was er vorhin aus eigenem Willen verrichtet, fortan aus Gehorsam thun sollte. Kaum waren diese Worte ausgesprochen, siehe, da fällt mein guter Bruder urplötzlich zur Erde; das Angesicht erbleichet, die Wangen fallen ein, die Zunge erstummet, alle Kräfte des Leibs verschwinden augenblicklich, und er wird halb todt zum Krankenhaus getragen. Da hat ein jeder alsbald vermerket, daß die verlornen Kräfte und gesunde Gestalt des Leibs vom bösen Feind herkommen seyn, welcher in des Bruders eigenem Willen Posto gefaßt hatte. Ist nachmalen zur Gesundheit gelangt, und allen ein Zeugniß worden, daß man auch die heiligen Uebungen dem Gehorsam nicht vorziehen müsse.

6. Wann du Tag und Nacht fastest und betest, sagt der hl. Vater Augustinus, wann du ein härenes Kleid trägst, deinen Leib kasteiest, und alles unsträflich hältst, was in den Satzungen geboten wird, und endlich vermeinest, daß du alles weislich verrichtet habest; gleich-

wohl deinem Vorsteher nicht gehorcheſt, ſo haſt du alle
Tugenden verloren; der einzige Gehorſam gilt mehr
als alle Tugenden. Glaubeſt du nun nicht dem heil.
Auguſtino, meine chriſtliche Seele, glaubeſt du nicht den
angezogenen wahrhaften Exempeln; ſoll dir auch nicht
ſchmecken die Geſchichte der alten hl. Schrift vom Himmelbrod, und andere; ſo ſchlage zuletzt deine Augen
ins neue Teſtament Luc. 5. auf den armen fiſchenden
Petrum, und ſiehe, wie ſelbiger nach ſeinem Belieben
fiſchend, kein einziges Spierling fing; da er aber aus
Gehorſam ſein Garn auswirft, mit einem Zug ſo häufige und anſehnliche Fiſche mit dicken Köpfen erwiſche,
daß er auch mit ſelbigen zwei Schifflein erfüllen könne,
dieſes verurſachet der Gehorſam. Willſt du nun dein
Netz mit Fiſchen, ich will ſagen, mit göttlichen Gnaden
angefüllet, zu dir ziehen, ſo arbeite nicht auf deinem
eigenen Willen und Wohlwollen, ſondern wirf dein
Garn nach dem Befehl deiner Obrigkeit an denjenigen
Ort, den er dir zeigen wird.

Die dreiundzwanzigste
geistliche Lection
Von der Geduld der Geistlichen.

———

Patientia vobis necessaria est, ut voluntatem Dei facientes reportetis promissionem.
Hebr. 10. v. 35.

Geduld ist euch nöthig, auf daß ihr den Willen
Gottes thut, und die Verheißung erlanget.

Der erste Theil.

Weilen alle Klöster der gottverlobten Schulen sind
der Geduld, in welchen ein Geistlicher vom Morgen
bis zum Abend nichts anders zu gewarten hat, als Beschwerlichkeit und Plagen; und dann diese Widerwärtigkeiten sowohl der menschlichen Natur zumalen verdrießlich fallen, als auch dem anfangenden Schüler
den gefaßten Muth zu benehmen bestand sind; als wird
erfordert, daß sich derselbe also in dieser Schuld Christi,
zur tapfern Ueberwindung alles Widrigen sonderbar
bereite; damit er anfänglich dasselbe mit Geduld ertragen, und nachmals hurtig, gern und leichtlich; und
endlich auch in Freude und Fröhlichkeit mit dem hl.

Apostel Andrea sein Kreuzlein umhalsen lerne, und dasselbe mit den Worten dieses glorwürdigen Jüngers Christi begrüsse: O du gutes und langverlangtes Kreuz; wie habe ich dich so sorgfältiglich geliebet, wie habe ich dich ohne Unterlaß gesuchet! Siehe, nun bist du meinem begierigen Herzen zu Theil worden; derohalben komme ich mit Freude und Sicherheit zu dir; nimm mich hin von den Menschen, und gib mich wieder meinem himmlischen Lehrmeister; damit durch dich derjenige mich wieder bekomme, so mich nicht ohne dich erlöset hat. Es wird aber die Geduld entworfen, daß sie nämlich eine Tugend sey, Kraft derer wir die Widerwärtigkeiten dieser Welt mit ruhigem Gemüth leiden, und derenhalben weder innerlich verstöret, oder unmäßiglich betrübet werden; weder auch äußerlich etwas unziemliches oder unordentliches begehren.

2. Weiters wird diese Tugend in fünf Geschlechter vertheilet, deren das erste ist die Geduld in dem Schaden der zeitlichen Wohlfahrt, das ist, in Reichthümern, Aecker, Viehe und dergleichen Güter; in diesem Schaden, er entstehe her, wo er immer wolle, muß man sich der Worten des geduldigen Jobs gebrauchen: Der Herr hats gegeben, der Herr hats genommen, wie es dem Herrn gefallen hat, also ist geschehen: der Namen des Herrn sey gebenedeiet. Das andere ist die Geduld in den übeln Zuständen des Leibs, so da sind der Hunger, Durst, Kälte und Hitze, Krankheiten und Schmerzen, so da durch freiwillige Züchtigungen, oder durch andere recht- oder unrechtmäßig dem Menschen zustossen, welche alle gleichsam von der göttlichen Vorsichtigkeit, entweder zur väterlichen Bestrafung, oder zu einer lieb-

kosenden Probe, oder zur häufigern Belohnung zugefüget, mit höchster Ehrerbietigkeit und Zufriedenheit
müssen angenommen werden, auf daß wir im widrigen
Fall nicht zu hören gezwungen werden, was Gott der
seligen Mariä Diaziä; so sich über die große Kälte beklagt, verweislich vorgeworfen, und gesagt hat: ich bin
die Ursache dieser Kälte, und du murrest noch darüber.
Das dritte ist die Geduld in dem Schaden der Ehre
und des guten Namens; desgleichen einiger entweder
durch die Gedanken allein verursachet wird; als da sind
die Geringschätzung, der Verdacht, die freventliche Urtheile, Haß und Widerwille, oder durch die Rede allein; als da sind die Bestrafungen, Verachtungen, Verläumdungen, Schänd- und Schmähworte, Ohrenblasen,
Anklagen und falsche Berichte: oder durch das Werk
selbst, als nämlich durch Auslachung, Verhöhnung Casteiung, Erniedrigung, abschlägige Antwort, Vorziehung
anderer und Verfolgungen. Das vierte Geschlecht der
Geduld, sind die Uebel der Seele, wann nämlich der
Mensch des gewöhnlichen Trosts des Geistes beraubt
wird; wann ihm aller Geschmack zu den geist- und
göttlichen Dingen entzogen, und er hingegen mit allerhand Scrupel und Zweifel geängstiget; mit Zerstreuung, Dunkelheit, Verzagung, Unvollkommenheit und
Versuchungen wird heimgesucht; wann er in Sünden
fällt, und vermerkt, daß er in den geistlichen Sachen
wenig zunehmet, und daß ihm die göttliche Huld zur
Zeit benommen, und von seinem Beichtvater und geistlichen Lehrmeister oft versucht werde. Das fünfte Geschlecht der Geduld, sind die Uebel des Nächsten, so
da aus anderer bösen Sitten und Werken entstehen,

und von uns weder gebessert, noch können vermerkt werden; oder aus widrigen Zufällen, als da sind Unglücke, falsche Berüchtigungen, Krankheiten, Sterben, und andern Widerwärtigkeiten, herkommen; in diesen allen ist uns (wie der hl. Apostel Paulus lehret) die Geduld sehr nöthig, auf daß wir den Willen Gottes vollbringen, und also der Verheißung theilhaftig werden.

3. Im übrigen sind diese die Wirkungen der Geduld, daß man nämlich dasjenige, welches zu leiden vorfällt, erstlich seinen Sünden zuschreibe; dann also hat Christus die hl. Brigittam gelehret: Lib. 6. Revel. c. 65. Wann einer, sagt er, verachtet wird, der soll sich darüber nicht betrüben, sondern sich also anreden: Es ist billig, daß mir solches überkomme, weil ich so oft in dem Angesicht Gottes gesündiget, und keine genugsame Reue darüber getragen habe; ich habe freilich noch ein größeres verdient; derohalben bethet für mich, damit ich in Ertragung der zeitlichen Schmach, entgehen möge der ewigen; dahero sagt recht der hl. Laurentius Justinianus: ein Demüthiger vermeinet immer, daß er ein mehreres zu leiden verdiene, als er leidet, und dieserhalben trägt er alles, was schwer ist, geduldiglich, und erzeiget sich seinem Gott in den Anfechtungen sehr dankbarlich. Wie großen Nutzen, wie großen Verdienst und Dank nun derselbige bei seinem Gott gewinne; der da in seinem Sinne sich nicht erhebet, den anfallenden Widerwärtigkeiten die Stirne bietet, die angethane Schmach mit ruhigem Herzen annimmt, und alle widrige Zufälle seinen eigenen Sünden aufmesset; kann in Wahrheit mit keiner Feder genugsam beschrieben werden. Zum andern kann die

Wirkung der Geduld daraus erkennet werden, wann
man von Weinen und übermäßiger Traurigkeit sich ent-
hält, wie unser Heiland und Seligmacher den gottseligen Susonem unterwiesen, und über das Weinen, wegen der von andern ihm zugefügten Unbilden mit diesen Worten bestrafet hat. Schäme dich, daß du gleich
einem Weib also weinest; vermerkest du nicht, daß du
dir hierdurch bei allen himmlischen Einwohnern einen
Schandflecken verursachest? Wische ab die Zähren, und
nimm an ein fröhliches Angesicht, auf daß sowohl die
Teufel als die Menschen nicht sehen, daß du wegen
ausgestandenen Trübsal geweinet habest. Drittens ist
dieses ein wahres Zeichen der Geduld, wann man derjenigen Orten und Personen sich nicht entschlägt, an,
und von denen man leidet; und dieser war vor Zeiten
der heilsame Rath der Altväter. L. 5. Libell. 7. n.
32. Wann eine Versuchung über dich kommen wird
an dem Ort, allwo du wohnest; so fliehe denselben nicht
in der Zeit der Versuchung; dann, so du diesen wirst
verlassen haben, wirst du vor dir finden, was du gemeidet hast, du gehest hin, wo du immer wollest, derohalben lebe in Geduld, bis die Versuchung vorüber ist;
diese Wahrheit hat in der That erfahren ein sicherer
Geistlicher, welcher in seinem Kloster gegen die Geduld oft sündigte, und dahero zur Einöde sich verfügte,
damit ihm also die Gelegenheit des gähen Zorns benommen, und er in mehrerer Zufriedenheit leben möchte.
Nun trug sich zu, daß er ein Geschirr mit Wasser ge-
füllet, neben ihm stehend unversehens verschüttete; und
da er selbiges wiederum angefüllet, abermal umstieß,
und endlich zerbrach; da vermerkte selbiger, daß er vom

Geist der Ungebuld, betrogen wäre; derohalben redete er sich selbsten an, und sagte: Ich will wiederum zum Kloster gehen; dann ich sehe wohl, daß die Gebuld und Hülfe Gottes überall sehr nöthig sey.

4. Viertens ist diese eine Wirkung der Gebuld, wann man mit der hl. Katharina von Senis nicht begehret, der Widerwärtigkeit entlediget zu werden; diese so keusche und englische Jungfrau war berüchtiget worden, daß sie an ihrer Jungfrauschaft Schaden gelitten hätte; dieses böse Geschrei hat sie Christo ihrem Bräutigam aufgeopfert, und nicht begehret, daß er ihre Unschuld vertheidigte, sondern daß sie nur vom leidigen Satan nicht überwunden, und vom Dienst Gottes verhindert würde; zu solchem Ende bringt der gelehrte Epictetus diese heilsame Lehre hervor mit folgenden Worten, und sagt: r. 2. Ench: Kap. 7. Gleichwie ein Reisender von denen, so ihm begegnen, den Weg erfraget, welchen er eingehen müsse, und ihm eben gleich ist, ob er zur Rechten oder zur Linken gewiesen werde, wann er nur durch den besten und geradesten Weg zu seinem vorgenommenen Ort gelangen möge; also sollen wir zu unserm Gott hinzugehen, und auf dieser Reise nicht nach unserm Wohlgefallen die rechte Hand der annehmlichen Tröstungen mehr, als die Linke der Trübsalen erwählen. Letzlich kann diese die allervortrefflichste Wirkung der Gebuld benamset werden; wann man die Widerwärtigkeiten verlanget, und mit dem frommen Job dieser Gestalt dieselbe zu begehren sich erkühnet. Wer möchte geben, daß mein Gebeth komme, und daß mir Gott dasjenige gebe, darauf ich warte; und der es angefangen hat, der reibe mich auf, er entbinde seine

Hand, und haue mich ab, und sei dieß mein Trost, daß er mich mit Schmerzen plage, und verschone meiner nicht. Job. Kap. 6. V. 8. 9. et 10. Den herrlichen Nutzen dieses Verlangens zeigt uns, der selige Laurentius Justinianus mit diesen Worten: De Discipl. Mon. c. 7. Wer wird den Gewinn dieser gottseligen Begierde der Gebühr nach beschreiben können, zumalen selbige das Gemüth mit neuen Kräften stärket, und machet das Kreuz leichter; sie beförderet die Verharrung, verursachet die Heiligkeit, machet ihren Besitzer, den Martyrern gleich, und erwirbt ihm das himmlische Vaterland.

5. Damit du nun, meine christliche Seele, sothane Wirkung der Geduld mit erwähnten Ersprießlichkeit üben mögest, dazu wird dir die andächtige Betrachtung des Leidens und Sterbens Christi vor allem eine sehr getreue Helferin abgeben; sintemalen wir billig zu großem Leiden entzündet werden, wann wir sehen, daß uns unser Haupt= und Lehrmeister mit so stattlichem Exempel aus Liebe gegen uns ist vorgegangen. Dahero bestrafet dieser göttliche Bräutigam die hl Brigittam wegen ihren wenigen Ungeduld und Widerwillen, mit diesen holdseligen Worten: Blos. mon. Sp. c. 4, Ich, sagt er, dein Erschöpfer und Bräutigam, habe für dich mit Geduld gelitten so viele und harte Schläge; und du bist so ungeduldig gewesen, daß du auch nicht hast können ausstehen die bloße Worte: Ich bin vor dem Gerichte gestanden, und habe zu meiner Verantwortung den Mund nicht eröffnet; du aber hast mit bittern und verweislichen Antwort deine Stimme zu viel hören lassen. Du hättest alles geduldiglich sollen

tragen meinetwegen, der ich mit Nägeln geheftet bin
worden deinetwegen; und hätteſt durch deine Starkmüthigkeit diejenige, ſo gefallen waren, zum Aufſtehen ſollen aufmuntern. Sei derohalben hinfüro behutſamer,
und wann du von einem oder andern zum Zorn wirſt
angereizet, ſo rede nicht leichtlich, bis der Eifer von
deinem Herzen verſchwunden iſt. Nach dieſer innerlichen Bewegung, erforſche die Urſache derſelben reiflich,
und alsdann rede mit Sanftmuth. Sollteſt du aber
mit dem Reden nichts ausrichten, und mit dem Schweigen nicht ſündigen, ſo würdeſt du beſſer thun, und einen größern Verdienſt erwerben, wann du ſchweigeſt.
Dieſer iſt der Rath Chriſti, den er ſeiner geliebten
Braut gegeben hat. Du aber nimm denſelben auch mit
Dank an, und höre aus folgender Geſchicht, wie weit
du noch von der wahren chriſtlichen Geduld entfernet
ſeyſt. Es hatte der hl. Petrus aus dem Orden des
hl. Dominici, ſo nachmals ein Blutzeuge Chriſti worden, durch große Heiligkeit ſich dergeſtalt bei dem lieben Gott verdient gemacht, daß er auch von ſelbigem
und deſſen Auserwählten ſichtbarlicher Weiſe oft und
vielmal beſuchet worden. Da er nun einsmals nach
Gewohnheit in ſeiner Cellen in einem ſehr eifrigen Gebeth begriffen geweſen, ſiehe, da ſind die hl. Jungfrauen Agnes, Catharina und Cäcilia zu ihm gekommen, und haben mit dem bethenden Petro ſo vertraulich, und mit ſo heller Stimme geredet, daß ein vor-
beigehender Geiſtliche deſſelben Ordens ſothanes Geſpräch gehöret, und vermeint hat, es ſeyn aus der
Stadt einige Frauenzimmer ins Kloſter gelaſſen worden. Derohalben er in dieſem Eifer den Petrum bei

öffentlicher Versammlung verklaget, und solche That
bei andern gar empfindlich gemacht hat. Mein guter
Petrus hat immittelst seine himmlische Gunsten und
Gnaden nicht wollen kundbar machen, dahero hat er
aus Demuth sich nicht entschuldiget, sondern mit blosen
Stillschweigen sich vertheidiget; und nachdem er sich zur
Erde niedergeworfen, dieß allein gesagt, daß er ein
Sünder und vielen Fehlern unterworfen sey. Hierauf
hat der Vorsteher des Klosters den Petrum in aller
Geistlichen Anwesenheit scharf hergenommen, und ihm
vorgeworfen, daß er mit seinem bösen Exempel andere
geärgert habe, und hat ihn zu einem weitabgelegenen
Kloster geschickt, und daselbst als einen Gefangenen
tractiren lassen. Ob nun dieser gottselige Mann diese
Schande mit großer Starkmüthigkeit zwar ausgestan=
den, so hat er gleichwohl nach erlittener einiger Mo=
naten Gefängniß sein Elend zu empfinden angefangen;
und da er einsmals zur Kirche kommen, ist er voller
Traurigkeit vor der Bildniß des gekreuzigten Heilands
niedergefallen, und hat sich mit aller Holdseligkeit sei=
nes Wehestands beklaget, und seinen Jesum zu fragen
sich erkühnet, woher er so langwierige Schmach um ihn
verdienet habe; und warum aus seinen himmlischen
Freunden sich niemand zum Vertheidiger seiner Unschuld
erböte. Dieser mündlichen Supplication gibt Christus
vom Kreuz allsolche Antwort: Was habe ich verschul=
det, mein Petre, daß ich an dieses Kreuz habe müssen
geheftet werden; lerne du die Geduld aus meinem
Exempel. Ein gar geringes ist, was du leidest, und
kann solches mit meinen Peinen und Schmerzen nicht
verglichen werden. Aus diesen Worten des Herrn, ist

der gute Petrus theils getröstet, theils schamroth worden, hat alsbald zu mehrern Widerwärtigkeiten sich erbothen, und mit brennendem Herzen seinen Erlöser gebethen und gesagt: Als besser daran, als besser daran,
mein Heiland; mehre du die Schande, vermehre die
Verachtung; du wirst auch vermehren die Belohnung.
Lerne derohalben, meine christliche Seele, lerne ergreifen in der Schule Christi, und nach dem Exempel Christi,
in deinen widrigen Zufällen die Gebuld der Heiligen;
und gedenke, daß diese Worte deines Erlösers dir ebenfalls gesagt sey; und also wirst du auch mit dem hl.
Petro rufen: Als besser dran, als besser dran, mein
Gott! vergrößere das Kreuz, vermehre die Verfolgung.
Was du aber für Gnaden zu gewarten habest, das
hast du aus dem obangezogenen Laurentio Justiniano
vernommen.

Der andere Theil.

Allen und jeden ist genugsam bekannt, daß die
Schmerzen den Leidenden am schwersten fallen, wann er
vermeint, daß er allein leide; und ihm hergegen leichter angekommen, wann er siehet, daß auch andere den
Trübseligkeiten sich biegen müssen. Dahero habe ich für
rathsam befunden, (damit in der Tugend der vorhin
ausgelegten fünffältigen Gebuld niemand wankele) diejenige mit den Augen des Herzens zu beschauen, welche
uns in dergleichen Widerwärtigkeiten sind vorgegangen,
und alle sehr herrliche Exempel hinterlassen haben, so
da von jedem Christglaubigen, insonders aber von den
Geistlichen billig sollten nachgefolgt werden. Auf daß
wir nun wegen Abgang der zeitlichen Dingen nicht un-

ordentlich betrübet werden, sondern solchen unsern Mangel mit einem Heldenmuth erdulden mögen, lehret uns
neben dem geduldigen Job, erstlich der hl. Remigius,
welcher eine große Theurung vorgesehen hatte; derohalben hat er zur Erhaltung der Armen eine sehr ansehnliche Menge Getreid versammelt; so aber von einigen Böswichten verbrennet worden. Nach eingenommener dieser traurigen Zeitung ist der hl. Mann, um
solches Wüthen der Feinde zu stillen, zu Pferd gesessen,
und hinzugeeilet. Nachdem er aber alles durch die
Flammen ergriffen gesehen, ist er abgestiegen, und hat
sich wegen eingefallener Kälte zum Feuer begeben, und
mit ganz ruhigem Gemüth und aller christlichen Zufriedenheit gesagt: Das Feuer ist allezeit gut. Dem hl.
Bernardo einem Clarevallensischen Abt werden zwei-
hundert Pfund Silber, so ihm zu Erbauung eines
Klosters überschickt waren, von den Straffenräubern
abgenommen, und sagt Deo gratias. Gebenedeiet sey
Gott, der uns einer solchen Last enthoben hat.

7. Allhier ist zu beobachten, daß diese und dergleichen widrige Zufälle den Dienern Gottes nicht ungefähr zustossen, sondern es ist zu glauben, daß selbige
von der göttlichen Gütigkeit ihnen von Ewigkeit also
verordnet seyn, damit sie hierdurch der Gnade und Gaben Gottes desto fähiger gemacht, und hernach desto
reichlicher im Himmel belohnet werden, nach dem Beispiel desjenigen frommen Geistlichen, so nach Zeugniß
des Cäsarii in allen immer vorfallenden Widerwärtigkeiten seinem Gott allzeit Dank sagte, und dahero zu
solcher Heiligkeit gelangt ist, daß auch durch blosses
Anrühren seiner Kleidung die Kranke gesund worden.

Die hl. jungfräuliche Mutter Theresia hat Zeit ihres Lebens einem sichern reichen Kaufmann (welcher sich ihrem Gebeth empfohlen hatte) solchen Brief zugeschrieben: dieweilen ich verstanden habe, daß der Herr meinen geistlichen Schwestern sehr beförderlich sey, und daß er hinwiederum Kraft meines Gebeths geholfen zu werden verlange; als habe ich nach aller Möglichkeit dieses zu verrichten mich unterstanden. Derohalben bedeute demselben hiemit, was maßen ich von Gott versichert bin, daß sein Namen in das Buch des Lebens geschrieben sey. Zum Zeichen aber, daß ich die Wahrheit schreibe, solle der Herr wissen, daß ihm von Stund an in diesem zeitlichen Leben nichts werde glücklich von Statten gehen. Also ist es geschehen; dann in weniger Zeit hernach sind ihm seine Schiffe zu Grund gegangen, daß er auch Banquerot zu machen gezwungen worden. Ueber sothanen schmerzlichen Zufall des Kaufhändlers haben sich dessen gute Freunde erbarmet, und sind demselben mit einer Summe Geld in diesen Nöthen beigesprungen, auf daß er von neuem sein Glück versuchen möchte. Demnach ihm aber zum andernmal das Spiel übel gelungen; hat er seine Rechnungsbücher zu sich genommen, und ist mit selbigen ganz freiwillig in den Kerker gegangen; die Schuldner aber haben in Anschung der Unschuld des frommen Kaufmanns ihm nicht überlästig seyn wollen, und er ist also mit dem Willen Gottes zufrieden, arm und bloß gestorben.

8. Dieß einzige erzählte, und in Wahrheit also geschehene Exempel soll dir, meine christliche Seele, so wohl, als mir, und allen Christglaubigen ein billiger genugsamer Antrieb zum Leiden seyn, aus dem du reif=

lich abnehmen kannst, daß Gott diejenige, für welche
so eifrig gebethet wird, in diesem Zeitlichen fähig mache,
die Krone der ewigwährenden Seligkeit zu verbessern,
und sich derselben durch die gegenwärtige Trübseligkeiten mehr und mehr zu versichern. O wie manchem
wäre besser, daß er an Platz Reichthümer, die christliche
Geduld in Armuth besäße, dessen Herz in den zeitlichen
Gütern also vertiefet ist, daß sich es zu seinem Gott
zu erheben, schier aller Gewalt beraubet werde; recht
und wohl bethet man für solche, daß ihnen die Ursache
ihres ewigen Verderbens durch Widerwärtigkeit entzogen werde. Nun höre gleichwohl zu Ersättigung deines
geistlichen Vorwitz noch weiters das Exempel unseres
ehrwürdigen Joannis à S. Guilielmo, welcher das Amt
des Vorstehers freiwillig verlassen, und, damit er seinem lieben Gott desto besser dienen möchte, in der Einöde zu leben erwählet hat; demnach er sich nun von
seinen guten Freunden beurlaubet, und seine Schriften
auf einen Esel geladen, ist er den geraden Weg mit
selbigem nach Etrurien gereiset: diesem anfangenden
Einsiedler sind aber nach abgelegten einigen Meilen
Wegs zween Mörder begegnet, so den Esel zu ihrer
Nothdurft begehrt haben; denen er selbigen ohne einige
Verstörung gern gelassen, seine Bücher oder Schriften
auf den Rücken genommen, und gesagt: Es ist billig
und recht, daß ihr euch nun des Esels gebrauchet; ich
habe mich seiner schon genugsam bedienet, und ist also
mit den Büchern beladen, zum gewünschten Ort gelanget; dergleichen Exempel lesen wir viele in den Leben
der hl. Altväter und andern frommen Diener Gottes,

so du meine christliche Seele, zu deinem Vergnügen und großen Nutzen daselbst finden wirst.

9. Zum andern muß man sich der Geduld befleißen in den Uebeln des Leibs, das ist, in allem dem, was den Leib plagen kann, als da sind Krankheiten, Hunger, Durst, Kälte, Hitze und dergleichen; so viel nun die Schwachheiten des Leibs mit geziemender Starkmüthigkeit zu ertragen angehet, lehret uns mit seinem herrlichen Vorzug der hl. und seraphische Franziskus: S. Bonavent. in ejus vita. Als dieser große Diener Gottes einsmal große Schmerzen litte; begehrte von ihm sein aufwartender einfältiger Bruder, er sollte bethen, daß Gott etwa gelinder mit ihm umgehen möchte, weilen du, sagte er, von der Hand Gottes gar zu hart beschweret wirst; da dieses der für Liebe Gottes brennende Franziskus hörte, rief er mit beweglichen Seufzen überlaut: Wann mir deine große Einfalt nicht bewußt wäre, so wollte ich dich alsbald von meiner Bruderschaft verwerfen, weilen du die Urtheile Gottes über mich tadelst; da ihm die Krankheit heftiger zusetzte, stieß er den schwachen Leib zur Erde, die er dann mit Freuden küssete, und sagte: ich sage dir Dank über Dank mein Gott und Herr für alle Schmerzen, und bitte dich, du wollest selbige hundertfältig vergrößern, wann es dir also gefällig ist; dann dieses wird mir angenehm seyn, wann du in den mir zugefügten Schmerzen meiner nicht verschonest; zumalen aus der Erfüllung deines göttlichen Willens mir eine unaussprechliche Freude erwächst. Dieser und andere gottselige Männer wußten wohl, daß die äußerste Leibsschwachheiten und andere von dem Allerhöchsten über-

schickte Beschwerniſſen ein wahres Kennzeichen der Lieb
Gottes ſeyn; derohalben waren ihre größte Schmerzei
ihre höchſte Wollüſten.

10. Und wann ſie nicht mit Kreuz und Elend voi
Gott unaufhörlich heimgeſucht wurden, vermeinten ſie
daß derſelbe einen Widerwillen gegen ſie geſchöpfei
hätte, wie neben andern an unſerm gottſeligen Joanni
a S. Guilielmo zu ſehen geweſen, welcher alle Jahre
mit einer ſehr ſchweren Krankheit behaftet wurde; unt
wann er zu Zeiten ein Jahr ohne Leibsſchmerzen zugebracht hatte, hielt er gänzlich dafür, Gott habe ihn
verlaſſen, derohalben ſeufzete und weinte er ſo heftig,
daß er von niemand konnte getröſtet werden, derohalben hat ihn Gott auf ſein Begehren nochmalen mit allerhand ſchweren Zuſtänden und Krankheiten, mit giftigen Fibern, mit Schwindel, mit der rothen Ruhr,
mit Magenwehe, und andern Schmerzen, als ſeinen guten
Freund und treuen Diener beſeliget, in denen allen er
ſeinem Herrrn unaufhörlichen Dank ſagte, und annoch
eifrig bethete, daß er in ſolchen Leiden lang verharren
mochte. Severius ein Bettler, und die ganze Zeit ſeines Lebens ſo gichtbrüchig, daß er ſich im geringſten
nicht bewegen können, hat immer und allezeit für ſolche
große Gnaden gedankt; und ſo oft zu dieſen zweien
Zuſtänden noch andere zugeſtoſſen, hat er das Lob
Gottes verdoppelt; dahero er auch gewürdiget worden,
in ſeinem Tode das himmliſche Geſang der Engel zu
hören; aus deſſen Leib ein köſtlicher Geruch entſtanden.
Marulus L. 5. Kap. 4. Die hl. Lydwina hat achtund-
dreißig Jahre nacheinander ſo ungemeine und große Schmerzen gelitten, daß ſie weder vom Bette aufſtehen, noch

mit einem Fuß die Erde berühren können; in solcher Zeit aber ist sie mit den höchsten Gaben von Gott begnadiget worden. Wie können dann die leibliche Schwachheiten große Beschwernisse genennet werden, wann sie dergestalt von Gott belohnet werden? recht sagt dahero der hl. Gregorius: Part. 3. Past. Admon. 3. Die Kranken soll man ermahnen, daß sie betrachten, was für eine große Gnade sey die Krankheit des Leibs, kraft deren die begangene Sünden ausgetilget, und diejenige, so der Kranke hätte begehen können, gehemmet werden. Derohalben hat der hl. Einsiedler Joannes, da er ersucht worden, daß er einen sichern Menschen von dem dreitägigen Fieber befreien möchte; geantwortet: du willst eine Sache, so dir nöthig ist, von dir hinwegwerfen. Ruff. in vit. Jo. Gleichwie die Kleider durch die Seife gewaschen werden, also wird die Seele durch die Krankheiten gereiniget. Die Krankheit des Leibs ist das Heil der Seele. Die Tugend wächset niemalen besser als in den Krankheiten.

11. Zum Hunger, Durst, Kälte und Hitze geduldiglich zu leiden, geben uns schier alle Heiligen Gottes große Anreizung. Und damit wir uns der schädlichen Ungeduld nicht unterwerfen sollen, wann eben die Speisen nach unserm Willen nicht zubereitet sind; das lehret mit einem sehr schönen Exempel ein sicherer geistlicher Altvater, welcher in seiner langwierigen Krankheit gar nichts essen können; dessen Jünger aber hat ihm endlich ein gutes Müßlein kochen, und zum Essen nöthigen wollen, hat aber aus Unachtsamkeit an Platz des Hönigs das Müßlein mit Leinöl angemachet. Von diesem übel geschmierten Müßlein, hat der Alte gegessen.

sen, und nichts gesagt; da ihn nun der erwähnte Jünger zum drittenmal weiters zu essen nöthigen wollen,
hat er ein wenig gekostet, und gesagt, mein Sohn, ich
kann nicht essen. Der Jünger, auf daß er den alten
Vater zum weitern Essen überreden möchte, hat selbst
von dem Müßlein gegessen, und gleich zu Anfangs seinen begangenen Fehler vermerkt; daher ist er alsbald
auf sein Angesicht gefallen, und gesagt: wehe mir, o
Vater, ich habe dich ums Leben gebracht! diese Sünde
hast du mir aufgebürdet, weilen du mir nichts gesagt
hast; der Alte aber hat ihn getröstet und geantwortet:
wann es Gott wäre gefällig gewesen, daß ich eine bessere Speise hätte genießen sollen, so hättest du ohne
Zweifel anstatt des Leinöls, Hönig ins Muß gethan.
Pelag. l. 4. n. 59. et Rüff. n. 51. in vit. PP. Aus
diesem und andern Lehrstücken versammle dir, meine
christliche Seele, diejenige Früchte, deren du dich in
Zeit der Versuchung bedienen kannst.

Der dritte Theil.

12. Weilen es fast gemein ist, daß die göttliche
Majestät ihre Diener durch unterschiedliche Unbilde versuche, als will sichs geziemen, daß ein jeder Geistliche,
alle Verzagung zu verhüten, gegen dieses große Ungewitter des Unbilds sich bestermaßen versehe. Vor allem aber muß er sich befleißen, daß er diejenige Schmach,
so ihm von seiner Obrigkeit, entweder aus einer Versuchung, oder als eine verdiente Strafe wird angethan,
standhaftig ausstehe, und gedenke der güldenen Worte
des gottseligen Martini Dumiensis L. de virt. Card. c. 3.
Wann man dich ermahnet, das soll dir lieb seyn,

wann man dich strafet, so sollst du geduldig seyn: wann dich einer aus billigen Ursachen bestrafet hat, so sollst du wissen, daß es dir nützlich gewesen sey, und wann solches unverdienterdingen geschehen ist, so mußt du dafür halten, daß er dir habe nutzen wollen: und an dem Spruch des hocherleuchten Joannes Climaci: Grad. 4. Selig ist, der um Gottes willen alle Tage mit Schänd= und Schmähworten gelästert wird, und sich Gewalt anthut. Dieser wird mit den Märtyrern sich erfreuen, und wird mit den Engeln gleiche Vertraulichkeit und Herrlichkeit verdienen. Und wiederum an eine andere Sentenz desselben gottgefälligen Dieners: trinke mit höchster Fröhlichkeit die Bestrafungen und Verhöhnungen nicht anders als das Wasser des Lebens, sie kommen, woher sie immer wollen; weilen man dich mit einem gesunden Trunk zu laben suchet, durch den aller Muthwille und Geilheit vertrieben werde. Durch solchen Trunk wird eine geheime Keuschheit aus der Tiefe deiner Seele aufgehen, und das allerschönste Licht Gottes wird in deinem Herzen nicht erlöschen. Erinnere dich auch öftmal der folgenden Worte des gemeldten hl. Vaters. Grad. 9. Einige haben sich großer Arbeit und Schmerzen ergeben, die Nachlassung ihrer Sünden zu erlangen; denen aber wird derjenige leichtlich vorkommen, welcher die Unbild vergißt; dahero haben die hl. Väter ihre Jünger mehrentheils entweder durch Widerwärtigkeit, oder durch Schmähworte und Bestrafungen, oder durch Vorwerfung, Verschämung und Verspottungen zu versuchen, zu säubern, und zur wahren Vollkommenheit zu bequemen, sich unterstanden. Unter solche wird billig gezählet derjenige große Vorsteher, von dem der oft gedachte Climacus schreibet, daß er einsmals die Geduld eines seiner Geistlichen, Namens Mennä habe probiren wollen; dieser fromme Mönch war nach verrichteten Geschäften wiederum zum Kloster gekommen, und nachdem er zu den Füßen seines Obern niedergefallen, und nach gewöhnlichem Gebrauch den Segen begehret, hat ihn der Vorsteher vom Abend bis zur Morgenzeit auf der Erde liegen lassen: demnach hat er ihm den Segen ertheilet, und als einen Gleißner und ungedulbigen unwürdigen Geistlichen gescholten, und also gehen lassen, weilen dann dem gemeldten Vorsteher die Geduld des Mennä gnugsam bekannt war; als hat er dieses Schauspiel zur Auferbauung der Anwesenden zeigen wollen; der gottselige und geduldige Mennas hat inzwischen den ganzen Psalter gebethen. Unser einem sollte vielleicht wohl das Gedärm im Leib aus Zorn zersprungen seyn. So ist dann kein Wunder, daß aus den Füßen dieses verstorbenen Mennä zwei kostbare ölfließende Brünnlein nachmals entsprungen.

13. Diesem gottseligen Mönchen kann zugesellet werden der hl. Romualbus, welcher im Novitiat unter dem Einsiedler Marino seinem Magistro den Psalter auswendig lernen mußte; so oft er nun fehlete, wurde er von dem Lehrmeister mit einer Ruthe allemal ans linke Ohr geschlagen. Dieses hat der Romualbus eine sehr geraume Zeit geduldig ausgestanten; bis er endlich den Marinum angesehen, und gesagt: ich bitte dich, schlage mich doch, wanns dir gefällt, hinführo ans rechte Ohr; weilen mir das Gehör des linken Ohrs zumalen vergeht. In Ansehung dieser Geduld

hat Marinus den Romualdum nicht mehr als einen
Novißen, sondern als einen getriebenen Altvater gehal=
ten. Der fromme Joannes, ein Jünger des Altvaters
Ammonis, hat seinem geistlichen in die zwölf Jahre
bettliegerigen Vater treulich aufgewartet, und hat in
allen diesen Jahren niemalen ein einziges gutes oder
friedliches Wort von selbigem erhalten; dieses aber ist
zu seinem großen Vortheil geschehen; dazumalen er sol=
cher Gestalt viel größern Lohn bei Gott erworben, und
da der Alte gestorben, hat er seinen Jünger dem alten
Geistlichen überliefert, und gesagt: dieser ist ein Engel
Gottes; dann er hat in allen seinen Beschwerlichkeiten
von mir niemalen ein tröstliches Wort gehabt, und hat
mir dannoch treulich gedienet.

14. Wie viele, ja unzahlbare sind nicht gewesen,
die alles Unbild und Schmach mit großem Heldenmuth
überwunden haben. Aus deren Zahl der hl. Dorotheus,
der von einem seiner Brüder mit vielen Schänd= und
Schmähworten täglich verunehret worden, hat gleich=
wohl demselbigen niemalen mit einem einzigen Wort zu=
wider geredet; sogar auch hat der fromme Dorotheus
diesen seinen Schänder, da er von andern dieserhalben
verklagt worden, und nun sollte gestrafet werden, bei
dem Vorsteher entschuldiget, und durch Jesum Christum
für ihn um Vergebung gebethen, und gesagt, daß viel=
mehr er gesündiget, als sein Bruder; und derohalben
die gesetzte Strafe verdienet habe. Mit vielen andern
schweren Unbilden haben dessen Mitbrüder denselben fast
immer zur Ungeduld angereizet; er aber hat alles mit
Freuden überstanden, und nicht allein nicht mit Worten
sich jemalen vertheidiget, sondern dieserhalben keinen

immer ſauer angeſehen. Von dieſem gottſeligen Doro‐
theo ſchlage ich meine Augen auf die hl. Jungfrau Mag‐
dalena de Pazzis, und ſehe, daß ſich der leidige Sa‐
tan in die Geſtalt dieſer Jungfrauen verwandelt, und
alſo das Fleiſch aus dem Camin der gemeinen Küche
geſtohlen. Die Küchenmeiſterin berüchtiget Magdalenam
billigermaßen, und macht kundbar, was ſie geſehen hatte.
Magdalena wird für die Diebin gehalten, vertheidiget
ſich aber im geringſten nicht, ſondern überſtehet alles
mit Geduld, bis endlich eine von den Schweſtern zu
betheuren ſich erbietet, daß ſie zur ſelbigen Zeit Mag‐
dalenam in der Bettkammer geſehen habe. Alſo iſt der
Betrug des hölliſchen Feinds entdecket worden. Dahero
ſagt recht der hl. Kirchenlehrer Gregorius L. 2. In‐
dict 10. Ep. 23. Dieſe Eigenſchaft hat an ſich die
Mißgunſt der alten Schlangen, daß ſie derjenigen gu‐
ten Namen mit falſchen Erdichtungen zerrupfe, welche
ſie in Wirkung der böſen Thaten nicht betrügen kann.

15. An einem andern Ort ſagt der obgemeldte Kir‐
chenlehrer alſo Hom. 35.: welcher ſtirbt durch die Ver‐
folgung, der iſt ein öffentlicher Märtyrer in der That,
der aber Schande und Schmach ausſtehet, und ſeinen
Feind liebet, der iſt ein heimlicher Martyrer in den
Gedanken. Ein ſolcher iſt in Wahrheit geweſen der
vorhin oft gemeldte Johannes a St. Guilielmo, indem
er von ſeinen Einſiedlern mit allerhand Schmach und
Unbild übel gehalten worden, und dannoch alles mit
großer Geduld übertragen, und wann er geſcholten
worden, hat er ſich nicht allein nicht vertheidiget, ſon‐
dern geſagt: ihr thut wohl daran, daß ihr mich für
einen ſolchen haltet, und was ihr immer böſes von mir

sagen werdet, daran erkenne ich mich zumalen schuldig; und da er weiters auch bei dem Provincialen fälschlich angeklagt worden, hat er sich gleichwohl niemalen verantwortet; hernach annebens für seine Ankläger, so wegen des unrechtfertigen Berichts zur Straf gefordert worden, bei der Obrigkeit um Nachlaß gebethen und erhalten. Sonsten ist er auch sogar von denjenigen, welche er ihres gottlosen Lebens halber ermahnet, mit Prügeln übel belohnet worden, ist aber alsbald auf seine Knie niedergefallen, und hat die gotteslästerische Hände geküsset; die seinige aber gegen Himmel aufgehoben, und für seine Feinde gebethen! derohalben kein Wunder ist, daß diejenige Hände, die sich niemalen haben rächen wollen, so viele Mirakel gewirket haben, wie in seinem Leben zu lesen ist.

16. Daß nun die vornehmste Diener Gottes von den Menschen am übelsten gehalten werden, entsteht daher, wie der hl. Vincentius Kraft folgender Gleichniß erkläret und sagt Vincent. Just. c. 15. in Vit. Bertran. Gleichwie eine Lilie einen scharfen Geruch von sich gibt, welcher nicht allen gefällt, sondern den schwachen Häuptern Schmerzen bringt, also gefallen die mittelmäßige fast allen; die aber an Heiligkeit andere übertreffen, diese gefallen denen nicht, so da nicht heilig, sondern mittelmäßig gut sind. Wer nun den schönen Gebrauch der Tugenden im Angesichte Gottes gleich einer Lilien auszubreiten verlanget, der muß sich anders nicht einbilden, als daß er in die Ungnade vieler gerathen werde. Ein wahrer Liebhaber Gottes aber muß solches nicht achten, sondern den Worten Christi sich erinnern: der Knecht ist nicht größer, dann sein

Herr ist. Wann sie mich (wegen der guten Werke) verfolget haben, so werden sie euch auch verfolgen. Joan. 15. V. 20. Dann gleichwie der Wein in seiner Güte am besten erhalten wird, wann er auf der Trusen oder Mutter liegen bleibet, also, sagt Christus der hl. Brigittä L. 1. Revel. c. 36. können die Gute und Gerechte in den Tugenden nicht erhalten werden, noch in denselbigen zunehmen, es sey dann, daß sie durch Widerwärtigkeit und Verfolgung der Bösen versuchet werden. Derselben hl. Mutter Brigittä gibt eben solches zu verstehen die allerseligste Jungfrau Maria mit diesen Worten: gleichwie eine Rose auch weit von sich einen lieblichen Geruch ausspreitet, schön ist anzusehen, und sich sanft fühlen läßt; wächset aber nicht, als unter den Dörnern, so den Händen hart, den Augen ungestalt, und ohne Geruch vorkommen; also können die Güte und Gerechte, ob sie schon wegen der Geduld mild sind, schön an Sitten, und wegen des guten Exempels lieblich schmecken; nicht probiret werden, weder auch in den Tugenden fortschreiten, als eben unter den Bösen Derohalben schließet der hl. Gregorius hierüber, daß nämlich keiner vollkommen sey, so da in Mitten der Gebrechen seiner Nebenmenschen nicht geduldig ist, dann der die fremde Mängel und Unvollkommenheiten nicht geduldmüthig trägt, der gibt sich selbst durch seine Ungeduld Zeugniß, daß er noch weit sey von aller Vollkommenheit, zumalen derjenige dem frommen Abel nicht will gleich seyn, welcher durch die Bosheit des Cain getummelt zu werden fürchtet.

17. Schließlich kann auch die Betrachtung der Gedult der Heiligen Gottes, deren sie sich auf dieser Welt

befliſſen haben, zu Erduldung der ehrrührischen Berüchtigungen nicht wenig beitragen. Unter denen iſt geweſen der hl. Joannes Chryſoſtomus, welcher von dem
Theophilo Biſchofen zu Alexandria, und ſechsunddrei-
ßig andern Biſchöfen auf das Chalcedoniſch Concilium
wegen unterſchiedlicher falſchen Anklagungen gefordert,
etlichmal verdammet, ins Elend vertrieben, und endlich
in ſelbigem geſtorben iſt, und dieſes alles hat der unſchul-
dige uud fromme Hirt mit unbeſchreiblicher Geduld erlitten
Lancic. Opusc. 9. n. 97. Der für die Geiſtlichkeit
mehr Sorge trug, als für ſich ſelbſten, und lieber tau-
ſendmal geſtorben wäre, als einmal zu lieben und ſeinen Nächſten zu läſtern, der mußte hören, daß er gegen ſeine Geiſtlichen ein Buch verfertigt habe voller
Lügenwerk und Schmähungen. Ein Mann einer engli-
ſchen Keuſchheit mußte verſchmerzen, daß er Weiber
aufnehme, mit denſelben ganz allein umgehe, und ein
unkeuſches wollüſtiges Leben führe. Der auch das Seinige den Armen und Bedürftigen reichlich mittheilete,
dem wurde vorgeworfen, daß er die Kirchenrenten und
Gefälle übel anwendete. Der um Chriſti willen ſeiner
im geringſten nicht verſchonte, und in allem die Ehre
Gottes ſehe eifrig ſuchete; dem wurde geſagt, daß er
unterſchiedliche Gottsläſterungen gegen Chriſtum verübet hätte; daß er das Volk verführet, und wieder die
hl. Verſammlung aufgewickelt, und desgleichen mehr
andere große Sünden begangen habe, ab deren der
hl. Cyrillus ihn dem Verräther Judä verglichen, und
verbothen hatte, daß man ſelbigen nach ſeinem Tode
in die Zahl der katholiſchen Biſchöfe nicht ſollte zählen. Iſt aber nachmals durch eine himmliſche Offenba-

20 *

rung weit anders unterrichtet worden. Der hl. Bi= schof Basilius, nachdem er zu dieser Würde gelangt, ist von vielen für einen Ketzer gehalten worden; hat derohalben fast niemand trauen dürfen, und alle fürch= ten müssen. Ist auch wegen dieser unrechtfertigen Ver= klagung bei dem hl. Papst Damaso in solche Ungnade gerathen, daß ihn selbiger keiner Antwort auf seine Briefe gewürdiget hat. Der hl. Franziskus ist von seinem eigenen General dem Bruder Elia für einen Zerstörer des Ordens gehalten, und von selbigem übel traktiret, und auch sogar durch öffentliche Bücher ge= schmähet worden, daß er in seiner Jugend der Geil= heit sehr zugethan, sich mit vielen schweren Sünden beflecket habe. S. Anton. Spec. Lib. 29 c. 97.

18. Der hl. Romualdus, ein Stifter seines Or= dens, ist von einem der Seinigen, dem die Strenge des Ordens zu schwer gefallen, verklagt worden, daß er mit ihm ein grausames Laster begangen habe; ist derohalben von seinen Untergebenen in öffentlicher Ver= sammlung als ein feur= und strickwürdiger Uebelthäter verdammet, und ihm das Meßlesen verboten worden. Dieß alles aber hat er in seinem hundertjährigen Alter mit höchster Geduld ertragen. Die hl. Mutter Theresia hat unbeschreibliche Lästerungen von allerhand Sorten der Menschen, auch der sehr andächtigen und geistlichen ausgestanden. Viele hielten dafür, daß der böse Feind mit ihr den Spott triebe; ihr Gebeth und Offen= barungen wurden ausgelachet; einige wollten sich auch unterstehen den Teufel, von dem sie als besessen aus= geschrien wurde, durch Beschwörungen auszutreiben; andere verklagten sie vor dem Gericht der Inquisition

ober Untersuchung; dieses alles hat sie neben den Widerwärtigkeiten, so sie von ihrer eigenen Obrigkeit in
Stiftung der Klöster hat leiden müssen, mit ungemeiner Standhaftigkeit getragen. Vit. L. 4. c. 17. Der
ehrwürdige P. Balthasar Alvarez aus der Societät
Jesu, ein Mann großer Tugenden und Gelehrtheit
wurde in der provincialischen Versammlung über ein
grobes Verbrechen fälschlich angeklagt, und in Gegenwart aller bestrafet; hat sich aber weder heimlich noch
öffentlich vertheidiget, und ist wegen sothanes heroischen
Stillschweigens mit vielen und größen Gnaden von
Gott versehen worden; ein andersmal ist dieser fromme
Diener Gottes sowohl zu Röm, als in Hispanien sehr
übel verschreit worden; und da ihm solches zu Ohren
kommen, hat er darüber gelächelt, sich nicht wenig erfreuet, und gesagt: nun sehe ich, daß mir mein Gott
gewogen sey, weilen er mich durch den gewöhnlichen
Weg seiner besten Freunde leitet, der ich schon lang
gefürchtet habe, Gott würde meiner vergessen seyn;
Vit. c. 40. §. 1.

19. Also ists auch, meine christliche Seele, eine
solche Beschaffenheit hats mit dem Dienst Gottes; wie
mehr er seine Diener liebet, desto freigebiger theilt er
denselben mit die Schmach seines Kreuzes, auf daß ihm
selbige desto gleichförmiger werden mögen; dann die er
(wie der Apostel sagt) zuvor versehen hat, die hat er
auch verordnet, daß sie gleichförmig werden sollen dem
Ebenbild seines Sohnes; auf daß derselbigen der Erst-
geborne sey unter vielen Brüdern, Röm. 8. V. 29.
Das ist (wie der gelehrte Vasquez und Cornelius a La-
pide verdollmetschen) Vasq. 1. p. 23. die Gott zuvor

geſehen hat, daß ſeine Freunde und Geliebte durch ſeine
Gnade werden ſollten; ſelbige hat er dazu verordnet,
daß ſie leiden ſollten, und ſeinem Sohn gleichförmig
würden in der Geduld, der ſo viele Mühe und Arm-
ſeligkeit für uns erlitten hat. Damit auch ein jeder
über die von andern ihm angethane Unbild nicht zürnen möge, ſo ſolle er den güldenen Spruch des hl.
Chryſoſtomi, Hom 4. ad pop. in ſein Herz graben, in
welchem er die ungerechte Verfolger gute Menſchen und
Aderleute der Leidenden taufet; zumalen ſie die Gerechte durch ihre Verfolgung gleichwie mit einem Pflug
ausbauen und fruchtbar machen, wie aus zumaliger
angezogenen Lection gnugſam zu verſtehen iſt. In dieſem beſtehet derohalben die vollkommene Geduld, daß
nämlich ein Geiſtlicher einer ſtummen Bildniß ähnlich
ſey; und gleichwie ſelbige, obſchon mit allerhand er-
benklichen Läſterungen geſchändet wird, hierüber nicht
zürnet; alſo muß ein Geiſtlicher die ihm zugebrachte
Unbild nicht empfinden, nach dem Exempel jenes Altvaters, wovon im Leben der hl. Väter im 3. Buch,
n. 88 zu leſen iſt.

20. Sintemalen nun gewiß iſt, daß die Geduld einem Geiſtlichen hochnöthig ſey, ſo könnte vielleicht einer
fragen, welche die beſte Materie zu leiden ſey? dieſem
antwortete der hl. Franziskus Saleſius wie folgt: Lyraeus lib. 1. Apoph. 3. diejenige iſt die beſte Materie zu leiden, welche ganz von Gott iſt, und von uns
nichts an ſich hat; dann der ſich ſelbſt durch freiwillige
Caſteiungen züchtiget, der iſt unter dem Fähnlein Chriſti
ein Fußknecht; der aber dasjenige, ſo ihm Gott zu-
ſchicket, mit geziemender Geduld leidet, der iſt ein Reu-

ter. Diese Meinung des obgemeldten Bischofs wird
durch das Gesicht, so dem seligen Henrico Suson ge=
zeigt worden, bekräftiget. Diesem gottseligen Mann
hat einsmal ein von Gott gesendeter Jüngling Stiefel
und Sporn, einen Schild und eine Lanze gebracht, mit
diesem Vermelden: du sollst wissen, daß du bishero als
einer zu Fuß gedienet habest; nun aber wirst du zum
Ritterstand berufen; vorhin hast du dich gezüchtiget,
wie du selbst gewollt hast; nun aber wirst du mit der
Ruthe der ungerechten Zungen hergenommen werden;
bishero bist du aus den Brüsten Christi gesäuget wor=
den, anjetzt wirst du mit Galle getränket werden; bis=
her bist du den Leuten angenehm gewesen, nun wird
dir ein jeder zuwider seyn. Da diese Weissagung der
treue Diener Gottes des andern Tags nach dem Amt
der hl. Messe bei sich in der Stille überlegt; siehe, da
wird ihm durch eine Stimme befohlen, er sollte zum
Fenster hinaus schauen; indem er nun gehorchet, siehet
er, daß ein Hund auf dem Vorhof des Klosters ein
zerlumptes Stück Tuch mit schäumenden Maul auf alle
Hundsmanier fein tapfer herumrisse; er höret auch an=
nebenst dieselbige Stimme vom Himmel, daß er hin=
füro gleich diesem übel zugerichteten Stücke Tuch durch
die Zähne der Menschen solle gezogen werden. Der
fromme Suso ist mit diesem anerbothenen Traktament
alsbald befriediget gewesen, und hat das gemeldte Stück
Tuch, als ein Zeichen seines Kreuzes mit sich zur Zelle
genommen, und daselbst lang aufbehalten. Zum An=
fang des Streits hat es zwar das Ansehen gehabt, als
wann er aus menschlicher Schwachheit vor seinem Feinde
sich fürchtete; ist aber am Festtage der Reinigung Mariä

durch das göttliche kleine Kindlein erinnert woben, daß er nicht allein das zugeschickte Kreuz standhaft tragen, sondern auch andere und andere bald folgende erwarten müsse. Auf dieses Zusprechen des Kindleins hat der gottselige Suso Fuß beim Mahl gehalten, und ist fortan unter tausend Widerwärtigkeiten geduldig und standhaft verblieben. Nimm dieses für lieb meine christliche Seele, und merke auf, was von Kreuz und Leiden weiters folgen werde.

Die vierundzwanzigste

geistliche Lection

von der Vortrefflichkeit der Trübsalen und
Widerwärtigkeiten.

Per multas tribulationes oportet nos intrare
in Regnum Dei.

Durch viele Trübsalen müssen wir zum Reich Gottes hinein gehen. Act. 14. v. 21.

Der erste Theil.

1. Von vielen Jahren her ist annoch der Brauch
bei den Universitäten und Akademien, daß die Studenten, ehe und bevor sie der gewöhnlichen Privilegien und
Freiheiten zu geniessen anfangen, mit allerhand fremden
Fragen, mit Schimpf- und Scherzreden, mit Stössen
und Schlägen, gleich den neugeworbenen Soldaten getrillet, geübet, und also aller Unrath und Rauigkeit
der bäuerischen Sitten von ihnen deponirt werden.
Nicht unebenergestalt pflegt es der gütige Gott mit denen zu machen, so in die himmlische Akademie eingeschrieben, und als Glieder mit derselben Freiheit begabet zu werden Verlangen tragen; keiner wird zu dieser

Univerſität aufgenommen, er ſey dann vorhin mit aller=
hand Trübſalen getrillet worden, und das zwar faſt
aus ſelbigen Urſachen, aus denen die vorgemeldte Aca=
demien beſagtes Deponiren angeſtellet haben, damit
nämlich die ungeſchliffenen Studenten erſtlich die alten
Sitten ablegen; zum andern, daß ſie probirt werden;
zum dritten, damit ſie den vollkommenen gleichförmig,
und der gewöhnlichen Privilegien fähig gemacht werden;
und zum vierten, damit ſie ſich über andere nicht erhe=
ben mögen; iſt es dann nicht billig, daß man dieſes
zeitliche und gar kurze Deponiren gern ausſtehe; zu=
malen wir verſichert ſind, daß ſie durch ſelbiges in die
Zahl der Jünger Chriſti, und folglich der Auserwählten
Gottes aufgenommen werden? Es kann aber in der
Schule Chriſti keiner ein Lehrjünger ſeyn, wann er nicht
durch dergleichen Depoſition, das iſt, durch ſtetes Kreuz
und Leiden geübet, und alſo dazu bequemet werde: Wer
(ſagt dieſer himmliſche Lehrmeiſter ſelbſt, Luc. 14, V. 27)
ſein Kreuz nicht trägt, und mir nachfolget, der kann
mein Jünger nicht ſeyn. Die Werke aber der Jünger
Chriſti ſind: das Widrige mit Starkmüthigkeit über=
tragen, nach Zeugniß des Apoſtels, 2. Tim. 3, V. 12.
Alle, die gottſelig leben wollen in Chriſto, werden Ver=
folgung leiden. Wann du dann, ſetzt der heil. Vater
Auguſtinus in Pſal. 55 hinzu, um Chriſti willen keine
Widerwärtigkeit leideſt, ſo kannſt du dir die Rechnung
machen, daß du noch nicht gottſelig in Chriſto zu leben
angefangen habeſt; und an einem andern Ort ſagt er alſo: Un=
ter den Dienern Chriſti iſt keiner ohne Trübſal, wann du ver=
meinſt, daß du doch keine Verfolgung zu leiden habeſt, ſo haſt
du noch nicht angefangen ein chriſtglaubiger Menſch zu ſeyn.

2. Dieserhalben haben so viele gottselige Männer, deren einziges Absehen gewesen, unter die Jünger und Diener Christi gezählet zu werden, in denen vorfallenden Drangsalen die höchste Freude des Herzens erzeiget: Höre, meine christliche Seele, den Paulum: Hierum, spricht er, habe ich einen Wohlgefallen an meinen Schwachheiten, an Schmach, an Nöthen, an Verfolgungen, und an Aengsten um Christi willen, denn wann ich schwach bin, alsdann bin ich mächtig, derowegen will ich mich gern rühmen in meiner Schwachheit, damit die Kraft Christi in mir wohne, 2. Cor. C. 12. Der hl. Catharinä Senensi wird von Christo eine güldene und auch eine dörnene Krone gereichet, daß sie derselben eine erwählen sollte; sie lässet fahren die güldene, und ergreift die dörnene, von sothaner Zeit an hat sie in den Widerwärtigkeiten ein solches Wohlgefallen empfunden, daß nichts auf Erden zu finden gewesen, von dem sie so grossen Trost und Erquickung schöpfen können, als eben vom zeitlichen Kreuz und Leiden; ohne diese, sagt sie, würde mir das Leben schwer fallen; ihrenthalben aber will ich die Verlängerung der ewigen Seligkeit gern tragen; diese erfahrne Jüngerin Gottes wußte wohl, daß durch das Deponiren, durch Trübsal und Widerwärtigkeit die Krone der himmlischen Glorie nicht wenig vergrößert werde, derohalben hat sie dasjenige Weib, so mit dem Krebs behaftet und eine grausame Verläumderin der Catharinä gewesen, niemalen aus dem Hause treiben wollen; unangesehen ihre Mutter sie dazu angetrieben, sondern hat ihr alle, auch sogar mägdliche Dienste mit aller Hurtigkeit geleistet, Surius in ejus Vita. Die hl. Maria Magdalena de Pazzis pflegte zu sagen:

Ich begehre lang zu leben, dieweilen ich um meines lieben Jesu willen verlange viel zu leiden; nicht allein eine kurze Marter, sondern häufige Krankheiten, Schmach, Unglück, und was immer Widriges wider mich mag aufstehen, Lyraeus Lib. 4.

3. O wie billig und abermal billig werden dann diese zeitlichen Plagen von den auserwählten Kindern Gottes so eifrig verlanget; indem sie für ein wahres Zeichen der sonderbaren Liebe Gottes gegen den Menschen wüssen gehalten werden: dann gleichwie der Ring sagt Christus zu der hl. Gertrudis) ist ein Zeichen der Vermählung; also ist die, sowohl leibliche als geistliche Widerwärtigkeit eine gewisse Urkunde der göttlichen Erwählung, und gleichsam eine Heirath der Seelen mit Gott; sogar, daß ein jeder Leidende wahrhaft und vertraulich sagen könne: Mein Herr und Gott hat mich mit seinem Ringe verhaftet. Diese Wahrheit wird aus dem bekräftiget, was Gott neben vielen andern Heiligen, auch dem frommen P. Baptistä Veronä mit folgenden Worten bedeutet hat: Gedenke mein Sohn! daß ich dir ein größeres Zeichen der Liebe erwiesen habe, indem ich dich betrübet; als da ich dich in meinen allersüßesten Armen gehalten habe. Nicht weniger wird selbige Wahrheit bestätiget aus folgender trostreichen Zusprache des gebenedeiten Heilands seiner lieben und über alle Maßen betrübten Gertruden. Was bekümmerst du dich? sagt Christus, laß ab von deinem Trauern, ich wohne gern bei dir, und damit du bei mir verbleiben mögest, derohalben mache ich dir auch sogar deine Freunde zuwider: auf daß du also in keiner Creatur einige beständige Treue findest, und dahero deine völlige Zuflucht

zu mir zu nehmen gezwungen werdeſt. L. 2. Inſin. c. 10. Tom. 2. Chron. S. Franc. p. 4. l. 7. c. 24. L. 3. Inſin. c. 63. Weiters hat der liebreiche Jeſus durch die heiligmäßige Jungfrau Catharinam, aus dem heiligen Carmeliter-Orden, der ehrwürdigen und mit ſehr großen Schmerzen behafteten gedulbigen Annae à S. Bartholomaeo deſſelben Ordens ſchreiben laſſen ſetztfolgende Worte: Wie lieber und angenehmer mir einer aus den Meinigen jemalen geweſen iſt; deſto mehr habe ich ihm aus ſonderbarer Gunſt den größeſten Theil meines Kreuzes zu ertragen auferlegt. Dieß hat erfahren meine Mutter; deren Seele ein ſo ſchmerzhaftes Schwert durchbrungen hat, daß ſie eine Martyrin der Maryrer, und Königin derſelben genennet wird; und dieſes haben auch erfahren meine Apoſtel. Paed Christ. Tom. 2. p. 1. c. 5. Sect. 7. Derohalben ſagt Gott in der Offenbarung Joannis C. 3, V. 19: Ich ſtrafe und züchtige diejenigen, ſo ich liebe. Das iſt, ich ſende ihnen Widerwärtigkeiten über den Hals. Warum aber handelt der liebreiche Gott alſo mit den Seinigen? damit er bei denſelben immer verbleibe, vor dem ſchädlichen Anfall der Feinde ſie vertheidige; in den Tugenden unterweiſe, und endlich dieſelbige zum rechten Weg der wahren Vollkommenheit bequeme: Zumalen der Herr nahe bei denen iſt, die bedrängt von Herzen ſind. Pſalm. 33, V. 19. Wer will dann um Gottes willen mit dem heil. Bernardo in Pſalm. 90 nicht überlaut ſchreien: Der Herr iſt mit uns in den Trübſalen, und was ſoll ich derohalben anders ſuchen, als Trübſalen?

4. Weiters beſtätigt dieſes unſer oſterwähnte Seligmacher; da er der heil. Mutter Thereſiä alſo zuredet:

Vit. Lib. 4. c. 17. Der ist meinem himmlischen Va=
ter am allerangenehmsten, welcher durch viele und sehr
große Trübsalen getummelt wird. Siehe, meine Toch=
ter, stehe und beherzige meine Wunden, und gestehe,
wie wenig oder nichts deine Schmerzen mit den meini=
gen können verglichen werden. Von dieser Zeit an hat
die obgedachte Jungfrau eine so große Begierde zu leiden
empfangen, daß sie immer zu sagen pflegte: Ich will ent=
weder leiden, oder sterben, auch hat sie gern bekennet, daß
sie die Widerwärtigkeiten mit allen Schätzen der Welt
nicht verwechseln wollte; dahero ist sie nach ihrem Tode
Jemanden erschienen und hat ihn versichert, daß sie im
Himmel für kein gutes Werk so großen Lohn genieße,
als eben für die ausgestandenen Trübsalen. Nadas.
in Hebd. aetern. 45. Vit. c. 20. So hat dann recht
und wohl gesagt die selige Angela de Fulgineo: Ich
weiß, meine Kinder, ich weiß, daß der große Werth
und die Vortrefflichkeit, welche aus den zeitlichen Drang=
salen entspringet, uns nicht bekannt sey, sonsten würde
man sich um diese Widerwärtigkeiten raufen, und ein
jeder würde suchen aus eines anderen Trübsalen seinen
Theil zu bekommen. Und das zwar billig, sintemal die
Trübsal nichts anders ist, als ein Jubeljahr, kraft des=
sen wir sehr viele Gnaden erlangen. Und weiters,
was ist die Trübsal anders, als ein sehr fruchtbarer
Herbst, in dem von uns so unbeschreibliche Früchte der
geistlichen Güter können gesammelt werden? Wem kön=
nen die Widerwärtigkeiten ähnlicher verglichen werden,
als eben der annehmlichen Aerntezeit; zumalen in
selbiger die allerbesten Garben der himmlischen Gaben
geärntet werden; Tom. 2. Ep. 20 und nach Meinung

des hocherleuchten Avilä, in Zeit der Trübsalen ein ein=
ziges Deo gratias mehr werth ist, und größere Beloh=
nung verdienet, als sechstausend derselben, so da im
Stande der Glückseligkeit gesprochen werden? Soll dir,
meine christliche Seele, auch in deinen höchsten Beküm=
mernissen und äussersten Schmerzen dieser jetzt gemeldte
Spruch nicht über die Maßen liebreich und tröstlich seyn,
indem du siehest, wie reichlich du durch öftere Wieder=
holung des Deo gratias die himmlische Glorie vergrö=
ßern könnest! dahero schreiet der weise Mann zu unserm
Vorhaben mit diesen Worten: Gar schön ist die Barm=
herzigkeit Gottes in Zeit der Noth; sie ist, als wann
die Wolken in Zeit der Dürre Regen geben, Eccl. c. 35.
v. 26. Dann, obschon ein wahrer Liebhaber Gottes
gleich einem Weinstock die allersüßesten Trauben der
guten Werke immer trage, so ist doch außer allem
Zweifel, daß er in Widerwärtigkeit viel mehr und bes=
sere hervorbringen werde. Derohalben sagt Christus:
Einen jeglichen Reben an mir, der Frucht bringet, wird
er säubern, auf daß er mehr Frucht bringe, Joan. 15.
Was sich nun vor Zeiten mit der Arche Noe hat zuge=
tragen, das finden wir in Wahrheit an den Gerechten,
so da in Widerwärtigkeit leben. Wie mehr die Wässer
der Sündfluth zugenommen, je mehr ist die Arche er=
höhet worden. Wie größere Wässer der Trübsalen ein
geduldiges und sanftmüthiges Herz zu leiden hat; wie
höher dasselbige in Verdiensten bei Gott auch steigen
wird, Gerson p. 2. ser. de omnium Sanctor. Und
dieses kann mit vielen Exempeln der heiligen Schrift
bewiesen werden. Ist nicht der fromme Joseph, ein
Sohn des Jacobs, im Elend an allen sowohl geist= als

leiblichen Gütern mehr gewachsen, als wann er zu Haus
geblieben wäre? Gen. 41. Sind nicht die Kinder Is=
rael desto mehr an der Zahl worden, wie mehr sie der
König Pharao unterdrücket hat? Exod. 1. Hat nicht
der Prophet Ezechiel in Mitten der Gefangenen die
wunderbarliche Geschichte gesehen, aus deren unterschied=
lichen er große Freuden geschöpfet hat? Ezech. 1. Ha=
ben nicht die Knaben im feurigen Ofen des englischen
Trostes genossen, unter denen der König Nabuchodono=
sor einen gesehen hat, welcher dem Sohn Gottes gleich
gewesen? Dan. 1. Damit wir uns versichern können,
daß Gott den Beängstigten beistehe? Viele andere zu
verschweigen; muß ich noch hinzusetzen, daß von der
Zeit der Ankunft des hl. Geistes, bis zur Zeit der Ver=
folgung, so der hl. Evangelist Joannes unter dem Kai=
ser Domitiano erlitten, seyn vorbeigegangen ungefähr
50 Jahr. In allen diesen Jahren aber hat der ge=
meldte Apostel so viele und große Offenbarungen nicht
gehabt; und hat der christkatholischen Kirchen so viel
nicht genützet, als eben in derjenigen Zeit, da er im
Elend gewesen ist. Irenaeus lib. 5.

5. Hieraus nun vernünftig zu schließen ist, daß die
um Gottes willen gelittene Widerwärtigkeiten sehr reich=
lich, so wohl zeitlich als ewiglich belohnet werden.
Soll aber die Frucht, so aus den Trübsalen zu erwach=
sen pfleget, nicht alsbald hervorbrechen, so muß man
derohalben doch nicht verzweifeln, sondern gedenken,
daß derjenige, welcher da säet, nicht alsbald nach aus=
geworfenem Samen mähen könne. Also werden die=
nigen, nach Zeugniß des königlichen Propheten, Psalm.
125. V. 5, 6, 7, so mit Thränen säen, mit Frohlocken

ernten. Sie gingen hin, gingen und weineten, und
warfen ihren Saamen aus; aber sie werden kommen,
ja gewißlich werden sie kommen mit Frohlocken, und ihre
Garben tragen. Darúm spricht unser hl. Vater Augu=
stinus über diesen Ort. Ist es nicht bisweilen falt,
windig und übel Wetter, wann der Ackersmann seinen
Samen trägt, und zum Auswerfen sich rüstet; er schaut
gen Himmel, siehet einen unlustigen Tag mit betrübten
Augen an; er wartet, und gibt Achtung auf einen fröh=
lichen Tag, damit die Zeit nicht vorbeigehe, und er
nichts finde zu mähen. Also säet ihr auch im Winter,
säet gute Werke. Auf daß aber keiner verzage, so muß
er gleich einem Ackersmann die Aernte, das ist das ewige
und glückselige Leben, als eine Frucht, so da in den
Trúbsalen gesammelt wird, erwarten. Diese Frucht ist
also gewiß und ansehnlich, daß, nach Zeugniß des Apo=
stels: Röm. 8. Das Leiden dieser Zeit sey nicht gleich
zu achten der künftigen Herrlichkeit, welche in uns soll
offenbaret werden. Ueber diesen Text der heil. Schrift
sagen die Heiligen Chrysostomus und Augustinus: Wann
wir alle Tage Tormenten, und auch eine wenige Zeit
die höllischen Peinen selbst hätten auszustehen, damit
wir Christum in seiner Herrlichkeit sehen, und der Ge=
sellschaft seiner Heiligen zugesellet werden möchten; so
wäre doch all das Leiden nicht gleich zu achten solcher
unendlich großen Freude und Ergötzlichkeit. Wohlan
dann, meine christliche Seele, hat dir der gütige Gott
einige Trübsal zugeschickt, nimm selbige mit freudigem
Herzen an, trage sie mit einem Heldenmuth, sie kommen
woher sie immer wollen; danke deinem Gott, daß du
mit den Aposteln gewürdiget werdest, für den Namen

Jesu Schmach und Drangsalen auszustehen, welche der
gottselige Henricus Suso, Lib. Dial. c. 10. so hoch
geschätzt, daß er gesagt hat: Wann einer hundert Jahre
Gott fußfällig bäte, so könnte er sich doch hierdurch
nicht würdig machen, ein einziges Kreuz zu erlangen.

Der andere Theil.

6. Neben diesem allen Vorbesagten sind noch andere
Mittel, so die Last des Kreuzes dergestalt erleichtern,
daß sie auch mit Freuden getragen werde, derselben
wollen wir anjetzo einige kürzlich vortragen. Was der
heil. Apostel Paulus von sich selbsten gesagt hat, das
muß ein jeder Christglaubiger von sich sagen: Es sey
weit von mir, daß ich mich rühme ohne in dem Kreuz
unsers Herrn Jesu Christi. Gal. 6, V. 14. Und das
billig, weilen sich der Mensch durch selbiges mit mehr
Wahrheit diejenigen Titel zueignet, deren man sich zum
meisten rühmet; und zwar erstlich laß ich einen hoch
schätzen seine Reichthümer, ich frage aber, wo immer
größere können gefunden werden, als diejenige, welche
sich im Kreuz finden lassen; zumalen diesen Reichthümern gemäß die Glückseligkeit des künftigen Lebens wird
ausgetheilt; daß also wohl und abermal wohl der große
Diener Moses die Schmach Christi für größere Reichthümer gehalten, als die Schätze der Egyptier: Hebr.
11. V. 26, und der hl. Ignatius Lojola hat die Kerker, Schändung und Verfolgungen so hoch geachtet, daß
er öffentlich gesagt: Wann diese jetztgemeldte Kreuze auf
eine Seiten, und was da immer von Gott erschaffen
auf die andere Seite der Wag gelegt würde, so würde doch
das erste für diesem letzten bei ihm den Vorzug haben.

7. Laß sich nun andere wegen ihres ritterlichen
Herkommens und großen Würden erheben; wie kann
aber der Mensch zu größerm Adel und Ehre gelangen,
als wann er für andere dem Sohn Gottes gleich wird,
und mit selbigem durch rühmliche Thaten einen Namen
über alle Namen erwerbe? Tragt ein anderer über seine
Schönheit einen großen Muth, wie viel muthiger wird
dann nicht seyn können der Gerechte, und der um Christi
willen viel leidet? Sintemal die Schönheit einer gottgefälligen Seele alle Gestalt der irdischen Creaturen
weit übertrifft, und von solchem gerechten Menschen die
Braut im hohen Lied Salomonis also singet: Mein
Geliebter ist weiß und röthlich: Cant. 5, B. 20. Weiß
ist er wegen der Unschuld; und röthlich wegen der unüberwindlichen Geduld. Was will doch ein anderer
stolziren über seine Stärke, indem ein jeder wahrer
christglaubiger Held wegen deren mit Geduld ausgestandenen Widerwärtigkeiten auch den stärksten Teufeln
entsetzlich vorkommt. Billig müssen auch weichen alle,
so von den Wissenschaften aufgeblasen sind, weilen keine
höhere, keine nützlichere noch würdigere Wissenschaft kann
gelernt werden, und keine dem Apostel Paulo besser gefallen hat, als zu wissen Jesum Christum, und zwar
eben den, der gekreuzigt ist. 1. Cor. 2, B. 2. Weiters kann uns zu geduldiger Uebertragung der zeitlichen
Trübsalen behülflich seyn: 1. Der Stand der Christglaubigen, nach den Worten des hl. Lucä, Act. 14, B. 21.
Weilen wir durch viele Trübsalen zum Reich Gottes
hineingehen müssen. 2. Der Stand des Sünders; dann
die Sünden scheiden Gott von uns: die Widerwärtigkeiten aber versöhnen und machen uns denselben wie-

derum gnädig und bei uns wohnen; dahero sagt Christus zu seiner auserwählten Gertrudis: Lib. 2. Insin.
c. 14. Wie allgemeiner und schwerer das Leiden ist,
je reinere Erklärung selbiges der Seele gibt. 3. Der
geistliche Stand; zumalen derselbige eine Schule der
Abtödtung ist, und wir in selbiger die Wissenschaft lernen, Crucifire zu machen. Diesen Stand nennet der
hl. Thomas einen Stand der Buß; und der gottselige
Climacus, Grad. 1. eine immerwährende Gewaltthätig-
keit zu überwinden.

8. Nicht weniger treiben uns auch an die Widerwärtigkeiten den Weg zum Himmel einzutreten, und auf
selbigem beständiglich zu verharren: derohalben der hl.
Kirchenlehrer Gregorius also spricht: Der Herr macht
seinen Auserwählten, die zu ihm kommen, den Weg
dieser Welt ganz rauh, damit selbige in die Ruhe des
gegenwärtigen Lebens nicht verliebet werden, und also
lieber lang wandern, als bald zum Ziel gelangen wollen; und auf daß sie wegen der vorfallenden Ergötzlichkeit auf dem Weg nicht vergessen dasjenige, so sie
vorhin zu besitzen verlangten im Vaterland; ihre
Schwachheit hat sich vielfältig gemehret, sagt der Prophet in Psalm. 15, V. 4, darnach haben sie geeilet.
Als wollte er sagen: sehr viele sind, so da im Stand
der Glückseligkeit auf dem Weg der Gebote Gottes nicht
laufen; wann sie aber mit Trübsalen heimgesucht werden, so geben sie sich alsbald auf den Weg; und gehet
es mit denen her, was der Bessäus sagt: Die musika-
lischen Instrumente müssen mit der Hand geschlagen
werden, wann sie sollen gehöret werden; und wie sie
lebhafter gerühret werden, wie fröhlichern und annehm-

lichern Klang sie auch von sich geben; dahero hat jener
die Beschaffenheit der Trübsalen mit dieser Figur bedeuten wollen; er hat viele musikalische Instrumenten,
als Cither, Geigen, Harfe, Lauten und andere beisammen entworfen mit dieser sinnreichen Ueberschrift: Wann
sie nicht rührt die Hand, so hört man keinen Klang.
Also gehet es her mit vielen Christglaubigen, welche
gar keine oder wenige Melodie des göttlichen Lobs von
sich geben, wann sie nichts zu leiden haben; sobald
sie aber gezüchtiget werden, lassen sie die allersüßeste
und dem lieben Gott annehmlichsten Stimmen hören.
Siehe, sagt unser heil. Vater Augustinus, Serm. 10.
Apend. ein träges Pferd wird durch die Peitsche ermuntert: die Kleider werden durch das Schlagen vom
Staub gesäubert: wie mehr der Nußbaum geschlagen
wird, wie häufiger Früchten er gibt: also werden wir
durch die Schläge zu guten Kindern gemacht. Von
Streichen wird man witzig, und indem sie bringen
Schaden, bringen sie auch, vermittelst einer heilsamen
Lehre, sehr großen Nutzen. So soll sich dann ein christglaubiger Mensch erfreuen in den Widerwärtigkeiten;
weilen er versucht wird, wann er gerecht ist; oder gebessert wird, wann er ein Sünder ist. Der hat sich
zu fürchten, den Gott nicht will strafen auf der Welt;
zumalen ihn Gott den Strafen hat zugeeignet nach der
Welt; und gleichwie das Feuer, sagt der hl. Gregorius,
durch das Blasen geängstiget wird, damit es größer
werde; und von demjenigen seine Kräften bekommet,
welches gleichsam eine Ursache seiner Erlöschung zu seyn
schien; also nehmen die Begierden der Auserwählten zu,
wann sie durch die Widerwärtigkeiten angeblasen, und

gleichsam verrücket werden; weiters sagt der hl. Vater an einem andern Ort: die Uebel, so uns drücken auf dieser Welt, dieselben treiben uns zu Gott.

9. Willst du auch, meine christliche Seele, ohne einiges, doch gar kurzes Fegfeuer der himmlischen Freuden genießen, so leide geduldig, was dir dein Gott zu leiden schicket allhier zeitlich, sintemal der hl. Gaudentius In Praefat. ad suos Tract. nicht gefehlet, da er gesagt hat: Der Herr züchtiget auf dieser Welt denjenigen mit der Ruthen der Trübsalen und Krankheiten, so da in Zucht und Ehrbarkeit lebet, damit das künftige Feuer keinen Unflat an ihm finde, sondern auf daß derselbe kraft der geringen und gar kurzen Widerwärtigkeiten von allen Maculen gereiniget, desto sicherer zu der ewigwährenden Ruhe zu gelangen gewürdigt werde, derohalben thut ein weiser Mensch wohl (wie der gottselige Laurentius Justinianus L. de Patien c. 2. sagt) daß er seine Schuld bezahle, dann er leget nichts in dieser Bezahlung von dem Seinigen aus, sondern er verursachet, daß seine Feinde für ihn bezahlen müssen, weilen er aus den Unbilden, so ihm von selbigen zugefügt werden, über alle Maßen bereichet wird; und also geschieht es, daß er für die angethane Schmach mehr die Gnade als den Zorn Gottes verdiene; indem in Anschauung derselben, und in Gegenwart des gerechten Richters, eine größere Strafe vernichtiget wird, und durch die Geduld sehr große Schätze in dem Gewissen versammelt werden; dahero soll dir nicht wunderlich vorkommen, daß Christus dem sel Baptistä Veranä gesagt: Chron. S. Francisc. Tom. 2. l. 7. c. 24. erkenne, daß du mehr verbunden seyest demjenigen, der dir übel, als

der dir gutes gethan hat; dann jene sind, welche deine
Seele säubern, und vor meinem Angesicht lieblich, schön
und annehmlich machen; diese obangezogene Wahrheit
wird mit folgendem Exempel bekräftigt: Taulerus, ein
gottselig und gelehrter Doctor aus dem Orden des hl.
Dominici wird mit einem Schlagfluß getroffen, und
gibt nach ausgestandner zwanzigtägiger sehr schmerzlicher Schwachheit den Geist auf; nicht lang nach seinem
Tod erscheinet er einem sichern frommen Mann, welcher
aus Befehl Gottes, die Ursach seiner Heiligkeit gewesen
war, und ihm auch in seinen letzten Nöthen beigestan-
den hatte; da er nun von selbigem gefragt wird, warum er nach so langwieriger und schmerzhafter Krankheit sein Leben mit einem so erschrecklichen Ende beschlossen habe; daß auch viele von seiner Seligkeit zu
zweiflen angefangen: gibt er zur Antwort, daß dieses
derohalben geschehen sey, damit er von dem Fegfeuer
unverletzt die himmlische Wohnung habe beziehen mögen; im Uebrigen, sagt er, bin ich von den Teufeln
eben vor meinem Hinscheiden dergestalt geängstigt worden, daß ich bald in eine Verzweiflung gerathen wäre;
es hat mir aber der gütige Gott eben zur selben Zeit
seine Engel gesendet, von denen ich in den Vorhof des
Himmels getragen, und mir daselbst 5 Tage lang zu
verbleiben befohlen worden; hab aber keine andere
Schmerzen erlitten, als diejenige, so da aus der Begierde
Gott zu sehen, verursacht werden. In Vit. Oper praefixa.

10. Weiters werden durch Kreuz und Leiden auch
die Tugenden eingepflanzet und vermehret; dann nach
Zeugniß des heil. Augustin in Psalm. 21. sind in dem
Feuer keine veränderliche Naturen, und gleichwohl ver-

ändert selbiges das Stroh in Asche; dem Gold aber
benimmt es nur seine Unreinigkeit. Diejenige, in welchen Gott wohnet, werden in den Widerwärtigkeiten
gebessert, und gleichwie das Gold probirt; darum sagt
der heil. Jacobus C. 1, B. 2: Meine lieben Brüder,
haltet es für lauter Freude, wann ihr in mancherlei
Versuchungen fallet; und wisset, daß die Bewährung
eures Glaubens Geduld wirket; die Geduld aber hat
ein vollkommen Werk; auch werden wir vermittelst der
Trübsalen unsers ewigen Heils versichert; zumalen nach
Aussage des gottseligen Blosii, Instit. spirit. c. 8. kein
gewissers Zeichen der Auserwählung gefunden wird,
als wann der Mensch die vorfallende Widerwärtigkeiten
um Gottes willen demüthig und geduldig trägt; dann
dieser ist der kostbare Ring, mit dem sich Gott die Seelen seiner Auserwählten vermählt; und gleichwie ein
Kalb, sagt gar schön der hl. Gregorius, Lib. 21. mor.
c. 4., dessen man sich zum arbeiten zu gebrauchen gedenkt, kurz gehalten, und zugbar gemacht; das man
aber schlachten will, in den freien Weiden feist gemacht
wird; und gleichwie die fruchtbaren Bäume in der
Versammlung der Früchten geschüttelt, zerrissen und beraubet, und dannoch am längsten beim Leben erhalten
werden; die unfruchtbaren aber unberührt verbleiben,
und zeitlicher abgehauen, und ins Feuer geworfen werden. Und gleichwie den Kranken, an deren Genesung
man verzweifelt, alle Speise und Trank wird zugelassen,
denen aber, so noch Hoffnung haben, sehr bittere Arz-
neien eingegeben werden; also werden die von Gott
verworfene Menschen durch die Güter dieser Welt feist
gemacht, und bleiben von den Widerwärtigkeiten befreit

oder' werden zum wenigſten von denſelben nicht ſtark
gedrückt; die Auserwählten aber werden mit Mühe und
Arbeit beläſtigt, und durch Trübſalen geplaget. Auf
dieſe drei artigen Gleichniſſe des heil. Gregorii gehört
der fügliche Schluß des hl. Papſten Leonis des folgenden Inhalts: Die Erwartung der künftigen Seligkeit
iſt ſicher und gewiß bei denen, welche durch ihr zeitliches Leiden ſich theilhaftig machen des bitteren Leidens
Chriſti.

§. 11. Dieſes bezeugt uns auch das Buch der heiligen
Schrift, Leviticus genannt, C. 16, B. 15, allwo dem
Hohenprieſter befohlen wurde, zur Austilgung der Sünden zwei Geisböcke zu nehmen, und über beide das Loos
zu werfen; alſo, daß derjenige, ſo durch das Loos Gott
zugeeignet worden, alsbald zu Erlöſung der Sünden
des Volks geſchlachtet; der andere aber ſoll ganz frei
gelaſſen, und in die Wüſten geſchickt werden. Durch
den erſten werden die Auserwählten verſtanden, ſo da
zum Brandopfer geſchlachtet werden, indem ſie dem
Herrn durch das Loos ſind heimgefallen. Der letztere
aber bedeutet die Gottloſen, welchen in der Wüſte dieſer Welt überall frei und frank herum zu ſchweifen
zugelaſſen wird. Wie gefährlich und ſchädlich aber dieſe
Entrathung der Trübſalen ſey, kannſt du merken, meine
chriſtliche Seele, aus folgender ſehr glaubwürdigen Hiſtorie. Der heil. Kirchenlehrer Ambroſius iſt einsmal
auf ſeiner Reiſe nach Rom bei einem ſehr reichen und
dem äuſſerlichen Anſehen nach glückſeligen Wirth einge-
kehrt, den er alsdann gefragt, wie ihm ſeine Handel-
ſchaft von ſtatten gehe, wie ſeine Kinder ſich verhalten,
und wie reich er ſey; und hat zur Antwort bekommen,

daß seine Sachen mit allen seinen Zugehören in ge=
wünschtem Stand sich befinden; daß er durch keine,
auch die geringste Krankheit jemal sey beläftigt worden,
daß er viele Kinder habe, und sowohl für selbige, als
für sich mit Reichthümer überflüßig versehen sey; und
also nicht wiffe, was Widerwärtigkeit sey. In Anhö=
rung dieser allzufröhlichen Erzählung gedenkt der heil.
Mann der Worte des hl. Jobs: Sie bringen ihre Tage
im Wohlleben zu, und in einem Augenblicke fahren sie
hinunter in die Hölle. Job. 21, 13. Und macht sich
mit den Seinigen von dannen hinweg; denen er aus
innerlichem Antrieb Gottes also zuredet: Dieweilen der
Zorn des gerechten Richters sich bald über dieses Haus
ergießen wird, so laffet uns fliehen, auf daß wir nicht
mit selbigem zu leiden genöthigt werden. Da nun der
heil. Bischof mit den Seinigen seine Reise hurtig fort=
sezet, und dannoch nicht gar weit von der gemeldten
Herberg entfernt ist; siehe, da thut sich die Erde grau=
samer Gestalt von einander, und verschlinget das Haus
des Wirthen mit allen deffen Einwohnern lebendig.
Dieser Tragödie mache ich den Schluß aus dem heil.
Chrysostomo Hom. 29. in Ep. Hebr. mit diesen Wor=
ten: Wann Gott alle diejenige Kinder züchtigt, die er
aufnimmt, so muß nothwendig folgen, daß derjenige,
so nicht gezüchtigt wird, unter die Zahl der Kinder
Gottes nicht könne gezählt werden, wie der Prophet
Isaias aus dem Mund des Herrn spricht: Ich will mei=
nen Weinstock wüst liegen laffen, man soll ihn weder schnei=
den noch graben. Is. 5, V. 6. Daß also nicht unbillig gesagt
hat der hl. Ambrosius: vielleicht werden wir alsdann schon
für verdammt gehalten, wann wir keine Verfolgung leiden.

12. Auch ist dieser der herrliche Nutzen der Trüb=
salen, daß wir durch selbige unserm Heiland und Se=
ligmacher ganz ähnlich werden, wie der sel. Laurentius
Justinianus De Patien. c. 2. mit diesen Worten bezeugt:
Das allerglorwürdigste ist, daß ein Leidender Christo
gleich werde; dann gleichwie einem Soldaten rühmlich
ist, daß er die Wappen seines Königs trage; also ge=
reichet einem christglaubigen Menschen zu großer Ehre,
daß er die Wundmalen seines Erlösers trage. Wie
groß ist nicht die Herrlichkeit der Braut, daß sie ihrem
Bräutigam gleich ist; diese schätzet keine Ehre so hoch,
als die Würdigkeit zu tragen die Schmach Christi. Da=
hero sagt die sel. Angela de Fulgino, was der himm=
lische Vater geliebet und erwählet, und seinem eingebor=
nen allerliebsten Sohn gegeben hat; das liebt derselbige
Sohn, das schickt er und gibt es seinen auserwählten
Kindern. Der göttliche Vater aber hat für seinen
Sohn auserkohren die Armuth, die Verschmähung, die
Schmerzen, die Verfolgungen, Trübsalen, äusser= und
innerlichen Verdruß, Furcht und Schrecken, Angst,
Uebung zum Streit. Welche Widerwärtigkeiten der Sohn
Gottes alle in großer Anzahl überstanden hat. Ist es
dann nicht billig, meine christliche Seele, daß wir mit
dem heil. Bonaventura sagen: O mein Jesu, ich will
nicht ohne Wunden seyn, indem ich dich so sehr verwun=
det anschaue; es gebührt sich zumalen nicht, daß ich ge=
meiner Soldat mit unverletzter Haut den Sieg erhalte, und
du vornehmer Kriegsheld mit einer Wunde in die andre, ein
erbärmliches Spectacul vor meinen Augen hängst und stirbst.

13. Schließlich ist wohl zu beobachten, daß der al=
lerhöchste Gott an unsern Trübsalen einen großen Ge=

fallen habe; so will sich es ja geziemen, daß wir demselben (wofern wir ihn von Herzen lieben) solche Freude und Wohlgefallen lieber, als uns selbsten gönnen; dann also hat er die hl. Gertrudis unterrichtet. L. 1. insin. c. 4. Diejenige, für welche du beteft, ist nur eine auserwählte Lilien, die ich in meinen Händen zu tragen verlange; sintemalen mir die höchste Freude ist, wann ich in einer so keuschen und reinen Seele wohne. Sie ist, sagt der Herr, meine wohlriechende Rose, dieweilen die Geduld und Danksagung derselben in den Widerwärtigkeiten mir verursachen den allersüßesten Geruch. Ein andersmal hat Gott ebenfalls der hl. Gertrudi gesagt: L. 3. c. 12. Welcher ohne Kreuz und Leiden ist, und gleichwohl nach meinem Willen zu leben bereit ist, der opfert mir einen einfachen güldenen Pfenning ohne einen Edelgestein. Wer aber in allen seinen Werken mit Widerwärtigkeiten gedruckt wird, und dannoch seinen Willen mit dem meinigen vereiniget, der opfert mir einen güldenen Pfenning mit dem allerwerthesten Edelgestein. An dieser hl. Jungfrauen Gertrudis beständiger Geduld, und ungemeiner Fröhlichkeit in den Trübsalen, hat Gott einen so großen Gefallen gehabt, daß er in Ansehung dieser seiner geliebten Braut den gefaßten Zorn über viele große Sünder oft und vielmal hat fallen lassen, und derselben verschonet hat.

14. Und warum sollen wir nicht gern unser Kreuz tragen, da doch Christus unser Haupt, und der wahre Sohn Gottes, dem die ewige Glorie und Herrlichkeit erblich zugehörte, durch die Thür des Kreuzes in sein eizenes Reich hat wollen eingehen; ist es dann nicht billig, daß durch selbige Thür auch die Glieder und

angenommenen Kinder hineingehen? Durch diese Thür
sind eingegangen die hl. Apostel und Blutzeugen Christi,
von denen der heil. Paulus sagt, Hebr. 11, V. 30:
Andere haben Spott und Streiche ausgestanden, auch
überdas Bande und Kerker: sie sind gesteinigt worden,
sind zerhauen, sind versucht; sind durch das Schwert
erschlagen und getödtet worden: sie sind in Schafs= und
Geisfellen herumgegangen, dürftig, beängstigt und wohl
geplagt; deren die Welt nicht werth war; und haben
irrig herum geschwebet in den Wüsten, auf den Ber=
gen, in den Höhlen und Kluften der Erde. Sagt dann
nicht recht und wohl der gottselige Thomas a Kempis,
L. 2. C. 12. S. 6: Vermeinst du dem Kreuz zu ent=
rinnen, dem kein sterblicher Mensch je hat vorkommen
können, welcher Heilige ist doch in der Welt ohne Kreuz
und Trübsal gewesen; ja Christus Jesus unser Herr
selbst ist keine Stunde ohne Schmerzen des Leidens
gewesen; warum suchest du dann einen andern Weg,
als diesen richtigen Weg des hl. Kreuzes? Und an ei=
nem andern Ort, L. 1. C. 18, S. 1. sagt er also:
Sehet an der hl. Altväter lebendige inbrünstige Eben=
bild, in denen die wahre Vollkommenheit und ein geist=
liches Leben erschienen ist, alsdann wirst du sehen und
merken, wie klein das ist, ja gar nichts, das wir wirken.
Ach was ist unser Leben, wann es gegen der Heiligen
Leben geschätzt wird: Die Heiligen und Freunde Gottes
dienten dem Herrn in Hunger und Durst, in Hitze und
Kälte, in Blöße und Armuth, in Mühe und Arbeit, in
Wachen, Fasten und Beten, in Verachtungen und viel
Verfolgungen, Schmach= und Scheltworten. Dahero
redet der obgemeldte Thomas L. 3, C. 19, S. 1. dich

und mich, meine chriſtliche Seele, an einem andern Ort
in der Perſon Chriſti alſo an: Höre auf zu klagen und
merk auf mein und aller Heiligen Leben, du haſt noch
nicht bis zum Blutvergießen geſtritten: es iſt klein und
ſchlecht das du leideſt, gegen denen zu ſchätzen, die ſo
viel gelitten haben, ſo gewaltig angefochten, ſo ſchwerlich betrübt, ſo mannigfaltig bewähret und probirt ſind
worden; derowegen ſollſt du die ſchwere Marter der
andern Menſchen in deinem Herzen betrachten, auf daß
du deine Pein deſto leichter trageſt.

15. Eben dieſes hat der hl. Altvater Joannes einige hundert Jahre vorhero ſeine Jünger gelehrt, und
pflegte dieſelbe mit folgenden troſtreichen Worten öfters
zu ermahnen: Dieſe iſt die Pforte Gottes, durch welche
unſere Vorfahrer, nach ausgeſtandenen vielen Unbilden
und Trübſalen, mit Freuden zum Himmel ſind eingegangen. Zu dieſem Ende erzählte der fromme Einſiedler
das Erempel des jungen Weltweiſen, der ſeinen Lehrmeiſter erzürnt hatte, und dieſerhalben die erſten drei
Jahre mit andern in dem Bergwerk das Erz graben
mußte; die andern drei Jahre mußte er diejenigen, ſo
ihn unverſchuldeter Dingen beleidigten, mit Geld belohnen. Da dieſem allem der gemeldte Jüngling tapfer
nachkommen, hat ihn ſein Lehrmeiſter mit ſich nach Athen
genommen; nachdem er nun zur Pforte der Stadt kommen iſt, hat ihn ein daſelbſt ſitzende Alte mit Schmäh-
wörtern gar übel empfangen. Dieſe hat er mit lachendem Mund angenommen und da er die Urſache ſolcher
Fröhlichkeit von dem alten gefragt worden, hat er geantwortet: Bishero hab ich die Schelt- und Schmähworte mit Geld bezahlen müſſen, nun aber bekomme ich

selbige von dir umsonst, derohalben erfreue ich mich. Da dieses der Alte gehöret, hat er ihn gern hineingelassen, und gesagt: ei du lieber Bruder, spaziere nun zur Stadt hinein, der du würdig bist, daß du unter die Weisen gezählet werdest. Sollen wir dann nicht billig, meine christliche Seele, alle Schmach und Verfolgung mit lachendem Mund und fröhlichem Herzen annehmen, auf daß wir durch solche heroische That in die Stadt Gottes einzugehen, und der Zahl der himmlischen Weisen beigesetzt zu werden, gewürdigt werden? Wollte Gott, sagt der geistreiche Thomas a Kempis, L. 2, C. 12, §. 13, daß du um des Namens Jesu willen etwas zu leiden würdig wärest! O wie große Herrlichkeit würdest du davon haben! wie eine große Freude wäre es allen Heiligen, und wie große Besserung des Nächsten! Derohalben laßt uns mit allem möglichen Fleiß daran seyn, damit wir dahin kommen, daß uns Trübsal und Bekümmerniß süß werden, und uns um Gottes willen wohl schmecken; alsbann können wir dafür halten, daß es wohl um uns stehe, weilen wir das Paradeis auf Erden gefunden haben.

Die fünfundzwanzigste

geistliche Lection.
Von den Versuchungen.

Fili, accedens ad servitutem Dei, sta in jus-
titia et timore, et praepara animam tuam
ad tentationem.

Mein Sohn, wann du herzu trittst, Gott zu dienen, so stehe in Gerechtigkeit und in der Furcht,
und bereite deine Seele zur Anfechtung. Eccl.
2. v. 1.

Der erste Theil.

1. Weilen ein Geistlicher mehr als ein weltlicher
Mensch durch den Betrug des leidigen Satans immer
angefochten wird; und dann derselbige den Stricken zu
entgehen, sich nicht allein für sich selbsten befleißen
muß, sondern auch andern zur Meinung derselben nach
aller Möglichkeit behülflich zu seyn verbunden ist; als
ist unter andern Materien von dieser folgenden zu handeln am meisten nothwendig, zumalen gleichwie sehr
viele sind des Teufels Erfindungen und Arglißte; also

auch nicht wenigere Mittel und Lehren gefunden wer=
den, durch welche man diesen Betrügen sich mit aller
Vorsichtigkeit zu entschlagen hat; selbige werden aber
alle auf drei Hauptmittel zusammengezogen; nämlich,
daß man wohl wisse, was vor der Versuchung, was
in derselben, und, was nach der Versuchung zu beob=
achten sey. Vor der Versuchung ist zu merken, daß ei=
ner gänzlich dafür halte, daß er, nachdem er seinem
Gott zu dienen hat angefangen, sein Gemüth zur Ver=
suchung bereiten, und sich versichern müsse, daß, wie
glücklicher er in den Tugenden fortschreite, je heftiger
werde versucht werden; dann gleichwie wir nach Zeug=
niß des hl. Gregorii, L. 29. mor. c. 12. unserm höl=
lischen Feind uns gewaltiger widersetzen, je mehr er
uns bestreitet; diejenige aber, so dessen Gewalt unter=
geben sind, läßt er in Frieden leben, und gleichwie ein
erfahrner und begieriger Fischer die kleine Fischlein nicht
achtet, sondern nach den großen trachtet, wann er ver=
merkt, daß derselben vorhanden sind; also stellt der
Teufel den Vollkommenen mit größerer Begierlichkeit
nach, und suchet selbige zu fangen. Fürchtet nicht der
Feind, sagt der hl. Chrysologus, Serm. 36. mehr ei=
nen Kriegsobristen, als einen Soldaten? Er bestreitet
nicht die Todten, sondern krieget mit den Lebendigen;
also sucht unser Feind nicht die Sünder, sondern die
Gerechte zu bestreiten; und gleichwie die Seeräuber,
spricht der hl. Chrysostomus, nicht die aus dem Hafen
ausfahrende leere, sondern die wiederkommende beladene
Schiffe anfallen; also wann der höllische Rauber ver=
merkt, daß wir viele Waaren, als da sind Fasten, Ge=
beth, Almosen, Keuschheit, und mehr andere Tugenden

versammlet haben; streichet er alsbald hervor, und su=
chet unser Schifflein, auch sogar in dem Gestad selb=
sten, in den Abgrund des Meers zu versenken; der=
selbe Kirchenlehrer sagt an einem andern Ort: Hom.
ad. Pop. Antioch. Verwundert euch nicht, daß wir,
die wir den geistlichen Dingen obliegen, viele Wider=
wärtigkeiten leiden müssen, sondern gedenket, daß gleich=
wie die Diebe nicht dem Gras, Heu, oder Stroh, son=
dern dem Gold und Silber nachgraben, und immer
wachen; also der verfluchte Seelendieb mit den Gerech=
ten umgehe. Der hl. Cyprianus sagt: L. 3. Ep. 1.
Der Teufel sucht nicht diejenige zu Boden zu werfen,
die liegen, sondern die stehen. Und wann ich mich
hierüber bei dem hl. Gregorio befrage, so gibt er mir
zur Antwort: L. 29. mor. wann wir in einem bessern
und vollkommenern Leben zunehmen, so machen wir
uns die böse Geister, welche unserm guten Willen im=
mer und allzeit mißgünstig sind, zu unsern größten
Feinden.

2. Auch sagt der hl. Doctor, daß nicht allein ein
böser Geist, sondern derselbigen unzahlbare einem je=
den Auserwählten zugeeignet werden; herentgegen lassen
die hl. Altväter einhelliglich herkommen, daß ein einzi=
ger Teufel bestand genug sey, unzahlbare böse Men=
schen zu verderben. Sie melden, daß einsmals ein
Einsiedler von seinem Engel zu unterschiedlichen Schau=
werfen sey geführt worden; das erste, so er gesehen
hat, ist gewesen eine Versammlung der Klostergeistlichen,
welchen eine unzahlbare Schaar der Teufel zugeflogen
war; hierüber hat sich der gute Einsiedler entsetzet, ist
aber hernach alsbald zur Stadt geleitet worden, allwo

er nur einen, und zwar müßigen Teufel angetroffen, der gleich einem faulen Hund am Stadtthor ruhete; da hat der fromme Geistliche mit Verwunderung zu sich erkühnet: warum die Gottverlobte von so vielen höllischen Feinden bestritten würden, die ganze Stadt aber nur ein einziger, und das jedoch ohne Mühe bekriegete; dem der Engel geantwortet, daß diese städtischen Menschen nach dem Gesez und Befehl des Teufels ihr Leben einrichteten, derohalben sie keine Versucher vonnöthen hätten, weilen sie auf dem Weg des Verderbens von sich selbsten hurtig laufen; und könne selbige in solchen ihren bösen Sitten nur ein einziger Teufel mit gar geringer Arbeit erhalten; die andere aber, sagte der Engel, sind geschworne Feinde des Satans, dem sie mit allen Kräften widerstehen; dahero fället er selbige mit ganzen Schwadronen an, und bemühet sich, diese Diener Gottes in sein höllisches Netz zu ziehen. Das ist nun, meine christliche Seele! diejenige Klage, so du ohne allen Zweifel auch von frommen Geistlichen oft wirst gehöret haben; daß sie nämlich, wie frömmer und andächtiger sie ihrem Gott zu dienen, sich befleißen, desto mehrere und größere Anfechtungen erleiden müssen. Diese aber ist eine gemeine Art der neidigen Geister, daß sie denjenigen, welchen sie gesehen, daß er sich dem Himmel nähert (den sie so spöttlich verloren haben) mit aller möglichen Gewalt davon abzutreiben sich unterstehen. Diese tartarische Larven werden nach Zeugniß des seligen Laurentii Justiniani, wegen keiner Sache so sehr beschämet, als wann sie sehen, daß ein schwacher Mensch in so vielen Gefahren der Welt seinem Erschöpfer den schuldigen

Gehorsam leiſtet, welchen ſie auch im Himmel ſelbſt zu halten vernachläßiget haben; dahero mißgönnen ſelbige den Gerechten ihren Fortgang im Guten, nnd erſparen keinen Fleiß; dieſelbe von den Staffeln zur ewigen Herrlichkeit zu verhindern.

3. Und wann ſie einen einzigen Geiſtlichen zum Untergang ſtürzen können, iſt unter ihnen ei ı größeres Frohlocken, als wann ſie hundert und hundert andere betrügen, wie aus folgender Hiſtorie zu hören iſt. In dem Leben der alten hl. Väter wird erzählet, daß einsmal ein Sohn eines Gözenpfaffen ſeinem Vater bis zum Gözentempel gefolgt, und daſelbſt entſchlafen ſey, allwo er mehr mit den Augen des Herzens, als des Leibs den Lucifer auf einem Thron ſitzend geſehen, und gehöret, wie ſelbiger ſeinen Bothen Befehle gegeben, und ihrem Anbringen Audienz ertheilet habe: da war nun einer ankommen, welcher ſich rühmte, daß er einige Kriege, Aufruhr und Rebellion in einer Provinz verurſachet hätte; dieſer hatte zwar hierdurch viel Böſes geſtiftet; weilen er aber dazu dreißig Tage angewendet, iſt er mit Prügeln belohnet worden. Ein anderer war vor dem königlichen Thron erſchienen, und hatte Zeitung mitgebracht, daß er innerhalb zwanzig Tagen durch ein ſchweres Ungewitter viele Schiffe in den Abgrund des Meeres verſenket hätte, weilen aber der hölliſche König hieran ein geringes Vergnügen gehabt; als iſt dieſer Both ebenfalls mit Streichen bewillkommet worden. Der dritte hatte ſich auch herzugemacht, und aufgeſchnitten, daß er innerhalb zehen Tagen unter währenden verſchiedenen Hochzeiten Uneinigkeiten und Todſchläge zuwegengebracht hätte; iſt aber

mit gleicher Münz, wie die vorige, bezahlet worden. Letztlich ist auch einer herankommen, und hat seinem König berichtet, daß er nach angewendetem vierzigjäh= rigen Fleiß endlich einen Geistlichen zum Fall gebracht habe; nach angehörter dieser fröhlichen Zeitung, ist der höllische Tyrann von seinem Thron alsbald hinabge= stiegen, und hat den angenehmen Bothschafter umhal= set; auch hat er seiner Kron sich beraubet, demselben auf, und ihn an seine Seiten gesetzt, und vor allen andern am meisten gepriesen; dieses alles hat der vor= gedachte Sohn des Götzenpfaffen gehört und gesehen, und daraus Ursache und Gelegenheit geschöpfet, das Heidenthum zu verlassen und sich dem wahren Gott im klösterlichen Leben zu widmen.

4. Hieraus können wir nun schließen, wie große Mühe die höllische Geister anwenden, damit sie die Diener Gottes von ihrem Herrn mögen abwendig ma= chen. Auch sehen wir, wie sich selbige erfreuen, wann sie die gottverlobte Personen mit ihren Stricken fangen können. Und weiters ist auch nicht ohne, daß, wie der Mensch frommer und heiliger lebet, je überlästiger ihm auch fallen die Versuchungen. Es muß aber dero= halben ein Liebhaber Gottes nicht verzagen, sondern gedenken, daß, gleichwie er als ein beherzter Soldat unter den ersten in der Schlacht zu erscheinen trachtet, auch den feindlichen Waffen der nächste seyn müsse. Ist nicht der hl. Apostel Paulus selbst von dem leidigen Satan mit Fäusten geschlagen, das ist, durch den Sta= chel des Fleisches angefochten worden? Ist es nicht zu verwundern, daß ein Apostel, und Lehrer der ganzen Welt noch leiden muß, daß ihn der Teufel durch das

Fleisch versuche? Der in das Paradies geführet, ja
sogar bis in den höchsten Himmel verzuckt gewesen,
muß noch ausstehen den Anfall der Naturen? Er aber
hat nicht zu seiner Verschämung, sondern zu seiner
Glorie, nicht zur Verdammniß, sondern zur Belohnung,
und Abwendung der hoffärtigen Gedanken diese Versuchung erlitten. Zumalen die Versuchungen den Menschen oft sehr nützlich sind; wie der hl. Thomas a Kempis Lib. 1. c. 13. §. 2. vermerket; ob sie schon dem
Menschen zuwider und schwer sind; dann in denen wird
der Mensch gereiniget, gedemüthiget und unterwiesen.
Und der Apostel sagt: 2. Cor. 12. V. 7. Damit ich
mich nicht überhebe wegen der hohen Offenbarungen,
ist mir ein Stachel in mein Fleisch gegeben, der Engel
des Satans, daß er mich mit Fäusten schlage. Dahero
sind einige der Meinung, daß derselbige Apostel Gottes ohne diese Versuchung nicht hätte können selig werden, darum ist er auch sogar nach dreimal wiederholter
Bitte, vom Herrn nicht erhöret worden.

5. Billig derohalben schreibet der hl. Vater Augustinus Sup. Ps. 60. den Fortgang in den Tugenden
den Versuchungen zu; dieweilen, sagt er, unser Leben
auf dieser Pilgerfahrt ohne Sünde nicht seyn kann;
und es kann auch ohne Versuchung nicht seyn, dann
unser Zunehmen muß durch die Versuchung befördert
werden; und keiner lernet sich selbsten kennen, es sey
dann daß er versucht werde; es wird keiner auch ge-
krönet, der nicht seinen Feind überwunden hat; keiner
kann aber den Sieg erhalten, wann er nicht gestritten
hat, und wer kann streiten, wann er keinen Feind und
keine Versuchungen hat? Dieses hat einsmal betrachtet

der hl. Ephrem, derohalben hat er, da in der höchsten
Ruhe und Zufriedenheit lebte, von Gott begehret, daß
er den Krieg der vorhin ausgestandenen Versuchungen
in ihm erneueren, und ihm also größeren Lohn zu verdienen Gelegenheit geben möchte, Clymac. Kap. 26.
Von einem andern Geistlichen meldet der geistreiche Rodriquez, daß er zu seinem geistlichen Vater kommen sey,
und sich beklaget, daß Gott endlich seinen gehabten
Streit in einen gewünschten Frieden verändert habe.
Dem der Vorsteher befohlen, er soll alsbald die Versuchungen von Gott wieder fordern, auf daß er nicht
nachläßig werde. Wie gesagt war, so ist geschehen;
und der fromme Geistliche hat seine vorige Versuchungen abermal von Gott erhalten. Dann gleichwie der
Senf oder Mostart, und viel andere Speisen, sagt
Christus zu der hl. Brigittä, nicht also zu Ernährung
des Leibs, als zu Heilung einiger Mängel, oder Säu-
berung einiger Theilen des Leibs gebraucht werden;
also die böse und versuchende Gedanken, wiewohl selbige die Seele nicht ersättigen noch feist machen, wie
das Oel der guten Gedanken thut; so sind sie doch
dienlich, diesem oder jenem Schaden vorzukommen, oder
zu heilen. Viele würden vermeinen, sie wären Engel,
und keine Menschen, wann sie nicht bisweilen durch
böse Gedanken versucht würden. Nicht umsonst hat
Christus seine Apostel und deren Nachkömmlinge mit
diesen Worten erinneret, daß sie in den Versuchungen
tapfer streiten sollten. Ihr sollet nicht vermeinen, daß
ich kommen bin, Friede zu senden auf Erden: ich bin
nicht kommen, Friede zu senden, sondern das Schwert,
Matth. 10. B. 34. So wird dann von demjenigen

erfordert, so dem Dienst Gottes sich ergiebt, daß er das Schwert, nämlich die Stärke ergreife, durch welche er gegen die unfehlbare ankommende Versuchungen sich vertheidige und beschütze.

6. Das andere, so ein geistlicher Neuling wissen soll, ist, daß er sicher glaube, daß Gott den Seinigen sehr treu sey, und nicht zulasse, daß derselben einer über sein Vermögen versuchet werde. Dann der hl. Ephrem sagt: Serm. de Patient. wann die Menschen wissen, wie viel und schwere Last ein Thier vor dem andern tragen kann; wann ein Hafner weiß, wie lange Zeit die von ihm aus Leim gemachte Geschirr müssen gebrennet werden; wievielmehr wird der allerweiseste Gott wissen, mit was oder wie viel Versuchungen seine Diener und Dienerinen müssen probiret werden. Dahero sagt der hl. Bernardus, Serm. 15. in Psal. 90. Dieses sage ich euch vor: daß keiner ohne Versuchung auf Erden leben werde, und wann einem vielleicht ein Kreuz wird genommen, so soll er eines andern in Sicherheit gegenwärtig seyn. Hierüber haben wir nun dem mildesten Gott zu danken, daß er uns öfters einige Versuchungen zulasse, damit wir nicht vielleicht mit andern gefährlichern überfallen werden, und daß er einige von denselben ehender befreie, auf daß sie in andern, so ihnen nützlicher sind, mögen geübet werden.

7. Drittens muß er wissen, daß in den Versuchungen die Empfindung ihm keinen Schaden zufüge, wann er sich nur nicht einlasset in die Bewilligung; dann gleichwie das Feuer unter der Aschen verborgen ist, obschon dasselbige scheinet mit der Aschen ganz begraben zu seyn; also kann die Liebe im Herzen seyn, wiewohl

man vermeinen soll, als wäre sie von den schweren
Versuchungen ganz erloschen. Alldieweilen dann, nach
Meinung des hl. Gregorii, die Schüsse, so man vor
siehet, nicht so viel schaden, als diejenige, deren man
sich nicht versiehet, so bedenke du, meine christliche Seele,
dieses wohl vor der Versuchung, damit selbige dich nicht
unversehens überfalle und betrübe.

Der andere Theil.

8. So viel aber die Sinnlichkeit oder Empfindlich-
keit der Versuchungen belanget, sagt uns der hl. Anselmus, Apud Drex. in Palaest. p. 2. c. 5. §. 3.
daß es eine englische Sache sey, wann man die Versuchungen nicht empfinde. Die Versuchungen aber empfinden, und überwinden, sagt er, sey ein christliches
Werk. Daß man aber in die Versuchungen einwillige,
und aus Bosheit sündige, sey ganz und zumalen teuf-
lisch. Weilen nun die anfangende Geistliche oder Neu-
linge, so in der Schule Christi noch wenig geübet sind,
wegen der gemeinen Widerspänstigkeit des Fleisches nicht
geringe Sorge tragen, daß sie durch die Versuchungen
vielleicht werden gesündiget haben, so rathe ich denselbigen, daß sie Christum ihren Bräutigam bei dem andächtigen Blosio in Consolat. Pusil. c. 40. §. 1. n. 4.
also redend anhören, und dessen Worte wohl beherzigen. Schrecket dich vielleicht, daß du mit Sünden beladen, auch dasjenige, so du vorhin freiwillig begangen hast, nun gegen deinen Willen leiden müssest? Verfolget dich dein Widersacher, und übet mit dir seine
Abscheulichkeiten? Sey getrost, meine Seele, was du
leidest in diesem Leben, das wird dich nicht verdammen,

**

und wird dich meiner Gnade nicht berauben; dann die Sünde muß so freiwillig seyn, daß, wann sie nicht freiwillig, auch keine Sünde sey. Zwinge derohalben deinen Willen, und halte ihn ab von der Bewilligung; und laffe förthin den Teufel und das Fleisch wüthen. Wegen der Träume hast du nicht zu fürchten, was du in selbigen thun wirst, was du immer schlafend leiden wirst; wann solches dir vor, und nach dem Schlaf mißfällig ist, so wird dir dieses für keine Sünde gerechnet. Und, wann du schon durch dein voriges unzüchtiges Leben dir Gelegenheit zu solchen Träumen gegeben hast, so wirst du doch anjeno an dem, was du leidest, nicht schuldig seyn; dieweilen du über solches Leben wahre Reue und Leid getragen hast, und noch tragest; wann du nur in diese teuflische Erinnerungen nicht einwilligest. Wann auch der böse Feind dir bisweilen Gottsläfterungen und verfluchte Gedanken gegen mich und meine Auserwählten eingibt, so werde du derohalben nicht kleinmüthig, dann so lang du in diese Gedanken nicht einwilligest, so lang leidest du selbige mehr, als du sie im Werk übest. Wann dich auch diese Versuchungen mehr betrüben, als beluftigen; so sollst du keineswegs darüber erschrecket werden; und ist dir nicht nothwendig, selbige dem Priester zu beichten. Ich aber laffe dich dieses schmecken, und beläftige dich damit, nicht daß du dadurch befudelt, sondern gereiniget werdest. Der leidige Satan stiftet solche Ungewitter derohalben an, damit er, indem du dich demselben widerfenest, von dem Geschmack meiner Liebe dich verhindere und zurückhalte; dann er erfreuet sich, wann er dich durch Scrupeln und unnöthige Unruhe beäng-

ftigen, und von mir abwenden kann. Du aber, meine
Seele, fürchte dich nicht für dergleichen Eingebungen;
habe keine Achtung auf solche Einbildungen, nicht antworte denselbigen; nicht stelle dich heftig zur Gegenwehr, sondern lasse alles unvermerkt hingehen, als
wann du nichts empfunden hätteft; fahre fort in deinen
heiligen Uebungen, und laß dich durch solche Versuchungen nicht verhindern; achte sie nicht höher, als das
Bellen der Hunde, oder Pfeifen der Gänse. Dann so
du dich denselben widerfetzen, disputiren, erforschen,
oder dich darob entsetzen wirst, so kann es anders nicht
geschehen, als daß du selbige in dein Gedächtniß gleichsam einbrückeft, und dich in eine große Unruhe verwi-
ckelft. So weit hat in Person Christi geredet der vorgemeldte gottselige Blosius.

9. Dieses alles erhellet noch besser aus dem, was
der hl. Catharinä von Sénis widerfahren ist. Dann
obschon diese hl. Jungfrau mit Christo so große Gemeinschaft pflegte, daß sie mit selbigem, als ihrem Bräutigam redete; nichts destoweniger hat er dieses keusche-
fte Mägblein mit den unsaubern Geistern streiten lassen,
damit sie die Tugend der Keuschheit desto besser üben
möchte. Dahero ist diese Jungfrau durch so unreine
Gesichter, und häßliche asmodeische Einbildungen bestritten worden, daß sie von selbigem ein mehrers Abscheuen, als vom Tod selbften empfunden. Da nun
der Teufel diese Jungfrau unter andernmalen auch einsmals durch unterschiedliche sowohl weib- als männlichen
Geschlechts abscheuliche Entblösung angefochten, und sie
gegen diese Gewalt mit heroischem Gemüth obgesieget
hatten; ist ihr Christus in sichtbarlicher Gestalt erschienen;

den, sie mit diesen kläglichen Worten, angeredet und gesagt: O ich armselige!, wo wareſt du, mein Heiland,
da so entſetzliche und unkeuſche Vorbildungen mein Herz
beſtritten; der Bräutigam, hat ihr geantwortet: Ich
war in deinem Herzen gegenwärtig meine Catharina,
und ſehe dem Spiel zu; als ſie nun weiters mit Verwunderung gefragt, wie es immer ſeyn möge, daß der Gedanken
allerreinſte Jeſus in einem, mit ſo vielen unſaubern
gleichſam erfülltem Herzen habe zugegen ſeyn können?
hat ſie der Herr gefragt: haſt du in die unfläthige und
lothige Einbildungen verwilliget? haben dich dieſe Ve-
nus-Schmeichlungen nicht erluſtiget? Mit nichten ſagt
die keuſche Jungfrau: das ſey weit von mir, o Herr;
zumalen mir nichts mißfälligeres und beſchwerlicheres
jemalen hätte vorkommen können, ſo iſt dann, ſagt
Chriſtus, dieſer der Lorberkranz deines erhaltenen Siegs;
dieß iſt die Krone deines Verdienſtes, dieß iſt der Ruhm
und Glorie deines Streits, dem ich perſönlich hab beigewohnet. Keiner wird die Wunden der böſen Begierden empfinden, ſo lang er nicht bewilliget. Wer in
Vertreibung der häßlichſten Gedanken arbeitet, der
macht ſich der Höllen Meiſter. Nicht ohne großes Abſcheuen und verdrießliche Langwierigkeit hat die gemeldte
Catharina mit dieſen unreinen Gedanken herumſchlagen
müſſen; ſo lang aber dieſe Verſuchung gewähret, hat
ſie, ſo viel ihr iſt zugelaſſen, in der Kirchen ſich aufgehalten.

10. Auch leſen wir bei dem Palladio von dem Altvater Pachomio, daß dieſer hl. Mann den gemeldten
Palladium mit dieſen Worten angeredet habe: ſiehe
mein Palladi, ich bin ein ſiebenzigjähriger Mann, und

obwohl ich 40 Jahre lang meine Celle sehr fleißig bewohnet, und nur Gott zu dienen, und das Heil meiner Seele zu befördern mich befliſſen, und nunmehro
zu solchem Alter gelangt bin, wie du siehest, nichts destoweniger werde ich bis auf heutigen Tag von den
Versuchungen des Fleisches angefochten, und wie Palla-
dius bezeugt, hat der vorgedachte Pachomius erzählet,
daß er nach dem fünfzigsten Jahre seines Alters, zwölf
Jahr lang nacheinander, alle Tage und Nächte den
feindlichen Anfall des Fleisches erlitten habe; und nachdem er zu Bezwingung dieses Feinds allen Versuch
umsonst gethan habe, sey er mit Traurigkeit überfallen
worden, und da er diesen seinen elenden Stand mit
vielen Zähren dem lieben Gott geklaget, habe er eine
innerliche Stimme gehöret, welche ihn folgender Gestalt angeredet hat: gehe hin, mein Pachomi, und
streite ritterlich, dann ich habe derohalben diese Versuchungen über dich verhänget; damit dein Geist sich nicht
erheben solle, als wann selbiger durch seine eigene Kräften den einheimischen Feind überwunden habe, und auf
daß du deine Schwachheit erkennen, und auf dein strenges Leben allein kein Vertrauen setzen, sondern deine
Hülfe und Stärke von mir deinem Gott erbitten mögest; durch diese trostreiche Stimme ist der fromme Pachomius gestärket worden, und hat nachmalen keine dergleichen Beschwerniß empfunden. Was können wir
nun, meine christliche Seele, hieraus anders abnehmen,
als daß der mildreiche Gott seine Diener zu keinem andern Ziel versuchen lasse, dann nur allein zu derselben Heil und geistlichem Nutzen; und damit es kund-

bar werde, ob sie ihn lieben oder nicht. Rodriq. n. 2.
tr. 3. c. 35. §. 4.

11. Weiters muß uns zu standhafter Ertragung der
Versuchungen nicht wenig aufmuntern die Lieblichkeit,
zumalen einem wackern Soldaten nichts angenehmers
widerfahren kann, als wann ihm öfters erlaubet wird,
mit dem Feind zu schlagen, und sich durch den erhaltenen Sieg einen großen Namen zu erwerben; derohalben
sagt Gott in seiner Offenbarung des heil. Joannis
Kap. 2. V. 17. Wer den Sieg erhaltet, dem will ich
verborgenes Himmelbrod geben; ich will ihm auch geben einen weißen Stein, und auf demselbigen Stein einen neuen Namen geschrieben, den niemand kennet; dann
allein, wer ihn bekommt. Wann es nun einem zu so
großer Ehren gereichet, daß er seines gleichen, einen
leiblichen Feind und schwachen Menschen überwinde, wie
viel größern Ruhm wird dann nicht derjenige davon
tragen, welcher den unsichtbaren Feind, den starken
Riesen, und höllischen Goliat erschlagen wird? Soll
nicht ein jeder von uns mehr befugt seyn mit dem Azaria
und Joseph zu sagen: wir wollen uns auch einen Namen machen, und hinziehen wider die Heiden zu streiten, welche um uns her sind, 1. Mach. 5. V. 57.
Und wann schon nach Meinung des Cassiodori Sup.
Psalm. 51. der Streit schwer fällt, weilen er heimlich,
und weilen er mit einem Stärkern gehalten wird, und
weilen die Nachstellungen des Feinds nicht gesehen werden; weilen auch derselbe durch keine Arbeit ermüdet
wird, und wann er schon überwunden wird, dannoch
nicht weichet, so ist doch immer eine größere Hülfe
Gottes bereit; der euch nicht wird versuchen lassen über

euer Vermögen, sagt der hl. Paulus 1. Cor. 10. V. 13., sondern wird auch mit der Versuchung ein Auskommen schaffen, das ist, er wird euch eine häufige Gnade ertheilen, damit ihr es ertragen könnet.

12. Wann nun dieses also wahr ist, wie oben gemeldet worden, warum werden dann so viele von den Versuchungen überwunden? Wann der Teufel ist angebunden, fragt der hl. Augustinus, wie kann er dann noch so oft den Meister spielen? Diese Frag beantwortet er selbst, und sagt: Serm. 196. Es ist nicht ohne, meine liebe Brüder! daß er vielmal obsiege; aber nur gegen die Laue und Nachläßige, und welche Gott in der Wahrheit nicht fürchten; dann er ist gebunden, wie ein Hund an die Ketten geschlossen ist, und kann keinen beißen, es sey dann, daß er mit einer tödtlichen Sicherheit demselben zunahe. Sehet nun, liebe Brüder! wie närrisch derjenige Mensch sey, den der geschlossene Hund beisset. Wann du vermittelst der weltlichen Freuden und Wollüsten ihm nicht zunahest, so wird er zu dir nicht kommen dürfen, er kann bellen, kann aber keinem schaden gegen seinen Willen, weilen er nicht mit Gewalt, sondern mit eingebenden Rath dem Menschen schädlich ist; er zwinget auch die Bewilligung aus uns nicht, sondern er begehrt sie nur allein, dahero sagt recht der weise Mann Kap. 33. V. 1. Wer den Herrn fürchtet, dem wird nichts Böses begegnen, sondern Gott wird ihn in der Anfechtung erhalten, und erlösen vom Bösen. Derohalben, meine christliche Seele, pflanze die Liebe, und zugleich die Furcht Gottes in dein Herz, auf daß du von diesen, als zweien unüberwindlichen Mauern umgeben, von deinen Feinden Schaden leidest,

welche überall herum gehen, und suchen, wen sie verschlingen mögen. Diese stellen sonderbar denen nach,
so da, wie gesagt ist, eines guten Willens sind; wie
wir aus dem Leben des hl. Dominici vermerken; dann,
da dieser hl. Mann einsmal bei nächtlicher Weil bei
seiner Heerde gewachet, hat er den obgemeldten, und
überall herumschweifenden Gesellen angetroffen, und ihn
gefragt, was er suche? worauf er geantwortet, daß er
seinem Gewinn nachgehe; und als ihn der hl. Mann
gefragt, was er dann auf der gemeinen Schlafkammer
des Klosters gewinne, hat er zur Antwort gegeben,
daß er den Geistlichen den nöthigen Schlaf benehme,
und versuche, daß sie mit Verdruß und Faulheit aufstehen, und sie antreibe, daß sie sich von dem Dienst
Gottes absent machen. Auch sagt der höllische Geist,
wann es mir zugelassen wird, erwecke ich bei den
Schlafenden die geile Bewegungen, und nächtliche Un-
sauberkeiten des Leibs. Weiters hat ihn der gottselige
Vater gefragt: was er dann vor Gewinn in der Kirche,
an so heiligem Ort zu gewarten habe? dem er geantwortet: daß er sich bemühe zu verschaffen, daß die
Geistliche später zur Kirche kommen, geschwind aus
selbiger hinweg eilen, und ihrer selbst vergessen. So
viel das Refektorium oder gemeines Tafelzimmer angehet, ist dieser Ort ganz mein. Allhier lacht man, allhier schwätzt man, und werden viele eitele Zeitungen
vorgebracht. Da nun der lose Schalk von dem frommen Dominico zum Capitulhaus geführt worden, hat
er sich darob entsetzet, und gesagt: dieser Ort ist mir
ein höllischer Ort; was ich an andern Orten gewonnen
hab, das verliere ich allhier. An diesem Ort werden

die Brüder ermahnet; allhier beichten sie, und werden allhier angeklagt. Allhier werden sie gestraft, und von ihren Sünden losgesprochen. Dahero fliehe ich und verfluche diesen Ort, Theodoric. de Appol. in vita ejus l. 3. Also hat dieser armselige Verführer durch Kraft Gottes, und durch den Zwang des heil. Vaters Dominici den Betrug seiner Bosheit entdecken müssen; damit die Gerechten mehr erleuchtet werden, diesen losen Vogel auslachen, und für dessen Fallstricken sich hüten mögen. Wie du aber meine christliche Seele in dem Streit selbsten dich verhalten sollest, das lerne aus dem Verfolg der gegenwärtigen Lection.

Der dritte Theil.

13. Im Anfang der Versuchung muß sich ein jeder vorsehen, daß er nicht verzage; dann, gleichwie ein Schiffmann, der einmal vom Schrecken oder Furcht überwunden, das Schiff weiters zu regieren untauglich ist; also stellet sich das Gemüth des versuchten Menschen in die äußerste Gefahr, den Sieg zu verlieren, wann es sich durch die Furcht abschrecken lassen. Derohalben hat der hl. Antonius ein Vater der Einsiedler in seinem letzten Sterbstündlein die Seinigen so treulich gewarnet und gesagt: Ich ermahne euch, meine Kinder, und bitte euch, ihr wollet doch die Arbeit so geraumer Zeit nicht also geschwind verlieren; ihr kennet ja die vielfältigen Nachstellungen eures höllischen Feindes; ihr habt desselben grimmige Anfälle, aber doch weibische Kräfte erfahren. Seufzet nach eurem Heiland, und heftet die Glaubwürdigkeit dessen allerheiligsten Namen Jesu an eure Herzen. Alsdann werden von diesem

sichern Glauben alle Teufel vertrieben werden. S. Athana=
in Vit. c. 20 et c. 58. Und wenig hernach setzt
hinzu: Die einzige Weis und Manier, den leidige
Satan zu überwinden, ist die geistliche und innerlich
Fröhlichkeit; und stete Erinnerung einer Seele, welch
immer an den Herrn gedenket. Dieß hat der hl. Man
seinen Geistlichen zur Lehre hinterlassen, und hat c
auch vorhin im Werk geübt. Dann da ihn einsm
die höllischen Geister in Gestalten unterschiedlicher grau
samer Thiere umzingelten, und ihm dermaßen zusetzter
daß er augenblicklich von ihnen zerrissen zu werden i
Furcht stund; redete er selbige unerschrocken und gar
freudig an, und sagte: Wann ihr Kräften hättet, s
würde einer aus euch nicht allein genug, sondern m
weit überlegen seyn; was ist vonnöthen eine so groß
Anzahl? Sehet hier bin ich, zerreisset mich in Stücker
wann es euch erlaubt ist; wann aber nicht, so ist a
euer Wüthen umsonst. Es ist fast nicht auszusprecher
wie sehr ein solches herzhaftes Gemüth und innerlich
Fröhlichkeit den bösen Feind verdrieße, und denselbe
schwäche, dahero sagt die hl. Theresia in Itin. Perf. c. 2
Der Teufel hat keine Macht an den tapfern und hero
schen Gemüthern; dieweilen er selbige zumalen fürchte
und genugsam erfahren hat, daß er bei den Große
Schaden leide, er weiß auch wohl, daß alles, was
ihnen zum Nachtheil richtet, denselben und andern zu
Vortheil ausschlage, und er nur Schaden davon träg
So ist dann zu Erhaltung des Sieges wider die höll
schen Böswichte, die Tapferkeit und die geistliche Freu
des Gemüths den Menschen sehr nöthig; sintemal w
diesen Feinden, nach Zeugniß des gottseligen Clima

Gräd. 1. das Angesicht unserer Seele nicht verbergen können; und wann sie vermerken, daß selbiges erbleiche, sich entsetze und verändere, so fallen sie uns mit mehr Bitterkeit an. Lasset uns derohalben mit einem Heldenmuth gegen diese neidigen Hunde die Waffen ergreifen, und uns versichern, daß diejenigen, so mit geziemender Fröhlichkeit den oftgemeldten Widersachern unter die Augen treten, nicht können überwunden werden, wie der hl. Bernardus Serm. 5. in Quadr. dafür haltet und sagt: Sehet, meine Kinder, sehet, wie schwach unser Feind sey; keinen kann er zu Boden werfen, der nicht will. Er vermag die Bewegung des Versuchens zu erwecken; es steht aber bei euch, ob ihr darein bewilligen wollet, oder nicht.

14. Das andere Mittel, daß wir dem Rath Christi folgen, der also lautet: Wachet und betet, auf daß ihr nicht in Versuchung gerathet, Matth. 26, V. 41. Darum pflegte der geistreiche Avila zu sagen: Die Versuchung kehret sich zu dir; du aber wende dich zu Gott. Laufe mit den kleinen Kindern zum Schoß deiner Mutter, und sage: Deus in Adjutorium meum intende, etc. Gott, hab acht auf meine Hülfe; Herr, eile mir zu helfen. Psalm. 69, V. 2. Von diesem heilsamen Vers sagt der fromme Altvater Joannes, daß er wider alles Grimmen und Anfall des Teufels ein bewährter Schild, eine unüberwindliche Mauer und Brustwehr sey. Dann, gleichwie ein Mensch, sagt der hl. Vater, wann er unter einem Baume sitzet, und siehet, daß er den herankommenden wilden Thieren nicht entgehen könne, auf den Baum steiget, und sich errettet; also muß ein Geistlicher, wann er in seiner Zellen oder anderswo die böse

22 *

Gedanken sehet herzunahen, durch das Gebeth zu Gott fliehen, und sich beschützen. Also hat sich geholfen der Kirchenlehrer Hieronymus, welcher das grausame Ungewitter seiner Versuchungen, und den darob erhaltenen Sieg der gottverlobten Jungfrauen Eustochium mit diesen Worten schriftlich erzählet: O wie oft hab ich in der Wüsten, und in der überaus großen Einöde, so da durch die ungemeine Sonnenhitze ganz ausgedörrt, und derohalben den Mönchen zu bewohnen sehr grausamlich vorkommt, wie oft sage ich, hab ich vermeint, ich wäre mitten unter den Freuden zu Rom. Ich saß allein, dieweilen meine Seele mit Bitterkeit erfüllet wäre; meine Glieder gaben aus dem abscheulichen Sack ein abscheuliches Ansehen; die ausgemergelte Haut meines Leibes war den Mohren gleich worden; in Seufzen und Weinen brachte ich meine Zeit zu, und wann mich bisweilen gegen meinen Willen der Schlaf überfiel, so warf ich den magern und nur in Haut und Bein bestehenden Leib zur blosen Erde. Was soll ich von Speis und Trank melden, indem auch die Kranken nur mit Wasser zufrieden sind, und für eine Geilheit gehalten wird, wann man gekochte Speisen genießet? In diesem meinem Kerker, dem ich mich aus Furcht der Hölle eingeschlossen hatte, und der ich keine andere Gesellschaft als der Scorpionen und wilden Thiere Nachbarschaft hatte; war den Choren der tanzenden und singenden Mägdlein in meinen Gedanken zugegen. Das Angesicht war vom Fasten erbleichet, und das Herz brennte vor Begierde in so kaltem Leib. Es lebete vor mir, als einem fast verstorbenen Menschen die alleinige Brunst der Geilheit. Da ich nun also

aller. Hülfe entäußert war, legte ich mich zu den Füßen
Jesu, die ich mit meinen Zähren benetzte, und mit mei=
nen Haaren trocknete; und ließ nicht ab, das wider=
spänstige Fleisch durch wöchentliches Fasten zu bezwingen.
Ich schäme mich meiner Treulosigkeit mit=nichten, son=
dern beklage vielmehr, daß ich nicht bin, was ich ge=
wesen bin. Ich erinnere mich, daß ich Tag und Nacht
aneinander gerufen, und nicht eher hab aufgehört, auf
meine Brust zu schlagen, bis auf den Befehl des Herrn
das Ungewitter gestillet worden. Mich grausete auch
für meiner Zelle, als welche von meinen Gedanken
gleichsam Wissenschaft hatte. Ich ging allein durch die
Wüsten, und wo ich nur hohle Thäler, hohe Berge,
und zerbrochene Felsen antreffen konnte, da begab ich
mich in das Gebeth; daselbst war der Aufenthalt des
armseligen Fleisches; und, wie mir der Herr kann
Zeugniß geben, gedünkte mich oftmalen nach vielen ver=
gossenen Zähren, und stetem Ansehen gen Himmel, ich
wäre mitten unter den Schaaren der Engel; derohalben
singete ich mit großer Fröhlichkeit. Wir laufen hinter
dir, auf den Geruch deiner Salben, Cant. 1. V. 3.
Gedenk nun, meine christliche Seele, wann solches die=
jenigen leiden, so da in einem ausgemergelten und ab=
gematteten Leib, mit den Gedanken allein versucht wer=
den; was werden dann nicht ausstehen müssen, welche
in Wollüsten leben? Es hat dir nun der heil. Vater
sattsam zu erkennen gegeben, wie er mit seinem Fleisch
habe streiten müssen, wie er selbiges mit immerwäh=
render Strengigkeit hergenommen, und mit wie erfreu=
lichem Trost er nach erhaltenem Sieg sey erquickt
worden.

510

15. Wer dann immer mit dem hl. Hieronymo die
Versuchungen zu überwinden verlangt, der fliehe zum
Schild des Gebets, und begehre mit wahrem Glauben
und kindlichem Vertrauen den Beistand des Allerhöch
sten; so wird ihm geholfen werden. Es muß dannoch
ein versuchter Mensch mit großer Wachsamkeit den
Anfang der Versuchungen widerstehen, dann, wie uns
der gottselige Thomas à Kempis lib. 1. c. 13. §. 5
erinnert, der Feind wird alsdann zum leichtesten überwunden, so er durch das Thürlein des Gemüths mit
nichten eingelassen, sondern ihm, alsbald er anklopft
widerstanden wird. Dahero hat der heil. Pachomius,
nachdem er dem Teufel verweislich vorgeworfen, daß
er die Menschen, von denen er doch nicht beleidiget,
ohne Unterlaß plage; vom selbigen diese Antwort hören
müssen: Wir klopfen an der Thür an, ob ihr uns wollt
hinein lassen, oder nicht, das stehet euch frei; machet
ihr uns nicht auf, so stürmen wir alsbald hinein, und
nehmen unsere Wohnung in der Einbildung. Dahero
können wir gar leichtlich den blinden Willen, und sofort den ganzen Menschen uns zu Theil machen.
Wann ihr euch aber widersetzt, und gleich zum Anfang
uns den Paß versperret, so sind wir geschlagen, und
verschwinden wie der Rauch. Hieraus lernen wir, daß
wie weniger man das böse Eingeben des Feindes achte,
je besser man selbigen überwinden könne. Wir werden
von den Versuchungen, gleichwie die Vorbeigehenden
von den, aus den Häusern herausspringenden Hunden
angebellet, wer sich diesen widersetzt, der hat mit ihnen
zu schaffen; der aber seinen Weg unvermerkt fortsetzet,
der kann sich ihrer mit leichter Mühe entschlagen.

Wann wir gar zu genaue Achtung auf die Versuchung
haben, ihnen zu viel nachforschen, und selbige fürchten,
so werden sie mehr und mehr gestärkt, und nehmen
dergestalt überhand, daß wir oft dadurch in die Ge=
fahr der Bewilligung gerathen; wie aus folgender
Geschichte zu hören ist. Der fromme Altvater Sma=
ragdus erzählet, daß ein Geistlicher einsmals gesehen
habe, wie zwei höllische Geister miteinander in ein Ge=
spräch gerathen, und der eine seinen Kameraden gefragt,
wie es ihm mit seinem Mönchen ergehe; habe er zur
Antwort bekommen: Gar wohl; dann sagt dieser, was
ich ihm einblase, das nimmt er an und hälts in seinen
Gedanken; und indem er nachmalen den Ursprung, die
Gelegenheit, den Verfolg, und die Zeit der angenom=
menen Gedanken erforschet, so verrucke ich dem arm=
seligen Tropfen das Gehirn, und mache ihn schier zum
Narren. Wie hausest du nun mit dem Deinigen?
Ich, antwortet der andere, richte an meinem Mönchen
nichts aus; dann sobald ich ihm mit einem bösen Ge=
danken auf die Haut bringe, so nimmt er seine Zuflucht
zu Gott, oder verändert seine Gedanken; dahero kann
ich an ihm keinen Vortheil haben.

16. Die dritte Arzney wider die Versuchungen ist
diese, daß man nämlich selbige frommen und gelehrten
Männern offenbare; zumalen die sichtbarlichen Wunden
leichter geheilet werden, als die verborgenen; wie an
sich selbst der fromme Einsiedler Seraphion erfahren
hat. Dann da er die Sünde seines Diebstahls und
Fraßes seinem Vorsteher, in Gegenwart anderer öffent=
lich gebeichtet; hat er den bösen Feind in Gestalt einer
angezündeten Ampel aus seinem Schooß sehen heraus=

kommen, und ist forthin von der Anfechtung befreit ge=
blieben, Cassian. Coll. 11. Astion, ein frommer Jüng=
ling, so lang er den Streit mit dem Satan, seinem
Magistro dem hl. Epicteto verschwiegen, hat er umsonst
gefochten; sobald er aber die Unsauberkeit seiner Seele
demselben entdeckt, ist der höllische Feind gleichsam durch
eine eröffnete Pforte aus dem Schoß des Jünglings, in
Gestalt eines schwarzen Kindes mit einer feurigen Fa=
ckel herausgebrochen, und geschrieen! O du Astion!
deine Beicht hat meine großen Kräfte zumalen geschwächt,
und euer einziges Gebet hat mir meine Waffen genom=
men, und mich trostlos gemacht. Lib. 1. in Vit. PP.
c. 11. Hiervon lesen wir im Leben der hl. Väter und
anderer frommen Diener Gottes, daß selbige durch die
alleinige heilsame Offenbarung ihrer Anfechtungen die=
sem ihrem Hauptfeind großen Schaden zugefügt, und
seiner Hoffnung entsetzt haben. Derohalben befleißet
er sich zu verhüten, daß das versuchte Herz des Men=
schen sich nicht ausgieße, und seinen Zustand einem an=
dern entdecke; gleichwie ein unkeuscher Liebhaber, sagt
der heil. Ignatius Lojola, der die Verführung eines
Mägdlein suchet, sich nichts so sehr lasset angelegen
seyn, als daß dem Vater desselben sein Vorhaben ver=
borgen bleibe.

17. Viele haben auch das böse Eingeben der hölli=
schen Geister mit Verspott= und Verhöhnung desselben
vernichtiget; sie haben seinen Rath ausgelacht, und mit
jenem Wirth, welcher auf seine Hausthüre geschrieben:
Morgen verkauf ich Wein umsonst; ihm geantwortet:
Morgen will ich euer Eingeben anhören, heut gibt es
mir dazu keine Gelegenheit: Am folgenden Tag haben

sie ihn ebener Gestalt abgefertigt, und auf den morgi=
gen Tag sich bezogen, mit jenem Geistlichen, welchem
der Teufel gerathen, er solle das Kloster verlassen.
Abends sagte er, morgen will ich fortgehen, und wann
der Morgen herankommen war, sagte er: Ich will se=
hen, ob ich noch diesen Tag um meines Herrn willen
verbleiben kann. Dieß hat er neun Jahre lang geübet,
und also mit seinem losen Rathsgeber nur den Scherz
getrieben, bis er von der Versuchung völlig ist befreiet
worden. Einem andern gab der Teufel ein, er sollte,
sobald ihn zur Morgenstund hungerte, sich ohne Scheu
entnüchtern. Dieser Geistliche aber widerstund der Ver=
suchung, und sagte bei sich selbsten, ich will warten bis
zur sechsten Stund; da nun selbige Stund herangekom=
men war, sagte er seinen Gedanken: Jetzt muß ich fa=
sten bis zur neunten Stund; um diese Zeit tunkte er
das Brod in das Wasser und sagte: Vor zwölf Uhr
will ich gar nichts essen; und zu selbiger Stund ver=
richtete er alles gewöhnliche Gebet und Psalter, wie es
die Regel erforderte, und fing hernach an zu essen.
Dieses hat er viele Tage nacheinander also geübt, bis
er endlich einsmals um zwölf Uhr, unter währendem
Mittagmahl gesehen, daß ein dicker Rauch aus dem
Brodkorb emporgestiegen, und zum Fenster der Zellen
hinausgefahren; und von selbiger Zeit ist er von dieser
Anfechtung erleidigt worden, daß er nachmals auch bis
auf den dritten Tag gefastet.

Der vierte Theil.

18. Wiewohl du dir, meine christliche Seele, aus
der bishero verzogenen Lection in deinen Versuchungs=

streiten genugsam helfen könntest, so will ich jedoch zu
deinem weitern Vortheil noch etwas weniges hinzusetzen:
Nämlich, daß derjenige, so in Versuchung ist, sich hüte,
daß er wegen der einfallenden Versuchungen von seinen
gewöhnlichen geistlichen Uebungen nichts unterlasse, sondern den heilsamen Rath der heil. Catharinä Senensis
folge, die in einem Sendschreiben also spricht: Ich bitte
euch, Ihr wollet ja nicht nachlassen in den angefangenen
guten Werken fortzuschreiten; es mag euch der böse
Feind mit seinen schweren Versuchungen auch plagen,
wie er immer könne. Dieser Böswicht erweckt verschie-
dene Kriege, und befleisset sich sonderbar der heimlichen
Nachstellungen und Betrügungen, kraft deren er eure
Seele zum Verdruß, und unordentliche Traurigkeit, ja
auch zur Verwirrung des Gemüths, und zum Verzweif-
lungsfall stürzen möge. Es ist gewiß, daß, wann schon
ein Mensch mit allen Sünden der Welt beladen wäre,
so könnten diese höllischen Geister doch nicht verhindern,
daß er der Furcht und Verdiensten des Blutes Christi
theilhaftig werde, wofern bei solchem der wahre Glaub
und Zuversicht zu der unendlichen Barmherzigkeit Gottes
verbleibe, weilen die Sünde nur in einem bösen und
verkehrten Willen bestehet, so muß der Mensch, indem er siehet, daß ihm Gott einen guten Willen
verliehen habe, alle Verwirrung des Gemüths hint-
ansetzen, in den heiligen Werken und Uebungen verharren, und im Licht der Gnaden wandern, die er in
sich verborgen findet, als eine Gabe Gottes, welcher
den guten Willen in ihm zu erhalten bereit ist. Er
muß dem leidigen Satan, wann er zur Verwirrung
oder Verzweiflung rathet, antworten: Wann ich mit

der Gnade Gottes nicht versehen wäre, so hätte ich auch keinen guten Willen, und würde deinem verfluchten Rath leichtlich folgen. Nun aber vertraue ich auf meinen gütigen Heiland, der mich allzeit beschützen und wegen seiner unbegreiflichen Barmherzigkeit erretten wird. Blosius in Consol. Pusil. cap. 39. n. 3. Von dieser heil. Jungfrau lernen wir, daß die Mildigkeit Gottes über einen Menschen, so eines guten Willens ist, sehr groß sey; auch sehen wir, was eine große Gabe Gottes sey der gute Wille. Der nun in Versuchungen steckt, soll mit allem Fleiß daran seyn, daß er alle Traurigkeit des Herzens vertreibe; immer und allzeit eine andächtige Neigung zu Gott bei sich erhalte, und in den angefangenen guten Werken mit Freuden fortfahre; solchermaßen wird er ohne allen Zweifel von den Versuchungen nicht allein keinen Schaden, sondern vielmehr einen Nutzen und Auskommen schöpfen.

19. Nach Zeugniß des hl. Chrisostomi erfordert das Amt einer heroischen und gottliebenden Seele, daß sie die Widerwärtigkeiten gern trage; daß aber einer mit einem Heldenmuth die Versuchungen ausstehe, und seinem Gott noch danke, daß er selbige über ihn verhänge, solches kann anders nicht, als aus einer sehr großen Stärke und Wachsamkeit der Seele herkommen; so da alle andere menschliche Neigungen übertrifft. Derohalben ist es eine viel größere Vollkommenheit, wann der Mensch in den Versuchungen nicht bittet, daß ihn Gott davon befreien wolle, sondern daß er ihm nöthige Kräfte ertheile, mit dem Feind zu schlagen. Dahero hat jene gottselige Abtissin, so in die dreizehn Jahr von dem Geist der Unkeuschheit bestritten worden, niemalen be-

gehrt dieses Kampfs entledigt zu werden, sondern hat immer gebeten, Gott möchte ihr nur Stärke verleihen. Vit. PP. lib. 6. Von einem andern Geistlichen sagt der hl. Dorotheus, Doctrin. 13. daß er von der Versuchung des unreinen Geistes viel habe leiden müssen, dessen sich dann sein geistlicher Vater endlich erbarmet, und gefragt, ob er dieses Streits durch das Gebet der andern sich zu entschlagen verlange? dem er geantwortet: Ich werde zwar übel geplagt, und wie dir bewußt ist, durch die Versuchung scharf hergenommen; ich spüre aber diesen Nutzen, daß ich nämlich durch das Gebet und durch die Abtödtungen mich zu meinem Gott öfter wende, als ich sonsten thun würde. So bete du vielmehr, mein Vater, daß ich durch geziemende Geduld und Standhaftigkeit über diese Anfechtungen den blutigen Sieg erhalte; über sothane Antwort hat sich der Alte höchlich erfreut, und gesagt: Nun sehe ich wohl, mein Sohn, daß du in den Tugenden nicht wenig zugenommen habest; sintemal derjenige, so einem heftigen und schädlichen Laster tapfer entgegengeht, bleibt demüthig, bleibt sorgfältig und wachsam; und durch diesen Streit gelangt er allgemach zur vollkommenen Reinigkeit des Herzens; darum fragt recht der weise Mann: Was weis einer, der nicht versucht ist; ein Mann, der große Erfahrniß hat, der wird viel Dings bedenken. Eccl. 34. v. 9. Und gleichwie die heil. Kunegundis dem Kaiser Henrico ihrem Eheherrn ihre Jungfrauschaft dadurch bewiesen, daß sie über die glühenden Kohlen unverletzt gegangen. Also wird eine jede Seele, wann sie über das Feuer der Versuchungen ohne Schaden wandert, genugsam kundbar machen, daß sie in

keine, irdische Creatur, sondern in ihren himmlischen
Bräutigam Christum Jesum immer sey verliebt gewesen.
Soll sich dann nicht ein versuchter Diener Gottes bil=
lig erfreuen, zumalen einem Liebhaber Gottes nichts
annehmlichers ist, als daß er seine Liebe in der That
erweisen könne; und auch, nach Zeugniß des geistreichen
Vaters Climaci, Apud. Roderiq. p. 2. tr. 4. c. 3.
kein gewisseres Zeichen ist, daß die höllischen Feinde
von uns überwunden sind, als wann sie uns am hef=
tigsten bestreiten.

20. Zu solchem Streit muß uns auch sonderbar
aufmuntern die Krone der Belohnung, so dem streiten=
den Obsieger versprochen ist, welche nach Maß und
Zahl der Versuchung wachset und verdoppelt wird; in=
dem so viele herrliche Siegkränzlein sein werden, als
tapfere Scharmützel vorhergegangen, wie in folgender
Geschicht zu sehen ist. Ein sicherer Soldat und Herr
eines Schlosses hat seine Sünden einem Priester ge=
beichtet, und nachdem ihm unterschiedliche Bußwerke zu
verrichten, sind auferlegt worden, hat er sich allemal
entschuldigt, und gesagt: es sey ihm nicht möglich, die=
selbe zu vollbringen. Endlich hat ihm der Priester be=
fohlen, daß er in der Kirche eine ganze Nacht im Ge=
bet verharren solle; diese Buße hat er angenommen;
und nachdem er zur Kirche gekommen, ist er vom bösen
Feind angefochten worden, so da bald in Gestalt seiner
ihm sehr angenehmen Schwester, bald in der Figur sei=
ner lieben Gemahlin, bald in Gestalt des Küsters, wel=
cher vorgab, daß die Kirch mit Feuer unterlegt sey;
bald in Person eines Priesters, der seine Metten beten
wollte, und ihm derohalben als einen Excommunicirten

die Pforten weiſete, und durch alle dieſe Larven nichts
anders ſuchte, als den büſſenden Soldaten von der
Verrichtung des auferlegten Gehorſams zu verhindern;
er aber iſt bei ſeiner angefangenen Pönitenz ſtandhaf-
tig geblieben, und iſt nachmalen einigen heil. Vätern
offenbaret worden, daß ſelbiger durch dieſen vierfachen
Sieg, auch vier anſehnliche Kronen erworben habe.
Nicht weniger wird in dem Leben der hl. Altväter gemeldet, daß einem Geiſtlichen, ſo neun Jahre lang mit
den Verſuchungen des unreinen Griſtes ſich hat müſſen
herumſchlagen, durch eine Stimme vom Himmel ſo viele
Kronen verſprochen worden, als er Anfechtungen erlitten hatte. Ein anderer geiſtlicher Jüngling wurde
bei ſeinem ſchlafenden Lehrmeiſter vom Geiſt der Ge-
mächlichkeit ſiebenmal verſucht, daß er nämlich ſich auch
ſollte zur Ruhe begeben, und ohne empfangenen Segen
ſeines Vorſtehers ſich in der Stille beurlauben. Weilen
er aber die ankommende Trägheit alle ſiebenmal überwunden hat, ſo iſt ſeinem gemeldten Magistro in einer
Verzuckung ein ſehr herrlicher und erfreulicher Ort gezeigt worden, woſelbſt er einen Seſſel, und auf dem Seſſel ſieben Kronen geſehen, und vernommen hat, daß
ſelbige ſeinem Lehrjünger zubereitet wären, und daß
er den gedachten Ort und Seſſel durch ſeinen aufrichtigen Lebenswandel; die ſieben Kronen aber in der
nächſtverwichenen Nacht durch erhaltene ſiebenmalige
Victorie gegen ſeinen Feind verdient habe.

21. Hieraus lernen wir, wie freigebig der gütige
Gott auch die wenige gute Gedanken vergelte. Es iſt
auch allhier wohl zu beobachten, daß der hölliſche Neid-
hund ſich nicht allzeit unterſtehe, den Menſchen durch

böse Eingebungen zu bekriegen, sondern vermittelst der
guten Eingebungen uns heimlich nachstelle, damit aus
dem Guten Böses erfolgen möge. Hierüber lesen wir
in den Historien der Societät Jesu von einem Magistro, welchem der böse Feind, da er die Jugend die
freien Künste lehrte, in der Gestalt des hl. Pauli erschienen, und ihn ermahnet, er solle die eitlen Wissenschaften fahren lassen, und anstatt deren seine Episteln
lesen. Solcher Ermahnung ist der gute Magister alsbald nachkommen, und hat an Platz des wohlredenden
Ciceronis, die Sendschreiben des gemeldten Apostels ergriffen; demnach er nun selbige eine lange Zeit, ohne
Vorwissen seiner Obrigkeit gelesen, ist er endlich in so
große Unglückseligkeit gerathen, daß er die Societät,
mit seinem darauf gefolgten äußersten Verderben, verlassen hat; damit nun der arglistige Feind sich bei dem
armen Menschen desto glimpflicher einschlicke, und denselben betrüge; folgt er die Manier derjenigen Dieben
nach, so da, um allen Argwohn des Diebstahls zu benehmen und den Leuten füglicher beizukommen, in sei-
denen und sammeten Kleidern aufziehen; und streichet
hervor mit aller erdichten Andacht und Holdseligkeit.
Also ist betrogen worden ein Jüngling, welcher in das
sechste Jahr in der Wüsten fromm gelebt hatte, ist
demselbigen der Teufel in Person eines Einsiedlers erschienen und ihn überredet, daß er mit ihm, um das
hochheilige Sacrament des Altars zu empfangen, in die
nächstgelegene Kirche gegangen. War nicht dieser freilich ein heiliger Rath? Nichtsdestoweniger aber ist selbiger dem erwähnten Jüngling zu seinem Verderben
ausgeschlagen; wie an einem andern Ort hernacher mit

mehrern zu sehen ist. Willst du dann, meine cheistliche
Seele, das Sichere spielen, so nimm deine Zuflucht in
allen Versuchungen bei einem verständigen und erfahrnen Mann, und folge dessen Rath, so wirst du dem
schalkhaften Betrug des bösen Feinds ohne Zweifel entgehen, und mit obgemeldtem Magister, und jetztgedach-
tem Jüngling, der den Rath seines Altvaters in den
Wind geschlagen hat, dich in die ewige Verdammniß
so jämmerlich nicht stürzen.

22. Dieweilen wir bishero gehandelt, was vor und
in der Versuchung zu beobachten sey, also ist nun übrig,
in der Kürze zu melden, wie man sich nach derselben
verhalten solle; und zwar erstlich, daß man für den
erhaltenen Sieg, dem lieben Gott mit dem königlichen
Propheten schuldigsten Dank sage: Gebenedeit sey der
Herr mein Gott, der meine Hände zum Streit abrichtet
und meine Finger zum Krieg. Psal. 143, V. 1. Zum
andern, daß man sich nicht einbilde, der Feind sey aufs
Haupt geschlagen, wann der Streit einmal gewonnen
ist, sondern daran gedenke, was der ehrwürdige Pater
Beda sagt, daß nämlich der böse Geist, nachdem er
unsern Seelen den Streit der Versuchungen hat zugebracht, oft von diesem seinem Fechtplatz bis auf eine
andere Zeit entweiche; nicht, daß er der angebrachten
Bosheit ein Ende mache, sondern damit er die Herzen,
welche er vermittelst solcher Ruhe in Sicherheit gestellt
hat, nachmalen mit einem schnellen Ueberfall beängstige.
Hierzu gehört auch, daß man nicht verzage oder sich
betrübe, wann man nach Erlegung der stärkesten Feinde
vermerke, daß man noch von dem schwächesten angefochten werde, sintemalen dieses (wie der hl. Gregorius

L. 4. Mor. gar weißlich davon redet) aus göttlicher
Vorsehung also geschiehet, auf daß der von allen Seiten mit Tugenden] gezierte Mensch sich nicht erhebe; und, indem er eine geringe strafmäßige Sache
an sich siehet, und selbige doch nicht überwinden kann,
nicht seinen Kräften, sondern Gott den Sieg in demjenigen zuschreibe, so er starkmüthig bezwingen kann.
Drittens, und schließlich ist zu wissen, daß, wann einer
befindet, daß er in der Versuchung gefallen, und den
Kürzern gezogen habe, dannoch nicht verzweifle, sondern vielmehr die heilsame Lehre des gottseligen Thomae à Kempis annehme, und dessen Rath folge, der
in Person des Herrn also spricht: L. 3. c. 6. Streite
als ein guter Kriegsmann, und so du etwann aus
Blödsinnigkeit fallest, so empfange wiederum noch stär-
kere Kräfte, weder die vorigen gewesen sind, und hab
gar gute Hoffnung zu meiner überflüssigen Gnade.
Es lasset aber die göttliche Weisheit bisweilen zu,
daß auch die Auserwählten selbst in Sünden fallen,
damit sie aus ihren eigenen Fehlern, auf dem Weg
der Tugenden zu wandern lernen; dann, gleichwie
nach den Worten des heiligen Gregorii eine Mutter
oder Säugamme, wann sie das kleine Kind gehen
lernet, sich bisweilen in etwas von selbigem entfernet,
bald aber wiederum zu sich nimmt, und nicht achtet,
wann es schon zu Zeiten einmal falle; dieweilen sie
vermeinet, es sey dieses besser, als wann es niemal
das Gehen lerne; also pflegt Gott, als ein Auferzie-
her Ephraim die aus Schwachheit begangenen Fehler
seinen Auserwählten zu übersehen; auf daß sie hin-

führo beſſer und ſicherer auf dem Weg der Vollkommenheit lernen fortſchreiten. Apud Rodriq. p. 2. tr.
4. c. 7. Nimm derohalben, meine chriſtliche Seele,
mit dieſer Lection, ſo ich mir vornehmlich zu meinem
Beſten verzeichnet, vorlieb; ich zweiſle nicht, daß dir
ſelbige werde erſprießlich ſeyn, wann du ſie mit Auf-
merkſamkeit leſen, und werkſtellig machen wirſt.

Die sechsundzwanzigste

geistliche Lection.

Von der Resignation oder Ergebung in den
Willen Gottes.

Qui facit Voluntatem Patris mei, qui in Coelis est, ipse intrabit in Regnum Coelorum.
Wer den Willen meines Vaters thut, der in den
Himmeln ist, der wird eingehen in das Reich
der Himmeln. Matth. 7. V. 21.

Der erste Theil.

1. Dieweilen alle menschliche Zungen diese Tugend
der Gebühr nach auszustreichen nicht im Stand sind;
als wäre uns allhier wohl eine englische Zunge vonnöthen, in deren Mangel wir uns dann der ersten Wohlredenheit gebrauchen, und vorab den hl. Bernardum
also sprechend hören sollen: Die Resignation oder Ergebung in den Willen Gottes ist eine Summe oder
Vollziehung der Demuth. Ein anderer frommer und
gelehrter Mann nennt sie nach Zeugniß des berühmten Tauleri einen Auszug der Tugenden, und ein
Brevier aller Gelehrtheit. Taul. in sin. Serm. de SS.

Von dieser Resignation schreibt auch ein anderer gelehrter Scribent mit folgenden Worten: wann du dich
alle Tage dem Willen Gottes ganz und zumalen von
Herzen ergibst, und auf alle dessen Winke immer fertig und bereit stehest, so erlangest du Verzeihung deiner Sünden, und erwirbst so große Gnade, daß du
nicht allein die Hölle, sondern auch das Fegfeuer nicht
zu fürchten habest. Diese deine aufrichtige Anerbittung,
allen göttlichen Willen zu vollbringen, dienet dir anstatt der Buß und Ablaß. Joannes Gailer de spiri.
pereg: prop: 7. Der gottselige Blosius sagt, Margá-
rit. spir. §. 6. also: der gute Wille ist der Grund oder
das Grundfeste aller Tugenden, daß aber einer eines
Willens mit Gott ist; dieses hat vor allen Tugenden
den Vorzug, und darin bestehet die Vollkommenheit.
Dann der eines so guten Willens ist, daß er sich selbst
verläugne, und seinen eigenen Willen verlasse, und sich
ganz freiwillig dem Willen Gottes ergebe, dessen guter
Wille ist vollkommen; selbiger bringt seine Tage ohne
Schrecken und Angst zu, und empfindet an sich gleichsam eine Sicherheit, das ewige Leben zu erlangen; er
kann alle harte Worte, all sauer Gesicht, alle unan-
genehme Werke, und was ihm und den Seinigen für
Schmach und Unbild wird zugefügt, mit aller geziemenden Ruhe und Sanftmuth übertragen; er leidet
alles sittsamlich und geduldiglich, was ihm von allen
Orten, es sey von Gott, oder von den Creaturen wi-
derwärtiglich zustoßet; ihn kann nichts verstören, weder
der Verlust der zeitlichen Dinge, der Freunden und
Verwandten, weder Krankheit, weder die Verletzung
seines guten Namens, weder Tod, weder Leben, weder

Fegfeuer, weder Teufel, weder Hölle; dann der aus wahrer Liebe dem göttlichen Willen sich überlassen und ergeben hat, und sich keiner begangenen, und nicht ge= beichten Todsünden bewußt ist, der kann alles leichtlich überstehen, was Gott über ihn verhänget, sowohl zeit= lich als ewiglich. Also redet von dieser Tugend der obgemeldte Blosius.

2. Sind dieses nicht güldene Worte des ehrwürdi= gen Vaters? Sind das nicht sehr große und herrliche Güter, so da aus der Resignation entspringen? Höre nun auch an meine christliche Seele, den frommen Su= sonem, der von dieser Ergebung also redet: das voll= kommene Leben besteht nicht meistens darin, daß du überflüßige Tröstungen habest; sondern, daß du deinen Willen dem göttlichen überlassest und ergebest, sowohl in sauern und bittern, als in süßen und annehmlichen Dingen. Es ist keine vollkommnere und vortrefflichere Resignation, als wann du in deiner Verlassung resig= nirt und zufrieden bist; du wirst auch so sehr nicht be= schwert und betrübt werden, wann du wenig geistliche Süßigkeit empfindest; du wirst dir anderst nicht ein= bilden, als daß du derselben unwürdig seyest. Eine wahre Ergebung seiner in den Willen Gottes, in al= len, sowohl gewissen als ungewissen Sachen, errettet den Menschen ohne Zweifel aus allen Gefahren und Zufällen, und verursachet, daß er in allem des wah= ren Friedens sich erfreue; Apud. Blos in Concl. ani §. 4. diesem stimmet auch bei der geistreiche Thomas a Kempis, und sagt: L. 3. Kap. 25. §. 3. Schätz dich nicht für groß, noch in besonderer Liebe zu seyn so du in einer großen Andacht oder Süßigkeit bist;

dann in diesen allen wird kein wahrer Liebhaber der
Tugend erkannt; es stehet auch nicht darin des Menschen Zunehmen und Vollkommenheit: worin steht es
dann, daß du dich aus ganzem deinem Herzen dem
göttlichen Willen opferst, und nicht suchest die Dinge,
die dein sind, weder in kleinen noch in großen Dingen,
weder in der Zeit, noch in Ewigkeit; also, daß du eines gleichen Gemüths zwischen Glück und Unglück in
Danksagung bleibst, und alle Dinge in gleicher Maaß
erwägest; dahero ist einer sichern Jungfrauen, so nicht
wußte, worin die wahre Andacht bestehe; und derohalben sehr traurig war, ein überaus schönes Knäblein erschienen, und gesagt, daß die wahre Andacht des Menschen in Verläugnung und Verachtung seiner selbst, und
in einer vollkommenen Resignation in die Hand Gottes
bestehe. Rusbr. in fine op.

Dieß ist aber die vollkommene Ergebung, daß nämlich der Mensch seinen Willen mit dem Willen Gottes
in allem gleichförmig mache, woraus dann zu schließen
ist, daß man sich zuforderist für die läßlichen und vor-
bedachten Sünden hüte; weilen selbige dem göttlichen
Willen ausdrücklich zuwider sind; derohalben muß ein
Geistlicher, so diese vollkommene Resignation zu erwerben trachtet, sich befleißen, daß er seine Regulen und
Satzungen so genau, als möglich ist, unsträflich halte,
zumalen ohne dieses sich keiner einbilden wolle, sothane
Tugend zu erlangen.

3. Beinebens muß er auch daran seyn, daß er alle
sowohl glückselige als widerwärtige Zufälle dem göttlichen Willen beimesse, nach dem Exempel des frommen
Josephs, der seine zaghafte Brüder mit diesen Worten

tröstet: Ich bin hergesandt, nicht durch einen Rath, sondern durch den Willen Gottes. Gen. 45. V. 8. Weiters ist nöthig, daß er in allem den Willen Gottes als eine gerechte Verhängniß erkenne, und verehre mit dem David, der in seinem hundertundvierzigsten Psalmen V. 17. seinen Gott also anredet: Der Herr ist gerecht in allen seinen Wegen, und heilig in allen seinen Werken: dann Gott, wie der hl. Augustinus sagt, L. 3 contra Jul. c. 18. kann einige ohne ihre gute Verdiensten erretten, weilen er gut ist; er kann aber keinen ohne böse Verdiensten verdammen, weilen er gerecht ist. Dahero müssen wir in allem, was uns immer widerfahrt, unsere Augen mit dem königlichen Propheten zu der göttlichen Gerechtigkeit erheben, und sagen: Herr du bist gerecht, und deine Gerichte sind recht, Psal. 118. V. 137. Das ist, deine Gerichte sind zu einem sehr guten Ziel verordnet, nämlich, daß du strafest, oder versuchest, oder belohnest. So soll dann ein jeder Geistlicher, welcher der Vollkommenheit oblieget, wegen aller auch immer vorkommenden widrigen Zufällen und Unglück ja nicht betrübt werden, sondern seinen Willen in allen mit dem Willen Gottes vereinigen, und an selbigen ein Wohlgefallen tragen, und das zwar billig; sintemal nach den Worten des hl. Joannis Damasceni, L. 2. de fid. c. 29. alles was da geschieht aus Gottes Vorsichtigkeit, muß nothwendig überaus stattlich und göttlich dergestalt geschehen, daß es niemalen besser seyn könne; diesem stimmet der hl. Vater Augustinus mit folgender Meinung bei, und sagt: es ist durch die Gerechtigkeit des wahren und höchsten Gottes geschehen, daß nicht allein alles ist,

sondern, auch also ist, daß es keineswegs, besser seyn
möge. Tom. 1. l. de quant. anim. c. 39. Daß aber
diesem also seye, lehrt uns die göttliche hl. Schrift mit
folgenden Worten: also strecket sich die Weisheit Gottes gewaltiglich von einem Ende bis zum andern, und
verordnet alle Ding lieblich, Sap. 8. B. 1. Und der
fromme und Weise Job sagt: nichts geschieht auf Erden ohne Ursache, sondern Gott hat, nach Zeugniß des
weisesten Salomonis, alle Dinge in der Maaß, und
in der Zahl, und im Gewichte verordnet. Sap. 11.
B. 21. Obwohl nun viel Böses in der Welt geschieht,
und viele Fehler begangen werden, so bleibt doch dieses vorgemeldte alles in seinem Werth, und ist in aller Wahrheit gegründet, dann, obschon Gott, als ein
absonderlicher Vorseher, schuldig ist, so viel er kann,
zu fliehen und zu verhindern diejenige Mängel und
Uebel, deren Dingen, so dessen Herrschaft und Fürsichtigkeit unterworfen werden, so hat es doch mit selbigem, als einem General oder allgemeinen Vorsteher,
eine andere Beschaffenheit, weilen dieser die Fehler und
Gebrechen einiger Personen zulassen muß zum Besten
der ganzen Gemeinde, deren Erhaltung er vor allem
suchet; diejenige Uebel aber und Fehler, so die göttliche Fürsichtigkeit in den erschaffenen Dingen zulasset,
selbige müssen zur Vollkommenheit, zum Staat und
Schönheit der ganzen Gemeinschaft das Ihrige beitragen, gleichwie einem Gemälde die kunstreiche und liebliche Vermischung des Lichts und Schattens, und anderer sowohl angenehm, als unangenehmen und dunkeln
Farben, die Schönheit geben muß, und gleichwie in
einer Musik der vielfältige Unterschied der Stimmen

das Gesang nicht verfälschet, sondern viel süsser lautet; also muß das Böse mit dem Guten und die Tugend mit den Fehlern zum Zierath der zumaligen Gemeinschaft dienen.

4. Wie übel, ja närrisch thun dann diejenige, so gegen den Willen Gottes murren, weilen sie sehen, daß viel Böses geschehe, und vermeinen, daß solches nicht von Gott, sondern vom Teufel oder bösen Leuten herkomme, dahero sagt recht der hl. Chrysostomus: Hom. 7. in Joan. Keiner muß sagen, daß die Sonne den Augen schädlich sey, weilen einige blöde Gesichter haben, sondern, daß sie den Augen sehr dienlich sey, wie diejenige bezeugen müssen, welche ein gutes Gesicht, und der Sonnen nöthig haben. Keiner soll auch urtheilen, daß der Honig bitter seye, ob er schon einigen Kranken bitter schmecket. Der nun aus Schwachheit oder Unwissenheit dafür haltet, daß ein Gott oder keiner sey, oder daß er hier und dort übel thue, daß er für das menschliche Wesen bisweilen Sorge trage, bisweilen nicht, der kann billiger ein Narr, als ein witziger Mensch genennet werden. So muß dann ein guter Geistlicher mit nichten betrübet werden, wann er siehet, daß andere geistliche Orden besser floriren und vermehret werden, als eben der seinige, sondern er muß sich vielmehr in so weit erfreuen, wann er siehet, daß andere geistliche Stände ausgearbeitet werden; als er sich erfreuen würde, wann er ein gleiches an dem Seinigen erfahrete; der aber deſſenthalben trauert, der gibt von ihm selbsten Zeugniß, daß er von dem rechten Weg der Tugend noch weit entfernet sey, zumalen solcher in diesem Fall nicht suchte die allgemeine Ehre

Gottes, sondern mehr sein absonderliches Gut, und nu
die Ersprießlichkeit seines Ordens; auch scheint, daß
ein solcher, so viel an ihm ist, dem allerweisesten Gott
vorschreiben wolle, daß er seinen Orden vor andern
erhöhe; was ist aber unbilliger als eben ein solches
Verlangen? Ist das nicht sich selbsten mehr suchen, als
Gott? Darum muß ein guter Geistlicher alles Uebel
und Unglück, so seinem Orden zustosset, mit resignir=
tem und fröhlichem Gemüth annehmen, und festiglich
glauben, daß solches alles zu höchster Ehren Gottes
gereiche; derohalben er schuldig ist, seinem Gott da=
für zu danken, und mit dem hl. Ignatio dem Willen
Gottes sich zu ergeben; mit dem dieser hl. Mann sei=
nen Willen so vollkommentlich vereinbaret hatte, daß
er hat sagen dürfen, er wolle auch die Vernichtigung
seiner ganzen Societät, welche er mit so großer Mühe
aufgerichtet, geduldig nnd wohlgemuthet ertragen, wann
er nur daran keine Ursache sey. Ribad. l. 3. vit. c. 1.
  5. Wie übervollkommentlich auch die allerseligste
Jungfrau Maria dem Willen Gottes ergeben gewesen
sey, bezeuget der hl. Antonius, da er sie mit diesen
Worten anredet: o Herrscherin, du bist dem göttli=
chen Willen so gleichförmig gewesen, daß ich sagen
darf, wann keiner sich würde gefunden haben, der dei=
nen Sohn ans Kreuz geheftet hätte; so würdest du
selbst, auf daß der Wille Gottes erfüllt würde, den=
selben mit Nägeln ans Kreuz geschlagen haben, zuma=
len wir glauben, daß du mit der Tugend des Gehor=
sams, nicht weniger, als Abraham versehen gewesen
seyest, welcher seinen eigenen Sohn mit eigenen Hän=
den zu tödten und zu verbrennen, seinem Gott hat auf=

geopfert. So will sichs dann geziemen, daß ein jedes
Marianisches Schutzkind sich befleiße, dieser seiner allerheiligsten und gnädigsten Frauen nachzufolgen; in
allen, so widrigen als erprießlichen Begebenheiten, den
Willen Gottes mit Freuden annehme, und denselben
lobe' und preise. Wie großen Nutzen derselbe nun in
Erwerbung der Tugenden aus dieser Uebung schöpfen,
und wie merklich er Gott gefallen werde, ist aus folgender Historie zu vermerken. Caesar. lib. 10. Dial. c. 6.
In dem hl. Cistercienser Orden hat einsmal gelebt ein
sicherer Geistlicher, durch dessen Fürbitte, und sogar
auch aus bloßem Anrühren seiner Kleider viele Kranke
gesund worden; als nun diesen der Abt um die Ursache solcher Wunderwerke gefragt, hat er also geantwortet: ich arbeite mehr nicht, als andere Brüder, ich
faste nicht mehr, und bethe so viel, als sie; dieß einzige aber weis ich, daß mich nämlich keine Erprieß-
lichkeit erheben, und keine Widerwärtigkeit betrüben
könne; hierauf hat ihn der Abt gefragt, ob er nicht
mit andern kurz vorhero sey entrüstet worden, da des
Klosters Kornspeicher ein Soldat in Brand gestecket?
Er aber hat geantwortet, daß er darüber nicht sey verstöret worden, sondern habe alles dem lieben Gott anbefohlen, das Wenige nehme er mit Dank an, und für
ein mehrers erstatte er auch seinem Gott die schuldige
Danksagung. Hieraus hat der Abt erfahren, daß die
Kraft so vieler und großer Miraculen sey die vollkommene Ergebung des eigenen Willens in den Willen
Gottes. Ob nun zwar, meine christliche Seele, dieser
Geistliche heutigen Tags, leider Gottes! wenige seines
gleichen zählt, so befleiße du dich doch demselben durch

23*

eine gottgefällige Resignation ähnlich zu werden, und glaube mir, daß es dich sothaner gehabten Mühe niemalen reuen wird.

Der andere Theil.

6. Auf daß du nun diese gegebene Lektion auch im Werk selbsten wohl üben mögest; so höre die folgende Geschichte mit Geduld an: ein einfältiger Mönch in Egypten begehrte von Gott, er möchte ihm doch seine verborgene Urtheile offenbaren; dessen Begehren der gütige Gott auch erhörte, und sendete ihm einen Engel in Gestalt eines ehrwürdigen Alten, welcher ihn freundlich ersuchte, daß er mit ihm die andere Einsiedler besuchen, und sich also derselben heilsamen Ermahnungen und väterlichen Segen theilhaftig machen wolle. Nach einem abgelegten guten Stückwegs kommen sie zu einer Höhlen, und nachdem sie sich angemeldet, kommt ein greisgrauer und frommer Alte heraus, von dem sie zur Herberg genöthiget werden; dieser wascht ihnen die Füße, macht den Tisch bereit, setzt ihnen in seinen sehr saubern Schüsseln die Speisen mit aller Höflichkeit und Holdseligkeit daher, und läßt, so viel sein Vermögen ist, an der aufrichtigen und brüderlichen Liebe nichts ermangeln. Indem sich nun die Gäste beurlaubten, nimmt der Engel eine Schüssel, als den vornehmsten Theil des Hausraths, heimlicher Weis zu sich. Da dieß der einfältige Mönch sieht, wird er geärgert, daß dem guten Alten für seine erzeigte Liebe so schlechter Dank erstattet werde. Hierüber kommt der Jünger des Alten Einsiedlers, und begehrt ganz demüthig die verlorne Schüssel; welche ihm der Engel auch wieder zu

geben verspricht, und befiehlt zugleich, er solle ihnen
das Geleit geben. Auf dem Weg stürzet der Engel
diesen Jünger des alten Einsiedlers von einem hohen
Berg hinunter, daß er alsobald alle Glieder des Leibs
zerbricht und stirbt. Der einfältige Mönch überlegt
diesen Handel bei ihm selbst, und verwundert sich, daß
Gott solches Unbild zulasse, und dannoch gerecht genennet werde. Nach dreien Tagen finden diese beide
einen ganz andern Alten in seiner Cellen, welcher diese
Ankömmlinge nicht allein nicht hat beherbergen wollen,
sondern selbige, als Landläufer gescholten, und wiewohl diese beide zum andernmal um die Nachtherberge
angehalten, haben sie doch nichts erhalten, bis endlich
der Alte sie auf ihr inständiges Ersuchen, zu einem
Hüttlein des Stalls verwiesen, allwo sie ohne einige
Gesellschaft, außer des Eseleins, ohne Stroh, auf dem
Boden haben müssen vorliebnehmen. Nach angebroche-
nem Tag gibt der Engel dem unbarmherzigen Alten
die gestohlene Schlüssel, welche der undankbare Einsiedler annimmt, und demnach ohne einige Vergeltung
und gewöhnliche Ertheilung des Segens, sich in seine
Celle verschließet. Allhier kann sich der Mitgesell des
mehrgemeldten Engels länger nicht enthalten, derohalben redet er den Engel, so die Gestalt eines alten
Einsiedlers immerzu behalten hatte, also an: warum
hast du dem frommen Alten die Schüssel gestohlen,
und dazu dessen Jünger ermordet; diesem bösen und
unhöflichen Alten aber hast du dieselbe Schüssel ge-
schenket? Du mußt entweder nicht witzig, oder ein bos-
hafter Mensch seyn. Hierauf antwortet ihm der Engel
in aller Sanftmuth, und sagt: Hast du nicht bei deinem

Gott sehr eifrig angehalten; daß er dir seine Urtheile offenbaren wolle? Nun bin ich dazu verordnet, daß ich dir selbige erklären solle. Die Schüssel war mit Unrecht dahin kommen; es geziemte sich aber nicht, daß eine böse und ungerechte Sache bei einem so guten und frommen Mann länger verbleibe, derohalben ist sie einem Bösen übertragen worden, damit selbiger einigen Lohn seiner geringen Werke empfinge. Den unschuldigen Jünger aber habe ich derowegen getödtet, dieweilen er in folgender Nacht seinen Altvater würde ums Leben gebracht haben. So habe ich dann also mit einer That den Beiden eine Wohlthat erwiesen. Da dieses der einfältige Eremit höret, wirft er sich zu den Füßen des Engels nieder, bittet um Vergebung und lernet hieraus, daß er die verborgene Urtheile Gottes mit mehrerer Behutsamkeit richten, und mit dem allerheiligsten Willen Gottes allzeit solle zufrieden seyn. Vit. PP. l. 5. n. 5.

7. Sind dann nicht wahr und abermal wahr die obangezogene Worte der hl. Kirchenlehrer Augustini, Chrysostomi und Damasceni; daß nämlich alles, was da immer geschiehet, nicht besser geschehen könne; und obschon solches den Augen unseres Herzens gemeiniglich verborgen ist, so werden wir dannoch selbiges in der Ewigkeit ohne Zweifel scheinbarlich sehen. Wer ist, der aus der angeführten Historie die wunderbarliche Liebe Gottes nicht erkennet, Kraft deren er alles zum Heil seiner Diener verordnet? Wer sollte unter uns die Thaten des vermeinten alten Einsiedlers nicht übel ausgedeutet haben, ehe er die Ursachen gehört hätte? und wer wird herentgegen gefunden werden,

welcher in Ansehung derselben, die glimpfliche Vorsichtigkeit des Allerhöchsten nicht würde gepriesen haben? So laßt uns dann in allen und jeden, sowohl gemeinen als besondern Widerwärtigkeiten den sichern Schluß machen, daß selbige bevorab zum Lob Gottes, und dann zu unserem Nutzen geschehen oder zugelassen werden. Lasset uns mit dem Willen Gottes zufrieden seyn, und demselben uns zumalen gleichförmig machen, auf daß wir den wahren und rechten Frieden der Seelen erlangen mögen mit der hl. Catharina von Senis, welche ihren Heiland ersucht hat, er möchte ihr doch die rechte Mittel anzeigen, den wahren Frieden des Herzens zu erhalten, und zur Antwort bekommen hat, daß hierzu dieses ein gar leichtes Mittel sey, wann sie nämlich glaubte, daß Gott unendlich mächtig sey, und daß ohne Erlaubniß desselbigen ihr nichts widerfahren könne; auch, daß er unendlich weise sey, und also wisse alles, was da geschiehet, in das Gute zu verwenden; und schließlich, daß er unendlich gut sey, und derohalben nichts zulasse, es sey dann, daß es dem Menschen sehr dienlich sey.

8. So kann dann derjenige, so dem Willen Gottes sich in allem untergibt, nicht uneben dem Berg Olympo verglichen werden, von dem die Poeten sagen, daß er auch mit seiner Höhe die Wolken übersteige. Auf der Spitze dieses Bergs wird das geringste Blasen der Winden nicht vermerket, sondern wird immerzu eine gewünschte Ruhe und Lieblichkeit verspüret. Auf den Seiten aber wird er von einer großen Ungestümigkeit der Winden, und allerhand schnöden Wetter fast unaufhörlich angegriffen. Also eine andächtige, und dem

Gott ſehr eifrig angehalten, daß er dir ſeine Urtheile offenbaren wolle? Nun bin ich dazu verordnet, daß ich dir ſelbige erklären ſolle. Die Schüſſel war mit Unrecht dahin kommen; es geziemte ſich aber nicht, daß eine böſe und ungerechte Sache bei einem ſo guten und frommen Mann länger verbleibe, derohalben iſt ſie einem Böſen übertragen worden, damit ſelbiger einigen Lohn ſeiner geringen Werke empfinge. Den unſchuldigen Jänger aber habe ich derowegen getödtet, dieweilen er in folgender Nacht ſeinen Altvater würde ums Leben gebracht haben. So habe ich dann alſo mit einer That den Beiden eine Wohlthat erwieſen. Da dieſes der einfältige Eremit höret, wirft er ſich zu den Füſſen des Engels nieder, bittet um Vergebung und lernet hieraus, daß er die verborgene Urtheile Gottes mit mehrerer Behutſamkeit richten, und mit dem allerheiligſten Willen Gottes allzeit ſolle zufrieden ſeyn. Vit. PP. l. 5. n. 5.

7. Sind dann nicht wahr und abermal wahr die obangezogene Worte der hl. Kirchenlehrer Auguſtini, Chryſoſtömi und Damasceni; daß nämlich alles, was da immer geſchiehet, nicht beſſer geſchehen könne; und obſchon ſolches den Augen unſeres Herzens gemeiniglich verborgen iſt, ſo werden wir dannoch ſelbiges in der Ewigkeit ohne Zweifel ſcheinbarlich ſehen. Wer iſt, der aus der angeführten Hiſtorie die wunderbarliche Liebe Gottes nicht erkennet, Kraft deren er alles zum Heil ſeiner Diener verordnet? Wer ſollte unter uns die Thaten des vermeinten alten Einſiedlers nicht übel ausgedeutet haben, ehe er die Urſachen gehört hätte? und wer wird herentgegen gefunden werden,

welcher in Ansehung derselben, die glimpfliche Vorsichtigkeit des Allerhöchsten nicht würde gepriesen haben? So laßt uns dann in allen und jeden, sowohl gemeinen als besondern Widerwärtigkeiten den sichern Schluß machen, daß selbige bevorab zum Lob Gottes, und dann zu unserem Nutzen geschehen oder zugelassen werden. Lasset uns mit dem Willen Gottes zufrieden seyn, und demselben uns zumalen gleichförmig machen, auf daß wir den wahren und rechten Frieden der Seelen erlangen mögen mit der hl. Catharina von Senis, welche ihren Heiland ersucht hat, er möchte ihr doch die rechte Mittel anzeigen, den wahren Frieden des Herzens zu erhalten, und zur Antwort bekommen hat, daß hierzu dieses ein gar leichtes Mittel sey, wann sie nämlich glaubte, daß Gott unendlich mächtig sey, und daß ohne Erlaubniß desselbigen ihr nichts widerfahren könne; auch, daß er unendlich weise sey, und also wisse alles, was da geschiehet, in das Gute zu verwenden; und schließlich, daß er unendlich gut sey, und derohalben nichts zulasse, es sey dann, daß es dem Menschen sehr dienlich sey.

8. So kann dann derjenige, so dem Willen Gottes sich in allem untergibt, nicht uneben dem Berg Olympo verglichen werden, von dem die Poeten sagen, daß er auch mit seiner Höhe die Wolken übersteige. Auf der Spitze dieses Bergs wird das geringste Blasen der Winden nicht vermerket, sondern wird immerzu eine gewünschte Ruhe und Lieblichkeit verspüret. Auf den Seiten aber wird er von einer großen Ungestümigkeit der Winden, und allerhand schnöden Wetter fast unaufhörlich angegriffen. Also eine andächtige, und dem

göttlichen Willen ergebene Seele, ob sie schon alles
Uebel der Welt, die Ungewitter der Verfolgungen, die
Windwirbel der Betrübnissen, und sofort andere gefährlichen Wellen der menschlichen Armseligkeiten anschauet; wird dannoch nicht beunruhiget, sondern stehet
fest, und wird dadurch noch mehr und mehr auf dem
Weg der geistlichen Vollkommenheit gestärket. Ein solcher Berg ist gewesen der hl. Martinus, welchen, nach
Zeugniß des Severini Sulpitii, niemand die Tage seines Lebens niemalen zornig, oder betrübt, oder zerstö-
ret gesehen hat, dieweilen er seinen Willen mit dem
göttlichen unabläßlich vereiniget hatte. Dahero vergleichet der hl. Chrysostomus Hom. 11. in Ep. 2. ad
Cor. einen solchen resignirten Mann dem Himmel;
dann gleichwie der Himmel höher ist, als der Regen,
und man zwar, wann er von den Wolken überzogen
wird, vermeinet, daß der Himmel leide; und doch nichts
leidet, also leidet ein resignirter Mensch nichts, ob es
schon das Ansehen hat, als wann er leidete; das ist,
es scheinet als wann er mit Traurigkeit gleich einer
Wolken überzogen werde, wird aber nicht betrübet.
Dahero sagt wohl der gottselige Rodericius p. 1. tr.
8. c. 4. daß ein solcher dem brennenden Busch, welchen Moyses gesehen, und vermeinte, daß er verbren-
nete, und doch nicht verbrannte, gar ähnlich sey; wie
wir aus dem Leben des seligen Jacoponi ersehen, der
pflegte zu sagen, daß er sein Gewissen gefragt habe,
warum es ihm nicht, wie vorhin geschehen, immerfort
quälet; und habe von selbigem zur Antwort bekommen,
derohalben seyre ich nun, weilen du dem Willen Gottes dich gänzlich ergeben hast, und mit demjenigen, so

dieser Wille verordnet, ohne einigen Verzug dich be=
friedigen lassest. Lebe dahero, meine christliche Seele,
der heilsamen Ermahnung des geistreichen Thomas a
Kempis nach, der dich und mich mit diesen Worten er=
innert und sagt: ich hab dir sehr oft gesagt, und sage
es nun wiederum; verlasse dich, ergebe dich, so wirst
du eines großen Friedens genießen auf Erden.

9. Und, nicht allein immerwährender Fried, son=
dern auch eine große und beständige Freude werden bei
solchem ihre Wohnung machen; dann eine wahre Freude
des Menschen ist die lebhafte Ruhe in dem Gut, wel=
ches füglich erworben ist; diese Ruhe bestehet zum mei=
sten in der Vernunft; und darburch wird sie von der
gewöhnlichen Freude und Ergötzlichkeit, welche sich in
die äußerliche Glieder ausbreitet, und von der Fröh=
lichkeit, die sich im Angesicht des Menschen zeiget, un=
terschieden, wie der hl. Thomas L. 2. q. 33. ad 2.
et 4. lehret. Was massen man aber solche Ruhe und
Freude erlangen könne, zeiget uns gar schön der weise
Seneca Epist. 23 ad Lucill. und sagt: ich will nicht,
daß du jemalen ohne Freude seyest, ich will daß dir
selbige zu Haus geboren werde; sie wird aber geboren,
wann sie nur allein in dir selbsten ist. Die übrige
Fröhlichkeiten erfüllen das Herz nicht, sondern sind nur
Stirnfreuden, die sich allein äußerlich zeigen; sie sind
leicht und gering; es sey dann, daß du vielleicht ver=
meinest, derjenige erfreue sich, welcher lachet. Das
Gemüth muß frisch, fröhlich und vertraulich seyn, und
über dieses alles, muß es auch aufrichtig seyn. Glaube
du mir, daß die wahre Freude des Menschen eine ernst=
liche Sache sey. O güldene Worte! diese also entwor=

fene Freude wird am meisten erworben, wann man
sich in allem dem göttlichen Willen ergibt, zumalen wir
durch sothane Resignation alles bekommen, was Gott
will; dieses aber (wie oben gemeldet ist) kann anders
nicht, als gut seyn, daß also der hl. Dorotheus Serm.
de obed. nicht uneben gesprochen, daß derjenige, welcher der göttlichen Fürsichtigkeit sich in allem bequemet,
mit allen seinen Kreuzen auf einem Wagen gefahren
werde; andere aber, denen diese Manier zu reisen un-
bekannt ist, zu Fuß nachfolgen, ihre schwere Kreuze
langsam und verdrießlich schleifen, und mühsamlich tragen müßten; und gleichwie denen drei Knaben im ba-
bylonischen Feuerofen die hitzige Flammen anders nicht
als ein kühlender Wind sind vorkommen, und derohalben Gott gelobet haben; also gedünket denjenigen alle
Widerwärtigkeiten ganz süß und annehmlich zu seyn,
und preisen dafür die göttliche Gütigkeit, welche ihren
Willen mit dem Willen Gottes immer vereinigt halten.

10. Brocardus ein sehr glaubwürdiger Scribent
erzählet, Drexel. in Heliotr. l. 3 c. 8. §. 3. daß
man den Bühel, auf welchem Christus dem Volk vor
der Stadt Jerusalem geprediget, und das Weib gestanden, so mitten in der Predigt aufgeschrien: Selig ist
der Leib ꝛc. niemalen mit Sand bedecket sehe; obschon
derselbige allort wie der Schnee von dem Wind her-
umgetrieben werde, und behalte dieser Ort Sommer
und Winter seinen grünen Wasen; diesem Bühel wird
derjenige billig verglichen, welcher nichts anders will,
als was Gott will; ein solcher wird von dem Sand
der Trübsalen niemalen überschüttet; es kann einem solchen frommen Menschen niemalen so übel gehen, daß

er nicht seinen Gott lobe, und der göttlichen Fürsichtigkeit sich zumalen ergebe; ein solcher war der Chariton, von welchem Metaphrastes meldet, daß er auf
seiner jerusalemischen Reise durch die Strassenräuber
aufgefangen, und in ihre Mördergruben hineingezogen,
und mit Ketten angebunden worden; als sie nun nach
solchem wieder aufs Rauben hinaus gegangen, hat
Chariton nichts anders gethan, als Gott loben und
preisen, hat die unversehene Verhängniß Gottes bei sich
selbst erwogen, dem liebreichen himmlischen Vater höchsten Dank gesagt, und sich ihm inbrünstiglich empfohlen; hat auch nichts anders verlanget, als daß der
Wille Gottes an ihm selbst vollbracht werde, da er
nun in solchen Gedanken ist, kriecht eine Schlange aus
der Hölle hervor zu einem Weidling voll Milch, daraus ihm der ungeladene Gast genug trinket, und bezahlet die Zeche mit Gift, das sie anstatt der Milch
da ließ; sobald nun die Mörder wieder kamen, liefen
sie durstig zu dem vergiften Milchweidling, und tran-
ken davon; sind aber alle nacheinander bald gestorben;
war also Chariton allein Herr und Erbe der Mördergrube, und befahl sich der göttlichen Vorsehung noch
inbrünstiger, dann vorhin, und zwar nicht vergebens;
dann die Bande gingen durch die Hülfe Gottes von
ihnen selbst auf; allda er dann an Platz einer elenden
Gefängniß, eine reiche Wohnung gefunden; das geerbte
Geld gab er theils den Armen, theils brauchte ers zu
Erbauung eines Klosters; die Mördergrube veränderte
er in eine Kirche, darinnen sowohl Juden, als Heiden
zu Christen sind worden. Drex. in Heliotr. L. 5.
c. 8. §. 3.

11. Können wir nicht aus jetzt gemeldter Geschicht handgreiflich abnehmen, daß Gott eine überaus große Sorge über die Seinigen trage, und daß er denselben nichts, als zu dero Wohlfahrt, zum geistlichen Seelennutzen, und zu Ausbreitung seiner Ehren, widerfahren lasse? Derohalben befehle dich, meine christliche Seele, ohne einige Vorbehaltung in die Hand Gottes, und folge demjenigen andächtigen Menschen nach, welcher, wie der gelehrte Salmeron Tom. 10. tr. 11. p. 103. bezeuget, das Alphabet, oder A. B. C. nacheinander pflegte aufzusagen, und setzte am Ende desselben dazu: Herr, füge du nun diese Buchstaben zusammen, und mache aus denselbigen, was dir gefällig und mir selig ist. Auf solche Weis wirst du nicht allein des zeitlichen, sondern auch des ewigen Segen fähig werden gleich jenem Ackermann, so vor andern allzeit mehrere und bessere Früchten aus seinem Acker sammelte; und da er die Ursache dieser Glückseligkeit von seinen Nachbarn gefragt wurde, gab er zur Antwort, daß er immer solches Wetter haben könnte, wie ers verlangte; er begehrte aber kein anderes, als wie es der liebe Gott schickte.

Der dritte Theil.

12. Auf sothane Frage, wer derjenige sey, so da aufrichtig von Herzen kann genennet werden, gibt der hl. Vater Augustinus zur Antwort, und sagt, daß diese eines aufrichtigen Herzens seyen, welche in gegenwärtigem Leben dem Willen Gottes folgen; der Wille Gottes ist, daß du bisweilen gesund, bisweilen krank seyst, bist du gesund, so ist dir alsdann der Wille Gottes an

nehmlich und erfreulich; und wann du krank bist, ist
dir der Wille Gottes schwer und bitter, so bist du nicht
aufrichtig von Herzen; warum? weilen du deinen Wil=
len nicht willst richten nach dem Willen Gottes, sondern
willst den göttlichen Willen biegen zu dem deinigen.
Der Wille Gottes ist grad und aufrichtig, du aber bist
krumm; deinen Willen mußt du nach diesem Willen
bessern; und nicht muß derselbige Wille nach dem dei=
nigen gebogen werden; wann du es also macheft, so
hast du ein aufrichtiges Herz, und wie kann dir größere
Ehre widerfahren, als wann du bist ein Mensch nach
dem Herzen Gottes? Ein solcher war die hl. Gertrudis,
dieser Jungfrau ist Christus einsmals erschienen, und
hat ihr in seiner rechten Hand die Gesundheit, und in
der linken Hand gezeigt die Krankheit, und selbiger be=
fohlen, sie solle aus diesen beiden erwählen, welches sie
wolle; die kluge Dienerin Gottes aber hat denen beiden
Händen ihres Bräutigams den Rücken gekehret, und
gesagt: nicht meinen Willen, o Herr, nicht siehe meinen
Willen an, sondern vielmehr aus ganzem Herzen ver=
lange ich, daß du deinen Willen in allem vollbringest;
hierauf hat die gemeldte hl. Jungfrau diese Worte aus
dem göttlichen Mund zu hören verdienet. Der haben
will, daß ich oft zu ihm komme, der gebe mir den
Schlüffel seines Willens, und fordere denselben niemalen
wiederum. Nach empfangener solcher Lection hat die
fromme Gertrudis dieses folgende Gebetlein täglich drei=
hundert und fünfundsechzigmal wiederholet: Nicht mein,
sondern dein Wille geschehe, mein allerliebster Jesu.
Und hat erfahren, daß diese oft wiederholte Resigna=

tion dem Herrn sonderbar gefallen habe. Blos. l. 4.
div. Inspirat. c. 23.

-13. Auch hat der hl. Macarius den Nutzen, so unter diesen wenigen Worten verborgen liegt, genugsam
vermerkt; dann da er einsmal von zweien gefragt worden, wie man beten soll, hat er ihnen geantwortet, daß
man im Gebet vieler Worte sich zu gebrauchen nicht
nöthig habe, sondern man solle die Hände oft zu Gott
erheben und sagen: Herr, wie du willst, und wie es
dir gefällig ist, also geschehe: Dann Gott weiß am
besten, was uns nützlich ist. Ruff. Aquil. n. 208.
Dieses kurze Gebet lobt über die Maßen der ehrwürdige Vater Drerelius, und sagt, daß kein besseres, noch
schier kürzeres, vollkommneres, kein Gott gefälligeres,
und dem Menschen nützlicheres Gebet sey, dann dieses
einzige: dein Wille geschehe; nicht mein, sondern dein
Wille geschehe; nicht wie ich, sondern wie du willst;
dahero erfordert die göttliche Majestät von uns vor
allem, was wir aus dem Innersten unsers Herzen sagen:
Herr dein angenehmster Wille geschehe, zumalen unter
allem Gebet, welches unser Heiland auf Erden verrichtet hat, ist dieses das höchste und vortrefflichste gewesen:
Vater nicht mein, sondern dein Wille geschehe. Wohl
hat derohalben der königliche Prophet von Gott begehrt
und gesagt: Lehre mich deinen Willen thun, weilen du
mein Gott bist, Psalm. 142, V. 10. Dann Christus
sagt bei dem heil. Evangelisten Matth. C. 7, V. 21:
Der den Willen meines Vaters thut, der in den Himmeln ist, der wird eingehen ins Reich der Himmeln.

14. Kürzlich zu sagen; muß dieser dein endlicher
Schluß seyn, meine christliche Seele, daß du nämlich in

allen deinen Widerwärtigkeiten, Verfolgungen, Verachtungen, und sowohl gemeinen, als eigenen Trübseligkeiten alsbald. bei deinem Gott in dem hochheiligen
Sacrament des Altars deine Zuflucht nehmest; demselben deine sowohl gegenwärtige, als künftige Noth klagst,
und dich ohne einige Ausnehmung in dessen allerheiligsten Willen resignirest, und sagest: O mein süssester
Heiland und Seligmacher Jesu, wann ich schon all dieses Uebel, welches mir oder meinem Orden, oder der
christkatholischen Kirche bevor oder gegenwärtiglich an-
stosset, nach meinem Wohlgefallen, ohne Sünd verhindern könnte, so wollte ich solches ohne deinen Willen
nicht thun, und wann du dieses alles meinem freien
Willen anheim stellen würdest, so wollte ich doch in
diesem Fall nichts erwählen, sondern dich mit meinem
Gebet so lang plagen, bis daß nicht mein, sondern dein
allerheiligster Wille sowohl hier zeitlich, als dort ewiglich erfüllet würde; wann wir also mit unserm Gott
umgehen, so können wir nicht allein sehr ruhig leben
auf Erden, sondern auch in Kurzem zu großer Vollkommenheit, und nachmals zu großer Herrlichkeit gelangen zum Himmel.

15. Nun wollen wir dieses alles zuletzt mit demjenigen bekräftigen, was von ihm selbsten der gottselige
Vater Taulerus erzählet: dieser hatte acht ganzer Jahre
lang Gott eifrig gebeten, er möchte ihm doch einen
Menschen zuweisen, davon er doch den kürzeren Weg
der Vollkommenheit und des Himmels erlernen könnte,
da er nun einsmals sehr heftig verlangte, mit solchem
Menschen zu reden, da gedünkt ihm, er höre eine
himmlische Stimme, kraft der ihm befohlen wurde, er

solle sich zu der Kirchthür verfügen, daselbst würde er finden, was er verlanget. Taulerus gehet hin, und findet einen Bettler, dessen Füße mit einem bösen Geschwür ganz überzogen, und mit zerrissenen Kleidern schier nackend, und voller Gestank und Unrath war; diesen grüßet er, und wünschet ihm einen guten und glückseligen Tag, worauf der Bettler antwortet, ich erinnere mich nicht, daß ich bishero einen üblen Tag gehabt habe. Taulerus sagt abermal: Gott wolle dich beglückseligen. Der Bettler antwortet, und sagt: er wisse nicht, was Widerwärtigkeit, und was Armseligkeit sey. Taulerus wiederholet seinen vorigen Wunsch und spricht: ich sage, Gott wolle dich beglückseligen. Und ich antworte dir, sagt der Bettler, daß ich niemalen unglückselig gewesen sey. Taulerus sagt weiters, damit er den Bettler genau erforschen möchte; ich wünsche, daß dir alles widerfahre, was du verlangest. Der Bettler antwortet: mir gehet alles nach meinem Wunsch von statten. So bist du dann, sagt Taulerus unter den Armseligen allein glückselig; du bist vielleicht von der Regul des Jobs ausgeschlossen, der da spricht: Der Mensch vom Weibe geboren, wird mit vielem Elend erfüllet. Also ist es, sagt der Bettler, wie ich gesagt hab, daß ich bishero keinen unglückseligen Tag gehabt habe, und mit dem Stand, in den mich Gott gesetzt hat, zufrieden sey. Ich brauche keine Glückseligkeit, dieweil ich immer glückselig bin; dann ich hab allzeit, was ich will, derohalben sag ich, daß ich mich keines unglückseligen Tags erinnere. Wann mich der Hunger plaget, so lobe ich Gott als einen vorsichtigen Vater. Wann mich die Kälte plaget, die Hitze mich brennet,

und sofort andre Uebeln mir zusetzen; so preise ich
ebenfalls meinen Gott. Wann mich schon einer ver=
wirft und verachtet, so lasse ich dannoch nicht ab, den
Herrn zu loben; dann ich versichert bin, daß nicht das
Glück, weder auch ein unvermuthlicher Zufall, sondern
Gott dieses alles ein Urheber sey, und könne das, was
Gott thut, nicht anders als sehr gut seyn. So komme
dann über mich was immer wolle, es ist mir alles
sehr lieb und angenehm, und ich nehme solches mit
fröhlichem Herzen von der Hand Gottes, als meines
allerliebsten und weisesten Vaters an; was da immer
Gott will, das will ich auch; dahero gerathet mir al=
les, wie ich wünsche. Der ist fürwahr arm und un=
glückselig, welcher vermeinet, daß er der Fortun unter=
worfen sey. Dieß ist die wahre Glückseligkeit des ge=
genwärtigen Lebens; daß man dem Willen Gottes un=
abläßlich anhange. Der allergerechteste und gütigste
Wille Gottes kann niemal verbessert, niemal verschlim=
mert, und niemal bös werden. Diesen Willen folge
ich mit allen möglichem Fleiß und Sorge, auf daß ich
nämlich allezeit wolle, was Gott will; und indem ich
solches will, vermeine ich, daß ich zumalen glückselig sey.
16. Hierauf hat der obgemeldte Taulerus diesen
Menschen gefragt und gesagt: bekenne mir mein guter
Freund, wolltest du auch also beschaffen seyn, wann dich
Gott in die Hölle stürzen wollte; ich, sagt der Bettler,
wann ich sollte zur Höllen verdammt werden, wollte
mit denen beiden überaus starken Armen meinen Gott
unauflöslich fassen; deren einer ist die allerniedrigste
Demuth, Kraft der ich mich selbst aufopfere; der an=
dere ist die aufrichtigste Liebe, mit welcher ich Gott über

**

alles liebe. Mit diesen Armen wollte ich meinen Gott so festiglich und herzhaft umfaffen, daß ich ihn, er möchte mich werfen, wohin er immer wollte, mit mir dahin ziehete. Es ist einmal gewiß, daß ich lieber wollte mit meinem Gott auffer dem Himmel, als ohne denselben im Himmel seyn. Auf diese Rede ist der fromme Taulerus erstummet, und hat wahrgenommen, daß dieser der kurze Weg zu Gott sey, den er zu lernen so lang verlangt hatte. Nun hat er gleichwohl weiters fragen, und die in so verächtlichen Hüttlein verborgene Weisheit an das Licht bringen wollen. Derohalben hat er begehrt zu wiffen, woher, und von wem er dahin sey geschickt worden; und hat vom Bettler zur Antwort bekommen, daß er von Gott gesandt sey. Taulerus frägt: Wo hast du Gott gefunden? Da ich, sagt der Bettler, alles Irdische verlaffen, da hab ich Gott gefunden. Wo hast du dann, fragt Taulerus, Gott gelaffen? In den Herzen, die rein, und eines guten Wilfens sind, antwortet der Bettler. Taulerus bittet den Bettler, er wolle ihm sagen, was er für ein Mensch sey. Der Bettler antwortet: ich bin ein König. Taulerus versetzt hierauf, und sagt: ich will glauben, daß du ein König seyest: wo ist aber dein Reich? In meiner Seele, sagt der Bettler; dann ich hab so große Wiffenschaft, meine äußerliche und innerliche Sinne zu beherrschen, daß alle Sinnlichkeiten und Kräften meiner Seele sich mir unterwerfen, und ich bin versichert, daß dieses Reich, nach aller verständigen Meinung, andere Reiche dieser Welt weit übertrifft. Endlich macht Taulerus dieser Frage ein Ende, und verlangt zu wiffen, von wem er diese Dinge erlernet hab? Da spricht der

Bettler: Dieß lehret mich die Vereinigung mit dem Willen Gottes. Taulerus wünschet den Menschen Gesundheit, nimmt seinen Abschied, und erwählet denselben, oder vielmehr seine vielfältig gegebene Antwort zum Unterweiser und Lehrmeister des kurzen und sichern Wegs, der den Menschen zu Gott leitet. Hast du nun wahrgenommen, meine christliche Seele, wie große und himmlische Gnaden die heroische Resignation oder Ergebung in den Willen Gottes, mit sich führe? Ei so lasse dir noch gefallen zu hören das männliche Exempel der hl. Elisabeth Königin in Ungarn. Da selbiger hinterbracht worden, daß ihr Ehegemahl Ludovicus in Bestreitung des heiligen Lands mit Tod erblichen; hat sie sich alsbald in das Gebeth begeben, und ihren lieben Gott also angeredet, du weißt wohl, mein Gott und Herr, daß ich die Gegenwart meines Eheherrn höher schätzte, als alle Wollüsten der ganzen Welt, dieweilen es dir aber also gefallen hat, so bin ich dergestalt zufrieden, daß wann ich schon selbigen auch mit dem geringsten Härlein, ohne dein göttliches Wohlgefallen wieder haben könnte, ich doch solches nicht begehren wollte. Also, also vereinige deinen Willen mit dem Willen Gottes, und versichere dich, daß du deinem Herrn, dem du dich zu dienen verpflichtet hast, keine angenehmere Diensten auf Erden immer werdest leisten können.

Die siebenundzwanzigste
geistliche Lection.
Von der geistlichen Freude.

———

Gaudete in Domino semper: iterum dico,
gaudete.

Erfreuet euch im Herrn allezeit; abermal sage ich,
erfreuet euch. Phil. 4. v. 4.

Der erste Theil.

1. Einmal gewiß ist, daß die unordentliche Traurigkeit der menschlichen Gesundheit dem Leib nach sehr
schädlich sey, daß sie aber auch eine Wurzel vieler Laster sey, und dem Menschen großen Schaden zufüge der
Seele nach; dieß wird sich im Verfolg der angefangenen Lection mit mehrerm zeigen. Und zwar erstlich wollen einige diesem Uebel die folgende Worte des königl.
Propheten zueignen. Du hast die Finsterniß gemacht,
daß es Nacht wird, in derselben gehen alle Thiere des
Waldes hervor. Psal. 103. V. 20. Das ist, in einem
Herzen, so mit Bitterkeit erfüllet ist, werden vielerlei
Sünden hervorgehen; dann die Traurigkeit, sagt der

hl. Franziskus, entweder stürzet den Menschen in den
Abgrund der Verzweiflung, oder bringt ihn durch die
weltliche Wollüsten in eine sehr schädliche Ausgelassen=
heit: Rodriq. p. 2. tr. 6. c. 1. Dieser Ursachen hal=
ber erfreuet sich der böse Feind nicht wenig, wann er
einen Diener Gottes traurig siehet. Derohalben er=
mahnet uns wohl der weise Mann, und sagt: Trau=
rigkeit hat viele Leute getödtet, und sie bringet keinen
Nutzen. Und der hl. Kirchenlehrer Hieronymus ist der
Meinung, daß keine Sache den Menschen also trunken
mache, als eben die Zerstörung des Gemüths, das ist,
die Traurigkeit, welche den Menschen, sagt er, zum
Tod führet, und ist eine grausame Trunkenheit. Auch
hat der obgemeldte Franziskus an sich selbst erfahren,
daß die innerliche Freude ein bewährter Schild wider
den Geist der Unlust sey; darum hat er seinen geistli=
chen Brüdern die geistliche Fröhlichkeit unaufhörlich anbe=
fohlen; und wann er einen traurig gesehen, hat er ihn
mit Worten bestrafet und gesagt: daß nicht diejenige,
welche Gott, sondern die der Welt, dem Fleisch und
dem Teufel dienen, müssen traurig seyn. Zumalen in
Traurigkeit sehr viele Fehler, und eine große Bitter=
keit verborgen; dahero meinet der gottselige Petrus Fa=
ber und der geistreiche Alvarez, daß es sicherer sey,
wann einer der Fröhlichkeit zu viel ergeben ist, als
wann er zu viel traurig ist; dann gleichwie Gott, nach
Zeugniß des hl. Pauli, einen fröhlichen Geber lieb
hat; also muß demselbigen ein trauriger Geber sehr
mißfallen. Dahero schreibt der geistreiche Nikolaus
Lyräus, Apopht. 6. lib. 1. von einer gottverlobten
Jungfrauen, welche der hl. Magdalena de Pazzis

nach ihrem Tod erschienen, und gesagt, daß sie fünf Stund lang die Peinen des Fegfeuers habe ausstehen müssen, dieweilen sie einiger unmäßigen Traurigkeit sich der Gebühr nach nicht entschlagen habe.

2. Was nun gesagt ist, das ist alles von der bösen Traurigkeit zu verstehen, und nicht von der guten und geistlichen, in welcher sich der Mensch in Gott und um Gottes willen übet; und wie der ehrwürdige Pater Rodriquez vermeinet, aus einer vierfältigen Ursache herkommet. Erstlich, aus den eigenen Sünden, von dero der Apostel den Corinthern also zuschreibet: ich erfreue mich, nicht darum, daß ihr seyd betrübet worden, sondern daß ihr seyd zur Buße betrübet worden; dann ihr seyd nach Gott betrübet worden, dann die Traurigkeit, die nach Gott ist, wirket Buße zur beständigen Seligkeit. 2. Cor. 7. V. 9. Zum andern, aus den fremden Sünden; wie der fromme David von sich selbsten bekennet: Mein Eifer hat gemacht, daß ich verschmachteter bin, darum daß meine Feinde deine Worte vergessen haben. Psal. 118. V. 139. Zum dritten, aus dem Verlangen der Vollkommenheit; nach den Worten Christi: Selig sind, die da hungern und dürsten nach der Gerechtigkeit, dann sie werden erfättiget werden. Matth. 5. V. 6. Zum vierten, aus Verschiebung der ewigen Seligkeit, in welcher Traurigkeit der gemeldte David, Psal. 119. V. 5. abermal mit diesen Klagworten ausschreiet: wehe mir, daß meine Pilgerfahrt so lang sich verweilet hat! derohalben sagt der gottselige Cassianus: Lib. 9. Inst. c. 12. Alle Traurigkeit, ausser der Traurigkeit, so da wegen der heilsamen Buße, oder zu Erlangung der Vollkommenheit,

oder aus Begierd übder! künftigen Dingen geübet wird,
muß gleichwie eine weltliche, und dem menschlichen Leben sehr schädliche, Traurigkeit vertrieben, und wie der
Geist der Unkeuschheit, des Geizes, und Zorns aus unsern Herzen verbannet werden; wider solche unordentliche Traurigkeit gibt der Apostel Paulus die obangezogene Arznei, indem er uns zur geistlichen Freude auf-
muntert, und sagt: Erfreuet euch im Herrn allzeit, ich
sage abermal, erfreuet euch; und das zwar billig, sintemalen ein fröhliches Herz, spricht der weise Salomon,
Prov. 15. B. 13. macht ein fröhliches Angesicht, aber
wann das Gemüth traurig ist, so wird der Geist nie-
dergedrücket werden.

3. So ist außer aller Verwunderung, daß die geistliche Väter diese Fröhlichkeit nicht allein nicht verachten, sondern ihren Kindern dieselbige mit allem Ernst
anbefohlen haben. Aus deren Zahl der fromme Altvater und Vorsteher Apollo, welcher seine fünfhundert
Jünger lehrete, sie sollten immer und allzeit so fröhlich und wohlgemuthet seyn, daß man dergleichen Fröhlichkeit auf Erden nicht sehen könnte, und der geistreiche
Apollonius redete seine Brüder mit diesen Worten an
und sagt: Lasset die Heiden, Juden und andere Un-
glaubige traurig seyn; die Gerechte, so da in der lebendigen Hoffnung die himmlische Güter erwarten, sollen sich erfreuen und frohlocken; dieß hat uns mit seinem Exempel gelehret der hl. Einsiedler Antonius,
welchem der ehrwürdige P. Joannes Berkmann aus der
Societät Jesu nachgefolget, und immer also lustig und
fröhlich ausgesehen, daß ihn einige scherzweis den hl.
Hilarium, andere den hl. Lätum genennet haben; die-

ser bekennete gern, daß er nicht wußte, was Melancholie oder melancholisch sey; und bethete täglich um Erhaltung der geistlichen Fröhlichkeit; dieses fröhlicher Joannis erster Vater und Stifter Ignatius erfreuete sich auch nicht wenig, wann er die Seinigen fröhlich und freudig sah, und da aus dessen Geistlichen einer, noch ein Neuling, Namens Franziskus Costerus, dem Lachen zugethan war; sagte der hl. Vater einsmal zu ihm: Franzisce, ich höre, daß du allzeit lachest, indem nun selbiger mit blödem Angesicht eine ernstliche Bestrafung erwartete, setzte der hl. Ignatius anstatt deren hinzu: und ich sage dir, mein Sohn, lache und erfreue dich im Herrn; dann ein Geistlicher hat keine Ursache betrübet, sondern vielmehr fröhlich zu seyn. Desgleichen that die hl. Maria Magdalena de Ursinis eine Novizenmeisterin, so ihren lachenden Kindern zu sagen pflegte; lachet, meine Töchter, lachet nur; weilen ihr billige Ursache habt, euch zu erfreuen, daß ihr den gefährlichen Wellen der schnöden Welt entzogen, in diesem sichern Hafen des geistlichen Stands lebet.

4. Die weitere Ursache aber, warum die von Gott erleuchtete Männer bei ihren Geistlichen die Freude des Geistes verlangen, ist diese; weilen nämlich sothane Freude unsere gute Werke vollkommen, und Gott angenehm macht, welcher einen fröhlichen Geber lieb hat, und weilen dieselbige Fröhlichkeit auch die Versuchungen überwinden hilft, wie oben im dritten Theil der Lection von den Versuchungen mit mehreren zu sehen ist. Auch stärket sie den Menschen in der Verharrung, dann gleichwie keine Sache lang dauret, die gar zu streng und ungestüm ist, also verharret ein jeder gern darinnen

so er mit Freuden anfangt; darneben ist auch, „nach
Zeugniß des hl. Bernardi, kein größeres Zeichen, daß
der hl. Geist bei den Menschen wohne, als eben die
geistliche Freude, und diese ist, sagt weiters dieser hl.
Mann, die wahre und höchste Freude, daß man sich
nicht über die Creaturen, sondern über den Erschöpfer
derselben erfreue; wirst du diese einmal empfangen, ha=
ben, so wird sie dir keiner abnehmen, in deren Ver=
gleichung alle irdische Fröhlichkeit eine lautere Trau=
rigkeit, alle Süßigkeit eine Bitterkeit, alle Lieblichkeit
ein Schmerzen, alle Schönheit eine Häßlichkeit, und al=
les, was da immer belustigen kann, dir schwer und
überlästig ist; und dieses scheinen die Worte des wei=
sen Manns zu bekräftigen, da er also spricht: es ist
keine Lust größer, als die Freude des Herzens, Eccli.
30. v. 16. dann ein ruhiges Gemüth ist ein stetiges
Wohlleben, Prov. 15. v. 15. Glaube derohalben, meine
christliche Seele, dem gottseligen Thomä a Kempis, der
dich mit diesen holdseligen Worten also versichert, und
Lib. 3. c. 10. §. 5. sagt: sie werden die allersüsseste
Tröstung des heiligen Geistes finden, die um Gottes
willen allen fleischlichen Trost hinweg geworfen haben,
und gleichwie Wasser und Feuer sich nicht zusammen
vertragen, also können die geistliche und weltliche Freu=
den nicht zusammen stehen.

5. Auf daß du aber die irdische Ergötzlichkeiten has=
sen, und die geistlichen lieben mögest, so betrachte den
Unterschied zwischen diesen beiden Freuden. Dieser ist,
sagt der hl. Gregorius, Homil. 30. in Evang. der
Unterschied zwischen den Lüsten des Herzens, und zwi=
schen den Lüsten des Leibs; daß die leibliche, wann der

Menſch ſelbige nicht hat, eine große Begierde in ſich
ſelbſt entzünden; wann aber ſelbiger dieſe begierig ge-
nieſſet, ſo verurſachen ſie ihm durch die Erſättigung
einen Verdruß und Widerwillen, herentgegen aber die
geiſtliche Wollüſten bringen niemälen den geringſten Un-
luſt; hat man ſie nicht, ſo ſind ſie nicht angenehm,
wann man ſie aber hat, ſo verlangt man ſelbige. In
jenen iſt das Verlangen oder Appetit gefällig, die Erfahrniß aber mißfällig; in dieſen geiſtlichen aber iſt das
Verlangen ſchlecht und gering, die Erfahrniß aber und
der ſtete Gebrauch iſt immerzu annehmlich. In jenen
bringet das Verlangen oder Apetit die Erſättigung, die
Erſättigung aber endiget ſich mit einem Widerwillen;
in dieſen aber bringt das Verlangen auch die Erſättigung; dieſe Erſättigung aber hat immer bei ſich das
Verlangen, zumalen die geiſtliche Freuden die Begierd
in der Seele entzünden, indem ſie erſättigen; dann wie
mehr man derſelben Geſchmack empfindet, deſto mehr
wird er erkennet, und nochmälen geliebt, und derohalben kann man ſie nicht lieben, wann man ſie nicht hat,
weilen man von derſelben Geſchmack eine Erfahrniß hat,
alſo redet von der geiſtlichen Freude der hl. Kirchenlehrer Gregorius.

6. Dieſe geiſtliche Freude aber kann nicht allein
ſehr wohl mit den Widerwärtigkeiten, Verfolgungen
und andern Zufällen zugleich ſtehen, ſondern wird noch
durch ſelbige vermehret, wie der hl. Apoſtel Paulus
von ſich ſelbſten ſagt: ich bin mit Troſt erfüllet, und
hab überſchwengliche Freude in aller unſer Trübſal,
2. Cor. 7. B. 4. Dann ein Diener Gottes, indem
er ſeinen Herrn ſo grauſämlich um ſeinetwillen ver-

wünschet anschauet, kann nichts anders, als sich erfreuen, daß er würdig geachtet werde, für seinen Herrn zu leben, weilen er demselben dadurch gleich gemacht wird. Daß nun der hl. Augustinus in Ps. 137 von den Zähren des Weinenden sagt, daß diese süßer seyen, als die Freuden der Schaubühnen, das kann auch von einer jeder Widerwärtigkeit, so der Mensch aus Liebe Gottes erduldet, gesagt werden, daß sie nämlich eine größere Ergötzlichkeit nach sich führe, dann alle Freuden der Welt; hierüber wollen wir den glaubwürdigen und in dieser Sache erfahrnen hl. Hieronymum von sich selbst also reden lassen: der Herr ist mein Zeug, daß es mich manchmal gedunkte nach vielen vergossenen Zähren, und da ich mit erhebten Augen den Himmel anschaute, ich wäre unter den Chören der Engel, dahero sunge ich vor Freude und Fröhlichkeit. So ermahnet uns recht und wohl der andächtige Thomas a Kempis lib. 3. c. 30. §. 6, welcher im Namen Christi eine jede christglaubige Seele also anredet: so du es recht verstehest, und in der Wahrheit ansiehest, so sollst du um Widerwärtigkeit willen nimmermehr sogar traurig und niedergeschlagen seyn, sondern vielmehr Freude haben, und Dank sagen; ja eben das für eine sondere Freude achten, daß ich dich mit Schmerzen peinige, und dir nichts übersehe.

7. Daß nun die vollkommene Freude nicht in den ersprießlichen und glückseligen, sondern in den widerwärtigen Dingen bestehe, lehrt uns der seraphische Franziskus auf seiner Reise zur Kirche der hl. Mariä von den Engeln; auf diesem Weg und der bittersten Kält sagt der hl. Vater zu seinem Gesellen dem Bru-

der Leo: mein lieber Bruder Leo, wann die Mindern
brüder überall ein Exempel geben großer Heiligkei
und Auferbauung, so zeichne doch fleißig auf in deinen
Täflein, daß darin die vollkommene Freude nicht be
stehe; über ein wenig ruft er, den gemeldten Bruder
so vorausgangen war, zurück, und sagt: Bruder Leo
wann schon ein Mindererbruder die Blinde sehend, di
Lahme gerad, die Gichtbrüchtige gehend, die Taub
hörend, und die Stumme redend machet; wann er scho
die Teufel austreibet; und, was noch mehr ist, etne
viertägigen Todten auferwecket, so ist doch allhier nich
zu finden die vollkommene Freude; bald darauf sagt e
wiederum: Bruder Leo, wann ein Mindererbruder di
Sprachen aller Nationen, alle Wissenschaften und di
hl. Schrift nach aller Vollkommenheit verstünde; und
wann er nicht allein weissagen, und die künftige Dinge
vorsagen; sondern auch die Herzen und Gewissen der
Menschen beschauen könnte, zeichne auf, daß allda noch
keine vollkommene Freude sey; indem nun diese beide
ihre Reise als weiters fortsetzten, sagt abermal der hl.
Vater zu seinem Gefährten mit harter Stimme: o mein
Bruder Leo! wann schon einer aus uns mit einer eng
lischen Zunge redete, verstünde auch den Lauf der
Sternen und die Kräften der Kräuter; und wann ihm
schon auch die Schätze der Erden offenbaret würden
wann er auch die Tugenden und Eigenschaften der Vö
gel, der Fisch, der Thieren, der Menschen, der Wur
zeln, der Steine, der Bäume und Wässer erkennte, so
schreibe gleichwohl an, daß darin nicht bestehe die voll
kommne Freude; bald hernach redet er weiters seinen
Mitgesellen an, und sagt: Bruder Leo, wann schon

unser einer so wohl predigen könnte, daß er alle Heiden und Ungläubigen zum wahren Glauben bekehrte, so schreibe an, daß darin auch nicht sey die vollkommene Freude; nachdem solche neue und fremde Weis zu predigen ungefähr zwei Meil Wegs lang gedauert, hat der oftgemeldte Bruder Leo den hl. Franziskum gefragt, worin dann die wahre und vollkommene Freude bestehe? Dem der hl. Vater also geantwortet: wann wir ganz naß, und mit Eis über den ganzen Leib befroren, auch mit Koth zumalen besudelt, dazu mit Hunger und Durst geplaget, zum Ort der hl. Mariä von den Engeln werden kommen seyn, und der Pfortner mit zornigen und trotzigen Worten uns fragen wird: wer seyd ihr? Wir aber antworteten, daß wir zwei seiner Brüder seyn, und er wird hergegen mit schmählichen Worten über uns ausfahren und sagen: ihr seyd meine Brüder nicht, sondern seyd zwei Landstreicher, und stehlet den Armen ihre Almosen ab, und wird uns nicht hinein, sondern vor der Pforten im Schnee und Kälte, in Hunger und Durst stehen lassen; wann er also mit uns umgehen wird, und wir so viele Abschlagungen und vielfältige Unbild ohne Murren und Verstörung des Gemüths geduldig leiden, und gedenken in aller Lieb und Demuth, daß dieser Pfortner uns recht nach unserm verdienten Lohn begrüsset hab, und daß Gott in den Scheltworten dessen Zunge regieret hab, und wann wir dazu noch für so holdselige Aufnehmung dem Herrn Dank sagen = So schreibe, schreibe, mein Bruder Leo, schreibe: Was? Verzeichne in dein Täfelein: allhier ist die wahre und vollkommene Freude. Wann wir uns weiters zum Herberg anhalten; der Pfortner

aber heraus kommt, und uns als ungestüme und freche
Gesellen sehr scharf hernimmt und sagt: gehet fort ihr
Schelmen, und suchet ein Hospital oder einen Ort, ihr
habt allhier nichts zu gewarten: ertragen wir dieses
mit Freuden, und nehmen alles mit herzlicher Liebe
an: Bruder Leo, schreib: allhier ist die vollkommene
Freude. Und wann wir in solchem elenden Stand bei
einfallender Nacht weiters anklopfen, rufen und anhalten, daß wir mögen eingelassen werden: Er aber wird
dadurch zu mehrerem Eifer angereizet, und sagt: das
sind mir wohl heillose und unverschämte Gesellen, ich
muß hinausgehen, und sie befriedigen: kommt hierauf
mit einem knöpächtigen Prügel auf uns zu, ergreift
uns bei der Gurgeln und reisset uns in den häßlichen
Koth und kalten Schnee zu Boden, und schlägt uns
dermassen mit dem gemeldten Prügel, daß unser Leib
voller Wunden sey. Erdulden wir sothane Uebel, so
viele Schläge und Schmähworte mit Freuden, und
achten selbige hoch, wünschen und verlangen auch um
der Liebe Christi willen mehr zu leiden; schreib, schreib,
mein Bruder Leo, schreib an, daß in diesen Dingen
sey die vollkommene Freude. Höre nun den Schluß:
Unter allen Gaben des hl. Geistes, die unser Heiland
seinen Dienern ertheilt hat, und ertheilen wird, ist die
höchste und fürnehmste, daß man sich selbst überwinde,
und um Gottes willen gern Schand- und Schmachreden, Unbild und Plagen, und anderer dergleichen Unannehmlichkeiten leide. Dann aber: alle obgemeldte
wunderseltsame Dinge können wir uns nicht berühmen,
dieweilen sie nicht unser sind, und von uns nicht herkommen, sondern von Gott. Was hast du, sagt der

Apostel, das du nicht bekommen hast; wann du es aber
bekommen hast, was rühmest du dich, als wann du es
nicht bekommen hättest. Im Kreuz und Leiden aber können wir uns rühmen, und sagen, das ist unser. Dahero sagt der obgemeldte Apostel: es sey weit von mir,
daß ich mich rühme, ohne in dem Kreuz unsers Herrn
Jesu Christi, durch welchen mir die Welt gekreuziget
ist, und ich der Welt. Gal. 6. B. 14. Mit einem
Wort, mein lieber Bruder Leo; diese ist unsere Ehre
und Ruhm; das ist unsere Freude, daß wir aus Liebe
Christi viel leiden. Hier hast du nun meine christliche
Seele, ein fürtreffliches Beispiel der geistlichen Freude;
du hast einen Spiegel, in dem du klärlich sehen kannst,
wie weit du noch von der wahren Freude entfernet
seyest. Derohalben befleisse dich diese kürzlich entworfene
Freude, fest zu halten, so wirst du ohne allen Zweifel
den Befehl des Apostels erfüllen, der da spricht: erfreuet
euch im Herrn allzeit; abermal sage ich: erfreuet euch.

Die achtundzwanzigste
geistliche Lection.
Von der guten Meinung.

_____

Sive manducatis, sive bibitis, sive aliud quid
facitis, omnia in Gloriam Dei facite!
Ihr esset, oder trinket, oder ihr thut etwas anders,
so thut alles zu der Ehre Gottes.

1. Cor. 10, V. 31.

Der erste Theil.

1. Ehe und bevor man sich einer Sache befleissen
will, ist dienlich, daß man derselben Eigenschaft erkenne;
derohalben sagen wir, daß die gute Intention oder
Meinung sey eine Wirkung des Willens, kraft deren
die Werke des Menschen zu einem sichern übernatürli-
chen Ziel und Ende gerichtet werden. Dieß ist der
Anfang, das Ziel und die Zierde aller Tugenden, von
welcher der Bräutigam also redet und sagt: Du hast
mein Herz verwundet, meine Schwester, meine Braut

du haft mein Herz verwundet mit einem beiner Augen.
Cant. 4. v. 9. das ist, wie der gelehrte Honorius sagt,
in einer Meinung: Wann die Seele nur eins vom
Herrn begehrt, daß sie nämlich möge wohnen im Haus
des Herrn alle Tage ihres Lebens. Und mit einem
Haar deines Halses. Als wollt sie sagen, in einem
Gedanken des Verstands, durch welche sie in Erkenntniß kommt, daß Gott das höchste Gut sey. Diese gute
Meinung aber ist dreifach. Die erste ist diejenige, mit
welcher der Mensch das Gute wirket aus Furcht der
Strafe. Die andere ist diejenige, mit welcher man
Guts thut in Ansehung der ewigen Belohnung. Die
britte Meinung ist, kraft deren der Mensch Gott dienet, wegen dessen unendlichen Gütigkeit, und nur ein-
fältiglich die Ehre Gottes suchet. Von denen spricht
nun der heilige Dorotheus also: Drei unterschiedliche
Stände sind, nach dem Sinn des hl. Basilii, in denen
wir Gott dienen, und demselben angenehm seyn können.
Wenn wir die Strafe fürchten, so sind wir im Stand
der Knechte; halten wir die Gebote Gottes um unsers
Nutzens willen, damit wir nämlich den versprochenen
Lohn davon tragen mögen, so leben wir im Stand
der Taglöhner; wenn wir aber des Guten uns befleißen wegen des Guten, so haben wir unsere Stelle in
der Zahl der Kinder Gottes. Es wird aber eine jede
von diesen Meinungen getheilt, in eine wirkliche, so da
selbst das Werk zum Ende bringt, und in eine kauf-
habende, welche in kraft der vorhergehenden Wirkung
das Werk zum Ende verordnet. ۰۰۰۰۰۰۰۰۰۰۰

2. Diese Meinung ist zur Versammlung der Tugend
so nothwendig, daß ohne selbige auch keine einzige kann

erworben werden, denn gleichwie ein Gebäude, sagt
der heilige Gregorius in Moral; auf den Säulen,
die Säulen aber auf dem Grund fest bestehen, also
muß sich auch unser Leben auf die Tugenden, die Tugenden aber müssen sich auch auf die innerste Meinung
lehnen. Dahero sagt Christus, Matth. 6: Das Licht
deines Leibs ist dein Auge; wann dein Auge einfältig
ist (das ist deine gute und aufrichtige Meinung) so
wird dein ganzer Leib Licht seyn; das ist, deine Werke
werden tugendsam und Gott gefällig seyn. Wann aber
dein Aug schalkhaftig ist (nämlich durch eine verkehrte
Meinung) so wird dein ganzer Leib finster seyn. Das
ist, obschon deine Werke rechtfertig scheinen, so werden
sie doch sündhaft seyn. Hieraus ist entstanden das gemeine Sprichwort:

Quidquid agent homines,
Intentio judicat omnes;
In Allem was die Leut verrichten,
Thut deren Meinung selbe richten.

Mangelt dir die Meinung, so sind deine Werke nach
Zeugniß des geistreichen Richardi, todt, was der Leib
ist ohne Leben, das ist das Werk ohne die gute Mei-
nung. Ermahnet uns dann nicht wohl der hl. Apostel
Paulus und sagt: Ihr esset, oder ihr trinket, oder ihr
thut was anders, alles sollt ihr zur Ehre Gottes thun.
Also hat Christus unser Heiland seine liebe Braut, die
andächtige Gertraud unterwiesen, daß sie alle ihre
Werke eins nach dem andern, sogar auch bis zu den
Buchstaben, die sie schreiben oder hören würde, bis auf
die Bissen, so sie in den Mund stecken, bis auf den
Athem, den sie sowohl schlafend als wachend ziehen

würde, Gott aufopfern sollte..: Der heil. Mechtildi hat
Christus diesen Rath gegeben und gesagt: Wann einer
sich zum Schlafen begeben will, so betrachte er vorhero
etwas von mir, oder rede mit mir; dann also wird er
mit dem Herzen zu mir wachen, obschon er dem Leib
nach schlafet; und wann einer, der sich zum Schlafen
bereitet, verlanget, daß ich allen seinen Athem, so er
dieselbe Nacht lassen würde, zu meinem großen Lob
aufnehmen soll, so will ich, der ich meinen frommen
und andächtigen Kindern nicht ermangeln kann, sein
Begehren in der Wahrheit erfüllen.

III. So mache dann, meine christliche Seele, vor allen deinen Worten, Werken und Gedanken immer eine
gute Meinung, weilen du durch solche Uebung sehr großen Nutzen zu schöpfen findest; wie aus folgender Offenbarung zu ersehen ist, in welcher Christus die hl. Gertraud mit diesen Worten versichert hat: So oft einer
vor dem Essen und Trinken mich bitten wird, daß ich
ihm meine Gnade verleihe, damit er die Speis und
Trank zu Ehren meines Namens mäßig nehme, in Vereinigung derjenigen Lieb, kraft deren ich für ihn bin
Mensch worden, und also der Speis und Trank gleich
anderen mich gebraucht habe, so oft er solches oder dergleichen vor oder zwischen der Erquickung wird geübt
haben; so oft will ich gestehen, daß ich mich ihm gespeiset, und eine mir sehr angenehme Labung von ihm
empfangen habe. Hieraus kannst du schließen, daß ein
Geistlicher, so dieser Uebung emsig obliegt, in einer
Woche mehr verdiene, als eben ein Träger und Nach-
lässiger in einem ganzen Jahr; denn gleichwie ein kleines Stück Gold, sagt der gelehrte Laurentius Justinianus

de Discipl. mor. c. 24. tom. 3. einen sehr großen
Theil eines andern sehr schlechten Metalls übertrifft,
also werden wenige gute Werke, so vermittelst der in-
brünstigen und reinen Liebe geschehen, in den Augen
des Erschöpfers viel angenehmer, und glänzen mehr,
als die Uebungen vieler geistlichen Arbeit; so da aus
der Wurzel der Nachlässigkeit, und aus dem Brunnen
der ungebauten Meinung entspringen.

4. Erfordert dann nicht die Billigkeit, daß wir vor
allen unsern Werken eine gute Meinung machen? Es
würde ja sicherlich ein Jeder allen Fleiß anwenden,
wenn er einen Stecken hätte, mit dem er die Steine in
Gold verändern könnte, denselben zu bewähren. Indem nun die gute Meinung dergleichen Wirkung an
sich hat, daß sie all unser Thun und Lassen in lauter
Gold der Verdiensten verwandelt, soll man dann nicht
mit allem Ernst daran seyn, daß man selbige zu allen,
oder jedoch zu den vornehmsten Werken hervorziehe?
Hast du nicht oft wahrgenommen, daß diejenigen, so
nach dem Zeichen schießen, nicht eher losbrennen, bis
sie mit einem Aug durch das Visir das Zeichen erreicht
haben? Also sollst du in allen Begebenheiten deine
Meinung zu Gott, als deinem einzigen Ziel, unablässig
richten, weilen er dieses von dir erfordert, und gleich
wie, nach Zeugniß des hl. Bernardi, die Schönheit des
Menschen im Angesicht bestehet, also kommet die Zierde
aller Wirkungen der Seele aus der Intention oder
Meinung her. Dahero sagt der gottliebende David:
Alle Herrlichkeit der Töchter des Königs ist inwendig.
Psal. 44. v. 14. Zu diesem unserm Vorhaben pflegte
die hl. Maria Magdalena de Pazzis zu sagen: Wann

ich wüßte, daß ich durch ein einziges Wort, welches ich
zu einem andern Ende, als meinem Gott zu lieb, reden
sollte; wann es schon nicht sündhaft wäre, zu einem
Seraphin könnte gebracht werden, so wollte ich es doch
nimmer reden. Dieses lehrte sie auch ihren geistlichen
Mitschwestern; und damit sie diese Lehre nicht vergessen
mögen, fragte sie ihre unterhabende Kinder oftmal und
unvermuthlich, warum sie dieses oder jenes thäten oder
redeten? Wann sie vermerkt, daß ihre Geistliche, ungefähr, oder aus Gewohnheit, ohne übernatürliche Intention ihre Werke verrichten, redeten sie ihnen mit diesen
Worten zu: Sehet ihr nicht, daß ihr den Verdienst
verlieret? Gott hat an solchen Diensten kein Gefallen.

5. Obwohl nun alle geistliche und gottverlobte Personen vor andern sich diese heilsame Uebung sollten angelegen seyn lassen, so werden doch, leider Gottes! sehr
viele gefunden, so in derselben sehr nachläßig sind und
kaum einmal im Tag vor ihren Werken eine gute Intention machen, sondern ihre Arbeit, entweder aus eitlem Ehrgeiz, oder aus Gewohnheit, oder mit Unbedachtsamkeit, und mit einem blinden und ungestümen
Eifer verrichten; diese können nicht uneben verglichen
werden den blinden Rossen, so da in der Walke oder
Follmühlen zwar den ganzen Tag laufen, sind aber am
Abend noch auf selbigem Ort, weilen sie nur herum
gelaufen sind. Also sind diejenigen auch blind, welche
keine wahre Intention oder Meinung machen; sie schreiten auch in den Tugenden nicht fort; dann sie arbeiten
allzeit an einem Ort, das ist, sie wirken ohne gute
Meinung. Diese werden in Wahrheit an jenem Tag
des Hinscheidens ihre Augen zu spät aufthun, und ihre

Unglückseligkeit und Blindheit umsonst beweinen und sagen: O wir Armseligen! wir haben zwar die ganze
Nacht unseres Lebens gearbeitet, wir haben oft und
viel geschwitzet, wir haben unzählbare Trübsalen ausgestanden; und was haben wir gefangen? Ach leider!
nichts. Wir haben zwar ein Kreuz getragen, aber nicht
wie Christus das Seinige, sondern wie der Simon Cy-
renäus, ein Fremdes, weilen wir mit einer guten und
wahren Intention zu arbeiten versäumet haben, so sind
dann billig alle unsere Werke in den Wind geschlagen.
Damit es dir, meine christliche Seele, nicht also ergehe,
und du nichts fangest, so fahre du nach dem Befehl
Christi in die Höhe; das ist, steige mit deiner Meinung
zu Gott, so wirst du einen großen Fischfang der ewigen
Belohnungs-Reichthümer thun.

Der andere Theil.

6. Weilen uns aber in allen Tugenden unterschiedliche Stäffeln und Wirkungen durch die erfahrnen
Schulmeister der christkatholischen Kirche gezeigt worden,
als könnte auch einer allhier fragen, welche die vortrefflichste Wirkung der guten Meinung sey? Dem wir
zur Antwort gegeben, daß diese die vornehmste Wirkung
sey, wann wir einzig und allein das Lob Gottes, und
dessen Willen zu vollbringen, nicht aber unsern Nutzen
suchen. Dahero der himmlische Lehrmeister einsmals
zu seiner Jüngerin Gertrudis sagte: Ich wollte, daß
meine Auserwählten dafür hielten, daß ihre guten
Werke und Uebungen mir zumalen gefallen, wann sie
mir auf ihre Kosten dienen. Blos. in Mon. Spir. c. 5.
Diejenigen aber dienen auf ihre Kosten, welche, ob sie

schon den Geschmack der Andacht nicht empfinden; dennoch ihr Gebet und andere mir gefällige Werke so
treulich verrichten, als sie können, und haben das Vertrauen auf meine Gütigkeit, daß ich sothane ihre Uebungen gern annehme. Derohalben ermahnet der gottselige
Thomas a Kempis in der Person Christi einen jeden,
und sagt, Lib. 3, C. 11. §. 2: Mein Sohn, du mußt
noch viel lernen, das du noch nicht wohl gelernet hast;
das ist, daß du dein Verlangen ganz in mein Wohlgefallen setzest, und nicht dich selbst lieb habest, sondern
meines Willens ein herzlicher Liebhaber und Nachfolger
seyest. Du mußt in deinem Gebet und andern geistlichen Uebungen deine eigene Tröstung nicht suchen, sondern auf die Ehre und Lob Gottes dein Absehen haben,
damit nämlich der Wille Gottes geschehe, zumalen hieran
die göttliche Majestät ein überaus großes Wohlgefallen
hat, wie der glaubwürdige und andächtige Eusebius
Nierenbergius c. 20. Vit. divin.) bezeugt, daß ein
sicherer Diener Gottes mit vielen Offenbarungen und
Gesichtern vom Herrn geehret, und mit öftern Tröstungen von selbigem sey erfreut worden. Endlich habe er
sich solcher Gnaden unwürdig geschätzt, und Gott gebeten, er möchte ihm selbige abnehmen. Was er begehrt
hat, das ist geschehen; und sind diese Gnaden fünf Jahr
lang ausgeblieben, daß er auch kaum den Athem fassen,
und sich in geziemender Ruhe des Herzens erhalten können.
Bei so gestalten Sachen hat sich Gott dessen erbarmet,
und ihm zwei Engel zum Trost gesendet, deren Tröstung
er aber anzunehmen sich geweigert, und gesagt habe:
Herr, ich verlange keinen Trost, sondern es ist mir genug, daß du den Ort bewahrest, allwo du in meiner

Seele wohnest, auf daß neben dir nichts anders hinein
schleiche; und daß dein Wille in mir allzeit geschehe.
Dieß ist mein einziger Trost, den ich begehre. Dieser
Affect habe Gott also gefallen, daß er folgende Worte
zu ihm gesprochen: Du bist mein Sohn, an dem ich
ein Wohlgefallen habe.

7. Weiters ist nicht ohne, daß der leidige Satan
vor unsern Werken eine böse Intention uns einzugeben
sich bemühe, und wann er solches nicht kann zuwegen
bringen, so befleißet er sich doch, daß er aufs wenigst
das Werk zerstöre, oder den Wirkenden durch eine eitle
Ruhmsüchtigkeit beschmitze, man kann aber den losen
Feind alles Guten nicht besser hemmen, als wie der hl.
Bernardus gethan hat. Da dieser hl. Mann einsmal
vor einer großen Anzahl Volks mit aller Zuhörer ge-
nauester Aufmerksamkeit, mit sonderbarem Gefallen und
Verwunderung der Zuhörer geprediget, wird er etwa
von einer eitlen Ehre versuchet, und gedünket ihm, er
höre gleichsam die Worte: Siehe, Bernarde, wie dieses
häufige Volk dir in großer Stille, und mit einer ungemeinen Verwunderung und Lob zuhöre Allhier haltet
Bernardus ein wenig ein, und berathschlagte sich mit
ihm selbsten, ob er fortfahren, oder zu predigen aufhören sollte. Indem er nun vermerket, daß es ein Ein-
blasen der höllischen Schlange sey, wendet er sich von
seinen Zuhörern gleichsam zu derselben, und sagt: Deinetwegen hab ich meine Predigt nicht angefangen, und
will auch um deinetwillen jetzt nicht aufhören. Also
hat er die angefangene Predigt gewünschtermaßen fortgesetzt. Solchergestalt müssen wir verhüten, daß wir darum keine guten Werke unterlassen, weilen wir von andern

vielleicht würden gelobt oder getadelt werden; sondern wir müssen zu unsern Gedanken sagen: Weilen ich dieß Werk nicht um Lob der Menschen zu fischen, weder auch aus Furcht der Verachtung, sondern zur Ehre Gottes hab angefangen, so will ich es auch zu desselben Ehren endigen. Dann es kann uns nicht schaden, daß wir von den Leuten gesehen werden, zumalen wir (wie der hl. Väter Augustinus Tom. 9. Tract. 8. in Epist. Joan. und Gregorius sagen) keine Nachfolger haben werden, wann wir die Zuschauer fürchten; wir müssen gesehen werden; müssen aber derohalben nichts thun, daß wir gesehen werden; das Werk muß offenbar seyn, und die Meinung verborgen.

8. Wir müssen aber allhier beobachten, daß Gott immer die Intention und Effekt des wirkenden Menschen mehr ansehe, als das Werk selbsten. Dahero sagt der obgemeldte heil. Gregorius: Gott sieht das Herz und nicht die Sache an. Er gedenkt auch nicht, wie groß das Werk sey, sondern wie aus größer und aufrichtiger Meinung der Mensch dasselbige verrichte. Und ein anderer Theologus sagt, daß Gott nicht ansehe, was die Menschen thun, sondern wie wohl sie thun. Mit diesem stimmt der gelehrte Salvianus ein, und sagt: An dem Werk dessenigen, was Gott wird aufgeopfert, hat er keinen so großen Gefallen, als an dem aufrichtigen Herzen dessenigen, der das Opfer verrichtet. Dahero ist geschehen, daß die evangelische Wittwe, nach Zeugniß der ewigen Wahrheit, mit ihren zwei Hellern mehr gegeben hat, als alle Priester und Pharisäer; dieweilen sie solche aus einer Meinung gegeben hat, dergleichen bei den ändern nicht gefunden worden. Sintemalen

Gott, wieder hl. Vater Augustinus bezeuget, den Willen krönet, wann er das Werk nicht findet, und zwar billig, dieweilen Gott, wie die Theologie lehrt, die Begierd, Exempelweis, zu ehebrechen, dessen Gerechtigkeit gemäß, mit der ewigen Verdammniß strafet, so folgt klärlich hieraus, daß er auch die Begierde, Gutes zu thun, belohne; wann selbiges in der That nicht kan geübt werden, dieweilen er sowohl unendlich gütig, al unendlich gerecht ist. Solchermaßen wird derjenige, gern fasten wollte, und wegen Schwachheit des Leibs darob verhindert wird, den Lohn des Fastenden empfangen Und mit andern Begebenheiten hat es eben selbige Beschaffenheit.

9. Zu Zeiten des hl. Cölnischen Bischofs Severin um das Jahr Christi 400, hat ein sicherer Einsiedle gelebt, welcher von hohem Stamm geboren, in alle erdenklichen Wollüsten erzogen, und endlich in der blühenden Jugend von seinen Eltern einer seines Gleiche Tochter vermählt worden. Da nun alles nach gehaltener prächtigen Hochzeit zum Beilager veranstaltet gewesen, siehe, da, hat sich diesem jungen Fürsten ein seh schöner Jüngling gezeigt, der ihn mit diesen Worte angeredet: Wann ich dich einer höheren Ehre, und vie größern Freuden versicherte, wolltest du mir wohl folgen? Ich will dir folgen, sagt der Bräutigam, wan deinen Worten zu glauben ist. Der Engel in Gestal eines Jünglings, antwortet, und sagt: Ich verspreche und verpfände dir die himmlischen Freuden, und ewig währende Herrlichkeit, wann du diesen irdischen Wollüsten mit einem heroischen Gemüth den Rücken lehre willst. Der vermählte Fürst ist sobald mit dem Wer

als mit den Worten fertig, folget dem Engel nach, und
verspricht ihm, daß er von ihm nicht weichen wolle.
Nimmt auch von allen seinen Schätzen nichts, als ein
hölzernes Trinkgeschirr mit sich, und folget dem vorge-
henden Jüngling mit Freuden auf dem Fuß nach; von
dem er in eine sehr wilde, und von den Menschen weit
abgelegene Wüste geführt, und ihm befohlen worden,
daß er allda verbleiben, dem Dienst Gottes, und dem
Heil seiner Seele obliegen, und im Uebrigen für nichts
sorgen sollte. Nach empfangenem solchem Befehl, und
Verschwindung des Engels, fängt der neue Einsiedler
ein frommes, und mehr englisch, als menschliches Leben
an, indem er mit unaufhörlichem Gebet, mit stetem Fasten und andern sehr strengen Bußwerken sich der göttlichen Majestät zu einem auserwählten Diener, und
angenehmen Freund aufgeopfert. In diesem seinem
gottseligen Wandel fallen ihm einsmal die Gedanken
ein, wer ihm doch an der Belohnung, so er wegen seines strengen Lebens von Gott zu hoffen hätte, möchte
gleichgeschätzt werden? Der Fürwitz treibt ihn auch so
weit, daß er solches von Gott zu vernehmen sich erkühnet und bekommt folgendes von selbigem zur Antwort,
daß ihm der Bischof zu Cöln in der Belohnung werde
gleichgehalten werden. Dieses kommt meinem guten
Eremiten seltsam vor, daß er nicht größern Lohn, als
ein Bischof, der da in allem Ueberfluß lebte, empfangen
sollte. Begehrte derohalben, Gott möchte ihm diesen
Bischof zeigen, welches dann auch durch den obgemeldten
Engel, durch den er vormalen in die Wüste geführt,
werkstellig gemacht worden. Da nun der Einsiedler in
der Stadt Cöln auf einem Festtag des Bischofs gehal-

tenes Hochamt angehöret, und nachgehend demselben in seine Hofstädt gefolgt; siehet er, daß selbiger zum Mittagsmahl einige Vornehme der Stadt, an einer, mit allerhand kostbaren Speisen besetzten Tafel tractiret. Hierüber entsetzt sich mein guter Einsiedler, und gedenkt bei ihm selbst, soll ich dann bei meinem Gott nicht besser stehen, als dieser Bischof, der ich nichts habe, als ein einziges hölzernes verächtliches Trinkgeschirr? Der ich mit einem Stücklein harten Brods, und mit ungesalzenen und ungeschmackigsten Kräutern zur Noth den Hunger stille? Der ich in Fasten, Beten, und andern harten Bußwerken mich Tag und Nacht übe? Der ich alle weltlichen Freuden so hurtig verlassen? Soll ich keine größere Krone verdient haben, als eben dieser Bischof, der da mitten in den Freuden und Wollüsten lebet, und ist guter Dinge? In sothaner Ueberlegung fängt an der Engel und sagt: Derjenige Bischof, den du da siehest zu Tisch sitzen, hat in aller dieser Pracht und kostbaren Speisen so großes Wohlgefallen nicht, als du hast in deinem verwerflichen Trinkgeschirr. Da dieses der Einsiedler höret, gehen selbigem die Augen auf, und vermerkt, daß der allerweiseste Gott auf die Meinung des Wirkenden größere Achtung habe, als auf das Werk selbsten, und nicht ansehe, wie viel, sondern aus was für einer Intention oder Meinung der Mensch wirke. Sur. tom. 5. die 23. Oct.

10. Weilen nun, meine christliche Seele, dir genug soll seyn, daß du wissest in allem deinem Thun und Lassen eine gute Intention zu machen, und dann die vorgenommene Kürze nicht leidet, weitläufiger zu seyn, als verweise ich dich zu dem Leben der hl. Altväter und

andern Dienern und Dienerinnen Gottes, und erinnere dich doch zum Schluß dieses andern Theils der gegenwärtigen Lection, der Worte des gottseligen Vaters Blosii: In Inst. Sp. c. 1. Wann einer, sagt er, um Gottes willen auch in den geringsten Sachen seinem eigenen Willen widerstrebet, so leistet er seinem Gott einen angenehmern Dienst, als wann er viele Todte zum Leben erweckte. Und damit er diese Wahrheit klärlich zeigen möge, sagt er: Zween reisen miteinander, und sehen auf dem Weg eine sehr schöne und rare Blume, von diesen beiden einer nimmt ihm vor, diese Blume abzubrechen, erholet sich aber vorhero, und entschliesset sich bei ihm selbsten, aus Liebe seines Herrn Jesu dieß Blümlein nicht anzurühren. Der andere aber bricht selbiges ohne einiges Vorbedeuten ab. Dieser letztere hat damit nicht gesündigt; der erste aber, so das Blümlein unberührt gelassen, übertrifft den andern am Verdienst in so weit, als der Himmel die Erde übersteigt in der Höhe. Wann nun Gott für so wenige Dinge, so große Gnaden mittheilet, was wird er nicht geben für die großen und heroischen Werke, die der Mensch aus Liebe seiner verrichtet; so befleiße du dich dann, meine christliche Seele, daß du immer vor allen deinen Uebungen eine gute und reine Meinung machest, und in selbiger nichts anders suchest, als deinem Gott und Herrn zu gefallen.

11. Zum Schluß dieser Lection muß ich dir die Vortrefflichkeit des guten Willens mit Wenigem vor Augen stellen, von dem der heilige Chrysostomus sagte: Ein guter Wille ist bei Gott so angenehm, als eine wohlriechende Blume bei dem Menschen. Und der hl.

Bernardus vermeinet, daß der gute Wille in des Menschen Herz ein Ursprung alles Guten, und eine Mutter aller Tugenden sey. Der diesen bei sich hat, der hat alles, was ihm zum Wohlleben nöthig ist. Der gute Wille aber besteht darin, daß wir alle Sünden zu fliehen, uns emsig bemühen, und wann wir zu Zeiten fallen, alsbald wiederum aufstehen, und uns festiglich vornehmen, die begangenen Fehler fortan mit mehrerem Eifer zu bessern. Diese Uebung gefällt Gott über alle Maßen. Dahero meldet der gottselige Blosius c. 4. Mon. Spirit. von der heil. Gertrudis, daß selbige wegen einer geringen Unvollkommenheit über sich selbsten sehr geeifert, und vom Herrn begehrt habe, er wolle doch selbige Unvollkommenheit an ihr gänzlich bessern und vernichtigen. Der Herr aber habe seiner lieben Braut in aller Freundlichkeit geantwortet: Willst du dann, daß ich einer großen Ehre, und du eines großen Lohnes beraubet würdest? Du verdienst eine ansehnliche Belohnung, so oft du diese, und dergleichen Fehler erkennest, und dir vornimmst, dieselbe zu bessern; und so oft ein Mensch sich bemühet, mir zu Lieb seine Mängel zu überwinden, so erzeigt derselbige mir so große Ehre, und leistet mir so große Treue, als ein tapferer Soldat seinem Obristen erweiset, wann er sich im Kriege seinem Feind mit großem Muth widersetzte, und denselben überwindet.

12. Es muß auch ein Mensch, der guten Willens ist, nicht alsbald verzagen, wann er schon bisweilen mehr aus Schwachheit als Bosheit auch in einige grobe Sünden fällt; sondern er muß alsbald hurtig wiederum aufstehen, sich eines bessern Wandels befleißen, und

immerzu den guten Willen, nichts mehr zu sündigen, behalten, dann Gott so gütig ist, daß er gleichsam gezwungen werde, kraft seiner Gütigkeit, sich über diese-
nigen zu erbarmen, die eines guten Willens sind; welches aus folgender Historie klärlich bewiesen wird.
Die hl. Brigitta aus Schweden, eine hl. Wittwe, zog
Pilgramsweise mit ihrem Sohn Karl ins heilige Land,
der Sohn starb unterwegs zu Neapel; die Mutter kam
gen Jerusalem, allda sie, durch emsiges Gebet, in sonderbare geheime Liebe und Freundschaft mit Christo dem
Herrn kommen, und wie dann der gütigste Gott sich
von den Seinigen in Freigebigkeit nicht lasset überwinden, also begabte er diese heilige Wittib mit sonderlichen
Gnaden. Sintemal sie in allen Dingen dieß allein
suchte, wie sie Christo am besten gefallen möchte. Weil
aber diese Wittib gegen den Heiland und dessen werthe
Mutter die höchste Andacht trug, verlangte sie sonderlich zu wissen, wie es doch um ihren verstorbenen Sohn
in jener Welt stünde, darum hatte sie wachend und be-
tend eine solche Erscheinung.

13. Sie höret eine Stimme, die sprach zu ihr:
Brigitta, aus Gottes Gnaden ist dir jetzt erlaubt zu
sehen und anzuhören, was über deinen Sohn im geheimen Gericht ist beschlossen worden, und, wiewohl es
in einem Augenblick alles vorüber gewesen, so wird
doch ordentlich nacheinander, wie es zugegangen, vor-
gestellt werden, damit du es desto leichter vernehmen könnest. Allda sah Brigitta den Herrn Jesum im
Richterstuhl sitzen, von einer unzählbaren Schaar der
Engeln umgeben. An des Richters Seiten stund die
Mutter Gottes, und wollte sehen, wie das Gericht würde

abgehen; vor dem Richterstuhl stund des verstorbenen
Karls Seele voll Zittern und Schrecken, die wartet
auf das Urtheil; auf der rechten Seite der Seele stund
der Schutzengel; auf der linken der Ankläger, der Teufel; doch rühret weder dieser noch jener die Seele an;
der Ankläger fing an und sagt: Allgerechtester Richter,
ich klage eine Unbild; diese Seele wäre mein gewesen,
und darum soll sie von Munde aus in die Hölle gefahren seyn, aber deine Mutter hat mir sie hingerissen,
und sie unter ihrem Schutz und Schirm vor Gericht
gestellt. Auf diese Klage antwortet des Richters Mutter: gedenke an dein Herkommen, du böser Geist, Gott
hat dich die schönste Creatur erschaffen, aber eine Bosheit und Schalkheit hat dich aller deiner Schöne und
Zierlichkeit beraubet; es stund dir frei, ob du dich
wollest deinem Schöpfer unterwerfen; du hast aber lieber rebellisch und ungehorsam seyn wollen, darum mußt
du ewig verdammt, und vom Himmel ausgeschlossen
seyn, was recht ist, verstehest du wohl, bist aber desselben höchster Feind Nun hat mir billiger gebührt, als
dir, diese Seele vor den Richter zu stellen; dann dieser Mensch hat in seinen Lebzeiten mich, als ein Sohn
seine Mutter geliebet, und oftermalen betrachtet, wie
Gott, der Herr mich mit so hoher Glorie und Herrlichkeit begabt hat. Dahero sein Herz im Leib dermaßen gegen mich gebrennet, daß er bereit war, lieber die
höllische Pein zu leiden, als daß durch seine Schuld
von meiner Ehre etwas sollte entzogen werden, und
mit diesem Herzen hat er sein Leben beschlossen. Soll
nun dieß unrecht seyn, daß ich ihn in meinen Schutz
genommen habe? Hierauf sagt der Ankläger: Ich

vermeine es nicht. Dieser Mensch hat seines Richters
Mutter mehr, als sich selbsten geliebet; man sehe aber
andere seine Werke an, so wird Niemand widersprechen
können, daß er mein sey. Derowegen, o Richter; ap-
pellire ich, und berufe mich auf deine Gerechtigkeit;
siehe an dieses Menschen aufgezeichnete Werke; siehe
das lange Register deiner Sünden; wohl ein Haufen
böser Gedanken, aus denen, wann nur die unreine oder
die hoffärtige sollen gestraft werden, so würde er schon
mein seyn. Er hat das sechste Gebot wohl gewußt,
hat es aber viel hundertmal übertreten, will andere
Sünden geschweigen. So kann er auch aus diesen das
Wenigste nicht leugnen; er ist überwiesen, sein eigenes Gewissen überweist ihn tausendmal. Der Schutzengel fing an und sprach: Sobald seine Mutter vermerkt hat, daß ihr Söhnlein leichtlich in Untugend und
Laster zu verführen; hat sie ihm durch vielfältiges Gebet und Zähren, wie auch durch mancherlei Werke der
Barmherzigkeit, von Gott die Gnade erlangt, daß er
noch Knabenweis angefangen Gott zu fürchten; wann
er gefallen ist, hat er alsbald zur Buße geeilet, geseufzet, Reu und Leid gehabt, neben einem steifen Vorsatz
sich zu bessern. Entgegen warf der böse Feind noch
vielmehr vor, welches alles der gute Engel widerlegte,
und sagt: Er hat dieß und jenes gethan, ich läugne es
nicht; hat es aber abgebüsset; hat jederzeit einen guten
Willen gehabt; und, das seinem Handel anjetzt viel
nutzet und behülflich ist, so ist er letztlich so weit kommen, daß er ihm dieß alleinig für eine Ursache zu leben
gesetzt hat; Gottes Willen zu thun, und sich dem göttlichen Willen freiwillig allerdings gleichförmig zu machen.

Nachdem die Partheien angehört worden, hieß der
Richter den Ankläger abtreten, und fället dieses Urtheil: Dieser mein Diener soll ewig leben. Als solches des Caroli Mutter gesehen und gehört, wird sie
voller Freuden und spricht: O, ewige Wahrheit! O
Herr Jesu! O gerechtester Richter! du giessest heilige
Gedanken in die Herzen ein, du vergeltest unser Gebet
und Zähren mit deiner Gnad und ewigen Belohnung!
dir sey Lob, Ehre und Herrlichkeit, dir sey Danksagung
von allen Creaturen. O du mein allerliebster Gott,
du bist mir viel lieber, als ich, mir selbst. Ich begehre
von Grund meines Herzens dir zu leben, und dir zu
sterben. Hierauf antwortet der Engel anstatt des Richters: Du sollst wissen, spricht er, daß dir dieß gezeigt
worden, nicht nur dir allein zum Trost und Guten,
sondern auch damit alle Freunde Gottes wissen, wie die
Verharrung und Beständigkeit im guten Willen so große
Kraft habe, welche von Mühe und Arbeit, von Reu
und Leid, von Beten und Allmosen geben bis zum letzten Athem nie aussetzt noch abläßt. Du sollst auch
wissen, daß über diesen Soldaten deinen eigenen Sohn
so gütiges Urtheil nicht ergangen wäre, wann er nicht
von Jugend auf so guten Willens jederzeit gewesen
wäre, Gott und Gottes Freunde zu lieben, und sich zu
bessern. Drex. in Trib. lib. 2. cap. 8. §. 1.

14. Sagt dann nicht billig ein sicherer Scribent bei
dem Blosio Consol. Posill. c. 39. wie folget: Wann
dir Gott einen guten Willen wird gegeben haben, also,
daß du nunmehr alle Sünden verlassest, besser zu leben
dir vornehmest, und deinem Herrn zu gefallen verlangest
und dich unterstehest: Wann du alsdann täglich aus

menschlicher Schwachheit oft fallest, und Gott erzürnest, so stehe auf, so oft du gefallen bist, und verzweifle niemalen an der Barmherzigkeit Gottes, welche da unendlich ist. Es ist der liebe Gott wahrlich hierin sehr zu loben, daß er die büssenden Sünder so mildiglich auf= und annimmt. Dieß stehet ihm zu, weilen ihm sein eigen ist, sich allzeit über den Menschen zu erbarmen, und denselben zu verschonen. Dahero werden die Auserwählten (wie der hl. Bernardus Serm. 2. in Psal. qui hab. lehret) von den Gottlosen hierin unterschieden, daß die Gottlosen, wann sie gefallen sind, nichts dazu thun, daß sie wiederum aufstehen. Die Auserwählten aber sich bemühen alsbald wiederum aufzustehen, und sich zu bessern. Derohalben sagt der gemeldte Autor, wann du vermerkest, daß du gefallen bist in einem oder andern, so wende dein Herz zur Stund mit aller Demuth und Vertraulichkeit zu deinem allergütigsten Gott und Herrn, und küsse dessen allersüßeste Hand, und umfahe dieselbige, welche da immer bereit ist, dich aufzunehmen, und sey gutes Muths. Siehe zu, daß du ob beinen öftern Fehlern nicht also verdrießlich werdest, daß du deine guten Werke und Uebungen verlassest. Schöpfe neue Kräfte, erneuere den Vorsatz, und rede deine Seele mit diesen Worten an: Ey meine Seele! laß uns nicht verzagen, laß uns nun abermal solchen Fleiß anwenden zu den Tugenden und Heiligkeit, als wann wir unsern Gott niemalen erzürnet hätten, dann dieses ist unserm Herrn sehr angenehm. Die Laster, welche noch in dir leben, und derenthalben dich gedünket, daß du mehr ab= als zunehmest, sollen dich nicht gar zu viel verstören; du aber streite ritterlich wider deine bösen

25 *

Reigungen. Obwohl du schon Böses in dir vermerkest,
wann du dem Bösen nicht beifallest, wann du der Sünde
dich ernstlich widersetzest, so hast darob keinen Schaden
zu fürchten, sondern noch großen Nutzen zu verhoffen.
Es werden einige gefunden, welche mit so unordentli=
cher Furcht sich selbst plagen, daß sie vermeinen, alles
was sie thun, sey Gott mißfällig. Diese Gedanken
aber müssen, sonderbar bei den Anfangenden gemeidet,
und vertrieben werden. So weit erstreckten sich die
Worte des hl. Bernardi. Hierüber kannst du weitern
Bericht haben, meine christliche Seele, im vierten Theil
der Lection von den Versuchungen. Derohalben trösten
billig die Engel Gottes in der Geburt unsers Heilands
alle diejenigen, so eines guten Willens sind, und singen
mit Fröhlichkeit: Ehre sey Gott in der Höhe und Friede
auf Erden den Menschen, die da eines guten Willens
sind. Befleisse dich eines guten Willens, und erneuere
denselben oftmalen, so wirst du ohne allen Zweifel
Friede allhier auf Erden, und Freude im Himmel ge=
nießen.

Die neunundzwanzigste

geistliche Lection,

Von der Gleißnerei und eitlen Ehre.

———

Attendite, ne justitiam vestram faciatis co-
ram hominibus, ut videamini ab eis: alio-
quin mercedem non habebitis apud Patrem,
qui in Coelis est.

Habet acht darauf, daß ihr eure Gerechtigkeit nicht
thut für den Menschen, damit ihr von ihnen gesehen werdet; sonst werdet ihr keine Belohnung
haben bei euerem Vater, der im Himmel ist.
Matth. 6. V. 1.

Der erste Theil.

1. Die Gleißnerei und eitele Ehre sind die schädliche Hausfeinde, durch welche unsere gemachte Intention und gute Meinung, unvermerkter Weis getödtet
wird. So viel die eitele Ehre, von der wir in diesem
ersten Theil handeln werden, betrifft; ist zu wissen,
daß selbiges den Vollkommenen am meisten nachstellet;
derohalben sich ein jeder zu hüten hat, wann er vielleicht vermerken werde, daß er anfange in den Tugen-

den fortzuschreiten, auf daß die Worte des Propheten
Aggäi auf ihn nicht mögen gedeutet werden. Ihr
habt viel gesäet, und wenig eingebracht; ihr habt ge-
essen und seyd nicht satt worden, ihr habt getrunken
und seyd doch nicht trunken worden; ihr habt euch bedecket, und seyd doch nicht erwarmet, und wer Tag-
lohn gesammelt hat, der hat ihn in einen löcherigen
Beutel geworfen. Agg. Kap. 1. V. 6. Der durch seine
gute Werke, neben seinem Gott auch den Menschen,
um der Menschen willen zu gefallen verlanget; der
verlieret allen Verdienst seiner gehabten Mühe und Arbeit. Dahero lehret uns recht und wohl der hl. Gregorius Lib. 8 Mor. c. 28. und sagt: Wer in den Tugenden, die er übet, die menschliche Gunst sucht, der
trägt eine große und wichtige Sache, um einen geringen Preis feil, mit dem er das Himmelreich hätte gewinnen können; dasselbige verkauft er um ein sehr geringes Geld des eiteln Lobs. So ist dann die eitele
Ehre eine wahre Salamander; dann gleichwie dieses
Thierlein so viel Gifts mit sich trägt, daß, wann es
bis zur völligen Wurzel des Baums gelangen kann,
alle Früchten des Baums in der Wurzel tödtet. Also
nimmt die höllische Schlange allen Verdienst und Kraft
von unsern guten Werken, wann sie nur ein gar wenigen Theil der eiteln Ehre mit demselben vermischen
kann, sintemalen, nach Zeugniß des hl. Fulgentii,
Ep. 3. ad Prob. c 15. der Teufel ein solcher Urheber der Lastern ist, daß, was er nicht gewinnen mag,
mit seinen eigenen Lastern, das überwindet er oft, mit
fremden Tugenden; durch die Waffen, mit denen er geschlagen wird, stehet er wiederum auf, und durch die

Stärke, mit welcher er zu Boden geworfen wird, wirft
er wiederum nieder. Er lobt die Tugend, durch welche
er merket, daß er überwunden werde; damit er also
überwunden und gefangen, könne gefangen nehmen den
Unschuldigen. Solcher Gestalt hat er die gottselige Ab=
tissin Sara zu verführen getrachtet, indem er sagte:
Sara, du hast mich überwunden. Sie aber antwortete
ihm mit aller Klugheit: Nicht ich, sondern mein Herr
Jesus hat dich überwunden. Also hat auch diese Schlage
den hl. Antonium angegriffen, wie in der 12. Lection
von der Hoffart, am 120. Blatt zu sehen ist; den Ab=
raham und andere, welche, ob sie schon dem Feind die
Spitze geboten haben, so sind doch nicht wenig andere
von diesem Nattergift sehr schädlich berühret worden,
wie in der obgemeldten Lection von der Hoffart gemel=
det ist, dem ich allhier diesen traurigen Zufall beifüge.

2. Justinus ein vornehmer Amtmann und Favorit
des Königs in Ungarn, hat alle Reichthume und zeit=
liche Ehre um Gottes willen verlassen, und den Orden
des hl. Franzisci angenommen. In diesem ist er in
Beschauung der göttlichen Dinge so weit kommen, daß
er öftere Verzückungen gehabt; und einsmals unter wäh=
render Mahlzeit, in Gegenwart seiner Mitbrüder, über
derselben Häupter, an einer auf der Wand gemahlten
Mariäbildniß in die Luft erhoben, und also eine Zeit=
lang kniend gesehen worden. Wegen solcher und an=
dern Geschichten, hat diesen Justinum der Pabst Euge=
nius der Vierte zu sich berufen, und da selbiger des
Pabstes Füsse hat küssen wollen, hat ihn der Papst mit
freundlicher Umhalsung und väterlichen Kuß empfangen,
und selbigen an seine Seiten gesetzt; auch hat er ihm

nach einem langen Gespräch, einige Gaben und sehr
häufigen Ablaß mitgetheilet. Ab dieser ungemeinen
Gunst ist Justinus also in seinen Gedanken erhoben
worden, daß er von Tag zu Tag übermüthiger worden, auch endlich, weilen er einen seiner Brüder mit
einem Messer verletzet hatte, in den Kerker geworfen
worden. Nach dieser verrichteten Buß ist er in das
neapolitanische Königreich flüchtig worden, indem er so
große Laster begangen hat, daß er derohalben in die
Stadt gefänglich eingezogen, und in den Banden arm-
seliglich gestorben ist. Luc. Wad. tom. 3. Ann. Ord.
Min. ad Ann. 1445. n. 15. O entsetzlicher und erschrecklicher Zufall! O grausame Veränderung; wer soll
sich in Betrachtung dieses bösen Ausgangs für der
Gunst der Menschen nicht billig fürchten? Wäre dieser
anfangs heilige Mönch nicht gelobt und geehret worden, so würde er vielleicht in so großes Unheil nicht
gerathen seyn. Daher behalten die obgemeldte Worte
des hl. Fulgentii ihre Kraft, daß nämlich der böse
Feind denjenigen, den er mit seinen Sünden nicht überwinden kann, durch fremde Tugenden erlege. Und zwar
in diesem Fall macht er es, wie der Vogel Erodius,
welcher auf die Vögel, so sich in das Wasser tucken,
hinzufflieget, und derselben Köpfe so lang zerbeisset, bis
er sie überwinde, und also gefänglich hinwegnehme.
Wann der höllische Raubvogel sieht, daß die Menschen
große Garben der Verdiensten auf dem Acker der Tugenden zusammenbinden, flieget er alsbald hinzu, und
sucht ihnen auf alle mögliche Weis den geistlichen Raub,
vermög der eiteln Ehre zu benehmen, wie sich es mit
obgemeldtem Mönchen in der That erwiesen hat.

3. Aus den Geistlichen des hl. Pachomii hat einer einsmal zwei weidene Mattern auf einen Tag geflochten, da er doch mehr nicht, als zu einer verbunden war; diese hat er aus einer eiteln Ehre dem hl. Pachomius und andern zum Beschauen ausgestellt. Der kluge Pachomius vermerkt alsbald den Possen, und sagt zu den Umstehenden: Sehet ihr nicht, wie dieser armselige Mensch alle seine Arbeit des ganzen Tags dem Teufel geopfert habe, und nichts gewonnen hat, indem er dadurch mehr den Menschen, als Gott zu gefallen getrachtet hat? Nach diesem straft der gemeldte hl. Vater, diesen Geistlichen erst mit Worten hart ab, und befiehlet ihm, daß er die zwei Matten vor seinen Brüdern auf seinen Achseln tragen, und von selbigen demüthiglich begehren sollte, sie möchten doch Gott für ihn bitten, und ihm Verzeihung erlangen, daß er die Matten höher, als das Himmelreich geschätzet habe. Hernach hat er ihn in ein enges Cellulein so hart verschlossen, daß er innerhalb fünf Monaten nicht hat dürfen hervorkommen; auch hat er alle Tage zwei Matten flechten müssen, und hat inzwischen nichts mehr als Salz und Brod zur Speis bekommen. Dieses Exempel hat andere im Gebrauch der eiteln Ehre heilsamlich unterwiesen.

4. Als der heidnische Diogenes einsmal, in der höchsten Kälte, schier nackend in einem erfrorenen Wasser gestanden, und das zuschauende Volk sich dessen erbarmet, ist auch der Plato dazukommen, und hat zu den Umstehenden gesagt: wann ihr euch dieses Diogenis erbarmen, und selbigen von sothaner Ueberlast befreien wollet, so gehet nur hinweg. Als wollte er sagen: dieser Diogenes sucht dadurch nichts anders, als eine

eitele Ehre und Namen bei den Menschen. Ach, wann
es uns zugelassen wäre, das innerliche Herz der Men=
schen zu beschauen, wie viel sollten wir, auch unter
den Geistlichen solche Diogenes finden, so viele schwere
und harte Werke verrichten, so lang sie von andern
gesehen und gelobet werden. Dergleichen Heuchler wer=
den einsmal aus dem Mund des gerechten Richters hö=
ren müssen: ihr habt euren Lohn schon empfangen,
nämlich das leere und eitele Lob der Menschen, das
ihr so emsig gesucht habt. Unsere Werke müssen gleich
seyn den Altarsteinen, von denen die göttliche Maje=
stät befohlen hat, daß sie nicht allein polirt und aus=
gearbeitet, sondern rauh und unbehauen seyn sollten.
Also müssen unsere Werke, dem äußerlichen Ansehen
nach, von uns nicht geschehen, damit sie nämlich nur
von den Leuten tüchtig scheinen, sondern wir müssen
dadurch allein suchen unserm Gott zu gefallen, und den
Menschen um Gottes willen. Fliehe derohalben, meine
christliche Seele, fliehe die eitele Ehre wie einen Basi=
lisken, welcher, wann er den Menschen zum ersten sie=
het, denselben mit seinem Anschauen tödtet; wann er
aber von dem Menschen vorhero gesehen und erkennt
wird, daß nämlich eine überaus große Eitelkeit sey,
daß wir aus unsern Werken die Ehre bei der Welt
suchen; so wird er von dem Menschen vollkommentlich
überwunden werden. Und warum sollen wir uns in
dieser Uebung nicht befleißen, zumalen die Bosheit die=
ses Lasters sehr grausamlich ist? Was ist doch unbilli=
ger, als wann der Mensch dasjenige sich zuschreibet,
was nicht sein ist? So viel als ein krystallenes Ge=
schirr, das von den Strahlen der Sonnen seinen herr=

lichen Glanz empfanget, ſich deſſen rühmen kank. So
viel mag ſich auch ein Menſch die von Gott ihm mit-
getheilte Gaben zumeſſen, und aus ſelbigen die eitele
Ehre bei den Leuten zu erwerben ſich unterſtehen.

5. Der Apoſtel Petrus ſagte: wann ſchon alle an
dir geärgeret werden, ſo will ich mich doch nicht ärgern. Er iſt aber für andern am gröbſten gefallen.
David vertraute auf ſich ſelbſten, und ſagte, da er alles in Ueberfluß hatte: nun mag ich in Ewigkeit nicht
beweget werden. Pſal. 29. Und weil er ſich ſelbſten
berühmet hat, derohalben iſt er gefallen; wie er ſelbſt
mit dieſen Worten geſtehet. Du haſt dein Angeſicht
von mir gewendet, da bin ich betrübt worden. Ibid.
Dieß iſt die Urſach, warum der hl. Paulus einen jeden
Fragweis anredet, und ſagt: was haſt du, das du
nicht empfangen haſt. So du es aber empfangen haſt,
was berühmeſt du dich dann, als wann du es nicht
empfangen hätteſt. 1. Cor. 4. V. 7. Laſſet uns dahero behutſam ſeyn, und die Ehre, ſo unſerm Gott
gebühret, uns nicht, ſondern demſelben zuſchreiben nach
dem Exempel des jetztgemelten Apoſtels, welcher nach
Erzählung der vielfältigen ausgeſtandenen Müheſelig-
keiten und Verfolgungen, alſo ſpricht: nicht ich, ſondern die Gnade Gottes mit mir: 1. Cor. 15. 10. Billig aber ſchreibet er ſeine Kräften der Gnade Gottes
zu; dann Chriſtus ſagt mit ausdrücklichen Worten:
ohne mich könnet ihr nichts thun. Joan. 15. Darum
wiederholt der königliche Prophet auch ſo vielmal dieſe
Worte in ſeinem Pſalter: meine Stärke und mein Lob
iſt der Herr, und er iſt mir zum Heil worden. Pſ. 117.
V. 14. Dieſes alles aber wird durch folgende Bewäh-

rung probiret. **Didac. Stella p. 1. 2. 18.** Alle Bewegungen werden verursachet durch die Bewegung des ersten Dings, so da beweglich ist. Dieses muß auch gesagt werden von dem Beweger, oder von dem, welcher beweget, zumalen zwischen den beweglichen Dingen und dem Beweger kein unendliches Hin= und Herlaufen muß gestellt werden; derohalben muß man kommen zum ersten Beweger. Auf solche Weis müssen die gute Werke nothwendig herkommen aus dem Einfluß der ersten und höchsten Gütigkeit; dieweilen, nach Zeugniß des Apostels, alles Gute vom ersten und höchsten Gut herrühret. Wir sind des Vermögens nicht, etwas von uns, als von uns selbst zu gedenken, sondern unser Vermögen ist aus Gott, **2. Cor. 3. 5.** Wann wir nun ohne Gott nichts vermögen, und er ist der guten Werke vornehmste Urheber; wie sind wir dann so unsinnig, daß wir wegen unsere guten Werke noch wollen gelobt seyn?

6. Der getreue evangelische Knecht, dem der Herr zehn Pfund gegeben hatte, mit denen er handeln sollte, sagt nicht in seiner Rechenschaft: Herr, ich hab zehen Pfund gewonnen, sondern er sagt: Herr, deine zehen Pfund haben zehen andere Pfund gewonnen. **Luc. 19.** Dieweilen der Gerechte allen Gewinn der Gnaden Gottes zuschreibet, nach den Worten des Apostels: Gott gibt das Gedeihen. Der Mensch pflanzet und benetzet, daß aber das Gepflanzte und Benetzte solle gewünschte Früchten bringen, dieses entsprießet aus der Gnade Gottes. Nicht sagt die kluge Judith: ich habe dem Holoferni das Haupt abgeschlagen, sondern sie sagt: der Herr unser Gott hat ihn durch eines Weibs Hand

erschlagen. Jud. 13. Die vierundzwanzig Aelteste in der Offenbarung Joannis zogen ihre Kronen ab, und legten selbige zu den Füssen des Lamms. Also, meine christliche Seele, lege du auch die Ehre deiner guten Werke zu den Füssen deines Herrn, und sage mit dem frommen David: nicht uns, o Herr, nicht uns, sondern deinem Namen gib die Ehre. Psal. 113. Du sollst aber nicht vermeinen, als ob ich tadelen wolle, daß einer dem andern aus Vertraulichkeit, oder anderer billigen Ursach seine gute Werke offenbare, mit nichten, sondern muß ich vielmehr loben denjenigen, welcher zu Auferbauung seines Nächsten, demselben seine tugendsame Thaten erzählet. Sey dannoch behutsam, und schaue fleißig zu, daß nicht unter dem Schein der Ehren Gottes, der Betrug des bösen Feinds verborgen liege. Dieses lehret uns neben andern Heiligen, der hl. Paulus, welcher seine Verzuckung viele Jahre verschwiegen, und nicht ehender offenbaren wollen, bis er vermeinet, daß er durch dessen Entdeckung seinem Nächsten beförderlich seyn könnte.

Der andere Theil.

7. Die Gleißnerei ist nichts anders, als wann einer sich verstallet, oder lasset angehen, daß er gerecht sey; oder daß er gerechter sey, als er ist. Diese Gleißnerei befiehlt uns zu vermeiden Christus mit diesen Worten: Hütet euch vor dem Sauerteig der Pharisäer, welcher ist Heuchelei. Luc. 12. V. 1. Und das aus billigen Ursachen. Dann gleichwie den Schiffenden die verborgene Steinklippen leichter schäden, dann die ausstehende, also sind ihr verdecktes Laster andern mehr

schädlich die Gleißner, als offenbare Sünder: dahero
sagt der Herr, Attendite, hütet euch: weilen es ein
sehr großes Uebel, und ein gar geheimes Laster ist.
Auch gleichwie ein Waldwasser oder Bach zu Winterszeit häufig fließet; im Sommer aber kaum erscheinet:
also machen es die Gleißner, so ihre falsche Tugenden
in Zeit der Glückseligkeit um Ruhms willen zeigen, und
in der Hitze der Widerwärtigkeit austrocknen, und offenbaren also, wer sie seyen, recht nach der Art der
Papageien, welche, so man ihnen fleißig aufwartet,
und nichts mangeln lasset, die Rede der Menschen nach-
schwätzen, und das Pfeifen der Vögel gar artig lernen. Thut man ihnen aber Böses, und schlägt sie, so
setzen sie ihre Kunstsprachen auf die Seiten, und heulen und wimseln wie vorhin von der Natur gelehret
worden. Ebener Weis finden sich unter den Menschen
einige, so da in ihrer Wohlfahrt das Leben der Heiligen nachfolgen; reden als wie Heilige, gehen daher
wie Heilige, in Summa: alle ihre Sitten und Gebärden schmecken ganz und zumalen nach der Heiligkeit.
Werden sie aber angegriffen, tritt man ihnen auf die
Füße, und widerfahret ihnen einiges Unbild, so geben
sie alsbald ihre Natur zu erkennen, werden vielmehr
und leichtlicher, als andere erzürnet, und suchen sich,
aber ganz verdeckter Weis, zu rächen.

8. Diese saubere Scheinheilige mögen wohl für
ihre sonderbare Patroninn verehren jenes närrische Weib,
so sich in allen ihren Beichten, als eine gottlose und
sehr große Sünderin anzuklagen pflegte; damit sie nur
vom Beichtvater für demüthig nnd heilig gehalten wurde.
Auf daß nun selbiger in Erfahrung dieser Heiligkeit ge-

rathen möchte, sagt er zu diesem seinem Beichtkind, daß er von andern Leuten auch gehört hätte, daß sie eine so große Sünderinn wäre, sie sollte nun anfangen, und sich dermalen einmal ernstlich bessern; da dieses das heilige Weib höret, wird sie hierüber heftig entrüstet, fangt an zu zürnen und zu schmähen über diejenige, so sich sollten erkühnet haben, ihro solcher Gestalt übel nachreden. Nicol. Lyrä. Apoph. p 259. Was hat aber dieses elende Weib hiemit anders an Tag, und dem Beichtvater zu erkennen gegeben, als eben ihre falsche und angenommene pharisäische Heiligkeit. Hüte dich, meine christliche Seele, für dieses Laster mehr, dann für andere, dieweilen solche Wunde übel zu kuriren ist. Sintemalen die Gleißner weder ihre Schuld bekennen, weder sich bessern lassen wollen, dann sie sind ehender bereit zu sterben, sagt der hl. Gregorins, In mor. als bestraft zu werden. Was dieses Laster weiters für ein Gräuel sey in den Augen Gottes, das können wir aus dem Zeugniß der ewigen Wahrheit genugsam abnehmen, zumalen Christus kein einziges Laster so oft, und mit so scharfen Dröhworten immer hergenommen, als die Gleißnerei und Heuchelei der Pharisäer, denen er dann neben vielen andermalen, auch einsmal mit diesen Worten drohete: wehe euch ihr Schriftgelehrte und Pharisäer, ihr Heuchler, dann ihr seyd gleich den überweißten Gräbern, welche von auffen vor den Leuten schön scheinen, aber inwendig sind sie voller Todtenbein und aller Unsauberkeit, Matth. 23. V. 27.

9. Fahret nicht billig unser göttlicher Heiland so heftig über die Gleißner aus? zumalen selbige wahre

Verräther können genennet werden; indem sie es m[it]
dem Teufel halten, und lassen sich doch angehen, a[ls]
wann sie es mit Gott hielten; und, da sie sich a[ls]
Freunde Gottes zu verstellen wissen, da sie doch desse[n]
Feinde sind; und solcher Gestalt großen Schaden ver[]
ursachen. Dahero ist, leider Gottes! geschehen, da[ß]
die Ketzer durch die Heuchlerei und verschmitzte Heilig[]
keit viele einfältige Menschen bis dato verführen un[d]
verkehren; und wird der Antichrist, der Führer alle[r]
Verführer, die arme Leut meistens durch seine Gleiß[]
nerei verführen. Weiters kann ich auch einen Gleißne[r]
am besten vergleichen dem Straußvogel. Dieser, ob e[r]
schon mit Federn versehen ist, flieget doch zumalen nicht[,]
ja erhebet sich nicht einmal von der Erden auf. Also[]
ein Gleißner, ob er schon einem Heiligen gleich schei[]
net, so kann er doch von der Erden nicht aufstehen,[]
und nach der Art der Heiligen sich zu Gott erheben;[]
weilen er mit der Last der Sünden beladen ist. Von[]
dergleichen Art hat schon vorlängst der Prophet Isaias[]
Kap. 29. geweissaget. Dieses Volk ehret mich mit den[]
Lefzen, ihr Herz aber ist weit von mir. Also machen[]
es in der Wahrheit die Gleißner; sie verrichten viele[]
gute Werke, beten lang, wachen viel, tödten sich oftmalen auch in den zulässigen Dingen ab. Und hat es[]
das Ansehen, daß sie dadurch Gott loben. Es beste[]
het aber dieses Lob nur in den Lefzen, oder in den[]
äußerlichen Werken; sie sind aber mit dem Herzen, das[]
ist, mit der Intention oder Meinung ihrem Herrn zu[]
gefallen, von demselben weit entfernet. Ein solcher[]
war jener Mönch, von welchem der hl. Gregorius
L. 4. Dial. c. 38. meldet, daß er von seinen Brüdern

für heilig gehalten worden, und da er nun eben von
dieser Welt, sollte abscheiden, sind seine Brüder zu ihm
kommen, um eine und andere heilsame Lehre zu empfangen, habe aber, o leider! gesagt, daß er wegen
der Gleißnerei, in der er viel gute Werke verrichtet,
und unter andern auch dem Ansehen nach, sehr streng
gefastet, aber heimlicher und gestohlner weis gegessen,
dem höllischen Drachen zum Verschlingen überlassen sey,
welcher nunmehr mit dem Schweif seine Knie und
Füsse gefesselt, sein Haupt mit dem Maul ergriffen,
und die Seele zum Hinscheiden nöthige. Nach solcher
unverhofften Bekenntniß sey er alsbald ohne Buß gestorben. Einen solchen Tod verdienet die angenommene
Heiligkeit.

10. Auch haben die Gleißner an sich die Natur
der Falken, so da nach ersehenem Reiger nicht gerad
auf selbigen zufliegen, sondern thun dergleichen, als
wann sie von selbigem abweichen und ihn verlassen
wollen, nachdem sie aber vermerken, daß sie durch das
neben Ausfliegen höher, als der gemeldte Vogel empor
gestiegen, lassen sie sich über denselben herab, stürzen
ihn zu Boden und tödten ihn. Eben solches thun viele
aus den Gleißnern, welche im äußerlichen Schein die
Würden und Ehren der Welt fliehen, damit sie desto
höher steigen, und größere Aemter erobern mögen, indem sie nichts also sehr verlangen, als dasjenige, das
sie dem Ansehen nach verwerfen und verachten. Wie
sehr sich aber solche selbsten betrügen, und den höll-
schen Strafen unterwerfen, lernen wir aus folgender
Historie. Ein Geistlicher aus dem hl. Kapuciner-Or-
den suchte sich bei den Seinigen, und sonderbar bei

seinen Obern durch eine angenommene Heiligkeit ein
Namen zu machen. Er bethete, wann andere schlief[
und war hierdurch ganz ermüdet, gleichwohl in d
Metten mit andern gegenwärtig. Dieserthalben ist [
etlichmal zu hohen Aemtern und Würden gelangt, [
denen er heimlicher Weis ein großes Verlangen tru[
Aber, aber; was ist so verborgen, das zu seiner Z[
nicht offenbaret wird? Es trug sich zu, daß dies[
Geistliche mit einer schweren Krankheit behaftet wur[
Man ermahnte ihn zeitlich, daß er sich mit allen chri[
lichen Rechten wolle versehen lassen; derohalben b[
gehrte er einen deren Priester, mit dem er sonderba[
Gemeinschaft gepflogen hatte. Da dieser hinzukomm[
sagte der Kranke anstatt der Beicht also: weilen es u[
meine Seligkeit verloren ist, so will ich nicht beichte[
ich bitte dich aber, du wollest meinen andern Brüde[
sagen, daß ich gebeicht habe. Der Beichtvater ab[
gibt ihm zur Antwort, und sagt: was soll das seyn[
fürchtest du dich dann, mir dein Gewissen zu entdecke[
Der Kranke wiederholet sein voriges Lied, und sag[
was ist es nöthig, daß ich beichte, da doch meine S[
ligkeit verspielet ist; der Beichtvater lässet nicht ab de[
Verzweifelten mit allem Ernst zu erinnern, daß er sei[
Zuversicht zu dem gütigen und barmherzigen Gott ne[
men, und also von dessen Gnade nicht verzagen soll[
Er aber als ein verstockter und tauber Mensch gi[
zur Antwort: es ist alles umsonst, ich bin dem gered[
ten Urtheil Gottes gemäß ewiglich verdammt, dieweil[
ich so viele Jahre lang den innerlichen Lastern bin e[
geben gewesen, und hab nur einen eitelen Schein d[
Frömmigkeit auswendig gezeiget; und dieses alles h[

ich niemalen recht gebeichtet; derohalben hab ich mir den Zorn Gottes auf den Hals geladen, daß ich anjetzo nicht beichten kann, und wann ich schon beichtete, so würde doch dem gerechten Gott meine Beicht nicht gefallen. Ueber diese Worte hat er seine Zunge in Stücken gebissen, und grausamlich geschrien: O du verfluchte Zunge, dir ist es allzeit schwer vorkommen, meine Sünden zu offenbaren! ich verbeisse dich in Stücken, auf daß du der gerechten Rach Gottes auch empfindest. Nach diesem hat er die Stücklein der Zunge mit Blut vermischt, ausgespieen, und unter abscheulichen Rufen den Geist aufgegeben. Zach. Bour. 1612. Also, also ist diesem unglückseligen Geistlichen (der doch den Namen eines Geistlichen nicht verdienet) die wohlverdiente Strafe der Gleißnerei zu Theil worden. Hüte du dich, meine christliche Seele, vor dem Säuerteig der Pharisäer, welche ist die Gleißnerei, und spiegle dich an diesem Geistlichen, auf daß du so viele geübte gute und mühselige Werke am Ende deines Lebens nicht umsonst verrichtet habest, und anstatt des Lohns die ewige Strafe empfangest.

Die dreißigste
Geistliche Lection.
Von der Verachtung der Welt.

Vanitas vanitatum, et omnia Vanitas. Vidi
cuncta, quae fiunt sub sole, et ecce uni-
versa vanitas et afflictio spiritus.

Eitelkeit aller Eitelkeit, und alles ist Eitelkeit.
Ich hab alles angesehen, was unter der Sonnen
geschieht, und siehe es war alles Eitelkeit und
Bekümmerniß des Geists.

Eccl. Cap. 1. v. 12, et 14.

Der erste Theil.

1. Wir haben etwas Weniges von dem geistlichen
Stand gesagt; wir wollen nun sehen, was es für ein
Werk sey, dem ein Geistlicher soll obliegen, und es wird
uns bald entgegenkommen die Verachtung der Welt.
Dieweil aber davon in den vorhergehenden Ermahnungen
etwas schon gesagt worden, und in denen folgenden auch
etwas gefunden wird, deßwegen wollen wir mit Wenigem diese Ermahnung abhandeln. Es muß deßwegen
ein Geistlicher die Welt sonderlich verachten, und dem

nackenden Jesum folgen, welches er leicht thun wird,
wann er die Eitelkeit und Falschheit der Welt aufmerk-
sam erwägen wird: Dann die Welt vergehet sammt
ihren Lüsten. 1. Joh. 2, B. 17. Dieses leget der
Psalmist gar wahrhaftig aus, indem er sagt: Ich hab
einen Gottlosen gesehen, daß er sehr erhöhet war, und
hoch aufgewachsen, wie die Cederbäume am Libanon,
darnach bin ich vorübergangen, und siehe, er war nicht
vorhanden, Ps. 16, B. 35: 36. das ist, wie es Bellar-
minus merket: Indem ich vorbei ging, habe ich diesen
Menschen erhöhet und eingewurzelt gesehen, wie die
Cedern vom Libanon, und ich bin kaum bei ihm vorbeigegangen, und siehe, ich sahe um, und er war verschwunden. Ich habe gesuchet, wo er gewesen war,
und ob noch Fußtapfen solcher Hoheit überblieben, und
seine Statt war nicht gefunden, als wann er niemals
da gewesen wäre. Dahero als der heil. Gregorius
diese Kürze betrachtet, vergleichet er die Ehre der Welt
den Stoppeln, dem Rauch, dem Nebel, dem Thau und
dem Schaum; welche Dinge bald verschwinden, und
darum für nichts gehalten werden. Dahero Jesaias
sagt: Alles Fleisch ist Heu, und alle seine Ehre ist als
eine Blume des Feldes. Jes. 40, 6. Deßwegen ermahnet uns wohl der hl. Vater Augustinus, Serm. 13.
de die Judicii, indem er sagt: Brüder liebet die Welt
nicht, welche ihr mit Geschwindigkeit vergehen sehet;
werfet den Anker des Herzens nicht auf ihre Liebe,
welche ihr also zu Ende gehen sehet, absonderlich weil
der Apostel rufet, daß die Freundschaft dieser Welt
Gottes Feindschaft sey: Jac. 4, 4. Eben dieser heil.
Lehrer führt ferner diese Eitelkeit zu Gemüth und sagt:

Tr. 2. in Joan. Die Freude der Welt ist Eitelkeit.
Sie wird mit großem Verlangen erwartet, daß sie komme;
und sie kann nicht behalten werden, wann sie kommen
ist; der Tag, der fröblich ist, wird ja morgen nicht seyn.
Es gehet alles vorbei, alles entfliehet, und verschwindet
wie der Rauch.

2. Der andere Beweis zur Verachtung der Welt
ist dessen Falschheit und Bitterkeit. Alle diese Eigenschaften der Welt sind wahrhaftig ein gesalzenes Meer,
davon Innocentius der dritte redet: Es ist Arbeit im
Erwerben, Furcht im Besitzen, Schmerzen im Verlieren.
Den Liebhabern der betrüglichen Welt rufet St. Bernardus Lib. 1. de contemp. mundi art. 3. c. 1.
also zu: Siehe, Gott hat mit so viel Elend die Welt
erfüllet, siehe die Welt ist bitter, und wird also geliebt;
sie ist so baufällig, und sie wird bewohnet; was sollen
wir thun, wann sie fest und süß wäre! O unreine Welt,
und voll von den Finsternissen! wann du also anhaltest,
indem du vorbeigehest, was solltest du thun, wann du
so betrügest, indem du bitter bist, wen solltest du nicht
betrügen, wenn du süß wärest? Ferner können wir der
Welt Eitelkeit und ihre Betrüglichkeit der Hure Dalila
billig vergleichen; dann was Dalila dem Samson gethan, das pflegt die Welt ihren Liebhabern zu thun.
Dann als Samson von Dalila überredet, und ihr offenbaret hatte, worin seine Stärke bestünde, hat sie dem
Samson, der sie für seine getreue Buhlerin gehalten,
die Haare abgeschnitten, indem er in ihrem Schoß schlief,
und hat ihn seinen Feinden übergeben, welche ihm die
Augen ausgerissen, und ihn gebunden in den Kerker
geworfen, da er hat mahlen müssen. Judic. 16. Diese

Dalila ist die Welt, der Samson aber ist deſſen Liebhaber. Die Abſchneidung der Haare bedeutet die Entziehung der Gnade und des Lebens, und alſo betäubet wird er in den hölliſchen Kerker geſtoßen, wo ſie ihn zur Mühle ſtellen, das iſt, zu unterſchiedlichen Strafen, wo er im Uebrigen niemals ruhen wird. Deßwegen wird dieſe Welt in der hl. Schrift billig eine Heuchlerei genennet, dieweil, ob ſie ſchon äußerlich ſehr ſcheinbar, iſt ſie doch inwendig voll von Verderbung, Eitelkeit und Liſt. In jenen ſinnlichen Gütern ſcheint ſie gut zu ſeyn, da ſie doch wahrhaftig voll Betrug und Lügen iſt.

3. Diſcipulus erzählet: Exempel 68, daß in Oeſterreich ein adeliger Mann geweſen, der der Eitelkeit der Welt ſehr ſtark ergeben, welcher, als er in einer Nacht allein vor dem Schloß in einen lieblichen Garten gegangen, um ſein Gemüth zu erluſtigen, iſt ihm eine wohl gepußte Frau erſchienen, und hat befohlen, daß er näher zu ihr kommen möchte, dann ſie wär diejenige, welche er ſo ſehr liebet, und ſonderlich in Augen und Herzen hätte. Er gehet hinzu, beſiehet ſie fleißig, und betrachtete ihre Schönheit. Als er ſeine Augen genug an der ſchönen Geſtalt geweidet hatte, ermahnet ſie ihn, daß er nun auch auf den Rücken beſchauete, welche er von vorne ſo begierig angeſehen hätte. Da wendet ſie ihm den Rücken, und er die Augen, und befand ſie ganz häßlich, und voll von Verfaulung und Beinern. Als er darüber erſchrocken, hat er gefragt, wer ſie denn wäre, welche mit einem ſo lieblichen Angeſicht die Augen zum Anſchauen anlockte, auf dem Rücken aber ſo häßlich, daß ſie einem Todtenaas viel ähnlicher als

einer schönen Frau wäre? darauf sie geantwortet: Ich
bin die Ehre der Welt, und diese sind meine Früchte,
damit sie alsbald in die Luft verschwinden; der Edelmann, darüber ganz erschrocken, hat er der Welt abge-
sagt, und sich Gott ganz in einer heiligen Gesellschaft
ergeben. So hat dann diese erschienene Frau den Zustand der Welt auf das Beste ausgedrückt, dessen vor-
derer Theil oder der Anfang schön und lieblich, wann
wir aber den Rücken oder das Ende beschauen, werden
wir es voll von Grausen und Schmerzen befinden.
Dieses bekennet Salomon deutlich von sich selbsten, indem er gesagt: Alles, was meine Augen begehrt haben,
das hab ich ihnen nicht geweigert. Auch hab ich meinem Herzen nicht gewehret, alle Wollust zu brauchen,
und sich in dem zu erlustigen, was ich zubereitet hatte,
und habe das für meinen Theil gehalten, wann ich
meine Arbeit brauchte. Als ich mich nun zu allen
Werken kehrte, die meine Hände gemacht hatten, und
zu der Arbeit, darin ich mich vergeblich bemühet hatte,
da hab ich in allem Eitelkeit gesehen, und Bekümmerniß
des Gemüths, auch daß nichts bliebe unter der Sonne.
Eccl. 2, v. 10. 11.

4. Als Joab den Amasam freundlich gegrüsset, und
mit der rechten Hand sein Kinn gefasset, als wollte er
ihn küssen, hat er mit der Linken ihm den Degen in
seine Seite gestochen und umgebracht. 2. Reg. 20.
Also pflegts auch die Welt zu thun denen, die ihr dienen, dann indem sie küsset, liebkoset, und Süßigkeit an-
bietet, so bringt sie zugleich um. Dieses beweinet St.
Chrysostomus, Sup. Matth. sagend: O, wie gar elend
ist der Welt, und elend diejenigen, die ihr folgen, denn

die Werke der Welt haben die Menschen allzeit von dem Leben ausgeschlossen. Mit diesem stimmt der hl. Bernardus überein: Sage mir, sagt er, wo sind die Liebhaber der Welt, welche vor wenig Zeit mit uns waren? Es ist von ihnen nichts überblieben als Staub und Asche. Nehmet es fleißig in acht, was sie seyn, und was sie gewesen. Sie seyen Menschen gewesen, wie du, sie haben gegessen, getrunken, gelacht, und haben gute Tage gehabt, und augenblicklich sind sie in die Hölle gefahren. Hier wird ihr Fleisch den Würmern, dorten ihre Seele dem Feuer zu Theil. Einen solchen Ausgang haben die Sclaven der Welt; dann diese weiß wohl den Wirthen nachzufolgen, welche den einkehrenden Gast gar freundlich empfangen, und das allerbeste versprechen, aber im Weggehen eine theure Zeche mit ernstlichem Gesicht genau fordern; also liebkoset zwar die Welt anfänglich ihren Liebhabern, aber am Ende zwinget sie die genossene Süßigkeit mit den schwersten Strafen zu büßen.

5. Wann sich nun die Sache also verhält, wie närrisch handeln dann diejenigen, welche Gott verlassen und der Welt anhängen, absonderlich, dieweil nach Zeugniß des hl. Joannis: Alles was in der Welt ist, entweder Begierde des Fleisches oder Begierde der Augen, oder Hoffart des Lebens ist, 2. Joh. 2, 16, welche allzumal den Menschen in das höllische Feuer stürzen? O Blindheit des sterblichen Menschen; O Thorheit der Menschen! Wahrhaftig, der Narren ist eine unendliche Zahl. Der heil. Bernardus rufet recht auf: die Welt schreiet, ich nehme ab; der Teufel schreiet, ich betrüge; Christus schreiet, ich erquicke, und doch will unser hoffärtiges Gemüth mehr der abnehmenden Welt als dem erqui-

ckenden Christum, folgen? Ist das nicht die höchste Thorheit? Aber laßt uns weiter der Welt Blindheit betrachten. Der Mensch, nach der Gleichheit Gottes erschaffen, kann nicht ruhen, bis er sein letztes Ziel erreicht, dazu er erschaffen ist, weil aber dieses Gott selbst ist, so folget gar wohl, daß kein erschaffenes Ding (wie es aus der täglichen Erfahrung genug bekannt ist) den Menschen völlig ersättigen könne. Denn alles, was in der Welt gefunden wird, ist unter dem Menschen, und wann sich der Mensch durch Zuneigung mit ihnen vereiniget, wird er nicht edler, sondern schlechter und unreiner; und solches desto mehr, je mehr er ihnen anhänget. Deßwegen nimmt der hl. Bernardus in Serm. Ecce nos Reliq. Lib. 4. Conf. c. 12. klüglich in acht, daß die vernünftige Seele, nach dem Ebenbild Gottes gemacht, von andern Sachen eingenommen, aber nicht erfüllet werden könne. Deßwegen rufet der hl. Augustinus den Anhängern der Welt also zu: O ihr Liebhaber der Welt! da ist keine Ruhe, wo ihr dieselbe suchet; suchet, was ihr suchet, ihr suchet das glückselige Leben im Land des Tods. Es ist nicht allda, denn wie kann da ein glückseliges Leben seyn, wo kein Leben ist?

6. Ferner hat diesen Betrug der Welt mit seinen Gemüthsaugen bis auf das Innerste gesehen der Heidenlehrer St. Paulus, deßwegen sagt er zu den Philippensern: Ich achte alles für Koth, damit ich Christum gewinne. Phil. 3, 8. Deßwegen soll man billig alle Güter der Welt verachten, weil sie der Apostel für Koth hält. O die höchste Verkehrtheit, und erschreckliche Blindheit der Adamskinder! was ist Gott, den sie verlassen? ist er nicht der Brunn alles Guten, der Mittel-

punkt unserer Seelen, die wahre Ruhe unsers Herzens, und die reinste Wirkung der Gütigkeit? was ist die Welt, die sie lieben? ist sie nicht ein Kerker der Lebendigen, ein Grab der Todten, eine Werkstatt der Laster, eine Verachtung der Tugenden und ein Henker der Vernunft, so zu Gott lenket. Höret derohalben ihr Liebhaber der Welt St. Joannem, welcher euch also zurufet: Die Welt vergeht sammt ihren Lüsten, 1. Joh. 2, 17. Ich bitte euch, saget doch, ob ihr wollet, entweder das Zeitliche lieben, und mit der Zeit vorübergehen, oder Christum lieben, und in Ewigkeit leben? vielleicht werdet ihr antworten, daß ihr beides liebet; aber, ihr Elende! ihr werdet betrogen. Dann Christus sagt: Niemand kann zwei Herren dienen, dann er wird entweder den einen hassen, und den andern lieb haben; oder er wird den einen dulden, und den andern verachten. Ihr könnet nicht Gott dienen und dem Mammon oder der Welt: Matth. 6, 24 Derowegen ist es dem, der Christo dienen will, nothwendig, daß er alle Liebe der Creaturen aus dem Innersten seines Herzens stoße, dann so, und nicht anders wird er seinen Feinden obsiegen. Dann gleichwie David mit des Sauls Waffen angethan, nicht fortgehen konnte, noch gegen den Goliath streiten; also auch einer, der mit den Waffen der Welt angethan, das ist, in die weltlichen Geschäfte sich einstecket, der kann für Gott gegen den Teufel nicht streiten.

7. Derowegen, lieber Bruder, damit du nicht einmal am Ende deines Lebens von der Welt betrogen, und von derselben in den Abgrund der Hölle gestürzt werdest, so entferne weit von dir derselben Liebe.

Damit du aber dieß desto kräftiger thun könnest, so bemühe dich, denen im Anfang bald zu widerstehen, und den ersten Zugang zu verschließen, welches du leichtlich verrichten kannst, wann du die Gesellschaft der weltlichen Menschen gänzlich fliehen wirst. Ja nicht allein der weltlichen, sondern auch den Zugang der Freunde und Blutsverwandten vermeide, so viel du kannst, treibe deren Geschenke von dir hinweg, denn diese und dergleichen haben sehr viel Geistliche verkehrt. Dahero, damit sich unser P Adalbertus à S. Alexio nicht in die geringste Gefahr steckte, meidete er ärger als eine Schlange die Gesellschaft der Weltlichen, auch der Freunde, und predigte diese Flucht den andern Novitiis (deren ich der geringste war) ein; welche Lehre er hernach mit einem heroischen Exempel bekräftiget hat, in folgender Begebenheit. Er ist in dem Generalcapitul zum Generaldefinitor erwählt worden, deßwegen er gezwungen war, nach Rom zu reisen Als er nun nach Prag kommen, hat alsobald seine Frau Mutter mit zweien andern ihrer Söhne begleitet, um ihren überaus geliebten Sohn Adalbertum, den sie etliche Jahre nicht gesehen, zu besuchen, zum Kloster geeilet, und hat ihn nach seiner freundlichen Grüßung gebeten, sich belieben zu lassen, zu ihr zu kommen, und je mehr sie anhielt, je mehr er es abschlug. Dahero haben auch seine leiblichen Brüder nichts unterlassen von den Beredungen, damit P. Adalbertus durch deren Kraft überwunden, in der Mutter Begehren einwilligte, aber vergebens. Und als er die Ursache erforschte, warum sie dieses verlangten? Vielleicht, sagt er, wollet ihr mir ein Gastmahl bereiten? aber zu was die-

net es? dann mein Kloster gibt mir genugsame Nahrung; so es aber wegen einer andern Ursache ist, siehe,
so bin ich bereit, euch zu dienen, so lang ich hier bleiben werde, kommet, zu welcher Zeit es euch gefällt.
Und also ist er weder durch der Mutter, noch der Brüder Bitten bewogen allzeit im Kloster geblieben, bis er
seine römische Reise fortgesetzt hat. Ist das nicht eine
heroische That?

8. Ein anderer Mönch, nachdem zu ihm nach 15
Jahren viele Briefe vom Vater und Mutter, und vielen Freunden aus der Landschaft Ponti gebracht worden, hat den großen Pack der Briefe genommen, und
lang bei sich erwäget, sagend: Was wird mir die Lesung derselben für eine Ursache seyn zu vielen Gedanken, welche mich entweder zu einer eitlen Freude, oder
unfruchtbaren Traurigkeit treiben werden? wie viel
Tage wird die Erinnerung derer, die geschrieben, die
Meinung meines Gemüths von der vorgesetzten Beschauung abhalten? was wird es mir nutzen, daß ich die
Freunde mit dem Leib verlassen habe, aber nicht mit
dem Herzen; als er dieses im Gemüth überleget, hat
er beschlossen, nicht allein keinen Brief zu eröffnen,
sondern auch den Pack nicht, nämlich, damit er nicht
die Meinung seines Geistes aufhielte, wann er der
Schreibenden Namen erzählte, oder sich ihrer Gesichter erinnerte; derowegen wie er den Pack zugebun-
den empfangen, hat er ihn dem Feuer zu brennen gegeben, sagend: Gehet hin ihr Gedanken des Vaterlands, werdet auch verbrannt, damit ihr mich nicht
wieder dahin zu ziehen versuchet, welches ich geflohen.

Gleichwie auch Theodorus des heiligen Pachomii Lehrjünger, die Welt verachtet habe, ist in dem Leben des
heiligen Pachomii zu lesen. Mehr andere Exempel
von der Verachtung der Welt wirst du überall in diesem Buch finden, welche ich hier vorbei gehen lasse,
damit ich eben dasselbe nicht wiederhole. Folge derowegen diesen und jenen nach auf dem Weg, damit du
mit allen Verächtern der Welt dich mögest erfreuen im
Vaterland. Lebe wohl!

Lightning Source UK Ltd.
Milton Keynes UK
UKHW051255240119
336059UK00014B/720/P